Zu diesem Buch

«Ein spannender Unterhaltungsroman über die Hintergründe eines weltberühmten Luxustempels» («Der Tagesspiegel»).

«Ein locker gemaltes Bild jener Zeit, die man die der Gründer nannte, als eine gute Nase samt Fleiß und Härte einen Mann noch hochbringen konnten» («Die Presse», Wien).

Michael Pearson, geboren 1924 in Buenos Aires, wuchs in Argentinien und Portugal auf und lebt seit langem in England. Seinem ersten Roman «Das Warenhaus» folgte inzwischen «The Keys of the City», der Roman einer Bankiersfamilie.

Michael Pearson

Das Warenhaus

Roman

Deutsch von
Hermann Stiehl

rororo
Rowohlt

«The Store» erschien 1980
bei Macmillan London Ltd., London
und 1981 bei Simon and Schuster, New York
Umschlagentwurf Hanno Rink und
Rita Mühlbauer

Veröffentlicht im Rowohlt Taschenbuch Verlag GmbH,
Reinbek bei Hamburg, Januar 1985

Gesamtherstellung Clausen & Bosse, Leck
Printed in Germany
980-ISBN 3 499 15473 0

Für Katie

Inhalt

Erstes Buch

Erstes Kapitel

September 1869

1

Als die Droschke an diesem sonnigen Donnerstagnachmittag die Knightsbridge entlangfuhr, kam Thomas ein Gedanke, der ihn zum Lächeln brachte. Diese Fahrt, dachte er, würde einmal eine historische Fahrt sein. Die kurze Droschkenfahrt von dem großen Textilgeschäft in der Ludgate Hill bis hierher, mit dem alten, zerbeulten Koffer, den seine Mutter vor elf Jahren zu Hause auf dem Hof aus dem Schuppen geholt hatte, würde berühmt werden. Seine Kinder würden ihren Kindern davon erzählen, würden erzählen, daß ihr Großvater am 1. September 1869 kurz vor fünf Uhr nachmittags in der Sloane Street eingetroffen war, um das große Kaufhaus Kingstons zu gründen – in einer schmutzigen alten Droschke, gezogen von einem mageren alten Pferd und gelenkt von einem alten Kutscher mit eingedelltem Hut.

Doch Thomas rief sich schnell zur Ordnung: er durfte jetzt nicht müßigen Gedanken nachhängen, wo er gerade die Schlüssel zu seinem ersten gemieteten Laden erworben hatte, obwohl seine Tagträume nicht eines gewissen Realismus entbehrten. Er hatte sich diesen Laden übrigens erst ausgesucht, nachdem er verschiedene Londoner Viertel monatelang studiert hatte. Er hatte sich vorher genau überlegt, was er verkaufen, welche Käuferschicht er ansprechen wollte. Darin hatte er einige Erfahrung gesammelt, denn er war schon vor einem guten Jahrzehnt nach London gekommen, damals gerade dreizehn Jahre alt, um seine Lehrzeit im Textilhandel zu beginnen.

Er verfügte freilich nicht über viel Kapital – nur über 700 Pfund –, aber manche Unternehmen waren aus ähnlich kleinen Verhältnissen hervorgegangen und hatten sich unter weit weniger günstigen

Bedingungen, als sie im derzeit reichen England herrschten, entwickelt.

Die Droschke fuhr an der Stuckfassade des Hotels *Alexandra* vorüber. Durch die großen Fenster konnten die Gäste den Verkehr auf der Knightsbridge und den ganzen Hyde Park überblicken, doch Thomas interessierte sich in diesem Augenblick mehr für Wilton Place, jenes Viertel, dem sie sich jetzt näherten. Sein Blick schweifte wohlgefällig über die großen Häuser, die zu beiden Seiten des halbmondförmig geschwungenen Straßenzugs standen, denn ihretwegen hatte er sich nach langen Fußmärschen und Beobachtungen für die Gründung seines Unternehmens in diesem Bezirk entschieden. In diese eleganten Häusern, die vor fünfzig Jahren noch nicht existiert hatten, wohnten jetzt die Wohlhabenden.

Der Kutscher ließ sein Tier in Schritt fallen, als sie an der Ecke Kensington Road und Edinburgh Gate in das Gewirr von Pferdebussen, Rollwagen und Einspännern kamen, bog dann in die Sloane Street ein und hielt nach ein, zwei Minuten am Bürgersteig an. In dem Moment hörten Thomas' Wunschträume auf. Einige Sekunden lang blieb er noch sitzen und betrachtete mit schwindender Hoffnung den Laden, den er gemietet hatte – sah die schmutzigen Fenster, die abblätternde Farbe am Gesims, die schäbigen Gaslaternen. Plötzlich schämte er sich des optimistischen Gefühls, das er gerade gehabt hatte. Konnte aus diesem armseligen Lädchen je das große Haus Kingstons werden?

«Ist das hier richtig?» fragte der Kutscher ein wenig zweifelnd und drehte sich auf dem Bock um.

Thomas gab sich einen Ruck. «Ja», antwortete er mit einem Seufzer. «Ja, wir sind da.»

Er stieg aus, überquerte den Bürgersteig und schloß die Ladentür auf. Sofort schlug ihm der Geruch von Staub entgegen – von ganzen Schichten von Staub, die sich seit langem angesammelt hatten. Der Laden hatte monatelang leer gestanden, doch in den richtigen Händen, so hatte ihm der Makler versichert, könne er sich zu einem blühenden Unternehmen entwickeln. Die Sloane Street, so sagte er, sei im Kommen. Hier gebe es natürlich nicht die Laufkundschaft von Knightsbridge, so viele Leute kämen hier nicht vorbei, aber deshalb sei auch die Miete so niedrig. Es kommen *genug* Leute vorbei, sagte sich Thomas jetzt energisch, um die Beklemmung zu verdrängen, die ihn überkam. Er wußte es schließlich. Vor der Unterzeichnung des Mietvertrags hatte er zu verschiedenen Tageszeiten stundenlang den Laden beobachtet und die Damen gezählt, die daran vorübergingen.

Der Kutscher half ihm, den großen Koffer in das Obergeschoß hinaufzutragen, wo Thomas zu schlafen gedachte, steckte seine zwei Shilling und Sixpence ein und ließ ihn dann allein in der öden Leere stehen, wo Thomas auf das verklingende Klappern der Hufe lauschte, das sich in den Straßenlärm mischte.

Thomas neigte eigentlich nicht zu Niedergeschlagenheit, im Gegenteil, er hielt sich für einen Mann von Entschlußkraft. Als er vor ein paar Wochen das erste Mal hier gestanden hatte, umgeben von all dem Staub, war das für ihn aufregend gewesen. Er konnte noch das Wort «Kingstons» erkennen, das er in einem Augenblick des Überschwangs mit dem Finger in die Staubschicht auf der Ladentheke geschrieben hatte. Warum war er also jetzt so verzagt? Vielleicht weil er endlich der Realität gegenüberstand und beweisen mußte, daß sein Plan richtig gewesen war? Nun, das *würde* er beweisen. Er hatte ursprünglich ein paar Putzfrauen kommen lassen wollen, aber jetzt konnte er den Anblick keine Sekunde mehr ertragen. Mit einer fast zornigen Bewegung zog er den Rock aus und ging mit großen Schritten in die hinten gelegene kleine Spülküche. Er fand einen abgewetzten Besen, einen Eimer und einen zerfetzten Lappen, Dinge, die der vorherige Mieter wahrscheinlich zurückgelassen hatte, weil sie wertlos waren. In einer Ecke lagen auch unordentlich verstreut einige Werbeplakate, von denen die meisten Stiefel anpriesen; offenbar war der Laden zuvor ein Schuhgeschäft gewesen.

Thomas suchte das sauberste heraus und schrieb auf die freie weiße Rückseite:

Eröffnung in Kürze
Thos. Kingston

GALANTERIEWAREN UND SPITZEN

VERKÄUFER GESUCHT – AUSKUNFT IM LADEN

Er ging wieder nach vorn, wischte ein Stück des Schaufensters sauber und befestigte das Schild so, daß man es von der Straße aus lesen konnte.

Dann füllte er in der Spülküche den Eimer mit Wasser und machte sich an die selbstgestellte herkulische Aufgabe, den Laden zu säubern. Er wischte mit dem nassen Lappen den Schmutz von Theke und Regalen und spritzte Wasser über den Fußboden, um ihn leichter fegen zu können. Als er den Besen zur Hand nahm, hörte er wieder die gräßliche, rauhe Stimme des alten Clegg, als stünde er neben ihm. «Viel zuviel Staub, Mister! Passen Sie doch auf, Mister, das gibt viel zuviel Staub! Dichter am Boden mit dem Besen, Mister, passen Sie doch auf, sonst verderben Sie ja die ganze Ware!» Clegg, der Stoffeinkäufer bei John Parsons, hatte seine Lehrzeit beherrscht wie ein böser Riese. Mit seinem flachen Hut gleich dem eines Pfarrers und den blutunterlaufenen Augen war er für ihn und David Rawlings, den anderen Lehrling, eine ständige Plage gewesen – besonders nach dem Mittagessen, wenn er aus dem Wirtshaus zurückkam, das Gesicht gerötet, nach Whisky riechend.

Immerhin, er hatte ihnen eine Menge beigebracht. Er hatte jahrelang die Kundschaft studiert – wie ein Fuchs den Hühnerstall. Er verstand die Empfindungen einer Frau schon, wenn sie in den Laden kam. Trotz seiner Plumpheit konnte er einen Ballen Musselin auf eine Art ausrollen, die fast etwas Sinnliches hatte. Oft hatte Thomas mit angesehen, wie er einen Artikel verkaufte, der als Ladenhüter einen Extrabonus wert war, indem er ihn als etwas Besonderes anbot. Manchmal wickelte er so etwas in Seidenpapier ein und bewahrte es unter der Theke auf. «Nun, Madam, da hätten wir hier noch etwas, es war zwar für eine andere Kundin gedacht, aber in diesem Falle ...»

Gelegentlich hatte Thomas sogar fassungslos beobachtet, wie er die gleiche Methode bei einem Artikel anwandte, den die Kundin bereits gesehen hatte. «Einwickeln», hatte Clegg ihm zugemurmelt, während er die Kundin zu einer anderen Theke geleitete. Und Thomas hatte den Schal oder den Druckstoff eingewickelt und zu ihm gebracht, damit er den «Einwickel»-Trick ausführen konnte. «Ach ja», sagte Clegg dann, «da war ja noch dieses wirklich schöne Stück

Seide, das ist mir erst eben wieder eingefallen.» Ganz behutsam, als wäre das Tuch so zart, daß es bei einem festen Zugriff zerfallen könnte, nahm er es aus dem Seidenpapier – und zu Thomas' Erstaunen merkte die Kundin nicht, daß sie es bereits gesehen und zurückgewiesen hatte.

Lügen war Cleggs zweite Natur. Er behauptete immer, eine Ware stamme aus Paris oder Brüssel, auch wenn sie in Wirklichkeit aus Halifax kam. «Sie kaufen nun einmal gern Sachen vom Kontinent», pflegte er zu sagen. «Das gibt ihnen ein angenehmes Gefühl. Ich gebe Damen gern angenehme Gefühle.»

Clegg kam aus einer Geschäftswelt, die sich schnell geändert hatte, aus einer Welt, in der man den Leuten die Ware aufschwatzte und am sofortigen Verkauf interessiert war. «Der Spatz in der Hand, Mister», pflegte er zu sagen. «Vergessen Sie das nicht. Was zählt, ist der Spatz in der Hand.»

Thomas hatte alles gelernt, was Clegg ihn lehren konnte, aber er wollte ein Geschäft ganz anderer Art führen. Er hatte während seiner Lehrzeit den Zusammenbruch mehrerer Läden erlebt – vor allem während der Baumwollknappheit wegen des amerikanischen Bürgerkriegs und der Depression von 1865 –, und er hatte die Gründe für ihren Bankrott untersucht. Er war zu dem Schluß gekommen, daß der wichtigste Pluspunkt für ein Geschäft sein guter Ruf war und daß noch nie ein großes Unternehmen auf der Theorie vom Spatzen in der Hand gegründet worden war.

Zum fünftenmal innerhalb einer halben Stunde holte Thomas in der Spülküche sauberes Wasser und ging mit dem überschwappenden Eimer in den Laden zurück. Da sah er sie auf der Schwelle stehen.

Sie war nicht groß – sie war sogar eher zierlich; aber sie hatte Haltung. Sie stand sehr gerade da und hatte eine hohe Haube auf, die ausglich, was ihr an Körpergröße fehlte. Sie erweckte einen ordentlichen, sauberen Eindruck. Alles an ihr – die Art, wie sie die Hände hielt und die Arme dicht an den Körper preßte, die Neigung ihres Kopfes – war überaus korrekt, fast so, als hätte sie es vor dem Spiegel einstudiert. Sie hatte feine, ein wenig kecke Gesichtszüge und dunkles Haar, das im Nacken unter der Haube fest zu Locken zusammengesteckt war. Ihre Nase und der obere Teil ihrer Wangen waren von Sommersprossen übersät, was sie gewiß bedauerte, obwohl es ihr gut stand – aber wenn sie ein Makel waren, so hatte die Natur sie dafür mit großen, ausdrucksvollen braunen Augen ausgestattet.

Thomas, völlig überrascht durch ihr plötzliches Erscheinen, starrte sie ein paar Sekunden lang an. Er kam sich linkisch vor in seinen Hemdsärmeln, und sie war es, die das Schweigen brach. «Ich bin gerade draußen vorbeigegangen», sagte sie. «Ich habe gelesen, daß Sie Hilfskräfte suchen.» Und sie fügte, fast mit einiger Mühe, wie es schien, hinzu: «Sir.» Sie sprach mit einer gewissen Ehrerbietung, wie es sich gegenüber einem möglichen Arbeitgeber schickte, aber ihr offener Blick strafte ihren Ton Lügen.

«Sie suchen eine Stellung?» fragte Thomas und musterte sie. Sie war sehr jung. Neunzehn, vielleicht. Wahrscheinlich jünger. «Haben Sie Berufserfahrung?»

Sie wußte, was er dachte, wußte auch, welche Wirkung ihre Antwort auf ihn haben würde. «Ich war zwei Jahre bei Shoolbreds angestellt», sagte sie. «Bis vor acht Monaten bei Galanteriewaren, danach in der Stoffabteilung.»

Das war eine gute Referenz, denn kein anderes Geschäft in London besaß einen solchen Ruf wie Shoolbreds in der Tottenham Court Road. Plötzlich merkte Thomas, daß er immer noch den Eimer in der Hand hielt. Er stellte ihn so unbeholfen hin, daß dabei Wasser auf den Boden schwappte. Instinktiv blickte er sich nach einer Sitzgelegenheit für sie um. «Ich fürchte, Miss ...»

«Ramsay», ergänzte sie. «Miss May Ramsay.»

«Miss Ramsay, wie Sie sehen ...»

«Ich stehe ganz gern», sagte sie und sah sich zweifelnd um. «Sie wollen hier ein Galanteriewarengeschäft aufmachen?»

Thomas nickte. «Bänder ... speziell ausländische Bänder ... Spitzen natürlich auch ... und Posamenten und ein wenig Kurzwaren. Das heißt, für den Anfang ... Man muß klein anfangen – um eine gesunde Grundlage für einen weiteren Ausbau zu haben.»

«Weiteren Ausbau?» fragte sie und blickte sich wieder in dem schmutzigen, heruntergekommenen Raum um, während ihr plötzlich klar wurde, daß sie eine empfindliche Stelle bei ihm getroffen hatte.

«Ich habe nicht die Absicht, für den Rest meines Lebens ein so kleines Geschäft zu führen», sagte er, «wenn Sie auch vielleicht glauben, solche Hoffnungen seien verfrüht ...»

«Ehrgeiz kann nicht schaden ... Sir», erwiderte sie.

«Ehrgeizig bin ich in der Tat. Ich habe große Pläne. Ich habe sogar vor, aus diesem kleinen Laden ein großes Kaufhaus zu machen.»

Er blickte sie fest an, herausfordernd, und sah, wie ihr Blick abermals umherschweifte – die abgeblätterte Farbe aufnahm, den noch nicht ganz gereinigten schmutzigen Fußboden, das ganze schäbige Interieur, die Lampenschirme, die schief auf den Gasglühstrümpfen saßen – und dann zu ihm zurückkehrte, wie er mit nassen, schmutzigen Händen vor ihr stand. «Ein großes Kaufhaus», wiederholte sie ausdruckslos. Dann mußte sie laut lachen. Sie beugte sich vor, von einem fast hysterischen Kichern geschüttelt, und hielt beide Hände vors Gesicht.

Thomas sah sie hilflos an, während sie sich zu fassen versuchte. Es war ihr sehr peinlich. Als sie schließlich wieder sprechen konnte, sagte sie: «Entschuldigen Sie, bitte ... es ist nur ...»

«Schwer, sich das vorzustellen?» Er sprach in sanftem Ton, begleitet von der Andeutung eines Lächelns.

Sie nickte. «Ja ... ein bißchen schon ...»

Das Lächeln schwand aus seinem Gesicht. «Wenn Sie bei mir arbeiten wollen, Miss Ramsay, müssen Sie Phantasie haben. Nichts ist je ohne Vorstellungskraft geschaffen worden. Vielleicht darf ich Sie daran erinnern, daß auch Shoolbreds einmal klein angefangen hat.»

Ihre großen Augen wurden noch größer. «Sie glauben, Sie können ein so großes Geschäft aufbauen wie Shoolbreds?»

«Ein noch größeres.» Thomas forderte sie dazu heraus, noch einmal zu lachen. «Ein noch viel größeres.»

«Als Shoolbreds? Ein größeres als Shoolbreds gibt es doch gar nicht.»

«Kingstons wird es aber sein. Schon vom Ansatz her. Wissen Sie eigentlich, Miss Ramsay, daß es in New York ein Warenhaus namens Stewart's gibt, das über hundert Abteilungen hat? Ein riesiges Warenangebot – und alles unter einem Dach ... außer Lebensmitteln. Aber darin wird sich Kingstons unterscheiden ... Wir werden nämlich irgendwann auch Lebensmittel verkaufen.»

«In einem Textilgeschäft?»

In einem Kaufhaus. Wir werden Milch und Kohle verkaufen und Fleisch und Möbel und Kleider und Spielzeug und ...»

Sie starrte ihn unverwandt an, während er sprach, und unterdrückte einen neuerlichen Lachanfall – die Vorstellung, daß ein Textilhändler Fleisch verkaufen wollte, war einfach zu lächerlich.

«Miss Ramsay ...» Er sprach in behutsamem, geduldigem Ton, fast wie zu einem Kind. «Die Welt verändert sich. Noch vor siebzig Jahren gab es Wegelagerer drüben in der Gegend von Knightsbridge. Eine Fahrt vom Hyde Park nach Kensington war so gefährlich, daß man sie nur in einer Gruppe und unter Bewachung unternahm ... Und sehen Sie sich an, wie es jetzt ist. Jetzt stehen hier Belgrave Square und Eaton Place und Wilton Crescent mit ihren vornehmen Häusern. Noch vor dreißig Jahren konnten Sie vom Land nur mit der Postkutsche, mit einer Equipage oder zu Pferde nach London kommen. Heute können Sie mit dem Zug fahren. Haben Sie sich mal überlegt, was das bedeutet? Ein Besuch in London von Berkshire oder Sussex aus ist jetzt eine ganz einfache Angelegenheit ... Leute, die noch näher wohnen, etwa in Hampstead oder Streatham, können jetzt mitten in London einkaufen und zum Tee wieder zu Hause sein ... Aber die meisten Läden werden immer noch so geführt, als wohnte die Kundschaft gleich um die Ecke. Einige wenige beginnen aufzuwachen, aber es geht alles langsam, weil der Mensch natürlich noch die Scheuklappen der Vergangenheit trägt ... Sie selbst wollen ja auch nicht glauben, daß Damen Fleisch kaufen könnten in einem Geschäft, das auch Textilien anbietet, aber sie werden es tun, Miss Ramsay, ich versichere es Ihnen ... Schließlich ... warum sollten sie in verschiedene Läden gehen, wenn sie alles an ein und demselben Ort kaufen können? Und was die Leute angeht, die wirklich weit entfernt wohnen, zum Beispiel in Yorkshire ...»

«Sie rechnen mit Kundschaft aus Yorkshire?» rief sie erstaunt. «Hier in der Sloane Street?»

«Aber gewiß doch», antwortete er. «Wir schicken ihnen Listen von allem, was unser Kaufhaus zu bieten hat. Dann können sie alles, was sie brauchen, per Post bestellen, und es wird umgehend an sie abgeschickt ...» Er hielt ein wenig verlegen inne. «Bitte, entschuldigen Sie», sagte er. «Das ist mein Lieblingsthema – manchmal lasse ich mich von meiner eigenen Begeisterung hinreißen ...»

«Von Ihren Traumvorstellungen?» Sie lächelte, und plötzlich bemerkte er ihre braunen Augen. Sie lachte wieder über ihn, diesmal etwas freundlicher, aber es ärgerte ihn. Er war schließlich ein Arbeitgeber, auch wenn er noch nie jemandem Arbeit gegeben hatte. Allerdings hatte er zu ihr nicht wie ein Arbeitgeber gesprochen, sondern wie zu einem anderen jungen Menschen, was er natürlich nicht hätte tun sollen. Außerdem fühlte er sich in seiner unvollständigen Kleidung im Nachteil.

Seine Stimme klang kühler, als er die Initiative zurückzugewinnen versuchte. «Miss Ramsay, darf ich Sie fragen, weshalb Sie ein so renommiertes Haus wie Shoolbreds zu verlassen gedenken?»

«Ich habe es schon verlassen ...» Sie zögerte, dann setzte sie hinzu: «Ich konnte nicht länger bleiben ... aus persönlichen Gründen ... Sir.»

«Dann haben Sie aber gewiß ein Zeugnis.»

Sie wandte das Gesicht ab, dann sah sie ihn wieder geraden Blicks an. «Nein.»

Das erklärte, weshalb sie auf seine Anzeige im Fenster reagiert hatte, anstatt sich vielleicht in einem der größeren Geschäfte zu bewerben. «Können Sie mir dann irgend jemanden nennen, an den ich mich bei Shoolbreds wenden kann?» entgegnete Thomas. «Eine Empfehlung ist schließlich wichtig.»

«Das hätte keinen Zweck», antwortete sie. «Man würde Ihnen keine geben.»

«Ja, aber ... Sie müssen doch einsehen ...»

«Ich kann Ihnen versichern», entgegnete sie, wieder sehr selbstbewußt jetzt, «daß ich nicht wegen Diebstahls entlassen wurde, falls Sie daran gedacht haben sollten ... Sir.»

«Der Gedanke ist mir gar nicht gekommen», sagte er – und damit sprach er die Wahrheit. «Aber Sie müssen doch verstehen, ich weiß nichts über Sie, und –»

«Und *ich* weiß nichts über *Sie*, Sir!» Plötzlich war sie zornig, und ihre Augen blitzten. «Sie stehen hier in diesem schmutzigen kleinen

Laden herum! Auch haben Sie, soviel ich mich erinnere, noch nichts von dem Lohn gesagt, den Sie zu bieten haben.»

«Der Lohn, den ich einem passenden Bewerber zu bieten habe», sagte er langsam, «beträgt dreißig Pfund pro Jahr.»

«Dreißig Pfund?» wiederholte sie entsetzt.

«Und Unterhalt, natürlich. Ich werde noch eine Verkäuferin einstellen. Mit ihr könnten Sie sich oben ein Zimmer teilen ...»

«Das werde ich nicht», erwiderte sie zornig. «Bei Shoolbreds bekomme ich siebenunddreißig Pfund, unter dem mache ich es nicht.»

«*Bekamen* Sie, Miss Ramsay», erinnerte sie Thomas trocken. «Ich kann es mir nicht leisten, mehr zu zahlen – zumindest nicht im Anfang –, und ich halte es für einen vernünftigen Lohn.»

«Vernünftig? Absurd, würde ich sagen. Es hat keinen Zweck, daß ich weiter Ihre Zeit verschwende – ich überlasse Sie Ihren Zukunftsvorstellungen, Sir!»

Sie drehte sich um und rauschte in dem Stil hinaus, den er von Anfang an bei ihr bemerkt hatte.

Plötzlich wirkte der Laden wieder leblos, und Thomas fühlte sich bedrückt und einsam. Er suchte Trost in der Arbeit, warf den Lappen in den Eimer, wrang ihn aus und machte sich daran, den Schmutz von den Regalen zu schrubben. Plötzlich hörte er wieder ihre Stimme: «Sir ...»

Er richtete sich langsam auf, fragte sich einen Augenblick, ob er es sich nur eingebildet hätte, und wandte sich um. Sie stand auf der Schwelle. «Geben Sie eine Verkaufsprovision?» fragte sie.

«Natürlich», antwortete er.

«Dann nehme ich die Stelle an.»

«Aber Miss Ramsay, ich habe sie Ihnen noch gar nicht angeboten.»

«Vertrauen Sie mir, Sir, so, wie ich Ihnen vertrauen muß. Sie werden feststellen, daß ich eine gute und fleißige Verkäuferin bin. Ich kenne mich im Galanteriewarengeschäft aus und besitze Erfahrungen, die Ihnen in einem Viertel wie diesem von Nutzen sein könnten. Ich kenne mich auch ein wenig in der Buchführung aus, was vielleicht ebenfalls nützlich ist ... Wo kann ich das hinhängen, damit es nicht zu staubig wird?»

Sie knöpfte ihren Umhang auf, ließ ihn von den Schultern gleiten und hielt ihn Thomas hin. Sprachlos nahm er ihn entgegen, und da er nicht wußte, was er sonst damit anfangen sollte, ging er in die Spülküche und hängte ihn an einen Haken hinter der Tür.

Als er in den Laden zurückkam, fegte sie schon den Fußboden.

2

Es regnete heftig am Sonntag, als Thomas sich von seinem Laden losriß, um die Wilsons zu besuchen. Aber er war in guter Stimmung, denn in den letzten drei Tagen hatte er eine Menge erreicht – erstaunlich, in so kurzer Zeit. Die Anstreicher sollten am Montag mit der Arbeit anfangen. Ein Schildermaler war mit der Ausführung des Firmenschilds an der Fassade beauftragt worden. Er hatte einen Linoleum-Fußbodenbelag bestellt – trotz einer hitzigen Auseinandersetzung mit May Ramsay, die energisch für einen Teppichbelag plädierte. Sie war, wie er feststellen konnte, eine Person, die zu fast allem eine festgefügte Meinung hatte, doch ihre Begeisterung für den Laden, die der seinen fast gleichkam, war ermutigend.

Er hatte Kisten mit Glanztuchüberzug für sein Warenlager gekauft, hatte eine neue Verkaufstheke und einige neue Regale bestellt und einen größeren Vorrat an Preisschildern, Nadeln, Bindfaden und Einwickelpapier erworben. Sogar eine Büchse «Griffith's Glas- und Plattenpolitur» hatte er gekauft, ein Produkt, mit dem er wohlvertraut war, denn das Reinigen der großen Schaufensterscheiben bei John Parsons hatte während ihrer Lehrjahre zu seinen und David Rawlings' unangenehmsten Pflichten gezählt.

Am teuersten war der Kauf von zwei reflektierenden Burrows-Schaufensterlampen gewesen – May hatte diese Ausgabe angesichts seiner Einstellung zu einem Teppichbodenbelag für extravagant gehalten. Doch Thomas war der Ansicht, daß die Zurschaustellung einer Ware zu den wichtigsten Erfordernissen eines Geschäfts gehörte, und es erstaunte ihn immer wieder, daß so viele Leute deren Wert unterschätzten. «Es kommt vor allem darauf an», sagte er zu ihr, «daß die Ware den Kunden anspricht ... Diese Lampen werden die Farben der Bänder hervorheben und dem Samtzeug einen besonderen Glanz verleihen.»

Er hatte eine zweite Verkäuferin eingestellt, gegen die May Ramsay vermutlich etwas einzuwenden hatte, weil sie beträchtlich älter war als sie – und auch als Thomas –, aber er brauchte jemanden mit großer Erfahrung. Grace Stewart arbeitete seit zwanzig Jahren als Verkäuferin in der Textilbranche. Sie war etwa fünfunddreißig Jahre alt. Ihr Mann hatte sie verlassen, und für ihr Kind sorgte während der Arbeitszeit eine Freundin.

Sie kannte sich im Warenangebot aus, und Thomas glaubte, daß sie vor allem die ältere Kundschaft ansprechen würde – was zu seinem erleichterten Staunen auch May Ramsay meinte, obwohl er sie nicht ausdrücklich um ihre Meinung gebeten hatte.

Das vorerst letzte Mitglied der Kingston-Mannschaft war ein vierzehn Jahre alter Cockneyjunge namens Albert Brown – ein richtig kleiner Junge noch, mit wirrem Haar und einem zerknitterten Gesicht, der als Botenjunge arbeiten und in einer winzigen Kammer auf dem Dachboden schlafen sollte.

Es regnete noch stärker, als der Pferdebus King's Cross erreichte, und Thomas rannte, so schnell er konnte, den York Way entlang bis zur Copenhagen Street Nr. 12. Auf sein stürmisches Klopfen öffnete Onkel Jack die Tür und lächelte, als er seinen Neffen erblickte, dem der Regen vom Rand seines Zylinders rann. «Na, dann komm mal schnell rein ins Trockene, Thomas», sagte er.

Thomas hängte seinen nassen Mantel und den Hut an den Kleiderständer und folgte seinem Onkel durch die Diele ins Wohnzimmer. Seit zehn Jahren war dieses Haus seine zweite Heimstatt. Wann immer er sich von seiner Arbeit bei Parsons hatte freimachen können – gewöhnlich an einem Sonntagnachmittag wie heute –, war er von den beiden freundlichen Alten liebevoll willkommen geheißen worden. Onkel Jack Wilson war ein im Ruhestand lebender ehemaliger Drucker, der es in seinem Beruf zu etwas gebracht hatte. Tante Dolly war die Schwester von Thomas' Vater, der qualvoll langsam an der Schwindsucht gestorben war, als Thomas gerade das zwölfte Lebensjahr erreicht hatte. Da das Geld immer knapp gewesen war und es ohnehin zu viele Esser auf dem Hof gab, hatte Onkel Jack vorgeschlagen, Thomas sollte nach London kommen und bei Parsons in die Lehre gehen. John Parsons war Mitglied in seiner Freimaurerloge, und er hatte ein gutes Wort für ihn eingelegt.

Thomas erinnerte sich noch deutlich an den Abend, als er, von Quainton kommend, in London eingetroffen war. Er hatte etwas unsicher in dieser Diele gestanden und den Geruch von Bratheringen geschnuppert. Tante Dolly hatte die Arme um ihn gelegt und ihn ganz fest an ihr Seidenkleid gedrückt, das stark nach Lavendel duftete. Dann hatte sie ihn an den Schultern gefaßt und ein Stück von sich gehalten, damit sie ihn richtig ansehen konnte, und gesagt: «Es gibt Brathering zum Tee. Jungens mögen doch Brathering, oder?» Und er hatte strahlend gelächelt und geantwortet: «Ich auf jeden Fall, Tante.»

Er hatte die Nacht dort verbracht, in einer kleinen Kammer unter den Dachbalken, und das Gefühl gehabt, daß nichts schiefgehen könnte. Und wenn doch etwas schiefging, dann konnte er immer noch in diesen schoßgleichen Hafen zurückkehren, zu seiner Tante, die nach Lavendel duftete, und zu dem weichen Bett und zu dem Geruch von Bratheringen oder Würsten und Eiern mit Speck, oder was Tante Dolly sonst noch Köstliches zuzubereiten wußte, das Jungen mochten. Später dann schlief er natürlich über dem Laden von John Parsons, und er mußte, mit Hilfe von Mr. Clegg, die Erfahrung machen, daß recht vieles schiefgehen konnte; doch der Sonntagsnachmittagstee bei den Wilsons hatte alles erträglich gemacht. Gelegentlich hatte er David, den anderen Lehrling, mitgebracht, aber meistens war er allein gekommen.

Als Thomas das vertraute Wohnzimmer mit den Gemälden von Schlachtszenen an den Wänden betrat, sah er zu seiner Überraschung Lillian auf dem Sofa sitzen – eine ganz andere Lillian als der kleine Teenager, den er schon so lange kannte. Jetzt, das blonde Haar zurückgekämmt und in einem modischen Langettenkleid, wirkte sie erwachsen, schön und elegant.

«Hallo, Thomas», sagte sie, belustigt über sein Erstaunen und besonders darüber, daß er nicht recht zu wissen schien, wie er sie begrüßen sollte. «Gib mir schon einen Kuß. Wir sind mehr oder weniger Cousins.»

«Eher weniger als mehr», erwiderte er, während er ihre Wange mit der seinen berührte. Lillian war Onkel Jacks Nichte und nicht mit Thomas blutsverwandt.

«Deiner Tante Dolly geht es leider nicht sehr gut», sagte Onkel

Jack, «deshalb ist Lillian von Buckingham heruntergekommen, um im Haus zu helfen, bis es ihr wieder besser geht. Vielleicht nehmen wir zuerst den Tee, dann kannst du hinaufgehen und Dolly begrüßen. Sie will sicher gern wissen, wie du mit deinem Laden vorankommst.»

Lillian ging hinaus, um den Tee zu holen, da das Mädchen an diesem Nachmittag frei hatte, und Jack erkundigte sich sogleich nach Thomas' Fortschritten. «Glaubst du, du kommst mit dem Kapital aus?» fragte er. «Jetzt, wo du so viele Ausgaben hast?»

«Ich denke schon», sagte Thomas, «wenn es natürlich auch ohne deine Hilfe nicht möglich gewesen wäre. Das war sehr lieb von dir, Onkel Jack.»

«Ach, Unsinn.» Jack Wilson wimmelte alle Dankbarkeitsgefühle mit der Pfeife in der Hand ab. «Ich glaube, es ist eine gute Investition.»

Lillian kam mit einem Tablett zurück, ganz lässig-beschwingte Anmut, und Thomas lächelte bei dem Gedanken, was für ein linkisches Mädchen sie einmal gewesen war. Sie erriet, was er dachte. «Auch du bist erwachsen geworden, weißt du», sagte sie, während sie den Tee eingoß. «Wie ich höre, machst du endlich dein Geschäft auf. Seit Jahren höre ich, Thomas hat zweihundert Pfund gespart, dann dreihundert, dann vierhundert ... mir war nie klar, wie du das gemacht hast. Zauberei, vielleicht? Oder gar ein finsteres Verbrechen?» Ihre neckenden blauen Augen verwirrten ihn, und er blickte weg.

«Es blieb mir nicht viel Zeit zum Geldausgeben», sagte er, «bei den Arbeitszeiten, die wir hatten ... Und nach der Lehre fiel mir das Sparen nicht schwer.»

«Wirklich nicht?» fragte Onkel Jack, die Pfeife zwischen den Zähnen, und Rauchwölkchen stiegen aus seinem Mund. «Du hast dir doch alles versagt – und das weißt du genau.»

«Ach ... die paar Jahre», sagte Thomas in einem Ton, der fast wie eine Entschuldigung klang.

«Alles, was du seit deinem dreizehnten Lebensjahr getan hast, war berechnet, geplant für den Tag, an dem du deinen eigenen Laden aufmachen konntest – und das ist nur das erste Stadium, oder? Du willst ein reicher Mann werden, Thomas, nicht wahr?»

«Wirklich?» sagte Lillian. «Sollte ich mich vielleicht an ihn halten, Onkel Jack? Könnte er mir ein Leben in Luxus bieten?»

«Ich hoffe, das Geschäft wird sich entwickeln», sagte Thomas. «Ich will jedenfalls nie mehr arm sein ... wie das ist, habe ich zu Hause gemerkt, als Vater starb.» Und einen qualvollen Augenblick lang wurde er blaß, wie immer, wenn er an den Tod seines Vaters dachte. An die Nächte mit dem endlosen Husten, und dann das Wissen, daß kein Mensch etwas tun konnte, bis er schließlich vor seinen Augen gestorben war, als er, Thomas, ihm gerade eine Tasse Tee brachte, die seine Mutter gemacht hatte – der plötzlich aufgerissene Mund in dem grauen Gesicht. Das war der Winter, den er mit allen seinen schrecklichen Einzelheiten nie vergessen würde. Seine Mutter sagte immer, es gebe viele, die schlimmer dran seien als sie. Sie hätten ja den Hof, sagte sie. Aber es war Januar, und Vater hatte tief in Schulden gesteckt. Thomas hatte nie herausbekommen, wie sie sich die Gerichtsvollzieher vom Leibe gehalten hatte bis zum Frühjahr, als wieder ein wenig Geld da war.

Nach dem Tee ging Thomas zu seiner Tante hinauf. Sie lag auf dicke Kissen gebettet da. Sie sah angegriffen aus, aber in ihren Augen war das alte Funkeln, und sie lächelte, als sie ihn erblickte. «Was für Bänder wirst du in deinem Laden verkaufen?» fragte sie.

«Bänder aller Art. Hauptsächlich französische.»

«Was wird jetzt am meisten gekauft – Samt?»

«Ja – bunte Samtbänder. Die modischen Damen knüpfen sie zu Halbrosetten oder Schneckenschleifen, die unter den Ohren getragen werden. So hört man zumindest aus Paris ... Rot – rot in allen Farbtönungen, von Rosa bis Pflaumenrot.»

«Wie seltsam», sagte sie. «Rot ist so aggressiv.»

Plötzlich schien sie zusammenzufallen, und Lillian, die mit heraufgekommen war, machte ihm ein Zeichen mit dem Kopf. «Du siehst müde aus, Tante», sagte Thomas, «deshalb gehe ich jetzt am besten und besuche dich bald wieder.»

In der Diele fragte er Lillian: «Wie lange geht es ihr schon so?»

«Seit etwa drei Wochen.»

Er verabschiedete sich von seinem Onkel, und Lillian begleitete ihn zur Tür. «Ich würde gern deinen Laden sehen», sagte sie. «Wann willst du ihn eröffnen?»

«Übernächste Woche – wenn alles gutgeht.» Er beugte sich vor und küßte die Wange, die sie ihm bot, zog seinen Mantel an, setzte den Hut auf und schritt dann, seltsam beunruhigt, die Copenhagen Street hinunter.

Aus einem Impuls heraus nahm er einen Pferdebus nach Ludgate Hill und ging zum Personaleingang von John Parsons, in der Hoffnung, David Rawlings anzutreffen. Und tatsächlich, obwohl es Sonntagnachmittag war, lag er auf seinem Bett und hatte ein Buch in den Händen.

Der Regen hatte aufgehört, und so gingen sie ein Stück die Themse entlang und suchten dann ein Lokal am Strand auf. Sie kamen gut miteinander aus. Sie hatten zusammen bei Parsons angefangen, hatten zusammen Mr. Clegg über sich ergehen lassen, hatten einander geholfen an Samstagabenden, wenn die Erschöpfung einem die letzten Energiereserven raubte. Denn das Geschäft war gewöhnlich bis nach Mitternacht geöffnet, und das Aufräumen, nachdem der letzte Kunde gegangen war, hatte oft ein bis zwei Stunden in Anspruch genommen.

«Wie ich gehört habe, wollen die Verkäufer in Paris wegen der langen Arbeitszeit streiken», sagte Thomas.

«Sie werden nichts erreichen», meinte David. «Höchstens ihre Entlassung.»

Thomas blickte seinen Freund an, dem das blonde Haar in die Stirn fiel. Wie typisch für David, diese Haltung, diese negative Einstellung zu einer Sache, die, wie sie beide aus langer Erfahrung wußten, viel für sich hatte. Viele einflußreiche Leute hatten sich schon gegen die langen Arbeitszeiten in Geschäften gewandt, und es wurden immer mehr. Aber David war nun einmal von Natur aus ein wenig negativ, das genaue Gegenteil von Thomas. Deshalb waren sie wohl auch so gute Freunde.

«Vielleicht erreichen sie ja etwas», sagte Thomas. «Zumindest haben sie es versucht. Noch ein Porter?»

Als Thomas zurückkam, stellte er die beiden Krüge auf den Tisch. «Na denn – auf Kingstons», sagte David und nahm einen langen Schluck. «Darauf trinke ich auch», sagte Thomas mit einem Lächeln.

«Mein Vater hat mich neulich gefragt, ob ich nicht auch mein eigenes Geschäft aufmachen möchte», sagte David plötzlich. «Er würde mich finanziell unterstützen, hat er gesagt. Ich war erstaunt.»

«Und was hast du geantwortet?»

«Ich habe ihm gedankt und gesagt, ich würd's mir überlegen.»

«Du willst wohl erst sehen, wie es mir ergeht, ehe du dich dranwagst, was?»

«Du bist dafür geschaffen, Thomas», sagte David ernst. «Aber ob ich das auch bin, weiß ich nicht.»

«Du wirst es nie wissen, wenn du's nicht versuchst.» Thomas trank seinen Krug leer und stand auf. «Ich muß gehen. Ich habe morgen einen schweren Tag.»

3

Thomas eröffnete sein Geschäft am 16. September, einem Donnerstag, um drei Minuten vor zehn Uhr – fast anderthalb Stunden zu spät. Genaugenommen war es sogar eine Verspätung von zwei Tagen, denn eigentlich hätte schon am Dienstag mit dem Verkauf begonnen werden sollen, aber als sich herausstellte, daß dies unmöglich war, hatte er sich widerwillig damit abgefunden. «Was sind schon zwei Tage für ein Großkaufhaus, das noch in hundert Jahren existieren wird?» hatte May Ramsay gemeint. Thomas hatte ihr einen kurzen Blick zugeworfen, doch obwohl er wußte, daß sie es spöttisch meinte, hatte er in ihren großen braunen Augen keine Belustigung sehen können.

Sie hatten alle schwer arbeiten müssen beim Auslegen und Auszeichnen der verschiedenen Waren – Handschuhe, Besatz, Spitzen, Bänder, Federn, Blumen, Halstücher, Nähmaterial und all der anderen Kurzwarenartikel. Das Auslegen der Seiden- und Baumwollfäden in der ganzen breiten Farbskala, die sie von jetzt an zur Verfügung haben mußten, hatte besondere Mühe gekostet. Das Aufbrechen der Pfundpakete, in denen sie geliefert wurden, und das Herausnehmen der Stränge, die man einer Kundin verkaufen konnte, nahm Stunden in Anspruch.

Grace Stewart zeigte sich besonders geschickt beim Aufwickeln des Fadens um ein Yardmaß, das mit zwei Lederschlingen an der Theke befestigt war, denn sie hatte jahrelange Erfahrung. Dennoch war es eine ermüdende Arbeit, und May Ramsay hatte sie abgelöst. Sogar Albert hatte sich, von den beiden Damen angespornt, daran versucht, sich aber so ungeschickt dabei angestellt, daß er bald von dieser Pflicht entbunden wurde.

Thomas war während dieser letzten Tage oft unterwegs, um noch weitere Ware einzukaufen, fand aber noch Zeit, sich um die Schaufensterdekoration zu kümmern, die er als seine alleinige Aufgabe betrachtete. Er hatte das Aufstellen seiner teuren reflektierenden Burrows-Lampen überwacht, hatte genau ihren Effekt beobachtet und den Installateur dreimal zu einer anderen Anordnung veranlaßt.

Spät am Mittwochabend, nach einem letzten Besuch bei den Kommissionären, kehrte Thomas mit noch mehr Waren in einer vierrädrigen Droschke zum Laden zurück. Aufgeregt war er hineingeeilt, mit einem großen Karton unter dem Arm, den er auf die Theke stellte und aufriß. «Sehen Sie sich das an, direkt aus Paris», sagte er zu May Ramsay. «Fühlen Sie mal diesen beidseitig bearbeiteten Satin!» Er zog ein Stück Band von der Rolle und legte es sich schwungvoll über die Hand, wie er es Clegg so oft hatte tun sehen. «Wie finden Sie das? Man nennt es *grosse faille* – eine gerippte Seide wie Grogram, aber schwerer, viel mehr Körper. Mit der Perllitze sieht es doch gut aus, finden Sie nicht? Sie werden Meter davon verkaufen.»

May reagierte, wie er es erwartet hatte, und lobte die Qualität. Grace Stewart sagte, die Bänder seien sehr fein, aber Thomas merkte ihrem Ton eine gewisse Kühle an. Sogar Albert, obschon nicht gefragt, rühmte die schönen Farben.

Während sie die anderen Kisten öffneten, die Albert aus der Droschke hereintrug, begann Thomas noch einmal das Schaufenster umzudekorieren, mit dem er sich solche Mühe gemacht hatte: er nahm einige Artikel heraus und machte Platz für seine neuen Einkäufe, alle in verschiedenen Rottönen mit leicht schockierenden Namen wie «Sultanin» oder «Luzifer», und ordnete die Bänder in langen, geschlungenen Schleifen um ein Plakat herum an, auf dem stand «Neu aus Paris».

Als er fertig war, mußte May alles stehen- und liegenlassen und auf den Bürgersteig hinaustreten, um sein Werk zu bewundern. «Man kann doch kaum an dem Schaufenster vorübergehen, ohne den Wunsch zu verspüren, etwas zu kaufen, oder?» fragte er.

«Nein», gab sie zu. «Zumindest nicht als Dame mit Geschmack.»

Sie fand ihr Verhältnis zu Thomas ein wenig verwirrend. Oft behandelte er sie fast wie seinesgleichen, sogar wie eine Partnerin, und teilte seine Begeisterung mit ihr. Aber bei anderen Gelegenheiten kehrte er den Arbeitgeber heraus und sprach in scharfem Ton mit ihr – vor allem dann, wenn sie sagte, wie man dieses oder jenes bei Shoolbreds gemacht hatte. Das veranlaßte ihn unweigerlich zu einer gereizten Erwiderung. «Wir sind hier nicht bei Shoolbreds, Miss Ramsay. Shoolbreds gehört der Vergangenheit an. Die Zukunft heißt Kingstons.»

Sie arbeiteten an diesem Abend bis Mitternacht und waren alle um halb sechs schon wieder auf den Beinen. Während sie schläfrig im Hinterzimmer um den Tisch herum beim Frühstück saßen, begann das Stückchen Himmel, das sie durch das Fenster sehen konnten, gerade erst hell zu werden. Es ging ziemlich schweigsam zu, bis Thomas plötzlich das Wort ergriff.

«Sie haben alle fleißig gearbeitet», sagte er, «und ich danke Ihnen dafür ... Jetzt möchte ich uns noch einmal wiederholen, was ich Ihnen über unsere Verkaufspolitik gesagt habe, denn das halte ich für äußerst wichtig ... Unsere Branche steht in keinem guten Ruf. Deshalb wird es in diesem Geschäft keine Schwindelverkäufe geben, keine Marktschreierei, keinen Nachlaß bei einem angestaubten Artikel. Wir verkaufen Waren von höchster Qualität zu vernünftigen und genau ausgezeichneten Preisen. Der Kunde erhält für sein Geld einen ehrlichen Gegenwert. Und niemals wird einer Kundin etwas aufgeschwatzt. Ist das klar? Und wenn eine Kundin nichts kaufen will, muß sie das Gefühl haben, daß sie den Laden ohne jede Peinlichkeit wieder verlassen kann.»

Fast vier Stunden später, kurz bevor sie aufmachten, ging Thomas über die Straße, um sich seinen Laden von der anderen Straßenseite aus anzusehen – den frischen Anstrich, das Rot der Bänder im Schaufenster und seinen Namen in großen goldenen Lettern auf dem Firmenschild. Als er zurückging, sah er eine Dame unschlüssig vor der Tür stehen. «Darf ich Sie einladen, hereinzukommen, Madam?» fragte er.

«Dann haben Sie also schon geöffnet?»

«Das haben wir – ein bißchen spät allerdings, aber es ist unser erster Morgen.»

Sie war in den Vierzigern, unverheiratet, wie Thomas vermutete, und hatte lebhafte Augen, die ihn an Tante Dolly erinnerten. «Dann bin ich Ihre erste Kundin?» Die Vorstellung schien sie zu entzükken.

«Das sind Sie, Madam.»

«Wie entzückend! Dann müßte ich eigentlich eine Rede halten oder ein Gebet sprechen.»

«Das wäre sehr freundlich von Ihnen, aber Ihre guten Wünsche würden mir schon genügen.»

Er geleitete sie in den Laden, und sie blickte sich mit strahlendem Lächeln um. «Das sieht wirklich sehr schön aus. Ich glaube, Sie werden hier ein gutes Geschäft machen.» Sie war auf der Suche nach einem Stück Haubenband, und sie war des Lobes voll über das reiche Angebot, vor allem, was die neuen Sachen aus Paris betraf, die sie zwar ein wenig zu teuer fand, aber doch der Qualität angemessen. Er bediente sie gerade persönlich, als ein Mann den Laden betrat und etwas zu May Ramsay sagte. Thomas entschuldigte sich für einen Moment und überließ die Kundin der Obhut von Grace Stewart.

Der Besucher hieß Theodore White. Er war groß und blaß und hager – ein Mann von ungefähr fünfundvierzig Jahren mit kahlem Kopf und hohlen Wangen. «Ich habe das Herrenbekleidungsgeschäft ein paar Häuser weiter», sagte er, nachdem er sich vorgestellt hatte. «Sicher haben Sie den Laden schon gesehen. Wir haben auch eine kleine Tuchabteilung. Ich bin nur vorbeigekommen, um Ihnen meine besten Wünsche auszusprechen. Ich fürchte, Sie werden sie brauchen.»

«Wie bitte?» fragte Thomas verwirrt.

«Vielleicht steht es mir nicht zu, darüber zu sprechen», fuhr Mr. White fort, «aber Ihre Schaufenster … na ja …» Er hielt inne, als könnte er es nicht über sich bringen, fortzufahren.

«Sie sind vielleicht ein wenig modern», meinte Thomas, der den ziemlich langweilig wirkenden Laden, dessen Besitzer White offenbar war, natürlich bemerkt hatte.

Thomas' düster gestimmter Besucher wiegte traurig den Kopf hin und her. «Ich glaube, Sie haben sich einige von diesen neuen amerikanischen Ideen in den Kopf setzen lassen, aber wir sind hier in London. Hier ist man für ein ordentliches, würdiges Geschäftsgebaren, wie es die Kundschaft von uns erwartet. Ich muß gestehen, Ihre Einstellung stimmt mich nicht gerade optimistisch.»

«Nun, ich werde mein Äußerstes tun, um Sie zu überzeugen, Sir», sagte Thomas. «Jetzt wollen Sie mich bitte entschuldigen ...» Er ging zu der Kundin und zu Grace Stewart zurück, denn er hatte gemerkt, daß es da Schwierigkeiten gab. «Es tut mir leid, Madam», sagte Grace gerade in entschiedenem Ton, als Thomas näher kam. Die Dame wandte sich an ihn. «Das ist mir sehr peinlich», sagte sie. «Ich bin heute morgen offenbar ohne einen Penny aus dem Hause gegangen, und ich bräuchte das Band, weil ich heute nachmittag zum Tee eingeladen bin, und –»

«Bitte, machen Sie sich keine Sorgen, Madam», sagte Thomas. «Um welchen Artikel handelt es sich, Miss Stewart?»

«Vier Yards Band.» Das war die übliche Länge für eine Haube, und sie hatte sie schon in Papier eingewickelt. «Ich habe der Dame erklärt, Mr. Kingston –»

«Schon gut.» Thomas wandte sich wieder an die Kundin. «Das ist ein Versehen, das jedem passieren kann. Nehmen Sie, bitte, die Ware mit und bezahlen Sie sie, wenn Sie das nächste Mal vorbeikommen.»

Die Dame seufzte erleichtert auf. «Sie sind sehr freundlich. Das werde ich gleich morgen tun. Hätten Sie gern meinen Namen und meine Adresse?»

«In der Tat, Madam», erwiderte Thomas, «aber nur, damit ich meine erste Kundin in unseren Annalen vermerken kann.»

Sie hieß Miss Godfrey, und Thomas begleitete sie zur Tür und drückte ihr die Hand, die sie ihm mit einem freundlichen Kopfnikken hinstreckte. «Dann – *au revoir*», sagte sie lächelnd.

«Die sehen Sie sicher nicht wieder», bemerkte Grace Stewart trocken, als er zur Theke zurückkam.

Sie erlebten einen recht geschäftigen Morgen. Mehrere Leute waren offensichtlich nur gekommen, um sich den neuen Laden, der im Viertel einiges Interesse erweckt hatte, von innen anzusehen, aber die meisten verließen ihn nicht, ohne etwas gekauft zu haben. Um die Mittagszeit fuhr Arthur Stockton, einer der Kommissionäre, in einem Gig vor, stellte sich breitbeinig in die Mitte des Ladens und nickte wohlgefällig. Es schien ihm zu gefallen, was er sah. «Sie wissen, was Sie wollen, junger Mann», sagte er leutselig. «Breit gefächertes Angebot. Schon Kundschaft. Ich seh's immer gern, wenn es lebhaft zugeht. Gibt nichts Schlimmeres als einen Laden ohne Kunden. Der alte Mr. Shoolbred konnte das nicht ausstehen. Er hat die Kunden buchstäblich aufgehalten, wenn im Geschäft nichts los war, er hat sich einfach zwischen Kundin und Tür gestellt und die Dame in ein Gespräch verwickelt – über Politik, Wetter, Mode, Kinder, was ihm gerade einfiel –, so lange, bis neue Kundschaft kam.»

Thomas sah May Ramsay lächeln, als der Name Shoolbreds fiel, und er glaubte schon, sie werde etwas sagen, aber sie wollte offenbar in der Öffentlichkeit keine provozierende Bemerkung machen, und er war ihr dankbar dafür. Er mochte Arthur Stockton nicht, aber seine Ware war gut. Und es schmeichelte Thomas auch, daß er sich die Mühe gemacht hatte, ihn in seinem kleinen Laden aufzusuchen.

«Sie können sich immer auf mich verlassen, junger Mann», fuhr Stockton fort. «Wenn Sie Schwierigkeiten haben, kommen Sie zu Arthur Stockton. Ich stehe einem Freund immer gern hilfreich zur Seite. Ich bin seit dreißig Jahren in der Branche tätig, und wenn ich da nicht einiges gelernt hätte, müßte ich ja beschränkt sein, nicht? Nun, ich muß gehen. Viel Glück, junger Mann. Einen guten Morgen, die Damen.» Und ehe jemand etwas erwidern konnte, war er draußen und kletterte auf sein Gig mit einer Behendigkeit, die man ihm bei seiner Korpulenz nicht zugetraut hätte.

Kurz darauf traf Lillian mit einer Droschke ein, um sich Thomas' Laden anzusehen. Er machte sie mit seinen Verkäuferinnen bekannt und bemerkte dabei in May Ramsays Ton, als sie mit ihr sprach, eine Schärfe, die er nicht an ihr kannte. Lillian war voller Bewunderung für den Laden, äußerte sich entzückt über die Pariser Bänder und bestand darauf, daß man ihr alle Räumlichkeiten zeigte. «Sie ist hübsch, diese Miss Ramsay», sagte sie, als sie im Hinterzimmer waren, wo sie ihre Mahlzeiten einnahmen. «Sie hat es zweifellos auf dich abgesehen.»

«Unsinn», sagte Thomas. «Sie ist nur eine Verkäuferin. Aber sie ist gut. Arbeitet fleißig.»

Da kam May ins Zimmer gestürzt. «Gerade fährt eine Kundin in einer Equipage vor, Mr. Kingston!»

«In einer Equipage?» Ein erfreutes Lächeln ging über sein Gesicht. «Das ist genau das, was wir brauchen. Entschuldige mich bitte, Lillian.»

Er eilte in den Laden hinaus, und tatsächlich hielt ein Brougham mit zwei schönen Grauschimmeln vor der Tür. Ein livrierter Diener half zwei Damen beim Aussteigen. Die erste Dame, die ausstieg, war etwa Mitte Dreißig. Sie war sehr elegant und sehr schön mit ihrem pechschwarzen Haar und den hellblauen Augen. Die Art, wie sie zu dem Diener sprach, war voller Anmut, desgleichen die Art, wie sie den Bürgersteig überquerte und auf Thomas zuging, der ihr bereits die Tür aufhielt. Sie war eine Dame von Bedeutung, und sie war sich dessen bewußt. Sie schenkte Thomas im Näherkommen ein Lächeln. «Ich habe Ihren Laden noch gar nicht gesehen», sagte sie.

«Das ist nicht überraschend, Madam», erwiderte Thomas. «Wir haben erst heute eröffnet.»

«Wirklich? Janet, haben Sie das gehört?» Sie wandte sich zu ihrer Begleiterin um, einer kleinen, dicklichen Frau, die sich im Gegensatz zu ihr etwas unbeholfen bewegte. Dann sagte sie zu Thomas: «Dann muß Ihre Ware ja noch ganz neu sein.» Sie betrat den Laden und sah sich voller Bewunderung um. «Ich muß sagen, das ist entzückend ... nicht wahr, Janet? Entzückend.» Einen Augenblick lang musterte sie Thomas auf eine Weise, die ihn verwirrte. «Sie sind noch recht jung für einen eigenen Laden. Ist das Ihr erstes Geschäftsunternehmen?»

«Das ist es, Madam», antwortete er, «aber ich hatte gehofft, es sei nicht so offenkundig.»

«Oh, bitte, glauben Sie nicht, ich kritisiere Sie. Sie besitzen Initiative. Unser Land braucht junge Männer mit Initiative.»

Sie nahm auf dem Stuhl vor dem Verkaufstisch Platz, den Thomas ihr anbot. «Mir sind Ihre Spitzen aufgefallen, als wir draußen vorüberfuhren.»

«Wir haben eine große Auswahl», sagte Thomas. «Gestatten Sie, daß ich Ihnen einiges vorlege. Miss Ramsay ...»

May hatte bereits ein Sortiment ausgebreitet, und ihre elegante Kundin bewies sehr bald, daß sie gut unterrichtet war. Sie kannte die Spitzen aus Lille mit dem Rautenmuster, die aus Valenciennes mit dem sechseckigen Muster und die Mechelner Spitzen mit dem gezwirnten Stäbchenmuster. «Ich glaube, ich habe etwas noch Dekorativeres in Ihrem Schaufenster gesehen», sagte sie. «Ich brauche es für ein Mieder, dem noch eine interessante Note fehlt.»

«Was Sie dort gesehen haben war gewiß die Brüsseler Ware», sagte Thomas und bedeutete May, in welcher Schublade sie zu suchen hatte. Es war eine Seidenspitze, etwas gröber als die anderen, mit einem sehr komplizierten Muster.

Die Kundin betrachtete die Spitze sehr sorgfältig und hielt sie in langen, schlanken Fingern, die in Handschuhe gekleidet waren, die bis weit über das Handgelenk reichten. «Sehr schöne Arbeit», sagte sie, «und höchst kunstvoll. Dazu braucht es gewiß großes Geschick. Ich glaube, diese wäre ideal, finden Sie nicht auch, Janet?»

«Ja», erwiderte ihre Begleiterin. «Sie ist sehr fein ausgearbeitet...»

«Und der Preis?» fragte die elegante Dame.

«Drei Shilling das Yard, Madam.»

Sie zog beeindruckt die Brauen in die Höhe. «Das erscheint mir durchaus vernünftig. Ich nehme zwei Yards.» Sie stand auf und strich mit den Händen ihr Kleid glatt. «Ich werde meinen Bekannten von Ihnen erzählen, Mr. ... Mr. Kingston war es doch, nicht wahr?»

«Sehr wohl, Madam.»

«Und natürlich werden wir wiederkommen.»

«Darüber wären wir sehr erfreut, Madam.»

Und sie gingen beide hinaus, den Duft teuren Parfums hinter sich zurücklassend, und bestiegen die wartende Equipage.

Am Nachmittag fuhr der Brougham noch einmal vor. Die Fahrgastsitze waren diesmal leer, doch der Diener sprang vom Bock herunter und brachte ein schön mit Band verschnürtes Päckchen in den

Laden. «Mit den besten Empfehlungen der ehrenwerten Mrs. Fellowes», sagte er.

Es war eine französische Bonbonniere, und darinnen lag eine Visitenkarte, auf die Mrs. Fellowes geschrieben hatte «An Mr. Kingston – mit den besten Wünschen für Sie und Ihre Mitarbeiter – Christine Fellowes».

Thomas war so überwältigt, daß er keine Worte fand. Er hielt die Karte May Ramsay hin, und sie war fast genauso bewegt wie er. «Wie nett von ihr», sagte sie. Es war eine aufmerksame Geste, die sie alle in fröhliche Stimmung versetzte, obwohl sie keinen Anlaß hatten, niedergeschlagen zu sein, denn das Geschäft war gut gegangen. Als Thomas um sieben Uhr die Tür abschloß, zählte May die Einnahmen. «Fünf Pfund vier Shilling und sieben Pence», sagte sie. «Ich finde, das ist ganz gut, oder?»

«Ich kann nicht klagen», entgegnete Thomas. «Für den ersten Tag ist das ganz schön.»

Sie lächelte, als sie den Betrag in das malvenfarbene Kontobuch eintrug, das er gekauft hatte. «Ich glaube, ich weiß, woran Sie denken, Mr. Kingston», sagte sie. «Sie denken schon an den Tag, wenn es nicht fünf, sondern fünfzig Pfund sind – oder gar fünfhundert. Oder gehe ich damit zu weit?»

«Nein», antwortete er, «damit gehen Sie keineswegs zu weit.»

4

In der Woche darauf entließ Thomas Grace Stewart, weil sie einer Kundin etwas aufgedrängt hatte. Mit tränenüberströmtem Gesicht bat sie ihn, es noch einmal mit ihr zu versuchen, aber er ließ sich nicht umstimmen. «Ich habe Sie am Tag der Eröffnung davor gewarnt, einem Kunden etwas aufzuschwatzen. Ich habe Sie danach noch zweimal ermahnt, aber ich fürchte, Sie können es nicht lassen.»

Die Entlassung wirkte wie ein Schock im Laden, ähnlich wie eine Hinrichtung im Gefängnis auf die Gefangenen wirken muß. Thomas hatte oft in scharfem Ton zu seinen Angestellten gesprochen, er hatte sie zurechtgewiesen und darauf bestanden, daß sie die Auslagen auf dem Verkaufstisch neu ordneten, er hatte kritisiert, wie sie bestimmte Kundinnen behandelten und hatte, wie sie meinten, übertriebene Maßstäbe angelegt, was triviale Dinge wie die Aufstellung der Preisschilder betraf – er konnte es nicht leiden, wenn sie schief standen – oder ein paar kleine Staubstellen auf der Theke. Aber sie waren dennoch eine geschlossene Mannschaft gewesen, die auf das gleiche Ziel hinarbeitete. Die plötzliche Entlassung ernüchterte sie, Thomas hatte gezeigt – trotz aller Loyalitätsgefühle, die er in ihnen geweckt hatte –, daß er sich verhalten konnte wie jeder andere Arbeitgeber auch. An diesem Tage sagten May und Albert kaum noch ein Wort.

Als May Thomas half, die Läden vor den Schaufenstern zuzuklappen, versuchte sie, ein gutes Wort für ihre Kollegin einzulegen und bat ihn, es noch einmal mit ihr zu versuchen, aber sie hatte keinen Erfolg damit. «Sie hat nicht in den Laden gepaßt», sagte er. «Ich wußte schon nach ein, zwei Tagen, daß ich einen Fehler gemacht hatte.»

«Meinen Sie nicht, mit ein wenig Anleitung –»

«Wenn ich das glaubte, hätte ich sie nicht entlassen», unterbrach er sie scharf. Er schloß die Tür ab, zog die Jalousie herunter und löschte die Lampen. Sie gingen schweigend durch den dunklen Laden ins Hinterzimmer. May zündete die Öllampe auf dem Tisch an, nahm das Kontobuch aus einer Schublade und legte es offen vor ihn hin. «Was, glauben Sie, wird aus ihr?» fragte sie.

«Sie wird eine andere Stellung annehmen», sagte er, ein wenig zu unbekümmert.

«Wenn sie eine findet.»

Er setzte sich zu ihr an den Tisch und legte einen Stoß Rechnungen vor sich. «Sie tut mir auch leid», sagte er, «aber ich führe ein Geschäft in einer Welt des harten Wettbewerbs. Wenn wir überleben wollen, dürfen wir uns nur von einem leiten lassen: dem Interesse des Ladens.» Plötzlich wandte er sich ihr bittend zu, und dabei berührte seine Hand die ihre, die auf dem Tisch lag. «Miss Ramsay, warum wollen Sie mich umstimmen? Sie wissen doch, daß es richtig war, sie zu entlassen.»

«Nein, das weiß ich nicht, Mr. Kingston. Sie war eine qualifizierte Kraft, sie hatte Erfahrung … und sie wirkte sympathisch …»

«Sie hat Kundinnen Waren aufgedrängt.»

«Das hätten Sie ihr abgewöhnen können.»

«Nein – das hat sie schon zu lange getan.» Ihre Hände lagen immer noch dicht beieinander. Sie waren sich dessen beide bewußt, aber keiner zog seine Hand zurück.

«Es war meine Entscheidung», fuhr er fort. «Eine Entscheidung, die ich zweifellos immer wieder werde treffen müssen ... ich werde Leute entlassen müssen, die ich nicht für geeignet halte – sonst geht mein Geschäft zugrunde. Und, Miss Ramsay –» er sah sie fest an – «mein Geschäft wird nicht zugrunde gehen.»

Sie erwiderte seinen Blick, und er spürte eine jähe Gefühlsaufwallung. Denn obwohl noch die Herausforderung in ihren großen braunen, grün gesprenkelten Augen stand, sprach aus ihnen auch Verstehen und Loyalität und – zu seinem Erstaunen – einen kurzen, unfaßbaren Moment lang ein unverhohlenes Verlangen. Ihre Finger, die sich auf dem Tisch noch immer berührten, schienen sich aneinander zu drücken. Schließlich blickte sie zur Seite. «Nein», sagte sie, «ich glaube auch nicht, daß Ihr Geschäft zugrunde geht.» Sie nahm ihre Hand weg und strich glättend über das Kontobuch. Dann begann sie, auf ihren Notizzettel schauend, die Tageseinnahmen in die einzelnen Warenrubriken einzutragen.

Thomas ersetzte Grace Stewart durch eine Verkäuferin ganz anderen Typs. Emily Lane war vierzig – eine untersetzte, freundliche, stets fröhliche Frau. «Man kann das Leben entweder tragisch nehmen, was es ist, oder komisch, was es auch ist», sagte sie zu Thomas. «Ich halte nichts davon, über den tragischen Aspekt zu jammern, Sir.» Die Kundinnen mochten sie, und Thomas stellte bald fest, daß sie sehr tüchtig war. Sie kannte den Warenbestand bis zum kleinsten Artikel und besaß das gleiche psychologische Einfühlungsvermögen wie Mr. Clegg.

Der Verkauf während der ersten Wochen überstieg Thomas' kühnste Erwartungen. Seine Politik – konkurrenzfähiger Preis, gute Qualität, ansprechende Dekoration, kein marktschreierisches Anpreisen und natürlich kein Aufschwatzen – zahlte sich aus.

Und seine selbsternannte Gönnerin hatte ihr Versprechen offenbar wahr gemacht und ihn ihren Bekannten empfohlen. Seit jenem ersten Tag war eine ganze Anzahl von Frauen in Kutschen vorgefahren oder an schönen Tagen zu Fuß gekommen, von Knightsbridge her oder aus ihren Wohnungen an den nahe gelegenen vornehmen Plätzen, und hatten sich auf Mrs. Fellowes berufen – und oft erfreut hinzugefügt, daß sie mit ihrer Empfehlung gut beraten gewesen seien.

May schien es manchmal, als ob sie den Inhaber mit einem Interesse beobachteten, das fast über die Grenzen damenhaften Benehmens hinausging. In der Tat war er selbst eine nicht weniger gute Reklame für sein Geschäft als seine Waren, auf die er so große Stükke hielt. Mit seinem dunklen Haar, den ausgeprägten Gesichtszügen, den für sein Alter sehr breiten und kräftigen Schultern und seinem leicht zurückhaltenden Charme wirkte er auf viele Kundinnen attraktiv. Er wußte, wie er mit den Damen jeder Altersstufe zu reden hatte und schenkte ihnen seine ganze Aufmerksamkeit, er sprach mit ihnen in einem etwas steifen, fast literarischen Konversationsstil, der etwas zart Schmeichelndes hatte und bisweilen sogar geistreich war, so daß manche Kundin mit ihm lachen konnte; doch stets erweckte er den Eindruck, daß er an sich hielt, daß er gern noch etwas gesagt hätte, wenn dies nicht vielleicht ein wenig unschicklich gewesen wäre – ein wesentliches Element natürlich in einer Beziehung, die die breite Kluft des Klassenunterschieds zwischen einem Händler und der Kundschaft überspringen mußte. Trotzdem sagte sich May hin und wieder, daß keine von ihnen – keine von diesen vornehmen, oft schönen und stets teuer gekleideten Damen – je miterlebte, wie überschwenglich glücklich Thomas war, wenn sie einen besonders guten Tag gehabt hatten.

Am Abend, wenn sie zusammen mit Thomas nach dem Essen im Hinterzimmer arbeitete, war ihr seine Gesellschaft eine große Freude. Gewöhnlich genügte ihr dies, doch manchmal verspürte sie das drängende Verlangen, mit den Fingern ganz leicht über seine Lippen zu fahren; dann steigerte sich die Szene in ihrer Phantasie weiter, und sie mußte an sich halten, um ein Zittern zu unterdrücken. Sie wußte, daß er ähnlich empfand, denn ab und zu ertappte sie ihn dabei, wie er sie beobachtete und rasch wegblickte, wenn sie zu ihm hinsah.

Es war leichter, wenn Emily Lane und Albert dabei waren, aber sie zogen sich oft früh zurück – Emily, um Groschenromane zu lesen, Albert, um in Bildergeschichten zu blättern. Und dann waren sie allein mit dem, was unausgesprochen zwischen ihnen stand, und sprachen immer nur vom Geschäft – das ebenfalls ein Band zwischen ihnen war. Denn das Geschäft beherrschte sein Denken, und die Tatsache, daß sie seine Hoffnungen teilte, verlieh ihren Empfindungen zusätzliche Kraft.

Sie wollte sich nicht in ihn verlieben, denn sie hatte den Verdacht, daß dies zu nichts Gutem führen würde. Er war ein ehrgeiziger junger Mann, der darum kämpfte, ein gerade erst flügge werdendes Unternehmen aufzubauen, und der noch nicht ans Heiraten denken konnte.

Eines Abends hatte sich ihr Dilemma deutlich gezeigt. Er war mit seinem Freund David Rawlings unterwegs gewesen, und bei seiner Rückkehr zum Obergeschoß, in dem er schlief, begegnete er ihr auf dem Gang vor dem Zimmer, das sie sich mit Emily teilte. Einen Augenblick lang hatte er gezögert, als er so dicht vor ihr stand, daß sie den Porterbiergeruch in seinem Atem wahrnahm. Ihr Herz hatte heftiger zu Klopfen begonnen, und ein Schmerz war ihr durch den Leib gefahren. Sie war sicher gewesen, er werde sie an sich reißen, und sie hatte Angst bekommen, denn einerseits wünschte sie, daß er es tat, aber sie wußte auch, daß sie ihn zurückweisen mußte. Doch dann war er weitergegangen, hatte nur «Gute Nacht, Miss Ramsay» geflüstert, und der gefährliche Augenblick war vorüber gewesen. Sie war in ihr Zimmer gegangen und hatte erschöpft die Tür hinter sich geschlossen.

Im Oktober, als der Laden gerade erst vier Wochen geöffnet war, hielt Thomas die Zeit für gekommen, sein Galanteriewarengeschäft zu erweitern. Er ordnete einiges um, so daß Platz geschaffen wurde für eine neue Verkaufstheke und eine neue Regalwand, und kaufte einen Posten Seiden- und Leinenstoffe.

Er gab seinem kleinen Mitarbeiterstab genaue Anweisungen, wie die neue Ware zu verkaufen sei, wobei er sich auf Cleggs Erfahrungen stützte, der mit so großem Talent den gewöhnlichsten Druckstoff als außergewöhnliches Erzeugnis präsentiert hatte. Wie zu erwarten, erwies sich Emily als höchst geschickt in der Kunst, den

Stoff eines Ballens so zu drapieren, daß die Kundin ihn sich an ihrem Körper vorstellen konnte.

Die Hinzunahme von Stoff kostete Thomas 100 Pfund seines knappen Kapitals. Einiges davon konnte er durch Einnahmen dekken, aber der größte Teil stammte aus seinem Startkapital. Er stellte deshalb mit Erleichterung fest, daß sich der Verkauf schon am ersten Tag gut anließ. Andererseits beunruhigte ihn dieser Erfolg, denn er schien ihm zu leicht errungen. «Sie sorgen sich um merkwürdige Dinge, Mr. Kingston», sagte May. «Ich könnte Sie verstehen, wenn die Kundschaft sich zurückhielte, aber sehen Sie sich doch die Umsatzzahlen an ...»

«Gewiß», gab er zu, «aber kleine Überschüsse sind gefährlich ... Wenn der Verkauf bei einer allgemeinen Rezession zurückgeht, deckt der Gewinn nicht mehr die Kosten.»

«Darüber würde ich mir keine Sorgen machen. Frauen sind nicht dumm – ganz gewiß nicht die Frauen, mit denen wir es zu tun haben. Sie wissen, wo ihnen Qualität angeboten wird. Ich bin sicher, wir werden jede Flaute überstehen.»

Als Thomas ein paar Stunden später die Sloane Street in Richtung Knightsbridge hinunterging, begegnete er Theodore White, der vor seinem Geschäft auf dem Bürgersteig stand. Wie üblich war er freigebig mit düsteren Ratschlägen, die sich diesmal auf Thomas' neue Abteilung bezogen. «Viel zu früh», prophezeite er. «Sie machen alle klassischen Fehler, junger Mann. Sie sammeln nicht genug Gewinn an für unverkaufte Ware oder für Ihre Betriebskosten. Aber Sie wollen ja nicht auf mich hören.»

«Ich danke Ihnen für Ihren Rat, Mr. White», sagte Thomas. «Guten Tag, Sir.» Diese Begegnungen mit dem pessimistischen alten Textilhändler gingen ihm auf die Nerven. Er hatte das unangenehme Gefühl, daß der Mann recht haben könnte.

Mrs. Fellowes verfolgte inzwischen seine Fortschritte mit schmeichelhafter Aufmerksamkeit. Gewöhnlich kam sie einmal in der Woche vorbei, zusammen mit ihrer Begleiterin, und äußerte sich oft begeistert über neue Artikel, die Thomas seit ihrem letzten Besuch erworben hatte.

Gelegentlich sprach Thomas mit ihr über das Geschäft und seine

Zukunftspläne. Sie stellte immer kluge Fragen, und als er ihr einmal seine Vorstellungen von einem großen Kaufhaus entwickelte, zeigte sie sich sehr beeindruckt.

Manchmal kaufte sie etwas, manchmal auch nicht, doch er freute sich über ihre Besuche, weil sie ihn immer zu seinem Gespür für das Geschäft und seinem unternehmerischen Sinn beglückwünschte, um den ihn, wie sie sagte, viele junge Männer beneiden könnten. Wenn sie gegangen war, konnte sich May oft nicht enthalten, eine ihrer Bemerkungen aufzugreifen. «Mr. Kingston», pflegte sie mit ernstem Gesicht zu sagen, «ich frage mich, ob Sie mir Ihre Ansicht zu dieser Schaufensterdekoration darlegen könnten. Sie haben einen so distinktiven Geschmack.» Er sah sie dann scharf an, lächelte aber gleich darauf verlegen.

Als Thomas eines Morgens Mrs. Fellowes nach einem ihrer Besuche zur Equipage hinausgeleitete, sagte sie: «Mr. Kingston, ich möchte, daß Sie einen Herrn kennenlernen, der Ihnen vielleicht nützlich sein könnte. Wäre es Ihnen möglich, morgen nachmittag um fünf Uhr zu mir zu kommen?»

Die Einladung überraschte Thomas. «Aber sehr gern, Madam», sagte er ungläubig.

«Gut. Also dann bis morgen. Fahren Sie, Henry», wies sie ihren Kutscher an.

5

Am nächsten Nachmittag zog Thomas seinen besten Anzug an, und da May darauf bestand, band er sich auch die teuerste Halsschleife um, die er am Lager hatte. «Wenn Sie jetzt mit der feinen Gesellschaft verkehren», sagte sie, «dann müssen Sie auch danach gekleidet sein.»

Und so ließ Thomas es zu, daß May an seiner Schleife zog und zupfte, bis sie mit dem Eindruck zufrieden war.

«Jetzt sehen Sie unwiderstehlich aus, Mr. Kingston», meinte Emily bewundernd. Thomas machte das Spielchen mit und schob sich kühn den Zylinder in die Stirn. «Ja, nicht schlecht», sagte May, «aber vielleicht nicht ganz so schräg.» Und sie rückte ihn mit beiden Händen ein wenig gerader. «So ist es besser.»

«Sie sehen wirklich toll aus, Mr. Kingston», sagte Albert, als Thomas den Laden verließ.

«Vielen Dank, Albert», sagte Thomas und schlenderte die Sloane Street hinunter. Er schwang seinen Spazierstock und fühlte sich ganz in der Rolle, die May und Emily ihm zugedacht hatten. Die Oktoberluft war feucht und frisch, und er empfand ein fast zu Kopf steigendes Gefühl der Selbstsicherheit bis zu dem Augenblick, als er die von Säulen überragten Stufen zum Haus von Mrs. Fellowes am Eaton Square 74 hinaufstieg. Angesichts der großen Eingangstür mit dem bronzenen Klopfer begann sein Selbstvertrauen ein wenig zu schwinden. Er hätte den Klopfer gern mit Schwung gegen die Tür fallen lassen, dachte aber noch rechtzeitig daran, daß er ein Händler war, dem man eine ungewöhnliche Gunst erwiesen hatte. Und so fiel sein Klopfen entsprechend ehrerbietig aus.

Der Butler war offenbar angewiesen worden, Thomas vorzulassen, denn er geleitete ihn, obwohl mit deutlicher Herablassung, da er wußte, daß er nur einen kleinen Ladenbesitzer vor sich hatte, über eine kunstvoll gearbeitete Treppe zu einem kleinen, aber luxuriös ausgestatteten Zimmer im Obergeschoß hinauf.

Mrs. Fellowes saß auf einem Stuhl mit hoher Lehne, ein niedriges Teetischchen neben sich, und ihre Begleiterin, die sie im Laden immer mit «Janet» anredete, hatte in ihrer Nähe auf einem kleinen Sofa Platz genommen. Ihnen gegenüber saß ein Mann von ungefähr fünfzig Jahren mit dichtem, untadelig frisiertem weißem Haar und langen Koteletten, die in einen Backenbart übergingen.

«Ah, Mr. Kingston», begrüßte Mrs. Fellowes ihn herzlich. «Ich bin froh, daß Sie die Zeit gefunden haben, sich freizumachen. Miss Jones kennen Sie ja schon. Ich möchte Sie mit Mr. Ernest Goldsmith bekannt machen, der, wie Sie zweifellos wissen, ein Bankier von hohem Ansehen ist.»

Goldsmith erhob sich, streckte ihm eine schlaffe, weiche Hand hin, setzte sich wieder und musterte ihn ganz unverhohlen. «Sie scheinen Mrs. Fellowes beeindruckt zu haben, sie scheint Sie für einen jungen Mann mit Zukunft zu halten», sagte der Bankier schließlich in einem Ton, der andeutete, daß er ihre Ansicht für völlig ungerechtfertigt hielt.

«Mrs. Fellowes ist sehr liebenswürdig, Sir.»

«Glauben *Sie,* daß Sie eine Zukunft haben?»

«Ich hoffe doch, Sir.»

«Das ist keine Antwort. Glauben Sie es oder glauben Sie es nicht?»

Thomas errötete. «Ja, Sir, ich glaube es.»

«Warum?»

Die Frage kam so unerwartet, daß Thomas einen Augenblick nicht wußte, was er sagen sollte. «Nun, Sir, ich bemühe mich, erstklassige Ware anzubieten –» seine Worte klangen banal und unbeholfen. «– zu vernünftigen Preisen und in einem Viertel, wo sich diese Ware absetzen läßt. Die ersten Wochen seit der Geschäftseröffnung waren sehr zufriedenstellend – wenn mir natürlich auch die Unterstützung durch Mrs. Fellowes eine unschätzbare Hilfe gewesen ist.»

Er blickte zu ihr hinüber, und sie nickte ihm ermutigend zu.

«Die haben Sie auch verdient, Mr. Kingston», sagte sie. «Aber bitte, setzen Sie sich doch. Sie dürfen sich nicht durch Mr. Goldsmith einschüchtern lassen. Ernest, Sie nehmen den jungen Mann ja richtig ins Verhör. Janet, geben Sie doch, bitte, unserem jungen Textilhändler eine Tasse Tee.»

Thomas nahm ein wenig steif auf einem mit Atlasstoff bezogenen Stuhl Platz. Miss Jones lächelte ihm aufmunternd zu, als sie ihm die Tasse reichte.

Goldsmith schien nicht gehört zu haben, daß Mrs. Fellowes ihm Zurückhaltung empfohlen hatte. Er lehnte sich zurück und rührte vorsichtig in seinem Tee mit einem silbernen Löffel, den er lässig in seinen fleischigen Fingern hielt, die zwei dicke Goldringe zierten. «Wie ich von Mrs. Fellowes höre, haben Sie eine Vorliebe für Ware vom Kontinent», sagte er, «besonders für Pariser Ware. Was machen Sie, wenn zwischen Frankreich und Preußen der Krieg ausbricht?»

«Dann werde ich mich im Einkauf dieser Situation anpassen müssen», antwortete Thomas, «genauso wie es die Textilhändler während des Bürgerkriegs in Amerika getan haben, als es durch die Blockade der Yankees zu einer Verknappung der Baumwolle kam.»

Goldsmith entgegnete, mit einem kurzen, spöttischen Lachen: «Wollen Sie dann Baumwolle aus Indien kaufen? Das sollten wir doch damals tun, nicht wahr? Genauso gut wie amerikanische Baumwolle, hieß es, was natürlich absoluter Unsinn war.»

«Die indische Baumwolle war nicht so gut, das stimmt», gab Thomas zu, «genauso wie die Seide aus Macclesfield nicht so gut ist wie Seide aus Lyon. Aber wenn es keine französische Ware gibt, müssen die Damen eben kaufen, was zur Verfügung steht.»

Goldsmith hörte plötzlich auf, in seiner Tasse zu rühren, behielt den Löffel aber noch in der Hand. «Ist das nicht eine defätistische Einstellung?» fragte er sanft. «Wie kann ein Mann Zukunftspläne haben und gleichzeitig Defätist sein? Das ist doch ein Widerspruch.»

«Ich glaube nicht, Sir. Ladenbesitzer müssen Realisten sein.»

«Sie müssen aber auch voraus denken. Warum nicht einen größeren Vorrat an französischen Bändern kaufen für den Fall des Krieges? Dann hätten Sie Ihren Konkurrenten etwas voraus – und das ist eines der besten Erfolgsrezepte im Geschäftsleben.»

Thomas wußte, daß der Bankier ihn provozieren wollte. «Entschuldigen Sie, Sir», sagte er so ruhig, wie er konnte, «das wäre bei einer Ware, die der Mode unterliegt, nicht klug. Im nächsten Jahr kann der Geschmack unserer Kundschaft vielleicht ganz anders sein, was Farbe, Machart und sogar das Material betrifft. Außerdem besitze ich nicht das Kapital für eine solche Zukunftsinvestierung.»

«Dann kranken Sie also an Unterdeckung», warf der Bankier herausfordernd ein, während er wieder langsam in seinem Tee zu rühren begann. «Das ist die Hauptursache für das Scheitern von Unternehmen.»

«Sie drehen mir die Worte im Mund herum, Sir», erwiderte Thomas, den eine leichte Wut packte, die er, wie er wußte, zügeln mußte. «Meine Ressourcen», fuhr er, etwas ruhiger, aber noch immer leicht erregt, fort, «entsprechen durchaus meiner derzeitigen Geschäftslage. Natürlich hätte ich gern mehr Kapital, wie jeder junge Geschäftsmann.»

«Aber wie ich höre, haben Sie schon eine neue Abteilung eröffnet – Stoffe, wenn ich richtig informiert bin?» Goldsmith sprach abermals in scharfem Ton und hatte wieder aufgehört, in seinem Tee zu rühren. «War das nicht unklug? Sie haben doch erst vor ein paar Wochen angefangen.»

«Es war sorgfältig geplant, Sir. Die neue Abteilung floriert und hat mehr Kundinnen in den Laden gebracht, so daß auch die Galanteriewaren davon profitieren.»

«Und ich nehme an», fragte Goldsmith weiter, wobei er seine gepflegten Fingernägel betrachtete, «Sie werden in der nächsten Zukunft noch weitere Abteilungen eröffnen ...?» Er wandte sich an Mrs. Fellowes und bemerkte, ehe Thomas etwas entgegnen konnte: «Christine, ich glaube, Ihr junger Protegé neigt zu überstürztem Expandieren.»

Wiederum konnte sich Thomas nur mit Mühe beherrschen. «Ich habe vor, noch vor Weihnachten zwei neue Abteilungen zu eröffnen», sagte er. «Umhänge und leichte Tuchstoffe – beides sind Erweiterungen des bestehenden Geschäfts.»

Einen Augenblick lang herrschte Schweigen, als Goldsmith seine Tasse an die Lippen hob. «Wie ich höre, glauben Sie an die Zukunft von Kaufhäusern», sagte er schließlich. «Große Etablissements, die Waren der verschiedensten Art unter einem Dach verkaufen. Stimmt das?»

«Ja, Sir. Nach meiner Ansicht hat die große Ausstellung im Kristallpalast mit ihren vielen Läden deutlich gemacht, was es da für Möglichkeiten gibt. Es scheint mir auch der logische Trend zu sein.»

«Logisch?» fragte sein Befrager. «Ein Geschäft wird doch wohl am besten von den Leuten geführt, die sich in ihrer Branche auskennen. Wie kann jemand genau Bescheid wissen über ein ganzes Spektrum von Warenangeboten – von Stoffen über Bänder bis zu ... Fleisch? Mrs. Fellowes sagte mir, Fleisch gehöre auch zu Ihren Zukunftsplänen ... und Gemüse und Fisch. Wie kann ein und derselbe Mann ein Metzger sein und ... na ja, ein Kurzwarenhändler und ein Schneider ... und ein Fischhändler?»

«Das kann er natürlich nicht, Sir, aber er kann Leute einstellen, die in den einzelnen Branchen erfahren sind. In Amerika gibt es schließlich schon Kaufhäuser, die eine große Vielfalt von Erzeugnissen anbieten ...»

«Ach du liebe Güte», sagte Goldsmith mit einem Seufzer, «Amerika! Mr. Kingston, Sie können doch London nicht mit Amerika vergleichen. Diese großen Läden da drüben sind doch nur erweiterte Gemischtwarenhandlungen, die es gab, als ihre Städte noch sehr klein waren. Sogar heute noch betätigen sie sich hauptsächlich als Großhandel – sie beliefern die entlegenen Städte und Dörfer im Landesinnern. Nein, glauben Sie mir, junger Mann, Sie sehen das alles falsch ... völlig falsch.» Er blickte zur Seite und machte eine Handbewegung, als scheuche er eine lästige Fliege fort.

Da war es um Thomas' Geduld geschehen. Er wußte, daß er seinen Standpunkt so entschieden und so höflich wie möglich vertreten mußte.

«Ich finde nicht, daß ich das falsch sehe, Mr. Goldsmith», sagte er in energischem Ton. «Mit Verlaub, Sir, in London mag es sich noch nicht so deutlich abzeichnen wie in Amerika, aber nach meiner Überzeugung deutet alles auf eine große Zukunft für Kaufhäuser hin. Die Vergrößerung der Läden, die Entwicklung der Transportsysteme, der zunehmende Reichtum – alles das führt meines Erachtens zum Großkaufhaus hin.»

Er wandte sich an seine Gastgeberin. «Mrs. Fellowes, wenn Sie mich jetzt, bitte, entschuldigen wollen – ich muß zurück in mein Geschäft.»

Er erhob sich, zwang sich dazu, den Bankier anzusprechen, der ihn in solche Rage gebracht hatte. «Mr. Goldsmith, es war mir eine Freude, Sie kennenzulernen.»

«Ich hoffe, Sie haben gemerkt, daß Mr. Goldsmith ein großer Spötter ist», sagte Mrs. Fellowes. «Er meint nicht die Hälfte von dem, was er sagt. Finden Sie allein hinaus?»

Thomas verbeugte sich vor den Damen und neigte leicht den Kopf zu Goldsmith hin. Er war schon fast aus dem Zimmer, als der Bankier ihm nachrief: «Ach, Mr. Kingston ...»

Thomas blieb stehen, drehte sich um und machte sich auf eine letzte spöttische Bemerkung gefaßt.

«Ich bin geneigt, Mrs. Fellowes zuzustimmen», sagte Goldsmith. «Sie sind, wie ich glaube, ein Mann mit Zukunft. Ich prophezeie Ihnen großen Erfolg. Und ich hoffe, wir sehen uns bald wieder.»

Im Laden ging es geschäftig zu, und erst als die letzte Kundin gegangen war, konnte er seinen Mitarbeitern berichten, daß er bei Mrs. Fellowes mit einem einflußreichen Bankier bekannt gemacht worden war, der Interesse an dem Geschäft gezeigt hatte.

Später am Abend jedoch, nachdem Albert und Emily sich zurückgezogen hatten, gestand er May, daß das Demütigendste bei dem Gespräch für ihn gewesen sei, wie dankbar er Mr. Goldsmiths überraschende Bemerkung ganz zum Schluß aufgenommen hatte. «Hätte ich einen Schwanz gehabt, hätte ich damit gewedelt», sagte Thomas in bitterem Ton. «Ich scheine mich so sehr auf Servilität eingestellt zu haben, daß ich für jedes freundliche Wort dankbar bin... Das kommt sicher von all den entwürdigenden Jahren unter dem alten Clegg...»

«Aber damals waren Sie ein Lehrling», sagte May.

«Ich bin es aber jetzt nicht mehr, und trotzdem habe ich mich Goldsmith gegenüber nicht so benommen, wie ich es hätte tun sollen – weil er großen Einfluß hat und weil es Mrs. Fellowes verärgert hätte...»

«Na ja, es gibt natürlich Leute, die man lieber nicht beleidigen sollte», meinte May mitfühlend. «Mrs. Fellowes ist schließlich Ihre Kundin.»

«Darum geht es mir nicht. Ich frage mich, ob je der Tag kommen wird, an dem es nichts ausmacht, ob ich jemanden beleidige, an dem ich niemanden mehr zu fürchten brauche?»

May lächelte, und ihre Haut schimmerte sanft im Schein des Gaslichts. «Ja», sagte sie, «und dann werden es die anderen sein, die *Sie* fürchten. Es gibt jetzt schon Leute, die Sie fürchten, Mr. Kingston... Emily Lane... Albert... Sie üben Macht aus... können sie entlassen ... selbst ich fürchte Sie ein bißchen.»

«Sie!» Er war verblüfft. Instinktiv streckte er die Hand aus und legte sie über die ihre. «Sie haben nichts zu fürchten. Das wissen Sie doch. Ohne Sie wäre ich verloren.»

Bei der Berührung durch seine Hand schlug ihr Herz schneller – und sie wußte, daß ihre Lage plötzlich gefährlicher denn je geworden war. «Vielleicht», sagte sie ruhig, «habe ich mehr Grund zum Fürchten als die anderen.»

Seine Hand umfaßte die ihre fester. «May ...» Es war das erste Mal, daß er sie beim Vornamen nannte. «Oh, May...» Und sie lag in seinen Armen, und er küßte sie. Blindlings schob sie ihn von sich. «Bitte, bitte, hören Sie auf!» keuchte sie. Sie erhob sich und trat heftig atmend vom Tisch zurück. «Mr. Kingston, das habe ich nicht gewollt.»

Auch er stand auf, trat aber nicht an sie heran. «Es tut mir leid, wenn ich Sie verstört habe», sagte er, «aber es war unvermeidlich. Ich bin von Ihnen besessen. Wenn ich nicht bei Ihnen bin, denke ich ständig an Sie. Das wissen Sie. Ich weiß, daß Sie es wissen, und ich weiß auch, was Sie empfinden.»

«Das dürfen Sie nicht sagen.»

«Ich habe gesehen, wie Sie mich angesehen haben.»

«Dann haben Sie es falsch ausgelegt. Sie müssen aufhören, so zu sprechen, Mr. Kingston.»

«Thomas – bitte, nennen Sie mich Thomas.»

Sie zuckte mit den Schultern, als wäre es ihr gleichgültig, wie sie ihn nannte. «Es würde nur alles verderben», sagte sie.

«Das wird es nicht, bestimmt nicht. Dazu brauche ich Sie viel zu sehr – nicht nur als Mann, obwohl auch das, weiß Gott, aber auch im Laden. Sie sind ein wesentlicher Teil dessen, was ich hier aufbaue ... was *wir* hier aufbauen. Und Sie sind es seit dem Augenblick, als Sie das erste Mal durch die Tür kamen.»

«Ich fühle mich hier sehr wohl. Deshalb möchte ich auch nicht, daß sich etwas ändert, Mr. Kingston.»

«Thomas.»

«Nicht Thomas», sagte sie, ein wenig verzweifelt.

«Es wäre besser so – ich glaube, wir sollten es uns eingestehen.»

«Nein», erwiderte sie entschlossen. «Wenn man sich etwas eingesteht, nimmt es Gestalt an. Vorher ... ist alles noch ungewiß ... Und was ist denn eingestanden worden? Ich habe nichts eingestanden. Was haben *Sie* eingestanden?» Ihre Stimme war kalt und zornig. Für ihre eigenen Ohren klang es, als spräche ein anderer.

«Sprechen Sie nicht so, May, nicht in diesem Ton. Lassen Sie uns über das Problem sprechen, wenn Sie wollen ... die enge Zusammenarbeit ... daß wir einen so großen Teil unseres Lebens gemeinsam verbringen und uns so zurückhalten ...»

«Sie stellen schon wieder falsche Vermutungen an.»

«Das tue ich nicht», sagte er ruhig. «Sie zittern, May. Warum glauben Sie, daß Sie zittern? Ist Ihnen kalt? Sind Sie krank?»

«Ich bin ein bißchen zornig», antwortete sie knapp. «Warum geben Sie keine Ruhe?» In ihrer Stimme schwang Verzweiflung mit. «Ich will vergessen, daß überhaupt etwas passiert ist.»

Er bewegte sich langsam um den Tisch herum – wobei er den längeren Weg wählte, wie um sich selbst Zwang aufzuerlegen. «Sie verlangen zuviel von mir, May», sagte er leise. «Ich habe mich seit Wochen, seit Monaten zurückgehalten ... Immer wieder habe ich mir gesagt, daß es einfach nicht geht, weil Sie für mich arbeiten. Ich habe mich der Schwachheit angeklagt. Manchmal habe ich sogar versucht, nicht in Ihre Nähe zu kommen, aber das ist ja im Laden kaum möglich.» Während er sprach, ging er langsam auf sie zu. «Ich habe nachts im Bett gelegen, in dem Geschoß über Ihrem Zimmer, und ich habe Sie so deutlich vor mir gesehen, als wären Sie bei mir ... In meiner Phantasie habe ich Sie in den Armen gehalten ...»

Er stand jetzt ganz dicht bei ihr, berührte sie aber nicht. Später fragte sie sich, ob das der Grund gewesen sein mochte, weshalb sie nicht vor ihm zurückwich und ob sie ihn, wenn er die Arme um sie gelegt hätte, von sich geschoben haben würde wie zuvor. Irgend etwas in der Stimmung dieser wenigen Augenblicke hielt sie fest. Langsam, ohne sie zu berühren, beugte er sich vor und küßte sie behutsam auf die Lippen. Sie reagierte überhaupt nicht. Ohne Eile küßte er ihre Mundwinkel, erst den einen, dann den anderen, dann ihre Wangen, die eine Seite ihrer Stirn, das Ohr. Er hielt die Hände an sich gepreßt, und sie stand regungslos da, wie hypnotisiert. Dann hob er behutsam ihr Kinn an und küßte sie auf den Mund. Plötzlich öffneten sich ihre Lippen, sie legte die Arme um ihn, preßte sich an ihn und erwiderte den Kuß so heftig, daß ihn ihre Zähne schmerzten. Während sie ihn umklammert hielt, spürte sie ein Verlangen nach ihm, wie sie es noch nie empfunden hatte. Als seine Hand sich auf ihre Brust legte, war sie unfähig, ihn zurückzuhalten. Seine Finger, ungeschickt vor Ungeduld, knöpften gerade das Oberteil ihres Kleides auf, als sie sich – langsam, als ob sie aus dem Schlaf erwachte – eines lauten Klopfens bewußt wurde.

«Es ist jemand an der Eingangstür», flüsterte sie.

«Das überhören wir», erwiderte Thomas.

«Es könnte wichtig sein.»

«Nichts kann so wichtig sein wie wir beide.»

«Die Polizei, vielleicht ...» Und da wußte sie instinktiv, wer es war. Sie wünschte einen Moment, sie hätten das Klopfen überhört, wie Thomas vorgeschlagen hatte.

Wieder hallte das laute Klopfen durch das Haus. Thomas nahm die Öllampe, die auf dem Tisch stand, und ging in den Laden. Sie folgte ihm nicht gleich, denn sie brauchte ein paar Augenblicke, um ihr Gleichgewicht wiederzugewinnen. Dabei fragte sie sich verzweifelt, ob sie je von Bob loskommen, je ein paar Wochen in Frieden würde leben können in dem sicheren Bewußtsein, daß er nicht plötzlich auftauchte – ein Symbol des Unglücks mit seinem gräßlichen, jungenhaften Grinsen. Immer brachte sein plötzliches Erscheinen sie in Schwierigkeiten. Entweder mußte sie ihm Geld leihen oder bei der Polizei, einem Arbeitgeber oder einem Gläubiger ein gutes Wort für ihn einlegen, oder sie mußte sich sogar kompromittieren wie im Falle Turners, des Einkäufers bei Shoolbreds.

Das ging seit Jahren so. Als er noch ein kleiner Junge und sie noch keine zwölf Jahre alt war, hatte sie immer wieder Schullehrer, zornige Eltern oder Friedensrichter davon überzeugen müssen, daß seine Missetaten doch nur kleine Entgleisungen waren und nicht mehr vorkommen würden. Sie war viel zu jung, um eine solche Verantwortung zu übernehmen, aber es war sonst niemand da gewesen. Die Mutter war, schon Jahre vor ihrem Tod, ans Bett gefesselt gewesen, und die ältere Schwester hatte nur die Schultern gezuckt. Der Vater war zur Arbeit gewesen – jedenfalls am Tage –, und wenn er abends nach Hause kam, begriff er nie, was passiert war, und kümmerte sich nicht darum.

Jedesmal hatte Bob versprochen, sich zu bessern, aber er tat es nicht. Als er älter wurde, geriet er in immer größere Schwierigkeiten. Er versicherte ihr immer feierlich, er werde sie nicht mehr um Hilfe angehen. «Hol mich nur noch da raus, Schwester May», pflegte er zu sagen und setzte seinen jugendlichen Charme ein, mit dem er auch Friedensrichter und Schullehrer betört hatte, «und du siehst mich nicht eher wieder, als bis ich dir alles zurückzahle.» Bei solchen Gelegenheiten nannte er sie «Schwester May». Aber sie sah ihn trotzdem wieder, und ohne Geld. Noch heute zahlte sie an Turner nach jener demütigenden Szene Geld zurück, schickte sie alle vierzehn Tage eine Postanweisung an ihn ab.

Als sie sich endlich gefaßt hatte, knöpfte May ihr Oberteil zu, strich das Kleid glatt, ordnete ihr Haar. Dann folgte sie Thomas in den Laden.

Thomas hatte die Jalousie bis über den verglasten Teil der Eingangstür hochgezogen und spähte nach draußen. Auf der Straße stand ein junger Mann, der zu den Fenstern des Obergeschosses hinaufsah. Im selben Moment erblickte der Besucher Thomas, der im Schein der Öllampe dastand, die er in der Hand hielt, und schritt auf die Tür zu. Thomas öffnete die Tür, hatte aber die Sicherheitskette noch vorgelegt.

«Was wünschen Sie?» fragte er durch den schmalen Spalt.

«Ich hätte gern mit Miss Ramsay gesprochen», sagte der junge Mann. «Entschuldigen Sie mein Eindringen.» Er war ein wenig betrunken – immerhin so viel, daß er nicht mehr ganz sicher auf den Beinen stand und sich beim Sprechen Mühe geben mußte. Er trug eine Melone, die er sich ins Genick geschoben hatte, und grinste beim Sprechen.

«Um diese Zeit?» fragte Thomas.

«Ich muß Sie um Entschuldigung bitten», sagte der Besucher, «wegen der Störung ... Aber es ist wichtig ... sehr wichtig.»

«Es ist mein Bruder», sagte May verzweifelt hinter Thomas. «Es tut mir so leid.»

Thomas löste die Kette und öffnete die Tür. Der junge Mann betrat den Laden, nahm aber nicht seinen Hut ab. «Sie sind bestimmt Thos», sagte er, «Galanteriewaren Thos.»

Thomas blickte ihn an und lächelte. «So steht's ja draußen über der Tür. Thos. Kingston, Galanteriewaren.»

«Bob, du hast es mir versprochen», sagte May. «Du hast mir versprochen, es würde das letzte Mal sein.»

«Du hast ja recht, Schwester May», sagte er. «Du hast völlig recht. Ich hab's versprochen. Aber ich habe gute Nachricht für dich. Ich gehe fort – weit fort über die Ozeane. Du siehst mich für viele Jahre nicht mehr, und wenn ich mein Glück gemacht habe, kann ich dir alles zurückzahlen, was du für mich getan hast.» Zu Thomas gewandt, sagte er: «Sie war immer eine gute Schwester. Mehr als Schwester. Mutter *und* Schwester.»

«Wo willst du hin?» fragte May ruhig. Sie wußte, daß sie für die erfreuliche Aussicht, die er andeutete, einen Preis zahlen mußte – so war es immer bei Bob.

«Australien», sagte er. «Ballarat, wo das Gold gleich unter

dem Boden liegt – auf der Straße stolpert man darüber. Nicht daß ich auf das Gold aus wäre, nein, Robert nicht. Das ist inzwischen bestimmt schon in anderen Händen. Aber es ist eine reiche Stadt, Schwester May. Mir geht's um die Burschen, die das Gold haben, und um die Burschen, die für die arbeiten, die das Gold haben. Ein kleiner Laden. Das ist so unsere Vorstellung. Mit Tom Meaney zusammen ... Du erinnerst dich doch noch an Tom, Schwester May? War mit mir auf der Schule, karottenrotes Haar, hat fast genauso viel angestellt wie ich. Er war gerade drüben. Wir fahren zusammen zurück. Er hat dort ein bißchen Geld für den Anfang. Und er sagt, wenn alles gutgeht, macht er mich zu seinem Partner.»

«Wann fährst du?» fragte sie.

«Am Freitag. Die *Star of Corunna* – läuft von Liverpool aus. Vorausgesetzt ... Ja, das ist noch ein kleines Problem ...»

«Nein, Bob, nicht schon wieder, ich kann nicht –»

«Nur die Überfahrt. Das ist alles, was ich brauche. Und ein bißchen zum Essen unterwegs. Zehn Pfund. Weiter nichts.»

«Wo um Himmels willen glaubst du, kann ich zehn Pfund auftreiben?»

«Ich weiß ... ich weiß ... ich weiß.» Er breitete die Hände aus, wie um sie zu beruhigen. «Ich hab's dir letztes Mal versprochen. Aber als Tom mir das vorgeschlagen hat, diese Gelegenheit ... Du mußt doch zugeben, es ist eine gute Idee ... und ich habe so das leise Gefühl, daß die Vorstellung dir gar nicht so unangenehm wäre, daß dein kleiner Bruder auf der anderen Seite der Weltkugel ist. Und da habe ich mir gesagt: ‹Robert, du hast zwar etwas versprochen, aber du hast ein Problem. Also trag es ihr vor. Schwester May wird schon einen Ausweg finden.›»

«Bob», sagte sie, «ich habe das Geld nicht. Diesmal wirst du dir einen anderen suchen müssen.»

«Komisch, daß du das sagst», entgegnete er, und auf einmal war aller Spott vorbei, und er sah sie ernst an. «Ich habe auch schon daran gedacht, mit Turner über die Sache zu sprechen.»

Sie merkte, daß er sie erpreßte – trotz allem, was sie für ihn getan hatte. Er rechnete damit, daß Thomas nichts von Turner oder von Shoolbreds wußte, daß es ihn aber interessieren könnte. Plötzlich fühlte sie sich kraftlos, als die Angst in ihr hochstieg. Sie wollte nicht, daß Thomas etwas über Turner erfuhr – zumindest nicht, solange sie die Schuld nicht abgezahlt hatte –, aber sie konnte es auch nicht verhindern.

«Dann tu's doch», sagte sie.

«Thos», sagte Bob langsam, «kennen Sie Mr. Turner von Shoolbreds?»

«Nein», sagte Thomas, der etwas von dem Streit zwischen den Geschwistern mitbekommen hatte, «und ich habe auch kein Interesse, etwas von ihm zu hören ... Miss Ramsay, glauben Sie diese Geschichte, daß Ihr Bruder nach Australien fährt?»

«Wahrscheinlich stimmt sie», sagte May. «Ich kann mich an Tom Meaney erinnern. Die Sache paßt zu ihm.»

«In dem Falle, Mr. Ramsay», fuhr Thomas fort, «bin ich bereit, Ihnen gegen einen Schuldschein zehn Pfund zu leihen.»

May war sprachlos. «Mr. Kingston, das kann ich nicht dulden.»

«Bitte, überlassen Sie das mir, Miss Ramsay», entgegnete Thomas. «Es hat nichts mit Ihnen zu tun. Es ist ganz allein eine Sache zwischen Ihrem Bruder und mir.»

«Natürlich hat es mit mir zu tun», sagte sie. «Sie werden das Geld nicht zurückbekommen ... und dann werden es meine Schulden, und davon habe ich schon genug.»

«Es werden nicht Ihre Schulden sein», sagte er, «es werden die Schulden Ihres Bruders sein. Mr. Ramsay, ich warne Sie ... Wenn Sie bei Abfahrt dieses Schiffes nicht an Bord sind, sorge ich persönlich dafür, daß dies drastische Folgen für Sie haben wird.» Er ging in den Hinterraum des Ladens, wo er seine Einnahmen aufbewahrte, und kam mit zehn Ein-Pfund-Noten, einem Blatt Papier, einer Feder und einem Tintenfaß zurück. «Unterschreiben Sie, bitte, diesen Schein», sagte er und legte das Papier auf die Theke. Bob zuckte die Schultern und tat, wie er geheißen. Thomas schob ihm die Geldscheine in die Hand, ging zur Tür und hielt sie auf.

Bob lächelte und legte die Finger an den Hut. «Leb wohl, Schwester May.» Dann sah er Thomas an, dessen Gesicht starr war vor Zorn. «Danke, alter Knabe. Man kann ja nie wissen, vielleicht kriegen Sie's wieder – wenn ich zurückkehre, die Taschen –» er ahmte die heisere Stimme eines Veteranen der kalifornischen Goldrauschzeit nach – «voller Gold.»

Thomas schloß die Tür hinter ihm und zog die Jalousie herunter.

«Ich wünschte, Sie hätten das nicht getan», sagte May.

«Die Sache betrifft Sie gar nicht, falls Sie das meinen sollten», sagte Thomas. «Ich habe es des Ladens wegen getan, nicht Ihretwegen … Sie stehen in keiner Weise in meiner Schuld … Das müssen Sie mir glauben, trotz allem, was vorher war.»

Sie hätte auf ihn zustürzen, ihm die Arme um den Hals schlingen mögen, aber sie wußte instinktiv, daß er das nicht wünschte – nicht jetzt, wo er ihrem Bruder Geld gegeben hatte. «Nach dieser aufregenden Szene müssen Sie sehr müde sein», sagte er leise. «Ich würde hinaufgehen und mich zu Bett legen.»

Sie ging auf die Tür zu, drehte sich aber noch einmal um. «Wollen Sie, daß ich Ihnen von der Sache mit Mr. Turner erzähle?»

«Wollen *Sie* es mir erzählen?»

Sie dachte nach. Dann schüttelte sie den Kopf. «Nein.»

«Dann will ich es auch nicht hören.»

Zweites Kapitel

März 1870

1

Ein heftiger Märzwind wehte Thomas feucht und kalt entgegen, als er das Maklerbüro verließ und Piccadilly entlangschritt. Er hatte über vieles nachzudenken, denn dies war ein wichtiger Tag für sein Geschäft. Er hatte den gerade unterzeichneten Mietvertrag für einen zweiten Laden in seiner Tasche, nur drei Häuser von dem ersten entfernt – Miete 100 Pfund pro Jahr plus Kommunalsteuer und Übernahme der Reparaturkosten. Er wußte, daß er ein großes Risiko einging, denn die höheren Mietausgaben, die Herrichtung der Räume und der Einkauf von Waren für seine neuen Abteilungen würden den Rest seines noch vorhandenen Grundkapitals und alle inzwischen gemachten Ersparnisse aufzehren. Ein paar Monate lang würde er, bis er wieder Reserven erarbeitet hatte, den unvorhersehbaren politischen oder wirtschaftlichen Zufällen ausgeliefert sein, die kleinen, kapitalschwachen Unternehmen außerordentlich zusetzen können. Doch da mußte er wieder an Mr. Goldsmith denken, der ihn vor zehn Tagen zusammen mit Mrs. Fellowes unverhofft besucht und bemerkt hatte: «Gelegentlich, mein lieber junger Mann, muß man, wenn man keine größeren Ressourcen hat, ein Risiko eingehen – das heißt, wenn man vorankommen will. Andernfalls müssen Sie Ihr Kaufhaus vergessen und sich mit dem kleinen Laden hier zufrieden geben.»

«Was würden Sie mir also raten, Sir?» hatte Thomas gefragt.

«Reduzieren Sie Ihr Risiko, soweit es geht. Berechnen Sie jeden Schritt, den Sie tun wollen. Und dann gehen Sie auf Ihr Ziel los – entschlossen und ohne zurückzublicken, genauso wie man bei einer Jagd einen Zaun nimmt, obwohl ich vermute, daß Sie damit sicher keine Erfahrung haben.»

«Ich komme aus einer Bauernfamilie, Sir ... aus Buckinghamshire.»

Goldsmith zog überrascht die Brauen in die Höhe. «Bicester-Jagdrevier etwa?»

«Ja, Sir.»

«Na, dann wissen Sie, was ich meine.» Er griff nach seinem Zylinder und dem Stock mit dem Silberknauf. «Mrs. Fellowes, wir kommen zu spät zum Lunch, wenn wir jetzt nicht gehen.»

Thomas hatte Mrs. Fellowes inzwischen wiedergesehen. Sie hatte sich für einige Stoffe interessiert und ihn gebeten, sie zum Eaton Square zu schicken. Wie dies bei wichtigen Kunden üblich war, hatte er sie selbst hingebracht. Bei diesem Besuch, wie auch bei früheren Gelegenheiten, hatte sie ihm Komplimente gemacht und sich auch nach seiner Familie erkundigt. «Ich unterhalte mich gern mit Ihnen, Mr. Kingston», hatte sie gesagt. «Ich glaube, wir verstehen uns.»

Sie hatte sich einen der Stoffe an den Körper gehalten, den Ballen auf dem Boden, so daß der Stoff sie umhüllte wie ein Kleid. Sie hatte sich etwas zurückgebeugt und ein wenig gedreht, so daß der Stoff noch enger anlag – so wie er als Kleid aussehen würde, wenn die Schneiderin es genäht hatte. Mit ihrem schwarzen, an diesem Tag offenen Haar und ihrer wohlgeformten Figur mit der schmalen Taille hatte die Geste etwas Sinnliches gehabt. «Gefällt es Ihnen?» hatte sie gefragt und ihn aus strahlenden Augen angeblickt. «Glauben Sie, das Muster steht mir?»

«Ich finde ja, Madam. Ich glaube, es gäbe ein entzückendes Kleid für Sie.»

«Sie glauben nicht, daß es meine Hüften zu stark betont?»

«Ich glaube, das würde kein Muster fertig bringen, Madam», hatte er in unverbindlichem, aber schmeichelndem Ton erwidert.

Sie hatte, über seine Bemerkung erfreut, gelacht. «Sie sagen immer das Richtige, nicht wahr, Mr. Kingston? Jedenfalls ist das ein angenehmer Grünton. Man sagt, ich hätte grüne Augen. Würden Sie sagen, meine Augen sind grün, Mr. Kingston?»

Sie hatte ihn offen angesehen, lächelnd, neckend – eine schöne, selbstsichere Frau, deren Augen blau waren. «Ich würde sagen, sie sind blau, Madam, aber vielleicht in einer gewissen Beleuchtung ...»

«Und unter gewissen Umständen?» hatte sie weitergeforscht. Es gab jetzt keinen Zweifel mehr, daß sie mit ihm flirtete – daß sie die Hand über die Klassenschranken hinweg zu einem Mann hinstreckte, der ein Händler war und weit unter ihr stand. Thomas befand sich in einer Lage, die größte Delikatesse erforderte.

«Vielleicht, Madam», hatte er erwidert, mit einem Lächeln, das, wie er hoffte, freundlich, aber unverbindlich war.

Sie hatte den Kopf zurückgeworfen und laut gelacht. «Mr. Kingston, Sie hätten Diplomat werden sollen.»

Sie hatte den Stoff gekauft, aber Thomas hatte das Haus in einiger Verwirrung verlassen. Wie sollte er auf ihre kokettierenden Bemerkungen reagieren? Wenn er es nicht auf die artigste Weise tat, konnte sie ihn mit einem einzigen Satz in seine Position als kleiner Ladenbesitzer zurückverweisen. Andererseits, wenn sie immer deutlicher wurde, erwartete sie dann nicht von ihm, daß er in entsprechender Weise erwiderte?

Am nächsten Tag war Thomas bei Arthur Stockton vorbeigegangen, dem gönnerhaften Großhändler, der am Eröffnungstag im Laden erschienen war, und hatte ihm von seinen zwei Begegnungen mit Mrs. Fellowes' Bankier erzählt. Stockton war beeindruckt. «Goldsmith, so?» sagte er, während er in dem Wirtshaus gleich neben seinem Lagerhaus in der City ein Lammkotelett verzehrte. «Nicht so bedeutend wie die Rothschilds oder Morgans, aber auch nicht gerade schlecht. Da könnten Sie einen nützlichen Freund gewonnen haben, Thomas ... Andererseits, diese Bankiers fressen Sie auf, wenn Sie ihnen den kleinen Finger reichen ... Besser, man kommt ohne sie aus.» Er wischte sich den Mund ab. «Sie haben also beschlossen, einen zweiten Laden aufzumachen ... Wann war doch noch Eröffnung? Erst vor sechs Monaten, nicht? ... Wirklich erstaunlich. Sie haben ganze Arbeit geleistet.»

«Die Sache ist nur, daß ich nicht sicher bin, ob ich mir schon einen zweiten Laden leisten kann.»

«Das Problem kenne ich», sagte Stockton mitfühlend. «Je besser das Geschäft, desto mehr Kapital braucht man.»

«Andererseits», hatte Thomas hinzugefügt, «wenn ich noch ein paar Monate warte, ist der Laden wahrscheinlich längst an einen anderen vermietet.»

Stockton nickte und pickte sich ein Stück Fleisch aus den Zähnen. «Würde ein kleiner Kredit bei mir Ihnen helfen? Sie nehmen ja zur Zeit keinen in Anspruch. Wie wär's mit einem Monat?»

Thomas hatte seine Ware immer bar bezahlt. Er wollte eigentlich kein Geld leihen, denn darauf lief Stocktons Angebot hinaus. Die Schulden bei Onkel Jack waren schon Verbindlichkeit genug. Aber es würde das Risiko mindern. «Das wäre sehr freundlich von Ihnen, Mr. Stockton», hatte er erwidert.

«Ach, nicht weiter wichtig, mein Junge. Auf Arthur Stockton können Sie sich immer verlassen.»

Thomas überquerte Piccadilly und ging über Shepherds Market auf den Hyde Park zu. Stockton hatte recht gehabt. Das erste halbe Geschäftsjahr war «wirklich erstaunlich» gewesen. Der ganze Raum im Erdgeschoß war jetzt Verkaufsfläche, die Mahlzeiten wurden im Obergeschoß eingenommen. Es gab vier Abteilungen, und Thomas hatte zwei weitere Verkäuferinnen und einen Mann namens Sidney Baines eingestellt, in den er große Hoffnungen setzte.

Baines war erst um die zwanzig und hatte seine Lehrzeit gerade erst hinter sich, aber er war eifrig und aufgeweckt. Thomas wollte ihn in seinem neuen Laden zum ersten Verkäufer machen – das war der erste Schritt zum Abteilungsleiter, den die meisten größeren Textilgeschäfte jetzt hatten. Dort sollte hauptsächlich Kleidung verkauft werden. Die größte Abteilung würde der Sektor Damenkleider sein.

Thomas wollte auch die Umhang-Abteilung in den neuen Laden verlegen, damit er das Tuch-, Seiden- und Wäscheangebot erweitern konnte. Und sobald sich herausstellte, daß die Neuerwerbung florierte, sollten weitere Abteilungen hinzukommen – Damenhüte, Strümpfe und Handschuhe.

May war ihm eine große Hilfe gewesen in den Monaten des spektakulären Erfolgs, sie hatte Entscheidungen mit ihm besprochen, ihre Ansichten über Stellenbewerber geäußert und die Bücher geführt.

Er hatte nicht den Versuch gemacht, die Beziehung von dem Abend, als ihr Bruder gekommen war, wieder aufzunehmen. Es war auch kaum Gelegenheit dazu gewesen, denn die viele zusätzliche Arbeit durch die Erweiterung des Geschäfts hatte ihnen wenig Zeit gelassen. Sechs Personen saßen jetzt am Tisch zu den Mahlzeiten, die eine Stundenköchin zubereitete. Eines der kleinen oberen Hinterzimmer war in ein Büro umgewandelt worden, doch Ruhe herrschte dort nie. Thomas kam sich wie das Oberhaupt einer großen Familie vor. Besonders am Sonntagmorgen, wenn er sie alle zur Frühandacht in die Marienkirche führte, kam er sich vor wie ein Patriarch und doppelt so alt, wie er war – wie er einmal auf dem kurzen Weg zu dem Gotteshaus in der Pout Street scherzend zu May gesagt hatte. «Ich muß Ihnen gestehen», hatte sie mit einem Lächeln geantwortet, «daß ich an Sie nicht als an einen Vater denke.»

Diese ungezwungene und doch persönliche Bemerkung stimmte mit ihren Gefühlen überein, die sie einander am Abend von Bobs Besuch offenbart hatten; Thomas glaubte jetzt, daß auch May sein Liebesbekenntnis in jener Nacht als Auflösung der explosiven Spannung empfunden hatte, die sich zwischen ihnen angestaut hatte. In stillschweigendem Einverständnis schienen sie übereingekommen zu sein, ihre Beziehungen gewissermaßen in der Schwebe zu halten, bis der Arbeitsdruck nachließ und sich ein günstigerer Augenblick ergab, und Thomas wußte, daß May mit dieser Situation fürs erste recht zufrieden war.

Das Dezembergeschäft übertraf Thomas' Erwartungen, und wieder hatte May lachen müssen über seine Angst, daß sie für ihren Erfolg womöglich eines Tages dem Allmächtigen oder den Schicksalsgöttern Tribut zahlen müßten. Auch die Tatsache, daß Miss Godfrey, ihre erste Kundin, nicht wiedergekommen war, um die wenigen Yards Band zu bezahlen – was sie jetzt wohl auch nicht mehr tun würde –, erschien ihm immer noch als böses Omen. «Wenn es nur nicht gerade unsere erste Kundin gewesen wäre», bemerkte er kurz vor Mitternacht am Heiligen Abend, als May die Tageseinnahmen zählte, die sehr hoch waren.

«Sie sind abergläubisch», wies sie ihn zurecht.

«Ich brauche Glück.»

«Das haben Sie doch auch.»

«Bis jetzt.»

Sie hatte lachen müssen über seinen ernsten Gesichtsausdruck und zählte schnell die Münzen zu Ende. «Zwanzig Pfund, fünf Shilling und Sixpence! Na, ist das nicht ein Weihnachtsgeschenk für Sie?» Er hatte zur Feier des Tages eine Flasche Madeira aufgemacht, und sie hatten sie alle zusammen getrunken, in dem Zimmer, in dem sie ihre Mahlzeiten einnahmen. Für Thomas gab es einen glücklichen Augenblick, als er, während die anderen gerade nicht hinsahen, May zuprosten und «Frohe Weihnachten, May» sagen konnte und mit einem «Frohe Weihnachten ... Thomas» belohnt wurde.

Am Weihnachtstag hatte May ihren Vater in Surbiton besucht, und Thomas, der keine Zeit hatte, nach Hause zu fahren, nach Quainton, war zu Tante Dolly und Onkel Jack in die Copenhagen Street gegangen.

Es war ein frohes Fest gewesen, und nichts hatte auf die Ereignisse hingedeutet, die bald folgen sollten. Thomas hatte David mit zu den Wilsons genommen, den sie ebenfalls eingeladen hatten, als sie hörten, daß er über Weihnachten nicht nach Hause fuhr, und sie hatten beide Geschenke mitgebracht, die unter den Baum gelegt worden waren.

Tante Dolly war etwas blaß und recht still gewesen, schien sich aber über ihre Geschenke zu freuen. Die Männer hatten den zwei Frauen unter dem Mistelzweig einen Kuß gegeben, wobei Lillian die Lippen fest auf Thomas' Mund gepreßt und sich an ihn gedrängt hatte in einer Weise, die sich für diesen Anlaß kaum schickte. Dann hatte sie, fast unmerklich, mit den Augen gezwinkert – sie sah sich gern als Frau, die sich etwas frivol benahm.

Onkel Jack hatte die Gans tranchiert, und bei Tisch hatte man sich lebhaft unterhalten. Nach dem dritten Glas Rotwein hatte Lillian mit David zu flirten begonnen und dabei oft zu Thomas hingesehen, um sich zu vergewissern, daß er es auch bemerkte.

Dolly hatte sich vorzeitig zurückgezogen, weil sie müde war, und schließlich hatten sich auch Thomas und David verabschiedet und waren auf King's Cross zugegangen.

«Lillian ist sehr schön geworden», hatte David bemerkt.

«Ja, das ist sie.»

«Glaubst du, dein Onkel hätte etwas dagegen, wenn ich sie ab und zu besuchte?»

«Das glaube ich nicht – aber *ich* könnte was dagegen haben.»

David hatte gelacht. «Danach hab ich nicht gefragt.»

Und sie hatten sich freundschaftlich in die Rippen gestoßen und sich getrennt. Davids Pferdebus war zuerst gekommen, und er hatte sich über die hintere Plattform hinausgelehnt, als der Bus an Thomas vorbeifuhr, und gerufen: «Ein glückliches Achtzehnhundertsiebzig, Thomas!»

«Gleichfalls!» hatte Thomas zurückgerufen und gewinkt.

Thomas ging die Sloane Street hinunter und hoffte, Theodore White aus dem Weg gehen zu können, aber wie meistens gelang ihm dies nicht, und er mußte sich wiederum düstere Prophezeiungen über seine «klassischen Fehler» anhören. Doch diesmal fühlte er sich plötzlich beunruhigt, daß der Textilhändler recht haben könnte, daß er wirklich mit der Unterzeichnung des Mietvertrags für den zweiten Laden sein ganzes Unternehmen in Gefahr gebracht haben könnte. Schon jetzt zahlte er fast 200 Pfund Arbeitslohn, auf das Jahr umgerechnet, und mit dem zusätzlichen Personal für den zweiten Laden würde diese Summe auf über 250 Pfund steigen.

Der Wind schien ihm kühler, als er nach dem Grund seiner wachsenden Besorgnis forschte. Schließlich waren seine Betriebskosten nicht gestiegen, seit er eben den Hyde Park durchquert hatte. Er war mit großer Sorgfalt vorgegangen, er hatte sich an Goldsmiths Rat gehalten und alle Risiken genau kalkuliert. Und nach all dem war die Zeit reif für kühnen Wagemut. Weshalb also warnten ihn seine Instinkte vor Ungemach? Er schritt an dem Laden vorüber, den er gerade erworben hatte, und jetzt erschien er ihm klein und schäbig und kaum für eine Weiterentwicklung geeignet. Warum sah er die Zukunft so düster? Da erinnerte er sich der letzten Bemerkung, die Goldsmith bei seinem jüngsten Besuch gemacht hatte: er, Thomas, brauche ein paar gute Karten in seinem Spiel.

Hatte er womöglich, fragte er sich, als er auf die Eingangstür zuging, einen Joker in der Hand? Und da sah er Lillian stehen – eine höchst ungewöhnliche Lillian, die sich weder richtig um ihre Frisur noch um ihre Kleidung gekümmert hatte und die bleich und sorgenvoll aussah –, und er ahnte, daß sie den Grund für seine seltsame Unruhe wußte.

«Endlich, Thomas!» sagte sie. «Ich dachte schon, du kommst überhaupt nicht mehr. Ich muß mit dir sprechen.»

«Gehen wir ins Büro», sagte er und geleitete sie die Treppe hinauf.

«Was gibt es?» fragte Thomas, als sie sich gesetzt hatten.

«Ich fürchte, ich habe eine schlechte Nachricht für dich», sagte sie. «Tante Dolly ist jetzt ernstlich erkrankt. Der Arzt möchte, daß sie nach Paris zu einem Spezialisten fährt.»

«Nach Paris?» fragte Thomas erstaunt. «Es muß doch auch einen Facharzt in London geben.»

«Offenbar ist es eine sehr seltene Herzkrankheit. Es gibt nur einen Arzt in Europa, der in der Behandlung Erfahrung hat, und der ist in Paris.»

«Ist sie denn reisefähig?»

«Ich bezweifle es, aber der Arzt sagt, dieses Risiko müßten wir auf uns nehmen, und Onkel Jack vertraut seinem Rat. Auf jeden Fall wird sie einige Zeit im Krankenhaus zubringen müssen. Die Sache ist die», fuhr Lillian in behutsamem Ton fort, «es wird viel Geld kosten ...» Sie hielt besorgt inne, als sie merkte, daß Thomas immer noch nicht begriff, weshalb sie gekommen war. Dann platzte sie einfach damit heraus: «Thomas – Onkel Jack braucht das Geld, das er dir für das Geschäft geliehen hat.»

Der Schock war so groß, daß Thomas einen Augenblick lang nicht sprechen konnte. Er starrte Lillian verständnislos an. «Es tut mir leid, Thomas», sagte sie leise. «Und Onkel Jack auch. Er weiß, wie schwierig es für dich ist.»

Ein paar Sekunden lang schwieg Thomas. Dann fragte er: «Braucht er *alles* Geld?» Er sprach nur mit Mühe. «Die ganzen dreihundert Pfund?»

«Den größten Teil.»

«Wie lange habe ich Zeit, das Geld aufzutreiben?»

«Nicht viel.»

«Ich könnte vielleicht fünfzig Pfund zusammenkratzen, aber dreihundert ... das ist unmöglich, Lillian. Ich habe gerade einen neuen Laden gemietet – heute morgen, praktisch. Hätte ich gewußt ...»

«Ich verstehe, Thomas. Niemand von uns hat es gewußt.»

«Wären fünfzig Pfund für den Anfang genug?»

Sie schüttelte langsam den Kopf. «Ich glaube, Onkel Jack will sicher sein, daß das Geld verfügbar ist, bevor sie abreist. Paris wird schrecklich teuer werden – vor allem, weil sie vielleicht mehrere Wochen dort bleiben muß. Dann werden die Krankenhauskosten hinzukommen, wenn sie wieder hier ist.»

Thomas nickte. «Ich werde das Geld flüssig machen, sobald ich kann», sagte er. «Wie, weiß ich im Augenblick noch nicht. Es liegt in Waren fest, in Regalen, in Einrichtungsgegenständen ... aber es muß jemanden geben, der es mir leiht ...»

«Ich komme morgen wieder», sagte sie, «wenn du über alles nachgedacht hast.» Sie erhob sich, küßte ihn behutsam auf die Wange. «Begleite mich nicht hinunter. Bleib hier.» Und dann war sie gegangen.

Er saß am Tisch und überlegte verzweifelt, was er tun sollte. Er nahm ein Blatt Papier und schrieb seine Aktiva und Passiva auf: das Bargeld im Safe, das kleine Konto auf der Bank, die Ware, die er einkaufen mußte – für den schon existierenden Laden, nicht für den neuen, denn er hatte, trotz der hohen Miete, schon beschlossen, diesen Plan noch zu verschieben. Während er über die Zahlen gebeugt dasaß, spürte er eine Hand auf seiner Schulter. Er blickte nicht auf.

«Die Schicksalsgötter präsentieren uns die Rechnung, May», sagte er, «für all das Glück, das wir gehabt haben.»

«Das war nicht Glück, das war kluge Geschäftsführung.»

«Onkel Jack will seine 300 Pfund zurückhaben ... dringend ... Hätte ich nur diesen Mietvertrag nicht unterzeichnet ...»

«Ich bin überzeugt, das war eine richtige Entscheidung», sagte sie leise. «Und wenn alles vorbei ist, werden Sie genauso denken.»

Sie war ruhig und zuversichtlich. Sie setzte sich an die andere Seite des Tischs. «Thomas Kingston, ich habe jetzt ein halbes Jahr beobachtet, wie Sie dieses Geschäft geführt haben, und ich habe nicht den geringsten Zweifel, daß Sie dieses kleine Problem lösen werden.»

«Aber wie, May? Ich werde mir das Geld wahrscheinlich leihen müssen, aber ich weiß wirklich nicht, wo.»

«Ich weiß es auch nicht», sagte sie, «aber ich wüßte jemanden, der Ihnen einen Rat geben könnte.»

Etwa um vier Uhr an diesem Nachmittag bog Thomas von der geschäftigen Throgmorton Street in der Nähe der Londoner Börse ab und betrat die düstere Stille von Austin Friars – einen der Hunderte von Höfen mit schmutzigen Gebäuden ringsum, aus denen die «City» bestand. Einen Augenblick blieb er in der Mitte des Hofs stehen und suchte nach der Nummer 14, der Adresse von Goldsmith, French & Co., Bankiers seit 1787. Unter dem Arm trug er ein in braunes Papier eingewickeltes Paket, in dem sich das Kontobuch befand und eine Aufstellung der Geschäftsentwicklung während des ersten halben Jahres.

Er betrat das Gebäude und klopfte zögernd an einer verglasten Tür mit der Aufschrift «Auskunft». Ein Angestellter, der eifrig Zahlen in ein Buch eintrug, sagte «Ja?», ohne aufzusehen, und Thomas bat ihn, zu fragen, ob Mr. Goldsmith zu sprechen sei.

«Ich bezweifle es», antwortete der Angestellte, während er weiterschrieb. «Mr. Goldsmith empfängt nie jemanden ohne Anmeldung.» Endlich blickte er hoch. «Wie ist Ihr Name? Haben Sie keine Visitenkarte?»

«Nein», erwiderte Thomas, der dies als einen deutlichen Mangel empfand. «Mein Name ist Thomas Kingston.»

Der Angestellte sagte, er möge warten, verschwand durch eine Tür und kam nach einer Weile mit der Mitteilung zurück, Mr. Goldsmith sei sehr beschäftigt, werde aber in ein paar Minuten für ihn zu sprechen sein. Es waren unangenehme Minuten, die an seinem Selbstvertrauen zehrten. Aber als er schließlich in Goldsmiths großes und komfortabel eingerichtetes Büro geführt wurde, begrüßte ihn der Bankier sehr herzlich.

«Das ist eine Überraschung, Mr. Kingston», sagte er und schüttelte Thomas die Hand, «aber eine sehr angenehme. Wie geht das Geschäft?»

«Ausgezeichnet, Mr. Goldsmith», erwiderte Thomas. «Sogar so gut, daß ich einen Mietvertrag für einen zweiten Laden unterzeichnet habe.»

Glück oder gute Geschäftsführung? …

... aber vielleicht ist das sogar dasselbe. Denn in vielen Fällen ist Glück nichts anderes als das Ergebnis von Tüchtigkeit und Fleiß, Klugheit und Ausdauer.

Goldsmith strahlte ihn ermunternd an. «Ich bewundere Sie, Mr. Kingston. Sie haben Mut. Welchem Umstand verdanke ich also das Vergnügen Ihres Besuchs?»

Thomas zögerte. «Nun, Sir ... ich habe ein Problem ... deshalb habe ich mir auch die Freiheit genommen, Sie unangemeldet aufzusuchen ... Ich dachte, Sie könnten mir vielleicht jemanden nennen, an den ich mich wenden kann.» Er schilderte kurz die Situation, in die er durch Tante Dollys Krankheit geraten war.

«Dann brauchen Sie also dreihundert Pfund?» sagte Goldsmith. «Und das ziemlich schnell, ja?»

«Ja, Sir.»

«Was haben Sie denn da bei sich – ein Kontobuch?»

Unbeholfen machte Thomas das Paket auf und reichte dem Bankier das Buch. «Gleich vorn liegt eine kurze Aufstellung, Sir.»

Goldsmith warf einen Blick auf die Zahlen. Dann blätterte er in den Seiten des Kontobuchs. «Sie haben für den Anfang einen sehr guten Erfolg aufzuweisen, Mr. Kingston. Natürlich läßt sich in diesem Stadium unmöglich sagen, wie realistisch Ihre Zahlen für das Warenlager sind, aber Sie scheinen Ihr Geschäft auf einer guten Grundlage zu führen – abgesehen von dieser kleinen Kapitalschwierigkeit ...»

Er schob das Kontobuch über den großen Schreibtisch zurück und erhob sich, um anzudeuten, daß das Gespräch zu Ende war. Eilig wickelte Thomas das braune Papier wieder um das Kontobuch und stand auf.

«Natürlich geben wir uns normalerweise nicht mit so kleinen Beträgen ab», sagte Goldsmith, während er um den Tisch herum kam und Thomas zur Tür geleitete, «aber zweifellos werden Sie größere finanzielle Unterstützung brauchen, wenn sich Ihr Unternehmen weiter entwickelt. Ich könnte die Sache meinen Partnern als die Wurst anbieten, mit der man nach der Speckseite wirft ... Unsere Buchhalter müßten sich Ihre Zahlen noch etwas genauer ansehen, aber wenn sie nichts auszusetzen haben, werden wir Ihnen sicher helfen können.»

Die schwere Sorge, die seit Lillians Besuch auf Thomas lastete, wich plötzlich von ihm. Er hatte nicht damit gerechnet, daß ein Bankier von Goldsmiths Bedeutung ihm seine Hilfe anbieten würde, er hatte lediglich gehofft, er werde ihm eine Handelsbank empfehlen oder einen Geldverleiher, falls es so jemanden gab.

«Natürlich», sagte der Bankier, als er die Tür öffnete, «werden meine Partner wahrscheinlich den Wunsch haben, als Gegenleistung für unsere Unterstützung einen gewissen Besitztitel an Ihrem Unternehmen zu erwerben. Sie werden verstehen, daß ein Kredit ihnen als beträchtliches Risiko erscheint, wo Sie erst seit so kurzer Zeit im Geschäft sind.»

«Besitztitel?» fragte Thomas.

«Ich stelle mir vor», fuhr Goldsmith fort, «wir würden Ihnen vorschlagen, eine Gesellschaft zu gründen, die Ihr Geschäft und Ihre Mietverträge erwerben würde, und die Bank würde dann einige der Anteile übernehmen. Unser Beitrag wäre zweifacher Art – ein Kredit, der zu gegebener Zeit zurückzuzahlen wäre und für den Sie Zinsen zahlen müßten ...»

Thomas fror plötzlich. «An welchen Zinssatz dachten Sie da, Sir?»

«Oh, ich weiß es nicht genau», sagte er freundlich, «so an fünf oder sechs Prozent.»

Thomas hatte zwischen zweieinhalb und drei Prozent erwartet, was ihm der allgemein übliche Satz schien. «Ist das nicht ziemlich hoch, Sir?»

«Darin spiegelt sich das Risiko wider, Mr. Kingston. Natürlich brauchen Sie für den Teil des Geldes, mit dem wir Anteile erwerben würden, keine Zinsen zu zahlen.»

«Aber für diese Anteile erwarten Sie wohl jährliche Dividende?»

«Selbstverständlich. Wir könnten vielleicht vereinbaren, daß wir diese Zahlungen ein, zwei Jahre zurückstellen, bis Sie sich fest etabliert haben. Aber es geht schließlich darum, Mr. Kingston, in Ihre Zukunft zu investieren. Wie ich Ihnen schon sagte, setze ich großes Vertrauen in Sie – und in Ihre Vorstellung von einem großen Kaufhaus.»

Goldsmiths Begeisterung hatte plötzlich für Thomas etwas Beunruhigendes – zumal in dem Augenblick, als der Bankier ihm, um das Vertrauen in seine Zukunft zu betonen, mit herzlicher Geste den Arm um die Schulter legte. «Wie viele Anteile würden Sie gegebenenfalls erwerben wollen, Sir?» fragte er besorgt.

«Nun, ich würde sagen ...» Goldsmith hielt nachdenkend inne. «Was würden Sie von vierzig Prozent halten?»

Thomas wich entgeistert einen Schritt zurück. «Vierzig Prozent, Sir? Dann würde ich ja nur noch sechzig Prozent meines eigenen Geschäfts besitzen.»

Goldsmith lachte. «Machen Sie kein so entsetztes Gesicht, Mr. Kingston. Wenn Sie sich vergrößern wollen, müssen Sie sich zwangsläufig von einem Teil Ihres Besitzes trennen. Das tut jeder. Man kann sich nur bis zu einer bestimmten Grenze verschulden. Außerdem zehren hohe Kredite am Gewinn.»

Thomas war nicht davon überzeugt. Die Freude, die ihn vor einer Minute noch erfüllt hatte, war dahin. Er wußte nicht, was er tun sollte, aber Goldsmiths Bedingungen erschienen ihm unannehmbar – zumindest, bis er alle anderen Möglichkeiten ausgeschöpft hatte.

Der Bankier nahm Thomas' Reaktion mit einem Lächeln zur Kenntnis. «Sie brauchen sich nicht sofort zu entscheiden, Mr. Kingston. Schlafen Sie erst einmal darüber und geben Sie mir dann Bescheid.»

Thomas war unentschlossen, ob er Goldsmiths Angebot annehmen oder ablehnen sollte, während er die Straße entlangschritt. Wäre es nicht vielleicht doch besser, auf vierzig Prozent seines Geschäfts zu verzichten, statt es ganz zu verlieren? Waren nicht sechzig Prozent eines florierenden Unternehmens, hinter dem eine Menge Kapital steckte, besser als hundert Prozent von nichts? Aber dann, wurde er sich plötzlich klar, wäre der kalte Zugriff des Bankiers immer da. Und vielleicht würde er sich eines Tages sagen, daß selbst dreißig Prozent von etwas besser seien als hundert Prozent von nichts; oder zwanzig Prozent, oder ... Es mußte einen anderen Ausweg geben.

Da Arthur Stocktons Lagerhaus auf seinem Heimweg lag, beschloß Thomas, ihn aufzusuchen und um Rat zu fragen. Das war ein Fehler. Stockton reagierte unerwartet kühl. «Es tut mir leid, was Sie mir da alles erzählen», sagte der Großhändler. «Als ich Ihnen den Kredit angeboten habe, waren Sie noch nicht in Schwierigkeiten. Jetzt, das müssen Sie doch selbst zugeben, wäre es unklug von mir, Ihnen weiterhin Kredit zu gewähren, solange Ihre Situation, sagen wir mal, prekär ist.»

«Das Geschäft geht gut. Glauben Sie, Goldsmith hätte mir sonst eine Investition angeboten?»

«Ich bin überzeugt, daß es gut geht», gab Stockton zu. «Sonst würde *ich* Ihnen auch keinen Kredit angeboten haben. Aber Kapital ist nun einmal eine Grundvoraussetzung. Wenn es Ihnen an Kapital fehlt, erleiden Sie Schiffbruch – wie gut Ihr Geschäft auch gehen mag. Einem unternehmenden jungen Mann wie Ihnen fehlt es immer ein bißchen an Kapital, weil er sich gern schnell vergrößern will – aber es gibt da eine Grenze, und wenn Sie die überschreiten, begeben Sie sich in Gefahr. Übrigens –» er hielt inne und dachte einen Moment nach. – «ich könnte Ihnen das Geld selbst leihen. Es könnte ganz interessant für mich sein, einen neuen Warenabsatz zu erschließen – vor allem bei Sachen, die etwas zögernd weggehen. Ich könnte ein bißchen experimentieren. Ich meine, ehe ich etwas in ganz großen Mengen einkaufe. Wenn ich im Zweifel wäre, könnte ich den Artikel bei Ihnen ausprobieren und sehen, wie er geht.»

Stocktons Vorschlag bedeutete für Thomas eine noch größere Gefahr als der Goldsmiths, denn er richtete sich gegen seine gesamte Geschäftspolitik und gegen seine Unabhängigkeit im Bereich des Wareneinkaufs, in dem er bisher so erfolgreich gewesen war. «Mr. Stockton», sagte er, «ich könnte für meinen Laden nur Waren einkaufen, von denen ich annehme, daß die Kundschaft sie abnimmt. Als Geschäft zum Ausprobieren komme ich nicht in Frage.»

Stockton dachte einen Augenblick nach. «Ja, dann, mein lieber Thomas, werde ich Ihnen wohl auch nicht helfen können.» Er stand auf und ging mit ihm zur Tür des Lagerhauses. «Halten Sie mich auf dem laufenden», sagte er. «Ich bin überzeugt, Sie werden das Problem irgendwie lösen. Und vergessen Sie nicht, Sie können sich immer auf Arthur Stockton verlassen.»

Thomas ging die Straße entlang, und mit jedem Schritt wuchs sein Zorn auf Bankiers und Großhändler und sogar auf Gott, der ihm die Visionen vom großen Erfolg eingegeben hatte und ihn jetzt mit Vernichtung bedrohte. Er kochte innerlich, als er den Laden betrat – und von May strahlend begrüßt wurde. «Sehen Sie mal, wer da gekommen ist.»

Auf einem Stuhl neben einer der Theken saß Miss Godfrey – sie sah ein wenig angegriffen aus, hatte aber noch das gleiche lebhafte

Lächeln, das ihn am Tag der Ladeneröffnung an Tante Dolly erinnert hatte. «Guten Tag, Mr. Kingston», sagte sie, «es tut mir so leid, daß ich erst heute vorbeikommen konnte, aber ich bin noch am Abend des Tages, als Sie mich zuletzt hier gesehen haben, ins Krankenhaus eingeliefert worden, und die Ärzte haben mich erst heute entlassen.»

Ihr Erscheinen zu diesem Zeitpunkt – Thomas mußte vor Bewegung schlucken. «Miss Godfrey», sagte er, «welche Freude, Sie wiederzusehen!»

«Ich habe meine Schulden schon bei der jungen Dame da drüben bezahlt –» sie deutete mit dem Kopf zu May hin – «aber sie sagte, Sie würden sich über meinen Besuch freuen. Ich hoffe, Sie haben nicht angenommen, ich wäre absichtlich, ohne zu bezahlen, fortgeblieben.»

«Um Gottes willen, nein», sagte Thomas. «Wir waren überzeugt, Sie würden wiederkommen – nicht wahr, Miss Ramsay?»

«Gewiß», antwortete May mit ausdruckslosem Gesicht, «das habe ich Madam auch schon versichert.»

Thomas geleitete Miss Godfrey zur Tür. «Wir hoffen, Sie jetzt öfter bei uns zu sehen, da Sie wieder genesen sind», sagte er.

Als Thomas von der Tür zurückkam, sagte May: «Wenn ihr langes Fortbleiben ein böses Omen war, dann müßte ihr Besuch heute eigentlich ein gutes sein.»

Thomas nickte. «Hoffen wir's – wir haben es nötig.»

2

Falls Miss Godfreys Besuch ein gutes Omen war, so zeigte sich der Schicksalsumschwung nicht gleich am nächsten Tag – im Gegenteil. Mit der Morgenpost erhielt Thomas einen der seltenen Briefe von seiner Mutter, und er enthielt eine Nachricht, die seine finanziellen Nöte noch erhöhte.

«Es ist mir schrecklich, Dir noch eine weitere Last aufzubürden, denn ich weiß, daß Du mit Deinem Geschäft schon genug Probleme hast», hatte sie geschrieben, ohne natürlich zu wissen, daß diese inzwischen noch kritischer geworden waren, «aber ich fürchte, wir sind hier in Quainton in arger Not. Wir hatten wie jedermann geglaubt, die Viehseuche, die vor ein paar Jahren solches Unheil anrichtete, sei endlich besiegt. Leider haben wir uns getäuscht. Mr. Jones, der Tierarzt, meint, die Seuche könnte von einem streunenden Fuchs eingeschleppt worden sein, da Füchse ja um diese Jahreszeit weit umherwandern. Wie dem auch sei, Tatsache ist, daß wir die Seuche haben, und das bedeutet das Abschlachten der ganzen Herde.»

May kam ins Büro und sah sein verzweifeltes Gesicht. «Noch mehr Ärger?»

Er nickte. «Ein Brief von zu Hause ... eine Katastrophe. Scheint ins momentane Bild zu passen.»

«Vielleicht sollten Sie das alles als eine Art Prüfung auffassen. Ich bin sicher, Sie werden sie bestehen – wenn Sie jetzt auch noch nicht wissen, wie.»

Er lächelte bitter und las weiter. «Ich brauche Dir nicht zu schildern, was diese Tragödie für uns bedeutet», hatte seine Mutter weitergeschrieben. «Man wird uns eine Vergütung zahlen, aber sie wird nur klein sein, und selbst wenn sie angemessen wäre, würde es viel Zeit kosten, eine neue Herde anzuschaffen, und ich weiß nicht, wovon wir inzwischen leben sollen. Die eine Möglichkeit wäre, den Hof zu verkaufen. Wir haben einen Nachbarn, einen Mr. Cameron, der vor etwa einem Jahr hierher gezogen ist und ihn gern kaufen würde. Er kauft viel Land hier in der Gegend auf, aber sein Angebot ist sehr niedrig.

Wie Du siehst, müssen Entscheidungen getroffen werden, und obwohl ich Dich nur ungern darum bitte, weil ich weiß, daß Du so sehr mit Deinem Laden beschäftigt bist, müßten wir wirklich mit Dir sprechen. Könntest Du wenigstens auf ein paar Stunden heimkommen? Am Sonntag vielleicht? Edward holt Dich mit dem Einspänner am Bahnhof in Aylesbury ab. Er nimmt an, Du kommst mit dem Zug um 11 Uhr 30. – Deine Dich liebende Mutter.»

Thomas legte den Brief wortlos auf den Tisch und schob ihn zu May hinüber, damit sie ihn lesen konnte. Er fühlte sich benommen durch diese neuerliche Bedrohung seiner Zukunft, die aus einer so unerwarteten Richtung und zu einem so ungünstigen Zeitpunkt kam.

«Sie müssen natürlich hinfahren», sagte May, nachdem sie den Brief gelesen hatte. Thomas nickte, und sie fügte leise hinzu: «Sie werden auch dieses Problem lösen.»

Da kam eine der Verkäuferinnen herein und sagte, Miss Lillian Wilson sei unten, und May ging, damit er allein mit ihr sprechen konnte. «Es kommt alles auf einmal», meinte Lillian, als er ihr von dem Brief seiner Mutter berichtet hatte.

«Ich werde das Geld für Onkel Jack auftreiben», sagte Thomas, «aber ich brauche ein paar Tage Zeit.»

Sie blickte ihn voller Mitgefühl an. «Es ist mir sehr schwergefallen gestern, dir diese Nachricht zu überbringen.»

«Du hast es gut gemacht», erwiderte Thomas, «keiner hätte sie besser überbringen können.»

«O Thomas!» Sie warf sich in seine Arme. Einen Augenblick lang hielt er sie fest, dann löste er sich behutsam von ihr. Sie sah ihn flehend an, Tränen in den Augen. «Ich gäbe alles darum, wenn ich dir helfen könnte!» sagte sie.

«Ich weiß», sagte er. «Hoffen wir, daß wir bald wieder so fröhlich sein können wie Weihnachten. Kommt es dir nicht auch so vor, als wäre Weihnachten schon endlos lange her?»

Edward wartete auf ihn am Bahnhof in Aylesbury, und Thomas erlebte einen leichten Schock: sein Bruder war nur drei Jahre älter als er, aber er sah aus wie ein Mann Ende Dreißig. Sie schüttelten sich herzlich die Hand, stiegen in den Einspänner, und Edward klatschte dem Pferd die Zügel über das Hinterteil. «Schön, dich wiederzusehen», sagte er. «Ich wünschte, es gäbe einen angenehmeren Grund für deinen Besuch.»

«Habt ihr die Tiere schon abgeschlachtet?»

Edward nickte. «Gestern. Der schrecklichste Tag in meinem Leben.»

«Sind auch andere Höfe betroffen?»

«Nicht in der Nachbarschaft. Es ist von einem Fall in Banbury die Rede.»

In der Ferne konnte Thomas die Umrisse der Berge von Quainton erkennen, an deren Fuß der Hof lag. Diese Berge hatten seine Kindheit beherrscht, die steil ansteigenden Felder und Wiesen, unterteilt von Zäunen oder Schwarzdornhecken, die er in jedem Wetter kannte – bei Schnee, strömendem Regen und Sonnenschein. So wohl er sich in London fühlte, die Berge von Quainton waren und blieben sein Zuhause.

«Was ist mit diesem neuen Nachbarn? Cameron, glaube ich, hat Mutter geschrieben.»

«Wohlhabender Bursche», antwortete Edward. «Hat viel Geld gemacht mit Fabriken im Norden. Er hat sich ein Herrenhaus in Marsden gebaut ... Hat große Ideen mit einem Park und Grundbesitz und so, als wäre er der Duke of Devonshire. Er kauft alle umliegenden Höfe auf, die er kriegen kann ... Er ist natürlich kein Mann vom Land, versucht aber, einer zu sein. Er hat ein paar sehr schöne Pferde, und bei der Jagd stellt er sich groß heraus.»

«Hat er schon ein Angebot für den Hof gemacht?»

«Ich will dir gar nicht sagen, wie niedrig es war. Er will nur ein Geschäft machen. Er war gestern noch einmal da, nachdem er von unserem Unglück gehört hatte. Hat wohl geglaubt, wir haben kein Geld mehr.» Edward lachte bitter. «Ich weiß nicht, wie er darauf kommt. Wir haben einmal einen Brief von seinen Anwälten bekommen ...»

«Seinen Anwälten?» fragte Thomas.

«Das ist so seine Methode, wenn er hinter einem Stück Land her ist. Er weiß, daß Kleinbauern immer knapp bei Kasse sind, deshalb zwingt er sie, Geld für Gerichtskosten auszugeben. Seine Anwälte kämmen die alten Urkunden durch, und dann hagelt es Briefe ins Haus – über Durchfahrtsrechte oder Weiderechte oder Wasserabflußrechte oder wem die Hecken gehören oder wer für was verantwortlich ist ... Bei uns hat er noch nicht so richtig angefangen, aber das wird er bald tun, jetzt wo er die Höfe links und rechts von uns gekauft hat und unser Land in seinen Besitz hineinragt wie ein Pfeil.»

«Heißt das, Arthur Anderson hat auch an ihn verkauft?»

«Cameron hat Arthurs Hypothek gekauft. Damit hatte er natürlich noch mehr Handhabe, seine Anwälte einzusetzen ... Glücklicherweise haben wir keine Hypothek, aber einmal abgesehen von Cameron – ich fürchte, wir können den Hof nicht halten. Schon vor der Seuche hatten wir alle Mühe, und jetzt ...»

Er zuckte die Achseln und lenkte den Einspänner von der Straße auf den langen, gefurchten Weg, der zwischen dem Weideland zum Hof führte. Und da wurde sich Thomas in einem schrecklichen Augenblick der verbrannten Tiere bewußt. Erst roch er sie nur, doch als die hohe Hecke den Ausblick auf das Feld nicht mehr verdeckte, sah er die Kadaver der verkohlten Tiere, hier und da stieg noch ein Rauchfaden auf.

Schwermut lag über dem Haus wie ein dichter Nebel. Thomas' Mutter hatte offensichtlich nächtelang nicht geschlafen. «Mach dir nicht solche Sorgen, Mutter», sagte er, als er sie in die Arme nahm. «Wir werden schon einen Ausweg finden.» Er drückte Brian, seinem jüngeren Bruder, die Hand und küßte seine Schwestern Mary und Ellen. Sie sahen alle bleich und abgespannt aus.

«Na, was ist denn hier los – eine Leichenfeier?» fragte er lächelnd, und nach dieser Bemerkung versuchten sie endlich, ihre Hoffnungslosigkeit zu verbergen.

Es gab Hühnereintopf zum Mittagessen, und seine Mutter erkundigte sich nach seinem Geschäft. Thomas sagte, er hätte zwar gerade ernsthafte Schwierigkeiten, aber im übrigen sei alles in Ordnung. Man sprach über den Hof, und Thomas sagte, er wisse nur eines: auf keinen Fall verkaufen.

«Aber wie können wir das vermeiden?» fragte Edward.

«Im Augenblick weiß ich es auch noch nicht», antwortete Thomas. «Aber wenn wir davon ausgehen, daß wir *nicht* verkaufen, brauchen wir nur noch darüber zu sprechen, wie wir den Hof halten können. Sicher, ihr braucht Geld, um wieder anzufangen ... was wäre das Mindeste an Vieh, mit dem du auskommen könntest, Edward? Ich meine, um überleben zu können, bis ihr eine neue Herde herangezüchtet habt und wieder genug Milch verkaufen könnt?»

«Etwa zehn Stück, glaube ich.»

«Mehr», sagte Brian. «Wenn die Hälfte davon Stierkälber sind, dauert es Jahre, bis ...»

«Natürlich hätten wir gern mehr», stimmte Edward zu, «aber wo soll das Geld herkommen?»

«Angenommen, ich gebe euch fünfzig Pfund», sagte Thomas. «Nur für den Anfang. Glaubst du, das reicht für ein paar Kühe und ein, zwei Färsen, Edward? Irgendwer stellt dir doch bestimmt mal einen Bullen zur Verfügung, oder? Später werde ich versuchen, euch mehr Geld zu schicken. Aber jetzt erzählt mir mal etwas mehr über diesen Cameron. Wo genau verläuft die Grenze seines Besitzes?»

«Das Beste ist, ich zeig's dir», sagte Edward.

Sie ritten zusammen den Hügel hinauf und fielen oben in einen kurzen Galopp. Thomas mußte daran denken, wie oft er hier die Jagdhunde mit lautem Gebell durch das hohe Gras hatte rennen sehen, gefolgt von der Schar der Reiter, die über die hohen Holzzäune setzten, was schwierig war, denn wenn man den dicken obersten Balken berührte, stürzte man unweigerlich.

Kurz vor dem Kamm zügelte Edward sein Pferd, und sie wandten sich um und betrachteten das Bild, das Thomas seit seiner Kindheit kannte. Das Dorf Quainton, mit der Kirche am einen und der Windmühle am anderen Ende, lag unter ihnen, und Rauch stieg aus den Schornsteinen der Häuser auf. Zu beiden Seiten des Dorfs, am Fuß der Anhöhe, lagen einzelne Höfe – kleine Gruppen von Häusern und Ställen und Schuppen. Eines davon, das dritte von Quainton aus östlich gesehen, war seit über hundert Jahren die Heimstatt der Kingstons.

«Jetzt paß auf», sagte Edward, «wie du dich wohl noch erinnern kannst, ist die Landstraße unsere südliche Grenze – dort auf der anderen Seite des Waldes. Der Rest unseres Landes liegt hinter den Ausläufern der Hügel ... Und Cameron hat das Land südlich und östlich davon gekauft ... Und jetzt laß uns auf den Kamm reiten!»

Er trieb sein Pferd an und galoppierte los, und Thomas ritt hinter ihm her. «Komm schon!» rief Edward und blickte sich nach ihm um. «Schneller!»

«Du hast mir absichtlich das langsame Pferd gegeben!» rief Thomas zurück. Er fand, daß sein Bruder zum erstenmal seit seiner Ankunft glücklich aussah.

Sie ritten über den Kamm, und auf der Nordseite der Hügel kam zu ihren Füßen das Dorf Marsden in Sicht. Sie hielten die Pferde an.

«Das ist Camerons Haus», sagte Edward, «dort rechts vom Dorf.» Es war ein riesiges Haus, mit zwei Seitenflügeln und ausgedehnten Stallungen und Nebengebäuden dahinter. Der Backstein war hellrot, da er noch keine Zeit gehabt hatte, zu verwittern. Ein langer, von neu gepflanzten Bäumen gesäumter Weg lief vom Eingangstor zwischen eingezäunten Wiesen, auf denen etwa ein Dutzend Pferde grasten, auf das Gebäude zu.

«Unsere nördliche Grenze», erklärte Edward, «ist dieser Bach dort – da bist du einmal hineingefallen, vielleicht erinnerst du dich –, und das Weizenfeld da drüben hinter den Wiesen, bis dahin geht unser Land ... Cameron gehört das Land dahinter und natürlich alles im Norden. Du siehst, warum er unser Land gern hätte ... er hätte dann eine ziemlich gerade verlaufende Grenze.»

Thomas hörte nur mit halbem Ohr zu. «Eines Tages», sagte er, «werden auch wir so ein großes Haus haben, Edward. Und Vollblutpferde auf der Weide hinter dem Zaun, die wir vom Haus aus sehen können, ohne uns aus dem Sessel erheben zu müssen. Und siebenhundert Morgen Land, die du wirklich bestellen kannst, und eine Musterherde, die alle Leute weit und breit sich ansehen wollen.»

Früh am nächsten Morgen fuhr Edward ihn im Trab nach Aylesbury, damit er den Zug nach London noch erreichte. «Danke, daß du gekommen bist, Thomas», sagte er, als er ihm die Hand schüttelte.

«Es war gut, euch alle mal wiederzusehen», entgegnete Thomas. «Wegen des Geldes gebe ich euch Bescheid, sobald ich kann.» Als er in den Bahnhof ging und auf den Zug wartete, fühlte er sich eigenartig zuversichtlich. Was machten schon weitere fünfzig Pfund aus? Konnte er dreihundert Pfund auftreiben, fand er auch noch den Rest. Goldsmith würde sie ihm wahrscheinlich zur Verfügung stellen, dachte er bitter, wenn er ihm den rechten Arm als Sicherheit überließ.

Thomas war auf dem Weg vom Bahnhof Paddington zum Laden, als May durch das Schaufenster sah, daß Turner draußen auf dem Bürgersteig stand. Zuerst versuchte sie sich einzureden, er sei es nicht, denn sie wollte nicht glauben, daß er hierher zu Thomas' Geschäft kam. Doch als er dann eintrat und in seiner lässigen Art auf sie zuschlenderte, das Gesicht zu jenem öligen Lächeln verzogen, das sie stets gehaßt hatte, gab es keinen Zweifel mehr. Sie erinnerte sich lebhaft an das letzte Mal, als sie dieses Lächeln gesehen hatte. «Das ist doch alles ganz einfach», hatte er leise gesagt, nachdem er ihr berichtet hatte, Bob sei dabei erwischt worden, wie er sich Geld aus der Ladenkasse des Arbeitgebers «geliehen» habe, an den Turner ihn empfohlen hatte. «Ich kenne Jameson sehr, sehr gut. Ich kann das in Ordnung bringen. Lassen Sie uns zusammen zu Abend essen und dabei alles besprechen.» Sie wußte, daß er tatsächlich bei Jameson Einfluß hatte, denn Shoolbreds war der bedeutendste Kunde des Großhändlers.

Sie hatte Ausflüchte vorgebracht. Diese Woche sei es schwierig, hatte sie gesagt. Ein Jammer, hatte er erwidert, dann werde wahrscheinlich die Polizei da gewesen sein, ehe sie ihr kleines Gespräch geführt hätten. So hatte sie zugestimmt, und sie waren in eines jener Restaurants gegangen, die private Zimmer hatten – *cabinets particuliers* –, und er hatte ihr gesagt, er habe Bob aus den Klauen der Justiz befreit, aber es habe ihn ganze zwölf Pfund gekostet.

«Ich zahle sie Ihnen zurück», hatte sie gesagt.

«Auf die eine oder andere Weise», hatte er lächelnd erwidert.

«Ich zahle es mit acht Shilling die Woche ab.»

«Warum machen Sie sich deswegen Sorgen?» hatte er gefragt und die Hand auf ihr Knie gelegt.

«Bitte, lassen Sie das, Mr. Turner!» hatte sie ihn zurechtgewiesen.

«Aber, aber ... wer spricht denn in einem solchen Ton!» hatte er erwidert. «Sie müssen etwas entgegenkommender sein, wenn Sie wollen, daß wir Freunde werden.»

In diesem Augenblick hatte er mit seinen plumpen Annäherungsversuchen aufgehört und sie einfach gepackt und ihren Kopf festgehalten, so daß sie ihm nicht ausweichen konnte, als er sie auf die Lippen küßte. Sie hatte sich gewehrt, hatte zu schreien versucht, aber nichts ausrichten können, bis er sie endlich losließ.

«Ich hoffe», sagte er – und die Sanftheit seiner Stimme stand in seltsamem Gegensatz zu der Gewalt, die er gebraucht hatte –, «Sie verstehen jetzt die Situation.»

«Ich verstehe die Situation», hatte sie steif erwidert, «aber ich bezweifle, daß Sie sie verstehen, Mr. Turner.» Und dann hatte sie ganz ruhig ihr Glas vom Tisch genommen, als wollte sie daraus trinken, und ihm den Wein ins Gesicht geschüttet. Noch jetzt, als er durch Thomas' Laden auf sie zukam, erinnerte sie sich an die Mischung aus Schrecken und Befriedigung, die sie empfunden hatte, als sie beobachtete, wie er sich den Wein aus den Augen wischte und zu blinzeln versuchte, und wie der Wein ihm über die Wangen gelaufen war und rote Flecken auf seinem weißen Kragen hinterlassen hatte.

Am nächsten Morgen hatte er sie fristlos entlassen und ihr gesagt, wenn sie sich je auf eine Empfehlung Shoolbreds berufe, hätte das zur Folge, daß sie nirgendwo eingestellt würde. Sie hatte die Schuld zurückbezahlt, abgezahlt, genauer gesagt, in wöchentlichen Raten, ohne fremde Hilfe und ohne Thomas etwas davon zu sagen. Warum suchte er sie jetzt, an diesem Septembermorgen fast ein Jahr später, auf?

«Guten Morgen, Miss Ramsay», begrüßte er sie in dem salbungsvollen Ton, mit dem er stets seine bevorzugten Kundinnen begrüßt hatte.

«Was wollen Sie noch von mir?» fragte May zornig.

«Ich komme in Geschäften», sagte er, als sei er sehr überrascht über ihre Haltung. «Ich habe jetzt einen Großhandel – hat Bob Ihnen nichts davon erzählt?»

«Was für eine Frechheit! Glauben Sie im Ernst, wir würden nach allem, was vorgefallen ist, mit einem Menschen wie Ihnen Geschäfte machen?»

Ein breites Lächeln zerknitterte sein Gesicht, und seine Lippen zogen sich so weit zurück, daß das Zahnfleisch zu sehen war. «Wir, Miss Ramsay?» sagte er sanft. «So ist das also? Unser Laden, wie? Nun, das ist sogar noch besser. Sie haben ihm wohl von uns erzählt, was? Von dem Séparée, in dem wir diniert haben? Ich wette, das haben Sie nicht. Ich wette, das haben Sie geheimgehalten – aber machen Sie sich keine Sorgen, ich sage kein Sterbenswörtchen. Die Sache ist die, daß ich ihm Waren anbieten kann, die er sonst nirgendwo bekommt – Wäsche, Samt, Baumwolle zu Preisen, die er nicht für möglich halten würde. Wenn er die Details hört, bin ich sicher –»

«Wären Sie, bitte, so freundlich, Sir», unterbrach ihn Thomas, «meinen Laden zu verlassen?» May war so sehr mit Turner beschäftigt gewesen, daß sie nicht bemerkt hatte, wie Thomas hereinkam. Doch als sie seine Stimme hörte, war sie so erleichtert, daß ihr fast die Kräfte schwanden.

«Sie sind gewiß Mr. Kingston», sagte Turner und streckte die Hand vor. «Gestatten Sie, daß ich mich vorstelle –»

«Ich gestatte Ihnen gar nichts, ich gestatte Ihnen nur, sich von hier zu entfernen», sagte Thomas, faßte ihn am Arm und schob ihn zur Tür.

«Das ist sehr unklug von Ihnen, Mr. Kingston. Ich habe viele Freunde in dieser Branche. Sie könnten eine unangenehme Überraschung erleben.»

«Ich bin schon durch Ihre Anwesenheit hier unangenehm überrascht.» Ohne Turner loszulassen, öffnete Thomas mit der anderen Hand die Tür. «Bitte, kommen Sie nicht mehr wieder, Sie sind hier unerwünscht.»

Als Turner draußen war, ging Thomas zu May zurück. «Alles in Ordnung?»

Sie schluckte und nickte. «Wissen Sie, wer das war?»

«Ich würde sagen, es war der berühmte Mr. Turner.»

«Soll ich Ihnen alles erklären?»

Thomas schüttelte den Kopf und lächelte sie an. «Nein.»

Sie lächelte dankbar zurück. «Wie geht es bei Ihnen zu Hause?»

«Nicht besonders gut. Aber ich bin froh, daß ich dort war. Ich habe ihnen gesagt, ich würde das notwendige Geld auftreiben.»

«Das werden Sie bestimmt. Übrigens war das Geschäft gut heute morgen. Und Mrs. Fellowes hat Ihnen das hier geschickt.»

Er nahm den Umschlag und las die Karte mit der kleinen, leicht nach vorn geneigten zierlichen Handschrift, die ihm inzwischen so vertraut war. «Sehr geehrter Mr. Kingston, es gibt etwas, worüber ich mit Ihnen sprechen möchte. Könnten Sie mich bitte heute nachmittag um fünf Uhr besuchen? Ich brauche außerdem einen schwarzen Samtumhang, vielleicht mit einem modischen Besatz. Wenn Sie etwas am Lager haben, was mir gefallen könnte, würden Sie es vielleicht gleich mitbringen?»

Als Thomas in das kleine Empfangszimmer im ersten Stock geführt wurde, stand Mrs. Fellowes mit dem Rücken zur Tür und blickte durch das hohe Fenster auf den Eaton Square hinaus. Sie wandte sich um, als der Butler ihn anmeldete, und Thomas, der stets von ihr beeindruckt war, fand sie attraktiver denn je. «Guten Tag, Mr. Kingston.» Sie begrüßte ihn mit einem herzlichen Lächeln. «Wie schön, daß Sie gekommen sind.» Sie bemerkte die Umhänge, die er über dem Arm trug. «Ich sehe, Sie haben mir etwas zum Anprobieren mitgebracht, wie ich Sie gebeten hatte ... Morton», sagte sie zu ihrem Butler, «ich wünsche nicht gestört zu werden.»

«Sehr wohl, Madam.» Der Butler ging und schloß die Tür.

«Legen Sie die Sachen auf den Stuhl», sagte sie zu Thomas, «und setzen Sie sich.» Thomas legte die Umhänge über die mit Atlasstoff bezogene Stuhllehne und fragte sich, wo wohl Miss Jones war. Er war zum erstenmal mit Mrs. Fellowes allein. «Sie hätten gewiß gern eine Tasse Tee.» Sie nahm eine Teekanne vom Tablett, das auf einem Tischchen neben dem Sofa stand. «Wie ich höre, waren Sie bei Ihrer Familie auf dem Land. Ich hoffe, dort geht alles gut.»

«Leider nicht», antwortete Thomas. «Unsere Herde mußte abgeschlachtet werden.»

«Wie schrecklich ... Armer Mr. Kingston, Sie scheinen zur Zeit in argen Schwierigkeiten zu sein, aber gerade deshalb habe ich Sie zu mir gebeten. Ich möchte, daß Sie sich über all das keine Sorgen mehr machen. Sie sollen sich nur um Ihr Geschäft kümmern, das, wie ich überzeugt bin, eine große Zukunft hat.»

Thomas verstand nicht, was sie meinte. «Oh, sehen Sie mich nicht so entgeistert an, Mr. Kingston», sagte sie. «Aber natürlich. Ich habe es Ihnen ja noch gar nicht erklärt. Wie töricht von mir. Mr. Goldsmith hat mir von Ihren Problemen erzählt – ganz vertraulich, selbstverständlich. Eigentlich hätte er mir gar nichts darüber sagen dürfen, ich weiß, aber ich habe es eben aus ihm herausbekommen. Nun, Mr. Goldsmith ist in einer etwas schwierigen Lage, wie Sie sich zweifellos vorstellen können. Er muß an seine Bank denken und seine Partner. Ich hingegen brauche solche Rücksichten nicht zu nehmen. Ich bin, wenn Sie so wollen, eine unabhängige Person. Und deshalb –» sie zuckte leicht mit den Achseln und lächelte – «haben Sie keine Probleme mehr. Ich leihe Ihnen das Geld, das Sie brauchen – dreihundert Pfund sind es, glaube ich, wie Mr. Goldsmith sagte. Aber jetzt werden Sie wohl etwas mehr brauchen, da Ihre Familie in so großer Not ist.»

Mrs. Fellowes' Angebot überraschte Thomas. «Ich … ich weiß kaum, was ich sagen soll», stammelte er. Genauer gesagt konnte er es nicht glauben. Sie war schließlich eine Frau, und obwohl er sich all die Fragen zu stellen begann, die der Annahme eines Kredits vorausgehen, merkte man ihm äußerlich nichts davon an. «Ich … ich weiß nicht, an welche Bedingungen Sie gedacht haben, Madam, aber …»

Plötzlich schien sie verärgert. «Sehe ich aus wie ein Geldverleiher, Mr. Kingston?» fragte sie in scharfem Ton. «Sie zahlen mir das Geld zurück, wann Sie können – was in nicht allzu ferner Zukunft der Fall sein wird, dessen bin ich sicher … Sie sehen immer noch so verwirrt aus, Mr. Kingston. Dabei ist die Sache doch ganz einfach – wirklich nur eine Bagatelle.»

Endlich fing er an, ihr Angebot zu begreifen. «Ich bin überwältigt», sagte er nur. Abermals spürte er, wie die Sorgenlast von ihm wich, doch ein neuerdings entwickelter Instinkt machte ihn vorsichtig. «Wenn mich Ihre Großzügigkeit etwas verwirrt, Mrs. Fellowes», sagte er, «dann ist das, weil ich nicht ganz verstehe … weshalb Sie so freundlich sind …»

«Weshalb?» Wieder hatte ihr Ton etwas Scharfes. Dann lachte sie kurz auf. «Na schön. Ich werde es Ihnen sagen. Von Ihrem Eröffnungstag an, als ich Ihren Laden betrat, war ich mir bewußt, daß Sie ein junger Mann sind, der zum Erfolg bestimmt ist, und die Vorstellung, ich könnte von Anfang an ein wenig dazu beitragen, war verlockend.»

«Ich bin Ihnen für Ihre Patronage höchst dankbar», warf Thomas ein.

«Außerdem ist mir, wie ich Ihnen schon sagte, Ihre Gesellschaft angenehm. Ich finde, Sie sind ein interessanter Mensch und … ich fürchte, ich könnte jetzt etwas Unschickliches sagen … Sagen wir einfach, ich unterhalte mich gern mit Ihnen. Dagegen könnte doch niemand etwas einwenden, oder?» Sie saßen nebeneinander auf dem Sofa, und sie sprach in dem unverbindlichen Konversationston, den sie ihm gegenüber immer anschlug. Doch als sie ihn jetzt ansah, veränderte sich ihre Haltung. Ihre Augen verschleierten sich und bekamen einen unverkennbar sinnlichen Blick. Plötzlich wurde Thomas sich ihres Körpers bewußt, der ihm so nah war. Er fühlte sich von einer fast animalischen Kraft zu ihr hingezogen und mußte an sich halten, sie nicht in seine Arme zu reißen. Das entsetzte ihn. Mrs. Fellowes war eine reizvolle Frau ... die Flechten schwarzen Haars, das ihr weich in den Nacken fiel, die hohen Wangenknochen und die ovalen blauen Augen ... aber sie war auch eine Kundin, eine Kundin von Rang; und ein Begehren von dieser Gewalt hatte nichts zu suchen zwischen einem Ladenbesitzer und einer Kundin.

Die Spannung zwischen ihnen nahm zu. Sie fuhr sich mit der Zungenspitze über die Lippen, und er fand diese Bewegung fast unwiderstehlich. Jeder Muskel in seinem Körper war angespannt.

«Habe ich unrecht, wenn ich glaube», fragte sie, und das Sprechen bereitete ihr offenkundige Mühe, «daß dieses Gefühl der Übereinstimmung auf Gegenseitigkeit beruht?» Eine ihrer Hände zitterte, und sie legte schnell die andere darüber.

«Ich ... ich empfinde die größte Bewunderung für Sie, Madam», stammelte Thomas.

«Das ist kaum das gleiche wie Übereinstimmung», sagte sie so leise, daß es fast ein Flüstern war. Mit sichtlicher Anstrengung löste sie den Blick von ihm. «Doch wenn ich mich nicht sehr täusche, würde ich sagen, Sie kommen gern zu mir.»

«Da täuschen Sie sich nicht, Madam.»

«Das freut mich.» Sie stand auf, weil sie es nicht mehr ertrug, neben ihm auf dem Sofa zu sitzen. Sie trat ans Fenster, und dabei raschelte ihr Unterkleid. «Ich glaube, ich weiß, was in Ihnen jetzt vorgeht», fuhr sie leise fort, ohne sich umzudrehen. «Aber manchmal gibt es Kräfte ... Emotionen vielleicht ... zwischen einem Mann und einer Frau, die die Unterschiede im gesellschaftlichen Stand ein wenig ... nun ja, unwichtig machen. Und die Unterschiede sind geringer, als Sie glauben. Ehe ich meinen inzwischen verstorbenen Mann heiratete, war ich Schauspielerin, was ein in den höheren Kreisen nicht gerade sehr angesehener Beruf ist.» Sie hielt inne, und es trat ein lastendes Schweigen ein, denn Thomas wußte nicht, was er antworten sollte. Für ihn war der Unterschied zwischen einem kleinen Ladeninhaber und einer Bewohnerin vom Eaton Square mit Equipage riesengroß, ganz gleich, was vorher gewesen sein mochte. «Mr. Kingston», sagte sie, noch immer mit dem Rücken zu ihm, «würden Sie mir einen Gefallen tun?»

«Selbstverständlich», erwiderte er.

«Könnten Sie, wenigstens eine Zeitlang, aufhören, mich dauernd ‹Madam› zu nennen?»

«Wenn Sie dies wünschen.»

Sie wandte sich um und sah ihn an, und das Begehren stand noch deutlich in ihren Augen. Er sah, wie sie schluckte. «Vielleicht», sagte sie, «sollte ich jetzt die Umhänge anprobieren.»

«Sehr Wohl, M ...» Es gelang ihm gerade noch, das Wort hinunterzuschlucken.

Sie lächelte – ein eigenartiges, angespanntes, künstliches Lächeln. «Ich sehe, es ist Ihnen gelungen. Sehr gut.» Sie schritt zum Kamin, über dem ein großer goldgerahmter Louis-XIV-Spiegel hing. «Würden Sie mir einen bringen – vielleicht den, der Ihnen am besten gefällt.»

Sie stand vor dem Spiegel und beobachtete darin, wie er einen Umhang vom Stuhl nahm und sich ihr näherte. Ihre Blicke begegneten sich im Spiegel, und er wußte, er sollte wegsehen, sollte wieder Distanz zwischen ihnen herstellen, aber sein Blick blieb in ihrem hängen. Er hob den Umhang und legte ihn ihr über die Schultern. Sie hob langsam ihre Hände und legte sie über seine. «Finden Sie, daß dieser Umhang mir steht?» fragte sie und hielt seinen Blick im Spiegel fest.

Er nahm ihre Stimme kaum wahr. Sein ganzes Sein war beherrscht von der Berührung ihrer Finger und dem Drängen in ihren Augen. «Glauben Sie, er steht mir?» Wieder sprach sie fast flüsternd.

«Ich ... ich ... es fällt mir schwer ...»

Sie lächelte. «Ich hatte recht, nicht wahr?»

Er nickte, und ganz langsam drehte sie sich um, bis sie ihm gegenüber stand. Sie hob die Lippen, und er senkte langsam seinen Mund darauf. Beider Bewegungen waren ohne Hast und fast bewußt, als seien sie für ein Ballett einstudiert. Er legte den Arm um ihre Taille, sie hob die Hände zu seinem Hals, und der Umhang glitt von ihren Schultern. Er küßte sie, drängend jetzt, und sie antwortete darauf, bewegte die Lippen auf seinem Mund und preßte sich an ihn.

Dann beugte sie den Kopf zurück, sah zu ihm auf. Ihre Augen glänzten, und er bemerkte, daß ihre Farbe sich verändert hatte, so wie sie an jenem Morgen Wochen zuvor gesagt hatte. «Sie *sind* grün», sagte er lächelnd.

«Mögen Sie grüne Augen?»

Als Antwort preßte er wieder den Mund auf den ihren. «Warten Sie», flüsterte sie, «ich will die Tür abschließen.»

Das Geräusch des sich drehenden Schlüssels erschien Thomas ungewöhnlich laut. Einen Augenblick lang lehnte sie sich mit dem Rücken an die Tür, ehe sie zu ihm zurückkehrte. Irgendwie war ihr Haar in Unordnung geraten, ein paar Strähnen hatten sich aus den Flechten gelöst. Ihre Lippen waren leicht geöffnet, und sie war etwas atemlos.

«Ich danke Gott», flüsterte sie, «daß dies geschehen ist ... Sogar Ihre Probleme ... Auch für sie bin ich froh, so sind wir uns doch allein begegnet ... Ich bin so glücklich, daß ich sie Ihnen abnehmen konnte.»

Thomas' Gefühlsumschwung war ebenso jäh wie drastisch. Ihre Worte, obschon mit innerstem Empfinden gesprochen, stießen in ihm auf Widerstand, sie offenbarten ihm mit der Helligkeit eines Blitzes seine Situation, die er über dem heftigen Verlangen nach ihr vergessen hatte. Er war ein junger, kleiner Geschäftsmann, der eine Liebelei anfangen wollte mit einer reichen Kundin, die gewiß zehn Jahre älter war als er – einer Frau, die ihm Geld leihen wollte.

Es war eine unschöne, unheroische Vorstellung. Später fragte er sich, ob es nur das Geld gewesen war, das ihn plötzlich gehemmt und veranlaßt hatte, die Liebe dieser schönen Frau zu verschmähen, für die viele Männer ein Vermögen gegeben haben würden.

«Es muß ein angenehmes Gefühl sein, reich zu sein», sagte er plötzlich zornig. «Dreihundert Pfund für eine Bagatelle zu halten und eine schwierige Lage wie die meine so leicht beheben zu können, wie mit einem Zauberwort.»

Ein paar Sekunden war sie schockiert über seinen Stimmungswandel. «Ich habe Sie verärgert», sagte sie. «Aber wodurch?» Sie ging auf ihn zu, und er legte die Arme um sie, denn er wußte, er war undankbar gewesen, aber er küßte sie nicht. «Ist es so schlimm», fragte sie, «wenn ich ein wenig an Ihrem Leben teilhaben will und mich für Ihr Schicksal interessiere?»

«Das haben Sie bereits getan», sagte er tonlos. «Sie waren sehr freundlich.»

Sie sah zu ihm auf, spürte, daß sein Verlangen nach ihr geschwunden war. «Ist es das Geld?» Er nickte, und sie löste sich aus seinen Armen und setzte sich auf das Sofa. «Sie haben das Gefühl, daß man Sie kauft?»

«Sie müssen mir verzeihen. Ich hätte nicht tun dürfen, was ich getan habe.»

Sie lachte darüber, daß er die Schuld auf sich nahm. Die Verletzlichkeit, die sie nach dem ersten Kuß gezeigt hatte, die unverhohlene Leidenschaft war geschwunden. Sie war wieder die Frau von Welt. «Sie dummer Junge», sagte sie, «wie können Sie glauben, man kauft Sie, wenn es sich nur um einen Kredit handelt?»

«Es ist kein Kredit im üblichen Sinn.»

«Er muß zurückbezahlt werden. Ist das kein Kredit?»

«Ich meine, es ist keine normale geschäftliche Transaktion. Es ist eine Gunst.»

«Dann machen wir es zu einer geschäftlichen Transaktion. Wir schließen einen ordentlichen Vertrag ab ... mit Anwälten und so weiter ... Sie können mir sogar Zinsen zahlen, wenn Ihnen das lieber ist ... und wenn Sie den Kredit nicht zurückzahlen, verspreche ich Ihnen, daß ich Sie ins Gefängnis bringe ... Ach, wirklich, was macht es für einen Unterschied? Geld ist so unwichtig.»

«Ich wünschte, das wäre es für mich in diesem Augenblick auch.»

«Das wird alles noch kommen. Sie haben vorübergehende Schwierigkeiten. Eines Tages wird Ihnen die Vorstellung, daß Sie um dreihundert Pfund verlegen waren, wie ein Witz vorkommen ... Jetzt nehmen Sie erst einmal wieder Platz. Ihr Tee muß kalt geworden sein. Soll ich Ihnen neuen einschenken?» Sie goß seine Tasse in die Ausleerschale und sah zu ihm hin, aber er hatte sich nicht vom Kamin gerührt.

«Du liebe Güte, Sie sind wirklich ein merkwürdiger junger Mann. Betrachten Sie mich doch einfach als Ihre Gönnerin. Ich meine als wirkliche Gönnerin und Förderin, wie viele Maler und Dichter und Komponisten sie am Anfang ihrer Karriere haben. Glauben Sie, daß *sie* das Gefühl gehabt haben, man hätte sie gekauft? Ganz bestimmt nicht. Etwas so Lächerliches habe ich noch nie in meinem Leben gehört. Jetzt kommen Sie und setzen Sie sich – auch wenn Sie mich jetzt nicht ... mögen.»

«Ich glaube, ich sollte gehen», sagte er.

«Noch nicht – bitte, setzen Sie sich einen Augenblick.»

Thomas zuckte die Schultern. «Gut», sagte er und setzte sich etwas linkisch neben sie. «Sie müssen mich für einen richtigen Bauerntölpel halten.»

«Überhaupt nicht. Solche Menschen sind schlichte Seelen, das sind Sie nicht. Ein Bauerntölpel hätte sich nicht so in der Gewalt gehabt wie Sie. Aber freilich hätte er auch nie eine solche Chance bekommen ...»

«Ich kann Ihnen nicht sagen, wie leid es mir tut ... und wie außerordentlich geschmeichelt ich mich fühle.»

Sie lächelte über das Kompliment, wenn es auch wie eine der Bemerkungen klang, die er zu seinen Kundinnen im Laden machte. «Das klingt mehr nach dem Thomas Kingston, den ich kenne», sagte sie. «Jetzt sehen Sie mich bitte an.» Als er sie ansah, fühlte er sich sofort wieder zu ihr hingezogen. «Wissen Sie, ich komme mir Ihnen gegenüber ein wenig kühn vor», sagte sie ruhig. «Eigentlich sollten Sie es sein, der mich anfleht, und ich sollte mich hinter meinen Fächer zurückziehen. Aber jetzt sage ich nun einmal die Dinge, die Sie hätten sagen sollen ... Nein!» Sie legte ihm die Finger auf die Lippen, als er etwas erwidern wollte. «Kein Wort der Erklärung. Davon haben wir genug gehabt. Ich muß Ihnen gestehen, daß ich mich nicht einmal schäme. Vielleicht liegt das an meiner Vergangenheit. Schauspielerinnen verdammen ihre Leidenschaften nicht, wie es manche anständige Dame tut, und sie geben sich auch keine große Mühe, sie zu verbergen ... und was ist aus *Ihrer* Leidenschaft geworden?» Sie sagte es sanft, behutsam, mit der Andeutung eines Lächelns. «Wo ist die Flamme hin, die so hell brannte, daß Sie mich geküßt haben und daß ich die Tür abschloß?»

Während Thomas sie ansah, stieg das Verlangen in ihm wieder hoch. Sie spürte es und neigte sich zu ihm. Ihre Lippen begegneten sich, lösten sich feucht wieder voneinander. Er legte die Arme um sie, und sie schloß die Augen. Er hielt sie fest und küßte sie leidenschaftlich. Seine Hände wanderten über ihren Körper. Er fühlte ihre straffe Brust unter dem Kleid ... und wieder rief etwas in ihm Widerstand hervor. Das Geld? Der große Standesunterschied zwischen ihnen? Der Umstand, daß sie seine Kundin war? May? In all seinen späteren Überlegungen fand er es nicht heraus. Vielleicht hatte alles zusammen dazu beigetragen. Ein übermächtiger Instinkt sagte ihm einfach, daß er etwas Falsches tat. Er ließ sie los, schwer atmend, nach Luft ringend. «Es tut mir leid», keuchte er. «Ich kann nicht.»

«Hören Sie jetzt nicht auf», sagte sie leise, wieder verletzlich. «Bitte, hören Sie jetzt nicht auf.»

«Sie müssen mir verzeihen. Sie sind so begehrenswert, und es ist eine so große Ehre für mich, aber ...» Er verstummte. Das Zimmer bedrückte ihn. Er hatte das Gefühl, die Wände und die Decke kämen auf ihn zu. «Ich muß gehen.»

Sie erhob sich und ging auf ihn zu, aber er stand mit hängenden Armen da und schüttelte den Kopf. «Bitte, verzeihen Sie mir.»

«Ich will nicht, daß Sie gehen», sagte sie. «Bitte, gehen Sie nicht ... nicht so.»

«Ich muß», erwiderte er und drehte mit bebenden Fingern den Schlüssel im Schloß herum.

Plötzlich war sie zornig. «Verlassen Sie das Zimmer nicht, ich warne Sie! Sie werden es bedauern!»

Er drehte sich zu ihr um. «Ich habe es Ihnen zu erklären versucht, Mrs. Fellowes ... Ich kann nicht bleiben ... Ich kann es einfach physisch nicht ... Ich werde Sie morgen aufsuchen.»

«Kommen Sie nur für einen Augenblick zurück.» Ihre Stimme hatte den zornigen Klang verloren, doch als er den Kopf schüttelte, wurde ihre Stimme sofort wieder hart. «Wo wollen Sie jetzt Ihr Geld herbekommen?» sagte sie geringschätzig. Sie war wieder die Frau, die Macht besaß.

«Ich weiß es nicht.»

«Erwarten Sie nicht, daß Ernest Goldsmith Ihnen hilft – dafür werde ich sorgen!»

Er öffnete die Tür. «Bitte», hörte er sie sagen, wieder ohne Zorn, ohne Härte, nur flehend.

Er ging hinaus, schloß die Tür und hörte, wie ein Stück Porzellan dagegen krachte. «Sie Bauerntölpel!» hörte er sie rufen. «Sie gewöhnlicher, impotenter Bauerntölpel!» Er eilte die Treppe hinunter und nahm kaum den Butler Morton wahr, der ihm im Vorübergehen Hut und Stock reichte.

Als er in den Laden kam, ging er sofort in sein Schlafzimmer hinauf, wo er nicht gestört werden würde. Er mußte sich erst wieder fassen, seine Situation überdenken, nun, da er Mrs. Fellowes' Unterstützung verloren und, schlimmer noch, sich den Zorn einer verschmähten Frau zugezogen hatte. Er zog seinen Rock aus, band sich die Krawatte auf und setzte sich in Hemdsärmeln aufs Bett. Er fühlte sich gedemütigt und beschämt und erschöpft durch sein absurdes Verhalten. Er hatte eine Frau beleidigt und eine unverzeihliche Naivität bewiesen.

Zum hundertstenmal, seit er vom Eaton Square davongehastet war, fragte er sich, ob er ein so fürchterliches Desaster nicht hätte vermeiden können. Hätte er sich nicht unter irgendeinem Vorwand zurückziehen können, ehe sich die Situation so entwickelte? Hätte er sie nicht einfach nehmen und besitzen können, wie sie es begehrte – zumal er sie ebenfalls begehrte? Dann wären alle Probleme gelöst gewesen! Sie wäre weiterhin seine Freundin gewesen. Er hätte das Geld gehabt, dem Hof und Onkel Jack zu helfen, und der neue Laden hätte wie geplant eröffnet werden können.

Doch da wurde ihm klar, weshalb er so und nicht anders reagiert hatte. Der Preis für ihren Kredit wäre ungeheuer gewesen. Es wäre nicht bei diesem einzigen Nachmittag der Leidenschaft geblieben, den hätte er vielleicht noch vom Verstand her mit seinem Verhältnis zu May vereinbaren können, sondern es wäre zweifellos zu anderen solchen Gelegenheiten gekommen – immer auf Bitten oder besser: auf Geheiß seiner Gönnerin. Wie hätte er da seine Selbstachtung als Mann bewahrt? Es gab also doch etwas, dachte er ein wenig gequält, das noch vor dem Laden kam ...

Er sah sich an diesem Abend im März 1870 gezwungen, den düsteren Tatsachen seiner Lage ins Auge zu blicken. Auch wenn er Goldsmiths Angebot bisher als unannehmbar zurückgewiesen hatte, so war es ihm doch immer als letzter Ausweg erschienen, falls alles andere scheiterte. Sollte Mrs. Fellowes ihre Drohung wahr machen, war ihm auch dieser versperrt.

In dem Augenblick, als Thomas die Verzweiflung überkommen wollte, klopfte es an der Tür. Es überraschte ihn, denn in dieses Zimmer kam außer der Putzfrau nie jemand. Zuerst antwortete er nicht. Doch als es noch einmal klopfte, stand er schwerfällig auf und öffnete. May stand vor ihm, mit einem kleinen Tablett, auf dem eine Flasche und ein Glas standen.

«Ich dachte, ein Brandy hilft vielleicht», sagte sie.

Sie war noch nie die Treppe zu dem Geschoß hinaufgestiegen, in dem er schlief. «Hat jemand Sie heraufkommen sehen?» fragte er besorgt.

«Angst um meinen guten Ruf?» fragte sie zurück. «Es gibt Zeiten, da sind andere Dinge wichtiger.» Sie stellte das Tablett auf ein Tischchen. «Sie haben noch nie so ausgesehen wie heute abend», fuhr sie fort und goß Brandy in das Glas. «Ich weiß nicht, was bei Mrs. Fellowes passiert ist, aber eines weiß ich: ich bin mit Ihnen seit der ersten Stunde in diesem Laden zusammen, und ich bleibe nicht unten und warte und lasse Sie das alles allein durchmachen.» Sie reichte ihm das Glas hin. «Thomas, ich hoffe, Sie wissen, wie sehr ich Sie liebe.»

Er nahm ihr gedankenverloren das Glas ab, als hätte er nicht gehört, was sie sagte, trank den Brandy, warf dann das Glas plötzlich zur Seite und schlang die Arme um sie. «May!» flüsterte er. «O mein Gott – May!» Er küßte sie. Seine Gefühle waren eine Mischung von Erleichterung, Liebe, Leidenschaft und wilder Begierde. Sie klammerte sich an ihn, spürte ihr Verlangen. Er riß ihr das Kleid auf. Sie schwankten, sanken auf das Bett. Ihre Lippen lagen aufeinander. Sie streiften die trennenden Kleider ab, und sie drängte ihm entgegen und nahm ihn ganz in sich auf. Sie sah nichts mehr, sie hörte nur noch ein Rauschen in den Ohren, ihr Empfinden schwang sie höher und höher, bis sie schließlich beide erschöpft dalagen, befriedigt, im Bewußtsein eines wunderbaren Friedens, sein Kopf auf ihrer nackten Brust.

Auch am nächsten Tag hatte sich an Thomas' Finanzkrise noch nichts geändert, aber sein Entschluß stand fest. Er zog mehrere Möglichkeiten in Betracht. Er konnte, trotz Mrs. Fellowes' Drohung, an Mr. Goldsmith schreiben. Er spielte mit dem Gedanken, seinen Stolz zu bezwingen und zu Arthur Stockton zu gehen – um wenigstens Zeit zu gewinnen. Er dachte sogar daran, in der *Times* eine Anzeige aufzugeben, wie dies viele taten, aber er fürchtete, daß neue Verhandlungen zuviel Zeit erfordern würden.

Kurz vor Mittag fuhr Mrs. Fellowes' Equipage vor, und der Diener brachte die Umhänge, die Thomas am Eaton Square zurückgelassen hatte. Es lag ein Umschlag mit einer kurzen Mitteilung bei: «Ich schicke Ihnen Ihre Kleidungsstücke zurück. Ich glaube nicht, daß mir eines davon steht.» Die kalte Kürze dieser Mitteilung ließ auch die letzte Hoffnung in ihm schwinden, daß ihre Verärgerung abgeklungen war.

Am Abend, als Thomas den Laden gerade schließen wollte, schlenderte breit grinsend David Rawlings herein. «Hallo, David», sagte Thomas und schüttelte seinem Freund freudig überrascht die Hand. «Du strahlst ja so – man könnte meinen, du hättest das große Los gewonnen.»

«Hab ich vielleicht auch. Komm, wir trinken ein Glas Porter. Können Sie ihn entbehren, Miss Ramsay?» fragte er May.

«Aber nur für fünf Minuten», erwiderte sie lächelnd.

Sie gingen die Sloane Street hinauf zum *George II*, und David knallte zwei Penny-Stücke auf die Theke und bestellte zwei Krüge. Er nahm einen langen Schluck und sagte dann: «Du weißt wahrscheinlich, daß ich mich in letzter Zeit mal mit Lillian getroffen habe.» Er hielt inne, als Thomas gespielt vorwurfsvoll die Stirn runzelte. «Nun, sie hat mir von deiner schwierigen Lage erzählt, mit deiner Tante und dem Geld und so weiter. Hast du schon eine Lösung gefunden?»

«Nein, David, ich stecke ganz tief drin.»

«Erinnerst du dich noch – vor ein paar Monaten habe ich dir erzählt, daß mein Vater mir Geld angeboten hat, damit ich mich selbständig machen kann? Ich glaube noch immer nicht, daß ich mich dazu eigne – so ganz auf mich selbst gestellt wie du. Aber ... na ja, mit einem Partner zusammen wäre es vielleicht etwas anderes ... Thomas, könntest du dir vorstellen, daß du mich als Partner aufnimmst – als Juniorpartner natürlich?»

Thomas starrte seinen Freund fassungslos an. Das war eine Möglichkeit, an die er überhaupt noch nicht gedacht hatte.

«Du brauchst nicht gleich ja oder nein zu sagen», fuhr David hastig fort. «Laß mich erst weitererzählen. Als ich das hörte, habe ich mich gleich hingesetzt und meinem Vater geschrieben, wie gut der Laden von Anfang an lief. Ich habe auch den zweiten Laden erwähnt, von dem Lillian mir erzählt hat. Und ich habe ihm geschrieben, daß du an die Zukunft großer Kaufhäuser glaubst. Na ja, heute habe ich eine Antwort von ihm bekommen. Wie du weißt, fürchtet er immer, ich sei zu lasch oder, wie meine Mutter, zu sanft. Deshalb hat er sich gefreut, daß ich ihm geschrieben habe. Er will dreihundert Pfund geben, aber er knüpft Bedingungen daran.»

«Das ist doch klar», sagte Thomas, der es immer noch nicht fassen konnte.

«Er schreibt, ich müßte mindestens fünfundzwanzig Prozent Eigentum erwerben, wenn ich dein Partner würde, und er meint, ich müßte zweihundert von den dreihundert Pfund zu diesem Zweck verwenden. Der Rest wäre zu einem Zinssatz von drei Prozent jährlich zurückzuzahlen. Und er erwartet, daß ich in dein Geschäft eintrete und ein noch auszuhandelndes Gehalt bekomme ...» Er hielt jäh inne, als er das Gesicht seines Freundes sah. «Thomas, ist dir nicht wohl?»

«Nicht wohl?» entgegnete Thomas. «So wohl wie jetzt war mir schon lange nicht mehr. Wirt!» rief er unvermittelt und drehte sich auf dem Hocker herum. «Eine Flasche Champagner, bitte!»

David grinste. «Dann bist du mit Vaters Bedingungen einverstanden?»

«Natürlich! Sie sind generös, und es wäre fein, wieder zusammenzuarbeiten. Das müssen wir feiern ...» Er hielt plötzlich inne. «Da ist noch etwas, das ich vergessen hatte.»

«Was?»

«Ich brauche mehr als dreihundert Pfund. Ich brauche dreihundertfünfzig.»

«Aber die fünfzig würden auch Zinsen bringen?»

«Natürlich.»

«Dann ist Vater sicher einverstanden.»

Der Knall des Champagnerkorkens klang Thomas in den Ohren wie eine aus hundert Kanonen abgefeuerte Siegessalve. Er hob das Glas. «Auf Kingston und Rawlings.»

«Ich glaube, wir sollten den Namen nicht ändern», sagte David. «Kingstons allein klingt besser. Ist einfach und leicht zu behalten. Ich glaube, wir sollten auf Kingstons trinken und auf das neue Mitglied in seiner Geschäftsleitung.»

Vor der Wirtshaustür verabschiedeten sie sich, und Thomas achtete ausnahmsweise einmal nicht auf würdevolles Gebaren und rannte wie ein aufgeregter Junge zu seinem Geschäft zurück. May und die anderen waren gerade dabei, den Laden zu schließen. Er bat May, ihm ins Büro zu folgen. Er betrat das Zimmer vor ihr und rückte ihr mit betonter Höflichkeit den Besuchersessel zurecht. Gewöhnlich nahm sie auf einem der Stühle Platz, doch jetzt spielte sie sein Spiel mit.

«Vielen Dank, Mr. Kingston», sagte sie. «Wie aufmerksam von Ihnen.»

Er setzte sich auf seinen üblichen Platz und beugte sich vor. «Sagen Sie, Miss Ramsay», fragte er, als spräche er mit einer Stellenbewerberin, «haben Sie schon einmal die Möglichkeit einer Verehelichung mit mir in Betracht gezogen?»

Drittes Kapitel

Januar 1871

1

Langsam flachte die Schmerzwelle ab, und May schlug die Augen auf. Sie blickte um sich und nahm, als sähe sie es zum erstenmal, die vertraute Umgebung des Zimmers wahr: die rot flackernde Flamme des Gasfeuers, das beschlagene Fenster, der Schnee draußen auf dem Sims, die blaugemusterte Schüssel mit dem dampfend heißen Wasser, die Lillian gerade hereinbrachte.

Der Wind heulte, und May dachte, was für eine Nacht, um geboren zu werden! Dann lächelte sie, denn sie wußte, dieser Aspekt würde Thomas, der ein Gefühl für das Schicksal und Geschmack am Dramatischen hatte, gefallen. Ihre Wehen hatten zwei Wochen zu früh eingesetzt. Thomas hatte besorgt ausgesehen und David gebeten, rasch den Arzt zu holen, und er hatte sie fest in den Armen gehalten und ihr Vertrauen eingegeben.

«Genau wie sein Vater», hatte sie etwas gequält gescherzt, «er hat es eilig.» Als er die Anstrengung in ihrer Stimme hörte, hatte er ihr den Rücken getätschelt. «Nur ruhig, mein Schatz, es geht schon alles gut.»

Die Hebamme wischte ihr mit einem Tuch den Schweiß von der Stirn. Dr. Henderson, die Ärmel hochgerollt, lächelte ihr aufmunternd zu. «Sie brauchen sich gar keine Sorgen zu machen, Mrs. Kingston.»

Mrs. Kingston. Sie hatte sich noch immer nicht ganz daran gewöhnt, Mrs. Kingston zu sein, und fragte sich sogar manchmal, wenn sie diesen Namen hörte, ob die Leute nicht jemand anderes meinten. Aber sie erinnerte sich noch deutlich an den Frühlingsnachmittag, an dem Thomas ihr seinen Namen gegeben hatte. «Ich will Glocken hören», hatte er überschwenglich gesagt. «Ich will

Glocken läuten hören zu froher Feier!» Und sie hatten auch geläutet an jenem strahlend sonnigen Tag, ihr Dröhnen klang über die Dächer der Sloane Street und über Knightsbridge und all die vornehmen Plätze, wo ihre Kundschaft wohnte.

Mays Vater, der sich auf zwei Stöcke stützen mußte, war aus Surbiton gekommen, um das Amt des Brautführers zu übernehmen. Thomas' Mutter, sein Bruder Brian und seine beiden Schwestern waren aus Quainton angereist – Edward kümmerte sich inzwischen um den Hof, doch das tat er gern, denn er war so froh über sein neues Vieh, daß er es nicht über sich gebracht hätte, es allein zu lassen.

Nach der Trauung waren alle in den Laden zurückgekehrt, wo im Personalzimmer im ersten Stock ein Tisch reich gedeckt war, schön hergerichtet von Emily Lane, die ein Talent für so etwas hatte. Die Verkäuferinnen und Sidny Baines, der neue Verkäufer, hatten sich unten im Laden abgelöst, um abwechselnd an der Hochzeitsfeier teilnehmen zu können. Zum Schluß hatte Onkel Jack – er war allein gekommen, denn Tante Polly war noch in Paris – einen Trinkspruch auf das junge Paar ausgebracht, und Thomas hatte darauf erwidert und in einer kurzen, launigen Rede darauf hingewiesen, daß seine neueste Errungenschaft, wie alle zugeben mußten, sich sehr gut mache und bestimmt nie «Staub ansetzen» werde. Dann waren May und Thomas, während ihnen alle von den Fenstern aus nachwinkten, mit der Droschke zum Victoria-Bahnhof gefahren, um zwei Tage in Brighton zu verbringen – eine längere Hochzeitsreise konnten sie sich nicht erlauben.

Sie waren in einem hübschen kleinen Hotel am Strand abgestiegen und hatten lange Spaziergänge auf der Promenade unternommen, und Thomas hatte sie immer wieder gefragt, ob es nicht zu anstrengend für sie sei, aber sie hatte gesagt, es sei noch viel zu früh, sich deswegen Sorgen zu machen – denn inzwischen wußte sie natürlich, daß sie schwanger war, und sie hatten schon einen Namen für das Baby ausgesucht. «Wir werden ihn Ramsay nennen, nach dir», hatte Thomas gesagt. «Ramsay Edward Thomas Kingston. Das hat doch einen guten, soliden Klang, findest du nicht? Genau richtig für den Chef eines großen Kaufhauses.»

Sie lächelte über seine Anmaßung. «Vielleicht bekommen wir ein Mädchen.»

«Nein», sagte er in überzeugtem Ton, «du schenkst mir einen Jungen, der zu einem scharfsinnigen Geschäftsmann heranwachsen wird.»

In diesen beiden Tagen waren May und Thomas das erste Mal außerhalb des Geschäfts zusammen. Das löste bei ihnen ein berauschendes Gefüühl der Freiheit aus. Sie wagte es sogar, mit ihm über Lillian zu sprechen, die ihrem Gespür nach ein Thema war, das man mit Vorsicht ansprechen mußte. Seit David in die Firma eingetreten war, verbrachte Lillian den Sonntag und auch manchen Abend in der Woche bei ihnen – meist in den zwei Zimmern über dem Laden, die May als ihr erstes gemeinsames Heim mit Thomas eingerichtet hatte.

Mays Einstellung zu Lillian war zwiespältig. Nicht daß sie sie nicht mochte, obwohl ihr gutes Aussehen und ihre Selbstsicherheit sie zunächst ein wenig beunruhigten. Aber sie fürchtete sich nicht mehr vor ihr, denn Thomas hatte sich eindeutig für sie, May, entschieden. Doch sie empfand Lillian weiterhin als beunruhigend. Ihre Neigung, modisch zu sein, ihre stumme Kritik an allen, die es nicht waren, ihre Art, sich in den Vordergrund zu drängen, was, wie May vermutete, an ihrem außergewöhnlichen Ehrgeiz lag – all das konnte schwerlich das ideale Klima für eine Freundschaft zwischen zwei Frauen schaffen.

Auch May konnte gelegentlich scharf sein, wenn auch meist auf eine witzige Art, aber Lillian schlug mit einer Offenheit zu, die entwaffnend war. All die Monate, die May und Thomas sich kannten, waren von Arbeit ausgefüllt gewesen, und sie hatte kaum einen Gedanken an ihre Kleidung verschwendet. Deshalb war sie überrascht gewesen, als Lillian eines Abends, während sie sich im Schlafzimmer umkleidete, bemerkt hatte: «Meinst du nicht, du solltest mal etwas Hübscheres anziehen?»

«Ich gehe ja nicht auf einen Ball», antwortete May.

«Nein», erwiderte Lillian mit einem Lächeln, «aber Männer reagieren auf schöne Kleider, besonders Thomas. Schon mit zwölf ist ihm immer aufgefallen, wenn ich ein neues Kleid anhatte.»

Seltsam – May hatte sich Thomas bisher nie als kleinen Jungen vorgestellt. «Wie war er denn mit zwölf Jahren?»

Ein Lächeln ging über Lillians Gesicht: «Ein bißchen still – er hat zwar oft gelacht, war aber doch still. Und sehr sauber. Nicht wie Edward, der immer aussah, als hätte man ihn rücklings durch den Kuhstall geschleift. Ich war nicht sehr oft in Quainton – nur ein paarmal mit Tante Dolly, wenn sie in Buckingham zu Besuch war. Ich sah ihn erst öfter, als er schon in London war, in der Copenhagen Street. Wir haben Karten gespielt und Dame, wenn es sonntagnachmittags regnete. Manchmal sind wir auch im Tower gewesen oder im Zoo oder haben sonst was gemacht – die kleinen Geheimnisse, die man in diesem Alter hat, mit viel Kichern und Aufregung.»

«Ich beneide dich darum», sagte May.

«Das täte ich auch, wenn ich im Begriff wäre, ihn zu heiraten und ihn vorher nicht gekannt hätte. Das ist ein kleines Stück von ihm, das du nie wirst besitzen können.» Lillian sagte das weder in triumphierendem noch in bedauerndem Ton. «Wahrscheinlich will man ganz instinktiv alles von einem Mann besitzen. Aber du hast ihn ja jetzt, May – das meiste von ihm: den erwachsenen Mann, nicht den Jungen. Zumindest ...» Sie hielt inne.

«Zumindest vorläufig?» meinte May. «Wolltest du das sagen?»

«Hat eine Frau einen Mann je für immer? Er wird dein Mann, und darüber solltest du glücklich sein.»

«Oh, das bin ich auch. Ich will gar nicht mehr.»

Damals war May das Gespräch ziemlich harmlos erschienen; erst als sie später darüber nachdachte, war ihr bewußt geworden, wie verletzend Lillian sein konnte, wenn man ihr die Gelegenheit dazu gab. Aber sie würde mit Lillian leben müssen – zumal wenn sie David heiratete.

«Ich kann mir Lillian nur schwer als Davids Frau vorstellen», sagte sie zu Thomas, als sie in Brighton die Strandpromenade entlangschlenderten. «Er ist ein so ruhiger Mensch.»

«Du meinst, sie braucht einen stärkeren Mann, einen, der sie vielleicht ab und zu verprügelt?»

«Das nicht. Aber einen Mann, der sie führt ...»

«Vielleicht krempelt sie ihn um. Vielleicht erleben wir noch einen neuen, autokratischen David.»

May erwiderte nichts, doch das Schweigen drückte ihre Zweifel aus.

«Gehen wir ins Hotel zurück», sagte Thomas plötzlich. «Ich verspüre den heftigen Drang, meine ehelichen Rechte wahrzunehmen.»

«Was – vor dem Mittagessen?» Sie lachte. «Das muß die Seeluft sein, die das Animalische in dir zum Vorschein bringt.»

«*Du* bist es – wenn es das überhaupt ist. Ich dachte immer, es sei Liebe oder Verehrung oder Leidenschaft. Wenn wir nicht auf der Stelle umkehren, werde ich dich auf einer dieser Bänke hier vergewaltigen!»

Sie drehte sich auf dem Absatz um und zog ihn mit sich. «Nun, dann auch nicht gebummelt, sonst halte ich es nur für leeres Gerede.»

Wieder durchfuhr sie der Schmerz. Lillian trat zu ihr und nahm ihre Hand – sie wirkte kühl und gepflegt wie immer. Was machte sie hier? May hätte viel lieber Emily bei sich gehabt. Konnte sie nicht einmal ein Baby kriegen ohne William?

Thomas hatte natürlich recht gehabt in Brighton. Lillian *hatte* versucht, David umzukrempeln, aber es dauerte eine gewisse Zeit, ehe May Lillians Absichten in ihrem ganzen Ausmaß erkannte. Sie hatten kurz nach Mays und Thomas' Rückkehr von Brighton geheiratet, und es war praktisch eine Wiederholung der vorangegangenen Zeremonie gewesen – Trauung in derselben Kirche, anschließend Feier in demselben Raum über dem Laden.

Lillian, vom Wein angeregt, hatte sich noch unschicklicher aufgeführt als sonst. «Bisher waren wir Stiefcousins – bringt uns das jetzt näher?» hatte sie gefragt, als Thomas ihr nach dem Trinkspruch auf das jungvermählte Paar einen Glückwunschkuß gab.

«Du bist jetzt eine Art Schwägerin per Firmenanteile», hatte Thomas mit einem Lächeln geantwortet.

«Das klingt nicht sehr aufregend», sagte sie und hielt ihm die andere Wange hin, damit er sie noch einmal küsse. Und May hatte beobachtet, daß sie im letzten Augenblick das Gesicht ein wenig zu ihm drehte, so daß seine Lippen ihren Mundwinkel berührten. Das hatte Lillian zwar früher auch schon getan, doch May fand, daß es für einen Hochzeitstag etwas weit ging.

May war nicht eigentlich eifersüchtig, denn Thomas hätte kein liebevollerer Ehegatte sein können, und er hatte Lillian mit ihrem lockeren Flirten nie ganz ernst genommen. Doch später, an einem jener Tiefpunkte, die die Schwangerschaft begleiteten, hatte sie sich plötzlich vorgestellt, welche Macht Lillian im Geschäft ausüben könnte, wenn Thomas sie je mit anderen Augen sah. Diese Macht würde größer sein, als wenn sie Thomas' Frau wäre, denn sie könnte *beide* Männer beeinflussen. May verdrängte den Gedanken zwar sofort, aber er kehrte immer wieder – vor allem wenn es Auseinandersetzungen zwischen den Partnern gab, in denen May manchmal Anzeichen von Lillians Intrigen sah. Denn die Aussicht auf eine gemeinsame Führung des Geschäfts, von der Thomas zuerst so angetan gewesen war, war schwieriger in die Praxis umzusetzen, als beide es sich vorgestellt hatten. Sie waren zwei sehr verschiedene Naturen, mit sehr verschiedenen Anschauungen – was während ihrer Lehrzeit keine Rolle gespielt hatte, was sich aber jetzt bemerkbar machte, da sie gemeinsame Besitzer einer Firma waren.

David war immer wieder erstaunt über die Risiken, die Thomas beim Einkauf neuer Waren einging – eine so kühne Einkaufspolitik hatte er in der gesetzten, konservativen Atmosphäre bei Parsons nie erlebt.

Emily Lane half jetzt beim Einkauf für die Damenabteilungen – gewöhnlich in Absprache mit May –, und Thomas spannte beim Einkauf von Meterware in zunehmendem Maße den neuen Verkäufer, den jungen Sidney Baines, ein.

David teilte sich mit Thomas das kleine Bürozimmer – Schauplatz ständiger Aktivitäten und rascher Entschlüsse. Gewöhnlich saß David mit aufgestützten Ellbogen da, die Hand unter dem Kinn, und eine dicke blonde Haarsträhne hing ihm auf der rechten Seite seines Mittelscheitels in die Stirn – seltsamerweise nie auf der linken.

«Wie um Himmels willen kannst du wissen, ob du sie verkaufst?» fragte er, als er hörte, wie Thomas Emily anwies, 30 Pfund für ein Sortiment von Schirmen auszugeben.

«Das kann ich natürlich nicht wissen», antwortete Thomas mit einem Grinsen. «Aber ich denke, wir werden sie schon los. Sie sind dekorativ und anders als die üblichen. Miss Lane findet das auch, und sie hat einen Riecher für so etwas. Ach, mach doch kein so bekümmertes Gesicht, David.»

Seit Davids Geschäftseintritt war das Einkaufsrisiko größer geworden, denn in dem neuen Laden wurde hauptsächlich Damenbekleidung angeboten, und das war für Kingstons ein neues Gebiet. Die Kleiderabteilung sollte das Fundament des Geschäfts sein, wenn Thomas auch zu den Galanteriewaren und Umhängen noch Strumpfwaren, Handschuhe und Schirme mit ins Angebot aufgenommen hatte. Im ersten Laden wurden jetzt nur noch Stoffe verkauft – Seide, Leinen, Baumwolle, Samt, aber in bedeutend größerer Auswahl als zuvor.

Der erste Monat schloß mit einem Gewinn ab, doch mit einem nur geringen. In langen Besprechungen mit May und Emily suchte Thomas wie ein Spürhund nach dem Grund für das mittelmäßige Ergebnis und ging die Verkäufe in den verschiedenen Abteilungen durch. Was verkaufte sich gut? Wo war der Absatz schleppend? Und warum? Hatten sie auf die falschen Farben, auf eine falsche Moderichtung gesetzt? Mißfiel den Kunden das gesamte Konzept der Fertigkleidung? Kauften sie lieber Stoff und ließen ihn verarbeiten?

David konnte bei diesen Untersuchungen nicht mitreden, und eines Abends, nach einer hektischen Sitzung, die den ganzen Nachmittag gedauert hatte, sagte er bekümmert, als er mit Thomas und May allein im Büro war: «Ich fürchte, ich kann kaum etwas dazu beitragen.»

«Du kannst nicht alles auf einmal mitkriegen», entgegnete Thomas.

May stellte fest, daß David sich gleich am nächsten Morgen eingehender für die Aspekte des Geschäfts zu interessieren begann, die keine Erfahrung im Einkauf erforderten. Nach einigen Tagen wußte er genau, was in jeder Abteilung an Warenwert lagerte. Er überprüfte jeden Morgen die Bankauszüge, vermerkte die Schulden, die sie hatten, und erstellte eine Übersicht der Absatzentwicklung in den einzelnen Warensparten für die letzten Wochen. Wenn während ihrer Besprechungen eine Frage aufkam, konnte David, obwohl Thomas die Grunddaten des Geschäfts im Kopf hatte, oft mit ganz genauen Zahlen aufwarten.

Im Juni lief das Geschäft mit den Kleidern ein wenig besser, aber noch immer nicht so, wie Thomas es sich vorgestellt hatte. «Das geht alles noch zu langsam, es ist kein Pfiff dahinter», sagte er eines Morgens im Juli zu May und Emily.

In diesem Augenblick stürzte der junge Sidney Baines herein. «Ich hoffe, ich störe nicht, Mr. Kingston, aber im Laden nebenan ziehen sie aus.»

«Was?» Thomas' Augen leuchteten auf.

«Miss Simpson hat es als erste gesehen, wie sie einen Wagen beladen haben. Sie hat mir erst eine halbe Stunde später etwas davon gesagt. Heiliges Kanonenrohr, hab ich gesagt, warten Sie, wenn Mr. Kingston das hört.»

Thomas lief auf die Straße und kam ein paar Minuten später aufgeregt wieder zurück. «Es stimmt!» sagte er. «Und ich habe schon mit dem Makler gesprochen. Wir können den Laden für 100 Pfund im Jahr haben.»

David starrte seinen Partner ungläubig an. «Das kann nicht dein Ernst sein.»

«Und ob das mein Ernst ist!»

«Eben machst du dir noch wegen des Geschäfts in dem zweiten Laden Sorgen, und jetzt denkst du schon an einen dritten!»

«Die Flaute ist nur vorübergehend, und wir dürfen uns diese Gelegenheit einfach nicht entgehen lassen. Wenn ein anderer den Laden mietet, kann es Jahre dauern, bis wir diese Chance wiederbekommen. Und du weißt doch genausogut wie ich, daß wir dringend mehr Platz brauchen.»

Das stimmte. Während das Geschäft wuchs, nahmen Buchhaltung und Korrespondenz an Umfang zu. Jede größere Lieferung verursachte eine kleinere Krise, da nirgends Raum war, um die Ware auszupacken, sie an Hand des Lieferscheins zu überprüfen, in die Lagerbücher einzutragen und Preisschilder anzubringen.

«Es ist natürlich ein Risiko, aber bei einem aufstrebenden Unternehmen muß man schon mal ein Risiko eingehen.»

David seufzte ärgerlich. «Der Traum von deinem Kaufhaus ...»

«Das ist kein Traum!» schrie Thomas plötzlich wütend. «Sondern eine unausweichliche Entwicklung! Irgendwie werden wir das Geld schon auftreiben.»

David schüttelte den Kopf. «Mit einer solchen Einstellung macht man Bankrott», sagte er. Er hielt einen Moment inne und fügte dann hinzu: «Wie es dir im März ja auch beinahe passiert wäre.»

Er wußte sofort, daß er zu weit gegangen war. Man sah Thomas kein Zeichen des Zorns mehr an – die Röte war aus seinem Gesicht geschwunden, die Halsschlagader war abgeschwollen, und er sprach mit ruhiger, beherrschter, kalter Stimme. «Wenn ich im März fast bankrott gegangen wäre, so hatte das nichts mit einer fahrlässigen Geschäftsführung zu tun, sondern nur mit Tante Dollys Krankheit – wie du genau weißt.»

David wußte es natürlich, aber er versuchte es noch einmal: «Du hast noch nie jemanden bankrott gehen sehen, Thomas, und ich kann dir nur sagen, es ist nicht schön. Dabei verliert ein Mann jede Selbstachtung. Ich werde nie vergessen, wie mein Vater an dem Abend damals ausgesehen hat, als er aus der Cavey Street heimkam. Er hat in den Armen meiner Mutter geweint wie ein kleines Kind, Thomas.»

Thomas hörte kaum zu. «Es gibt Dinge, die man einfach tun muß», sagte er. «Man kann es nicht immer erklären, weil es eine Sache des ‹Gefühls› ist.»

«Des Gefühls!» erwiderte David verblüfft.

«Ich *weiß* es, David! Ich *weiß*, daß wir diesen Laden haben müssen!»

Am Tag darauf unterschrieb Thomas den Mietvertrag für Kingstons dritten Laden, und wiederum schienen die Schicksalsgötter es gut mit ihm zu meinen, denn der Verkauf in der Kleiderabteilung ging plötzlich in die Höhe und entwickelte sich auch in den darauffolgenden Wochen weiter gut.

Die Auseinandersetzung war natürlich nur ein Ausbruch des Konflikts, der sich zwischen den beiden Männern angestaut hatte, seit David in die Firma eingetreten war – eines Konflikts, den Lillian, wie May argwöhnte, ständig anfachte. Die beiden Männer taten ihr leid, denn die Partnerschaft begann an ihrer alten Freundschaft zu nagen, und nach dem Streit über den dritten Laden wurde es nicht mehr so wie früher.

Die Situation wurde auch nicht gerade dadurch erleichtert, daß Thomas in Sidney Baines einen Geistesverwandten sah, weil er schnell von Entschluß war. Baines, ein schlanker, dunkelhaariger junger Mann mit einem viel zu üppigen Schnurrbart für seine einundzwanzig Jahre und einer jungenhaft-lustigen Art, sprach die Kundschaft an. Er kam aus dem armen Londoner Ostend und verdankte es dem Leiter der örtlichen christlichen Mission, der erkannt hatte, was in ihm steckte, daß er eine Lehrstelle in einem Laden bekam.

Kurz bevor Thomas die Auseinandersetzung mit David hatte, war Baines ins Büro gekommen und hatte vorgeschlagen, die Seidenstoffe auf eine neue Art auszulegen. Die Idee hatte Thomas gefallen. «Das ist tadellos, Baines», hatte er begeistert gesagt. «Fangen Sie sofort damit an, ich komme später herunter.»

«Wenn ich nur mal so begeistert auf einen Vorschlag von David reagieren könnte!» sagte Thomas am Abend zu May.

«Vielleicht hast du seine wahren Talente noch nicht entdeckt», meinte May, «und manchmal habe ich auch das Gefühl, du überschätzt Baines. Er nimmt sich manchmal recht viel heraus. Ich glaube, du solltest ihn bei Gelegenheit zurechtweisen.» Während sie das sagte, fragte sie sich plötzlich, ob sie nicht ein wenig eifersüchtig war auf die Freude, die Thomas bei der Zusammenarbeit mit ihm empfand. War das vielleicht, genau wie Thomas' Kindheit, ein Stück seines Lebens, an dem sie nicht teilhaben konnte? «Die Verkäuferinnen beklagen sich immer über ihn», sagte sie in behutsamem Ton und merkte, daß sie sich selbst davon zu überzeugen versuchte, daß auch andere Baines kritisch gegenüberstanden. «Sie sagen, er benähme sich manchmal recht unzüchtig. Er soll Miss Simpson sogar einmal im Lagerraum geküßt haben.»

Thomas sah sie an und grinste. «Ich werde ihm einschärfen, keine Verkäuferinnen im Lagerraum mehr zu küssen.»

Noch Tage nach der Auseinandersetzung war die Atmosphäre im Büro gespannt. David sprach wenig und antwortete einsilbig auf Thomas' Fragen – was Thomas als kindisches Schmollen abtat. May wußte, daß es mehr war. Ein einziges Mal hatte David versucht, sich durchzusetzen – in einer Sache, die keine besonderen Kenntnisse erforderte –, und Thomas hatte seine Meinung nicht gelten lassen. Für David stellte sich damit die wichtige Frage, ob er ein Partner war oder eine *quantité négligeable.* May vermutete, daß Lillian Thomas früher oder später darauf ansprechen würde –

und das tat sie auch an einem Nachmittag, als May ausgegangen war. Die beiden waren im Wohnzimmer, hatten aber die Tür offengelassen, und als May zurückkam und langsam, denn sie war schon im vorgerückten Stadium schwanger, die Treppe hinaufstieg, hörte sie Lillian sagen: «Ich habe mich nur gefragt, ob du dir bewußt bist, wie verbittert David ist. Er ist schrecklich verletzt, Thomas.»

«Er hat mit seinen Gefühlen nicht gerade hinter dem Berge gehalten», hatte Thomas geantwortet, «aber diese Entscheidung war wesentlich ... Lillian, die Firma muß vor unseren persönlichen Empfindungen rangieren ...»

«Thomas, was mir Sorgen macht, ist, daß er das Geld, das er investiert hat, zurückziehen könnte. Er ist kein Laufbursche.»

Einen Moment hatte Thomas geschwiegen. «Er kann seine Anteile nicht ohne meine Zustimmung verkaufen», sagte er schließlich. «Und was den Kredit betrifft ... da gibt es eine längere Kündigungsfrist.»

«Thomas, ich habe dich nicht gebeten, Berechnungen anzustellen – du sollst nur an David denken. Er ist schließlich dein Freund ... oder ist das nicht mehr wichtig?»

«Doch», erwiderte er nach einer kurzen Pause, «aber nicht so wichtig wie Kingstons. Das Dumme ist, daß David nicht für diese Arbeit geschaffen ist – wie er von Anfang an vermutet hat. Er ist zu ängstlich ... Man muß in dieser Branche Phantasie haben, Lillian, und auch Mut ... ja, man muß manchmal sogar eine Art Pirat sein.»

«Ich nehme an, Baines *ist* ein Pirat.»

«Ja», hatte Thomas erwidert, «er hat etwas von einem Piraten.»

«Findest du es klug, einem Piraten zu trauen?» Sie hatte die Frage nur so hingeworfen und hatte weitergesprochen, ehe er antworten konnte. «Du siehst nicht, worum es geht, Thomas.» Sie hatte leise und sanft gesprochen. «Du mußt David das Gefühl geben, daß er dein Partner ist, sonst –»

«O Lillian», hatte Thomas sie ärgerlich unterbrochen, «ich habe dauernd versucht, ihn eine größere Rolle im Geschäft spielen zu lassen!»

«Versucht! Dann mußt du es eben energischer versuchen ... das heißt, wenn du auf sein Geld angewiesen bist, und ich glaube, das bist du – zumindest vorläufig.» Sie hatte innegehalten, und selbst

May hatte zugeben müssen, daß das gekonnt war. «O Thomas», hatte sie ihn plötzlich angefleht, wieder ganz die vertraute Lillian, eine Frau, die zu einem Mann sprach, den sie attraktiv fand, «du weißt sicher, wie wichtig das für mich ist ... Wenn ihr beide euch trennen würdet – ich wüßte nicht, was ich tun sollte.»

Diese Worte kamen May zwischen zwei Wehen in Erinnerung, echohaft verzerrt. Sie hörte noch genau den Klang von Lillians Stimme – sanft und erotisch, trotz der Drohung –, der viel beunruhigender gewesen war als ihre Worte selbst. Deshalb hatte May in diesem Augenblick beschlossen, das Zimmer zu betreten. «Aber Lillian», hatte sie gesagt, «entschuldige, ich habe mit angehört, was du gerade gesagt hast, als ich die Treppe heraufkam. Deine Worte überraschen mich. Du weißt doch genau, daß David sich nicht von Thomas trennen will. Dazu braucht er ihn viel zu sehr – oder jemanden wie ihn.» Das war das erste Mal, daß sie Lillian fassungslos gesehen hatte – aber schließlich war sie darauf auch nicht vorbereitet gewesen.

«Pressen, Mrs. Kingston», sagte der Arzt. «So, ja ... Jetzt warten ... Jetzt wieder pressen ... Gut ... Noch einmal ...» Er sprach mit leiser, brummiger Stimme zu ihr, die von weit her zu kommen schien. Sie hörte sich selbst aufschreien, aber sie wurde nicht ohnmächtig, sondern verharrte in einem eigenartigen Zwischenstadium, in dem sie große Schmerzen verspürte, aber das Gefühl hatte, als sei ihr Denken von ihrem Körper losgelöst. Dann ließ der Drang zum Schreien allmählich nach, als mit der Geburt auch der Druck abnahm. Sie hörte den Schrei des Babys. «Was ist es?» fragte sie.

«Ein Junge, Mrs. Kingston.»

Sie empfand ein Gefühl der Erleichterung: Thomas würde nicht enttäuscht sein. Doch gleich darauf durchfuhr sie der Zorn: wie hatte er es wagen können, der Frucht ihres Leibes so sicher zu sein?

Sie schloß die Augen, während geschäftige Hände sich um sie kümmerten, wahrscheinlich in Erwartung der Nachgeburt. Sie glitt in einen Zustand des Schlafs, hielt aber kurz davor inne. Dolly hätte sich über das Baby gefreut, dachte sie plötzlich. Liebe Tante Dolly. Und da kam ihr jener schreckliche Tag wieder in Erinnerung, als

Tante Dolly aus Paris zurückgekehrt war. Am Nachmittag jenes Tages hatte Thomas sie gebeten, mit ihm von der anderen Straßenseite aus den neuen Laden zu begutachten. Der Anstreicher machte gerade die letzten Pinselstriche an dem Schild über dem zweiten und dritten Laden. Das Wort «Kingstons» erstreckte sich jetzt über beide Häuser, gefolgt, in kleineren Lettern, von dem Wort «Textilien».

Sie waren über die Straße zurückgegangen, und Thomas hatte schützend ihren Arm gehalten. Und im Laden hatte Miss Godfrey auf sie gewartet, das übliche strahlende Lächeln im Gesicht.

«Sie haben doch wohl nicht geglaubt, ich versäume ausgerechnet diesen Tag, oder?» hatte sie zu Thomas gesagt, und als sie sah, daß er sie verständnislos anblickte, hatte sie tadelnd hinzugefügt: «Sie scheinen es selbst vergessen zu haben, Mr. Kingston. Heute ist der 16. September. Was haben Sie heute vor einem Jahr gemacht?»

Da ging ihnen beiden plötzlich der Sinn ihres Besuchs auf. «Mein Gott, Miss Godfrey», hatte Thomas gesagt, «Sie haben recht, es ist unser einjähriges Jubiläum. Das hatten wir ganz vergessen. Ich wußte, es war diese Woche, aber wir hatten so viel zu tun, daß wir auf den genauen Tag nicht geachtet haben.»

Sie hatten sie zu einem Glas Madeira nach oben geleitet. «Lassen Sie sich von einer alten Dame sagen», hatte sie gemeint, «daß es wichtig ist, seine Jahrestage zu feiern. Das sind Meilensteine, und wenn Sie sie übersehen, werden Sie es eines Tages bedauern.»

«Sie haben völlig recht, Miss Godfrey», hatte Thomas mit einem Lächeln erwidert. «Sie müssen uns jedes Jahr an diesem Tag besuchen und ein Glas Wein mit uns trinken – wie eine Patin, damit wir den Tag auch bestimmt nicht vergessen.»

«Sie sollten noch mehr tun – Sie sollten den Tag zu einer Feier für Ihr Personal machen, vielleicht sogar mit einem Ball, später, wenn Sie Ihr Geschäft vergrößert haben.»

Der Gedanke hatte Thomas gefallen – vor allem die Anspielung auf die Zukunft von Kingstons. «May», hatte er gesagt, «ich glaube, wir sollten auf das Wohl unserer ersten Kundin trinken.»

Sie hatten die Gläser erhoben. «Ihrer Patin», hatte Miss Godfrey gesagt und zu kichern begonnen. In diesem Augenblick war das Telegramm von David eingetroffen: Tante Dolly war zurück, und sie möchten so bald wie möglich in die Copenhagen Street kommen.

Das war eine Erleichterung für sie, denn in den letzten Wochen hatten sie sich Sorgen gemacht. Im Juli, als Dolly natürlich noch in Paris war, hatte Frankreich Preußen den Krieg erklärt. Während zwei Armeen Kaiser Napoleons III. nach Norden zogen, war eine halbe Million Soldaten König Wilhelms ihnen entgegen nach Süden marschiert. Zuerst war Paris weit vom Schuß gewesen, doch wenige Wochen später, am 2. September, traf in London die sensationelle Meldung von einem großen preußischen Sieg bei Sedan ein. Die Franzosen hatten kapituliert, Kaiser Napoleon war gefangen. Die preußische Armee schickte sich an, auf Paris vorzustoßen, und es gab Berichte von einer Revolution in der Hauptstadt.

Jemand mußte sofort über den Kanal, um Tante Dolly heimzuholen. Onkel Jack konnte es nicht, weil er Influenza hatte. Thomas war zu der Zeit mit Arbeit überlastet und hatte deshalb Davids Angebot, statt seiner zu fahren, mit Erleichterung angenommen.

An dem Nachmittag, als Miss Godfrey sie besuchte, war er schon fast zwei Wochen weg, und Thomas und May fingen an, sich Sorgen zu machen, doch als sie in der Copenhagen Street eintrafen, sahen sie gleich, daß ihre Befürchtungen unbegründet gewesen waren. Tante Dolly saß kerzengerade in einem Sessel und sah erstaunlich gut aus angesichts der langen Reise, die sie hinter sich hatte. «Sie wollte sich nicht hinlegen, bevor ihr da wart», erklärte Onkel Jack.

«Ich lasse euch doch nicht meine Rückkehr feiern, ohne selber dabei zu sein», hatte sie mit ihrem strahlenden, schalkhaften Lächeln gesagt. «Wo ich inzwischen nicht weniger als zwei Hochzeiten versäumt habe.»

David hatte auf Onkel Jacks Geheiß Champagner besorgt, und sie tranken alle auf Dollys Gesundheit, die sich so offensichtlich gebessert hatte. Aber kaum hatten sie einen Schluck getrunken, da zog David Thomas beiseite und sagte: «Ich hoffe, du bist nicht böse, aber ich hatte in Paris die Gelegenheit, etwas Spitze zu kaufen. Ich bin im Zug mit einem Mann ins Gespräch gekommen, und als er hörte, daß ich im Einzelhandel tätig bin, hat er mir gesagt, bei einem Großhändler in der Nähe der Markthallen seien noch gute Sachen zu haben. Sie haben dort alle ein bißchen Angst, weil man nicht weiß, was passieren wird, und da wollte er sein Lager auflösen und die Stadt verlassen. Komm, sieh dir das Zeug mal an.»

May war mit ihnen in die Diele gegangen, wo David sein Gepäck abgestellt hatte. Dazu gehörte ein großes Paket, von dem David jetzt das braune Packpapier abnahm, so daß ein Ballen der herrlichsten Alençon-Spitze zum Vorschein kam, die Thomas je gesehen hatte. «David!» rief er. «Das ist phantastisch – und ausgerechnet jetzt, wo die Preußen Paris einschließen. Das hast du großartig gemacht. Was hast du dafür bezahlt?»

«Etwa zwölfeinhalb Pence das Yard. Ist das zuviel?»

«Das ist billig. Wo man jetzt kaum noch mit Ware aus Paris rechnen kann, ist das wie reines Gold! Ich hoffe, du hast mehrere Ballen gekauft.» Er sah den Ausdruck in Davids Augen und wußte, was geschehen war. «Dir ist noch mehr angeboten worden, nicht wahr?» David nickte. «Und du hast abgelehnt?»

«Es erschien mir sehr viel Geld, und ich wußte nicht, ob es das Richtige für uns ist. Und dann war da noch ein anderer in dem Lagerhaus, ein Engländer, der wollte den Rest übernehmen. Ich hielt es für klüger –»

«Nein, David!» Das klang wie ein Verzweiflungsschrei. «Wir hätten es unter dem Motto auslegen können: ‹Gerade aus Paris eingetroffen, kurz bevor die Preußen kamen›. Das können wir jetzt natürlich auch, aber dieser eine Ballen wird im Nu weg sein. Aber vielleicht könnten wir ein paar Ballen von diesem Engländer kaufen. Er will natürlich daran verdienen. Kennst du seinen Namen?»

«Stockton, glaube ich, oder Stockham oder so ähnlich.»

«Arthur Stockton! O nein, David, nein!» Thomas schlug die Hände vors Gesicht. Dann blickte er hoch und sah die schmerzliche Enttäuschung in den Augen seines Partners, die eben noch bei seinem Lob so geleuchtet hatten. «Es ist nicht deine Schuld, David», hatte er gesagt. «Daran hätte *ich* denken müssen! Daß es in der Panik zu überstürzten Verkäufen kommt ... Aber typisch Stockton ... Vielleicht verkauft er uns einen Teil seiner Ware. Er hat mich im März im Stich gelassen, und wer weiß ... vielleicht ist er bereit ...»

«Thomas!» Das war ein Angstschrei und sie hatten alle drei zur Wohnzimmertür geblickt. Lillian stand auf der Schwelle, leichenblaß. «Tante Dolly ...» sagte sie.

Der Anblick Tante Dollys war erschütternd gewesen. Sie saß starr aufgerichtet im Sessel, griff sich mit beiden Händen an den Hals, und ihr Gesicht war grau und bläulich und schmerzverzerrt. Es drang kein Laut aus ihrer Kehle, obwohl sie offensichtlich schreien wollte.

«Dolly ... Dolly ... mein Gott, Dolly ...» Onkel Jack legte unbeholfen die Arme um sie, denn in dem Sessel war das schwierig. «Dolly ... Bitte, Dolly», hatte er gesagt.

«Wo wohnt hier ein Arzt?» hatte May gefragt. Alle waren durch den plötzlichen Anfall so gelähmt gewesen, daß keiner an das Nächstliegende dachte.

«Am Ende der Straße», sagte Lillian. «Nummer 27.» Und David war hinausgestürzt.

Dolly bäumte sich auf, drehte sich langsam zur Seite und streckte die Beine von sich, so daß sie schräg im Sessel lag. Schweiß rann ihr über das Gesicht.

Plötzlich wich alle Spannung aus ihrem Körper, und sie lag schlaff da. Ihre Hände fielen vom Hals herab. «Mein Gott!» hatte Onkel Jack gesagt. «O mein Gott!» Er hatte sich vorgebeugt und sie noch fester in die Arme genommen.

Kurz darauf war der Arzt gekommen. «Es muß sehr schnell gegangen sein», hatte er ihnen allen versichert.

Die Hebamme bürstete May das Haar. Dann fragte sie: «Soll ich Mr. Kingston holen?» May nickte, und wie sie erwartet hatte, kam Thomas mit strahlendem, jungenhaft fröhlichem Lächeln herein. «Ich hab dir ja gesagt, es wird ein Sohn.» Er wollte sofort das Baby aus der Wiege heben und zur näheren Betrachtung in die Arme nehmen, aber die Hebamme hinderte ihn daran. «Noch nicht, Mr. Kingston – geben Sie ihm ein bißchen Zeit, sich an die Welt zu gewöhnen.»

«Sie will damit sagen», ließ sich May schon ein wenig schläfrig vernehmen, «daß es noch ein, zwei Tage dauern wird, bis er eine Abteilung übernehmen kann.»

Thomas lachte. «Er wird den idealen Einkäufer für Babywäsche abgeben, wenn wir sie einführen», erwiderte er. Er beugte sich über die Wiege und betrachtete seinen Sohn. Dann gab er May einen Kuß. «Sie sind ein Genie, Mrs. Kingston.»

2

Die Späße waren verfrüht – wie das Baby. «Frühgeburten sind problematisch», hatte der Arzt warnend zu Thomas gesagt, als dieser ihn die Treppe hinunterbegleitete. «Ihr Sohn bedarf besonderer Pflege.»

«Ist er in Gefahr?» fragte Thomas besorgt.

«Nein, das nicht – sagen wir, er hat eine sehr sensible Kondition. Wir verlieren Frühgeburten viel öfter als voll ausgetragene Babies.»

«Dieses werden wir nicht verlieren», sagte Thomas zuversichtlich.

Gegen Ende der ersten Woche hatte das Baby an Gewicht verloren, was May Sorgen bereitete, obwohl man ihr gesagt hatte, daß dies normal sei.

In der nächsten Woche nahm es dreißig Gramm zu, und am Ende der dritten Woche war es fast ein halbes Pfund, und es schien die Krise überwunden zu haben. «Ich habe mir gleich gesagt, es kann nicht lange dauern, bis er darauf reagiert», sagte Thomas mit einem Lächeln und meinte Mays Milch, die der Kleine eifrig einsog. Aber er war erleichterter, als er sich anmerken ließ.

Seit Ramsays Geburt hatte Thomas in der Tat eine andere Einstellung zu seinem Geschäft. Sein Elan war noch größer geworden. Er sah seinen Sohn in seinem Bettchen liegen und stellte sich ihn schon als jungen Mann von zwanzig Jahren vor, der an seiner Seite im großen Kaufhaus arbeitete.

«Gib dem Jungen eine Chance», mahnte ihn May. «Zuerst hat er mal seine Kindheit vor sich.»

David stellte fest, daß Thomas es jetzt noch eiliger mit allem hatte als sonst – eine Einstellung, die er noch nie recht verstanden hatte. «Warum muß denn alles so schnell gehen?» fragte er immer wieder.

«Wir werden tot sein, bevor wir es gewahr werden», antwortete Thomas, «und ich will zuvor noch ein, zwei Dinge erledigen.»

In den Monaten nach Davids Spekulation mit den Spitzen in Paris waren die beiden Männer besser miteinander ausgekommen. Wie Thomas vorhergesagt hatte, war der kleine Vorrat innerhalb von zwei Tagen verkauft worden, und auch der Posten, den sie von Arthur Stockton bezogen, ging weg wie nichts, obwohl er teurer war, wegen des höheren Einkaufswerts. Thomas hatte klugerweise David zu dem Großhändler geschickt, um den Handel abzuschließen, und Stockton, der froh war, ohne Gesichtsverlust eine alte Verbindung wiederaufzunehmen, hatte einen relativ niedrigen Preis gefordert.

Im Februar jedoch verwickelten sich die Partner in neue Konflikte – hauptsächlich um Belanglosigkeiten, bei denen aber immer der unterschwellige Groll durchbrach. Eines Morgens zum Beispiel ertappte Baines eine Ladendiebin – Ladendiebstahl griff in der letzten Zeit in London um sich. Die Sache hätte kein großes Aufsehen erregt, wäre die Frau nicht eine ordentlich gekleidete Dame in den Siebzigern gewesen. Zunächst war sie empört gewesen und hatte alle Anschuldigungen von sich gewiesen, doch als May und Emily ihre Kleidung durchsuchten, fanden sie die gestohlene Ware in den Innentaschen ihres Mantels.

Thomas und David, die ins Büro gerufen wurden, fanden die alte Dame tränenüberströmt und mit zerzaustem Haar auf einem Stuhl vor. «Bitte, Mr. Kingston», sagte sie, als sie Thomas erblickte, «ich flehe Sie an ... ich zahle für alles ... ich helfe Ihnen auch, andere Diebe zu fangen ...»

Thomas sah sie eine Zeitlang an, während sie auf ihn einredete, dann sagte er: «Mr. Baines, rufen Sie die Polizei.» Sie stieß einen gequälten Schrei aus, als Thomas sich umdrehte und das Büro verließ, gefolgt von einem sehr erregten David. «Thomas, das sollten wir erst besprechen. Was wird mit ihr geschehen?»

«Sie kommt ins Gefängnis.»

«Ich bin dein Partner», sagte David zornig. «Ich habe das Recht, zumindest konsultiert zu werden. Sie ist eine alte Frau, Thomas. Wir sollten ein wenig Menschlichkeit walten lassen, ein bißchen christliche Vergebung üben.»

«Und Kingstons in den Ruf bringen, nachlässig mit Ladendieben umzugehen?» fragte Thomas ebenso zornig. «Dann hätten wir jeden Tag welche im Haus. Ein Glück, daß Baines sie erwischt hat.» Plötzlich lächelte er und legte David die Hand auf die Schulter. «Man soll sein Mitgefühl nicht verschwenden.»

David gab sich erst geschlagen, als sich herausstellte, daß die nette alte Dame bereits vierzehn Vorstrafen hatte – doch da waren sie schon in ein weit schwierigeres Problem verwickelt. Emily Lane, die in der Hierarchie des Personals, das jetzt 22 Mitglieder umfaßte, unmittelbar unter Thomas und David rangierte, hatte immer wieder eine Beförderung für Albert Brown, einen der beiden Botenjungen, gefordert. Albert war der zweite gewesen, den Thomas damals bei der Eröffnung seines ersten Ladens eingestellt hatte, und Emily hatte ihm inzwischen Lesen und Schreiben beigebracht. Er war erst sechzehn, aber Thomas wollte es demnächst mit ihm als Verkäufer versuchen, doch da kam Emily Lane plötzlich mit der kaum glaublichen Nachricht in sein Büro gestürzt, man habe Albert dabei erwischt, wie er Geld aus der Handtasche einer Kundin stahl.

Über das Vergehen selbst gab es keine Debatte. Als die Kundin den Jungen des Diebstahls bezichtigte und man ihn durchsuchte, fand man die zwei Pfund in seiner Tasche. «Streitest du ab, daß du sie gestohlen hast?» fragte ihn Baines. Albert schüttelte den Kopf. «Ich kann das nicht verstehen, Albert», fuhr Baines fort. «Du bist ein so aufgeweckter und fleißiger junger Bursche. Aber das ist jetzt Mr. Kingstons Angelegenheit.»

«Das hätte ich nie geglaubt, Albert», sagte Thomas, als er ihn in seinem Büro verhörte. «Hast du schon einmal Geld gestohlen?»

«Nein, Sir. Das war das erste Mal.» Der Junge war nicht mehr der Knirps, den Thomas damals eingestellt hatte. Sein wirres Haar war ordentlich gekämmt, und in seiner sauberen Schürze mußte er eine gute Reklame für Kingstons sein, wenn er für die Kundschaft Pakete austrug.

«Warum hast du das getan?» fragte David plötzlich.

«Ich war in Not, Sir, aber ich weiß, das ist keine Entschuldigung.»

«Du weißt, Albert, wir haben keine andere Wahl», sagte Thomas.

«Ja, Sir, das weiß ich.»

«Dann packst du am besten deine Sachen und gehst.»

Es war eine Entscheidung, die Thomas den ganzen Tag über keine Ruhe ließ. Als er May am Abend davon erzählte, war sie zwar auch bedrückt, gab aber zu, daß er nicht anders hatte handeln können. Die Entlassung machte ihm sehr zu schaffen, weil der

Diebstahl so gar nicht zu dem Jungen paßte. Am nächsten Morgen hatte Ramsay etwas Temperatur, und May dachte nur noch an den Kleinen, so daß sie nicht mehr von Albert sprachen.

«Soll ich nach dem Arzt schicken?» fragte Thomas.

«Ach, es ist nicht so schlimm – Babies haben oft mal Fieber. Wir können ihn noch immer holen, wenn es steigt.»

Eine Stunde später gingen Thomas und David die Morgenpost durch, als Emily hereinkam. Die Sache mit Albert habe sie so sehr beunruhigt, sagte sie, daß sie am Abend zuvor nach Geschäftsschluß zur Wohnung des Jungen nach Stepney im Londoner Ostend gegangen sei.

«Ich weiß, es ändert nichts an der Tatsache, Mr. Kingston. Diebstahl bleibt Diebstahl. Ich dachte mir nur, Sie möchten vielleicht wissen, warum er das Geld gestohlen hat.»

«Das möchte ich in der Tat», sagte Thomas, «wenn es auch keine Entschuldigung sein kann.»

«Natürlich nicht, aber vielleicht eine Erklärung ... Mr. Kingston, Alberts Mutter hat Lungenentzündung, und ohne ihren Lohn können sie nur von dem, was er verdient, etwas zu essen kaufen. Die kleinen Mädchen hatten nichts mehr zu essen, seit –»

«Was für kleine Mädchen?» warf Thomas ein.

«Alberts Schwestern. Sie haben sich um die Mutter gekümmert. Die eine ist neun und die andere sieben.»

«Und die kümmern sich um eine Frau mit Lungenentzündung? War ein Arzt bei ihr? Liegt sie im Sterben?»

«Ich habe Albert sofort zum Arzt geschickt und bin dort geblieben, während er sie untersuchte. Er hat gesagt, er weiß nicht, ob sie durchkommt, aber sie brauche richtige Pflege, und dafür ist natürlich kein Geld da.»

Thomas fand zunächst keine Worte. Er dachte einen Augenblick nach. Dann sagte er: «Miss Lane, Sie nehmen sich diesen Tag frei. Bringen Sie der Familie an Essen, was sie braucht. Stellen Sie eine Pflegerin ein. Sorgen Sie dafür, daß der Arzt sie täglich besucht. Geben Sie Albert das Geld, das er braucht.»

Er wandte sich an David. «Die Kosten übernehme ich natürlich persönlich.»

«Keinesfalls», sagte sein Partner. «Das übernimmt die Firma.»

In diesem Augenblick waren die beiden Partner, was Albert betraf, ganz einer Meinung. Doch wenige Sekunden später waren sie schon wieder gegensätzlicher Ansicht. Als Emily schon im Gehen war, sagte Thomas zu ihr: «Ich glaube, diese Umstände stellen unsere Entscheidung von gestern in Frage.»

«Thomas!» rief David aus. «Du willst ihn doch nicht wieder einstellen?»

«Wir sollten vielleicht die Zwangslage bedenken, in der der Junge sich befand», entgegnete Thomas. «Was würdest du tun, wenn deine Mutter nichts zu essen hätte und schwer krank wäre? Und Albert hat sich sonst nie etwas zuschulden kommen lassen. Er hat sich gut eingearbeitet. Sollen wir ihn davonjagen, nur weil er unter ungewöhnlichen Umständen einer großen Versuchung erlegen ist?»

David blieb hart, sein Gesicht rötete sich vor Erregung. «Thomas, siehst du es denn nicht ein? Es kommt nicht darauf an, warum er es getan hat. Er ist in jedem Fall ein Dieb. Und du kannst keinen Dieb einstellen. Er hat sich einer der zehn Hauptsünden schuldig gemacht. Dafür muß er bestraft werden.»

«Bestraft?» David war ein frommer Mensch, aber Thomas hatte noch nie erlebt, daß er die Gesetze von Gut und Böse so streng auslegte. «Die letzten vierundzwanzig Stunden, mit der Aussicht auf eine sehr düstere Zukunft, dürften Strafe genug für ihn gewesen sein.»

Thomas stand auf und trat ans Fenster. Er blickte schweigend auf die Sloane Street hinunter. Je länger er darüber nachdachte, desto mehr hatte er das Gefühl, daß es unter den Umständen, die er von Emily Lane erfahren hatte, ungerecht gewesen wäre, den Jungen so streng zu bestrafen. Außerdem glaubte er nicht, daß das im Interesse von Kingstons wäre.

«Gottes Gesetz über den Diebstahl ist ganz eindeutig», sagte David.

«Warum entscheidest du dich für das Gesetz Mose und nicht für die Lehre Christi?» Thomas drehte sich dabei vor dem Fenster um. «Wir stellen Albert wieder ein.»

«Thomas», begann David, «ich stimme dir gewöhnlich in allem zu, wie du wohl weißt, aber in diesem Falle bestehe ich darauf–»

Thomas unterbrach ihn: «Tut mir leid, aber als Seniorpartner überstimme ich dich.»

David sah ihn verblüfft an. «Du überstimmst mich? Wegen eines Botenjungen?»

Einen schrecklichen Augenblick lang glaubte Thomas, David werde zusammenbrechen. Sein Körper erstarrte, er preßte die Arme an sich und ballte die Fäuste. «Das zeigt nur», sagte er bitter, «wie wichtig ich dir als Partner bin.» Damit stürzte er aus dem Büro und schlug die Tür hinter sich zu.

Als er gegangen war, versuchte Thomas weiterzuarbeiten, aber die Auseinandersetzung hatte ihn so mitgenommen, daß er sich nicht konzentrieren konnte. Er spitzte gerade einen Bleistift an, der noch fast spitz war, als May die Tür aufriß. «Hast du mich nicht rufen hören?» schrie sie. Sie war völlig verstört, und Tränen rannen ihr über die Wangen. «Ramsay stirbt! Hol den Arzt!»

3

Das Baby war sehr krank. Wenn es sich nicht übergab, lag es still und starr da, so daß May, als Thomas zusammen mit dem Arzt ins Zimmer eilte, aufschrie: «Oh, mein Gott, er ist tot!»

«Nein», sagte der Arzt und schob eines der kleinen Augenlider mit seinem dicken Daumen zurück, «er ist noch nicht tot.» Mit dem Stethoskop lauschte er auf den Herzschlag des Kleinen, und Thomas starrte entsetzt auf seinen Sohn hinunter, den er sich schon als künftigen Leiter von Kingstons vorgestellt hatte. Ramsay lag regungslos in seinem Bettchen, das Gesicht so verrunzelt, daß Augen und Mund wie tiefe Löcher aussahen. Die Haut an den Wangen war so ausgetrocknet, daß sie sich abzuschuppen begann, obwohl die Haut von Babies normalerweise eher feucht ist. «Warum hat er so eine trockene Haut?» fragte Thomas den Arzt.

«Das ist ein Symptom der Krankheit. Der Körper verliert alle Flüssigkeit.» Während er sprach, wurde der kleine Körper wieder von Erbrechen geschüttelt. Ein dünner weißer Schleim rann aus seinem Mund. Thomas legte den Arm um Mays Schulter, als der Arzt fragte: «Sie stillen ihn doch noch, Mrs. Kingston?»

«Natürlich.»

«Bekommt er irgendwelche andere Milch?»

May, unfähig zu sprechen, schüttelte den Kopf.

«Eigenartig. Man hat die Infektion häufig, wo Kinder dicht zusammen leben.» Er zuckte die Achseln. «Gottes Wege sind unerforschlich.» Er klappte seine Tasche zu. «Er hat eine Darminfektion», fuhr er fort. «Es hat keinen Zweck, ihm eine Arznei zu geben. Stillen Sie ihn einen Tag lang nicht. Versuchen Sie ihm Wasser einzuflößen als Ersatz für die Flüssigkeit, die er verliert. Halten Sie das Zimmer warm. Er muß im Warmen bleiben. Aber öffnen Sie das Fenster, er braucht frische Luft. Ich komme morgen wieder.» Er streckte die Hand aus und drückte behutsam Mays Arm. «Seien Sie tapfer, Mrs. Kingston. Ich tue mein Bestes, um ihn zu retten.»

Er ging hinunter, gefolgt von Thomas. «Muß er sterben?» fragte Thomas. Der Arzt entgegnete: «Mr. Kingston, haben Sie schon mal etwas von der Bakterientheorie bei Krankheiten gehört? Viele Ärzte halten sie für Unsinn, aber Wissenschaftler wie Pasteur, Koch und Lister haben in den letzten zwanzig Jahren so manches entdeckt. Viele Praktiker unter den Ärzten glauben, daß eine Krankheit durch lebende Organismen verursacht wird, durch Keime oder Bakterien, die so klein sind, daß das menschliche Auge sie nicht sehen kann. Sie dringen in den Körper ein, entweder durch Einatmen der Luft oder durch Hautberührung. Was nach meiner Ansicht zur Zeit in Ihrem Sohn stattfindet, ist ein Kampf zwischen diesen feindlichen Keimen und seinem Körper, der, da er noch sehr jung ist, noch nicht gut für die Abwehr gerüstet ist. Gelingt es ihm, die Angreifer abzuwehren, dann wird er es überleben. Wenn nicht, dann nicht.»

«Wann werden wir es genau wissen?»

«In ein bis zwei Tagen. Vielleicht dauert es auch länger, aber das bezweifle ich.»

«Und – wir können gar nichts tun?»

«Nun –» Der Arzt hielt inne und zuckte die Achseln. «Sie könnten beten.»

Thomas ging wieder nach oben. Lillian war bei May, die jetzt in einem Sessel saß, bleich, aber gefaßt. Sie konnte nicht mehr weinen. «Geh du an deine Arbeit, Thomas», sagte sie, als er sich über sie beugte und sie küßte. «Du kannst hier nichts tun.»

Es war eine Erleichterung für Thomas, zu gehen, denn er fühlte sich ohnmächtig, weil er nicht helfen konnte. Eine Weile saß er an seinem Schreibtisch, konnte aber nicht arbeiten. Da er unbedingt etwas tun mußte, ging er hinunter und lief die Sloane Street entlang.

Er merkte gar nicht, daß er in die Pout Street einbog und an der Marienkirche vorüberging. Da fiel ihm ein, was der Arzt gesagt hatte. Beten! Der Arzt war vermutlich ein Skeptiker, und er, Thomas, hatte den Vorschlag gar nicht ernst genommen. Wenn er auch regelmäßig den Gottesdienst besuchte, so war er doch im Grunde kein religiöser Mensch. Er war eher abergläubisch. Er zweifelte nicht an der Existenz mächtiger, sowohl guter wie böser geistiger Kräfte, und er ging davon aus, daß Gott zu den ersteren gehörte. Warum soll ich ihn nicht bitten, sagte er sich an diesem feuchtkalten Januarmorgen vor der Kirche, mir zu helfen? Es war natürlich kein Glaubensakt. Es war mehr ein Hilferuf an eine Macht, die er noch nicht erprobt hatte. Hätte er sich in der gleichen Situation auf einer Südseeinsel befunden, wo die Eingeborenen die Sonne verehrten, hätte er sich deren Anbetungsriten angeschlossen.

Thomas betrat die große Kirche durch eine Seitentür. Er blieb einen Augenblick dort stehen, ging dann zögernd auf eine Bankreihe zu und wollte sich an die Seite setzen. Doch dann hatte er das Gefühl, daß dies als Akt der Ehrerbietung nicht genüge, und so ging er weiter und kniete schließlich gleich neben dem breiten Mittelgang nieder. Dort, in der Mitte der großen Kirche, vor dem Altar und seinem goldenen Kruzifix und den hohen Buntglasfenstern, hatte er das Gefühl, Gott direkt gegenüberzustehen.

Und so betete Thomas um Ramsays Leben. Das lange Beten fiel ihm nicht leicht, denn seine Aufmerksamkeit ging auf Wanderschaft. Er schlug die Augen auf und sah den gekreuzigten Christus im Fenster, sah seine schmerzverzerrten Züge, spürte aber keine innere Bewegung. Er schloß die Augen wieder und schämte sich, als er sich dabei ertappte, daß er an sein Stofflager dachte. Um sich zur Konzentration zu zwingen, sprach er die Worte, die er sagen wollte, im Flüsterton. Es war ein formloses Gebet: «Bitte, lieber Gott, rette meinen Sohn. Hilf ihm, daß er die Keime besiegt. Danke, lieber Gott.» Aber immer noch hatte er nicht das Gefühl, daß seine Worte gehört werden könnten. Er bezog mehr Trost aus dem soliden Holz der Bank, das, wie er wußte, einmal zu einer großen englischen Eiche gehört hatte.

Über eine Stunde lang lag Thomas auf den Knien, in der Hoffnung, daß die Zeit, die er in solcher Ehrerbietung verbrachte, die Kümmerlichkeit seines Gebets irgendwie ausgleichen könnte. Aber er fühlte sich nicht innerlich gestärkt, und endlich stand er auf und verließ die Kirche.

Er ging zurück zu seinen Läden. Niedergedrückt, wie er war, wollte er nicht zu May gehen, sondern lieber warten, bis er sich so weit gefaßt hatte, daß er sie etwas aufrichten konnte. Die Alternative – an seinen Schreibtisch zurückzukehren – dünkte ihn reizlos. Während er ziellos auf der anderen Seite der Sloane Street entlangschlenderte, kam der Eisenwarenhändler, der den Laden zwischen den Kingston-Häusern gemietet hatte, aus der Tür und winkte ihm zu. Er war ein freundlicher Mann namens Henry Clark, Ende Fünfzig, mit einem kahlen Kopf und einem üppigen Schnurrbart.

«Ich wünsche einen guten Tag, Mr. Kingston», sagte er, als Thomas die Straße überquert hatte. «Sie werden mich bald nicht mehr sehen ... Wir haben beschlossen, uns in Eastbourne niederzulassen. Ein bißchen Seeluft wird uns guttun nach dem Londoner Nebel. Ich dachte, es würde Sie interessieren – falls Sie meinen Laden mieten, hätten Sie eine zusammenhängende Schaufensterfront.»

«Das interessiert mich tatsächlich», sagte Thomas. Er hatte natürlich schon oft daran gedacht, denn mit Clarks Laden hätte er eine geschlossene Schaufensterfront über vier Häuser. Es wäre schon ein Kaufhaus gewesen – zwar nur ein kleines, aber doch die Grundlage für das so sehr erträumte große Kaufhaus. Sofort hob sich seine Stimmung bei der erregenden Vorstellung, aber gleich darauf sank sie wieder: ein paar Augenblicke lang hatte er vergessen, daß sein Sohn, der diese Entwicklung mit ihm teilen sollte, vielleicht im Sterben lag. Aber seine Hochstimmung erlosch nicht ganz, denn mit Kingstons hatte er etwas geschaffen, das über ihn und seinen Sohn hinausreichte, das sie beide und andere Söhne, die er vielleicht noch bekam, überleben würde.

«Können Sie mir den Namen Ihres Hauswirts oder seines Agenten nennen?» fragte Thomas.

«Natürlich», antwortete Clark. «Das Anwesen ist erst vor ein paar Wochen in andere Hände übergegangen. Der neue Besitzer ist seltsamerweise eine Dame, und sie wohnt gar nicht weit von hier.»

Clark brauchte gar nicht weiterzureden – Thomas wußte im gleichen Augenblick, daß nun die Zeit gekommen war, da die Saat, die er an jenem demütigenden Nachmittag im vergangenen März am Eaton Square gesät hatte, aufgegangen war. Er hatte sie seit jenem Tag nicht wieder gesehen, aber sie mußte die Entwicklung seines Geschäfts verfolgt haben. Als er den dritten Laden erwarb, hatte sie offenkundig den Wert ermessen, den der vierte eines Tages für ihn besitzen würde.

«Ihr Name ist», sagte Clark, «Mrs. ...»

«Ich kann Ihnen ihren Namen sagen, Mr. Clark», unterbrach ihn Thomas ruhig. «Sie heißt Mrs. Fellowes und wohnt am Eaton Square.»

4

Thomas beschloß, die unvermeidliche Konfrontation nicht aufzuschieben. Auf dem Weg zum Eaton Square fragte er sich, welche Absichten Mrs. Fellowes wohl verfolgte. War es ein Racheakt? Oder wollte sie ein Konkurrenzgeschäft dort etablieren?

Als Morton, der Butler, die große Tür des Hauses Nr. 74 öffnete und sah, wer auf der Schwelle stand, war sein Gesicht so ausdruckslos wie immer. «Guten Morgen, Mr. Kingston», sagte er.

«Ist Mrs. Fellowes zu sprechen?» fragte Thomas.

«Ich werde mich erkundigen – wenn Sie bitte in der Diele warten wollen», antwortete Morton in einem Ton, der ausdrückte, daß er es für sehr zweifelhaft halte, ob sie für Mr. Kingston zu sprechen sei.

Aber sie war es. Morton kam zurück und sagte, sie lasse bitten.

Sie war in dem kleinen Zimmer im ersten Stock, in dem sich das Drama im vergangenen März abgespielt hatte. Und sie war wieder allein. Sie saß auf dem kleinen Sofa, an das er sich deutlich erinnerte, und sie war so schön und reizvoll wie je. Ihr Haar war schlicht frisiert, ihre Augen leuchteten.

«Mr. Kingston», sagte sie mit herzlichem Lächeln, «welch eine angenehme Überraschung.»

«Ich hoffe, Sie verzeihen mein unangemeldetes Eindringen, Mrs. Fellowes.»

«Aber natürlich. Ich freue mich, Sie zu sehen. Kommen Sie, setzen Sie sich und erzählen Sie mir, wie es Ihrem Geschäft geht.» Sie deutete auf den Platz neben sich auf dem Sofa.

«Ich habe gehört, Sie haben geheiratet», fuhr sie fort. «Das hübsche Mädchen in Ihrem Laden. Ich muß Ihnen gratulieren.»

«Das ist sehr freundlich von Ihnen.»

«Aber ich muß gestehen», fuhr sie fort, «da wir ja schließlich ein gewisses Intimitätsverhältnis erreicht hatten ... als ich davon hörte, empfand ich ein leises Gefühl ... ja, was eigentlich? Enttäuschung? Verlust? Eifersucht vielleicht? Nun, damit habe ich doch einiges eingestanden. Wie viele Frauen würden so etwas schon zugeben? Ich hatte ein Verlangen nach Ihnen, wie Sie wohl wissen. Und wenn ich Sie so neben mir sitzen sehe, habe ich dieses Verlangen noch immer.»

Sie sah den verlegenen Ausdruck in seinen Augen und warf lachend den Kopf zurück. «Meine Schamlosigkeit bereitet Ihnen Unbehagen, nicht wahr?» sagte sie. «Aber Sie sollten sich geschmeichelt fühlen. Die meisten Männer würden sich unter solchen Umständen geschmeichelt fühlen.»

«Ich *fühle* mich auch geschmeichelt, Mrs. Fellowes», erwiderte er unbeholfen.

«Ich bin eben ein freches Frauenzimmer, wissen Sie.» Sie sah ihn an, noch mit Schalk in den Augen, der aber verblaßte, als sie leise hinzufügte: «Und *Sie* haben ein Verlangen nach *mir*, nicht wahr? Trotz allem?» Er suchte nach einer Erwiderung, aber ihre Kühnheit verschlug ihm die Sprache. «Strengen Sie sich nicht an», sagte sie. «Sie brauchen mir nicht zu antworten.»

Lässig streckte sie die Hand aus und legte sie auf sein Knie. «Sehen Sie», sagte sie, «ich brauche Sie nur zu berühren, um dieses Verlangen zu einem heftigen Begehren zu steigern.» Und in der Tat reagierte er sofort. «Und diesmal», fuhr sie fort, «gibt es keine Geldprobleme, kein Gekauftwerden ...»

«Mrs. Fellowes –» begann er.

«Ich weiß», unterbrach sie ihn, «Sie sind ein junger Ehemann mit einer hübschen jungen Frau. Aber dennoch hängen Ihre Augen an meinen Lippen. Schon können Sie sich vorstellen, daß Sie sie küssen, wie Sie es schon einmal getan haben. Im Geist gehen Ihre Finger schon auf Wanderschaft und erforschen ... nun ja, Sie wissen selbst, was sie erforschen ...»

Sie machte sich über ihn lustig, beutete das Schuldgefühl aus, das er wegen dieser seltsamen sexuellen Anziehungskraft, die sie auf ihn ausübte, empfand, und seine Reaktion war Zorn. Er hinderte sie daran, weiterzusprechen, indem er seinen Mund auf den ihren preßte und sie ungestüm küßte, in ihre geöffneten Lippen biß, um ihr weh zu tun.

Mit Mühe drehte sie den Kopf zur Seite. «Nicht so heftig», sagte sie erstickt. Er hielt inne und sah auf sie hinunter, ehe er sie noch einmal herrisch küßte. Seine Hand tastete nach dem Oberteil ihres Kleides. «Ich würde es an Ihrer Stelle nicht zerreißen», sagte sie warnend, und er sah das triumphierende Glitzern in ihren Augen. Das fachte seinen Zorn nur noch mehr an. Er zog sie an sich mit einer Gewalt, die er noch nie zuvor einer Frau gegenüber angewandt hatte, und seine Lippen preßten sich so hart auf die ihren, daß sie kein Wort mehr herausbekam. Dabei drückte er sie mit seinem ganzen Körpergewicht in die Sofakissen zurück und hielt sie so in seiner Gewalt. Dann nahm er seinen Mund von ihrem und sah auf sie herab, wie sie hilflos unter ihm lag. Jetzt empfand auch er Triumph, einen animalischen, männlichen Triumph, aber nur einen kurzen Moment lang. «Das war genug, Mr. Kingston», sagte sie kalt. «Lassen Sie mich bitte sofort los.»

Er tat es und setzte sich wieder korrekt hin. Sie erhob sich, rot im Gesicht. «Das war stupid», sagte sie, während sie ihr Kleid glattstrich und sich über das Haar fuhr. «Wirklich sehr stupid.»

«Hatten Sie das nicht herausgefordert, Mrs. Fellowes?»

«Wenn ich etwas herausgefordert haben sollte, dann jedenfalls nicht diese grobe Behandlung. Gehen Sie so mit Ihrer Frau um?»

«Die Umstände sind wohl kaum die gleichen.»

«Was soll ich wohl mit dieser Bemerkung anfangen?» fragte sie zornig und fügte, ehe er noch etwas erwidern konnte, hinzu: «Ach, das ist ein törichtes Gespräch. Wir führen ständig törichte Gespräche, Mr. Kingston, nicht wahr? Wir tun viele törichte Dinge, und doch –» sie hielt inne und fuhr dann leise, fast sehnsüchtig, fort:

– «besteht eine merkwürdige Anziehungskraft zwischen uns ... Hätten Sie gern ein Glas Wein?» fragte sie förmlich, und als er bejahte, klingelte sie dem Butler. «Übrigens, Mr. Kingston», sagte sie, als Morton den Wein gebracht und die Tür wieder geschlossen hatte, «Sie haben mir noch gar nicht den Grund Ihres Kommens genannt. Oder war es nur ein Höflichkeitsbesuch? Sind Sie gerade vorbeigekommen und haben sich gesagt, ich habe diese nette Mrs. Fellowes seit fast einem Jahr nicht mehr gesehen. Wie es ihr wohl gehen mag?»

Er spielte einige Augenblicke lang mit dem Gedanken, auf ihren neckenden Ton einzugehen, aber er war sich seiner selbst nicht ganz sicher und beschloß, sein Anliegen offen vorzutragen: «Ich habe gehört, daß Sie das Grundstück neben dem meinen gekauft haben. Ich war etwas überrascht.»

«Wirklich? Aber warum? Ich habe Ihnen doch schon immer gesagt, daß ich großes Vertrauen in Ihre Zukunft habe ... und da habe ich das Anwesen erworben, als ich hörte, daß es zum Verkauf stand. Ich bin sicher, es ist eine ausgezeichnete Kapitalanlage. Dieser Ansicht ist übrigens auch Ernest Goldsmith. Sie erinnern sich gewiß an Mr. Goldsmith.»

«Und was haben Sie damit vor?» fragte Thomas.

«Oh, noch gar nichts», erwiderte sie. «Ich könnte den Laden wieder vermieten, wenn Mr. Clark auszieht.» Sie blickte ihn mit einem Unschuldslächeln an. «Wüßten Sie jemanden, der ihn mieten möchte?»

«Mrs. Fellowes, bitte – Sie wissen sehr gut, daß ich den Laden haben möchte.»

«Gut», sagte sie und zuckte mit den Schultern, «dann vermiete ich ihn an Sie. Die Miete –» sie sprach jetzt sehr langsam – «beträgt –» sie hielt inne wie ein Kartenspieler, der einen Trumpf in seiner Hand weiß – «tausend Pfund im Jahr.»

Thomas war einen Augenblick sprachlos. «Tausend Pfund?» wiederholte er schließlich ungläubig. Dann lachte er. Aber es war ein gequältes Lachen. «Was, meinen Sie, soll ich darauf antworten?»

«Nun, ich dachte, Sie würden die Miete etwas teuer finden.»

«Und an welche Miete dachten Sie wirklich?»

«Ich habe es Ihnen doch gesagt.»

«Dann ist das Ihr Ernst?»

«Mein völliger Ernst. Obwohl ich von Ernst nicht gar so viel halte, wie Sie ja wissen. Ich lache lieber und betrachte das Leben ein wenig als Spiel, aber manchmal ... nun, manchmal muß man ernst sein, nicht wahr?»

«Das ist doch ein Witz, oder?» fragte Thomas. Er konnte die Angst nicht ganz aus seiner Stimme fernhalten.

Sie sah ihn einen Augenblick an, als empfände sie Mitleid mit ihm, dann schüttelte sie den Kopf. «Nein.»

«Aber diese Miete ist unmöglich. Niemand könnte sie bezahlen.»

«Gut, dann ist es mir auch egal.»

«Was wollen Sie also tun?»

«Tun? Mr. Kingston, ich werde gar nichts tun.»

Thomas fühlte sich einen Moment unsicher, wie ein Tier, das von verschiedenen Seiten gejagt wird und nicht weiß, wohin es sich wenden soll. «Wenn Sie das Haus nicht verkaufen wollen und es zu der geforderten Miete an niemanden vermieten können, weshalb haben Sie es dann überhaupt erworben?»

Sie lachte – es war ein Lachen, das ihm nicht angenehm in den Ohren klang. «Ich werde abwarten», sagte sie. «Während Kingstons sich zu Ihrem erträumten Kaufhaus auswächst, wird mein Haus an Wert gewinnen.»

Thomas sprang auf, sein Gesicht war rot vor Zorn. «Das ist monströs!»

«Was ist da monströs? Welch größeren Beweis meines Vertrauens in Ihr Unternehmen könnten Sie erwarten? Was könnte Ihnen mehr schmeicheln?»

«Trotzdem könnten Sie mir den Laden überlassen. Er würde genauso im Wert steigen, während ich Ihnen dafür Miete zahle.»

«Ich habe Ihnen ja ein Angebot gemacht.»

«Zu einem Mietpreis, der absurd ist.»

«Vielleicht halten Sie ihn nach einiger Zeit gar nicht mehr für so absurd. Allerdings könnte ich mir bis dann vielleicht gesagt haben, daß mein Anwesen noch mehr wert ist, und dann wären Sie froh, wenn Sie mein erstes Angebot angenommen hätten.»

«Sie wollen mir den Laden also nicht vermieten?»

«Oh, fangen wir doch nicht noch einmal von vorn an. Ich habe Ihnen meine Haltung dargelegt, und ich freue mich eigentlich, daß Sie die Miete für ein wenig zu hoch halten ...»

«Für ein wenig?» rief er aus. «Sie ist exorbitant!»

«... weil Sie dann», fuhr sie fort, als hätte er nichts gesagt, «früher oder später zu mir kommen und darüber verhandeln müssen, nicht wahr?»

«Müssen?» entgegnete er zornig.

«Ja, Mr. Kingston. Das *müssen* Sie – wenn Sie den Laden je in Ihren Besitz bringen wollen. Aber Sie sind bei mir stets willkommen. Wie ich schon sagte – ich freue mich immer, wenn wir uns sehen.»

Wenn Mrs. Fellowes ein Mann gewesen wäre, hätte sich Thomas in diesem Augenblick versucht gefühlt, sie zu schlagen. «Ich werde dieses Haus nie mehr betreten, das kann ich Ihnen versprechen!» sagte er wütend.

«Es ist unklug, so etwas zu sagen, denn wo bliebe Ihr Stolz, wenn Sie doch noch einmal kommen müßten? Man soll nie eine Tür endgültig hinter sich zuschlagen, Mr. Kingston ... das ist etwas, das Sie für Verhandlungen lernen sollten.»

«Ich glaube nicht, daß es etwas gibt, was ich von Ihnen lernen möchte, Mrs. Fellowes ... Wenn Sie gestatten, gehe ich jetzt ...»

Wenige Minuten später war er bei May. «Es scheint ihm besser zu gehen», sagte sie, während Thomas in das Bettchen seines Sohnes hinuntersah. «Er hat etwas Wasser getrunken, ohne es wieder von sich zu geben.» Das Baby lag so still da, daß Thomas sich fragte, ob es nicht doch schon tot war. Seine Haut war immer noch trocken und verrunzelt.

In der Nacht weckte Ramsay sie durch sein Schreien auf, und May wiegte ihn beruhigend in den Armen. «Soll ich den Arzt holen?» fragte Thomas.

Sie schüttelte lächelnd den Kopf, und er begriff, daß sie das Schreien als ein Lebenszeichen betrachtete. «Das ist das erste Mal», sagte sie, «seit fünfzehn Stunden.»

Am Morgen hatte Ramsay die Augen offen. Als der Arzt, wie versprochen, seinen Besuch machte, untersuchte er ihn, hörte das Herz ab und richtete sich, nachdenklich lächelnd, wieder auf. «Er scheint es überstanden zu haben. Sie haben Glück gehabt. Er ist einer von wenigen.»

Als Thomas ihn im Laden zur Tür begleitete, fragte er plötzlich: «Haben Sie für ihn gebetet, Mr. Kingston?»

«Ja, das habe ich.»

Der Arzt lachte spöttisch auf und legte ihm die Hand auf die Schulter. «Dann muß Gott Sie wohl erhört haben – oder?»

Er meinte es scherzhaft, aber für Thomas stellte sich trotzdem die Frage, ob er, wenn er gestern nicht in die Kirche gegangen und eine Stunde auf den Knien verbracht hätte, jetzt noch einen Sohn hätte …

Viertes Kapitel

Februar 1875

1

Der zweite Februar 1875, ein Dienstag, war Thomas' dreißigster Geburtstag. Er stand wie gewöhnlich um sechs Uhr auf und ging zum Waschtisch, wo das Hausmädchen den Krug mit heißem Wasser hingestellt hatte. Während er sich in dem kalten weißen Gaslicht das Gesicht einseifte, beherrschten ihn recht gemischte Gefühle. Es war ein Tag zum Feiern, gewiß, aber auch ein Tag, der Fragen aufwarf. Er war kein junger Mann in den Zwanzigern mehr, stand nicht mehr am Anfang seiner Karriere. Als nächster Meilenstein in seinem Leben würden die Vierzig kommen.

Er hielt das Rasiermesser vorsichtig in der Hand, den kleinen Finger abgespreizt, und schabte sich mit langsamen, methodischen Strichen den Schaum von den Wangen. Als er fertig war, blieb er eine Weile vor dem Spiegel stehen, betrachtete sein dreißigjähriges Gesicht und sann über die Spuren der Zeit nach. Die ersten Falten zeigten sich – quer über die Stirn, um die Augen und die Mundwinkel herum. Noch hatten sie sich nicht tief eingegraben, sie waren bloß Vorboten der Zukunft. Sein Haar war, wie er mit einer gewissen Befriedigung feststellte, noch dicht und wies keine einzige graue Strähne auf.

Sein konzentriertes Starren wurde durch Mays Stimme unterbrochen. «Meinem altersgebeugten Ehegatten einen herzlichen Glückwunsch zum Geburtstag», sagte sie. Sie war vor ihm aufgestanden und hinuntergegangen, und er hatte sie nicht ins Zimmer zurückkommen hören. Es war ihm peinlich, daß sie ihn bei seiner kritischen Selbstbetrachtung ertappt hatte, und er drehte sich mit einem verlegenen Lächeln um. «Ich finde, ein Mann in meiner Position *muß* eine gewisse Reife besitzen, meinst du nicht?» sagte er, als er sie küßte.

«Ohne Frage», stimmte sie zu. «Wenn du zu jung aussehen würdest, wäre das gar nicht gut. Aber trotzdem bist du immer noch der schönste Mann in Chelsea. Und wenn du dich nicht beeilst, wird dein Frühstück kalt.»

Als er das Eßzimmer betrat, blickten die Kinder erwartungsvoll zu ihrer Mutter hin, und als sie nickte, riefen sie im Chor: «*Happy birthday*, Vater.» Er dankte ihnen mit einem breiten Lächeln für die Wünsche und nahm am Kopfende des Tischs Platz. Während ihm May an der Anrichte den Teller füllte – Nieren, Würstchen, Lammstückchen, Speck und Eier –, ließ er den Blick mit großer Zärtlichkeit über seine Familie schweifen. Er war stolz auf sie, aber wenn man dreißig wird, ist eine Art Bestandsaufnahme fällig. Er sah seine zwei Söhne an – Ramsay, jetzt vier Jahre alt, und Harry, der ein Jahr später geboren war. Sie waren sehr verschieden, sowohl im Charakter wie im Temperament, was vielleicht der Grund dafür war, weshalb sie so gut miteinander auskamen. Ramsay war ein sehr aktives Kind, er war fasziniert von seiner Umwelt und hatte einen starken Willen, der ihn oft zu Wutausbrüchen verleitete. Selbst wenn er nicht der ältere gewesen wäre, hätte er sich zum Anführer der beiden aufgeschwungen, denn Harry, obwohl kräftig für sein Alter und fast so groß wie sein Bruder, war ein eher passiver, gutmütiger Junge, der immer lachte. Beide liebten heiß und innig die kleine Rose, ihre jetzt zwei Jahre alte Schwester, die in einem hohen Kinderstuhl am Tisch saß. Sie nutzte diese Zuneigung mit einer so unverhohlenen Berechnung aus, daß es Thomas immer wieder belustigte. Bald würden es vier sein, denn May war wieder schwanger, und Thomas bemerkte, daß sie recht blaß aussah. Das beunruhigte ihn ein wenig, denn obwohl sie, abgesehen von Ramsays verfrühter Geburt, mit den Kindern keine Mühe gehabt hatte, war sie in den letzten Monaten oft gezwungen gewesen, sich mehrmals am Tag hinzulegen. Dr. Henderson hatte ihnen aber versichert, daß es, falls sie sich schonte und ruhte, wenn sie sich müde fühlte, keine Schwierigkeiten geben werde.

Sie waren eine glückliche Familie. Das Geschäft hatte sich weiterentwickelt, und seit sie vor drei Jahren aus den Räumen über dem Laden hierher gezogen waren in das kleine Haus an der Caroline Terrace südlich der King's Road, besaßen sie ein schönes Heim, das May mit ihrer mütterlichen Wärme erfüllte.

Als Thomas sein Frühstück beendete, schlug er die *Times* auf, um einen Blick auf die Tagesmeldungen zu werfen. Es gab wenig Neues. Die Liberalen taten sich schwer mit der Wahl eines neuen Parteiführers, nachdem Mr. Gladstone zurückgetreten war – was Thomas kaum berührte, da er für die Konservativen stimmte, die nach Jahren der Opposition jetzt – unter Führung des genialen Mr. Disraeli – wieder an der Macht waren. Er legte die Zeitung hin und dachte über die Tatsache nach, daß England, seit er sein Geschäft eröffnet hatte, von nationalen Katastrophen, wie sie andere Länder heimgesucht hatten, verschont geblieben war. Amerika litt 1873 unter dem Börsenkrach, und es kam zu Zusammenbrüchen von Banken im ganzen Land, während Großbritannien sich eines stetigen Wirtschaftswachstums erfreute. Als Frankreich und Deutschland im Kriege waren, hatte England nur etwas bestürzt zugesehen. Und die Belagerung von Paris, die Commune, jenes eigenartige sozialistische Experiment der Bürgerherrschaft, der Brand der Tuilerien und anderer großer Gebäude, die von den Communarden angezündet wurden, sowie das Gemetzel auf den Straßen von Paris, durch das das Unternehmen sein blutiges Ende fand, hatten zwar Angst und Schrecken ausgelöst, aber niemanden persönlich betroffen. Selbst jetzt, da die Beziehungen zwischen Frankreich und Preußen sich wieder verschlechterten, würde keine feindliche Armee eines Tages vor den Toren Londons stehen.

Als Thomas zur Arbeit ging, war es schon hell, wenn auch einige Straßenlaternen noch brannten. In der Sloane Street ging er auf dem seinem Geschäft gegenüberliegenden Bürgersteig entlang, weil er gern den Anblick seiner Schaufenster genoß, ehe er sein Tagewerk anfing. Die Firma umfaßte jetzt sieben Läden – einen zusammenhängenden Block von drei Gebäuden, den er durch Hinzufügen eines Anbaus an der Rückfront und Einrichten von Verkaufsflächen in zwei Geschossen in ein kleines Kaufhaus verwandelt hatte, sowie zwei Doppelläden, die weder untereinander noch mit dem großen Block verbunden waren. In der Fassadenfront gab es also zwei Läden, die nicht zu Kingstons gehörten. Der eine gehörte natürlich Mrs. Fellowes. Thomas hatte wiederholt versucht, mit ihr darüber zu sprechen, war aber nicht recht weitergekommen. Der Inhaber des anderen Ladens war Theodore White, der Mann mit dem leichenblassen Gesicht, der ihm am Anfang seiner Karriere oft prophezeit hatte, er renne geradewegs ins Verderben, und noch immer behauptete, seine Voraussagen würden sich früher oder später erfüllen.

Thomas hatte White schließlich den Krieg erklärt. Als er an seinem Geburtstag in der Sloane Street stand und zur anderen Seite hinüberblickte, sah er in einem seiner Schaufenster die schwere Artillerie. Bis jetzt war Thomas mit White auf dessen Hauptgebiet, der Herrenbekleidung, noch nicht in Wettbewerb getreten. Vielmehr hatte er sein Angebot um seine Schwerpunkte – Damenbekleidung und Haushaltsartikel – herum erweitert. Er verkaufte jetzt Schuhe, Damenhüte, Modewaren, Unterbekleidung sowie Kleider in großer Auswahl. Zu den Möbelstoffen, die er schon früher angeboten hatte, waren inzwischen Eisenwaren, Holzerzeugnisse, Steingut, Glaswaren und sogar einige Einrichtungsgegenstände hinzugekommen.

Früher oder später mußte Kingstons auch Herrenbekleidung in sein Angebot aufnehmen, doch als Thomas im Oktober zum erstenmal mit David darüber sprach, bekamen sie gleich wieder Streit.

Vor mehr als einem Jahr, als Kingstons die Läden links und rechts von Whites Grundstück erworben hatte, war David in Thomas' Auftrag zu dem alten Textilhändler gegangen, um ihm vorzuschlagen, entweder seinen Mietvertrag abzugeben oder in eine der Neuerwerbungen am Rande des Kingston-Komplexes umzuziehen. Die Firma hätte dann einen Gesamtblock von vier Läden gehabt, zusätzlich zu dem Drei-Läden-Block, den sie schon besaß.

Thomas war bereit, ihm großzügige Bedingungen zu bieten, aber David war von der Unterredung mit einer glatten Ablehnung zurückgekommen. «Er war schockiert», sagte er, «und ich kann ihn verstehen. Er hat den Laden jetzt seit vierzig Jahren.»

«Deshalb hast du ihn ja aufgesucht. Für welche Summe wäre er denn zum Umzug oder zum Auszug bereit?»

«Für gar keine. Er will nicht raus.»

Auf Thomas' Drängen war David noch einmal zu White gegangen, erreichte aber wiederum nichts.

Als Thomas dann ein Jahr später von der Eröffnung einer Abteilung für Herrenbekleidung sprach, warf David ihm vor, er wolle White durch halsabschneiderischen Wettbewerb ruinieren.

«Wir werden nicht als Halsabschneider auftreten», antwortete Thomas. «Wir halten uns an unsere übliche Verkaufspolitik: Qualität zu wettbewerbsfähigen Preisen. Früher oder später müssen wir in diesen Bereich einsteigen», fuhr er fort, «und –»

«Müssen?» warf David ein. «Warum müssen wir das?»

«Weil es unsere Verkaufspolitik ist, alles anzubieten. Das ist der Sinn eines Großkaufhauses. Eines Tages werden wir mit allen Läden um uns herum in Wettbewerb treten. Und der Zeitpunkt für die Herrenbekleidung ist jetzt gerade richtig. Die Herrenmode ist gerade im Wandel, deshalb ist jetzt der richtige Moment.»

David schwieg einen Augenblick. «Du weißt genau, daß White dadurch ruiniert wird.»

«Vielleicht», meinte Thomas, «vielleicht auch nicht. Wer weiß? David, begreifst du es denn nicht? White und all diese anderen kleinen Ladenbesitzer, die so denken wie er, sind Überbleibsel aus der Vergangenheit. Du kannst in einer Welt, die sich so schnell verändert, nicht mehr mit vierzig Jahre alten Geschäftspraktiken durchkommen. Du mußt dich anpassen – und gerade das will White nicht. Mir ist es auch als kleinem Ladenbesitzer gelungen, ein florierendes Geschäft zu führen. Das hätte White auch tun können, wenn er sich den Zeiten angepaßt hätte. Und früher oder später wird ihm diese Erkenntnis aufgezwungen werden – wenn nicht von mir, dann von einem anderen.»

«Meine Stimme würde wohl wie üblich nicht zählen.»

«Nicht, wenn du sie in die falsche Waagschale wirfst – wenn du gegen unseren Fortschritt stimmst.»

«Fortschritt!» wiederholte David verächtlich. «Fortschritt! Manchmal habe ich den Eindruck, Kingstons ist für dich eine Gottheit geworden – buchstäblich. Jedesmal wenn du dir die Läden drüben von der anderen Seite ansiehst, mit diesem Stolz in den Augen, dann ist das für dich ein Akt der Huldigung. Und wenn du da an deinem Schreibtisch sitzt, dann bist du wie ein Hoherpriester in einem Tempel. Deine Gottheit rechtfertigt alles, was du tust. Du kannst Menschen zunichte machen, in dem zuversichtlichen Glauben, daß du in einer geheiligten Sache handelst.»

Seine Stimme hatte einen hysterischen Klang bekommen, und er hielt inne, als er den Ausdruck in den Augen seines Partners sah.

«O David», sagte Thomas bekümmert, «ich glaube, du haßt mich.»

«Es ist nicht Haß, Thomas.»

Thomas zuckte die Achseln. «Ich fürchte, wir verfolgen nicht dasselbe Ziel. Sollten wir uns da nicht lieber trennen?»

David schüttelte den Kopf. «Lillian würde das nicht zulassen, das weißt du doch. Schon vor Charles' Geburt hätte sie sich dem widersetzt, aber jetzt ginge es nur über ihre Leiche. Ihr Glaube an dein Großkaufhaus ist unerschüttert, und sie betrachtet meinen Anteil daran als Charles' Erbe.»

Thomas nickte. Charles war ein Jahr später als Ramsay auf die Welt gekommen – als erstes der beiden Rawlings-Kinder –, und Thomas wußte, wie sehr Lillian ihn vergötterte. «Ja, dann ...» sagte er, «müssen wir wohl zusammen bleiben, David.» Er lächelte seinen Partner plötzlich an. «Und, ehrlich gesagt, mir tut's nicht leid.»

David sah ihn an, überrascht und innerlich berührt durch die Großmut dieser Bemerkung. «Es ist schön, daß du das sagst, Thomas.»

«Du kannst White natürlich warnen», fuhr Thomas fort, «und ihm ein neues Angebot machen, wenn du willst ...»

«Ich werd's noch einmal versuchen», sagte David, «aber ich fürchte, es wird nichts nützen.»

Die beiden Partner teilten sich inzwischen nicht mehr einen Büroraum wie am Anfang. David hatte jetzt die Buchhaltung übernommen, die mit dem Anwachsen des Unternehmens einen ziemlichen Umfang erreicht hatte, und fungierte auf Thomas' Vorschlag, der als Versöhnungsgeste nach einer ihrer Auseinandersetzungen gemeint gewesen war, als zweiter Geschäftsführer der Firma. Die räumliche Trennung milderte zwar die Spannungen zwischen ihnen, aber sie waren sich beide bewußt, wie heikel ihre Beziehung war, und vermieden es, dem anderen ins Gehege zu kommen.

Als für beide Familien die Zeit gekommen war, die Wohnräume über den Läden zu verlassen, war es vielleicht unvermeidlich gewesen, daß Lillian die Wahl eines Heims zur Prestigefrage machte. Sie war dabei insofern im Vorteil, als die Kingstons zuerst auszogen und das hübsche kleine Haus an der Caroline Terrace erwarben, das May so sehr liebte. Als auch die Rawlings die Wohnung in der Sloane Street aufgaben, zogen sie – mit Unterstützung von Davids Vater – in eine etwas vornehmere Gegend am Brompton Place in der Nähe von Knightsbridge.

Sidney Baines, jetzt fünfundzwanzig Jahre alt, hatte alle in ihn gesetzten Erwartungen erfüllt und arbeitete eng mit Thomas in der Geschäftsleitung zusammen. Emily Lane war für die Abteilungen Damenbekleidung und Galanteriewaren in dem Drei-Läden-Block verantwortlich. Baines hatte die anderen Abteilungen unter sich. Sein schneller Aufstieg wurde ihm von fast allen, die in der Leitung des Unternehmens tätig waren, übelgenommen. In dem empfindlichen Gespinst der Geschäftsverbindung Kingston–Rawlings sah Lillian in ihm eine besondere Gefahr für David, und Emily betrachtete ihn als Rivalen.

Eines Morgens suchte Emily Thomas in seinem Büro auf, um sich über Baines zu beschweren. «Sie müssen ihn anweisen, daß er sich aus meinen Abteilungen heraushält, Mr. Kingston», sagte sie. «Er verwirrt meine Verkäuferinnen.»

Während Thomas sie ansah – eine erregte Frau in den Vierzigern –, konnte er verstehen, daß sie sich gekränkt fühlte. Sie hatte keinen Mann und arbeitete sehr sachkundig in einem der wenigen Berufe, die Angehörigen ihres Geschlechts offenstanden.

«Haben sich die Damen bei Ihnen beklagt?» fragte er behutsam.

«Nicht ausdrücklich», antwortete sie. «Es ist kaum ein Thema, über das sie sprechen möchten. Aber ich bin nicht blind, Mr. Kingston. Ich habe gesehen, wie sie auf ihn reagieren ... Und dann hat mir heute morgen Miss Simpson gesagt, sie will kündigen.»

«Wegen Baines?»

«Sie wollte keinen Grund angeben, aber ich bin überzeugt, es ist seinetwegen.»

Auch Thomas hatte Baines mit den Verkäuferinnen schäkern sehen, und er bezweifelte, daß die Mädchen ihn so abscheulich fanden, wie Emily es hinstellte.

«Haben Sie Miss Simpson gefragt, ob Baines sie belästigt hat?»

«Sie hat es abgestritten», gab Emily zögernd zu, «aber ich glaube ihr nicht.»

«Wie kommt sie denn mit ihren Kolleginnen aus? Hat es da in der letzten Zeit Streit gegeben?»

«Oh, da gibt es öfter mal eine Reiberei», antwortete sie. «Sie wissen ja, wie diese Mädchen sind ...»

«Also *hatte* Miss Simpson vor kurzem einen Streit», sagte Thomas, und als sie dies nicht ableugnen konnte, stieß er einen Seufzer aus. «Miss Lane», sagte er, «Mr. Baines ist mir eine große Hilfe – genauso wie Sie –, und dieses Gezänk muß aufhören, es schadet der Firma. Wie ich es sehe, können Sie Miss Simpsons Kündigung nicht wirklich mit Mr. Baines' Verhalten in Verbindung bringen – oder?»

Er hatte die Frage behutsam gestellt, und obwohl sie zunächst antwortete: «Nun, wenn Sie gesehen hätten, wie er ...» hielt sie dann doch inne und gab zu: «Nein, einen richtigen Beweis habe ich nicht ...»

«Eben. Miss Lane, ich werde dafür sorgen, daß er Ihre Damen nicht mehr belästigt, wenn Sie mir dafür einen Gefallen tun.» Er sah sie an und sagte bittend: «Geben Sie ihm eine Chance, Emily – um meinet- und um Kingstons willen.»

Sie nickte zwar zögernd, aber ihre zusammengepreßten Lippen machten Thomas wenig Hoffnung. Seinen Teil des Abkommens erfüllte er jedoch. Er ließ Baines zur morgendlichen Besprechung rufen.

Der junge Mann hatte mit der Verantwortung, die ihm übertragen worden war, eine gewisse Reife gewonnen. Seine Erscheinung war stets korrekt, sein Cut immer frisch gebügelt, sein in der Mitte gescheiteltes Haar immer ordentlich gekämmt. Und er war immer auf die anstehenden Entscheidungen vorbereitet, wenn er Thomas' Büro betrat.

Als er an diesem Morgen klopfte und eintrat, stand Thomas am Fenster und blickte auf die Straße, wie er es oft tat, wenn es um unangenehme Dinge ging. «Schließen Sie die Tür», sagte er und wandte Baines weiterhin den Rücken zu.

«Wir haben alle unsere Schwächen, Baines», fuhr er fort. «Ich vermute, Ihre Schwäche sind junge Damen.»

«Wie bitte, Sir?» fragte er überrascht.

Thomas drehte sich um und sah ihn an. «Beantworten Sie mir bitte eine Frage: Hatten Sie eine Beziehung zu Miss Simpson?»

Baines zögerte, seine Wangen röteten sich ein wenig. «Muß ich darauf antworten, Mr. Kingston?»

«Allerdings», sagte Thomas in scharfem Ton.

Baines schwieg einen Augenblick. «Ja, Sir, das hatte ich wohl.»

«Haben Sie die Beziehung kürzlich abgebrochen?»

«Nun, Sie wissen, wie Mädchen sind, Mr. Kingston ... Sie ist ein bißchen wütend geworden ...»

«Beantworten Sie meine Frage, Baines.»

«Ja, Sir.»

«Wann? Gestern? Vorgestern?»

«Gestern, Mr. Kingston ... Warum? Hat sie sich beschwert?»

Thomas funkelte ihn an. «Nein, das hat sie nicht. Sie hat sich höchst anständig benommen. Aber sie hat gekündigt. Sie ist eine unserer besten Verkäuferinnen, und durch Ihre Unüberlegtheit verlieren wir sie jetzt.»

Baines reagierte darauf, indem er sich noch gerader aufrichtete und die Arme in militärischer Haltung an den Körper preßte. «Lassen Sie sich eines gesagt sein», fuhr Thomas fort, «ich möchte nichts mehr von Ihnen und Verkäuferinnen hören. Keine Vertraulichkeiten, keine Späße. Wenn Sie auf Ihre Stellung bei Kingstons Wert legen, dann knüpfen Sie Beziehungen zu Frauen außerhalb des Geschäfts an. Und wenn ich Ihnen noch einen Rat geben darf: seien Sie besonders höflich und hilfsbereit zu Miss Lane. So, jetzt an die Arbeit. Es gibt einiges zu tun.»

Thomas hatte Baines die Pläne für die neue Herrenabteilung zur Ausarbeitung übergeben, und sie hatten tagelang bei ihren Besprechungen die Fortschritte diskutiert. Nach seinen Erfahrungen in der Damenabteilung wollte Thomas den modebewußten Kunden ansprechen und legte, wie immer, großen Wert auf die Dekoration. Zusammen mit Baines arbeitete er so etwas wie eine Eröffnungsstrategie aus. Am Anfang würde man Anzüge und Mäntel anbieten – Gesellschaftskleidung wie Gehröcke, Fräcke und Cutaways, Mäntel und Überzieher wie Chesterfields und Ulsters, rustikale Kleidung, und auch Straßenanzüge, die sich inzwischen großer Beliebtheit erfreuten, und Jacketts im Seemannsstil und unten breit geschnittene Hosen. Dazu sollten fürs erste nur Krawatten, Schals und Hüte kommen. Später, wenn die Abteilung eingeführt war, würde man das ganze Angebot an Herrenbekleidung hinzunehmen, von Hemden bis zu Strümpfen.

Es war die erste Abteilung von Kingstons, die eines ganz neuen Mitarbeiterstabs bedurfte. Drei Verkäufer und ein in der Branche erfahrener Abteilungsleiter mußten eingestellt und mit den Verkaufsgepflogenheiten bei Kingstons vertraut gemacht werden. Baines verbrachte einen großen Teil seiner Zeit damit, Gespräche mit Bewerbern zu führen und eine Vorauswahl für Thomas zu treffen, der sich die letzte Entscheidung vorbehielt.

An dem kalten Februarmorgen im Jahre 1875, als Thomas von der anderen Straßenseite aus die Dekoration in den Schaufenstern seiner Herrenabteilung begutachtete, war die Abteilung seit zehn Tagen eröffnet. Das Geschäft lief vom ersten Tag an gut.

Wie vorauszusehen fühlte sich Theodore White durch die neue Abteilung von Kingstons sehr getroffen. Wenn er Thomas auf der Straße begegnete, ignorierte er ihn. Deshalb war Thomas überrascht, als man ihm an diesem Morgen, nachdem er kaum fünf Minuten in seinem Büro war, mitteilte, Mr. White sei unten und wolle ihn sprechen.

Thomas empfing ihn sofort. Er erhob sich, als White eintrat, begrüßte ihn mit einem freundlichen «Guten Morgen» und lud ihn ein, Platz zu nehmen.

«Was ich zu sagen habe, kann ich im Stehen erledigen», erwiderte White, der sehr erregt wirkte und noch bleicher war als üblich. «Sie glauben wohl, Sie können mir meine ganze Kundschaft wegschnappen.» Er hatte ein in Gold gefaßtes Lapislazuli-Siegel am Ende seiner Uhrkette und schwang es, während er sprach, in einer Weise herum, die seine Erregung verriet.

«Das hatte ich wirklich nicht beabsichtigt, Mr. White», antwortete Thomas. «Unsere Branchen sind doch sehr verschieden.»

«Sie können mir nichts vormachen, Mr. Kingston. Ich bin lange genug im Geschäft, um einiges über Menschen gelernt zu haben. Ich bin nicht blind, wissen Sie. Sie wollen mich ruinieren, geben Sie es zu.» Das Siegel am Ende der Uhrkette begann mit doppelter Geschwindigkeit zu schwingen.

«Das will ich keinesfalls, Mr. White.»

«Aber Sie haben versucht, mich auszukaufen, nicht wahr?»

«Ja», sagte Thomas, «wir haben Ihnen ein Angebot gemacht.»

«Ich habe Rawlings gesagt, daß ich nicht verkaufe.»

«Ja, das haben Sie.»

«Und ich verkaufe auch jetzt nicht. Ich verkaufe überhaupt nicht, Mr. Kingston, was Sie auch tun mögen. Ich bin heute gekommen, um Ihnen jeden Zweifel darüber zu nehmen. Ich werde nicht verkaufen. Außerdem haben Sie mir keine Kundschaft weggenommen, das Geschäft geht sogar besser als früher ... trotz Ihrer Preise, trotz Ihrer Methoden. Ihr hübscher kleiner Plan hat also seine Wirkung verfehlt, Mr. Kingston, daß Sie das nur wissen.»

«Ich bitte Sie, Mr. White», warf Thomas ein, «ich habe keinen hübschen kleinen Plan.»

«Er wird nicht funktionieren, Mr. Kingston. Ich werde noch hier sein, seien Sie dessen versichert, wenn Sie bankrott sind, wenn Ihnen dieses ganze zerbrechliche Gebäude von Abteilungen über dem Kopf zusammenstürzt wie ein Kartenhaus.» Unvermittelt steckte er das Siegel an seiner Uhrkette in die Westentasche und stelzte mit langen Schritten zur Tür hinaus.

Es war fast neun Uhr, die Zeit, zu der Thomas allmorgendlich die Runde durch seine Abteilungen machte. Es waren jetzt zweiundzwanzig, und gewöhnlich dauerte es fast anderthalb Stunden, bis er alle Auslagen auf den Verkaufstischen kritisch oder lobend begutachtet und über dieses und jenes mit den Verkäuferinnen gesprochen hatte.

Er erhob sich und ging hinunter. In der Herrenabteilung hielt er sich längere Zeit auf. Dann ging er in die Leinen-Abteilung, wo der junge Albert Brown, der Botenjunge, der damals Anlaß des heftigen Streits zwischen ihm und David gewesen war, inzwischen zwanzig Jahre alt, zum ersten Verkäufer aufgerückt war. Thomas hatte seine autokratische Entscheidung von damals nie bedauert. Während er Albert beobachtete, wie er eine sehr anspruchsvolle Kundin bediente, fragte er sich, was wohl aus ihm geworden wäre, wenn er die Entlassung nicht zurückgenommen hätte.

Anschließend begab er sich in die Damenabteilung in seinem Drei-Läden-Block, und gleich als er eintrat, sah er Lillian an einer der Theken stehen. «Guten Morgen, Lillian», sagte er.

«Ich hatte gehofft, dich hier zu treffen», sagte sie und ging ein paar Schritte zur Seite mit ihm, damit die Verkäuferin, mit der sie gerade gesprochen hatte, nicht mithören konnte. «Thomas, ich mache mir Sorgen um dich und David. Könnten wir einmal allein darüber sprechen? Ich meine, nur wir zwei. Ohne David.»

«Natürlich.»

«Es läßt sich nicht so leicht einrichten», fuhr sie fort. «Ich möchte ihn nicht hintergehen, aber ich könnte nicht offen reden, wenn er dabei ist. Könnten wir uns nicht vielleicht einmal nachmittags zufällig auf Knightsbridge treffen, und du lädst mich dann irgendwo zum Tee ein?»

Thomas lachte. Es war etwas kompliziert geplant, aber er konnte ihr Problem verstehen.

Es fügte sich aber, daß sie gar keine Zufallsbegegnung zu inszenieren brauchten, denn ein paar Tage später wurde May wieder krank. Dr. Henderson verschrieb ihr frische Luft und Ruhe, und so fuhr sie mit den Kindern und Ruby, dem Hausmädchen, nach Quainton, wo sich Thomas' Mutter und seine Schwestern um sie kümmern konnten.

Während ihrer Abwesenheit aß Thomas abends gewöhnlich in einem Restaurant, oder er blieb, wenn er arbeiten mußte, zu Hause, holte sich aus der Speisekammer ein paar Scheiben kaltes Fleisch und verbrachte zwei, drei Stunden in seinem kleinen Arbeitszimmer an der Rückseite des Hauses. An einem dieser Abende hörte er es an der Haustür klopfen, und als er öffnete, stand Lillian vor ihm.

«David ist heute abend ausgegangen», sagte sie, während er ihr den Mantel abnahm und in der Diele über einen Stuhl legte. «Es hat etwas mit der Kirche zu tun. Er ist in den letzten Monaten sehr mit Kirchenangelegenheiten beschäftigt.» Sie nahm vorsichtig ihre Haube ab und betrachtete sich dabei im Wandspiegel. «Ich wußte, daß May nicht da ist, und da schien es mir ein günstiger Augenblick für unser Gespräch – und es fällt wahrscheinlich weniger auf als ein Treffen in einer Teestube.»

Sie ging vor ihm ins Wohnzimmer, eine Parfumwolke hinter sich her ziehend. Die modische, figurbetonte Kleidung stand Lillian gut. Sie war trotz ihrer neunundzwanzig Jahre und der zwei Geburten noch recht schlank.

Sie setzte sich, faltete die Hände im Schoß und lächelte schelmisch, als er sie fragte, ob sie ein Glas Sherry haben wolle.

«Ich hoffe, du hältst es nicht für unklug, daß ich heute abend hergekommen bin», sagte sie, «aber als Frau in meinem Alter ... und du als Vater von drei Kindern ... und da wir außerdem so etwas wie Cousins sind ...»

«Und da uns natürlich», sagte er lächelnd, während er durch die Doppeltür ins Speisezimmer ging, um auf der Anrichte den Sherry einzugießen, «unser hohes Alter Respektabilität verleiht ... was sicher jeder bestätigen würde, der dich hat kommen sehen.»

«Glaubst du, daß mich jemand gesehen hat?»

«Ich bezweifle es. Es ist ein kalter Winterabend, und jeder hat die Vorhänge zugezogen.»

Er reichte Lillian ein Glas und stellte seines auf den Kaminsims. Dann bückte er sich und hielt ein Streichholz an das Anmachholz im Kamin. «Du hättest mir sagen sollen, daß du kommst, dann hätte ich das Feuer schon früher angemacht.»

«Ich hätte dir ein Billett schicken können, aber durch wen? Dann hätte es noch mehr nach einem Stelldichein ausgesehen. Man sollte nicht meinen, daß es so schwierig ist, mit jemandem über die Berufsprobleme seines Mannes zu sprechen.»

Thomas beobachtete, wie die Flammen um das Anmachholz und die Kohlen züngelten, und erhob sich dann. Mit dem Rücken zum Kamin prostete er ihr stumm zu und trank einen Schluck.

Sie blickte sich anerkennend um. «Ich muß sagen, May hat Geschmack.»

«Danke für das Kompliment», entgegnete Thomas, «aber bei euch ist es doch auch sehr hübsch.»

«Bist du glücklich mit ihr, Thomas?» fragte sie plötzlich.

«Du liebe Güte – was für eine Frage! Natürlich bin ich glücklich mit ihr, sehr. Wie steht es mit dir und David?»

«Oh, wir kommen auch sehr gut aus. Er ist freundlich und rücksichtsvoll. Ich wünschte nur, er wäre manchmal etwas ehrgeiziger. Das habe ich an dir immer so gemocht. Du warst immer so entschlossen, so energisch, als wolltest du dich gegen alle Widerstände durchsetzen. Auf so etwas spricht eine Frau an, weißt du. Macht, nehme ich an. Du hast so viel erreicht ...»

«So viel?» Er lächelte. «Ich hoffe, wir stehen erst am Anfang. Und wir haben Glück gehabt, wie mir der alte Mr. White immer wieder sagt. Wenn du etwas unbedingt haben willst und es mit ganzer Kraft angehst, bekommst du es gewöhnlich auch. Ich wollte mein großes Kaufhaus haben.»

«Ich glaube nicht, daß das eine allgemein gültige Regel ist», sagte Lillian ruhig. «Ich wollte dich haben, aber ich habe dich nicht bekommen.»

Er sah sie an und war sich nicht sicher, ob sie das ernst gemeint hatte. «Wenn dem so war, was ich bezweifle, dann hast du mich vielleicht nicht genug gewollt. O ja, du hast gern geflirtet, hast gern schockiert, aber richtig ernst war es dir nicht. Darf ich dir noch etwas Sherry geben?»

«Meinst du, ich sollte noch ein Glas trinken?»

Er zuckte lächelnd die Schultern. «Ich trinke jedenfalls noch ein Glas ... es ist niemand hier, der etwas dagegen haben könnte.»

Ihre Augen begegneten den seinen. Es lag kein antwortendes Lächeln in ihnen – nur ein kurzes, qualvolles Verlangen. Dann verschwand der Schleier, und ihre Augen blickten wieder klar. «Na schön, aber nur ein halbes Glas.»

Dieser Blick, der ihm alles offenbart hatte, übte eine sofortige Wirkung auf ihn aus. Während er die Karaffe über eines der Gläser hielt, zitterte seine Hand so heftig, daß er den Sherry verschüttete, und als er versuchte, das andere Glas zu füllen, schwappte der Wein wieder über den Rand – und das alles nur wegen des Aufzuckens in den Augen einer Frau, das nicht länger währte als das Ticken seiner Uhr, als ein flüchtiger Blitz – einer Frau zudem, die ihm bisher allenfalls ein belustigtes Lächeln entlockt hatte.

«Wir haben noch nicht über dich und David gesprochen», rief sie vom Wohnzimmer herüber, aber eine leichte Brüchigkeit in ihrer Stimme sagte ihm, daß sie nicht über ihn und David sprechen würde – wenigstens jetzt noch nicht.

Als er wieder hereinkam, sah er, daß sie sich erhoben hatte und jetzt, wie zuvor er, mit dem Rücken zum Kamin stand. Ihr Mieder war vorn lang geschnitten und betonte die Hüften und die fast flache Wölbung ihres Bauchs. Ihre Frisur war etwas in Unordnung geraten. Zwei Locken hingen ihr in die Stirn, und ein Ringellöckchen kräuselte sich an ihrem Hals. Er hielt zögernd auf der Schwelle inne, in jeder Hand ein Glas. Der Ausdruck, der eine so starke Reaktion in ihm ausgelöst hatte, war wieder in ihren Augen: ein großes, unverhülltes Verlangen, aber keine Leichtfertigkeit, keine Andeutung des sonst zwischen ihnen üblichen Neckens.

Er ging auf sie zu und hielt ihr ein Glas entgegen – mit zitternder Hand. Sie wandte die Augen von den seinen ab und sah auf das bebende Glas, das seine Erregung verriet. Kaum merklich schüttelte sie den Kopf. Er stellte die beiden Gläser auf den Kaminsims. Sie trat auf ihn zu, warf die Arme um seinen Hals, und ihr Mund suchte begierig den seinen. Er faßte sie um die Hüften und ließ seine Hände zu ihren Brüsten hinaufgleiten. Ihre Lippen wurden verlangender und preßten sich mit einem fast wilden Verlangen auf die seinen. Er schob die Finger unter ihr Haar und umfaßte ihren Nacken. Sie stöhnte leise klagend auf, lehnte den Kopf zurück und sah ihm in die Augen. «Ernst?» fragte sie, auf die Bemerkung anspielend, die er vor ein paar Minuten gemacht hatte. «Mir ist es ernst.»

Er sagte nichts. Er faßte sie an der Hand, führte sie zum Schlafzimmer hinauf und ließ die Tür offen, damit von den Gaslampen im Flur etwas Licht hereinfiel. Er nahm sie in die Arme und küßte sie wieder, ihre Lippen, ihren Nacken, ihren Hals. Er fuhr mit der Hand durch ihr Haar und preßte die Lippen auf ihr Ohr. Dann drehte er sie behutsam herum wie eine Tanzpartnerin und begann das Mieder aufzuhaken, bis es von ihren Schultern zu Boden fiel.

Mit zitternden Fingern löste er das lange Korsett, Öse für Öse, und als auch dieses von ihr abfiel, legte er von hinten die Arme um sie und umfaßte ihre Brüste, die sich weich anfühlten unter der Seide der Chemise, und zog sie behutsam wieder zu sich. Sie drehte sich in seinen Armen und küßte ihn.

Während ihre Lippen aufeinander lagen, löste sie ihren Unterrock in der Taille und die Petticoats und die Pumphose, und sie bat ihn, sie festzuhalten, damit sie nicht das Gleichgewicht verlöre, während sie sich ihrer Schuhe und ihrer Strümpfe entledigte. Schließlich stand sie vor ihm, nur von dem dünnen Gewebe ihrer Chemise umhüllt, seltsam unschuldig, bis auf das Verlangen in ihren Augen.

Die Chemise, dicht bestickt am Hals und an den Ärmeln, wurde oben von zwei Knöpfen gehalten. Ganz langsam hob Thomas den dünnen Stoff, entblößte die Knie, die Schenkel, die Hüften, den von goldenem Haar bedeckten Bauch, die Brüste. «Mein Gott», sagte er leise, als er ihren nackten Körper sah.

«Warte», flüsterte sie. Sie knöpfte die Chemise auf, und er half ihr, sie über den Kopf zu ziehen.

Wieder betrachtete er sie staunend – dann beugte er sich vor und bedeckte ihre rechte Brust mit leichten Küssen. «Leg dich hin», bat er und begann sich rasch zu entkleiden. Sie legte sich auf das Bett, das eine Bein angewinkelt, das dichte blonde Haar auf dem Kissen. Er kam nackt zu ihr, blieb stehen, sah auf sie nieder, wie sie so im sanften Licht der Gaslampen vor ihm lag. Er beugte sich zu ihr und fuhr mit den Fingern über ihre Schenkel, liebkoste sie voller Verlangen.

«Warte noch», sagte sie. «Komm, leg dich zu mir.» Einen Augenblick lagen sie eng nebeneinander, umklammerten sich, die Beine verschlungen, die Lippen aufeinandergepreßt. Dann wurden ihre Küsse stürmischer. Seine Hände erforschten ihren Körper, liebkosten ihre Brüste, wanderten durch das Vlies hinunter zu der sanften Feuchte zwischen ihren Schenkeln. Er legte sich auf sie. «Warte noch einen Augenblick», bat sie.

Er stützte sich mit beiden Armen hoch und sah zu ihr hinunter. Dann nickte sie, und er war in ihr.

Später fragte er sich, wann sie etwas falsch gemacht hatten. Es hätte eine überwältigende Vereinigung sein müssen – ein gemeinsames Aufflammen der Leidenschaft, ein Wirbelsturm. Doch schon ziemlich bald merkte Thomas, daß etwas fehlte, daß die Ekstase vorüber war und nur das Bedürfnis nach Befreiung blieb.

Ganz bewußt versuchte er, wie auf einem Instrument, die Saite zu entdecken, die die frühere Stimmung wieder herbeizaubern würde. Er küßte sie – küßte ihre Lippen, ihren Hals, ihre Brüste, spielte zart mit ihren Brustwarzen, veränderte den Rhythmus, drang einmal schnell und heftig, dann wieder langsam und behutsam in sie ein. Schließlich zog er sie, fast aus Verzweiflung, auf sich, obwohl er ahnte, daß ihr das nicht gefiel, daß ihr die Vorstellung von männlicher Macht wichtig war – und er hatte recht, denn bald sagte sie, sie wollte lieber unter ihm liegen. Einmal versuchte er sie auf französische Art zu küssen, aber sie hinderte ihn – sie wußte, warum er es tat. Und als er sie mit den Fingern erregen wollte, schob sie seine Hand fort.

Mehrmals glaubte er, nun sei sie von einer Woge des Gefühls ergriffen, die sie zum Höhepunkt tragen werde, aber sie erreichte ihn nie, und schließlich konnte er nicht länger warten, und dann lagen sie stumm nebeneinander, außer Atem, schwitzend, und fühlten sich beide ein wenig erniedrigt.

Einige Augenblicke lang war Lillians Körper völlig taub, und sie fragte sich, ob sie jemals wieder etwas fühlen würde. Ihre Enttäuschung machte sie bitter. Das also war es, worauf sie sich seit Jahren wie eine Braut vorbereitet hatte, dachte sie tief enttäuscht. Sie konnte ihr Elend kaum ertragen. Schließlich sagte sie mit tonloser Stimme: «Ich komme mir benutzt vor, Thomas, mißbraucht. Hattest du nicht das Gefühl, daß du mich benutzt hast?»

Er lag neben ihr, den Kopf auf dem Kissen, und starrte an die Decke. «Ich habe dich nicht benutzt», erwiderte er.

«Ich komme mir vor wie eine Prostituierte.»

«Sag das nicht.» Er beugte sich zu ihr und küßte sie behutsam auf die Lippen.

«Bitte, nicht», sagte sie. Und sie stand auf und begann sich anzuziehen. Sie setzte sich an Mays Frisiertisch und betrachtete sich im Spiegel. Sie strich sich mit Mays Bürste durchs Haar, versuchte mit Mays Kamm ihre Locken zu ordnen. «Wir haben noch immer nicht über dich und David gesprochen», sagte sie schließlich.

Thomas stieß ein kurzes, bitteres Lachen aus. «Ach ja – der Grund für deinen Besuch. Was wolltest du mir denn sagen?»

«Ich weiß nicht, ob das jetzt der rechte Augenblick ist.»

«Wann ist der rechte Augenblick? Hier bin ich. Ich höre dir zu. Ich fühle mich dir sogar auf eine eigenartige Weise verbunden. Wir waren uns so nahe, wie zwei Menschen sich nur nahe sein können. Du hast dich dabei billig gefühlt, ich unzulänglich. Aber wir haben dieses Erlebnis gemeinsam ... ein Geheimnis ...» Er unterbrach sich und fuhr fort: «Was ist mit David?»

«Ich will wissen, was seine Position ist ... was sie sein wird.»

«Er besitzt einen erheblichen Geschäftsanteil. Er ist zweiter Geschäftsführer von Kingstons.»

«Du scheinst mehr mit Mr. Baines zusammenzuarbeiten.»

Ein Gefühl tiefer Traurigkeit erfaßte ihn, er beobachtete, wie sie vor dem Frisierspiegel saß und die Arme hob, um ihr üppiges Haar zu ordnen. Er mußte an die Sonntagnachmittage in der Copenhagen Street denken, als sie fröhlich Karten gespielt hatten, er ein Junge, sie ein junges Mädchen – wie überrascht und erschreckt wären sie wohl gewesen, wenn ihnen jemand die Szene vorhergesagt hätte, die jetzt in ihren letzten Stadien war. Er dachte an May, deren Wesen den ganzen Raum erfüllte. Sie hätten sich nicht dieses Bett aussuchen sollen …

«Thomas», sagte sie leise, «ich habe dich nach Mr. Baines gefragt.»

«Baines teilt meine Zukunftspläne, was die Firma betrifft», sagte er. «Er sieht alles genauso wie ich. Was David angeht … nun, du weißt so gut wie ich, daß David im Grunde nicht versteht, weshalb wir uns vergrößern müssen.»

«Was ist mit seiner Position?»

«Die bleibt, wie sie ist.»

«Bis sie zu groß für ihn wird?»

«Er wird mit seiner Stellung wachsen. Er macht seine Sache gut. Jemand muß auf das Geld aufpassen, dafür sorgen, daß alle Rechnungen bezahlt werden. Sonst hätten wir das Chaos. Solange David das macht, brauche ich mich darum nicht zu kümmern.»

«Du beschreibst die Position eines Angestellten – eines leitenden, aber doch eines Angestellten.»

«Angestellte sind wichtig, besonders leitende Angestellte.»

Sie wandte sich auf dem Frisierhocker zu ihm um und sah ihn an, und wieder durchfuhr ihn ein Schmerz – wie liebreizend sie aussah! Merkwürdig, daß ihre Körper so wenig übereingestimmt hatten. «Thomas, sag mir ehrlich: kann er je innerhalb von Kingstons eine bestimmende Kraft sein?»

Thomas schüttelte den Kopf. «Du kannst keinen Menschen zu etwas machen, was er nicht ist, Lillian.»

«Und Charles? Was ist mit Charles?»

Diese Frage überraschte Thomas. «Charles ist ein kleiner Junge von drei Jahren.»

«Wird es für ihn im Kaufhaus Kingstons einen Platz geben?»

«Natürlich. Sein Vater ist Teilhaber der Firma. Da könnte ich mich schwerlich widersetzen.»

«Du hast selbst Söhne.»

«Ich werde auch ein großes Geschäft haben – wenn unsere Hoffnungen in Erfüllung gehen. Wir brauchen Männer, die es leiten.»

«Ist das ein Versprechen? Versprichst du mir, daß du Charles eine Chance geben wirst?»

«Ja – wenn er sie haben will.»

«Er wird sie haben wollen, Thomas.»

Die Intensität ihrer Antwort rührte ihn an. Er erhob sich vom Bett und trat zu ihr. Behutsam küßte er ihre Stirn, ihre Wange, ihre Lippen. Seine Hand liebkoste ihre Schulter, glitt zu ihrer Brust hinunter. Zuerst, regungslos dasitzend, einen Ausdruck der Angst im Gesicht, schien sie nicht zu bemerken, was er tat. Dann schüttelte sie den Kopf. «Versprichst du mir das wirklich – das mit Charles, Thomas?»

«Ich verspreche es dir, Lillian.»

Sie hob ihm die Lippen entgegen, sie wollte so gern noch einen Rest des Gefühls besitzen, das sie beide empfunden hatten, aber es war nicht mehr da, und sie begann zu weinen – erst still und dann laut schluchzend, die Arme fest um seinen nackten Körper geschlungen.

2

Am Freitag jener Woche fuhr Thomas nach Quainton, um May und die Kinder für ein paar Tage zu besuchen. Er war lange nicht mehr zu Hause gewesen und freute sich auf das Landleben, vielleicht auch, weil er nach der Episode mit Lillian ein bißchen frischen Wind brauchte. Er bedauerte nicht, was geschehen war, er fühlte nur eine tiefe Traurigkeit, als ob er etwas verloren hätte, aber kaum Scham, denn er betrachtete das Ganze als einen unvermeidbaren Vorfall. Innerlich war er damit fertig, und er war sicher, daß die Episode mit der Zeit zu einer verschwommenen Erinnerung verblassen würde.

Edward holte ihn wie üblich in Aylesbury mit dem Einspänner

ab. Er sah nicht mehr so abgehärmt aus wie bei Thomas' Besuch während der kritischen Lage des Hofes im Jahre 1870. Er wirkte jetzt ein wenig untersetzt, sprach voller Zuversicht über die Fortschritte, die er mit seiner Herde machte, und hatte sogar nur ein Achselzucken für die Mißernte im Herbst übrig. Mitten in seinem Bericht sagte er: «Morgen trifft man sich übrigens in Quainton zur Fuchsjagd. Wenn du Lust hast, kannst du meine Stute haben ...»

Ein paar Stunden zu Pferde querfeldein – das war genau das, was Thomas brauchte. «Etwas Besseres hätte ich mir nicht wünschen können», sagte er.

Thomas fragte, ob man noch etwas von Camerons Anwälten gehört habe, die sich im Jahr zuvor über den genauen Verlauf der Hecken an der Nordgrenze des Familienbesitzes geäußert hatten. «Nein, nichts mehr», antwortete sein Bruder. «Ich glaube, sie wollten es nur einmal probieren.»

Die Kinder hatten wartend am Fenster gestanden, und als Edward vor dem Haus anhielt, stürzten sie mit lautem Geschrei aus dem Haus, um ihren Vater zu begrüßen. Thomas fing sie nacheinander auf und drückte sie an sich, zuletzt die kleine Rose, die kicherte, weil er sie hoch in die Luft hob, da sie so viel leichter als die beiden Jungen war. May, die den Kindern folgte, sah ihn liebevoll lächelnd an. «Solltest du dich nicht lieber ausruhen?» sagte er, während er die Arme um sie legte.

«Ich kann doch nicht die ganze Zeit im Bett oder auf dem Sofa liegen. Ich fühle mich außerordentlich wohl.»

Thomas umarmte seine Mutter und seine Schwestern, und alle freuten sich. Er wandte sich einen Moment um und blickte über das Land hin, das die Familie Kingston jetzt seit so langer Zeit bestellte, und empfand ein großes Wohlbehagen.

Am nächsten Tag sah das Dorf Quainton genauso aus, wie Thomas es von den Jagdmorgen seiner Kindheit in Erinnerung hatte. Die Hunde warteten an der gleichen Stelle des Dorfangers, mit heraushängenden Zungen, als wären sie zu groß für ihre Mäuler. Higgins, der Hundeführer, weißhaarig jetzt, saß lässig im Sattel, mit einem etwas gelangweilten Ausdruck, der aber sogleich verschwinden würde, wenn die Jagd losging. Es war ein frischer Morgen, obwohl ein bißchen Sonne durch die Wolken drang, und einige Reiter hielten ihre Tiere in Bewegung, damit sie nicht kalt wurden. Andere warteten in Gruppen beieinander und tranken Portwein und Brandy aus Gläsern, die ihnen Kellner des Gasthofs *Royal Oak* hinaufreichten. Die Männer trugen alle rote Röcke oder dunkelgraue, die fast schwarz aussahen. Es waren mehr Frauen dabei als früher, stellte Thomas fest – und recht modisch sahen sie aus in ihren Zylindern und breitmaschigen Haarschleiern und schwarzen Gewändern mit Röcken, die ihnen bis zu den Sporen reichten.

Edward hatte May und die Kinder im Einspänner zum Treffpunkt gefahren, weil er seinen neuen jungen Wallach vorführen wollte. «Ich kann mich im Wagen genausogut ausruhen wie zu Hause», hatte May Thomas versichert. Es war die erste Jagd, die die Kinder miterlebten, und ihre Augen glänzten.

«Siehst du den Mann da drüben beim Gasthof», sagte Edward zu seinem Bruder, der sein Pferd neben den Einspänner gelenkt hatte, «der mit den beiden Damen spricht ... auf einem großen Rappen ... das ist Cameron.»

Thomas musterte den Mann, der eine so große Gefahr für seine Familie gewesen zu sein schien – und immer noch ein potentieller Feind war. Er war ein gutaussehender Mann in den Fünfzigern, dunkel, mit einem etwas düsteren Gesichtsausdruck. Er hörte gerade aufmerksam zu, was eine der beiden Damen sagte, wobei er müßig mit der Reitpeitsche gegen seinen Stiefel schlug. «Gutes Pferd, was?» sagte Edward.

Thomas nickte, während er Master Sir James Harrison beobachtete, der langsam und würdevoll über den Anger auf die Hunde zuritt, durch die Gasse, die die anderen Reiter vor ihm öffneten. Als Master of Foxhounds bekleidete er die angesehenste Stellung in einem ländlichen Gemeinwesen in England. Einen Augenblick hielt er inne und sprach mit einer jungen Dame. Sie war Mitte Zwanzig, trug einen keck sitzenden Zylinder auf dem blonden Haar und ein Reitkostüm, das vorteilhaft ihre schlanke Figur unterstrich. Selbst aus der Entfernung konnte man sehen, daß sie eine höchst attraktive junge Frau war. «Wer ist das?» fragte Thomas.

«Evelyn, die Tochter des Masters ...»

«Mein Gott!» sagte Thomas und dachte daran, wie sie als zehnjähriges Mädchen in einem Hundewägelchen durchs Dorf kutschiert war. «Sie hat sich aber verändert!»

May sah mit einem scherzenden Lächeln zu ihm auf. «Thomas Kingston, vergiß nicht, du bist hier, um Füchse zu jagen.»

Auf ein Kopfnicken des Masters zog Higgins das kurze Messinghorn zwischen zwei Knöpfen seiner Jacke hervor, blies einmal hinein und zog mit seinen Hunden los – gefolgt von dem Gedränge der Pferde und Reiter, die die Bicester-Jagd mitmachten.

«Faßt ihn ... faßt ihn ... faßt ihn ... faßt ...» Noch als sie im Wald verschwunden waren, konnte Thomas den Singsang hören, mit dem Higgins seine Hunde antrieb. Ab und zu bellte ein Hund, und andere in seiner Nähe fielen ein. Dann erstarb das Gebell, wenn sie die Spur im Unterholz verloren.

Es war ein guter Tag für die Witterung, denn die Kälte hielt den Geruch am Boden, und die Hunde nahmen ihn bald wieder auf. Das erregte Kläffen eines der Hunde wurde zu einem Chor, als andere Hunde zu ihm stießen.

Von dem Weg aus, auf dem sie alle warteten, sah Thomas den Fuchs davonstreichen – ein großes Tier mit kräftig braunem Pelz. Wie alle Füchse, die nicht in arger Bedrängnis sind, schien er es nicht eilig zu haben. Er schlüpfte auf der anderen Seite der Wiese durch eine Eibenhecke und schnürte dann am Graben einer anderen Hecke entlang, die senkrecht dazu verlief.

Die Hunde stürzten mit lautem Gebell aus dem Wald, die Schnauzen am Boden, rannten über die Wiese auf die Hecke zu, sprangen über sie hinweg oder stürzten sich, wo das Laub nicht so dicht war, durch sie hindurch. Higgins setzte aus dem Gehölz heraus über ein eisernes Geländer und blies in sein Horn, um die Hunde, die noch hinter ihm im Dickicht waren, auszutreiben.

Der Fuchs hielt auf das höher gelegene Gelände zu, und als Thomas den steilen Grashang hinaufgaloppierte, blickte er um sich und genoß das Panorama; links und rechts von ihm folgten die Reiter und Reiterinnen den Hunden und setzten über die Zäune. Es ging über die Hügel und die Zäune, die die Felder teilten, und dann weiter nach Marsden. Sie waren immer noch auf der Anhöhe oberhalb von Camerons großem Haus, das Thomas vor fünf Jahren zum erstenmal gesehen hatte. Unten sahen sie, wie die Hunde die Spur wieder aufnahmen und nach rechts rannten. Einige Augenblicke beobachteten sie die Meute wie Generale von einem Feldherrnhügel aus ihre Armeen.

Thomas hatte Cameron mehrmals auf seinem großen Pferd gesehen. Jetzt sah er ihn wieder ein Stück weiter unten, wie er mit einer Gruppe von etwa zehn Reitern auf einen hohen Zaun zugaloppierte. Der große Rappe überholte die anderen mühelos und übersprang das Hindernis in einem herrlichen Stil.

«Mein Gott, was für eine Gangart dieses Pferd hat!» sagte Thomas, halb zu sich selbst, halb zu den anderen Reitern, die zusammen mit ihm warteten.

«Kein Wunder, wenn man an seinen Stall denkt.» Thomas hatte nicht gesehen, daß Evelyn Harrison sich der Gruppe angeschlossen hatte, und wandte sich überrascht um. «Sein Vater», fuhr sie fort, «hat einundsiebzig das Grand National gewonnen.»

«Sie kennen das Pferd offenbar gut, Madam», sagte Thomas.

«Mein Vater hat es gezüchtet», antwortete sie und sah ihn aus dunkelblauen, fast violetten Augen an. «Ich glaube, ich habe Sie noch nicht bei einer Fuchsjagd gesehen, Sir, oder?»

«Ich bin Thomas Kingston – vom Kingston-Hof. Als Kinder haben wir uns gekannt, aber ich bin schon mit dreizehn Jahren nach London gegangen.»

Ihre Aufmerksamkeit wurde plötzlich von den Hunden in Anspruch genommen, die die Spur wieder gefunden hatten und unten über die Wiese hetzten. «Du liebe Güte, wir müssen uns beeilen, sonst rennen sie uns davon!»

Als die Hunde aus dem ersten Dickicht hervorgebrochen waren, hatte Edward den Einspänner zu einem der Höfe auf den Hügeln hinaufgefahren, von wo aus sie die Jagd beobachten konnten. Als es nichts mehr zu sehen gab, schlug Edward den Heimweg ein. Es war jetzt alles still, als der Einspänner über die Straße nach Quainton fuhr; man hörte nur das Hufgetrappel des Wallachs und das Krächzen von Krähen aus einem hohen Baum. Dann, ganz leise zuerst, nahmen sie in der Ferne das Herannahen der Meute wahr.

Was dann geschah, kam so plötzlich, daß Edward nicht einmal

mehr vom Wagen springen und den Wallach am Zügel halten konnte. Durch die hohe Hecke abgeschirmt, sprangen vier Reiter durch eine Lücke im Laubwerk auf die Straße. Das erste Pferd landete fast auf dem Wallach, und sein Reiter rief: «Entschuldigen Sie, Sir» und ritt weiter. Edward zog die Zügel fest an, und wäre dies der einzige Jagdreiter gewesen, hätte er sein Tier unter Kontrolle halten können. Aber die anderen drei Pferde setzten ebenfalls kurz hintereinander über die Hecke, und Edward konnte nichts mehr tun. Der verstörte Wallach bäumte sich auf – und ging durch. Während Edward noch versuchte, ihn zu halten, begann der Einspänner hin und her zu schwanken, das eine Rad geriet in den Straßengraben, der Wagen schleuderte gegen die Hecke, das Geschirr riß und die Gabel, des Pferdes ledig, schoß in die Höhe. Alle fünf Insassen wurden von ihren Sitzen geschleudert. Instinktiv umfaßte May ihren Leib, als sie auf die Straße fiel. Sie spürte einen stechenden Schmerz, hörte noch einen Augenblick die näher kommende Meute – dann verlor sie das Bewußtsein.

Die Hunde rannten laut kläffend etwa dreihundert Meter vor ihnen her, als Thomas den steilen Hang auf eine Hecke zugaloppierte, die außer an einer Stelle zwischen zwei jungen Bäumen zum Überspringen zu hoch war. Er sah, wie Cameron aus einer anderen Richtung über das Feld kam. Sie hielten beide zusammen mit anderen Reitern auf die Lücke zu, aber Thomas war ein gutes Stück voraus. Während er Edwards Stute zum Sprung antrieb, lehnte er sich vor und legte wegen der Zweige eines der Bäume den Kopf an den Hals des Tieres. Er hörte Cameron von hinten näher kommen, nahm aber an, er werde warten, bis der Weg für ihn frei war – fälschlicherweise, wie sich herausstellte. Denn der Rappe traf die Stute hinter dem Sattel, so daß sie mit dem Kopf hart gegen einen der Bäume stieß. Zu Thomas' Erstaunen überstand sie diesen Zusammenstoß mitten in der Luft und galoppierte gleich weiter, als ihre Hinterbeine wieder Boden unter sich hatten.

Thomas hörte das Geräusch hinter sich, wie Camerons Rappe aufsetzte, und Sekunden später kam das reiterlose Pferd mit fliegenden Steigbügeln an ihm vorbei. Er griff ihm in die Zügel, brachte seine Stute zum Stehen, wendete und führte den Rappen im Trab zu

Cameron zurück, der sich gerade neben der Hecke, wo er hingestürzt war, aufrappelte und seine Peitsche und die eingedrückte Mütze aufhob.

Als Thomas näher kam, funkelte Cameron ihn an. «Sie verdammter Idiot!» fluchte er.

Diese Reaktion auf seine Geste der Höflichkeit verblüffte Thomas. «Würden Sie das bitte wiederholen, Sir?» sagte er zornig.

«Ich sagte, Sie sind ein verdammter Idiot!» wiederholte Cameron.

«Ich dachte, ich hätte nicht richtig gehört», sagte Thomas. Er ließ die Zügel des Rappen los und schlug ihm mit der Peitsche heftig gegen die Flanke. Das Pferd sprang davon, und Thomas ritt ihm nach und schlug es noch einmal, damit es nicht das Tempo verlangsamte. Dann zog er die Zügel an und wandte sich um. «Ich hoffe, Sir», rief er Cameron zu, «ein kleiner Fußmarsch wird Sie ein paar Manieren lehren.»

Evelyn Harrison überholte Thomas, als er weiterritt. «Das war nicht sehr freundlich, Mr. Kingston», sagte sie mit einem Lächeln.

«Haben Sie gehört, was er gesagt hat?» erwiderte er.

«Ich bin überzeugt, er hat es reichlich verdient», antwortete sie. Dann hörten sie den langen, trillernden Hornruf, der anzeigte, daß die Hunde ihren Fuchs getötet hatten.

Thomas holte die anderen ein, als sie gerade den nächsten Fuchs aufstöberten, und die Jagd ging weiter bis etwa gegen vier Uhr nachmittags. Als Thomas schließlich zum Hof zurückritt, schmutzig und müde, aber zufrieden, war es schon dunkel. Brian kam zu ihm in den Stall. «Ich kümmere mich schon um die Stute», sagte er, «geh du lieber hinein. Der Arzt war gerade da.»

«Der Arzt?» fragte Thomas erstaunt.

«Der Einspänner ist umgekippt... Ich fürchte, May hat das Kind verloren, aber ihr selbst ist nichts passiert. Die Kinder sind mit ein paar Quetschungen davongekommen ... ein Wunder.»

Thomas eilte ins Haus. Seine Mutter kam ihm schon entgegen. «Ich habe ihr vorerst mein Zimmer gegeben», sagte sie. «Der Arzt meint, sie ist außer Gefahr, aber ...»

«Aber?» fragte Thomas ungeduldig, als sie zögerte.

«Er fürchtet, sie kann keine Kinder mehr bekommen.»

Thomas rannte die Treppe zum Zimmer seiner Mutter hinauf. May lag im Bett in einem weißen Nachthemd, das ihr bis zum Hals reichte. Sie war so bleich, daß ihr Gesicht fast grau aussah. Er beugte sich zu ihr hinunter und küßte sie. «Gott sei Dank, daß du gesund bist.»

«Es wäre ein prächtiger Junge geworden, Thomas.»

«Du bringst nur prächtige Kinder zur Welt.»

«Aber wenn ich nun keines mehr kriegen kann?»

«Dann sind wir dankbar für die drei, die wir haben.»

«Ich habe gehört, Ramsay hat ein blaues Auge bekommen.»

«Darauf ist er bestimmt sehr stolz ... Aber jetzt mußt du erst einmal schlafen ...»

Er beugte sich wieder vor, um sie zu küssen, und sie schlang die Arme um seinen Hals und zog ihn an sich. Dann begann sie leise zu weinen.

3

Der Zwischenfall mit Camerons Pferd konnte nicht ohne Auswirkungen bleiben, und wie Edward prophezeit hatte, traf nach genau einer Woche ein Brief von seinen Anwälten ein.

Die Anwälte schrieben, sie würden Klage gegen die Familie Kingston erheben, und zwar forderten sie das Weiderecht auf bestimmten Wiesen und, auf Grund eines sehr zweifelhaften Vertrags aus dem 18. Jahrhundert das Wegerecht über den Kingstonschen Grundbesitz. Weiderechte waren ein Phänomen aus dem feudalen England und mit der Macht der Barone außer Anwendung gekommen. Die Frage des Wegerechts war plausibler und für Cameron wichtiger, weil sein Vieh, wenn es auf einigen seiner Wiesen weidete, bei der Rückkehr zum Stall einen großen Umweg machen mußte.

Das war natürlich eine Kriegserklärung, und Thomas war entschlossen, sich ihr zu stellen und keine Schwäche zu zeigen. Er konsultierte eine führende Londoner Anwaltsfirma und erfuhr dort zu seiner Erleichterung, daß er mit seiner Vermutung recht gehabt hatte – die Gründe, die Cameron vorbrachte, waren nicht stichhaltig. Aber er hatte die Anwälte weniger ihres Rates als ihres Prestiges wegen aufgesucht.

«Cameron muß deutlich gemacht werden, daß wir im Gegensatz zu anderen Höfen, die er aufgekauft hat, genügend Mittel besitzen, um uns gegen ihn zu wehren», schrieb Thomas seinem Bruder Edward nach dem Besuch in dem Anwaltsbüro. «Er weiß vieles über Euch und den Hof, aber ich bezweifle, daß er vieles über mich und das Geschäft weiß. Deshalb habe ich vor, ihn aufzusuchen, wenn ich wiederkomme, um May und die Kinder abzuholen. Miete doch bitte in Aylesbury eine Kutsche für mich – eine gute, in erstklassigem Zustand, mit einem eingefahrenen Gespann.»

Edward wartete schon auf dem Bahnsteig, als er am Samstagnachmittag der folgenden Woche aus dem Zug stieg. Er grinste, als sie sich die Hand schüttelten. «Ihr Wagen ist vorgefahren, Mylord.»

Thomas zeigte sich sehr beeindruckt von dem auf Hochglanz polierten Brougham mit den zwei gestriegelten Braunen in dem blitzenden Geschirr davor. Die beiden Kutscher hätten bei einem Herzog in Dienst stehen können. «Ich hoffe, wir haben nicht des Guten zuviel getan», meinte Edward, als er sah, was für Augen sein Bruder machte.

Thomas lachte. «Das ist bei einem Mann wie Cameron gar nicht möglich. Wenn ich eine Kavallerieeskorte hätte, würde ich die auch noch mitnehmen.»

Gegen Mittag des nächsten Tages ließ sich Thomas nach Marsden Hall fahren. Seine Selbstsicherheit begann jedoch ein wenig zu schwinden, als sie durch das Parktor in die lange, von Bäumen gesäumte Allee einbogen. War es klug, einen so mächtigen Mann wie Cameron auf seinem eigenen Grund und Boden aufzusuchen?

Die Kutsche hielt vor dem großen Backsteingebäude, und Thomas stieg aus und ging über die kiesbestreute Einfahrt auf den Eingang zu. Auf der obersten Stufe begrüßte ihn mit ausdruckslosem Gesicht der Butler. Thomas fragte, ob er Mr. Cameron sprechen könne, und er erwiderte, er werde nachfragen, und führte ihn inzwischen in ein großes Arbeitszimmer. Am einen Ende des Zimmers stand ein prächtiger Schreibtisch aus poliertem Nußbaumholz, auf dem säuberlich geordnet einige ungeöffnete Briefe lagen. Der oberste Umschlag des kleinen Stapels erregte Thomas' Aufmerksamkeit, weil die Handschrift ihm bekannt vorkam, wenn er sich auch im Augenblick nicht erinnern konnte, wo er sie schon einmal gesehen hatte.

Man ließ ihn etwa zehn Minuten in dem Arbeitszimmer allein, und er hatte gerade ein Buch aus den Regalen in die Hand genommen, als Cameron so leise hereinkam, daß Thomas seine Anwesenheit erst bemerkte, als er ihn ansprach. «Sie wünschen mich zu sprechen, Mr. Kingston?»

Thomas wandte sich um. «Ich danke Ihnen, daß Sie mich empfangen, Mr. Cameron.»

«Meine Anwälte wären kaum erfreut darüber, da wir uns in einem Rechtsstreit befinden. Aber ich möchte mir anhören, was Sie zu sagen haben.»

Cameron lud ihn nicht ein, Platz zu nehmen, und blieb auch selbst stehen, um anzudeuten, daß es sich nur um eine kurze Unterredung handle. Er hielt die Hände auf dem Rücken verschränkt.

«Nun?» fragte Cameron.

«Nach Ansicht meiner Anwälte», begann Thomas etwas unsicher, «haben Sie keinen Grund zu einer Klage.»

«Ich bin über die Ansicht Ihrer Anwälte informiert.»

Sein Ton klang keineswegs überrascht, nicht einmal herausfordernd. Nach einem Augenblick setzte Thomas hinzu: «Es handelt sich um eine Anwaltsfirma von einigem Renommee.»

Cameron reagierte mit einem leichten Achselzucken. «Auch meine Berater sind nicht unbekannt.» Wieder ein Augenblick des Schweigens. «Wenn wir vielleicht zum Grund Ihres Besuchs kommen könnten, Mr. Kingston ...»

«Ich bin gekommen, Mr. Cameron», entgegnete Thomas, «um Ihnen mitzuteilen, daß wir uns vor jedem Gericht des Landes gegen Ihre Klage zur Wehr setzen werden. Wir werden uns keinem Druck beugen.»

Cameron nickte ein paarmal ungeduldig, schob die Lippen vor, sagte aber nichts.

«Andererseits», fuhr Thomas fort, «erscheint es mir unsinnig, daß Nachbarn im Streit leben, wenn er sich möglicherweise vermeiden läßt.»

«Sie wollen mir Land verkaufen?»

Die Frage kam ganz unvermittelt, und Cameron, der bisher einen kühlen Ton angeschlagen hatte, sprach plötzlich so anders, daß Thomas fast aus der Fassung geriet. «Nein, das nicht, Sir.»

«Woran denken Sie dann? Haben Sie einen anderen Vorschlag?»

«Meine Familie wäre möglicherweise bereit, Ihnen zu gestatten, Ihr Vieh zu gewissen Zeiten über unseren Grund zu treiben … zum Beispiel, wenn Sie es am südlichen Ende Ihres Besitzes weiden lassen – aus reiner Gefälligkeit …»

Cameron sah ihn verwundert an. «Ihre Naivität überrascht mich, Mr. Kingston», sagte er. «Zumal mir gute Berichte über Ihr Unternehmen vorliegen … Sie haben geglaubt, ich würde mich auf so etwas einlassen? Eine Gefälligkeit?»

«Gewiß ist sie einem Streit vorzuziehen», erwiderte Thomas.

«Warum? Sie sprechen von Streit, als wäre es eine Katastrophe. Streit gehört zum Leben des Menschen, Mr. Kingston. Ich habe immer mit Streit gelebt. Ich habe dieses Haus mit Streit gebaut. Ich habe diese Pferde dort mit Streit gekauft. Bei allem, was ich errungen habe, ging es mit Streit zu. Wenn Sie also glauben, Sie könnten mich von meinen Absichten abbringen, indem Sie mir mit einem kleinen Streit drohen, dann sind Sie ein noch größerer Idiot, als ich neulich, als Sie meinem Pferd den Weg abgeschnitten haben, glaubte.»

«*Ich* Ihnen den Weg abgeschnitten!» gab Thomas zornig zurück. «Ich war vor Ihnen da!»

«Sie können von Glück sagen, daß ich mir keine Knochen gebrochen habe, sonst müßten Sie sich von Ihren renommierten Anwälten noch in einer anderen Sache beraten lassen.» Er wandte sich um, ging zum Fenster, die Hände noch immer auf dem Rücken verschränkt, und blickte über die Wiesen hin, auf denen die Pferde weideten. «War das alles, was Sie mir zu sagen hatten?»

«Mr. Cameron», antwortete Thomas, «ich bin der Ansicht, mit Streit verschwendet man Zeit, Geld und Ressourcen, die an anderer Stelle besser angewandt wären … aber wenn Sie darauf bestehen, können Sie ihn haben. Wenn wir angegriffen werden, bei Gott, dann wehren wir uns!»

Einen Moment schwieg Cameron, und als er dann sprach, tat er es leise und ohne sich vom Fenster umzudrehen. «Wenn Sie mein Haus nicht in einer Minute verlassen haben, Mr. Kingston, lasse ich Sie hinauswerfen.»

Thomas war so verblüfft, daß er seinen Ohren nicht traute. «Hinauswerfen?» wiederholte er.

«Und verschwenden Sie kein Geld mehr für protzige Kutschen oder feine Anwälte», fuhr Cameron fort. «Mir machen Sie nichts vor. Ich kenne Ihre Ressourcen sehr genau. Wenn ich Ihren letzten Monatsumsatz angeben müßte, würden Sie feststellen, daß ich um keine zwanzig Pfund daneben liege.»

Er hielt inne und wippte langsam auf den Füßen vor und zurück. «Sie sind ein Kämpfer, das ist das einzige, was in meinen Augen für Sie spricht ... Ich mag Sie nicht. Ich halte Sie für eingebildet und arrogant, aber ich habe etwas für Kämpfer übrig ...» Er verstummte, zog seine Taschenuhr heraus und klappte mit dem Daumen den goldenen Deckel auf. «Sie haben noch dreißig Sekunden, Mr. Kingston.»

Thomas ging festen Schrittes aus dem Haus und stieg in die Kutsche, von der Cameron offensichtlich wußte, daß sie nur gemietet war. Er empfand ein Gefühl der Ohnmacht, er fühlte sich übertölpelt und behandelt wie ein kleiner Junge. Als die Kutsche die lange Allee zur Straße entlangfuhr, fiel ihm ein, woher er die Handschrift des Briefes auf Camerons Schreibtisch kannte. Er hatte sie seit Jahren nicht mehr gesehen, aber sie hatte ihn mehr als einmal zur Anprobe von Kleidern zum Eaton Square zitiert.

Cameron ließ seine Klage auf sich beruhen – vielleicht hatten sich seine Anwälte mit denen von Thomas über den zweifelhaften Ausgang des Rechtsstreits verständigt –, doch jedesmal, wenn Thomas an diesen Brief dachte, konnte er sich eines leisen Gefühls des Unbehagens nicht erwehren.

4

Während der folgenden Wochen waren die Umsätze aller Abteilungen gut. Vor allem die neue Herrenbekleidungsabteilung ließ sich von Woche zu Woche besser an. Es dauerte nicht lange, da meinte Sidney Baines, die Herrenabteilung sei jetzt so gut eingeführt, daß man daran denken könne, das Warensortiment, wie geplant, zu erweitern.

Thomas begegnete White oft auf der Straße, aber der alte Textilhändler sah durch ihn hindurch und schritt mit grimmigem Gesicht und hochgerecktem Kinn an ihm vorüber.

Eines Nachmittags Anfang März sagte einer der Großhändler, der White seit Jahren belieferte, zu Baines, daß auch er sich Sorgen um White mache. «Er haßt Ihren Mr. Kingston. Er hat mir gesagt, wenn ich ihn weiter beliefere, nimmt er uns nichts mehr ab. Nicht daß das ein großer Verlust wäre, aber ich mag den alten Herrn. Er sagt immer wieder: ‹Es wird ihm noch leid tun. Er wird mir für seinen hübschen kleinen Plan büßen. Passen Sie nur auf.›»

Baines gingen diese Worte den ganzen Abend durch den Kopf, und am nächsten Tag, am Ende der morgendlichen Besprechung, sprach er darüber mit Thomas. «Wenn ich den Vorschlag machen darf», sagte er, während er sich erhob, «sollten wir vielleicht einige Vorsichtsmaßregeln treffen. Ich weiß, das hört sich etwas dramatisch an, aber wenn er wirklich überschnappt – und einige Anzeichen sprechen dafür –, besteht dann nicht die Gefahr, daß er etwas unternimmt?»

«Du liebe Güte!» rief Thomas aus. «Sie meinen, er könnte mir etwas antun oder so?»

«Vielleicht – ich denke allerdings mehr an das Geschäft ... Er haßt uns, Mr. Kingston. Ich würde ihm zutrauen, daß er Scheiben einwirft oder sogar einen Brand legt.»

Thomas erbleichte. Das bloße Wort «Brand» raubte jedem Ladenbesitzer nachts den Schlaf, denn das war eine Gefahr, die früher oder später fast allen Einzelhändlern drohte. «Halten Sie das wirklich für möglich?»

«Ja, Mr. Kingston. Ich fürchte, er ist dem Zusammenbruch nahe ...»

«Aber wenn er bei uns einen Brand legt», sagte Thomas, «gefährdet er doch sein eigenes Anwesen.»

«Das wird ihn kaum kümmern. Es könnte sogar seine Probleme lösen, denn sein Geschäft geht gar nicht gut.»

Thomas gingen Baines' Worte den ganzen Tag im Kopf herum. Er sprach mit David darüber, der genauso reagierte, wie vorauszusehen war. «Du hast gewußt, was du tust, Thomas», sagte er. «Dies sei der Preis, der für ein Großkaufhaus bezahlt werden muß, hast du gesagt. Du hast ihm seinen Lebensunterhalt weggenommen.»

Als Thomas am Abend das Geschäft verließ, sah er, daß der alte Textilhändler hinter der Glasscheibe seiner Eingangstür stand und ihn finster anblickte, während er auf dem Bürgersteig vorüberging.

Am nächsten Morgen sah Thomas gerade in seinem Büro die Post durch, als David hereinkam. Sein Gesicht war kreideweiß. «Ich habe eine Nachricht von White bekommen.»

Als Thomas den Brief von seinem Partner entgegennahm, wußte er, was geschehen war. «Sehr geehrter Mr. Rawlings», las er in einer krakeligen, zittrigen Handschrift, «ich muß nun doch zugeben, daß Mr. Kingston mich besiegt hat, aber ich bin zu alt oder zu mutlos, um fortzuziehen. Ich verwickle Sie nur ungern in diese Sache, aber jemand muß es sein, und Sie waren immer sehr freundlich und rücksichtsvoll zu mir. Ich füge den Schlüssel zu meinem Laden bei. Am Morgen wird alles vorüber sein, und Mr. Kingston wird endlich mein Anwesen bekommen, das er schon so lange haben wollte. Er könnte glauben, er erwirbt es billiger, als wenn ich sein Angebot vom vergangenen Jahr angenommen hätte, aber ich warne ihn: das wird er nicht, denn der Preis wird der Fluch einer gequälten Seele sein. – Theodore White.»

«Mein Gott!» sagte Thomas und sah zu David hoch. «Warst du schon drüben bei ihm?»

David schüttelte den Kopf. «Ich dachte, du solltest mitkommen.»

Während sie die Treppe hinuntergingen, hatte Thomas noch die schwache Hoffnung, White habe ihnen nur Angst einjagen wollen. Doch dann fanden sie ihn im Kellerraum seines Ladens, an einem Strick hängend, den er oben an einer der Holzstufen befestigt hatte, die vom Erdgeschoß hinunterführten.

Einen Augenblick lang glaubte Thomas, ihm werde übel, aber dann ging das Gefühl vorüber, und in ihm war nur eine große Leere. «Es tut mir leid, Thomas», sagte David und berührte ihn am Arm. Thomas antwortete mit einem Kopfnicken. Dann stiegen sie schweigend die Stufen hinauf und verließen den Laden. Thomas wartete, bis sein Partner die Tür wieder abgeschlossen hatte. «Schickst du jemanden zur Polizei?» fragte er. David nickte. Es gab nichts weiter zu sagen, denn alles war gesagt worden, solange White noch am Leben war. Als die Polizei eintraf, gab David ihnen den Brief und den Schlüssel, und die Beamten kümmerten sich um alles weitere.

Thomas war in der Herrenabteilung, als am Nachmittag um drei Uhr Whites Hausverwalter hereinkam. Thomas mochte ihn nicht, er war klein und dick und schleimig, und er hatte einen dichten Schnurrbart, den er sich offensichtlich nach den Mahlzeiten nicht richtig abwischte. «Eine traurige Angelegenheit, Mr. Kingston», sagte er. «Trotzdem – kein Unglück ist so groß, es birgt ein Glück im Schoß, wie es in der Redensart heißt.» Er fing Thomas' mißbilligenden Blick auf. «Nun, vielleicht war das etwas ungeschickt ausgedrückt, aber ich dachte mir, Sie wollten den Laden mieten, Mr. Kingston, und da habe ich mir die Freiheit genommen, gleich einen Vertrag auszufertigen. Ich gehe doch recht in der Annahme, daß Sie ... daß Sie den Laden haben wollen, nicht wahr?»

Thomas zögerte – dann nickte er.

«Würden Sie dann bitte das Dokument gleich jetzt unterschreiben.»

Ausnahmsweise las Thomas einen Vertrag nicht durch, bevor er ihn unterschrieb. Er rief Baines zur Bestätigung seiner Unterschrift hinzu und kritzelte seinen Namen hin. «Ich wünsche Ihnen einen guten Tag, Sir», sagte er zu dem Verwalter und ging hinaus. Er schritt die Sloane Street entlang, ohne seine Neuerwerbung eines einzigen Blicks zu würdigen. Auf dem Weg zum Park hatte er plötzlich das Bedürfnis, mit May zu sprechen. Er machte kehrt und ging über den Eaton Square auf die Caroline Terrace zu.

Er traf May in der Küche an. «Ich habe gehört, was passiert ist», sagte sie leise. Sie eilte nicht auf ihn zu, um ihn zu umarmen, denn sie ahnte, daß er das jetzt nicht gemocht hätte, aber die Augen waren voller Mitgefühl. «Ich wäre fast zu dir gekommen, aber dann habe ich mir gesagt, wenn du mit mir sprechen willst, kommst du nach Hause. Im Geschäft hätten wir ohnehin nicht in Ruhe reden können. Ich habe Ruby mit den Kindern spazieren geschickt.»

«Das war sehr lieb von dir.» Er zog einen Stuhl unter dem Küchentisch hervor und setzte sich. «Ich habe ein bißchen nachgedacht, May ... Wenn ein Mensch stirbt, dann sollte man doch nachdenken, oder? Es muß doch möglich sein, ein Unternehmen aufzubauen, ohne Unheil anzurichten ...»

«Natürlich ist es das», sagte sie. «Du brauchst dir keinen Vorwurf zu machen. Er war von Sinnen ... Du hast ihn doch nicht hintergangen oder so ...»

Thomas sah auf seine Hände, die er auf der Tischplatte verschränkt hatte. «Nein, ich habe ihn nicht hintergangen ... Wettbewerb soll doch etwas Gesundes sein – wie die natürliche Auslese unter frei lebenden Wesen.» Nach einer Pause fügte er hinzu: «May, das wird noch öfter passieren ... Wettbewerb ist die Basis unseres ganzen Konzepts. Und richtet sich eben oft auch gegen so kleine Leute wie den armen alten White.»

«Und manchmal auch gegen Leute, die mächtiger und reicher sind als du ... Du wirst nicht alle Kämpfe gewinnen, Thomas ... Manchmal wirst du es sein, der klein beigeben muß ...»

Er nickte, während er über Mays Worte nachdachte. Doch dann mußte er an die neuen Möglichkeiten denken, die ihm jetzt offenstanden, und er sagte: «Dieser neue Laden bringt uns ein ganzes Stück weiter, May. Wir haben jetzt einen Block von fünf Läden. Wir können hinten weiter ausbauen und alles miteinander verbinden ... Das bedeutet natürlich eine völlige Neuorganisation – nicht nur der Verkaufsflächen, sondern auch der Lagerräume, der Buchführung, der Auslieferung –, alles. Wir werden endlich ein Warenhaus haben, trotz Mrs. Fellowes, trotz der Trennung von den drei anderen Läden ... Wir werden das haben, wovon ich seit Jahren geträumt habe, wovon du mit mir geträumt hast ...» Er hielt inne. «Es ist nur traurig, daß wir das nicht ohne den Fluch eines Toten erringen konnten.»

«Eines geistesgestörten Toten», warf May ein.

Er stand auf. «May ...» Er streckte die Arme aus, und sie stürzte auf ihn zu und umarmte ihn. Plötzlich löste das ganze Trauma in ihm ein heftiges Verlangen nach ihr aus. «Ich begehre dich, May. Bitte. Komm.»

«Laß uns nach oben gehen ...»

«Nein – hier.»

«In der Küche? Thomas, das kann nicht dein Ernst sein.»

Er schien nicht gehört zu haben, was sie sagte. «Kommen die Kinder schon bald zurück?»

«Noch nicht ... Aber Thomas –» Er verschloß ihr den Mund mit Küssen, hob sie auf den Küchentisch.

«Bitte, Thomas. Nicht hier. Das ist lächerlich. Leute wie wir ... Und in unserem Alter! Du bringst mich in Verlegenheit. Bitte, laß uns nach oben gehen ...»

«Komm!» Er hatte ihr, während sie sprach, den Rock über die Knie geschoben.

«Nein, Thomas. Nicht. Bitte, Thomas. Das ist nicht recht, Thomas ... Unser Schlafzimmer. Bitte, unser Schlafzimmer, Thomas ... Du tust mir weh ...»

Dann hörte sie auf, sich zu wehren, und plötzlich umklammerte sie ihn mit Armen und Beinen und küßte ihn leidenschaftlich und spürte nicht mehr die Härte des Tischs ...

Eine Stunde später saß Thomas wieder an seinem Schreibtisch. Er machte Skizzen für sein Warenhaus – denn das war es jetzt –, als man ihm zu seiner Überraschung meldete, Mrs. Rawlings sei unten und lasse fragen, ob er ein paar Minuten Zeit für sie habe. Sie hatten sich seit jenem Abend in seinem Haus, als May in Quainton gewesen war, nur zweimal gesehen. Beide Male war sie von ausgesuchter, aber eisiger Höflichkeit gewesen und hatte in einem Ton gesprochen, der ihren Groll nur mit Mühe verbarg.

Als sie hereingeführt wurde, erhob er sich, rückte ihr einen Stuhl hin und ging zu seinem Schreibtisch zurück. Sie sah ihn an. «Ich habe von Mr. Whites Tod erfahren», sagte sie. «Wie ich höre, hast du schon einen Mietvertrag für den Laden unterschrieben. Du verschwendest keine Zeit, Thomas, nicht wahr?»

Er fragte sich, was sie wirklich von ihm wollte. «Was hättest du mir denn geraten, Lillian?» fragte er. «Soll ich aufhören, mit anderen zu konkurrieren? Soll ich aufhören zu expandieren? Denn nichts kann unentschieden bleiben, mußt du wissen. Wir gehen entweder weiter vorwärts oder rückwärts. Was hättest du lieber? In dieser unglücklichen Angelegenheit ist mein Gewissen rein.»

«Oh, daran zweifle ich nicht», erwiderte sie in beißendem Ton. «Ich vermute, es ist ein sehr bequemes Gewissen.» Da war kein

Nachgeben, die Oberfläche war so hart wie Stahl. «Und was», fuhr sie fort, «war die Antwort deines Gewissens auf das, was zwischen uns geschehen ist?»

Thomas war überrascht von dieser Wendung des Gesprächs. «Lillian, das klingt ja so, als hätte ich dich verführt ... oder gar vergewaltigt ...»

Wieder ging das eigenartige Lächeln über ihr Gesicht – überlegen, seltsam verschlossen, als besäße er nicht das nötige Verständnis, um zu begreifen, was sie meinte. «Davon kann natürlich keine Rede sein», sagte sie sarkastisch. «Ich behaupte keineswegs, daß ich von dir nicht gebannt gewesen wäre, nur – da gibt es eine Verantwortung ... eine größere vielleicht, als du denkst.»

«Verantwortung?»

«Es ist natürlich noch zu früh, um ganz sicher zu sein, aber dieser Abend könnte Folgen gehabt haben.»

Thomas starrte sie an. «Du meinst, du glaubst, du bekommst ein Kind?»

Sie nickte. «Macht *das* etwas aus, Thomas? Berührt *das* dein Gewissen?»

Fünftes Kapitel

September 1876

Es war heiß im Festsaal, und beim Tanzen war er ins Schwitzen geraten. Er steckte den Finger hinter den Kragenknopf und zog den Kragen vor, um etwas frische Luft unters Hemd zu bekommen. May, die ihn beobachtete, lächelte und bewegte lässig ihren Fächer. Sie trug ein leicht dekolletiertes Kleid, es war also ausnahmsweise einmal ein Vorteil, eine Frau zu sein.

«Es ist gut, daß sie sehen, wie du dich amüsierst», sagte sie.

«Damit sie wissen, daß ich kein Ungeheuer bin?»

«Vielleicht», sagte sie. «Ich glaube, dieser Ball ist eine gute Idee. Du mußt ihn jedes Jahr geben.»

Es war der 15. September 1876, die siebte Wiederkehr des Tages, an dem er zusammen mit ihr das Geschäft eröffnet hatte, und sie waren Gastgeber für über zweihundert Menschen beim ersten Kingstons-Personalball. Onkel Jack, der seit Dollys Tod sehr gealtert war, saß mit am Tisch der Geschäftspartner, ebenso wie Thomas' Mutter, seine beiden Schwestern Mary und Ellen und Miss Godfrey, deren alljährliche Besuche am 15. September die Festlichkeit inspiriert hatten.

Thomas war glücklich, denn es war ein Abend, an dem das Wachsen von Kingstons gefeiert wurde, und seine Rolle als Oberhaupt einer so großen Familie machte ihm Freude. Das vergangene Jahr war besonders wichtig gewesen, denn der Erwerb des achten Ladens, wenn auch unter so unglücklichen Umständen, hatte die Firma ein großes Stück vorangebracht. In den zusammenhängenden fünf Läden waren jetzt das Erdgeschoß und der erste Stock Verkaufsfläche. Einige Kutschwagen, elegant gestrichen in den Kingston-Farben dunkelblau und gelb, lieferten Pakete an die Kunden aus, die außerhalb der Bezirke wohnten, die die Botenjungen belieferten. Eine ganze Reihe neuer Abteilungen war hinzugekommen, wie zum Beispiel Sattelzeug und Reitkleidung, Möbel und sogar eine Immobilienagentur, die Häuser kaufte und verkaufte.

Aus der persönlichen Partnerschaft zwischen Thomas und David war eine Kommanditgesellschaft geworden, und sie waren nicht mehr die alleinigen Eigentümer. Die Bankiers hatten einige Anteile erworben als Gegenleistung für ihren Finanzierungsbeitrag. Die Kapitalbeschaffung war in der Tat ein ständiges Problem, denn das stetig wachsende Warenlager und die steigenden Baukosten konnten nur zum Teil durch den Gewinn abgedeckt werden, obwohl auch dieser steil anstieg.

Sidney Baines war es, der Thomas eines Tages einen genialen Vorschlag machte, wie sie ihre Bargeldprobleme lösen könnten. Warum nicht eine Bankabteilung eröffnen, wo die Kunden Geld für ihre Einkäufe deponieren konnten? Kingstons, meinte er, könne einen Zinssatz bieten, der niedriger war als der, den die Firma selbst für Kredite zahlen mußte, aber höher als der, den die Kunden für Depositenkonten bei ihren eigenen Banken erzielten. Und so war Kingstons auch ins Bankgeschäft eingestiegen.

Es war eine kluge Idee, und Baines hatte sie vorgebracht in einem Augenblick, als er es bitter nötig hatte, zu beweisen, daß er wirklich den «Riecher» hatte, an den Thomas bei ihm immer geglaubt hatte. Der heimliche Groll über seine Position bei Kingstons war mit der Vergrößerung der Firma gewachsen – obwohl er sehr liebenswürdig zu Emily war, sich den Verkäuferinnen gegenüber untadelig verhielt, hervorragend mit David zusammenarbeitete und Lillian behandelte, als wäre sie die Queen Victoria.

Einmal hatte er zu Thomas gesagt: «Ich habe manchmal das Gefühl, Mr. Kingston, alle warten nur darauf, daß ich einen großen Fehler mache.»

«Dann sorgen Sie dafür, daß Sie keinen machen», hatte Thomas mit einem Lächeln erwidert.

Aber er hatte natürlich einen Fehler gemacht, einen so dicken, wie ihn sich seine Gegner nicht besser hätten wünschen können. Die Sache passierte an einem Tag, als Thomas zu einem kurzen Besuch in Quainton war. Baines hatte Arthur Stockton aufgesucht, und der

Großhändler in seiner jovial-lebhaften Art hatte ihn zum Lunch eingeladen. Baines trank normalerweise nicht viel, und er konnte sich auch nicht erinnern, während seines Zusammenseins mit Stockton übermäßig viel getrunken zu haben, Tatsache aber war, daß er betrunken war. Als er den Großhändler verließ, hatte er für 600 Pfund Waren in Auftrag gegeben, obwohl er ohne Thomas' Zustimmung in solchen Fällen nur bis 100 Pfund gehen durfte. Und als er aus der Droschke kletterte, die ihn zur Sloane Street zurückgebracht hatte, betrat er so heftig torkelnd das Geschäft, daß sein hoffnungslos berauschter Zustand für die Kunden und das Personal nicht zu übersehen war. Auf der Treppe zu seinem Büro war er Miss Higgins, einer von Emilys Verkäuferinnen, begegnet, hatte den Arm um sie gelegt und einen Kuß von ihr verlangt und sie zu einer Polka aufgefordert und war in dem Augenblick, als Emily aus ihrem Büro trat, mit ihr hingestürzt. Er hatte Lillian als «Kuh» bezeichnet, und als David ihm sagte, er solle sich in sein Zimmer begeben, hatte er sich aufgerichtet und hin und her schwankend erwidert: «Ich nehme nur Anweisungen von Mr. Kingston entgegen.»

Thomas hörte von dem Vorfall, als er abends nach Hause kam.

«Jetzt wirst du ihn entlassen müssen», sagte May.

«Vielleicht muß ich das», gab Thomas zu.

Am nächsten Morgen wunderte er sich, Lillian in der Sloane Street zu treffen, als er ins Geschäft ging. «So früh schon unterwegs?» sagte er.

«Du hast wohl von dem schändlichen Benehmen deines Mr. Baines gehört. Du wirst ihn selbstverständlich entlassen.»

«Ich werde es in Erwägung ziehen, Lillian.»

David wartete schon auf ihn in seinem Büro. «Du hast keine andere Wahl mehr, Thomas», sagte er. Thomas hatte genickt und auf Emily gewartet, die ihm mitteilte, Miss Higgins sei noch so schokkiert, daß sie an diesem Tag nicht zur Arbeit kommen könne. Dann hatte er Baines rufen lassen.

«Ich verstehe das nicht, Mr. Kingston», sagte Baines. «Ich weiß nicht, was über mich gekommen ist. Ich war noch nie in meinem Leben betrunken.»

«Sie haben mich in eine schwierige Lage gebracht», hielt Thomas ihm vor. «Ich möchte Sie nicht verlieren, aber ich sehe im Augenblick keine andere Möglichkeit. Der einzig mildernde Umstand scheint mir zu sein, daß Sie mit Arthur Stockton zusammen waren. Ich traue Stockton nicht, Baines – schon gar nicht, wenn er Sie zu Verkaufsabschlüssen bringt, von denen er weiß, daß sie absurd sind. Ich werde das natürlich annullieren.»

Thomas entließ Baines nicht – aber er sah sich dabei dem stärksten Druck ausgesetzt, den man je innerhalb der Firma auf ihn ausgeübt hatte. Auf Thomas' Rat entschuldigte sich Baines sowohl bei David wie bei Lillian – persönlich und schriftlich. Er bat Emily demütig um Verzeihung – die sie ihm verweigerte, obwohl sie dabei das deutliche Gefühl hatte, daß sie unfreundlich war – und drückte sein tiefstes Bedauern gegenüber Miss Higgins aus, die das Ganze eigentlich eher als einen Jux aufgefaßt hatte. Thomas besänftigte David und Emily und gab Anweisung, daß bis auf weiteres bei Arthur Stockton nichts mehr bestellt werden sollte, obwohl er wußte, daß er die Haltung nach einiger Zeit wieder aufgeben mußte, denn Stocktons Ware war stets erstklassig.

Schließlich ließ er Baines zu sich kommen, um ihm mitzuteilen, daß man ihm eine Bewährungsfrist gegeben habe. Baines zeigte sich zutiefst dankbar. «Ich möchte, daß Sie wissen, wie sehr ich Ihre Unterstützung schätze, Mr. Kingston», sagte er, und schon im Hinausgehen fügte er hinzu: «Oh, da ist noch etwas, Mr. Kingston. Ich habe mir überlegt ...» Und da hatte er vorgeschlagen, daß die Firma ins Bankgeschäft einsteigen sollte. Thomas hatte May am Abend vorgerechnet, daß dies eine ausgezeichnete Idee war, denn allein mit dem Bargewinn eines einzigen Monatsumsatzes ließ sich Baines' Gehalt für mindestens zwei Jahre finanzieren.

Noch vor dem Ball für das Personal hatte Baines Thomas bei der Ausarbeitung der Pläne für die bisher entscheidendste Erweiterung des Kaufhauses geholfen. Thomas hielt die Zeit für gekommen, endlich die starre Grenze zu überschreiten, die Textilien von Lebensmitteln trennte. Er wollte jetzt Kolonialwaren, Gemüse und, das war die Sensation, auch Fleisch und Geflügel in sein Angebot aufnehmen. Soweit er wußte, wäre es das erste Mal in der Welt, daß ein Textilgeschäft sogenannte «nasse Ware» verkaufte, und diese Neuerung war wesentlich für sein Konzept von einem Großkaufhaus.

Der Zeitpunkt für die Eröffnung einer großen neuen Abteilung war günstig, da Thomas jetzt den nötigen Raum dafür hatte, aber der wahre Grund für seinen Entschluß war sein berühmtes «Gespür», das er diesmal jedoch mit Logik untermauern konnte. Der Fleischhandel befand sich in einer Periode des Umbruchs. Er beobachtete diese Entwicklung sehr sorgfältig und sprach mit Fachleuten in Smithfield, das seit seinem Wiederaufbau vor acht Jahren der größte Schlachtviehmarkt der Welt war.

Thomas gelangte bald zu der Überzeugung, daß die neue Branche für Kingstons große Möglichkeiten bot. «Zur Zeit», sagte er begeistert zu Baines, als er eines Morgens von Smithfield zurückkam, «importieren wir Lebendvieh vom Kontinent. Aber es wird nicht lange dauern, dann stehen uns die riesigen Prärien von Amerika, Australien und Argentinien offen, wo es Herden gibt, die nach Zehntausenden von Stück zählen. Lebend kann man die Tiere über diese Entfernung nicht transportieren, aber das Kühlungssystem wird den Handel mit Schlachtvieh völlig umwandeln. Man hat das Problem noch nicht ganz gelöst, aber man ist nahe daran, Baines. Die Londoner Docks haben schon einen Kühlraum. Letztes Jahr ist es sogar gelungen, eine Probeladung Gefrierfleisch aus New York über den Atlantik zu bringen. Aber wie viele Metzger haben sich auf diese neue Entwicklung eingestellt? Nur wenige, möchte ich wetten. Sie sind überhaupt eine lahme Gesellschaft – soweit sie nicht überhaupt korrupt sind. Und wenn die neuen Techniken vervollkommnet sind, sind wir schon mitten im Geschäft.»

Thomas hatte gelernt, nicht zuletzt durch Whites Selbstmord, der ihm eine dickere Haut verliehen hatte, daß er jedesmal, wenn er eine neue Branche aufnahm, mit dem Widerstand der Einzelhändler rechnen mußte. Doch er hatte sich nicht vorgestellt, daß der Widerstand diesmal so heftig ausfallen würde.

Der Kapellmeister trat an den Rand des Podiums vor. «Meine Damen und Herren, auf geht's zum Galopp! Wählen Sie bitte Ihre Tanzpartner!» Überall im Saal erhoben sich die Männer. Baines, der am Tisch für die leitenden Angestellten saß, kam herüber, um Thomas' Schwester Ellen zu dem Tanz aufzufordern, den sie ihm schon versprochen hatte. Die beiden waren sich bei Thomas' und

Mays Hochzeit zum erstenmal begegnet und hatten sich gut verstanden. Obwohl inzwischen sechs Jahre vergangen waren, schien die gegenseitige Zuneigung nicht abgenommen zu haben – sie hatten schon zusammen eine Mazurka, zwei Walzer, einen Schottischen und zwei Polkas getanzt.

Thomas bemerkte Mays mißbilligenden Blick, als Ellen mit ihm zur Tanzfläche ging. «Willst du nicht mal heute abend ein bißchen großmütig sein, wo wir feiern? Sein Benehmen war doch untadelig.»

«Hättest du ihn wirklich gern zum Schwager?» gab May zurück.

«Ellen könnte eine schlechtere Partie machen.»

May wechselte unvermittelt das Thema. «Ich finde, du solltest diesen Galopp tanzen», sagte sie.

«Meinst du nicht, er ist etwas zu wild?»

«Sollen die Leute vielleicht glauben, du bist verkalkt? Ich bin sicher, Lillian würde den Galopp gern mit dir tanzen – nicht wahr, Lillian?»

Lillian, die nicht richtig zugehört hatte, beugte sich vor: «Was würde ich gern?»

«Thomas meint, es sich als Oberhaupt der Gesellschaft nicht leisten zu können, aber ich finde, er sollte bei diesen ausgelassenen Tänzen mitmachen. Meinst du nicht auch?»

«Unbedingt», erwiderte Lillian. «Es schadet nicht, wenn das Personal daran erinnert wird, daß er ein Mensch ist.» Sie überdeckte die bissige Bemerkung mit einem großmütig-breiten Lächeln. «Heißt das, daß ich zum Tanz aufgefordert werde?»

Als sie sich, ehe die Musik begann, gegenüberstanden, fragte er: «Und wie geht es James?» Das Baby, im November des Vorjahres geboren, war jetzt zehn Monate alt.

«Sehr gut», antwortete sie. «Jeder sagt, er ist seinem Vater wie aus dem Gesicht geschnitten.» Das war in ihrem Doppelsinn eine für die veränderte, verbitterte Lillian typische Bemerkung. Ehe Thomas noch etwas erwidern konnte, setzte die Kapelle ein, und sie tanzten durch den Saal.

Nach dem Galopp, als die Tänzer verschwitzt und außer Atem zu ihren Tischen zurückgekehrt waren, trat der Kapellmeister abermals vor und bat mit Stentorstimme um Ruhe – Mr. Baines wolle einige Worte an die Festversammlung richten. Baines betrat das

Podium, und man merkte ihm seine Nervosität an. Mit seinen 26 Jahren war er zwar etwas fülliger geworden und hatte sogar einen leichten Embonpoint entwickelt, über dem er seine silberne Uhrkette trug, aber er hatte in seinem Gebaren und in seiner Sprache noch nicht alle Spuren des einstigen Cockneyjungen abgelegt, die May und allen, die ihn nicht mochten, so mißfielen. «Sehr verehrte Damen und Herren», begann er in seiner breiten Sprechweise, «ich glaube, ehe wir zum Abendessen schreiten, sollte etwas gesagt werden, was Sie, wie ich annehme – äh –, alle sagen wollen. Dieser Abend heute ... ist ein wichtiger Tag. Man kann es in der Tat kaum fassen, daß es erst sieben Jahre her ist, daß Mr. und Mrs. Kingston – äh – sie war damals natürlich noch Miss Ramsay – das kleine Galanteriewarengeschäft eröffnet haben, aus dem das Kaufhaus wurde, von dem wir alle jetzt ein Teil sind ...»

Vor so vielen Menschen zu sprechen war nicht Baines' Sache. Er hielt inne und mußte schlucken. «Ich weiß, daß Mr. Kingston unsere Firma – äh –, unsere Gesellschaft inzwischen natürlich, nur als einen Anfang betrachtet ... als die Hügel vor dem Gebirge sozusagen – und das zu glauben fällt vielleicht manchen von Ihnen schwer ... aber ich spreche jetzt nicht von der Zukunft, ich spreche von hier und jetzt, und ich glaube – äh –, jeder stimmt mit mir überein, wenn ich sage, daß das, was inzwischen in der Sloane Street geschehen ist, an ein Wunder grenzt ...» Er hielt einen Augenblick inne, als von mehreren Stellen im Saal ein «Hört, hört!» zu vernehmen war. «Ich hoffe deshalb, daß Sie alle mit mir der Meinung sind, daß wir dieses Wunder – äh –, daß wir alle auf dieses Wunder einen Toast ausbringen sollten.» Er hielt sein Glas hoch. «*Ladies and gentlemen*, ich bitte Sie, mit mir das Glas zu erheben auf das Wohl von Mr. und Mrs. Kingston ... und auf ihre beiden Partner Mr. und Mrs. Rawlings.»

Thomas war tief bewegt. Als alle die Gläser erhoben, drückte er May verstohlen unter dem Tisch die Hand, erhob sich dann gewichtig und schritt über den Tanzboden zum Podium, um auf die freundliche Rede zu antworten.

Er blickte über all die Menschen hin, denen er Arbeit und Brot gab. Sie waren in fröhlicher Stimmung und sahen ihm aus lächelnden, freundlichen Gesichtern entgegen. *«Ladies and gentlemen»*, begann er, «liebe Mitarbeiter von Kingstons, ich danke Ihnen aus tiefstem Herzen, auch im Namen meiner Frau und im Namen von Mr. und Mrs. Rawlings, für Ihre guten Wünsche, und ich danke Mr. Baines für seine freundlichen Worte. Aber vor allem möchte ich Ihnen danken für die Ausdauer und Treue, die Sie unserem Kaufhaus erwiesen haben. Heute ist in der Tat ein bedeutsamer Tag in der Geschichte von Kingstons. Denn wir sind im Begriff, erstmals auch Lebensmittel in unser Angebot aufzunehmen. Vor allem werden wir unseren Kunden Fleisch anbieten ...»

«Das werden Sie nicht!» Die Stimme aus dem Hintergrund des Saals klang rauh und dröhnend. «Das werden Sie nicht tun, Mr. Kingston, wenn Sie klug sind!»

Eine massige Gestalt schob sich von der Tür her auf die Tanzfläche zu, ein breitschultriger Mann im blauen Metzgerkittel, dem drei ebenso stämmige Metzger in blauen Kitteln folgten. Schließlich standen sie alle vier in einer Reihe da, trotzige Riesen, die Thomas mit grimmigen Gesichtern entgegen sahen.

«Das Metzgerhandwerk gehört den Metzgern», erklärte der Mann, der Thomas in seiner Rede unterbrochen hatte, «und nicht den Textilhändlern ... Lassen Sie sich also warnen: wir schützen unser Handwerk.»

Thomas' Überraschung wich der kalten Wut. «Ich weiß nicht, wer Ihnen Einlaß zu dieser privaten Gesellschaft gewährt hat», rief er vom Podium herunter, «aber ehe ich Sie hinausweisen lasse, möchte ich Ihnen noch dieses sagen: wir *sind* Metzger. Der Einkäufer unserer Fleischabteilung ist wahrscheinlich mindestens so lange im Geschäft wie Sie.»

«Er ist ein Verräter!»

«Das ist doch Unsinn, Herr Metzger. Der Gedanke eines Großkaufhauses ist vielleicht noch neu, aber ich bin sicher, daß er sich durchsetzen wird. Sie können sich nicht dem Fortschritt in den Weg stellen, Herr Metzger ... Und jetzt –» Thomas nickte dem Kapellmeister zu – «tanzen wir weiter!»

Die Kapelle hatte, seit Thomas in seiner Rede unterbrochen worden war, nur auf ein Zeichen gewartet. Der Taktstock war schon erhoben, so daß das Orchester auf Thomas' Nicken sofort anfing, eine lautstarke Polka zu spielen. Baines, der begriff, was Thomas wollte, nahm die etwas verwirrte Ellen an der Hand und führte sie zur Tanzfläche. «Entschuldigen Sie den Überfall, Miss Kingston», sagte er, «aber das ist eine kritische Situation.» Bald tanzten fünfzig Paare um die Metzger herum, die in der Mitte standen, zornig und unentschlossen, und sich schließlich verlegen nacheinander davonschlichen.

Thomas wußte natürlich, daß die Demonstration der Metzger beim Personalball nur ein Anfang war. Im Laufe der nächsten Tage verstärkten sie ihre Kampagne. Leserbriefe erschienen in der *Chelsea News*, in denen Thomas vorgeworfen wurde, er vertreibe kleine Handwerker mit seinen rücksichtslosen Methoden aus ihrem Gewerbe. Manche Schreiber, die offensichtlich auf Whites Selbstmord anspielten, sprachen davon, daß die Preisdrückerei schon einmal zu einer Tragödie geführt habe, und deuteten an, daß die Preise sicher wieder steigen würden, wenn die mit Kingstons konkurrierenden Läden erst einmal aus dem Weg geräumt seien.

Am Schlachthof Smithfield ging es unverblümter zu – dort wollte man verhindern, daß Thomas mit Fleisch beliefert wurde. Die Metzger von Chelsea und Brompton warnten die Großhändler, daß sie von keinem von ihnen mehr etwas kaufen würden, der Kingstons mit Fleisch belieferte.

Es war ein Glück, daß Thomas sich mit dem 42 Jahre alten Henry Lloyd einen Fleischeinkäufer ausgesucht hatte, der sowohl Charakter besaß wie einen guten Ruf, denn ein Mann von geringerer Standfestigkeit hätte dem Druck nachgegeben. Lloyd, ein kleiner, untersetzter Waliser, war Metzger seit seinem zwölften Lebensjahr und hatte sich in einer der härtesten Branchen emporgekämpft. Er reagierte bald ebenso trotzig wie Thomas. Er sagte warnend zu allen Großhändlern, die angesichts der Kampagne schwach werden wollten: «Wer auch nur eine einzige Order von Kingstons ablehnt, kriegt nie wieder eine. Und ich kann euch versichern, wir werden uns zu einem ganz großen Abnehmer entwikkeln.»

Die Lebensmittelabteilung wurde am Mittwoch, dem 4. Oktober, eröffnet. Es war ein dramatisches Ereignis angesichts der vorangegangenen Kampagne der Metzger, die sich aber zu Thomas'

Gunsten auswirkte, da sie ihm eine unverhoffte Reklame verschaffte.

Während Thomas mit Baines und Lloyd darauf wartete, daß an diesem Morgen die Türen geöffnet wurden, war er freudig erregt. Lloyd hatte begriffen, worauf es ihm ankam, und großen Wert auf die Dekoration gelegt. Die großen Fleischstücke waren hübsch mit Papierrüschen verziert. Geflügel und Wild – Enten, Hühner, Rebhühner, Fasanen, Schnepfen, Bekassinen – lagen in langen Reihen auf einer Marmorplatte, überragt von einem Wildschweinkopf, den man peinlich genau gesäubert und hergerichtet hatte. Die zugeschnittenen Fleischstücke waren in großer Vielfalt angeordnet. Da gab es Lendenstücke und Bruststücke und Rippenstücke. Da gab es Filets im ganzen, in Mittelstücken und Endstücken. Da gab es Hammelfleisch, Keulen und Beine und Gekröse. Da gab es Eisbein und Kalbshaxen. Da lag eine ganze Reihe von Schnitzeln und Koteletts, liebevoll verziert mit Petersilie und Papierschmuck. Und statt der üblichen blauen Metzgerjacken trugen die Verkäufer lange weiße Kittel mit den Kingstons-Farben an den Ärmelaufschlägen.

Auch die übrige Lebensmittelabteilung wirkte eindrucksvoll. Es gab eine große Theke mit Käse – Cheshire, Gloucester, Cheddar, Stilton, Neufchâtel, Limburger, Camembert, Roquefort. Da gab es gekochten Schinken aus York, Würste aus Norfolk, Cambridge, Braunschweig und Straßburg, Speck aus Waterford und Wiltshire. Da gab es Pasteten und Süßigkeiten, Kaviar und Lampreten und Stör, und Regale mit Kakao, Kaffee, Tee, Reis, Marmelade, Essig, Korinthen, Mandeln, eingemachtem Fleisch, Biskuits, Zucker und eine ganze Reihe anderer Produkte aus dem Kolonialwarenbereich.

Von der ersten Minute an herrschte in der Lebensmittelabteilung reger Betrieb. Die meisten Kunden kamen nur aus Neugier, weil sie sehen wollten, was nach alldem Geschrei an der Sache daran war. Aber viele kauften auch ein. Die Ware war gut, wie immer bei Kingstons, die meisten Fleischstücke waren ein, zwei Penny billiger als in den Metzgerläden, und die Qualität des Fleischs stand außer Frage.

Thomas hatte mit irgendeiner Art von Demonstration seitens seiner Gegner gerechnet, aber als er um halb zwölf nach seinem täglichen Rundgang durch das Geschäft in die neue Abteilung zurückkehrte, war noch nichts Unvorhergesehenes geschehen. Baines kam fröhlich lächelnd durch die Menge der Kunden auf ihn zu. «Der Absatz ist kolossal», sagte er. «Lloyd fragt sich schon, ob er noch genug Vorrat hat bis zum Abend.»

Thomas nickte, aber er machte ein besorgtes Gesicht. «Ich kann einfach nicht glauben, daß sie nichts unternehmen.»

Er hatte die Worte kaum ausgesprochen, als das Glas des Schaufensters zersplitterte und kurz nacheinander zwei Backsteine hereinflogen. Thomas stürzte zur Tür und sah gerade noch, wie ein Gig in vollem Galopp in Richtung Sloane Square verschwand.

Es war nicht der letzte Überfall an diesem ersten Tag. Zweimal im Laufe des Nachmittags beugten sich Männer aus vorbeifahrenden Droschken heraus und warfen Knallfrösche unter die Pferde der vor dem Haus wartenden Kutschen, so daß die Tiere sich verstört aufbäumten. Ein Pferd rutschte sogar aus und fiel hin, und nur das schnelle Eingreifen des Kutschers verhinderte ein Unglück.

Die Auseinandersetzung war jetzt in ein neues, aggressives Stadium getreten, doch welche Ausmaße sie annehmen würde, das wurde Thomas erst am nächsten Morgen klar, als er unter seiner Post einen Brief fand, der, mit ungelenker Hand geschrieben, an ihn adressiert war. «Sir», las er, «nehmen Sie hiermit zur Kenntnis, daß wir wissen, wo Sie wohnen, und daß wir auch wissen, daß Sie eine schöne Frau und drei hübsche Kinder haben. Also nehmen Sie sich in acht.»

Auf dem Weg zum Kaufhaus sprach er auf dem Polizeirevier vor, doch dort reagierte man zu seiner Überraschung sehr kühl. «Was schlagen Sie denn vor, daß wir tun sollen?» fragte der Beamte.

«Was Sie tun sollen? Herrgott, ich schlage vor, Sie unternehmen etwas zu unserem Schutz. Dazu ist die Polizei doch da, oder?»

«Wenn ich mir die Bemerkung erlauben darf», erwiderte der Polizeibeamte, «Sie haben diesen Ärger herausgefordert.»

Thomas war verblüfft. «Soll das heißen, daß Sie, obwohl ich mich innerhalb der Gesetze Großbritanniens bewege, sich nicht verpflichtet fühlen, meine Familie und mein Eigentum zu schützen?»

«Das habe ich nicht gesagt, Sir.»

«Es scheint, Sie haben Freunde unter meinen Konkurrenten, deshalb möchte ich Sie warnen: wenn diese Angriffe weitergehen, werde ich mich bei Ihrem Vorgesetzten wegen Vernachlässigung Ihrer Dienstpflichten über Sie beschweren.» Thomas wandte sich zornig um und ging hinaus.

Thomas war sich nie ganz sicher, ob der gräßliche Vorfall, der sich später an diesem Tag ereignete, eine Folge seines Besuchs bei der Polizei war oder ein schon im voraus geplanter Teil der Einschüchterungskampagne.

Es war kurz nach dem Mittagessen, etwa um halb drei Uhr. May war zu der Zeit im Obergeschoß. Sie hatte Ruby den Nachmittag freigegeben und war allein mit den Kindern, als es unten an der Haustür klopfte.

Sie ging hinunter und öffnete die Tür. Im ersten Augenblick war sie überrascht, weil niemand da war. Dann sah sie, was vor ihr auf der Schwelle lag. Normalerweise hätte sie vor Entsetzen laut aufgeschrien, aber irgendein Instinkt – wegen der Kinder oben im Wohnzimmer – mußte sie daran gehindert haben.

In einem Korb lagen drei kleine Ferkel, denen noch das Blut aus den erst vor kurzem durchschnittenen Kehlen rann. Man hatte sie abgeschrubbt, so daß sie besonders nackt wirkten und mit ihrer hellrosa Farbe eine gewisse Ähnlichkeit mit kleinen Babies hatten. An dem Korb steckte ein Zettel, auf dem stand: «Damit Sie sehen, daß es ernst gemeint ist.»

May wich von der Schwelle zurück und glaubte einen Moment lang, sie werde ohnmächtig. Deshalb setzte sie sich auf den Fußboden, damit sie nicht im Fallen mit dem Kopf gegen den Dielentisch stieß. Sie hörte Ramsay von oben rufen: «Wer ist da, Mama?» Der Klang seiner Stimme half ihr, sich zu fassen, und das Schwindelgefühl verflog. «Niemand wichtiges, Ramsay», sagte sie. «Ich bin gleich wieder oben.»

Immer noch zitternd erhob sie sich und betrachtete sich im Spiegel an der Wand. Ihr Gesicht war kreideweiß. Allmählich wich die Reaktion auf den grauenhaften Anblick einem großen Zorn. Wie können sie es wagen, etwas so Gräßliches zu tun? dachte sie.

Eine halbe Stunde später – sie hatte ihm durch eine Droschke eine Mitteilung geschickt – war Thomas bei ihr. «Du wirst doch nicht nachgeben, oder?» sagte sie. «Das darfst du nicht.»

«Nein», erwiderte er grimmig. «Ich gebe nicht nach.»

Er fuhr zum Polizeirevier und stellte dem Beamten den Korb mit den Ferkeln auf den Tisch. «Ich habe drei Kinder», sagte er, «und ich warne Sie: wenn ich jetzt keinen angemessenen Schutz für meine Familie und mein Kaufhaus bekomme, dann können Sie was erleben!»

Die Metzger waren natürlich zu weit gegangen, und es stand außer Frage, daß die Polizei handeln mußte. Ein Beamter hielt fortan ständig an der Caroline Terrace Wache, und zwei andere bezogen vor dem Kaufhaus Posten. Die persönlichen Angriffe hörten auf, die Metzger verlegten sich auf eine andere Taktik. So wurde zum Beispiel eine für Kingstons bestimmte Fleischlieferung in Smithfield durch Helfershelfer vertauscht. Als Lloyd, der das Abladen überwachte, die Sendung inspizierte, stellte er sofort fest, daß unter einer Schicht guter Fleischseiten minderwertiges Fleisch lag, das er niemals gekauft haben würde.

Als nächstes gingen die Metzger dazu über, sich direkt an Kingstons' Kundschaft zu wenden. Sie stellten sich in ihren blauen Jacken vor dem Kaufhauseingang auf und trugen Plakate mit der Aufschrift: «Laßt Euch nichts vormachen: niedriger Preis heute heißt hoher Preis morgen. Kauft Seide und Atlas beim Textilhändler, aber Fleisch beim Metzger.»

Der gleiche Text stand auch auf Flugblättern, die sie an Passanten verteilten, in ihren eigenen Läden und in denen anderer Geschäftsleute, die sie für ihre Sache mobilisieren konnten, und schließlich zu Thomas' Zorn auch auf großen Anschlagzetteln, die den größten Teil der Schaufenster von Mrs. Fellowes' leerstehendem Laden ausfüllten – mitten in der Front seines Unternehmens. Er schrieb ihr sogleich einen gekränkten Brief und bat sie, die Anschläge entfernen zu lassen. «Wie kann Ihre Investierung Ihnen denn etwas einbringen», fragte er, «wenn Sie Maßnahmen unterstützen, die sich gegen die Interessen von Kingstons richten?»

Die Antwort war ein glattes Nein. «Ich glaube», schrieb sie zurück, «Sie treffen bei Ihrem meteorhaften Aufstieg bisweilen eine falsche Entscheidung oder überstürzen etwas. Sie werden mir gestatten, daß ich meine eigenen Ansichten habe, die ich Ihnen gern dargelegt haben würde, wenn Sie danach gefragt hätten. Sie sind ähnlich wie die vieler Menschen in diesem Viertel. Im übrigen wird es Sie nicht überraschen, zu hören, daß ich mich sehr vernachlässigt fühle. Sie waren ein ganzes Jahr nicht bei mir. Und da Sie schon davon sprechen: doch, ich bin zufrieden mit meiner Investierung in Ihrem Kaufhaus.»

Fühlte sich Thomas durch die Kampagne der Metzger auch persönlich getroffen, so waren ihre Auswirkungen auf das Geschäft nur von Vorteil. Der Verkauf in der Lebensmittelabteilung im Oktober übertraf alle Erwartungen und brach jeden Rekord, den er bisher mit einer neuen Abteilung erlebt hatte. Am Ende des Monats hatte Thomas den Kampf mit den Metzgern gewonnen. Die Trennlinie zwischen Textilien und Fleisch war erfolgreich überschritten und die Lebensmittelabteilung von Kingstons ein dauernder Bestandteil des Kaufhauses, obwohl der Widerstand fortdauerte und sich in gelegentlichen Zwischenfällen Luft machte, von denen einer grausig und makaber war.

Es geschah am Guy-Fawkes-Abend, am 5. November, als die Kingston- und die Rawlings-Kinder mit ihren Eltern zu einem Feuerwerks- und Freudenfeuer-Fest eingeladen waren. Um sechs Uhr stürmten wie verabredet die aufgeregte Rose und die beiden Jungen, begleitet von May und dem Hausmädchen, in Thomas' Büro, um ihren Vater abzuholen. Er hatte noch einige Briefe zu unterschreiben, die zur Post gebracht werden sollten, und arbeitete weiter, während sie ungeduldig warteten. Nach ein paar Minuten fanden sich auch David und Lillian mit ihren beiden älteren Kindern Charles und Eleanor ein. Als sie eintraten, rief Ramsay, der durchs Fenster auf die Sloane Street hinuntersah, plötzlich: «Schaut mal! Da kommt ein Zug!»

Alle außer Thomas, der am Schreibtisch sitzen blieb, gingen zu ihm ans Fenster. May war die erste, die merkte, oder eher ahnte, was das für ein Zug war, der sich da durch die Sloane Street auf das Kaufhaus zubewegte. Einige der Leute trugen flackernde Fackeln, wie sie oft bei einem Freudenfeuer-Umzug mitgeführt wurden, und obwohl die Straßenlaternen brannten, sah man zunächst nur eine Menschenmenge mit flammenden Lichtern und in ihrer Mitte einen Rollwagen, auf dem, wackelig angebracht, ein «Guy» schwankte. Die Prozession hatte irgendwie etwas Bedrohliches, das sich in dem entschlossenen Marschtritt und den lauten, zornig klingenden Rufen ausdrückte – etwas, was nicht zu einem gewöhnlichen Freudenfeuer-Umzug paßte. Man spürte nichts von der fröhlichen Stimmung, die in ganz England am 5. November herrschte, wenn die rituelle Verbrennung des Mannes stattfand, der im Jahre 1605 versucht hatte, das Parlament in die Luft zu sprengen.

May war versucht, die Kinder vom Fenster zurückzurufen und Thomas vorzuschlagen, daß sie mit den Kindern schon zu dem Fest gehen würden und er nachkommen solle. Aber es war bereits zu spät. Bis sie die Treppe hinuntergegangen waren, würde der Zug das Kaufhaus erreicht haben. So konnte sie nur warten, unfähig, sich zu rühren, wie in einem Alptraum.

Sie ahnte natürlich, daß es Metzger waren, und als der Zug näher kam, sah man, daß alle Männer in den vorderen Reihen die vertrauten Kittel trugen und Hackmesser schwangen. Bald hörte man auch, was sie schrien: «Nieder mit Kingstons! Kingstons – Feind des Volkes! Niedrige Preise heute – hohe Preise morgen!»

Thomas hörte die Rufe, stand mit verwirrtem Gesicht vom Schreibtisch auf und trat zu May ans Fenster. Der Zug war jetzt ganz nah, und sie konnten sehen, daß es ein langer Zug war, etwa an die hundert Mann, die meisten in Kitteln. Die Metzger aus dem Viertel mußten ihre Reihen durch Gesinnungsbrüder und Berufsgenossen aus anderen Stadtteilen verstärkt haben. Doch die Aufmerksamkeit der beiden aus dem Fenster des Obergeschosses blickenden Familien galt dem «Guy» auf dem Wagen, denn als er näher kam und deutlicher zu sehen war, konnte man erkennen, daß er nicht den üblichen spitz zulaufenden Hut des Guy Fawkes aus dem 17. Jahrhundert trug, sondern Zylinder und Gehrock nach der derzeitigen Mode. May sah mit wachsendem Entsetzen, daß die mit jeder Bewegung des Wagens auf den Reisigbündeln hin und her schwankende Gestalt ihren Mann darstellte.

Die Rufe und Schreie wurden immer lauter. Bald füllten die Demonstranten und ihr Wagen mit der Figur von Thomas die ganze Straße, und der Zug kam zum Stehen. Die Männer drehten sich zur Schaufensterfront um, und einige schrien, die Hackmesser schwingend, ihren Schlachtruf. «Kingstons! Feind des Volkes! Nieder mit Kingstons!» Und plötzlich fielen alle im Chor ein und brüllten: «Nieder mit Kingstons! Nieder mit Kingstons!»

«Warum schreien sie so, Vater?» fragte Ramsay.

«Weil sie dumme, irregeleitete Menschen sind», antwortete Thomas.

«Glaubst du, sie greifen das Haus an?» fragte May ihn leise.

«Nein.» Er drückte ihr beruhigend die Hand. «Wenn sie das täten, müßte die Polizei einschreiten.»

Die Männer mit den Fackeln bewegten sich in der Menge hin und her, so daß sekundenlang wütende Gesichter im Lichtschein auftauchten und dann wieder im Dunkel verschwanden. Die ganze Szene bekam auf einmal etwas vom Kriegstanz eines Stammes von Wilden.

David trat näher an Thomas heran. «Was sollen wir tun?» fragte er. «Sollen wir das Haus durch den Hintereingang verlassen?»

«Ich glaube, im Augenblick sind wir hier sicherer – hier sehen wir wenigstens, was sie im Schilde führen. Aber ich bin überzeugt, es ist nur eine Demonstration.»

Sie brüllten immer lauter – «Nieder mit Kingstons! Nieder mit Kingstons!» –, und einige der Männer hielten ihre Fackeln dicht an die Figur heran, so daß man vom Fenster aus deutlich sah, daß die gesichtslose Maske eine gewisse Ähnlichkeit mit Thomas hatte, vor allem der Backenbart war zu erkennen. Und einige schreckliche Sekunden lang identifizierte er sich mit der Gestalt, stellte er sich vor, er stünde auf den Reisigbündeln dort unten auf dem Wagen.

Ihm war später nie klar, wie sie Feuer fing. Vielleicht flog ein brennender Funke von den Fackeln in das Reisig, vielleicht wurde auch in der Erregung des Augenblicks eine Fackel bewußt zwischen die Bündel geworfen. Jedenfalls stand das Reisig plötzlich in Brand, und Flammen schlugen empor. Eilends spannte jemand das Pferd aus, und die Menge wich von dem Wagen zurück. Die Reisigbündel waren zundertrocken, denn das Feuer breitete sich rasch aus, und innerhalb von Sekunden war die Gestalt von gelblichweißen Flammen umgeben, von denen ein Regen roter Funken ausging. Der Saum des Gehrocks schwelte zuerst nur, und noch lange bevor der dicke Stoff richtig brannte, stand schon der Zylinder in Flammen, der aus leicht brennbarem Material war, und die Maske darunter schien sich in der Hitze vor Schmerz zu verzerren.

Während der ganzen Zeit schrien sie weiter: «Nieder mit Kingstons! Nieder mit Kingstons!» Dann schienen alle vier Seiten des Wagens gleichzeitig Feuer zu fangen, eine Flammenwand schoß in die Höhe und hüllte alles ein, was von der Gestalt noch übrig war. Dann brannten die Achsen durch, und das Fahrzeug sackte zusammen. Es brannte weiter, aber nur noch mit kleinen Flammen. Von der Gestalt war nichts mehr zu sehen. Es war das Ende der Demonstration. Die Rufe verklangen, die zornigen Männer zogen in kleineren Gruppen weiter, nachdem sie ihren angestauten Zorn, wie es schien, mit dem Feuer verbraucht hatten.

In diesem Augenblick begannen May, die während der ganzen Zeit still dagestanden und sich nichts hatte anmerken lassen, Tränen über die Wangen zu rinnen. «Ich weine nicht», sagte sie, als Thomas ihr den Arm um die Schultern legte. Und tatsächlich waren es Tränen des Zorns – des gleichen Zorns, den sie beim Anblick der kleinen Ferkel empfunden hatte. Doch für die Kinder, die diese beklemmende Szene beobachtet hatten, waren Tränen der Wut nicht von Tränen des Kummers zu unterscheiden. Rose begann zu weinen, und dann weinte auch Harry. Beide rannten zu ihrer Mutter und klammerten sich an ihren Rock, und Thomas legte den Arm um alle drei.

Die Rawlings-Kinder weinten nicht, aber sie waren betroffen und fühlten sich unsicher. Auch sie traten zu ihren Eltern. Thomas sah, daß David erschüttert und bekümmert war. Dann sah er zu Lillian. In ihren hellblauen Augen war keine Spur von Mitgefühl zu lesen. Als sie ihn ansah, entspannten sich ihre Züge ein wenig, und einen schrecklichen Augenblick lang glaubte er, sie werde lächeln.

Ramsay, mit fünf Jahren das älteste der drei Kingston-Kinder, hatte sich nicht wie seine Geschwister zu seinen Eltern geflüchtet. Er war regungslos am Fenster stehengeblieben und starrte auf den noch brennenden Holzhaufen hinunter, der gerade das Bildnis seines Vaters verzehrt hatte. Es war eine Szene, die ihm in allen Einzelheiten bis an sein Lebensende im Gedächtnis bleiben sollte.

Zweites Buch

Sechstes Kapitel

November 1881

I

Es war noch dunkel an dem kritischen Novembermorgen um sieben Uhr, als Thomas wie üblich auf halber Höhe der Treppe stand und den Hintereingang des Fünf-Laden-Blocks beobachtete. Durch die offene Tür, durch die von innen der Schein der brennenden Gaslampen fiel, sah er den Regen in die Pfützen auf dem Kopfsteinpflaster vor den Stallungen prasseln, die hinter dem Gebäude lagen, während das Personal an den Angestellten mit den Anwesenheitsbüchern vorüberzog.

Wasser tropfte von Hüten und Umhängen, während sie Schlange standen, und über allem hing eine düster-schläfrige Atmosphäre, die getränkt war vom warmen Geruch durchnäßten Mantelstoffs. Alle Angestellten bei Kingstons mußten sich morgens an diesem Eingang melden und durften erst in ihre Abteilungen gehen, wenn ihre Namen in einem der Anwesenheitsbücher abgehakt waren.

In der Nähe schlug eine Uhr siebenmal, und kurz darauf zog Thomas seine Taschenuhr hervor und sah auf das Zifferblatt, bis der Zeiger auf zwei Minuten nach sieben rückte – die zwei Minuten Gnadenfrist, die er stets zugestand. Dann befahl er: «Schließen Sie die Bücher!» und wartete auf die Angehörigen seines Personals, die erst nach diesem Zeitpunkt eintrafen.

An diesem Morgen waren es vier. Sie erschienen nacheinander in der Tür, aufgeregt, verlegen, außer Atem und durchnäßt. Die Buchführer, ihre schweren Bücher in den Armen, standen regungslos da wie Gerichtsdiener, während die Zuspätgekommenen unter Thomas' kaltem Blick ängstlich dastanden und warteten. «Pünktlichkeit», sagte er schließlich, «ist ein wesentlicher Bestandteil der Disziplin und der Wachsamkeit, die wir uns bewahren müssen, wenn wir in diesen Zeiten überleben wollen. Sie melden sich sofort bei Mr. Baines.»

Thomas blieb mit grimmigem Gesicht auf der Treppe stehen, während sie bedrückt an ihm vorbei zum Direktionsbüro im Obergeschoß gingen. «Miss Higgins!» sagte er scharf, als die letzte der vier Gestalten an ihm vorüberschritt. Er wandte sich nicht um, sondern sprach mit dem Rücken zu ihr weiter. Miss Higgins war die Verkäuferin, die damals im Jahre 1876 eine Rolle gespielt hatte, als Baines betrunken von Arthur Stockton zurückgekommen war. Sie blieb mit bleichem Gesicht auf der Stufe über ihm stehen. «Das ist das dritte Mal, nicht wahr? Es darf nicht mehr vorkommen. Sie wissen, was ich meine?»

«Ja, Mr. Kingston», sagte sie leise und ging mit hängenden Schultern weiter die Treppe hinauf.

Er sah ihr bekümmert nach. Er war sich darüber klar, wie gefährlich seine Warnung für sie war, denn die meisten Geschäfte entließen noch immer Personal, und eine neue Stellung war schwer zu finden. In vielen Fällen bedeutete eine Entlassung auch den Verlust der Unterkunft, denn eine ganze Anzahl der Angestellten wohnte in Häusern, die Kingstons zu diesem Zweck in Chelsea gemietet hatte. Sie lebten dort in Schlafräumen. Das war eine Weiterentwicklung der Praxis, über dem Laden zu schlafen, die sich mit dem schnellen Wachstum der Geschäfte während der Jahre des Aufschwungs vor der Depression zu einem der hauptsächlichen Branchenübel ausgewachsen hatte. Es minderte die Kosten und die langen Wegzeiten zu einem Arbeitsplatz, der in einer vornehmen Gegend lag, bedeutete aber auch, daß die Löhne niedrig gehalten werden konnten. Thomas hatte dabei ein ungutes Gefühl, aber einen Anstieg der Lohnkosten konnte er sich nicht leisten, solange die Zeiten sich nicht besserten. Immerhin dachte er nicht daran, Miss Higgins mit einer Geldstrafe zu belegen, wie sie ihr in vielen anderen Geschäften gedroht hätte.

Die letzten fünf Jahre waren für Thomas eine schwierige Zeit gewesen. Jener erste Personalball und die darauf folgende Kampagne der Metzger hatten eine Wende dargestellt, der Gipfelpunkt in der Entwicklung von Kingstons war sozusagen überschritten. In jenem September schien Thomas' Konzept von einem Großkaufhaus kurz vor der Verwirklichung zu stehen – doch ein harter Winter machte dies zunichte. Schon zur Zeit des Balls, als der letzte Heuschnitt noch nicht in den Schobern war, ließ sich erkennen, daß das Land mit der dritten schlechten Ernte hintereinander rechnen mußte. «Zumindest wird es nicht so weitergehen», hatte Edward gesagt. «Es hat seit dreißig Jahren keine drei schlechten Ernten hintereinander gegeben.» Aber es ging so weiter. Gnadenlos folgte dem schwarzen Herbst von 1877 der von 1878 und dann der von 1879, die Regierung Disraeli war zum Rücktritt gezwungen und das Land stürzte in die schlimmste Wirtschaftskrise seit einem halben Jahrhundert.

Diese Situation hatte Thomas gezwungen, nach sieben Jahren ständiger Expansion und stetig steigender Gewinne seine Geschäftspolitik völlig neu zu überdenken. Einschränkung und Höchstleistung hieß jetzt die Parole zum Überleben. Sidney Baines hatte sich dem neuen Führungsstil angepaßt, und so waren sie wieder ein Team, in dem jeder die Probleme, denen sie gegenüberstanden, bis ins Detail begriff. Sie führten das Kaufhaus wie ein Kapitän und sein erster Offizier eine Fregatte der königlichen Marine. Sie überwachten den Einkauf peinlich genau, da jetzt jeder Penny wohlüberlegt ausgegeben werden mußte.

Trotz oder eher wegen der neuen Bedingungen achtete Thomas jetzt noch mehr als früher auf Qualität, denn seine Einkäufer waren oft versucht, im Kampf um die Gewinnspanne einen Kompromiß einzugehen. Manchmal bestand er darauf, daß eine ganze Lieferung an den Großhändler zurückgeschickt wurde, wenn sie nicht seinen Maßstäben entsprach – gelegentlich sogar mit Verlust. «Qualität ist der Schlüssel zu unserer Zukunft», sagte er immer. «Ohne sie haben wir keine.»

Nach seiner Warnung an Miss Higgins versuchte Thomas die düstere Stimmung dieses nassen Novembermorgens abzuschütteln und machte sich an seinen täglichen Rundgang. Für gewöhnlich unterhielt sich das Personal lebhaft bei der Arbeit, doch an diesem Morgen, als der Regen aus dunklen Wolken gegen die Schaufenster klatschte, wirkten die Verkäufer schläfrig und wechselten nur ein Wort, wenn es unbedingt nötig war. Vielleicht, sinnierte Thomas trübe und dachte an die Besprechung, die ihm an diesem Tag bevorstand, spürten sie die Drohung, die über dem Geschäft schwebte.

In den einzelnen Abteilungen, die er betrat, kam der Einkäufer oder der erste Verkäufer auf ihn zu, begleitete ihn durch seinen Rayon und merkte sich sehr genau, was er lobte oder tadelte. An diesem Morgen fiel das Lob spärlich aus. Er war in einer kritischen Stimmung. Er ließ nicht weniger als sieben Auslagen abräumen und nach seinen Anweisungen neu aufbauen. In der Haushaltsabteilung ärgerte ihn ein Stapel von Kochtöpfen so sehr, daß er ihn mit einer Handbewegung zu Boden fegte und das Scheppern der Töpfe und Deckel durch alle fünf Läden hallte. Durch den Lärm zur Vernunft gekommen, hielt er inne und ärgerte sich über seinen Perfektionismus. Reagierte er am Personal die Befürchtungen ab, mit denen er der Besprechung entgegensah? Oder wollte er Henry Jones nur mit dem Erscheinungsbild seines Kaufhauses beeindrucken, wie ein Kapitän, der vor einer Inspektion alles Messing auf Hochglanz polieren ließ? Jones, ein Direktor der Firmenbank, hatte Kingstons oft besucht – aber noch nie hatte er seinen Besuch vorher schriftlich angemeldet und angedeutet, daß die Bank keine weiteren Kredite mehr geben könne.

Sie hatten natürlich oft über die Probleme des Kaufhauses gesprochen. Abgesehen von der Zinsenlast für die Kredite hatte Thomas Mühe, seine Lieferanten zu bezahlen. Er hatte jetzt viele Gläubiger, und er verstand, daß Jones seinem Glauben skeptisch gegenüberstand, irgend etwas bislang noch nicht Greifbares werde schon geschehen, um die großen Schwierigkeiten zu lösen, denen sich Kingstons gegenübersah.

In gewissem Sinn geschah schon etwas: Die Rezession schien endlich vorüber zu sein, der Umsatz stieg wieder, und die Ernte war gut gewesen. «Wir haben den besten September seit Jahren gehabt», hatte er Jones freudig berichten können.

«Hoffentlich kommt der Umschwung noch rechtzeitig», hatte der Bankier vorsichtig erwidert. «Sie haben einiges aufzuholen. Wollen Sie immer noch nicht neues Kapital in die Gesellschaft aufnehmen?»

«Nein – unsere Unabhängigkeit ist lebenswichtig.»

«Vielleicht werden Sie eines Tages dazu gezwungen sein», hatte Jones ihn gewarnt. Jones war nicht bestrebt, den zehnprozentigen Aktienanteil zu vergrößern, den die Bank als Gegenleistung für ihre

Kreditwilligkeit erworben hatte. «Wir machen keine Geschäfte mit hohem Risiko», hatte er hinzugefügt. «Wir sind keine Spekulanten, aber wir kennen Leute, die es sind, Leute, die Kingstons vielleicht als verlockende Kapitalsanlage betrachten.»

«Geben Sie mir noch etwas Zeit, Mr. Jones», hatte Thomas gesagt.

David hatte an diesem Nachmittag, als sie in der Droschke zum Geschäft zurückfuhren, nicht viel gesagt. Aber am nächsten Tag hatte er die Angelegenheit zur Sprache gebracht – was bedeutete, daß Lillian nicht müßig gewesen war. «Meinst du nicht, wir sollten tun, was Jones vorschlägt?» hatte David ihn gefragt. «Er ist schließlich Bankier, er kennt sich da aus.»

«Mit Kingstons kennt er sich nicht aus», hatte Thomas erwidert. «Nur mit Zahlen, und die können sehr irreführend sein, selbst für einen Bankier, besonders wenn sich die Aussichten ändern. Neues Kapital heißt neue Partner, die vielleicht das Konzept von einem Großkaufhaus nicht verstehen.»

So hatte Thomas auf Zeit gespielt. Die Gewinne stiegen weiter an, recht schnell sogar, aber nicht schnell genug, um sich spürbar auf die schwere Schuldenlast auszuwirken, die Kingstons während der langen Rezession auf sich geladen hatte – und Henry Jones' Brief deutete an, daß der Augenblick der Entscheidung nicht mehr lange hinausgeschoben werden konnte.

Thomas betrat die Fleischabteilung, die vor fünf Jahren Anlaß so dramatischer Ereignisse gewesen war. Einen Augenblick blieb er auf dem Fliesenfußboden stehen, der dünn mit Sägemehl bestreut war, und beobachtete, wie das Fleisch ausgelegt wurde, das man gerade aus dem Kühlraum im Keller heraufgebracht hatte. Der Krieg mit den Metzgern war lange vorüber, aber die Feindschaft war geblieben. Sie hatte sogar auf andere Gewerbezweige übergegriffen, weil durch die offene Auseinandersetzung damals die Gefahr deutlich geworden war, die allen Läden durch ein Großkaufhaus drohte. Thomas war sich bewußt, daß es viele seiner Nachbarn gern sehen würden, wenn er Bankrott machte.

Sidney Baines war gerade in der Lebensmittelabteilung und sprach mit Henry Lloyd, dem Fleischeinkäufer, als er Thomas im Eingang stehen sah. Er ging auf ihn zu. «Ich fürchte, wir brechen heute keine Rekorde, Mr. Kingston», sagte er, auf das schlechte Wetter anspielend, das sich stets dämpfend auf den Verkauf auswirkte. Er nannte Thomas noch immer «Mr. Kingston», sowohl in der Öffentlichkeit wie auch im privaten Kreis, obwohl er, seit er Ellen ein Jahr zuvor geheiratet hatte, sein Schwager war. Und Thomas hatte nichts unternommen, um ihn zu größerer Familiarität zu ermutigen, da er eine gewisse Distanz zwischen ihnen beiden für besser hielt. Da er einige Jahre älter war als Baines, war das Verhältnis zu ihm eher das eines Schwiegervaters, als wäre Ellen seine Tochter und nicht seine Schwester.

Angesichts der Abneigung, die David und Lillian für Sidney Baines empfanden, hatte seine Ehe mit Thomas' Schwester die Kluft zwischen den beiden Familien noch vergrößert, was sich aber zunächst nur als zusätzlicher Reizfaktor bemerkbar machte. Aber vier Wochen vor diesem regnerischen Novembermorgen war die schwelende Glut zu dem heftigsten Streit aufgeflammt, den die Partner in all den Jahren ihrer schwierigen Beziehungen gehabt hatten.

Die Sache begann damit, daß Baines eines Tages am Ende ihrer täglichen Besprechungen, als er schon seine Papiere einsammelte, zu Thomas sagte: «Ach, Mr. Kingston, wenn Sie noch einen Augenblick Zeit für mich hätten, möchte ich Sie um Ihren Rat in einer delikaten Angelegenheit bitten ...» Und zögernd hatte er hinzugefügt: «Es ist wohl kein Geheimnis, daß ich mächtige Kritiker unter den Eigentümern der Firma habe – Feinde sogar ...»

«Ich glaube aber doch nicht», hatte Thomas erwidert, «daß sie so mächtig sind wie Ihre Freunde.»

«Nein», gab Baines zu, «aber das bedeutet, daß ich von Ihrer Unterstützung abhängig bin, Mr. Kingston, die ich natürlich sehr schätze, aber es gibt Augenblicke –»

«Man hat Ihnen eine andere Stellung angeboten?» unterbrach ihn Thomas behutsam.

«Swan and Edgar», entgegnete Baines. «Direktor, mit Sitz im Verwaltungsrat nach Ablauf von sechs Monaten ... Ich würde natürlich nur ungern gehen, vor allem, wo ich jetzt Ellen geheiratet habe. Ich bin sehr glücklich, daß ich mit Ihnen zusammenarbeiten kann, Mr. Kingston ...»

Thomas nickte seufzend. «Ich möchte nicht, daß Sie gehen, Baines.» Er hielt inne und fuhr dann fort: «Könnten Sie mir zwei Tage Zeit geben, um darüber nachzudenken?»

Zu diesem Zeitpunkt schien das Ausmaß des Konflikts genau umrissen. Kingstons mußte Baines die gleichen Bedingungen einräumen, die ihm von der anderen Seite geboten wurden, sonst würde er gehen; aber Thomas wußte, daß David zutiefst gekränkt sein würde, weil dies die durch einen formellen Titel sanktionierte Bestätigung einer Situation sein würde, die, wenn nicht offiziell, so doch praktisch bereits bestand – nämlich daß Baines und nicht David den zweiten Platz in Kingstons Führungshierarchie innehatte. Deshalb beschloß er, ein paar Zeilen an David zu schreiben, damit er Zeit hatte, darüber nachzudenken, ehe sie die Angelegenheit besprachen, und sich, wie Thomas hoffte, bereit fand, die beabsichtigte formelle Ernennung mitzutragen.

Er hatte dafür gesorgt, daß David der Brief zu seiner Morgenpost auf den Schreibtisch gelegt wurde, und es überraschte ihn, daß er bis Mittag nichts von ihm hörte. Aber noch überraschter war er gewesen, als um Viertel nach zwölf Lillian ohne anzuklopfen mit wutverzerrtem Gesicht in sein Büro stürzte. «Wie kannst du es wagen, Thomas? Das ist blanke Vetternwirtschaft!»

Thomas blickte sie ruhig an. Er hatte die Ellbogen auf den Tisch gestützt und die Finger verschränkt. Mit siebenunddreißig begann Lillian abgespannt und sogar ein wenig verbittert auszusehen. Sie war noch immer eine hübsche Frau, aber die Zeit und eine gewisse Enttäuschung hatten schon ihre Spuren hinterlassen.

«Dieses Eindringen in mein Büro ist sehr außergewöhnlich, Lillian», sagte Thomas.

«Du beförderst deinen teuren Baines, deinen Schwager, über Davids Kopf hinweg!»

«Unsinn, Lillian. Ich schlage nur vor, daß Baines zum Direktor ernannt wird. Das berührt Davids Position und seinen Aktienbesitz in keiner Weise. Es mußte früher oder später zwangsläufig dazu kommen, daß wir aus dem Führungsstab neue Direktoren ernennen.»

«Thomas, du kannst mir nichts vormachen. Du sprichst mit einer Frau, die dich genau kennt. Schon als kleinen Jungen gekannt hat!

Ich weiß, was in deinem Kopf vorgeht. Die Sache mit Baines ist nicht so harmlos, wie du sie hinstellst. Sie hat eine bedeutend größere Tragweite, und das weißt du genau.»

Thomas lehnte sich auf seinem Stuhl zurück. «Machst du nicht etwas zuviel Aufhebens von der ganzen Angelegenheit, Lillian? Und im übrigen sollte ich darüber mit David sprechen.»

«O nein, das solltest du nicht.» Sie trat auf seinen Schreibtisch zu, setzte sich auf die Kante und sah mit einem Blick, der fast provozierend war, zu ihm hinunter. «Du würdest ihn wie üblich kleinkriegen, nicht wahr? Ihm weismachen, es sei nur eine Formalität, nichts Wichtiges ... aber mich kriegst du nicht klein – nicht mehr.» Sie erhob sich und trat ans Fenster.

«Na schön», sagte er schließlich, als gäbe er ihr nach, «was schlägst du vor? Was sollen wir mit Baines machen – ihn gehen lassen?»

Sie fuhr auf dem Absatz herum. «Ja – laß ihn gehen!»

«Ich müßte ihn durch einen anderen ersetzen.»

Sie nickte. «Und was würdest du dabei gewinnen?» fragte er. «Wenn der neue Mann tüchtig ist, wird auch er früher oder später befördert werden wollen.»

«Das Risiko gehe ich ein», sagte sie.

«Hättest du auch etwas gegen Baines, wenn er nicht mit Ellen verheiratet wäre?»

Sie begann müßig im Zimmer auf und ab zu gehen und schwenkte den Schirm am Arm hin und her. «Ja», sagte sie nach einer Weile, «obwohl ihn mir das nicht gerade sympathischer gemacht hat.» Plötzlich wandte sie sich zu ihm um. «Baines ist *dein* Mann, Thomas! *Du* hast ihn gemacht. Du kannst dich völlig auf ihn verlassen. Wenn er im Vorstand ist, mit dem Titel eines Direktors, würde er dir mehr Macht verleihen ... und ich will nicht, daß du noch mehr Macht bekommst. Macht ist für dich zu wichtig geworden – das ist auch der Grund, weshalb du den Tag, an dem du weitere Partner ins Geschäft hineinnehmen mußt, immer wieder hinausschiebst.»

Ihr Zornesausbruch verblüffte ihn. Aber plötzlich verstand er, worum es ihr ging. Ihr Einfluß auf Thomas war jetzt nur noch gering, und David hatte sich mit der Tatsache abgefunden, daß er kein guter Geschäftsmann war. Neue Partner, selbst ein Ersatz für

Baines, würden ihr neue Einwirkungsmöglichkeiten bieten. «Du hast da etwas nicht ganz durchdacht», sagte er. «Ich habe dir ein Versprechen gegeben, was Charles betrifft, aber ich kann es nur einlösen, wenn ich die Mittel dazu habe. Ein anderer wäre nicht daran gebunden.»

«Wie soll ich wissen, daß du es bist?»

«Lillian, ich habe dir nie Anlaß gegeben, daran zu zweifeln.»

«Als du mir dieses Versprechen gegeben hast, warst du noch ein anderer. Dein Geschäft war noch klein ...»

«Was hat die Größe des Geschäfts mit einem Versprechen zu tun? Außerdem –» er sprach jetzt etwas schneller – «hat es keinen Zweck, weiter darüber zu diskutieren, weil ich nicht vorhabe, Baines gehen zu lassen. Und wie du wohl weißt, gibt es nichts, was du dagegen unternehmen könntest.»

Wieder blitzte Zorn in ihren Augen auf. «Oh, du wirst noch feststellen, daß wir sehr viel dagegen unternehmen können, Thomas. Halt nur weiter zu deinem Baines, und es wird der größte Fehler deines Lebens sein.» Sie stützte sich mit beiden Händen auf den Schreibtisch und blickte ihn an. «Stell dir David einmal nicht mehr als deinen Partner vor, sondern als deinen Feind. Stell dir vor, David unterstützt dich nicht mehr, sondern versucht, dich zu ruinieren. Laß dir das als Warnung gesagt sein!»

Einen Moment lang blitzte Spott auf in ihren blauen Augen, die einmal ein so großes Verlangen in ihm ausgelöst hatten. Dann wandte sie sich um und ging.

Es regnete immer noch, als Thomas zum Stallhof hinausging, aber es war Tag geworden, ein unfreundlich grauer Tag. Die Lieferwagen, alle in den Kingstons-Farben Blau und Gelb gestrichen, standen in Reihen da. Einige der 42 Pferde standen in Freiboxen, die auf den Hof hinausgingen, aber die meisten waren im geschlossenen Stall dahinter untergebracht.

Butler, der Stallmeister, kam auf Thomas zu, als er den Hof betrat, und reichte ihm ein Paar saubere weiße Handschuhe, wie er es jedesmal tat, wenn der Prinzipal die Stallungen besuchte und die Routineinspektion begann. Auch das kleinste bißchen Schmutz, der nicht abgebürstet worden war, zeigte sich auf dem hellen Wildleder, wenn Thomas mit den Händen über Hälse, Rücken und Kruppen fuhr. Es war eine Wiederholung der Szenen, die zuvor im Kaufhaus stattgefunden hatten. Die meisten Pferde bestanden den strengen Test, und was die übrigen betraf, mußte Butler Rede und Antwort stehen. Manchmal versuchte er es mit Ausreden: «Hat sicher in der Box gelegen, bis er gestriegelt wurde, Mr. Kingston» oder: «Also ich glaube, diese Stute schwitzt stark, Mr. Kingston. Ich hoffe, sie kriegt nicht wieder die Kolik.» Aber für gewöhnlich nickte er nur zerknirscht und sagte, er werde den verantwortlichen Stallburschen zurechtweisen.

Nach der Inspektion gab Thomas die weißen, jetzt etwas fleckigen Handschuhe an Butler zurück und machte sich auf den Weg zur Damenbekleidungsabteilung in Emilys Drei-Läden-Block, den er von vorn nur über die Sloane Street erreichen konnte.

Er hatte Lillians zornige Drohungen natürlich ignoriert, und Baines war auf einer Vorstandssitzung gegen Davids Stimme formell zum Direktor ernannt worden. Thomas war ihr danach im Geschäft mehrmals begegnet, aber sie hatte ihn jedesmal freundlich gegrüßt. Einmal hatte sie James bei sich gehabt. Er war jetzt fünf Jahre alt, ein mürrischer, in sich gekehrter kleiner Junge mit dunklen, traurigen Augen – ganz im Gegensatz zu Charles, der sich zu einem liebenswerten, aufgeschlossenen Knaben entwickelt hatte. «Sag ‹Guten Morgen, Mr. Kingston›, James», hatte sie ihn ermahnt. «Guten Morgen, Mr. Kingston», hatte er pflichtschuldig wiederholt und Thomas dabei ausdruckslos angesehen. Lillian zuckte ein wenig verärgert die Achseln. «Das war nicht sehr artig, James», sagte sie, «aber Mr. Kingston wird sich wohl damit zufriedengeben müssen.» Und dann war sie, Thomas ein Lächeln zuwerfend, weitergegangen, wobei sie James fest an der Hand hielt.

Ihre Herzlichkeit hatte Thomas beunruhigt, denn er konnte nicht glauben, daß sie die Niederlage in Sachen Baines so großmütig hingenommen hatte. Aber er vermochte sich immer noch nicht vorzustellen, was sie angesichts seiner Aktienmehrheit unternehmen konnte, um ihre Drohung wahrzumachen, und das beunruhigte ihn am meisten: stand ihr irgendein Weg offen, an den er nicht gedacht hatte?

Er war in der Kurzwarenabteilung und sprach gerade mit Emily, als Sidney Baines hereinkam und sagte, Henry Jones warte auf ihn in seinem Büro. Gemeinsam – da Baines als Direktor jetzt zu finanziellen Besprechungen hinzugezogen werden mußte – verließen sie die Damenabteilung und gingen über die Straße zu seinem Büro. Sie kamen gerade an dem leerstehenden Gebäude vorüber, das die beiden Teile von Kingstons trennte, als Thomas Lillian neben einer Equipage stehen sah, in die eine Dame einstieg. Er konnte die Frau erst erkennen, als er mit der Equipage, die im gleichen Augenblick losfuhr, auf gleicher Höhe war. «Guten Morgen, Thomas», sagte Lillian etwas geziert.

«War das nicht Mrs. Fellowes?» fragte er ungläubig.

«Ganz recht», erwiderte sie.

«Ich wußte gar nicht, daß ihr euch kennt.»

«Oh, Christine Fellowes und ich sind gute Bekannte. Wir sind uns vor ein paar Monaten in einem Wohltätigkeitsausschuß begegnet und haben uns gleich gut verstanden.»

«Sie war seit über zehn Jahren nicht mehr hier. Emily hat ihr immer alles zum Eaton Square gebracht.»

«Ja, sie hat es mir erzählt. Und ich habe sie überredet, uns wieder einmal einen Besuch abzustatten – sie war höchst beeindruckt.»

Als sie das Büro betraten, warteten David und der Bankier auf sie. Sie wußten alle, aus welchem Grund Jones um die Besprechung gebeten hatte, und die ersten Augenblicke, während Thomas sich dafür entschuldigte, daß er seinen Besucher hatte warten lassen, herrschte eine gedämpfte Stimmung. Sie setzten sich an den großen Mahagonitisch, der bei Konferenzen benutzt wurde, und Thomas nahm wie üblich am Kopfende, gegenüber der Tür, Platz.

Henry Jones war ein Mann von zweiundsiebzig Jahren, er war kahlköpfig, hatte dichte graue Koteletten, und sein Gesicht war so faltig und runzlig, daß Thomas einmal May gegenüber bemerkt hatte, er sei das ideale Vorbild für einen Gott auf einem indianischen Totempfahl. Er war Thomas, der seine Erfahrung und seinen Rat, was die Firma betraf, zu schätzen wußte, stets ein guter Freund gewesen. Als er sich jetzt setzte, lächelte er ihm zu, und aus seinen grauen Augen sprach sowohl Mitgefühl wie Ermunterung. «Nun, Thomas», sagte er in seiner formlosen Art, bei der sich Thomas, obwohl er auf die mittleren Jahre zuging, immer wie ein unerfahrener Junge vorkam, «ich fürchte, meine Partner sind nicht länger bereit, die Situation von Kingstons so zu belassen, wie sie ist. Und um ganz offen zu sein: Ich selbst sehe auch nicht, wie Sie aus Ihrer Krise herauskommen wollen.»

«Durch Gewinne, Mr. Jones», erwiderte Thomas.

«Was für Gewinne?» fragte Jones. «Letztes Jahr haben Sie dreitausend Pfund Gewinn gemacht. Das Jahr davor haben Sie mit Verlust abgeschlossen. Und das Jahr davor ...» Er hielt inne. «Aber das wissen Sie genausogut wie ich ...»

«Wir steckten doch alle in der Flaute. Dieses Jahr wird anders werden. Das Geschäft nimmt einen ungeheuren Aufschwung. Der Oktober war noch besser als der September ...»

«Thomas, seien Sie vernünftig», unterbrach ihn der Bankier in freundlichem Ton. «Es ist sonst nicht Ihre Art, sich Tatsachen zu verschließen, aber in diesem Fall scheinen Sie sich bewußt blind zu stellen.»

«Weil die Sache von entscheidender Bedeutung ist», sagte Thomas. «Ich muß freie Hand haben, Mr. Jones ... unsere ganze Idee hängt davon ab.»

«Das machen Sie sich nur vor, Thomas», sagte der Bankier. «Ich sehe keinen Grund, weshalb Sie nicht weiter freie Hand haben sollten – in der Praxis jedenfalls ... Gewiß, andere wären berechtigt, Ihnen einen Rat zu erteilen, aber wer weiß – vielleicht wäre ein solcher Rat von Nutzen.»

Jones lächelte über Thomas' zweifelnden Gesichtsausdruck. Er beugte sich über den Tisch vor. «Hören Sie zu, Thomas – Sie befinden sich in einer klassischen Situation, wie ich sie schon oft beobachtet habe: Sie haben ein gutgehendes Geschäft, und jetzt, da die Wirtschaftskrise vorüber ist, wird es sich weiter vergrößern, davon bin ich überzeugt. Aber Sie haben einfach zu hohe Schulden ... Sie sind unterkapitalisiert. Das waren Sie schon immer, aber zu Anfang hat das nicht viel ausgemacht. Sie hatten Erfolg. Sie haben Gewinne gemacht, mit denen Sie Ihren Mangel an Ressourcen ausgleichen konnten, aber Ihre Rücklagen waren völlig unzureichend. Und was ist passiert, als die schlechten Zeiten kamen? Sie hatten nicht genügend Mittel zum Zusetzen. Sie können von Glück sagen, daß Sie es überstanden haben – viele mußten aufgeben. Aber Sie sind nach wie vor in großen Schwierigkeiten, und wenn es mit der Wirtschaft nicht gerade noch rechtzeitig aufwärtsgegangen wäre, hätten Sie Bankrott gemacht.»

Thomas hatte regungslos dagesessen, während der Bankier sprach. «Na schön, Mr. Jones», sagte er schließlich, «was schlagen Sie uns also vor?»

«Was ich Ihnen schon früher empfohlen habe», antwortete der Bankier. «Nehmen Sie neues Investitionskapital auf ... geben Sie weitere Aktien heraus, Vorzugsaktien, vielleicht. Dann könnten Sie Ihre Bankverpflichtungen und Ihre Schulden bei den Lieferanten bezahlen, und Kingstons wäre in der Lage, sich auf einer gesunden Basis weiterzuentwickeln.»

Thomas nickte nachdenklich. Er wußte, daß der knorrige alte Bankier ihm den besten Rat gab, den er ihm geben konnte, aber sein Instinkt drängte ihn, den Vorschlag zurückzuweisen.

Das Hauptproblem waren natürlich die Aktien, mit denen ein Stimmrecht verbunden war und infolgedessen eine Kontrolle über die Gesellschaft. Sie würden bedeutend im Wert steigen, wenn es mit Kingstons wieder aufwärtsginge. «Sie haben, glaube ich, jemanden im Auge», sagte Thomas schließlich. «Einen ‹Spekulanten›, wie Sie es vor ein paar Wochen ausdrückten.»

«Es gibt mehrere Interessenten», sagte der Bankier, «aber ich denke an einen im besonderen, und ich habe mir die Freiheit genommen, ihn für heute morgen hierher zu bitten. Sie brauchen sich natürlich an nichts gebunden zu fühlen. Das Gespräch ist in diesem Stadium rein informatorisch.»

Thomas mochte nicht so plötzlich mit einer Person konfrontiert werden, die er bis jetzt nur als eine verschwommene Bedrohung betrachtet hatte. «War das nicht etwas verfrüht?» fragte er.

«Es hat keinen Zweck, kostbare Zeit zu verschwenden, Thomas», mahnte Jones. «Sie müssen sich mit dem Gedanken vertraut machen, und die Verhandlungen werden sich über Wochen hinziehen ...» Er hielt inne. «Dann könnte Mr. Baines jetzt, mit Ihrer Erlaubnis, vielleicht so freundlich sein und nachsehen, ob unser Besucher eingetroffen ist.»

Wie Jones es vereinbart hatte, wartete der ‹Spekulant› bereits im Vorzimmer, und als er eintrat, wurde sich Thomas zum erstenmal des Ausmaßes seiner Krise bewußt. So, dachte er in einem kurzen Augenblick der Angst, muß einem Fuchs zumute sein, wenn er in die Enge getrieben ist.

Ernest Goldsmith kam mit ausgestreckter Hand und breit lächelnd auf ihn zu. «Was für ein Vergnügen, Sie nach so langer Zeit wiederzusehen, Mr. Kingston.»

2

Goldsmith hatte sich erstaunlich wenig verändert in den elf Jahren seit ihrer ersten Begegnung. Sein sorgfältig frisiertes weißes Haar war noch immer dicht, und die Hände mit den beringten Fingern waren immer noch weich und sorgfältig manikürt.

«Ich muß gestehen, Mr. Kingston», sagte er, als er sich nach dem Zeremoniell der Vorstellungen Thomas gegenüber ans andere Tischende setzte, «daß ich in diesem Augenblick eine gewisse Befriedigung empfinde. Ich hatte also recht, nicht wahr? Wenn ich Ihr Kaufhaus heute betrachte, mit all seinen Abteilungen und den Hunderten von Angestellten und den Lieferwagen, die man überall in London sieht, und dann an den kleinen Laden denke, den Sie damals hatten, als ich Sie kennenlernte und Sie vor einer Katastrophe standen wegen ... wieviel waren es? Dreihundert Pfund? Ich glaube, dreihundert Pfund würden bei Ihren jetzigen Problemen keine Rolle spielen. Ich kann mich also dazu beglückwünschen, Ihr Potential sehr früh erkannt zu haben – so wie es Leute gibt, die schon erkennen, was in einem jungen Pferd steckt, ehe es überhaupt ein einziges Mal gelaufen ist ... Nun, ich glaube, wir müssen zur Sache kommen ... Mr. Jones hat mich über die Lage in groben Zügen ins Bild gesetzt. Vielleicht können wir jetzt etwas ins Detail gehen.»

Henry Jones nahm ein Blatt Papier aus einer Dokumentenmappe neben seinem Stuhl. «Ich habe hier eine Bilanz der Gesellschaft zum 31. Oktober», sagte er. «Mit Ihrer Erlaubnis, Thomas, zeige ich sie Mr. Goldsmith – daraus kann er die grundlegenden Daten entnehmen, die er wissen muß.»

«Sie scheinen die Verhandlungsführung übernommen zu haben, Mr. Jones», sagte Thomas ein wenig kühl. «David – irgendwelche

Einwände?» David schüttelte nur beiläufig den Kopf, als ginge ihn das alles eigentlich nichts an.

Jones reichte Goldsmith das Blatt Papier. «Wie Sie sehen», sagte er, «hat die Gesellschaft Schulden in Höhe von rund fünfunddreißigtausend Pfund – zwanzigtausend bei der Bank, die wir nicht auf unbestimmte Zeit stehen lassen wollen, und fünfzehntausend bei Lieferanten über das übliche Zahlungsziel von dreißig Tagen hinaus.»

Goldsmith sah sich die Zahlen kurz an und legte das Blatt dann auf den Tisch. «Ich sollte vielleicht zuvor sagen, Mr. Kingston, daß ich in dieser Sache nicht meine Bank vertrete, sondern ein Konsortium von Privatleuten, zu denen auch ich gehöre. Wir sind an dem Projekt natürlich interessiert – ich habe schon immer an Sie geglaubt. Mich beeindruckt nicht nur, was Sie in so kurzer Zeit erreicht haben, sondern auch Ihre Idee vom Kingstons der Zukunft. Als spekulative Investierung hat Ihre Gesellschaft viel zu bieten ...» Er hielt einen Augenblick inne, preßte die Fingerspitzen aneinander und beugte sich dann nachdenklich ein wenig vor. «Die Frage ist, ob Sie bereit sind, es zu bieten. Für die Investoren muß natürlich ein Anreiz bestehen, ihr Geld zu riskieren. Deshalb will ich gleich zum Kernpunkt kommen, Mr. Kingston, zu dem Punkt, auf den Sie, wie ich weiß, empfindlich reagieren. Ich glaube nicht, daß sich mein Konsortium mit weniger als, sagen wir, fünfunddreißig Prozent der Aktien zufriedengeben würde.»

«Fünfunddreißig Prozent!» wiederholte Thomas entsetzt. «Mr. Goldsmith, wenn Sie dann noch die zehn Prozent hinzurechnen, die die Bank bereits besitzt, dann bleibt ja Rawlings und mir kaum die Hälfte der Gesellschaftsanteile.»

«Nun, Mr. Kingston –» Goldsmith hob abwehrend beide Hände – «geraten Sie nicht jedesmal außer sich, wenn jemand Ihre Geschäftsanteile erwähnt. Wenn Kingstons das bedeutende Etablissement werden soll, das Sie sich immer vorgestellt haben, werden Sie ständig Kapital brauchen. Mein Konsortium ist bereit, es Ihnen zur Verfügung zu stellen. Meines Erachtens könnte Ihr Unternehmen ziemlich rasch die doppelte oder dreifache Größe von heute haben. Sie und Ihr Partner hätten weiterhin die Kontrolle – aber über einen viel größeren Betrieb ... Das ist doch gewiß ein faires Angebot.»

Thomas dachte einen Augenblick nach. «Sie werden verstehen, Mr. Goldsmith ...» sagte er schließlich. «Ich wußte nicht, daß Sie heute morgen hier sein würden ...»

«Und solche Entscheidungen sind schwierig, das ist mir klar. Aber Sie sollten auch wissen, daß ich, sozusagen, bereits in Ihre Gesellschaft investiert habe.» Er hielt inne, mit der Andeutung eines Lächelns um die Lippen, und betrachtete einen Augenblick seine Fingernägel. «Als Mr. Jones die fünfzehntausend Pfund erwähnte, die Sie Lieferanten schulden, entsprach dies nicht dem letzten Stand der Dinge. Sie haben keine Gläubiger unter den Großhändlern mehr – zumindest keine, die zählen.» Er sah auf. «Sie haben nur mich.»

Im Zimmer herrschte plötzlich ein großes Schweigen. Henry Jones war es, der es brach. «Soll das heißen, daß Sie Schulden der Gesellschaft übernommen haben, Goldsmith?» fragte er empört. «Davon hätte ich unterrichtet werden müssen.»

«Die Sache ist erst gestern abend abgeschlossen worden», antwortete Goldsmith etwas obenhin.

Jones saß jetzt steif da. Man sah ihm seinen Zorn an. «Ich finde Ihr Vorgehen höchst unangenehm, Goldsmith. Gerade bevor Sie kamen, habe ich Mr. Kingston versichert, unser Gespräch heute sei nur vorfühlender Natur.»

«Dann lassen Sie uns vorfühlen, mein lieber Jones», erwiderte Goldsmith. «Lassen Sie uns vorfühlen.»

Thomas beunruhigte weniger Goldsmiths plötzliche Enthüllung als etwas anderes, Schwererwiegenderes. «Darf ich fragen», sagte er in gepreßtem Ton, «woher Sie wußten, wer unsere Gläubiger sind?»

Goldsmith lächelte breit und nickte anerkennend. «Ah, Mr. Kingston, immer gleich zum entscheidenden Punkt vorgestoßen ... ein kühler, klarer Kopf. Nun, ich glaube, es ist jetzt kein großes Geheimnis mehr, oder, Rawlings?»

David erwiderte zunächst nichts. Dann sah er Thomas an und sagte leise: «Ich habe es ihm gesagt.»

Thomas war so verblüfft, daß er seinen Partner nur entgeistert anstarrte. Das also war es. Das hatte hinter Lillians Drohung neulich in seinem Büro gesteckt, hinter ihrer Bekanntschaft mit Mrs. Fellowes. Jetzt erklärte sich auch Davids eigenartig distanziertes

Verhalten während des bisherigen Verlaufs der Besprechung. Hätte Lillian es allein getan, wäre Thomas nicht erstaunt gewesen, da er ihren Groll kannte. Aber daß David sich zu einem Verrat hergegeben hatte, konnte er kaum fassen.

«Wir glaubten, es sei für die Gesellschaft lebenswichtig», fuhr David mit tonloser Stimme fort. «Du wolltest den Tatsachen ja nicht ins Auge sehen und hast die Gesellschaft in Gefahr gebracht – wie dir Mr. Jones gerade klargemacht hat. Weißt du, ich war nicht der einzige, der ...» In seiner Verlegenheit sagte, erklärte er zuviel, und unter Thomas' hartem Blick verstummte er.

«Bist du dir bewußt, was du getan hast?» fragte Thomas in beherrschtem Ton. «Weißt du, warum Goldsmith die Schulden übernommen hat? Damit hat er einen Hebel in der Hand, du Dummkopf!» Jetzt brach der Zorn aus ihm hervor. «Eine Waffe! Wenn wir nicht auf seine Bedingungen eingehen, kann er uns verklagen ... und zwar unverzüglich. Bei fünfzehntausend Pfund sind das die Kosten schon wert.»

«Bitte, Mr. Kingston», warf Goldsmith ein, aber keiner der beiden Partner schien auf ihn zu hören.

«Ich sehe nicht, wie das die Situation geändert hat», sagte David. «Unsere Lieferanten hätten doch genausogut klagen können.»

«Natürlich könnten sie das, aber würden sie es tun? Bei dem Geschäft, das wir ihnen in Zukunft bieten können? Aber jetzt liegt alles in den Händen eines einzigen Mannes ...»

«Hören Sie, Mr. Kingston», bemerkte Goldsmith betont lässig, «es mißfällt mir, daß Sie mich als eine Art rücksichtslosen Cesare Borgia hinstellen. Habe ich Ihnen nicht immer meine Hilfe angeboten, Ihnen die Hand der Freundschaft hingestreckt?»

Thomas blickte ihn über den Tisch hinweg kalt an. «Ich hätte es erfreulicher gefunden, Mr. Goldsmith, wenn Sie nicht hinter meinem Rücken mit meinem Partner verhandelt hätten.»

«Der Meinung bin ich auch», warf Henry Jones ein.

«Du liebe Güte», sagte Goldsmith, «ich scheine unter Kritik zu stehen – völlig zu Unrecht, das möchte ich Ihnen beiden versichern. Ich habe den Kontakt zu Rawlings nicht gesucht. Man ist durch eine Mittelsperson an mich herangetreten – und ich mußte mich verpflichten, aus Gründen des Takts, den Namen nicht zu nennen.

Und ich wußte natürlich, daß nichts, was ich mit Rawlings besprochen habe, ohne die Zustimmung der anderen Aktionäre durchzusetzen wäre.»

«Aber Rawlings hat Ihnen seine Unterstützung zugesagt?» fragte Thomas.

«Ja, aber sie ist nichts wert ohne Ihre Billigung.»

«Noch nicht», sagte Thomas. «Aber wenn wir Ihnen die Anteile verkaufen, die Sie verlangen, dann würde seine Unterstützung Ihnen die Kontrolle in die Hand geben, selbst wenn Mr. Jones auf meiner Seite wäre.»

Goldsmith lächelte Thomas unschuldig an. «Mr. Kingston, hören Sie doch bitte auf, die Sache als eine Verschwörung anzusehen, und bedenken Sie lieber die Vorteile, die ich Ihnen biete –»

«Sie sprachen von Partnern», unterbrach ihn Thomas, «von einem Konsortium.» Seine Stimme klang eigenartig laut. «Das würden ja dann auch unsere Partner sein. Darf ich angesichts dessen fragen, wer sie sind?»

«Natürlich», antwortete Goldsmith. «Es sind außer mir sechs. Einen kennen Sie schon – Mrs. Fellowes. Dann ist da noch Smith ... er ist Assekurant bei Lloyds ... und Jackson ... er ist auf dem Metallmarkt tätig. Dann ist da noch ein Anwalt mit einer Praxis in der City ... Laidler mit Namen. Und Hobson. Und dann noch jemand, den Sie vielleicht kennen ... er heißt Henry Cameron.»

«Cameron?» wiederholte Thomas ganz leise. Plötzlich wurde ihm kalt. «Sie meinen Henry Cameron aus Marsden in Buckinghamshire?»

Für Thomas war die Besprechung beendet – zumindest an diesem Tag. Er hatte zuviel zu verdauen. Der Verrat seines Partners war allein schon schlimm genug, aber daß David sich auch noch auf die Seite derer schlug, die Thomas immer als seine mächtigsten Gegner betrachtet hatte, machte ihn benommen, fast hilflos. Es mußte eine Alternative zu dieser unseligen Gruppe von Partnern geben.

«Vielleicht sind Sie so freundlich und geben mir etwas Zeit, um über Ihren Vorschlag nachzudenken, Mr. Goldsmith», sagte er und erhob sich, womit er andeutete, daß die Unterredung zu Ende war.

Am nächsten Morgen erwachte Thomas mit hohem Fieber, und May ließ Dr. Henderson holen, der ihn untersuchte und dann sagte, er leide an Influenza. «Eine der ältesten Krankheiten der Menschheit. Nicht weiter ernst, solange Sie sich schonen, im Bett bleiben und Ihr Kaufhaus eine Zeitlang allein weitermachen lassen. Ich komme in ein paar Tagen wieder vorbei.»

May begleitete den Arzt zur Haustür. «Lassen Sie ihn keine Dummheiten machen, Mrs. Kingston. Bei der Epidemie von achtundvierzig sind in England achttausend Menschen daran gestorben. Man muß vorsichtig sein, auch wenn es normalerweise keine sehr schwere Krankheit ist.»

Thomas begann bald sich wegen des Geschäfts Sorgen zu machen, weniger wegen Goldsmith als wegen der täglichen Routinearbeiten. Auch der Gedanke an David und Lillian beunruhigte ihn. «Baines braucht vielleicht Unterstützung», sagte er.

«Dann gehe ich statt deiner hin», meinte sie.

«Du?» Es war ein erstaunlicher Vorschlag.

«Ruby kann sich um dich und die Kinder kümmern. Ich lese deine Post durch, sitze ein, zwei Stunden an deinem Schreibtisch und bespreche mich mit Baines. Dann komme ich heim, erstatte dir Bericht und bringe dir alle wichtigen Briefe mit. Dann kannst du sagen, was getan werden soll.»

Und so begab sich May jeden Tag ins Kaufhaus und verbrachte drei, vier Stunden an Thomas' Schreibtisch. Wie sie feststellte, ließen sich die meisten Probleme mit Baines' Hilfe leicht lösen.

Nach drei Tagen sagte sie zu ihrem Schwager: «Wissen Sie, ich beginne zu begreifen, weshalb mein Mann so große Stücke auf Sie hält.»

«Ich danke Ihnen für das Kompliment, Mrs. Kingston», erwiderte Baines. «Und wenn ich meinerseits eines machen darf: ich bin höchst beeindruckt von der Schnelligkeit, mit der Sie die wesentlichen Dinge im Geschäftsablauf erfaßt haben.»

Sie lächelte ihn an. «Sie hätten mir nichts Liebenswürdigeres sagen können, Sidney.»

Lillian war natürlich nicht so liebenswürdig. Als sie hörte, daß May an Thomas' Schreibtisch saß, suchte sie sie sogleich auf. «Das ist eine Überraschung, May», sagte sie.

«Vielleicht ist es ganz gut für dich, daß auch du manchmal Überraschungen erlebst, Lillian», entgegnete May, «statt sie nur anderen zu bereiten.»

«Ich bin erstaunt, daß Thomas sich Sorgen macht, wo doch die Geschäftsführung in den Händen seines berühmten Mr. Baines liegt.»

May sah kühl zu ihr auf. «Vielleicht hält er es nicht für ganz fair, ihn allein zu lassen – seit Verrat in der Luft liegt ...»

«Verrat! Wie kannst du von Verrat sprechen, nach allem, was Thomas David in der Sache mit Baines angetan hat!»

«In der Sache mit Baines waren keine Heimlichkeiten im Spiel», sagte May, «wie sich David wohl inzwischen zu seinem Leidwesen bewußt geworden ist. Lillian, würdest du mich jetzt bitte entschuldigen – ich habe noch zu arbeiten.»

Die kurze Verabschiedung trieb Lillian die Röte ins Gesicht. «Ich würde dir raten, dich nicht zu überlegen zu fühlen», entgegnete sie zornig. «Hier wird sich bald einiges ändern.»

Thomas mußte zehn Tage im Bett liegen, ehe er wieder aufstehen konnte, und auch dann fühlte er sich noch sehr schwach – wie er klagend zu Henry Jones sagte, als dieser ihn besuchte. «Kein Wunder», meinte der Bankier, «Sie sind es nicht gewohnt, lange zu liegen. Aber Ihre Krankheit hatte auch ihr Gutes. Ich hatte inzwischen Zeit, mit zwei, drei Leuten zu sprechen. Die richtigen habe ich allerdings noch nicht gefunden, denn die beiden Firmen, an die ich als Alternative zu Goldsmith dachte, haben gerade größere Verpflichtungen übernommen, die sie erst verdauen müssen. Es gibt noch einige andere, denen ich aber nicht so sehr traue. Leider hat die Rezession das Feld stark eingeengt. Manch einer hat sich bös die Finger verbrannt.»

«Wie lange wird Goldsmith warten – was meinen Sie?»

«Bis Sie wieder auf dem Posten sind», erwiderte Jones. «Ich glaube nicht, daß er etwas allzu Dramatisches unternehmen wird. Es ist für ihn eine delikate Frage. Er will außer Ihrem Kaufhaus auch Sie. Und das ist Ihr As, so wie die Schulden seines sind.»

«Das klingt ja nach einer Whistpartie. May will, daß ich für eine Woche aufs Land gehe – um richtig gesund zu werden, wie sie es ausdrückt. Und sie hat den Arzt hinter sich.»

«Dann sollten Sie gehen, Thomas. Schließlich steht Ihnen ein harter Kampf bevor, wenn Sie zurückkommen. Sie werden Ihre ganze Kraft brauchen.»

Thomas fuhr nach Quainton – zu seiner Überraschung in Begleitung der Kinder. «Da habt ihr Gelegenheit, euch besser kennenzulernen», sagte May. «Du siehst sie ja kaum ... und deine Mutter und Mary können sie verwöhnen, ohne daß ich dazwischenfahre. Also dürften alle zufrieden sein.»

Und so war es auch. Alle drei Kinder konnten reiten, und sie tummelten sich mit Thomas auf den Hügeln von Quainton, über die er als junger Bursche so oft geritten war. Abends setzten sie sich zu Tisch und teilten das frühe Mahl mit der Familie. Thomas hatte noch nie so viel mit ihnen gesprochen – oder ihnen zugehört. Sie berichteten von ihren Erlebnissen in der Schule, und er erzählte ihnen von seiner Kindheit auf dem Hof.

Es gab viel zu lachen für sie – das fing schon an, als Thomas die kleine Rose bei ihrem ersten gemeinsamen Ausritt auf ein graues Pony namens Dumb-Bell hinaufhob. «Hoffentlich rennt er nicht mir mir davon», sagte sie ängstlich, als sie ihre Röcke um den Knauf des Damensattels herum ordnete.

«Das ist ganz unmöglich», versicherte ihr Thomas feierlich. «Er hat mir gesagt, er hat besonders viel für achtjährige junge Damen mit blauen Augen übrig.»

«Das hab ich aber nicht gehört», sagte sie mit einem Lächeln.

«Er hat es mir auch nur zugeflüstert.»

«Ich wußte gar nicht, daß Sie mit Pferden reden können, Sir», bemerkte Harry in einem etwas vorwitzigen Ton, der ihm bei einer anderen Gelegenheit vielleicht einen Tadel eingebracht hätte. An diesem Tag jedoch war Thomas froher Stimmung. «Diese Gabe ist nur manchen Menschen verliehen, Harry», sagte er scherzhaft geheimnisvoll, während er dieselbe braune Stute bestieg, die er an jenem dramatischen Tag vor sechs Jahren geritten hatte. Er sah seinen Sohn an, während er nach den Zügeln griff, und lächelte. «Wer weiß – vielleicht wird dir diese Gabe auch eines Tages verliehen.»

Harry machte ihm Freude. Er ritt mit lockerem Zügel und lenkte das Pony durch leichte Bewegungen des Körpers und der Beine. Er saß besser im Sattel als sein älterer Bruder, und Thomas war froh darüber, denn es war gut, daß Harry ihn in irgend etwas übertraf. Mit seinen zehn Jahren hatte Ramsay sich bei fast allem, was er anpackte, in den Vordergrund gespielt, in der Schule wie beim Spielen – beide Jungen versuchten sich in dem seit kurzem in Mode gekommenen Rasentennis – und auch im Gespräch, wenn man gelegentlich nachmittags von ihm erwartete, daß er sich nach dem Tee mit den Gästen seiner Mutter unterhielt. Er ritt auch recht gut, deshalb hatte man ihm, dem älteren, ein Pony gegeben, das, wie Edward sagte, bekannt war für seine Mucken. «Gib ihm gleich zu verstehen, wer der Herr ist», hatte er Ramsay geraten, «dann folgt es dir.»

Edward öffnete ihnen das Gartentor, und sie hielten auf die Hügel zu. Thomas betrachtete Ramsay, während er neben ihm ritt. Er hatte jetzt dichtes schwarzes Haar, eine breite Stirn und dunkelbraune Augen, die, wenn er lächelte, seinem Gesicht einen leicht schalkhaften Ausdruck verliehen. Das wird ihm bei den jungen Damen zustatten kommen, wenn er etwas älter ist, dachte Thomas und lächelte vor sich hin. Erst als sie den Hügelkamm erreichten, machte Ramsays Pony plötzlich ein paar Bocksprünge. Ramsay rief ihm laut zu und zog die Zügel an, damit es den Kopf hob. Daraufhin bockte das Tier und stampfte mit den Vorderbeinen, bis sein Reiter sich vorneigte und es niederdrückte.

Als sie über das Weideland trabten, begann das Pony wieder zu bocken. Es sträubte sich gegen den Zaum, als Ramsay die Zügel straffte, und stellte sich abermals auf die Hinterbeine. «Laß die Zügel lockerer, Ramsay», sagte Harry.

Ramsay ließ die Zügel locker, wie ihm sein jüngerer Bruder empfohlen hatte – und das Pony machte einen Satz in die Luft. «Nicht *so* locker, Mann!» rief Harry.

Wieder bäumte sich das Pony auf, und diesmal verlor Ramsay fast das Gleichgewicht. «Das war wieder zu straff», sagte Harry.

«Wenn du so schlau bist, dann setz *du* dich doch drauf!» rief Ramsay zornig.

«Gut, steig ab», erwiderte sein Bruder. «Wenn ich darf, Sir», fügte er, an Thomas gewandt, hinzu.

Ramsay ließ sich zu Boden gleiten und hielt Harry, der in aller

Ruhe aufsaß, herausfordernd die Zügel hin. «Mal sehen, ob *du* mit ihm fertig wirst, Schlaumeier», sagte er, während er auf den Rotbraunen seines Bruders kletterte.

Harry handhabte das Tier mit einem natürlichen Geschick, das Thomas und Ramsay verblüffte. Das Pony war plötzlich ein ganz anderes Tier. Zuerst bewegte es noch erregt den Kopf hin und her, aber bald beruhigte es sich. Es gab kein Bocken und kein Aufbäumen mehr. Der Schweiß auf seinem Fell trocknete allmählich.

Eine Zeitlang ritt Ramsay stumm und mit finsterem Gesicht weiter. Dann sagte er zu seinem Vater: «Harry hat ihn großartig zur Ruhe gebracht, nicht wahr?» Und Thomas, der wußte, welche Rolle der Stolz für einen Jungen spielte, beglückwünschte ihn im stillen zu seiner Großmut.

«Der Umgang mit Pferden ist ein wenig wie der Umgang mit Menschen», sagte er. «Mit dem einen kommst du gut aus, mit dem anderen nicht.»

Als sie zum Hof zurückgekehrt waren, ging Thomas zusammen mit Harry vom Stall zum Haus hinüber. «Es sieht so aus, Harry», sagte er freundlich, «als könntest du bereits mit Pferden sprechen.» Ein freudiges Lächeln ging über das Gesicht seines jüngeren Sohnes. Von da an ritt Harry, obwohl kein Wort darüber gesprochen wurde, immer dieses Pony, und Ramsay nahm das rotbraune.

Nach zwei, drei Tagen fühlte sich Thomas so weit wieder hergestellt, daß er glaubte, an einer Jagd teilnehmen zu können. Es war eine Fuchsjagd, die von Marsden Hall ihren Ausgang nehmen sollte, was seinen Entschluß beeinflußte. Auch hatten Mary und seine Mutter Edward wegen Agnes Cameron geneckt, und als der Name zum erstenmal fiel, war Edward rot geworden wie ein Schuljunge.

«Wer ist Agnes Cameron?» hatte Thomas gefragt.

«Camerons Tochter», antwortete Edward.

«Was – von *dem* Cameron? Ich wußte gar nicht, daß er eine Tochter hat.»

«Sie wohnt erst seit einigen Monaten hier bei ihm.»

«Glaub ja nicht, daß sie ein junges Ding ist», warf Mary ein. «Sie ist sicher schon fünfunddreißig. Und sie ist auch keine Schönheit, aber –» sie hielt inne und sah ihren Bruder etwas schelmisch an – «das ist Edward ja auch nicht.»

«Die Frauen machen aus allem eine Romanze», knurrte Edward. «Ich bin der Dame nur zweimal begegnet – einmal auf einer Versammlung der Gemeindevertretung und einmal draußen beim Reiten.»

«Du hast die Jagd vergessen», hielt ihm Mary vor. «Ich wette, ihr habt Süßholz geraspelt, ehe es losging ins Dickicht.»

«Jetzt hör auf, Mary», gebot ihre Mutter.

Am nächsten Tag ritt Thomas mit Edward über die Hügel nach Marsden Hall hinüber, wo sich die Reiter schon auf dem Hof vor dem Haus drängten und aus den Gläsern tranken, die ihnen Camerons Dienstboten auf silbernen Tabletts reichten.

Die Brüder hatten die Gesellschaft kaum erreicht und nach dem Portwein gegriffen, den man ihnen anbot, als Thomas bemerkte, wie Edward suchend über das Gewimmel von Menschen und Pferden hinwegblickte. Er mußte lächeln. «Miss Cameron, wenn ich nicht irre?» fragte er leise, und sein Bruder nickte.

Sie kam im Schritt auf sie zugeritten – eine Frau Mitte Dreißig, ein wenig untersetzt, mit einem eckigen, grobknochigen Gesicht, aber als Edward ihr seinen Bruder vorstellte, lächelte sie liebenswürdig.

«Ich freue mich, Sie beide bei uns begrüßen zu können», sagte sie, und Thomas war klar, daß sie dies nur tun konnte, weil Edward und er Jagdteilnehmer waren. Daß er recht hatte, stellte sich sogleich heraus, denn plötzlich tauchte Camerons großer Rappe neben ihm auf. Thomas wandte sich ihm zu. «Guten Morgen, Mr. Cameron», sagte er.

Cameron ignorierte ihn. «Agnes», sagte er in scharfem Ton, «es sind noch andere Gäste da außer Mr. Kingston, um die du dich kümmern solltest. Der Master hat gerade bemerkt, ihr hättet noch kein Wort miteinander gesprochen.»

Agnes errötete, entschuldigte sich mit einem Lächeln und ritt durch das Gedränge auf Sir James Harrison zu, der jetzt über achtzig war, aber noch erstaunlich rüstig aussah.

Cameron blieb einen Augenblick neben den beiden Brüdern, nach wie vor mit grimmigem Gesicht, und Thomas vermutete, daß er Edward etwas sagen, ihm vielleicht sogar befehlen wollte, sich von seiner Tochter fernzuhalten, aber nicht die richtigen Worte fand.

Thomas brach das Schweigen. «Ich fühle mich geschmeichelt, zu hören, daß Sie sich zusammen mit Mr. Goldsmith an meinem Kaufhaus beteiligen wollen, Sir.»

Camerons Gesicht verfinsterte sich noch mehr. «Ich spreche im Sattel nicht über Geschäfte», knurrte er und ritt davon.

Higgins, der Hundeführer, zog mit seinen Tieren los, und die Jäger, angeführt vom Master, folgten ihm und machten auf der ersten Wiese halt. Zu seiner Überraschung hatte Thomas Evelyn Harrison, die Tochter des Masters, bisher noch nicht gesehen, aber als sie jetzt darauf warteten, daß die Hunde die Spur aufnahmen, erblickte er sie in der Ferne, wie sie auf einem Braunen den steilen Hang von Quainton herunterkam und über die Zäune setzte, die ihr im Weg lagen. Sie war eigentlich noch zu weit fort, aber er erkannte sie an der Art, wie sie ritt.

Als sie näher kam, zügelte sie ihr Pferd zum Trab, und wieder fiel Thomas ihre Eleganz auf – alles an ihr paßte, vom Sitz des Zylinders bis zu ihrem Sitz im Sattel. Sie war jetzt über dreißig, aber die Jahre hatten ihr Gesicht reifer und reizvoller gemacht.

Sie erinnerte sich sofort an ihn, und ihre Augen leuchteten so schelmisch auf wie damals nach dem Zwischenfall mit Camerons Pferd. «Na, wenn das nicht der andere Mr. Kingston ist», sagte sie, während sie näher kam. «Ein seltener Gast, muß ich sagen.» Sie hielt neben Thomas an und nickte Edward zu, noch immer etwas außer Atem nach dem schnellen Ritt über die Hänge. «Ich habe schon gefürchtet, ich schaffe es heute nicht mehr, und fast wär's auch so gewesen – da, er ist schon aufgestöbert!» Am Ende des Unterholzes rief einer der als Beobachter postierten Reiter laut und schwenkte seine Mütze. Sekunden später rannten Higgins' Hunde los.

Etwa eine halbe Stunde lang spürten die Hunde sehr schnell durch das Gelände, sichtbar nur als sich bewegende Punkte mehrere Felder voraus. Ab und zu sah Thomas Evelyn ganz vorn neben ihrem Vater, und ihm schien, daß sie an diesem Tag besonders froh gestimmt war.

Dann verloren die Hunde die Spur und rannten an dem Bach hin und her, der an Edwards Land grenzte. Während Higgins die Hunde zu beiden Seiten des Wasserlaufs suchen ließ, wartete die Jagdgesellschaft, und die Pferde keuchten, naß von Schweiß. Edward ritt gemeinsam mit Agnes Cameron auf Thomas zu. «Wie macht sich die Stute?» fragte er.

«Ist ein bißchen kräftiger geworden seit dem letztenmal», erwiderte Thomas. «Sie hätte mir fast die Arme ausgerissen.»

«Vielleicht sind *Sie* auch etwas *schwächer* geworden, Mr. Kingston», witzelte Agnes. Dann schien ihr Lächeln zu erstarren. Es war, als hätte sie die Gegenwart ihres Vaters gespürt, noch ehe dieser barsch «Agnes! Ich möchte dich sprechen!» gerufen hatte. Während sie im Schritt von den beiden Brüdern davonritt, sagte Thomas zu Edward: «Weißt du, ich kann mich täuschen, aber ich habe den Eindruck, du stehst nicht gerade in Mr. Camerons Gnaden.»

«Und wessen Schuld ist das?» gab Edward in einem Ton zurück, der Thomas überraschte, denn sein Bruder meinte es ernst.

Die Hunde ließen sich durch den Bach nicht lange aufhalten. Einer von ihnen fand die Spur am anderen Ufer und fing an zu bellen. Die anderen stießen zu ihm, die Schnauzen am Boden, und sofort rannten sie alle wieder los. Thomas und Edward setzten gemeinsam über den Bach und ritten auf ein Wäldchen zu. Die Hunde hatten den Fuchs bald aufgestöbert, und Thomas, dicht gefolgt von Edward, galoppierte über eine schmale Lichtung im Unterholz, die zu einer sehr hoch überwachsenen Zaunhecke führte.

Vor Thomas waren vier Reiter, darunter der Master. Evelyn Harrison lag an vierter Stelle, unmittelbar vor ihm. Sie kam gut über die Hecke, ihr Pferd brach durch die überhängenden Zweige, wo die drei Reiter vor ihr schon einen Pfad gebahnt hatten.

Thomas ahnte die Gefahr schon, als er sich dem Heckenzaun näherte. Er begann die Stute zu zügeln, doch da er keinen sichtbaren Grund für seine Besorgnis sah, nicht energisch genug, um das Tier zurückzuhalten. Die Stute machte einen Satz auf die Hecke zu, und ihm blieb nichts anderes übrig, als ihr Hilfe zu geben, denn er wußte, sie würde alle Kraft brauchen, um die Höhe zu bewältigen.

Er befand sich mitten in der Luft, als er sie vor und unter sich sah, Opfer eines außergewöhnlich steilen Abhangs, und er wußte zugleich, daß er das, was jetzt kam, nicht mehr aufhalten konnte. Evelyn Harrison lag auf dem Boden, bewegte sich aber noch und war offenbar benommen. Ihr Pferd kam gerade wieder auf die Beine und schlug um sich, wie es gestürzte Pferde tun. Instinktiv bereitete sich Thomas darauf vor, dem Sturz keinen Widerstand entgegenzusetzen. Er spürte, wie die Vorderfüße seiner Stute unter ihm einknickten, wie ihr Kopf zur Seite glitt, und dann ging alles durcheinander – ausschlagende Pferdefüße, schweißnasses Pferdehaar, auf ihn zukommender Boden, eine ständige Vorwärtsbewegung, stechender Schmerz im Kopf – und dann nichts.

Er konnte nur wenige Sekunden bewußtlos gewesen sein. «Halt!» hörte er einen Mann rufen. «Hier liegen Reiter am Boden!»

«Reitet durch den Wald», rief ein anderer – war es Edward? –, «und nehmt die Hecke weiter unten!»

Er setzte sich auf, es hämmerte in seinem Kopf, und Blut rann ihm übers Gesicht. «Um Gottes willen», hörte er eine Frau sagen – war es Agnes? –, «das ist ja Lady Banbury!»

Er nahm wahr, daß Edward sich über ihn beugte und ein Taschentuch auf seine Wunde preßte, um das Blut zu stillen. «Nehmen Sie ihm die Kragenbinde ab», sagte er. Hände – wessen Hände, wußte er nicht – lösten ihm die Kragenbinde vom Hals und schlangen sie ihm ums Kinn, damit Edwards Kopfverband einigermaßen festhielt. Dann wurde ihm zur Sicherheit noch der Zylinder auf den Kopf gesetzt.

«Glaubst du, du schaffst es zu Pferd nach Hause?» fragte Edward. «Ich komme mit dir. Sieh zu, ob du stehen kannst. Der Kopf wird dir weh tun.»

Thomas stand langsam und unsicher auf. Das Klopfen in seinem Kopf wurde heftiger, schmerzhafter, und er schwankte, aber Edward stützte ihn, und er kam wieder zu sich. Da sah er sie auf dem Boden liegen, neben ihrem Pferd. Der Braune lag auf der Seite, mit heftig bebenden Flanken, die Zunge hing ihm aus dem Maul. Sie lag still da, grau im Gesicht, das blonde Haar unordentlich um den Kopf herum über die Erde gebreitet. Man hatte einen Jagdumhang über sie geworfen wie eine Decke. Ein anderer diente als Kopfkissen.

«Sie ist doch nicht ...» begann Thomas.

«Nein», sagte Edward, «aber sie ist bewußtlos. Wir bringen sie zu uns nach Hause. Das ist von hier aus am nächsten. Wir haben schon nach dem Arzt geschickt. Versuch mal, ob du aufsitzen kannst.»

Die Stute stand unverletzt da, mit gespitzten Ohren, als wäre nichts geschehen. Thomas verbat sich jede Hilfestellung und schwang sich mit großer Mühe in den Sattel.

Auch Edward saß auf, und sie ritten langsam über das Feld. Thomas sah sechs Männer an der Hecke entlang mit einem Gattertor näher kommen, der üblichen Tragbahre bei Jagdunfällen. Er hielt sein Pferd an.

«Sollten wir nicht lieber auf sie warten?» fragte er.

«Ich will dich nach Hause bringen, ehe du schlapp machst», entgegnete Edward. «Du hast auch einiges abgekriegt. Sie ist in guten Händen. Sie brauchen sie nur über zwei Felder bis zum Fahrweg zu tragen. Dort steht einer unserer Wagen, der sie das letzte Stück bis zum Haus bringt.»

Zögernd, mit schmerzendem Kopf, ritt Thomas weiter. Als sie auf dem Weg waren, der zum Hof führte, begegneten sie dem Wagen, von dem Edward gesprochen hatte. «Lady Banbury, nicht wahr, Sir?» fragte einer der zwei Knechte auf dem Bock.

«Ja», antwortete Edward. «Sie ist schwer verletzt. Geht vorsichtig mit ihr um.»

Die beiden Brüder ritten schweigend weiter. Erst nach einer Weile fragte Thomas: «Wieso Lady Banbury?»

«Wieso? Ach, das weißt du nicht? Sie hat den Earl vor fünf Jahren geheiratet. Sie war ja schon immer eine bedeutende Dame, als Tochter des Masters, aber das war nichts gegen heute. Großes Haus in Mayfair. Zweitausend Morgen Land in Banbury und Gott weiß wie viele mehr in Schottland. Höfe. Rennpferde. Wie ich gehört habe, hat der Earl eine hohe Stellung bei Hofe.»

Als sie in den Hof einritten, lief ihnen ihre Mutter entgegen, denn sie hatte schon gehört, daß Thomas verletzt war. «Habt ihr ein Bett für sie bereit?» fragte er, noch ehe sie etwas sagen konnte.

«Natürlich», erwiderte seine Mutter, «liegt schon eine Wärmflasche drin. Ist sie schwer verletzt?»

Aber Thomas hörte nichts mehr. Er hatte das Bewußtsein verloren und sank im Sattel vornüber – Edward konnte ihn gerade noch mit seinen starken Armen auffangen, sonst wäre er vom Pferd gefallen.

Reif lag weiß auf den Dächern der Wirtschaftsgebäude, als Thomas zum Fenster des Zimmers hinaussah, in dem sie seit zwei Tagen lag, in einem Nachthemd und einer Bettmütze seiner Mutter. Sie war noch immer bewußtlos. Er hatte vierundzwanzig Stunden geschlafen, und als er endlich aufwachte, hatte er sich angekleidet und war in ihr Zimmer hinübergegangen, um zu sehen, wie es ihr ging. Zu der Krankenschwester hatte er gesagt, er werde ein paar Minuten auf ihre Patientin aufpassen, falls sie rasch eine Tasse Tee trinken wolle.

Als die Schwester hinausgegangen war, hatte er eine Zeitlang neben ihrem Bett gestanden und sie angesehen. Sie war sehr blaß, abgesehen von einem Bluterguß am Auge und auf der Wange darunter. Ihre Züge waren völlig entspannt. Wie sie so auf dem Rükken lag, die Augen geschlossen und das Gesicht von den Spitzen der Mütze eingerahmt, sah sie sehr jung aus.

Er trat ans Fenster. Es war noch nicht vier Uhr, aber die Dämmerung hatte schon eingesetzt. In einem der Ställe brannte Licht, und Thomas sah, daß jemand sich dort bewegte – wahrscheinlich war es die Zeit der Abendfütterung. Dann ging ein Knecht über den Hof, und die Gänse am zugefrorenen Weiher begannen zu schnattern.

«Sie sehen aus, als kämen Sie aus dem Krieg.» Es war eine schläfrige, sehr leise Stimme. Er wandte sich um und sah, daß sie die Augen halb geöffnet hatte. Sie lag still da. Er lächelte über ihre Anspielung auf seinen Kopfverband.

«Wie fühlen Sie sich?»

«Weit weg ... Wo bin ich?»

«In unserem Haus – und Sie sind herzlich willkommen, das kann ich Ihnen versichern. Erinnern Sie sich noch an etwas?»

«Ich habe Sie bei der Jagd gesehen ... dann bin ich sehr schnell geritten ...»

«Sie sind am Rand von Tendon Wood gestürzt ... dort geht es ziemlich steil abwärts. Ich habe Sie erst gesehen, als es zu spät war.»

Sie schwieg eine Weile, dann sagte sie: «Also war es Ihre Schuld.» Ihre Augen waren offen, und es war eine Helle in ihnen, aber sie lächelte nicht. «Sehe ich schlimm aus?»

«Ein leichter Bluterguß auf der Wange, aber der wird bald verschwinden ... wenn ich mir die Feststellung erlauben darf: Sie sehen trotzdem sehr schön aus.»

Sie machte eine abwehrende Bewegung mit dem Kopf. «Sie sind ein Schmeichler, Mr. Kingston», sagte sie und schlief ein.

Einige Stunden später sprach sie wieder. Der Arzt war gerade da, und er äußerte sich recht befriedigt über ihren Zustand. «Wenn sie noch ein paar Tage hier bleiben kann, dürfte sie transportfähig sein», sagte er. «Und warum laufen Sie schon wieder herum, Mr. Kingston, wenn ich fragen darf?»

«Ich bin fast wieder gesund, Doktor», antwortete Thomas.

«Das glauben Sie. Sie sind es aber nicht. Sie hatten eine Gehirnerschütterung, und ich hoffe, Sie denken fürs erste nicht an eine Rückkehr nach London.»

Er saß meist in ihrem Zimmer in einem Lehnstuhl, von dem aus er durchs Fenster das Treiben auf dem Hof beobachten konnte. Manchmal unterhielten sie sich, manchmal schwiegen sie. Oft schlief sie ein, und gelegentlich tat er es auch. Es schien nichts auszumachen. Leute kamen und gingen – ihr Hausmädchen, die Krankenschwester, seine Mutter, seine Schwester, die Kinder, sein Bruder –, aber das alles berührte sie beide nur von ferne. Fragen wurden beantwortet, Handreichungen akzeptiert, aber es war, als existierten sie beide, verbunden durch das gemeinsame Erlebnis des Unfalls, auf einer anderen Ebene als die übrigen Hausbewohner. Für Thomas war das dadurch hervorgerufene Kommunikationsempfinden einzigartig. Er fand es nicht im geringsten seltsam, wenn sie einmal mitten im Satz einschlief und diesen Satz später, wenn sie wieder aufwachte, beendete, als hätte es keine Unterbrechung gegeben. Was ihn betraf, so sprach er von allem, was ihm gerade in den Sinn kam, zumeist von Dingen, die er durch das Fenster sah: Zwei Sperlingsmännchen stritten sich um ein Weibchen auf dem Stalldach, die Gänse schienen auf ihrem Gang zum Weiher auf einmal einen anderen Weg zu bevorzugen, die Milchkannen wurden auf den Einspänner geladen.

Sie trug jetzt nicht mehr das Nachthemd seiner Mutter, denn ihr Hausmädchen hatte ihr ihre eigenen Sachen gebracht. Jetzt trug sie ein weißes Negligé aus feinster Seide, das Thomas aus reiner Gewohnheit nach seinem Preis einstufte. Und sie trug keine Mütze mehr. Ihr Haar war zu einem langen Zopf geschlungen, manchmal auch zu zwei Zöpfen, die dreimal am Tag sorgfältig geflochten wurden.

«Glauben Sie nicht», meinte er nach einer Weile, «wir sollten uns über wichtigere Dinge unterhalten?»

«Wichtigere Dinge als den plötzlichen Entschluß der Gänse?» erwiderte sie gespielt überrascht.

«Über das irische Problem vielleicht?» Er meinte es natürlich nicht ernst.

«Glauben Sie, daß die Gänse das interessieren würde? Ich vermute, der Weiher ist ihnen wichtiger. Alles ist eine Frage der Perspektive.»

«Oder über neue Bücher? Hat Mr. Henry James mit seinem *Bildnis einer Dame* wirklich das Bildnis einer Dame gezeichnet oder nur eine verschwommene Impression, wie manche behaupten?»

«Wer kümmert sich um Mr. James?» fragte sie und fügte neckend hinzu: «Ich wußte gar nicht, daß Textilhändler die Zeit haben, Bücher zu lesen.»

Er lachte. «Wollen Sie mich an meine gesellschaftliche Stellung erinnern, Lady Banbury? Habe ich mich vergessen?»

Sogleich bedauerte sie ihre Worte. «Das habe ich nicht gemeint.» Sie sah, daß er nicht beleidigt war. «Ich bin sicher, Sie wußten, daß ich es nicht so gemeint habe», sagte sie mit einem Lächeln, und alles war wieder gut.

«Nun», sagte er, «dann nehmen wir die Mode ... von Mode verstehen Textilhändler ja etwas. Nehmen wir das Kittelkleid ... Werden die eleganten Damen, die Sie am Grosvenor Square bei sich empfangen, bald wie Bäuerinnen herumlaufen?»

Sie lächelte schläfrig und kuschelte sich tiefer in ihr Nest aus Kissen hinein. Das Violett ihrer Augen schien sich zu einem leuchtenden Blau zu erhellen. «Erzählen Sie mir von den Gänsen», sagte sie. «Warum gehen sie auf einmal auf einem anderen Weg zum Weiher? Geht es ihnen nur um etwas Neues? Oder haben sie einen Grund dafür?»

«Jetzt wollen Sie, daß ich nachdenke», erwiderte er. «Zuvor sollte ich nur beobachten ...»

«Ein Fehler von mir», gab sie zu. «Kein Nachdenken ...»

Er lehnte sich in seinem Sessel zurück und hob die Füße auf die Fensterbank. «Ihr Mann hat Sie seit dem Unfall noch nicht besucht.»

«Es ist weit bis hierher», sagte sie, «und Staatsangelegenheiten sind beschwerlich, wissen Sie. Er hat mir geschrieben – nun ja, es war vielleicht kein langer Brief, aber Ehefrauen dürfen nicht zu anspruchsvoll sein, nicht wahr? Ist Ihre Frau anspruchsvoll? Nein, ich will es nicht wissen, ich will mich nur weiter treiben lassen, wie wir es die ganze Zeit getan haben ...»

«Es waren eigenartige Tage, nicht wahr?» sagte er, ohne sie anzusehen, da seine Aufmerksamkeit von Edwards Kühen in Anspruch genommen war, die von draußen auf den Hof stapften, um gemolken zu werden. «Ich glaube, ich habe noch nie ein Schweigen, eine Stille, so sehr genossen.»

Sie drehte sich auf die Seite, das Gesicht gegen das Kissen gestützt. «Wir sind beide in einer schwachen Verfassung», sagte sie. «Vielleicht ist das die Nachwirkung des Schocks.»

Wenigstens eine halbe Minute verging, ehe er wieder etwas sagte. «Keine Schranken ... als wäre man auf einer weiten Ebene ... sanfter, warmer Wind weht ... hohes Gras, blauer Himmel ... So etwas nennt man wohl Frieden ... und ein seltsames Gefühl von –» er hielt inne, nach dem passenden Wort suchend «– von Kommunion. Das wäre das richtige Wort, aber es hört sich etwas prätentiös an.»

Sie bewegte sich im Bett, als wollte sie tiefer in die Kissen rutschen. Ihr gekrümmter Arm lag oben auf der Decke, ihre Hand neben dem Gesicht, und ihre Augen schienen plötzlich die Farbe des großen Saphirrings an ihrem Zeigefinger anzunehmen. «Ich glaube nicht, daß ‹Kommunion› ein prätentiöses Wort dafür ist», sagte sie leise, «aber ich fürchte, Sie dürfen so nicht weiterreden. Wir geraten auf gefährliches Gebiet.»

Mit einer abrupten Bewegung drehte sie sich wieder auf den Rükken. «Zieht es Sie nicht zu Ihrem Geschäft zurück?»

Er schüttelte den Kopf. «Nein.»

«Sie überraschen mich.» Sie sprach jetzt in lebhaftem Ton. «In stundenlangen Gesprächen mit Damen über Gänse haben Sie Ihr Kaufhaus wohl kaum so schnell geschaffen.»

«Sie sagten, Gänse seien wichtig ... eine Sache der Perspektive, sagten Sie ...» Er zuckte leicht mit den Schultern. «Zum erstenmal seit Jahren hatte ich Muße ... und habe sie mit einem anderen Menschen geteilt.»

«Bitte, Mr. Kingston», sagte sie, mit einer Andeutung von Schärfe im Ton. «Nichts mehr davon.»

Er machte plötzlich ein ernstes Gesicht. «Es gibt noch andere Gründe ... Schwierigkeiten ... unangenehme Entscheidungen, die ich ganz gern aufgeschoben habe. Aber nicht mehr lange aufschieben kann.»

«Sind sie so ernst?» fragte sie.

«Das Geschäft steckt in einer schweren Krise ...» Er hielt inne und beobachtete das Vieh und erinnerte sich plötzlich an den süßlichen Geruch, an die Berge schwelender Leichen jener Herde, die durch diese Tiere ersetzt worden war. «Es hat schon einmal eine Krise gegeben ... vor über zehn Jahren ... Ich hatte damals nur einen kleinen Laden, und es sah so aus, als würde ich ihn verlieren.»

«Das haben Sie gewiß nie wirklich geglaubt. Dazu sind Sie viel zu zielstrebig.»

«Vielleicht habe ich es nicht ganz geglaubt», gab er zu, «aber ich konnte keinen Ausweg sehen ... Wenn man mir damals gesagt hätte, daß ich noch einmal vor dem gleichen Problem stehen würde, heute, wo das Kaufhaus so groß ist, hätte ich es nicht für möglich gehalten.»

«Das tue ich auch nicht. Wodurch sollten Sie es denn verlieren?»

«Indem man mich zwingt, die Kontrolle darüber abzugeben ... Wir sind das Opfer einer Manipulation, wie man das in Finanzkreisen nennt.»

«Einer Manipulation?» fragte sie, aber sie verfolgte das Thema nicht weiter, weil man in diesem Augenblick draußen vor dem Fenster Hufeklappern und laute Rufe hörte. Als Thomas hinaussah, fuhr auf dem Hof gerade eine Equipage vor. Sie sah prächtig aus, das Geschirr glänzte. Einer der livrierten Diener rannte nach vorn zu den Pferden, der andere öffnete den Schlag, und ein Besucher stieg aus, der etwa fünfzig Jahre alt sein mochte. Er blieb einen Moment stehen und musterte das Gebäude mit einem – wie es Thomas schien – geringschätzigen Blick. Dann konnte er ihn nicht mehr sehen, weil er im Haus verschwand.

«Lady Banbury», sagte er, «ich glaube, der Earl ist gekommen, um Sie abzuholen.»

3

Thomas' Telegramm traf in der Caroline Terrace ein, als May das Haus gerade verlassen wollte, um ins Kaufhaus zu gehen. Thomas hatte telegrafiert, daß er mit den Kindern am späten Nachmittag eintreffen werde. Sie las das Telegramm mit gemischten Gefühlen. Natürlich hatte sie sie alle sehr vermißt, aber sie hatte auch die Stunden genossen, die sie im Kaufhaus verbrachte, und war ein wenig traurig, daß die Rolle, die sie in Thomas' Unternehmen gespielt hatte, jetzt zu Ende gehen sollte.

Es schneite ein wenig, gerade so viel, daß man einen Schirm aufspannen mußte, aber noch keine Droschke zu nehmen brauchte. Sie näherte sich dem Kaufhaus, wie Thomas es auch immer tat, auf dem gegenüberliegenden Bürgersteig. Die Schaufenster waren schon erleuchtet von dem hellen Licht der Jablochkoff-Kerzen. Andere Geschäfte waren Thomas' Beispiel gefolgt, als er vor drei Jahren diese sensationelle Neuerung auf dem Gebiet der Elektrizität eingeführt hatte, aber die meisten gingen sparsam damit um. Die Schaufenster von Kingstons waren deshalb immer die am hellsten erleuchteten in London, und dies auch während der schwierigen Jahre, als man in allen anderen Bereichen die Kosten reduzierte. An der Beleuchtung wollte Thomas einfach nicht sparen. Die Installation dieser erstaunlichen neuen Erfindung war Anlaß eines weiteren Streits zwischen ihm und David gewesen, obwohl es inzwischen seltener zu Auseinandersetzungen kam. Thomas, der sich hartnäckig auf sein «Gespür» berief, war überzeugt gewesen, die elektrische Beleuchtung werde breite neue Käuferschichten anziehen, doch damit hatte er nicht recht behalten. Der Absatz war sechs Wochen lang ein wenig höher gewesen, als Leute aus anderen Teilen Londons kamen, um die Attraktion zu begutachten, sank dann aber auf das übliche Niveau zurück.

Aber als May an diesem Dezembermorgen die strahlenden Schaufenster betrachtete, war sie sicher, daß Thomas recht gehabt hatte. Sie glaubte auch, daß er sich über die Weihnachtsdekoration freuen würde, die in sparsam verwendetem Flitterwerk und Mistelzweigen und rotem Tuch als Hintergrund bestand.

Sie betrat das Kaufhaus und stieg die Treppe hinauf, begleitet von den respektvollen Grüßen des Personals. Sie hatten sich inzwischen an sie gewöhnt und betrachteten sie nicht mehr wie zu Anfang mit erstaunten Blicken.

Einige Minuten später, als sie in Thomas' Büro war und gerade Haube und Mantel ablegte, kam Sidney Baines herein, die dicken Einkaufsbücher unter dem Arm. «Guten Morgen, Mrs. Kingston», sagte er in lebhaftem Ton.

Sie lächelte ihm zu. «Guten Morgen, Sidney.»

«Es fällt mir schwer, es zu sagen», fuhr er fort, «aber ich muß gestehen, daß ich mich getäuscht habe, was Mr. Hudson betrifft.»

May lachte. «Nun, das ist nobel von Ihnen.» Sie trat zum Schreibtisch und setzte sich. «Sind Sie auch sicher?»

«Unbedingt. Sie und Miss Lane waren auf der richtigen Spur. Er hat ganz offenkundig Bestechungsgelder von Lieferanten angenommen – ganz bestimmt von Mr. Stockton und wahrscheinlich noch von ein, zwei anderen. Er scheint ein Leben wie der Prince of Wales zu führen. Mir ist die Sache äußerst peinlich.»

May lächelte ihn herzlich an. «Sie brauchen sich keine Vorwürfe zu machen.»

«Ich habe ihn eingestellt – zumindest hat Mr. Kingston ihn auf meine Empfehlung eingestellt. Ich hatte keine Ahnung, daß etwas faul war.»

«Wie sollten Sie auch? Es war ein Glücksfall, daß Miss Lane argwöhnisch wurde. Das ist eben eine ständige Gefahr in unserer Branche – genau wie Ladendiebstahl.»

Er nickte etwas kläglich. «Trotzdem, Mrs. Kingston – ich muß mir eine große Fehleinschätzung vorwerfen. Es tut mir leid.»

«Mir nicht», sagte May. «Ich bin sogar froh, Sidney.»

Baines sah sie entsetzt an. «Froh?»

«Was für ein Coup für uns, Sidney! Zum einen sieht man jetzt, daß Frauen nicht die dummen Geschöpfe sind, als die die Männer sie bisweilen hinstellen möchten – obwohl ich zugebe, daß Ihre Hilfe entscheidend war.»

«Ich habe Ihnen nicht geglaubt.»

«Nein, aber als ich Sie bat, die Sache zu untersuchen, sind Sie auch gleich mit aller Energie daran gegangen, was viele Männer nicht getan haben würden. Und zum anderen wird es Mr. Kingston beeindrucken, daß wir nicht völlig hilflos sind, wenn er einmal nicht da ist. Er wird übrigens morgen wieder im Geschäft sein.»

«Dann wird er sich um ihn kümmern?»

«Das wird er bestimmt wollen. Aber er wird auf Beweisen bestehen. Haben Sie die?»

«Nun, ich weiß nicht, ob man es richtige Beweise nennen kann. Hudson führt jedenfalls ein Leben, wie er es sich von seinem bloßen Gehalt nicht leisten könnte. Und dann, wenn man seine Einkäufe ansieht, da ist Stockton viel stärker vertreten, als er sollte. Ich habe die Zahlen hier im Einkaufsbuch untersucht ...»

May unterbrach ihn sanft. «Holen Sie sich einen Stuhl, und dann gehen wir das gemeinsam durch.»

Als er das große Buch vor sie hinlegte, stellte May sich vor, wie befriedigt Emily sein würde, wenn sie von der Angelegenheit erfuhr. Seit Thomas und die Kinder fort waren, hatte sie viel öfter als sonst mit Emily gesprochen. Sie hatte sie ebenso zu Rate gezogen wie Sidney Baines und mehrere Abende zusammen mit ihr verbracht.

Emily hatte die Sache mit ihrem Seideneinkäufer schon am ersten Tag nach Thomas' Abreise vorgetragen – und auch die anderen Ereignisse ausgelöst, die Mays Alltag so lebendig gestaltet hatten. Sie waren im Büro gewesen und hatten Emilys Pläne für die Weihnachtsdekoration besprochen, als Emily plötzlich sagte: «Ich mache mir Sorgen wegen Mr. Hudson ... Es geht mich natürlich nichts an, aber ... Haben Sie das Gig gesehen, mit dem er zur Arbeit fährt – vor allem das Pferd?»

«Nein», erwiderte May und blickte sie etwas ratlos an.

«Wenn mich nicht alles täuscht, war das beides nicht billig ... Dann war ich vor drei Wochen mit meiner Freundin Joan Simpson im Theater, und wen sehen wir da? Hudson, piekfein in weißer Krawatte und Frack, mit einer sehr hübschen jungen Dame, und Arthur Stockton ... er hatte auch ein hübsches junges Ding am Arm. Ekelhaft, ein so alter Mann ...»

Jetzt dämmerte May, was Emily damit sagen wollte. «Sie meinen, das alles entspricht kaum dem Lebensstil, den sich der Einkäufer eines selbst so großen Departments wie der Seidenabteilung leisten könnte?»

«Nun, es wäre natürlich möglich –» Emily machte ein skeptisches Gesicht – «daß Mr. Hudson von einer Tante ein Vermögen geerbt hat, aber jedem Einkäufer wird von Zeit zu Zeit Geld dafür angeboten, daß er einen Lieferanten bevorzugt, und Arthur Stockton hat da so seine Art.» Sie erhob sich. «Jedenfalls sollte man seine Bestellungen einmal überprüfen.»

May wurde nachdenklich. Sie hatte die Ellbogen auf die Tischplatte gestützt und drehte langsam einen Bleistift zwischen den Fingern. «Seltsam, daß wir seit Eröffnung des Geschäfts nie einen solchen Fall hatten.»

«Oh, den hatten wir bestimmt. Die anderen waren so klug, es nicht zu zeigen, aber Hudson ist ein eingebildeter junger Mann, der sich gern brüstet ...» Sie hatte schon die Türklinke in der Hand, da sagte sie: «Ach, übrigens, May ... Haben Sie am Donnerstagabend etwas vor?»

May schüttelte den Kopf. «Ich glaube nicht.»

«Nun, ich weiß nicht, ob Sie etwas für die Frauenrechtsbewegung übrig haben, aber da ist eine öffentliche Versammlung der NGFS in der Exeter Hall – das ist die Nationale Gesellschaft für das Frauen-Stimmrecht. Joan Simpsons Dienstherrin, Mrs. Fawcett, wird auch das Wort ergreifen. Sie ist mit diesem blinden Parlamentsabgeordneten verheiratet ... bemerkenswerter Mann ... Nun, Joan und ich haben vor, hinzugehen. Sie ist natürlich eine leidenschaftliche Suffragette, wie alle in diesem Haus ... Ich dachte, Sie hätten vielleicht Lust mitzukommen.»

May zögerte. «Es wäre vielleicht ganz interessant, nicht wahr?» sagte sie. «Ich bin nicht sicher, ob Thomas es billigen würde, aber –» sie lächelte etwas schalkhaft – «er ist ja nicht da.»

«Oh, ich freue mich», sagte Emily strahlend. «Morgen bringe ich Ihnen ein Buch, das Sie lesen können, ehe wir hingehen: *Die Hörigkeit der Frau* von John Stuart Mill. Es ist für die Suffragetten so eine Art Bibel.»

May mußte über ihre Begeisterung lächeln. «Hoffentlich glauben

Sie nicht, Sie könnten mich bekehren, Emily. Ich fühle mich wirklich nicht hörig ...»

«Nun, wir werden ja sehen ...»

Die Exeter Hall war bereits so dicht besetzt, daß sie im Seitengang stehenbleiben mußten. May hatte schon viel von der Frauenrechtsbewegung gehört. Sie hatte ab und zu einen Artikel darüber in der *Times* gelesen und hatte sogar festgestellt, daß sie mit vielen Ansichten übereinstimmte, die Mill in seinem Buch vortrug. Aber bis zu dem Augenblick, da sie diesen überfüllten Saal betrat, hatte sie sich nie einer so großen Zahl kämpferisch gesinnter Frauen gegenübergesehen, für die die Erlangung des Stimmrechts keine akademische Frage, sondern ein mit Leidenschaft verfochtenes Anliegen war. Auch erstaunlich viele Männer befanden sich unter den Zuhörern, wenn sie auch gegenüber den Frauen in der Minderzahl waren.

«Oh, wir haben viele männliche Anhänger», sagte Emily, als May sich verwundert darüber äußerte. «Sie sind sehr wichtig für uns, denn sie müssen das Gesetz ja einmal durchs Parlament bringen ... Da, sehen Sie, das ist Mrs. Fawcett.» Sie deutete auf das Podium. «Sie will offenbar die Versammlung eröffnen.»

Millicent Fawcett war Mitte Dreißig. Sie war hübsch und wirkte recht feminin, aber sie besaß eine kraftvolle Ausstrahlung, mit der sie sofort den ganzen Saal beherrschte.

«Freunde!» sagte sie, nachdem sie die Zuhörer willkommen geheißen hatte. «Ich will Ihnen zunächst schildern, wie ich zur Suffragette wurde ... Als ich noch eine junge Braut war, hörte ich einmal mit an, wie sich zwei meiner Freundinnen über ein Ehepaar unterhielten, das sich auseinandergelebt hatte. ‹Ich verstehe nicht, was sie zu klagen hat›, sagte die eine, ‹wo er sie so gut kleidet!›» Millicent Fawcett hielt einen Augenblick inne und wiederholte die Worte dann langsam: «Wo ... er ... sie ... so ... gut ... kleidet! ... Freunde, seitdem kocht es in mir über die Entwürdigung dieser Frau. War sie denn ein Stück Vieh? Rangierte sie in der Vorstellung ihres Gatten auf einer Stufe mit seinem Pferd?»

«Pfui!» riefen die Zuhörer im Chor, und für May war dieser erste Ausruf einer Menge von Frauen eine erstaunliche Erfahrung und löste in ihr eine eigenartige Mischung von Schock und Erregung aus.

«Es ging ihr doch sehr gut!» bemerkte ein Mann, der hinter May und ihren Begleiterinnen stand. Zuerst glaubte May, nicht richtig gehört zu haben. Sie blickte Emily an, die mit dem Kopf eine Bewegung nach rückwärts machte und flüsterte: «Einer von den Gegnern ... Es gibt auch eine Anti-Suffragetten-Bewegung.»

May hörte gebannt zu, während Mrs. Fawcett die Veränderungen der Gesellschaft schilderte, von den Reformgesetzen sprach, die allmählich das Stimmrecht auf immer mehr Personen im ganzen Land ausdehnten – vorausgesetzt, sie waren vermögend und keine Frauen. «Wir müssen unser Ziel ganz klar sehen», erklärte sie. «Wir verlangen das Wahlrecht für Frauen in der Form, in der es jetzt oder in Zukunft den Männern gewährt wird.»

«Völliger Unsinn!» sagte eine hinter May stehende Frau. Es war keine sehr laute Bemerkung, aber mehrere in der Nähe sitzende Leute hörten sie durch den Applaus hindurch. Gleich drehte sich May zu der Sprecherin um. Sie war noch recht jung und gehörte zu einer größeren Gruppe, die erstaunlicherweise aus zwei, drei Mädchen und etwa einem Dutzend Männern bestand. May empfand ihre feindselige Haltung als unheildrohend. «Sie unternehmen nicht viel», flüsterte Emily ihr zu. «Sie machen ein paar Zwischenrufe, aber niemand beachtet sie.»

Die nächste Sprecherin war Mrs. Josephine Butler, bekannt für ihren Feldzug gegen die Organisatoren der Prostitution. Sie griff leidenschaftlich die doppelte Moral an und betonte, es sei endlich Zeit, «Schluß zu machen mit der Vorstellung, daß das männliche Laster, weil man es zu Unrecht für natürlich und unvermeidlich hält, durch Frauen bedient werden muß».

«Es war schon immer natürlich», sagte der Mann, der schon vorher gesprochen hatte, «seit Tausenden von Jahren ...»

Während Mrs. Butler sich unter rauschendem Beifall hinsetzte, hörte May, wie einer der Begleiter des Mannes fragte: «Wie lange warten wir noch?»

«Nicht mehr lang jetzt», erwiderte ein anderer.

«Sind Sie sicher, Emily, daß sie keine Unruhe stiften werden?» fragte May.

«Machen Sie sich keine Sorgen», beruhigte Emily sie. «Sehen Sie, das ist Stella Wainwright.»

Sie war beträchtlich jünger als ihre Vorrednerin. Sie mochte fünfundzwanzig Jahre alt sein und hatte üppiges blondes Haar, und ihre trotzige Haltung – sie stand leicht vorgebeugt da, als wolle sie einen Speer werfen – hatte für May etwas Anrührendes. «Freunde», sagte sie, «im Mittelpunkt unserer großen Bewegung steht der Glaube, daß die Frauen die BEI-geordnete und nicht die UNTER-geordnete Hälfte der Menschheit sind ...»

«Absoluter Blödsinn!» rief einer der hinter ihnen stehenden Männer. «Der Mann steht von Natur aus über der Frau!»

Im ganzen Saal gingen die Köpfe herum, aber die junge Frau auf dem Podium sprach weiter, als hätte sie nichts gehört. «Es gibt in unserem Land heute zwischen vier- und fünfhunderttausend Frauen, die an der Spitze von Haushalten stehen ... und die, wenn sie Männer wären, das Wahlrecht besäßen.»

«Das ist es ja gerade!» rief ein anderer Mann hinter ihnen. «Sie sind eben *keine* Männer!»

«Kann jemand wirklich glauben», fuhr Stella Wainwright unbeirrt fort, «diese Frauen seien nicht zu einer Funktion fähig, die man jedem Haushaltsvorstand männlichen Geschlechts zutraut?»

«Sie sollten sich schämen!» Diesmal war es die Stimme einer Frau.

«Haben Sie keinen Sinn für weibliches Gefühl?» rief eine andere.

Und da begann auch schon die ganze Gruppe die Rednerin niederzuschreien. «Sie sind eine Schande für Ihr Geschlecht!» – «Keine Frauen in der Politik!» – «Frauenstimmrecht ist unanständig!» – «Nieder mit dem Frauenstimmrecht!» – «Es ist wider die Natur!» – «Der Platz der Frau ist am Herd – nicht im Parlament!»

Sekundenlang herrschte darauf lähmendes Schweigen im ganzen Saal. Dann rief ein Mann aus der Zuhörerschaft: «Werft sie hinaus!» Und Hunderte von zornigen Frauenstimmen riefen im Chor: «Pfui! Pfui! Pfui!»

Stella Wainwright hob beide Arme hoch. «Freunde!» bat sie und versuchte, sich Gehör zu verschaffen. «Freunde, bitte ...!» Allmählich verebbte der Tumult, und in diesem Augenblick wurde das Ei geworfen. Es war gut gezielt. Es zerplatzte an Stella Wainwrights linker Schulter, so daß ihr das Gelbe über das Oberteil ihres Seidenkleides rann. Und es war nur das erste Geschoß. Eier, Tomaten, sogar Kartoffeln landeten unter den Leuten, die auf dem Podium saßen. Sogleich brach im Saal ein Tumult aus.

Eine Gruppe junger Männer kam den Gang entlang auf May und die beiden anderen Frauen zugerannt. Einer von ihnen packte sie und begann sie nach hinten zu drängen, während zwei andere auf Emily und Joan losstürzten. «Mr. Wainwright!» rief Joan Simpson empört. «Was machen Sie denn? Sie kennen mich doch! Lassen Sie die Dame los! Die Sie suchen, stehen hinter uns!»

«Oh, Sie sind es, Miss Simpson», sagte der junge Mann, als er sie erkannte. «Entschuldigen Sie, bitte ... Weiter, Jungs!» rief Wainwright den Männern zu, die bei ihm waren. «Schnappen wir sie uns!» Sie zwängten sich an den drei Frauen vorbei, denn der Gang war nicht sehr breit. Während May, Emily und Joan ihre Kleider glattstrichen und ihre Hauben zurechtrückten, wurde man hinter ihnen handgreiflich. Aber es dauerte nicht lange, denn von mehreren Seiten des Saals näherten sich männliche Frauenrechtler, und die Gegner waren bald in arger Minderzahl. Sie hatten sich vorsorglich in der Nähe des Ausgangs postiert, so daß sie einen geplanten Rückzug antreten und in bereitstehenden Fahrzeugen flüchten konnten.

«Also so etwas habe ich noch nicht erlebt», sagte Emily, «bei keiner Versammlung.»

«Ich auch nicht», sagte Joan Simpson. «Es ist empörend, aber andererseits auch ein gutes Zeichen: man sieht, daß wir uns bemerkbar machen.»

Wainwright kam mit seinen Freunden zurück. Er hatte eine Beule am Jochbein, die anzuschwellen schien, und auch einigen der anderen sah man die Schlägerei an – abgerissene Jackenknöpfe, Prellungen im Gesicht. «Bitte, entschuldigen Sie vielmals», sagte er zu May. Er war groß von Gestalt, Ende Zwanzig, hatte einen gepflegten Bakken- und Schnurrbart und freundlich blickende braune Augen.

Joan Simpson trat zu ihnen. «Diese Dame, die Sie so grob angefaßt haben, Mr. Wainwright, ist Mrs. Kingston», sagte sie. «Sie wissen – Kingstons, das Kaufhaus.»

«In der Sloane Street?» fragte er und streckte die Hand aus. «Gestatten Sie, daß ich mich vorstelle: Philip Wainwright, der Bruder von Stella Wainwright, die Sie gerade gehört haben. Vielleicht darf ich Sie mit ihr und ihren Mitstreitern bekannt machen?»

Es folgten Stunden, die May nie vergessen sollte. Sie wurden ins Haus der Wainwrights am Phillimore Place in Kensington eingeladen. Es war das freizügigste Haus, das May je betreten hatte. Im Verlauf des Abends kamen immer wieder neue Leute herein, Männer wie Frauen, und man bewirtete sie mit Kaffee und Sandtorte. Manche gehörten den vornehmen Kreisen an, wie natürlich die Wainwrights selbst, aber es gab auch andere, die normalerweise keinen Zugang zum Wohnzimmer eines solchen Hauses gefunden hätten. Joan Simpson als Hauswirtschafterin zählte ganz gewiß zu dieser Kategorie, und auch May und Emily, die im Handel tätig waren, hätte man nur unter den außergewöhnlichsten Umständen willkommen geheißen. Eine junge Frau unter den Gästen verdiente sich ihren Lebensunterhalt als Fabrikarbeiterin. Die Wainwrights gewährten jedem Gastfreundschaft, der für die Rechte der Frauen eintrat – und darüber hinaus für die Menschenrechte insgesamt.

Es gab keinen Mr. Wainwright senior, denn der war vor etwa zehn Jahren gestorben, aber Mrs. Wainwright, die auf den ersten Blick wie eine freundliche, gesetzte Matrone Ende Fünfzig wirkte, stellte sich zu Mays Überraschung als höchst militante Frauenrechtlerin heraus. «Sie glauben, sie schaffen es mit Versammlungen und Briefen», erklärte sie der verblüfften May, «aber sie werden bald erfahren, daß das nicht reicht. Sie müssen kämpfen, als Revolutionäre auftreten. Was sie ja schließlich sind – wenn sie das auch nicht wahrhaben wollen mit ihren Handschuhen und Hauben.»

Philip Wainwright kümmerte sich angelegentlich um May. Er saß zu ihren Füßen auf dem Boden, weil nicht genug Stühle da waren für alle Gäste, sagte aber scherzhaft zu ihr, das tue er nur, damit sie nicht das Gefühl hätte, er als Mann sei ihr überlegen. «Ich bin mir nicht so ganz sicher, ob ich das nicht doch habe», sagte sie, «zumindest in mancher Beziehung.»

«Aber das ist doch unmöglich, wenn Sie genauer darüber nachdenken», sagte er. «Ist Ihr Mann Ihnen überlegen? Ist er klüger als Sie?» Ehe sie noch etwas erwidern konnte, fügte er mit einem Lächeln hinzu: «So schön kann er jedenfalls nicht sein.»

«Diese Bemerkung will ich überhört haben, junger Mann», sagte sie. «Er ist ganz gewiß klug –»

«Ich sagte ‹klüger›.»

«Das weiß ich nicht... Aber er ist das Oberhaupt unserer Familie – und ich möchte es auch nicht anders haben. Ist das etwa falsch?»

Philip sah sie an. Der blaue Fleck unter seinem Auge ging ins Purpurne über. «Wissen Sie, Mrs. Kingston, ich bin überzeugt, Sie sind ihm nicht UNTER-geordnet, wie Stella es auf der Versammlung ausgedrückt hat, sondern BEI-geordnet.»

Sie überlegte einen Augenblick. «Ehrlich gesagt, darüber habe ich noch nie nachgedacht. Als ich ihn kennenlernte, war er mein Prinzipal. Der Aufbau des Geschäfts, das war eine schwere Zeit. Dann sind da noch die Kinder. Wirklich, ich hatte nicht viel Zeit, über meine Rechte als Frau nachzudenken...»

«Dann müssen Sie jetzt damit anfangen», sagte er. «Nicht über Ihre persönlichen Rechte innerhalb Ihrer Ehe, denn es scheint, Sie haben einen guten Mann, aber über die Rechte der Frau im allgemeinen... Versprechen Sie mir das?»

Sie lachte. «Sie sind sehr hartnäckig. Ich will's mir überlegen. Genügt Ihnen das?»

Er schüttelte den Kopf. «Keineswegs. Wie können Sie an der Richtigkeit der Sache zweifeln? Warum können Sie nicht einfach ‹Ja› sagen? Dann könnte ich mich Ihnen als Lehrmeister in der politischen Theorie anbieten.»

May lachte über seine Beharrlichkeit, und er mußte auch lachen, und sie lachten gemeinsam und schienen nicht mehr aufhören zu können. Schließlich faßte sie sich wieder, und sie schämte sich ein wenig, als sie sich mit dem Taschentuch die Tränen aus den Augen tupfte. «Ich muß gehen», sagte sie. «Vielen Dank, daß Sie solche Geduld mit mir gehabt haben.»

«Mir war jede einzelne Sekunde eine Freude, Mrs. Kingston», erwiderte er. «Ich besorge Ihnen eine Droschke.»

Als May Hudsons Einkaufsbuch durchgesehen hatte, lehnte sie sich zurück. Die Verfehlungen des Einkäufers waren offenkundig, aber so froh sie auch darüber war, daß man ihn während Thomas' Abwesenheit erwischt hatte, empfand sie doch plötzlich ein Gefühl großer Traurigkeit. Thomas war jetzt fast drei Wochen nicht in seinem Büro gewesen, und diese kurze Spanne ihres Lebens war eine für sie sehr reiche Zeit gewesen. Die Stunden an seinem Schreibtisch hatten ihr neue Einblicke in das Unternehmen verschafft, das so viel größer geworden war, seit sie selbst zuletzt hier als Angestellte gearbeitet hatte, und die Anschauungen der Suffragetten hatten sie fasziniert, wenn sie auch nicht mit allen Aspekten der Bewegung einverstanden war. Sie war ein eher konservativer Mensch und argwöhnisch gegenüber revulotionären Veränderungen.

Sie stimmte mit Philip Wainwright darin überein, daß die schreckliche Armut, die Situation der Frauen und viele andere soziale Mißstände drastische Maßnahmen erforderten, aber sie teilte nicht seinen fanatischen Glauben, daß die Methoden, für die er eintrat, eine bessere Welt schaffen würden. Wenn er mit glühendem Eifer von sozialistischen Propheten wie Karl Marx, Ferdinand Lassalle und Louis Blanc sprach, bekam sie es mit der Angst zu tun. Sie hatte eine weitere Versammlung der Suffragetten besucht und war anschließend wieder zu den Wainwrights gegangen – und hatte geredet und geredet, zumeist mit Philip, aber auch mit Stella und ihrer kämpferischen Mutter.

Er hatte sie noch einmal zu einem Besuch bei seiner Familie eingeladen – diesmal zu einer vorbereitenden Sitzung der NGFS. «Ich möchte, daß Sie wegen der Zukunft keine Angst mehr haben», hatte er gesagt und sie dabei mit einem inbrünstigen Blick angesehen, der nichts mit Politik oder Frauenrechten zu tun hatte.

«Mein Mann kann jetzt jeden Tag mit den Kindern zurückkommen», hatte sie erwidert.

«Dann bringen Sie ihn mit», sagte er. «Großzügiger kann ich doch nicht sein, oder? Obwohl es mir schwerfallen wird, Sie zusammen mit ihm zu sehen ... Ich bin sicher, dann wären Sie nicht mehr dieselbe ...»

Sie schüttelte vorwurfsvoll den Kopf und wünschte, er würde nicht so offen von seinen Gefühlen sprechen. «Wenn ich kommen kann, dann komme ich», sagte sie, «aber ich halte es für wenig wahrscheinlich.» Und sie war nicht hingegangen, obwohl es ihr schwergefallen war, an diesem Abend zu Hause zu bleiben. Sie war unruhig gewesen, hatte vergeblich versucht, ein Buch zu lesen oder einen Schrank aufzuräumen, wozu sie sich plötzlich entschlossen hatte. Sie hatte sich bemüht, nicht an ihn zu denken, doch sie sah ihn immer wieder vor sich, wie er ihr mit leuchtenden Augen voller Leidenschaft eine politische Idee erklärte und sich vor Erregung mit der Faust aufs Knie schlug. Als sie schließlich zu Bett gegangen war, hatte sie ein quälendes Gefühl des Unbefriedigtseins gehabt, und erst in den frühen Morgenstunden hatte sie Schlaf gefunden.

Mit einiger Mühe schob May diese aufdringlichen Gedanken von sich und konzentrierte sich wieder auf das Buch, das aufgeschlagen vor ihr lag. «Sie haben mich völlig überzeugt, Sidney», sagte sie. «Ich bin sicher, mein Mann sieht die Sache genauso.»

Aber sie berichtete Thomas erst von Hudson, als sie am Morgen nach seiner Rückkehr beim Frühstück saßen. Sie hatte die fröhliche Heimkehrstimmung nicht dämpfen wollen, denn sie wußte, daß Thomas die Handlungsweise des Einkäufers als groben Vertrauensbruch ansehen und sehr zornig werden würde – und das wurde er dann auch: er war so zornig, daß er sich, als er ins Geschäft ging, nicht einmal die Zeit nahm, die Weihnachtsdekoration zu begutachten und kaum einen Gruß für das Personal übrig hatte, das ihm einen guten Morgen wünschte. Er ging schnurstracks durch das Gebäude hindurch zu den Stallungen. «Mr. Butler», befahl er, ohne sich nach den seiner Obhut anvertrauten Tieren zu erkundigen, «ich will Mr. Hudsons Pferd sehen!»

Einer der Stallburschen führte einen grauen Wallach heraus, und Thomas schritt ein paar Sekunden lang um das Tier herum und musterte es mit verschränkten Armen. «Jetzt führen Sie ihn den Hof entlang und im Trab wieder zurück», befahl er.

Der Bursche tat, wie er geheißen, und der Graue trabte los, die Ohren aufgerichtet. «Flüssig in der Bewegung, wie?» murmelte Thomas Butler zu.

«Allerdings, Sir. Ein feines Pferd.»

Das Gespräch mit dem Einkäufer dauerte nicht lange. Hudson hatte die Bürotür noch nicht ganz hinter sich geschlossen, als Thomas schon schneidend fragte: «Haben Sie in der letzten Zeit eine Erbschaft gemacht, Hudson?»

Die Frage brachte den jungen Einkäufer aus der Fassung. Er errötete. «Mit allem Respekt, Mr. Kingston, aber was –»

«Beantworten Sie meine Frage, Hudson», unterbrach ihn Thomas, «und ich warne Sie: wenn Sie ja sagen, verlange ich Beweise.»

Zögernd sagte Hudson, er habe keine Erbschaft gemacht.

«Haben Sie dann eine reiche Witwe aufgetrieben?» fragte Thomas barsch weiter.

«Mr. Kingston, ich kann mir nicht erklären, weshalb Sie mir diese persönlichen Fragen stellen –»

Wieder unterbrach ihn Thomas. «Haben Sie vielleicht in einem Club gespielt? Oder auf ein gutes Pferd gesetzt?»

Bei dieser letzten Andeutung schien in Hudsons Hirn eine schwache Hoffnung aufzukeimen, denn er stammelte: «Ja, allerdings, ich ... ich hatte neulich etwas Glück ...»

«Wo? Wann? Wie hieß das Pferd? Wieviel haben Sie gewettet?»

Als die Fragen in rascher Folge auf ihn niederprasselten, wußte Hudson, daß es nichts mehr zu leugnen gab. Binnen einer halben Stunde war er entlassen.

Arthur Stockton, den Thomas zu sich gebeten hatte, gab sich jedoch nicht so leicht geschlagen. Er war inzwischen bedeutend reicher geworden als zu Anfang ihrer Bekanntschaft – und bedeutend beleibter. Er war jetzt in den Sechzigern, und sein dicker Bauch verlieh ihm eine gewisse Autorität, der die Rennsportkleidung, die er noch immer bevorzugte, nichts anzuhaben vermochte. «O Thomas», sagte er ärgerlich und klopfte sich mit seinem Stock an den Fuß, «weshalb regen Sie sich so auf? Natürlich habe ich mich ein bißchen um den Jungen gekümmert. Das ist doch üblich in der Branche.»

Thomas mußte an sich halten, weil Arthur Stockton ihn immer noch wie einen unerfahrenen Jüngling behandelte, der seines gutgemeinten Rats bedürfe. «Das ist in meinem Kaufhaus nicht üblich», sagte er in schärferem Ton, als er beabsichtigt hatte. «Wir zahlen keine Bestechungsgelder – und wir nehmen keine an ... von niemandem ... Ich habe Sie hierher gebeten, weil ... Kurzum, ich beziehe nichts mehr von Ihnen.»

Es kostete ihn Mühe, das auszusprechen, und einen Augenblick herrschte Stille. Dann begann der Großhändler zu kichern, und schließlich lachte er so laut, daß sein Bauch bebte. «Schon wieder einmal, Thomas? Das haben Sie schon öfter getan – aber später kommen Sie doch wieder zu mir, weil Sie meine Ware brauchen.»

Thomas machte ein grimmiges Gesicht. Der Großhändler hatte recht, aber damals war die Sache eine Lappalie gewesen. «Diesmal nicht, Mr. Stockton – deshalb habe ich Sie zu mir gebeten. Diesmal ist es endgültig ... Ich besorge mir meine Ware anderswoher – und wenn ich dafür jemanden auf den Kontinent schicken muß.»

Stockton nickte gleichmütig. «Ich weiß nicht, ob Sie da klug handeln, Thomas. Ich habe Ihnen immer geholfen. Ich weiß, Sie hatten das Gefühl, ich hätte Sie damals am Anfang im Stich gelassen, aber Sie haben immer meine Freundschaft besessen, und Sie haben viele meiner Waren verkauft ...» Er hielt inne und sah Thomas aus kalten Augen an. «Ich würde Ihnen nicht raten, meine Freundschaft zu verspielen. Schließlich sind Sie wieder in Schwierigkeiten, Thomas, nicht wahr? Ich habe es schon gemerkt, als Ihr alter Freund Goldsmith Ihre Schulden bei mir erworben hat, aber inzwischen habe ich in der City so einiges munkeln hören ...» Er schüttelte den Kopf, und seine roten Kinnbacken schwabbelten. «Sie haben alle Freundschaft nötig, die Sie kriegen können, Thomas ... meine ganz gewiß ... also sollten Sie vorsichtig sein.»

Thomas hielt der Herausforderung mit zornigem Blick stand. «Ich dulde keine Bestechung, Mr. Stockton», sagte er in kühlem, beherrschtem Ton. «Was auch geschehen mag, Bestechung lasse ich nicht durchgehen. Ich wünsche Ihnen einen guten Tag, Mr. Stockton.»

«Na schön.» Der Großhändler erhob sich schwerfällig. «Wie Sie wollen.» Er ging zur Tür, öffnete sie und sah, wer im Vorzimmer wartete. «Sie bekommen Besuch, Thomas ... Die Hunde rücken Ihnen auf den Pelz.»

Goldsmith kam schnellen Schrittes in den Raum und blieb dann so plötzlich stehen, daß ihm die Schöße seines langen Gehrocks um die Beine schwangen. Er strahlte und rieb sich die Hände, als wäre ihm noch kalt vom Dezemberwetter draußen auf der Straße. «Ich hoffe, Mr. Kingston», sagte er, «Sie haben sich endlich von Ihren verschiedenen Indispositionen erholt.»

«Es waren höchst unglückliche Umstände», sagte Thomas. «Ich muß mich entschuldigen. Bitte, nehmen Sie Platz.»

«So etwas kommt vor. Aber Sie hatten gewiß auf dem Krankenbett Zeit, über unseren Vorschlag nachzudenken.»

Thomas zögerte mit seiner Erwiderung. «Ja», sagte er schließlich, «ja, das hatte ich, Mr. Goldsmith. Aber ich hatte leider noch keine Gelegenheit, mich mit Mr. Jones zu besprechen. Ich treffe mich mit ihm am Donnerstagnachmittag. Können wir uns danach mit Ihnen in Verbindung setzen?»

Goldsmith lächelte nicht mehr. Nachdenklich drehte er an einem seiner Ringe. «Ich hatte gehofft, die Verzögerungen seien nun endlich vorüber, aber ... na schön, warten wir bis Donnerstag.» Er hielt inne und sah Thomas kalt an. «Ich hoffe, die Sache kann dann abgeschlossen werden, Mr. Kingston. Andernfalls könnte es mir im Interesse meines Konsortiums schwerfallen, mich meinem Anwalt noch länger zu widersetzen, der darauf drängt, daß wir –» eine Spur seines gewöhnlich eher jovialen Wesens trat in seinem Gebaren wieder zutage – «ich wollte, man könnte das vornehmer ausdrücken ...»

«Klagen, Mr. Goldsmith?»

Das etwas verzerrte Gesicht des Bankiers zeigte, wie schwer ihm die Pflichtübung fiel. «Ich freue mich, daß Sie verstehen.» Er erhob sich. «Dann bis Donnerstag, Mr. Kingston.»

Nachdem er gegangen war, blieb Thomas eine Weile an seinem Schreibtisch sitzen und dachte nach. Auch jetzt noch glaubte er, daß es einen Ausweg geben müsse, eine Möglichkeit, die er noch nicht in Betracht gezogen hatte – oder vielmehr, die ihm noch nicht offenbart worden war von seinen Schicksalsgöttern, die ihn, so unberechenbar und boshaft sie auch sein mochten, bestimmt nicht Leuten wie Goldsmith und Cameron ausliefern würden. Denn das hätte nicht zu seiner festen Überzeugung gepaßt, daß er dazu berufen war, Kingstons zu einem Großkaufhaus auszubauen.

Er hatte etwa eine Viertelstunde gedankenverloren dagesessen und ins Leere gestarrt, als es an der Tür klopfte und Sidney Baines hereinkam. «Mr. Kingston – die Gräfin Banbury ist unten ... in der Porzellanabteilung. Sie fragt, ob Sie ein paar Minuten Zeit für sie hätten.»

Sie saß in einem leuchtend gelben Seidenkleid auf einem Stuhl vor einer großen Auslage von Crown-Derby-Geschirr. Neben ihr stand ein Diener, der einige Pakete trug. «Ich hoffe, ich habe Sie nicht gestört, Mr. Kingston», sagte sie.

«Ich freue mich, Sie hier begrüßen zu können», sagte er. «Darf ich Sie durch mein Etablissement führen?»

«O ja, gern – aber Sie müssen mir versprechen, daß Sie mich nicht zum Kauf animieren. Wie Sie sehen –» sie machte eine Handbewegung zu ihrem Diener hin – «konnte ich schon nicht widerstehen.»

«Ich werde mich zurückhalten, M'lady», entgegnete Thomas mit einem Lächeln.

Sie schickte den Diener zur Equipage hinaus, und sie gingen zusammen durch das Kaufhaus. «Sie haben hier ein paar sehr hübsche Sachen», bemerkte sie, «hier in Ihrem Imperium ... Ich weiß nicht warum, aber ich hatte es mir nicht so groß vorgestellt.»

«Sie haben noch nicht alles gesehen», sagte er und führte sie aus dem Fünf-Läden-Block hinaus auf den Bürgersteig, neben dem die Equipage mit dem Wappen der Banburys stand. Auf dem Weg zu Emilys Abteilung kamen sie an Mrs. Fellowes' Laden vorüber, der so heruntergekommen und schmutzig aussah wie nur je, und sie wollte wissen, was es damit auf sich habe. Als Thomas es ihr erklärt hatte, sagte sie: «Der Laden verschandelt Ihre Straßenfront. Sie haben ihn gewiß schon zu mieten versucht?»

«Mehr als einmal. Sie läßt nicht mit sich reden.»

«Was für ein merkwürdiges Verhalten. Wer ist diese Mrs. Fellowes?»

«Sie wohnt am Eaton Square. Sie ist die Bekannte eines Bankiers namens Goldsmith, der eine Beteiligung an meinem Kaufhaus zu erwerben versucht. Sie ist sehr wohlhabend. Ich glaube, sie war früher einmal Schauspielerin. Das ist alles, was ich weiß.»

Sie betraten die Modeabteilung, und sie äußerte sich anerkennend zu Emily über die Kleider, die sie ausgelegt sah, bewunderte die Bänder, probierte sogar ein Paar Handschuhe an. Es gab Thomas ein eigenartiges Gefühl, sie hier in seinem Kaufhaus zu sehen, denn obwohl sie sehr herzlich zu ihm war, ihn manchmal sogar schalkhaft anlächelte, fiel es ihm doch schwer, sie mit der Frau in Verbindung zu bringen, mit der er in Quainton so harmonische Stunden verbracht hatte. Hier, in seinem Kaufhaus, war sie zweifellos eine Gräfin. Obwohl er sich auch in Quainton stets ihres Titels bewußt gewesen war, hatte es dort irgendwie keine Rolle gespielt. Jetzt, in der Sloane Street, ging ihm das «M'lady» wie selbstverständlich über die Lippen, wenn er auch bemerkte, daß sie dabei jedesmal leise lächelte. Sie war von Kopf bis Fuß eine Gräfin. «Was Sie da geschaffen haben, Mr. Kingston, muß Sie sehr stolz machen», sagte sie, als sie schließlich zur Equipage hinausgingen.

«Ich hatte immer die Hoffnung, ich könnte aus Kingstons das großartigste Kaufhaus der Welt machen.»

«Ich war schon davon überzeugt, als wir auf dem Hof Ihrer Mutter darüber sprachen», erwiderte sie. «Jetzt, da ich es gesehen habe, bin ich mir dessen noch sicherer.» Er war sich bewußt, daß sie die Zeit in Quainton erwähnt hatte, um ihm über das Gefühl des Standesunterschiedes hinwegzuhelfen.

«Mr. Kingston», fuhr sie fort, «würden Sie am Donnerstag zum Lunch zu uns kommen? Ich hoffe sehr, Sie können es einrichten.»

Er war freudig überrascht, aber auch verwirrt, und nahm die Einladung mit etwas holpernden Worten an. Dann fiel ihm ein, daß er mit Jones und anschließend mit Goldsmith verabredet war. «Ich habe eine Besprechung in der City um halb vier», sagte er. «Eine ziemlich wichtige Besprechung.»

«Ich versichere Ihnen, daß Sie dazu nicht zu spät kommen werden. Dann um zwölf Uhr?» Sie stieg in die Equipage und winkte ihm lächelnd zu, als der Kutscher seine Pferde antrieb.

Thomas blieb noch ein paar Sekunden auf dem Bürgersteig stehen. Er war etwas verwirrt. Daß ein im Handel tätiger Mann in seiner Position in das Haus eines Earls zum Lunch gebeten wurde, war außergewöhnlich. Freilich, die Zeiten änderten sich. Selbst der Prince of Wales hatte einige Freunde, die in Wirtschaft oder Industrie Erfolg gehabt hatten, aber bei ihnen handelte es sich um Giganten auf ihrem Gebiet, um Millionäre und Besitzer von Rennpferden und Yachten. Kingstons war jetzt ein recht großes Unternehmen, aber an solch olympische Höhen reichte es nicht heran – noch nicht. Die Einladung hatte deshalb etwas Verwirrendes.

Am Donnerstag stellte Thomas fest, daß der Tisch nur für drei Personen gedeckt war – für seine Gastgeberin und ihn und für noch einen Gast, der sich schon im Haus der Banburys am Grosvenor Square aufhielt, als der Butler ihn, Thomas, meldete. Er war Mitte Fünfzig und hieß Edwards. Auf den ersten Blick wirkte sein schmales, hageres Gesicht mit der Nickelbrille eher streng, doch als sie miteinander bekannt gemacht wurden, lächelte er plötzlich, und seine Züge nahmen einen fast kindlich-freundlichen Ausdruck an.

«Ich muß gestehen», sagte Lady Banbury zu Thomas, als der Butler ihm auf einem silbernen Tablett ein Glas Sherry anbot, «daß ich Sie zu einem bestimmten Zweck mit Mr. Edwards zusammen eingeladen habe, und da ich weiß, daß Sie nach dem Mittagessen nicht mehr viel Zeit haben, schlage ich vor, wir kommen gleich zur Sache ... Ich fürchte auch, ich habe Ihr Vertrauen mißbraucht, Mr. Kingston ... Ich habe Mr. Edwards von Ihren geschäftlichen Problemen erzählt ...»

Edwards lachte auf, ehe Thomas noch etwas erwidern konnte. «Ich bin sicher, er wird Ihnen verzeihen, Lady Banbury.» Er stand vor dem Kamin, die Hände auf dem Rücken. «Aber vielleicht hat Mr. Kingston seine Probleme schon gelöst – in diesem Fall können wir von anderen Dingen sprechen.» Auf seinen spitzbübisch-fragenden Blick schüttelte Thomas den Kopf.

«Leider hat sich nichts verändert», sagte er.

«Es sei denn», fuhr Edwards fort, «die Sache ist noch dringender geworden, wenn ich richtig unterrichtet bin.»

Thomas gab dies mit einem leichten Kopfnicken zu. «Das haben ungelöste Probleme leider so an sich.»

Edwards lachte. «Gut ausgedrückt, Mr. Kingston.» Seine lange, hagere Gestalt wippte vor dem Kaminfeuer auf und ab. «Nun, wo fangen wir am besten an, Mr. Kingston? Warum hat uns Ihre Ladyschaft zusammengebracht? Antwort: weil sie glaubte, wir könnten möglicherweise gemeinsame Interessen haben ... An dieser Stelle sollte ich Ihnen vielleicht sagen, Mr. Kingston, daß ich die Investitionen des Banbury-Vermögens verwalte und die Ehre habe, den Earl in finanziellen Angelegenheiten zu beraten ... Sicher dämmert Ihnen jetzt, was Ihre Ladyschaft im Sinne hatte ...»

Thomas sah sie an, aber sie blickte absichtlich zur Seite. Er trank einen Schluck aus seinem Glas. «Ich fange an zu verstehen», sagte er vorsichtig.

«Ich habe Ihr Kaufhaus besucht, Mr. Kingston», fuhr Edwards fort. «Ich bin sogar Ihr Kunde geworden. Ich habe einen Hut gekauft – eine Melone, und eine sehr modische dazu. Mit anderen Worten, Sie können in mir einen höchst zufriedenen Kunden erblikken. Und Sie müssen noch mehr davon haben, denn sonst hätten Sie nicht so schnell einen solchen Erfolg gehabt.»

Er hielt inne und trank einen Schluck Sherry. «Nun, um zur Sache zu kommen, Mr. Kingston ... Ich kenne natürlich Ihre Bankiers, und ich habe über Ihre Lage ausführlich mit Mr. Jones gesprochen, der, das darf ich wohl sagen, große Stücke auf Sie hält ... Er war so freundlich, mich in Ihre Bücher Einsicht nehmen zu lassen, was er natürlich, strenggenommen nicht hätte tun dürfen, aber er glaubte, angesichts der Dringlichkeit der Sache sei ihm dies wohl gestattet ... Ich hoffe, Sie sind ihm deswegen nicht böse.» Er sah Thomas über die Brillengläser hinweg an, der ihm mit gemischten Gefühlen zugehört hatte. Zunächst war er natürlich erleichtert gewesen, aber die Erfahrung sagte ihm, daß man bei aufkeimenden Hoffnungen Vorsicht üben muß.

«Ich bin sicher, Mr. Jones hat getan, was er für das Richtige hielt», sagte er.

«Das hat er, das kann ich Ihnen versichern», sagte Edwards. «Ich war höchst beeindruckt, Mr. Kingston. Das Potential ist meines Erachtens enorm, nicht nur für ein großes Kaufhaus hier in London, sondern auch in anderen Städten des Landes, und vielleicht sogar ... Kurzum, ich habe dem Earl empfohlen, fünfunddreißigtausend Pfund in Ihre Gesellschaft zu investieren, Mr. Kingston –» Er hielt inne, und seine Augen leuchteten wieder auf, denn er konnte sich denken, welche Frage Thomas im Kopf herumging. – «zu Bedingungen, die Sie nach Mr. Jones' Ansicht akzeptabel finden werden ... Wir werden fünfzehn Prozent Ihrer Anteile fordern, wobei der genaue Preis noch auszuhandeln wäre, und ...»

Er sprach noch ein paar Minuten weiter und legte die Einzelheiten des Angebots dar, aber Thomas konnte sich nicht mehr richtig konzentrieren. Das für ihn Wesentliche war, daß er nach wie vor die Kontrolle über Kingstons behalten würde. Wer sich auch gegen ihn stellen mochte – Edwards, David oder Jones –, er, Thomas, würde mehr als die Hälfte der Anteile besitzen und sie damit alle überstimmen können.

Innerlich jubilierte er. Als der Butler meldete, das Mittagessen sei angerichtet, schien seine Stimme von weit her zu kommen.

Selbst als Lady Banbury, offensichtlich erfreut über den Erfolg ihrer Bemühungen, ihn anlächelte, hatte der Blick ihrer blauen Augen für ihn das Ätherische eines Traums.

Beim Mittagessen beruhigte er sich allmählich. Sie sprachen von seinem Kaufhaus, von den Zukunftsaussichten des Handels, vom Einfluß des Sports auf die weibliche Mode und schließlich über Politik. Nach dem Essen verabschiedete sich Edwards sogleich, da er, wie er sagte, eine noch dringendere Verabredung hatte als Thomas. «Viel Glück, Mr. Kingston.» Er schüttelte ihm die Hand. «Ich bin überzeugt, Ihr Unternehmen hat eine große Zukunft.»

Thomas ging mit Lady Banbury ins Wohnzimmer hinüber, und während sie auf dem großen Sofa Platz nahmen, stellte ein Diener ein Tablett mit Kaffee auf den Beistelltisch.

«Ich möchte Ihnen so sehr danken», sagte er, «aber mir fallen keine passenden Worte ein.»

Sie lachte. «Ich kann Ihnen versichern, Mr. Edwards hätte nicht zu der Investition geraten, wenn er sie nicht für absolut sicher hielte ... Kaffee, Mr. Kingston?»

Er schien im Wirrwarr seiner Gefühle gar nicht zu hören, was sie sagte. Seines Tuns fast unbewußt, ergriff er behutsam ihre eine Hand und betrachtete sie. An einem Finger war der Saphirring, an den er sich erinnerte.

«Den haben Sie am letzten Tag in Quainton auch getragen», sagte er.

«Sie haben ein gutes Gedächtnis, Mr. Kingston», erwiderte sie, ohne den Versuch zu machen, ihm die Hand zu entziehen.

«Manchmal», fuhr er fort, den Blick noch immer auf ihre Finger gerichtet, «wollte ich, Sie wären keine Gräfin.»

«Hätten Sie mich lieber als Verkäuferin? Ich glaube, das wollte *ich* nicht. Der Stand hat gewisse Vorteile. Und was macht es schon aus. Man ist in jedem Fall ein Mensch.»

«Eine Frau ...» verbesserte er sie.

«Na schön ... eine Frau.»

«Eine Frau», fuhr er fort, «die mir nicht aus dem Sinn gegangen ist, seit ich wieder in London bin ... wie sie dort lag, in weißer Seide, das Haar zu Zöpfen geflochten und einen Ausdruck in den Augen, der von mir Besitz ergriff, als hätte ich unter einem Bann gestanden

... Sie werden mir wohl jetzt bedeuten, ich gerate auf gefährliches Gebiet ...»

Sie nickte.

«Werden Sie mich auch in so entschiedenem Ton wie neulich zurechtweisen?»

«Das müßte ich, nicht wahr? Aber Sie werden zu spät zu Ihrer Verabredung kommen. Trinken Sie noch einen Kaffee, ehe Sie gehen.»

Er hob ihre Hand an seine Lippen, wobei er ihr in die Augen sah. Er küßte einen Finger, hielt inne, küßte noch einen, dann noch einen.

«Ich scheine meine Willenskraft verloren zu haben ...» Sie sprach mit gepreßter Stimme, ohne zu lächeln. «Es ist ein sehr gefährliches Gebiet ... Wir sollten wieder ...»

«Von Gänsen reden?» Thomas ließ ihre Hand auf das Sofa sinken, hielt sie aber noch fest.

«Wir haben eigentlich gar nicht von Gänsen geredet, oder?» Jetzt sprach sie leise, voller Gefühl. «Nein ... Es war eine Art Geheimsprache ... Ich habe das Gespräch über Gänse vermißt ...» Aus ihren Augen sprach fast so etwas wie Schmerz. «Ich wollte, ich hätte es nicht so sehr vermißt.»

Er zog sie an sich, zögerte ein paar Sekunden, sah sie nur an – die schönen, eigenartig violettblauen Augen, die weiche Wangenrundung, den vollen Mund, den blassen Hals, so sanft wie der eines jungen Mädchens – und küßte sie zärtlich.

Sie reagierte ebenso zärtlich, öffnete die Lippen und nahm sein Gesicht in ihre beiden Hände, als hielte sie eine kostbare Vase fest. Sie drückte seinen Mund noch fester auf den ihren, dann löste sie ihre Lippen langsam von den seinen und sah ihm in die Augen. «Thomas», sagte sie. «Thomas ...» Dann führte sie seinen Mund mit der gleichen Behutsamkeit wieder zu ihren Lippen und begann ihn heftiger zu küssen. Sie sank zurück in die Sofakissen und hielt ihn weiter fest. Sie spürte ein Verlangen nach ihm, das an Wildheit grenzte.

Dann wandte sie mit einer abrupten Bewegung den Kopf zur Seite. «Nicht hier, Thomas ... Sie müssen gehen ... Sie müssen ...»

Sie schob ihn von sich, und er setzte sich auf. «Sie kommen zu spät zu Ihrer Verabredung», sagte sie.

«Das scheint irgendwie nicht mehr wichtig zu sein», erwiderte er ruhig. «Wenn ich bei Ihnen bin, ist nichts ... nichts anderes wichtig ...»

Sie atmete schwer und versuchte sich zu fassen. «Ausgenommen Ihr Kaufhaus.»

Er sah sie mit einem zärtlichen Blick an. «Ausgenommen mein Kaufhaus ... aber das ist etwas anderes ...»

Sie stand auf, strich ihr Kleid glatt, fuhr sich übers Haar. Dann, nach ein paar Sekunden, zog sie an der Klingelschnur. Als der Butler hereinkam, sagte sie: «Mr. Kingston möchte gehen. Bitte, besorgen Sie eine Droschke.»

«Sehr wohl, M'lady», sagte er und ging.

Thomas sah sie an. «Ich wünschte, ich hätte die Worte, um zu beschreiben, was ich jetzt empfinde.»

«Gehen Sie», sagte sie leise. «Bitte ...»

Er trat auf sie zu, aber sie bot ihm nicht ihren Mund dar. Er berührte zärtlich ihre Wange mit seinen Lippen und ging zur Tür.

«Thomas», sagte sie plötzlich. «Da ist noch etwas ... wegen Ihres Kaufhauses ...» Sie atmete immer noch heftig und konnte nur mühsam sprechen. «Ich habe mit Mrs. Fellowes gesprochen ... wegen des Ladens ... Sie hat mir gesagt, sie will ihn hergeben.»

In der Verwirrung seiner Gefühle begriff er zuerst nicht ganz, was sie gesagt hatte. Und dann glaubte er, er habe nicht richtig gehört. «Heißt das, sie will verkaufen?» fragte er ungläubig. Evelyn nickte.

«O Eve ...» Er versuchte sich ihr abermals zu nähern, aber sie streckte abwehrend die Hände.

«Sie kommen zu spät», sagte sie.

«Wie kann ich Ihnen nur danken», sagte er.

«Weißt du das nicht?» entgegnete sie. Ihr Gesicht überstrahlte plötzlich ein Lächeln. «Oh, ich glaube, du weißt es.»

Siebentes Kapitel

Mai 1884

I

Thomas legte die *Times* hin und hob die Kaffeetasse an die Lippen. Es fiel ihm schwer, sich auf die Zeitungsmeldungen zu konzentrieren. Irgendwie berührte ihn der Heilige Krieg des Mahdi im Sudan nicht, und auch nicht das in Kairo eingegangene Telegramm von General Gordon aus Khartum, in dem es hieß, er fühle sich von England im Stich gelassen. Ein plötzlicher Gedanke beunruhigte ihn: hatten ihn Wohlergehen und Erfolg eigensüchtig und selbstzufrieden gemacht?

Er sah May an, die am anderen Ende des langen Mahagonitischs saß. Die wieder in Mode gekommene Turnüre, mit dem straffen Miederteil und der Auspolsterung über dem Gesäß, stand ihr gut. Sie hatte schon immer eine gewisse Eleganz besessen, aber jetzt, da sie Mitte Dreißig war, kam ein Element der Würde und des Stils hinzu, das ihm große Freude bereitete. Wenn man berücksichtigte, daß sie aus noch einfacheren Verhältnissen kam als er, war es bemerkenswert, wie mühelos sie diesem großen neuen Haus am Cadogan Place mit seinen Eingangssäulen und den schmiedeeisernen Balkonen vorstand.

Seit einem Jahr gehörte Ruby, das Hausmädchen, das schon an der Caroline Terrace bei ihnen gewesen war, zu einem Kreis von acht Dienstboten, unter denen auch ein Butler, eine Köchin und ein Kutscher waren. Gewiß, May hatte einige Anfangsschwierigkeiten gehabt mit Brandon, dem Butler, den seine frühere Stellung bei einer Marquise tief beeindruckt hatte. «Es ist wie mit Pferden», hatte Thomas sie gewarnt, «du darfst Dienstboten nicht im Zweifel lassen, wer der Herr ist.» May hatte seinen Rat befolgt, und es war zu einer scharfen Auseinandersetzung gekommen, doch am Abend jenes Tages konnte sie lächelnd berichten: «Ich glaube, ich bin jetzt Herr der

Lage … wenn es zutrifft, daß eine Frau überhaupt Herr von irgendwas sein kann.»

Von May wanderte Thomas' Blick weiter zu den Kindern und blieb eine Weile auf Rose ruhen, die jetzt zwölf Jahre alt war. Mit ihren hellblauen Augen und dem strohblonden Haar, das ihr über den Rücken hing, bekam sie schon frauliche Züge. Sie bemerkte seinen Blick und lächelte ihm scheu zu. Er erwiderte ihr Lächeln und hoffte, ihr damit zu sagen, daß sie hübsch sei und daß er stolz auf sie war.

Er sah Ramsay an. Er war mit vierzehn schon fast ein Mann. Er erweckte immer noch den Eindruck ruhigen Selbstvertrauens, wie schon in jüngeren Jahren. Ganz im Gegensatz zu Harry … Harry mit seiner roten Gesichtsfarbe und dem zerzausten Haar war immer linkisch und ungeschickt – außer wenn er auf einem Pony saß: dann veränderte er sich plötzlich und gewann eine Beherrschung, wurde zu einer Einheit mit dem Tier, die fast der glich, die Eve so herrlich zur Schau stellte.

Da fiel Thomas auf, daß Harry ein blaues Auge hatte. Rasch sah er noch einmal Ramsay an. Seine eine Wange wies eine rote Strieme auf, die er zuvor, als Ramsay das Gesicht abgewandt hielt, nicht bemerkt hatte.

«Habt ihr zwei eine Rauferei gehabt?» fragte Thomas.

«Ja, Sir», antwortete Ramsay. «Gestern in der Schule … Wir mußten Charles helfen … Ein paar hatten es auf ihn abgesehen.»

«Charles Rawlings? Ich dachte, mit dem kommt ihr kaum zusammen.»

Ramsay zögerte. «Na ja, wir sind vielleicht nicht richtig Freunde … Harry kennt ihn natürlich besser, er ist ja in seinem Alter …»

Harry nickte. «Er ist der Beste in meiner Klasse … Aber wir reden nicht viel miteinander.»

Beide Jungen wirkten merkwürdig verlegen. «Und?» fragte Thomas weiter.

«Es war auf dem Heimweg», fuhr Ramsay fort. «Da gibt es so eine wüste Bande … Sie hatten ihn in der Mangel …»

«Und?»

«Na ja, er gehört doch irgendwie zur Familie, oder? … Als wir näher kamen, hat Harry gesagt: ‹Du, das ist doch Charles, den sie da geschnappt haben›, und ich habe gesagt: ‹Sieht ganz so aus›, und da sind wir beide auf sie los ...»

«Wie viele waren es denn?» fragte Thomas.

«Fünf, nicht?» Ramsay sah Harry fragend an.

«Fünf oder sechs», sagte sein Bruder. «Sechs, glaube ich.»

«Sie hatten ihn schon ganz schön bearbeitet ...»

«Ja, seine Nase hat geblutet, und das eine Auge war aufgeschlagen ... aber er hat sich immer noch gewehrt ...»

«Da war das Stärkeverhältnis also zwei zu eins – wie ist die Sache ausgegangen?» fragte Thomas.

«Oh, wir haben natürlich gewonnen, Sir ... Harry hat den Anführer in einen Halbnelson genommen und den anderen gesagt, wenn sie nicht verschwinden, bricht er ihm den Arm ... da hat der ganz schön laut gebrüllt ... Ich glaube, Sie haben Harry noch nie bei einer Rauferei gesehen, Sir, oder?»

Thomas sah seinen jüngeren Sohn an, der für sein Alter schon immer recht kräftig gewesen war. «Nein, glücklicherweise nicht.»

«Nun, ich möchte nicht gegen Harry kämpfen, Sir – obwohl er jünger ist als ich ...»

Thomas sah Harry erstaunt an. Das Bild eines unbesiegbaren Faustkämpfers, das sein Bruder von ihm zeichnete, stimmte so gar nicht mit dem Bild überein, das er sich von Harry machte, den er stets als einen umgänglichen, freundlichen Jungen betrachtet hatte. «Gerätst du öfter in Prügeleien, Harry?» fragte er.

«O nein», antwortete Ramsay für seinen Bruder. «Nur gelegentlich ... wenn es nicht anders geht ...»

«Und bei Charles ging es nicht anders?»

«Wir konnten ihn doch nicht im Stich lassen», sagte Ramsay. «Er hätte uns genauso geholfen, wenn es notwendig gewesen wäre, auch wenn er mit den Fäusten nicht so gut ist wie Harry ... Er hätte sich niemals einfach verkrümelt.»

Thomas nickte, und zum erstenmal wurde ihm klar, daß es Beziehungen zwischen seinen Söhnen und Charles gab, Davids Sohn, die er nicht vermutet hätte – ein Gefühl der Zusammengehörigkeit, das nichts damit zu tun hatte, ob man sich mochte oder nicht, eine Bindung, die, obwohl nicht durch echte Familienbande gestützt, zurückging auf die gemeinsame Beziehung zu seinem Kaufhaus.

«Es freut mich, daß ihr gewonnen habt.» Thomas versuchte, sich nicht zuviel Stolz anmerken zu lassen. «Und daß ihr Charles da rausgeholt habt.» Er stand vom Tisch auf. «Nimm die Kutsche, wenn du sie brauchst», sagte er, als er May auf die Wange küßte. «Ich benötige sie heute nicht.»

Der kurze Fußweg zu seinem Kaufhaus war ihm eine Freude. Er ging auf die andere Straßenseite, um wie üblich seine Schaufenster in Augenschein zu nehmen. Noch immer empfand er Befriedigung bei diesem Anblick – Kingstons war jetzt ein einziger Block, der sich über neun Läden mit je zwei Schaufenstern erstreckte. Instinktiv blieb sein Blick auf den zwei großen Fenstern in der Mitte haften, die ihn so lange geärgert hatten. Jetzt war es schon drei Jahre her, seit Mrs. Fellowes ihn empfangen hatte, um die Verkaufsbedingungen zu regeln. «Sie ist schön, das muß ich zugeben», hatte sie mit einem Lächeln gesagt, wobei sie auf Eve anspielte.

«Ich verstehe nicht ...» hatte er etwas steif erwidert.

«Aber Mr. Kingston, Sie brauchen doch *mir* nichts vorzumachen», hatte sie in spöttisch-verweisendem Ton gesagt. «Ich habe meine Investition verkauft, und ich bin mit dem Gewinn zufrieden. Aber sagen Sie mir doch um Gottes willen nicht, Sie hätten es nicht auf sie abgesehen. Ihr Gesicht leuchtet jedesmal auf, wenn sie von Ihnen spricht – da sollte sie sich etwas mehr in acht nehmen.»

«Ich glaube, Sie haben die Situation mißverstanden», bemerkte Thomas.

Sie hatte nur gelacht. «Da sieht man den perfekten Gentleman», hatte sie entgegnet und ihm dabei vielsagend zugezwinkert.

An diesem Maimorgen waren in dem einen Schaufenster ihres früheren Ladens Teppiche, im anderen Schuhe und Stiefel ausgestellt. Der Erwerb dieses fehlenden Grundstücks hatte Thomas in die Lage versetzt, sein Kaufhaus als Gesamtkomplex neu zu organisieren. Abgesehen davon, daß die Kunden jetzt zu allen Abteilungen Zugang hatten, ohne auf die Straße hinausgehen zu müssen, konnte er noch einige andere Neuerungen einführen. Das beim Kauf gezahlte Bargeld wanderte jetzt in Metallkästchen hoch über den Köpfen der Kunden an Drähten zur jeweiligen Kasse. An der rückwärtigen Seite hatte er die Ställe ausgebaut, die jetzt 120 Pferde beherbergten. Die Versandabteilung, in der Waren verpackt und zum Transport in die verschiedenen Stadtteile vorbereitet wurden, nahm nun fast das gesamte Kellergeschoß ein und war mit einem System von Förderbändern und Rutschen versehen, das er für das neueste in London hielt.

Er hatte natürlich auch sein Warenangebot erweitert, und seine 34 Verkaufsabteilungen erstreckten sich jetzt über das Erdgeschoß und den ersten Stock des gesamten Blocks. Die vergrößerte Lebensmittelabteilung wartete mit einer Fischtheke auf, und außer den Kolonialwaren stand den Käufern eine große Auswahl an Weinen und Spirituosen zur Verfügung. Schmuckwaren und Pelze wurden in der Modeabteilung angeboten, und die Kleider, deren zögernder Absatz zunächst große Sorge verursacht hatte, waren inzwischen zum meistverkauften Artikel im ganzen Haus avanciert.

Der Grundstücksabteilung war eine Agentur zum Verkauf von Karten für Eisenbahn, Oper und Theater angegliedert worden. Neben Sattelzeug war auch Futter für Kutschpferde zu haben, und mit Reitkleidung für Herren wie für Damen machte man ein gutes Geschäft. Aber Thomas' neuester Stolz war sein Restaurant. Es war nicht sehr groß, hatte sich aber rasch zu einem fashionablen Treffpunkt für seine elegante Kundschaft entwickelt. Kellnerinnen in den Kingstons-Farben Blau und Gelb servierten Tee und Kuchen. Bald würden sie auch ein Mittagessen servieren, denn er hatte endlich beim Magistrat den Antrag durchgesetzt, auch Weine und Spirituosen auf seinem Grundstück ausschenken zu dürfen – genauer gesagt: Eve hatte den Antrag durchgesetzt. Er hatte gar nicht beabsichtigt, ihre Hilfe in Anspruch zu nehmen, die Sache war ihm nur so herausgerutscht als eines von mehreren Problemen, über die sie eines Tages in ihrem Refugium in der Sidney Street sprachen. Er hatte sie sogar gebeten, nichts in dieser Angelegenheit zu unternehmen, aber davon hatte sie nichts wissen wollen. «Ach, du bist da so naiv», hatte sie gesagt. «Leute mit Macht zögern nie, ihre Macht zu gebrauchen. Sie denken sich gar nichts dabei – schon gar nicht bei einer so nebensächlichen Angelegenheit.»

«Ist es wirklich eine so nebensächliche Angelegenheit?» fragte er.

«Ich brauche nur der richtigen Person gegenüber eine entsprechende Bemerkung fallenzulassen», sagte sie. «Ohne Erklärung. Ich brauche nur den Wunsch zu äußern.»

«Und wenn der Magistratsbeamte stur ist», hatte Thomas spöttisch erwidert, «wird er dann in den Tower geschickt?»

Sie hatte gelächelt – es war ein kurzes, katzenhaftes Lächeln – und sich im Bett umgedreht, so daß ihr Gesicht auf ihren Unterarmen lag, und ihn mit jenem weltweisen Ausdruck angesehen, dem eine kleine Spur aristokratischen Spotts innewohnte. «Du verstehst das nicht, Schatz... Der Magistratsbeamte will sich doch nur gefällig erweisen ... Manchmal mag sein Gewissen gefordert sein, oder seine politischen Anschauungen, aber wenn es um eine so unproblematische Sache geht ...» Ihre Augen funkelten schalkhaft. «Ich meine, wer kann schon etwas dagegen haben, wenn die Kundschaft von Kingstons ein Glas Wein trinkt? Es wird doch niemand glauben, daß die Sloane Street dann von Betrunkenen wimmelt – wie auf einer Radierung von Hogarth.»

Sie kicherte – und war wieder ein junges Mädchen. Thomas hatte oft das Gefühl, daß es gerade dies war, was ihn an ihr bezaubert hatte – diese Mischung aus fast noch kindlichem Mädchen und reifer Frau. Ihre Hilfe war für ihn von unschätzbarem Wert gewesen – sie hatte wie eine gute Fee in sein Leben eingegriffen. Das neue Kapital aus dem Banbury-Vermögen, der Erwerb von Mrs. Fellowes' Laden, der steil ansteigende Absatz – das alles hatte das Kaufhaus Kingstons völlig verwandelt. Der Jahresgewinn überstieg jetzt siebzigtausend Pfund. Aber es war nicht das Gefühl, in ihrer Schuld zu sein, das ihn aufflammen ließ wie eine seiner Jablochkoff-Kerzen, wenn sie ihn aus ihren lachenden violettblauen Augen ansah.

Kurz nachdem er sich an seinen Schreibtisch gesetzt hatte, kam Sidney Baines herein, ein dickes Paket unterm Arm.

«Guten Morgen, Mr. Kingston», sagte er in seiner üblichen lebhaften Art. «Ich habe hier die Korrekturbogen des Katalogs. Wollen Sie sie selber durchsehen oder –»

«Selbstverständlich sehe ich sie selber durch, Sidney. Legen Sie sie da drüben auf den Tisch.»

Er stand auf und ging zu dem Tisch hinüber, während Baines das braune Packpapier aufriß. Auch das war eine Neuerung bei Kingstons, seit das Kaufhaus den ganzen Häuserblock umfaßte und die Kellerräume genügend Platz für den Versand per Post boten: es war schon die zweite Ausgabe von *Kingstons – Illustrierter Katalog nebst*

Preisliste, die mit ihren zweihundert Seiten bedeutend umfangreicher war als die vom Vorjahr.

Thomas griff nach dem Titelblatt und las die Worte «Das Kaufhaus Kingstons beehrt sich, hiermit sein Frühjahrsangebot vorzustellen ...» Er freute sich über die gut gelungene Schrifttype, die er selbst ausgewählt hatte, und wollte Baines gerade zu der ganzen Aufmachung beglückwünschen, als der Sekretär aus dem Vorzimmer hereinkam und sagte: «Mr. Kingston, da ist ein Mr. Robert Ramsay – ob Sie ein paar Minuten Zeit für ihn hätten. Er sagt, Sie kennen ihn, wenn es auch schon lange her sei ...»

Zuerst konnte Thomas sich nicht erinnern – dann fiel es ihm ein: es mußte sich um Bob, Mays Bruder, handeln, der nach Australien gegangen war. Sollte er ihn wegschicken? Nein, das ging nicht, er war schließlich sein Schwager, und außerdem war es vielleicht gut, zu wissen, was er wollte. Er sagte dem Sekretär, er solle ihn hereinführen, und bat Baines, ihn allein zu lassen.

Bob gab sich weniger keck als bei ihrer früheren Begegnung. Er blieb zögernd, fast unsicher, auf der Schwelle stehen und wirkte recht respektabel in seinem Cutaway mit Kragen und Schleife. In den fünfzehn Jahren hatte sich sein Haar ein wenig gelichtet und zeigte graue Stellen, und sein Gesicht war braun und faltig geworden. Nach Thomas' Schätzung mußte er jetzt fünfunddreißig Jahre alt sein, aber er sah bedeutend älter aus.

Bob blickte sich anerkennend im Zimmer um. «Ihr Geschäft hat sich vergrößert seit damals. Sie verkaufen jetzt etwas mehr als Galanteriewaren, wie?»

Thomas bot ihm einen Stuhl an. «Wie lange sind Sie schon aus Australien zurück?» fragte er.

«Oh, erst seit ein paar Wochen.» Bob setzte sich unbeholfen hin, die Knie zusammengepreßt, den Oberkörper vorgeneigt.

«Ich nehme an, Sie waren noch nicht bei May. Sie hat mir zumindest nichts davon gesagt.»

«Nein, ich war noch nicht bei ihr. Ich wollte warten, bis ich richtig etabliert bin. Ich war ihr so oft eine Last, da wollte ich nicht, daß sie glaubt, ich will wieder etwas von ihr ... Ich war damals ein richtiger Tunichtgut, was? ... Nun, ich habe eine Überraschung für Sie, Mr. Kingston ... Ich zahle Ihnen das geliehene Geld zurück.»

Das war tatsächlich eine Überraschung. Thomas traute kaum seinen Augen, als er sah, wie Bob seine Brieftasche zog, ihr eine Zehn-Pfund-Note entnahm und sie vor sich auf den Tisch legte. «Das Geld hat mir gute Dienste geleistet, das kann ich Ihnen versichern», sagte er.

Natürlich glaubte Thomas nicht, daß es mit dieser Geldrückzahlung sein Bewenden haben werde. Sein Instinkt sagte ihm, daß Bob nicht nur wegen der zehn Pfund gekommen war.

«Wie war es in Australien?» fragte er.

«Nun, ich habe nicht gerade mein Glück gemacht», antwortete Bob, «aber ich habe überlebt. Seltsamerweise bin ich in Ihrer Branche gelandet. Textilien, aber nicht im Einzelhandel. Ich war bei einer Großhandelsfirma. Keine Spitzenqualität, wie Sie sie verkaufen, aber auch keine billige Ware ... So Mittelklasse, wissen Sie.»

«Und warum haben Sie das aufgegeben?»

«Oh, die Lage wurde etwas schwierig. Dort hängt alles vom Regen ab. Zwei Jahre Trockenheit und die ganze Wirtschaft bricht zusammen ... nichts geht mehr ...»

Thomas legte die verschränkten Hände vor sich auf den Tisch. «Und was», fragte er nach einer Weile, «gedenken Sie jetzt zu tun?»

«Nun, ich arbeite hier schon wieder bei einer Großhandelsfirma ... mit der Aussicht auf Partnerschaft, wenn ich mich gut anlasse ... Textilien, wie schon in Australien ...» Er hielt inne, in der Hoffnung, Thomas werde etwas sagen, doch als dieser schwieg, fuhr er fort: «Die gleichen Waren, die Sie hier verkaufen ...» Abermals zögerte er, und wiederum mußte er fortfahren, ohne daß Thomas ihm zu Hilfe kam. «Ehrlich gesagt, ich hatte gehofft, Sie könnten sich einige unserer Waren einmal ansehen ... nur ansehen, wie gesagt ... Sie sollen nichts kaufen, wenn es nicht Ihren Ansprüchen genügt ... nur einmal ansehen, wie gesagt ...»

Er verstummte, und einige Sekunden herrschte Schweigen.

«Stehen wir noch nicht mit Ihrer Firma in Geschäftsverbindung?» fragte Thomas schließlich.

«Offenbar nicht.»

«Wie kommt das? Ist die Firma neu?»

«Nein, sie existiert schon seit zehn, fünfzehn Jahren oder so ... glaube ich.»

«Dann muß sie aber doch einmal an uns herangetreten sein.»

Bob machte plötzlich ein sehr verlegenes Gesicht, als hätte er nicht damit gerechnet, daß das Gespräch diesen Verlauf nehmen würde, obwohl Thomas' Fragen vorauszusehen gewesen waren. «Ehrlich gesagt, das weiß ich nicht», antwortete Bob.

«Ich meine, wenn die Firma schon so lange mit Qualitätsware handelt – und wir sind schließlich potentielle Käufer solcher Ware –, dann sollte man das doch erwarten, nicht wahr?»

Bob nickte und blickte zur Seite.

Leise fragte Thomas: «Wie heißt denn die Firma?»

Bob lächelte verlegen und sagte dann, das erste Wort nur undeutlich aussprechend: «Turner and Woodward.»

Thomas hatte den ersten Namen aber doch verstanden, und da wußte er Bescheid – glaubte es zumindest. «Turner? War das nicht der frühere Einkäufer von Shoolbreds? Und hat er nicht May sehr belästigt wegen einer Sache, die mit Ihnen zu tun hatte?»

«Dann erinnern Sie sich also ...»

«Und man hat Sie heute morgen hierhergeschickt, damit Sie Ihr Glück versuchen?» Er schüttelte den Kopf. «Tut mir leid, Mr. Ramsay. Mit Turner mache ich keine Geschäfte. Niemals.»

Bob stand auf. «Ich will Ihre Zeit nicht weiter in Anspruch nehmen. Ich kann Ihnen eigentlich nicht verdenken, daß Sie diese Haltung einnehmen ... Ich hatte damit gerechnet ... Arthur Stockton war sich da ganz sicher.»

«Stockton? Sie kennen Stockton?»

Bob nickte. «Er ist unsere größte Konkurrenz ... ein freundlicher Rivale, möchte ich hinzufügen. Er hat mir gesagt, ich hätte keine Chance ... Er kennt Sie seit vielen Jahren, habe Sie am Anfang protegiert, sagt er.»

«So, sagt er das?» erwiderte Thomas grimmig.

«Ach, wissen Sie, ich halte es für einen Jammer, wenn man sich ewig etwas nachträgt», fuhr Bob fort. «Diese unschöne Sache ist schon so lange her. Und jetzt hätten Sie es ja mit mir zu tun – mit jemand aus der Familie, sozusagen, und nicht mit Turner selbst ... Zumindest Ihr Einkäufer würde ... Natürlich erwarte ich nicht, daß Sie persönlich mit mir ...»

Der Instinkt sagte Thomas, daß an dem Gespräch irgend etwas

faul war. Turner mußte gewußt, haben, wie er reagieren würde. Bobs Annäherungsversuch erschien ihm einfach zu naiv. Thomas erhob sich. «Sie kennen das Sprichwort von dem gebrannten Kind, Mr. Ramsay», sagte er. «Ich fürchte, Sie haben sich vergeblich bemüht.» Er ging um den Schreibtisch herum auf die Tür zu und hielt sie ihm auf.

«Vielleicht kann ich Sie zu gegebener Zeit doch noch dazu bringen, die Dinge etwas anders zu sehen», sagte Bob.

«Ausgeschlossen», entgegnete Thomas. «Nicht, was diese Firma betrifft ... Angesichts der Art, wie sich Turner Ihrer Schwester gegenüber benommen hat, wundert es mich im übrigen, daß Sie jetzt bei dieser Firma sind.»

«Ich bin leider nicht in einer so glücklichen Lage wie Sie», sagte Bob, und Thomas nahm einen neuen Ton in seiner Stimme wahr. «Ich darf nicht wählerisch sein ... in meiner Lage ...» Er lächelte verzerrt. «Wie ich höre, haben Sie jetzt hochgestellte Freunde ... Na ja, das war wohl zu erwarten, nicht? ... Sie leben jetzt in großem Stil ... Selbst die Banburys – das heißt, wenn ich nicht falsch unterrichtet bin ... Viel höher können Sie nicht mehr hinauskommen, nicht wahr? ... Wie ich höre, stehen Sie Ihrer Ladyschaft sehr nahe, wenn ich, wie gesagt, nicht falsch unterrichtet bin –» er legte eine kaum merkliche Pause ein – «Sie und May, meine ich, natürlich.»

Unvermittelt streckte er ihm die Hand hin. «Dann auf Wiedersehen ... Ich hoffe, Sie ändern noch Ihre Meinung eines Tages ... Ich weiß, Sie sagen, das werden Sie nicht, aber ich gebe die Hoffnung nicht auf ... Grüßen Sie bitte meine Schwester, ja?»

Er ging hinaus, und Thomas schloß die Tür. Ein paar Sekunden blieb er mit dem Rücken an der Tür stehen und dachte über das nach, was Bob gesagt hatte. Er ahnte jetzt, warum sein Schwager ihn hatte sprechen sollen, und er wußte, daß er wiederkommen würde.

2

An jenem Nachmittag fuhr May mit der Kutsche zu einem Treffen der NGFS bei den Wainwrights in Kensington. Sie kam jetzt öfter mit ihnen zusammen. Seit sie von Emily erfahren hatte, daß Philip nach Paris gegangen war, hatte sie sich der Familie näher angeschlossen. Bis dahin war sie nicht mehr zu ihnen gegangen.

Zuerst hatte sie sich einzureden versucht, es gäbe andere Gründe, den Kontakt zu dieser ungewöhnlichen Familie abzubrechen, die sie so anziehend fand; doch am Morgen nach jenem ruhelos-erregten Abend vor Thomas' Rückkehr, als sie dem vorbereitenden Treffen der NGFS nur mit großer Überwindung ferngeblieben war, hatte sie sich der unangenehmen Wahrheit gestellt. Sie hatte vor dem Frisierspiegel gesessen und ihr Gesicht betrachtet, die Augen, die Lippen, als wäre es das Gesicht einer anderen Frau, und war zu dem Schluß gekommen, daß Philip Wainwright, obwohl sie ihn kaum kannte, in ihr Empfindungen ausgelöst hatte, die ihr bis dahin völlig fremd waren. Und sie hatte sich eingestehen müssen, daß diese Empfindungen ein körperliches Verlangen waren von einer Heftigkeit, wie sie sie nur bei Männern für möglich gehalten hatte. Denn sie liebte Philip nicht. Irgendwie hatte er einen Nerv in ihr getroffen, und seine Gegenwart löste eine geradezu hungrige Begierde nach ihm aus, die sie schockierend fand – besonders bei einer Frau in ihrer Position, die seit langem Ehefrau und Mutter war.

Im Jahr darauf, als sie gehört hatte, daß Philip nach Paris gegangen war, um politische Theorie zu studieren, hatte sie wieder einer Versammlung der NGFS beigewohnt. Sie war allein hingegangen, da sie am Nachmittag stattfand. Stella und Mrs. Wainwright hatten sie beide herzlich begrüßt und wie üblich anschließend zu sich eingeladen. Und wieder hatte sie sich von der Bewegung gefangennehmen lassen und sogar eine kleinere Rolle darin gespielt.

Zuerst hatte sie Thomas gegenüber nichts davon erwähnt, da sie fürchtete, er werde es mißbilligen. Aber als man sie aufforderte, als Rednerin aufzutreten, wußte sie, daß sie es ihm sagen mußte. Natürlich war er über ihre Heimlichtuerei erzürnt, obwohl sie ihn nie richtig belogen hatte: «Ich verstehe nicht, warum du mir nie etwas gesagt hast. Diese Wainwrights sind doch sehr respektable Leute ...»

«Ich dachte nicht an die Wainwrights – ich dachte an die Bewegung.»

«An diese Frauenstimmrechtlerei?» Er lächelte etwas herablassend. «Ich finde sie ein wenig lächerlich, aber ...»

«Warum ist sie lächerlich?» hatte sie spitz gefragt.

Ihr plötzlicher Zorn hatte ihn verblüfft. «Weil Frauen nicht für die Politik geschaffen sind», hatte er ruhig erwidert. «Das ist ein schmutziges Geschäft, May ... Das Parlament ist kein Ort für Frauen.»

«Du bist nicht aufrichtig, Thomas», hatte sie gesagt. «Dir selbst gegenüber meine ich. Es geht nicht nur ums Parlament ... es geht um alles, wobei Denken verlangt wird ... Warum sollte eine Frau nicht Arzt werden? Oder eine politische Meinung haben? Oder vor Gericht plädieren? Oder sogar ein Geschäft leiten, wie Emily es könnte? Willst du behaupten, alle Frauen seien dümmer als alle Männer?»

Es hatte ihn erstaunt, daß sie mit solcher Leidenschaft sprach. Er hatte jedoch nicht von ihr verlangt, die Verbindung zu den Wainwrights oder der Bewegung abzubrechen. Er betrachtete sich nicht als einen patriarchalischen Tyrannen. Er leitete ein Unternehmen, das die großen Wandlungen und Fortschritte in der Gesellschaft widerspiegelte – besonders was die Frauen betraf. Die «Neue Frau», von der man jetzt so viel sprach – die Sport trieb, sogar rauchte, die progressive Romane las –, machte bereits einen gewissen Prozentsatz der Kundschaft von Kingstons aus. Die Frage des Frauenstimmrechts hatte auch bei der Presse Anklang gefunden, obwohl man die damit verbundenen Probleme für zu groß hielt, um sie überstürzt lösen zu können. Kurzum, eine Ehefrau, die Mitglied der NGFS war, war nicht ganz unkleidsam.

Am Rednerpult hatte May nicht die feurige Eloquenz von Millicent Fawcett oder Stella Wainwright an den Tag gelegt, war jedoch als zweite Sprecherin ein nützlicher Kontrast zu den eher dem Theatralischen zuneigenden Rednerinnen gewesen. Im Ausschuß hatte man ihren nüchternen Menschenverstand begrüßt, denn sie brachte etwas mit, was kaum eine der anderen vorweisen konnte: die praktische Erfahrung einer Frau, die ihren eigenen Lebensunterhalt verdient hatte.

An jenem Nachmittag waren mehr Leute im Wohnzimmer der Wainwrights, als May erwartet hatte – man stand und saß in Gruppen zusammen und balancierte Teetassen und Tabletts auf den Knien. «Es geht ein bißchen gedrängt zu heute», sagte Mrs. Wainwright bei der Begrüßung, «aber das hat seinen Grund. Im nächsten Monat wird Mr. Woodal für uns einen Zusatz zum Volksvertretungsgesetz im Unterhaus vorbringen … Kennen Sie Mr. Woodall schon?»

«Ich glaube nicht», erwiderte May.

«Dann muß ich Sie gleich mit ihm bekannt machen.»

Sie führte sie zu einem etwa fünfundvierzigjährigen Mann mit Brille und gepflegtem eisengrauem Bart, der auf einem Sofa saß. «Sie müssen Mrs. Kingston alles über Ihre Pläne für die Debatte erzählen», sagte sie.

«Ich nehme an, Sie sind mit dem Reformgesetz vertraut, das Mr. Gladstone einbringen will», sagte er, als das Hausmädchen May eine Tasse Tee und ein Tablett brachte und ihr ein Gurkensandwich anbot.

«In großen Zügen, glaube ich, ja», sagte sie. «Das Wahlrecht soll auf alle Haushaltsvorstände ausgedehnt werden, nicht wahr? Das heißt, auf männliche Haushaltsvorstände.»

«Ganz recht», entgegnete er, «grob umrissen, jedenfalls. Ich werde nun den Antrag stellen, daß es auch auf weibliche Haushaltsvorstände ausgedehnt wird … Ich will in meiner Rede mit den Argumenten aufräumen, die immer wieder gegen das Stimmrecht der Frauen vorgebracht werden … Das Hauptargument ist natürlich, daß Frauen sich von Gefühlen leiten ließen.» Er lächelte. «Als ob Männer das nicht auch bisweilen täten … Dann ist da noch die Theorie, der Platz der Frau sei am heimischen Herd … Ein weiteres seltsames Argument ist, man müsse den Frauen das Stimmrecht verwehren, weil sie nicht in der Armee dienen können, obwohl ich persönlich …»

Aber sie hörte ihm nicht mehr zu, denn sie hatte gerade Philip Wainwright erblickt. Er stand in der Tür. Ihre Blicke begegneten sich, und sogleich durchfuhr sie jener Stich, von dem sie jetzt wußte, was er bedeutet. Ihr Herz klopfte heftiger, und sie wurde sich zu ihrem Schrecken bewußt, daß sie errötete wie ein Schulmädchen. Ihre Hände begannen zu zittern … und plötzlich verschüttete sie Tee über ihr Kleid, und in der Verwirrung, die darauf folgte, ließ sie das Tablett zu Boden fallen.

Er war sofort bei ihr, kniete sich auf den Boden und hob Tasse,

Untertasse, Löffel, Tablett und das halb gegessene Sandwich auf. «Wie schön, Sie hier zu sehen», sagte er. «Wie ich höre, sind Sie eifrig für die Gesellschaft tätig.»

Sie sah ihn fast verzweifelt an. Sie mußte schlucken und fragte dann mit unsicherer, ihr selbst fremd klingender Stimme: «Sind Sie für länger in London?»

«Für ein paar Wochen», erwiderte er. «Ich hoffe, ich darf Sie einmal besuchen?»

Sie antwortete nicht auf seine Frage. «Es tut mir leid», sagte sie. «Sie werden mich entschuldigen müssen. Ich habe plötzlich gräßliches Kopfweh. Ich glaube, ich werde gleich nach Hause fahren.»

3

Thomas stand im Schlafzimmer des kleinen Hauses in der Sidney Street am Fenster und wartete. Eine Droschke kam langsam die Straße herauf, und zunächst dachte er sich nichts dabei. Doch dann kam sie ihm bekannt vor. Eine Droschke war auch am Haus vorbeigefahren, als er vor wenigen Minuten eingetroffen war. Er hatte sie kaum zur Kenntnis genommen, aber jetzt fragte er sich, ob das Pferd der ersten Droschke nicht auch ein Brauner und der Kutscher nicht auch ein graubärtiger Mann mit Melone und mit einem Buckel gewesen war, der über die Zügel gebeugt dasaß.

Während er noch hinsah, hielt die Droschke an, aber der Fahrgast, falls sich einer darin befand, stieg nicht aus. Vielleicht, dachte Thomas, blickte er durchs Rückfenster nach etwas auf der Straße aus, das er, Thomas, vom Haus aus nicht sehen konnte. Nach wenigen Sekunden fuhr ihre Equipage unten vor. Sie stieg aus, trat auf den Bürgersteig, und fast zur gleichen Zeit fuhr die Droschke weiter. Thomas hörte ihr Klopfen an der Haustür, hörte, wie Mrs. Deneuve sie begrüßte. Er öffnete die Schlafzimmertür und stand oben am Treppenabsatz, als sie heraufkam – strahlenden Blicks. Sie sprang die letzten Stufen hinauf und stürzte sich in seine Arme, ihr Gesicht an seine Brust pressend. «Thomas ... o Thomas ...» flüsterte sie.

Er führte sie ins Wohnzimmer, wo sie wie immer ein Glas Wein tranken, um sich erst wieder aneinander zu gewöhnen.

Mrs. Deneuve, der das Haus gehörte, nähte seit einigen Jahren Kleider für Eve, so daß die Besuche bei ihr für Eve zur Routine gehörten. Sie war eine liebenswürdige Pariserin, zu der Eve im Verlauf zahlreicher Anproben eine fast freundschaftliche, jedenfalls so enge Beziehung entwickelt hatte, daß sie sich an sie um Hilfe wandte, als Thomas in ihr Leben trat und sich die Frage stellte, wo sie ungestört allein sein konnten. Wie Eve vermutet hatte, waren ihr Probleme von Liebespaaren vertraut, und obwohl sie zu größter Vorsicht mahnte, erwies sie sich als bereitwillige und vertrauenswürdige Verschwörerin. Sie überließ ihnen zwei Zimmer im ersten Stock, die Eve mit großem Entzücken ausstattete – wie ein Vogel sein Nest, bemerkte Thomas scherzhaft. Zunächst handelte es sich nur um einige persönliche Dinge – eine Lampe, einen Teppich, ein paar Kissen –, doch als das «Refugium» ihr immer wichtiger wurde, ließ sie die Zimmer völlig neu einrichten. An die Wand des Schlafzimmers hängte sie einen großen Louis-XIV-Spiegel in vergoldetem Rahmen. Sie kaufte Gemälde, die zu der Stimmung ihres «Heims» paßten, darunter auch eines von einem Künstler namens Auguste Renoir, der einer seltsamen neuen Schule von Pariser Malern angehörte, über die sich die meisten Leute, auch Thomas, lustig machten, weil ihre Bilder eine undeutliche, verschwommene «Impression» darstellten, ein Begriff, nach dem sie sich auch nannten.

Er mußte sie begleiten, damit sie sich «fotografieren» lassen konnten, in einem Atelier, das kürzlich in der Nähe von Piccadilly aufgemacht hatte und der Kundschaft seine Dienste in dieser bemerkenswerten Erfindung anbot. Sie hängte die Bilder im Wohnzimmer so auf, daß sogleich der Blick auf sie fiel. «Ich weiß, was du denkst», hatte sie beim Verlassen des Ateliers gesagt, «aber das solltest du nicht. Da wir so wenig Zeit füreinander haben, solltest du an mich denken.»

«Woran denke ich denn?» fragte er.

«An die Einrichtung eines fotografischen Ateliers bei Kingstons, natürlich», hatte sie geantwortet, und er hatte gelacht, weil dies genau sein Gedanke gewesen war.

Sie hatte Stunden damit verbracht, ihrer beider Initialen auf die Kissen zu sticken, und angefangen, ihm Geschenke zu kaufen: Bücher, kleinere Kunstgegenstände, Kleider, wie er sie normalerweise nicht trug – Kleider, die zu ihrem «Refugium» paßten und die er anzog, wenn sie an dem kleinen Sheraton-Tisch im Wohnzimmer zu Abend aßen (Mrs. Deneuve war eine ausgezeichnete Köchin), die aber bei den meisten anderen Gelegenheiten unschicklich gewesen wären. Manchmal waren es exzentrische Sachen – Rüschenhemden in grellen Farben, die er am Hals offen trug, elegante Schlafröcke, Hausjacken aus bunten Samtstoffen. Er ließ sich natürlich nicht lumpen und schenkte ihr schöne Negligés, in denen sie sich, wie sie einmal mit strahlendem Lachen sagte, «wie Marie Antoinette» vorkam.

Manchmal traf Thomas natürlich in der Öffentlichkeit mit ihr zusammen – gewöhnlich bei gesellschaftlichen Anlässen am Grosvenor Square. Einmal hatte May ihn zu einem Dinner dorthin begleitet, und an einem anderen Abend war sie zu einer geselligen Veranstaltung in der Oper mitgekommen. May sprach eine Gegeneinladung aus, obwohl das kleine Haus an der Caroline Terrace sich kaum für einen solchen Abend eignete, und sie war erleichtert gewesen, als Eve sich entschuldigte und sagte, sie seien an diesem Tag leider in Schottland. May hatte die Banburys noch einmal eingeladen, als sie und Thomas in das größere Haus am Cadogan Place gezogen waren, doch wiederum hatte es Eve für klüger gehalten, abzulehnen.

Meistens begab sich Thomas allein zum Grosvenor Square, gewöhnlich am späten Nachmittag, wenn Geschäftsleute und oft auch der Earl selbst zugegen waren. Sie lud ihn ein, weil sie es für nützlich hielt, daß er einflußreiche Leute kennenlernte, aber andererseits – und hauptsächlich – wollte sie, daß er ein kleines Stück ihres Lebens mit ihr teilte.

Doch so sehr Eve ihr kleines «Refugium» liebte – manchmal begehrte sie gegen die Grenzen auf, die ihrer Beziehung gezogen waren. Einmal hatte sie sich sogar geweigert, mit ihm ins Bett zu gehen. «Wenn eine Scheidung gesellschaftlich akzeptabel wäre», hatte sie gefragt, «würdest du mich dann heiraten?»

«Was für eine Frage», hatte er gesagt. «Warum stellst du solche Fragen?»

«Antworte», sagte sie. «Bitte ...»

Er wußte, welche Antwort sie hören wollte, aber er konnte sie ihr nicht geben. «Eve», sagte er, «du bist in jeder wachen Minute bei mir, du sitzt sogar neben mir am Schreibtisch ...»

«Beantworte meine Frage!»

«May ist mir seit vielen Jahren eine gute und treue Ehefrau», sagte er. «Sie ist meinen Kindern eine gute Mutter. Möchtest du, daß ich sie einfach so verlasse?»

«Das heißt also, du würdest mich nicht heiraten?»

«Eve –» Sie unterbrach ihn sofort. «Was tue ich dann hier? Was tust *du* hier?» Die Frage war so voller Schmerz, daß sie fast ein Aufschrei war.

Heute jedoch, an diesem Mainachmittag, sah sie ihn liebevoll an, während sie von ihrem Wein trank. Dann wurde ihr Ausdruck plötzlich ernst. «Thomas», fragte sie, «was würdest du tun, wenn wir uns trennen müßten?»

War etwas geschehen, fragte er sich – etwas, was mit Bob Ramsays merkwürdigen Anspielungen auf ihre Bekanntschaft oder mit einem unbekannten Spion in einer Droschke zu tun hatte? «Weißt du, was ich tun würde?» fuhr sie fort. «Ich glaube, ich würde mich umbringen.»

«Nein, das würdest du nicht.» Er lächelte sie an.

«Ich mußte gestern daran denken. Ich habe es mir plötzlich vorgestellt – der Gedanke, nie mehr in deinen Armen zu liegen, dich nie mehr in mir zu fühlen, wie du mich besitzt, mich ... Küß mich, Thomas ...»

Er küßte sie, aber es war ihr nicht genug. «Gehen wir hinüber», sagte sie. «Jetzt gleich.»

Sie rannte ins Schlafzimmer und begann sich mit so fieberhaft-ungeschickten Fingern auszuziehen, daß alles nur noch länger dauerte. «Es müßte Kleider für Liebesleute geben», sagte sie verzweifelt. «Sachen, die man schnell ablegen kann ... Ach, ich will nicht mehr ... Nimm mich, wie ich bin ... reiß alles ab ...»

Er lachte und half ihr beim Aufhaken des Korsetts, beim Ausziehen der Röcke und Unterröcke. «Bitte», sagte sie. «Schnell, Thomas, bitte ...» Und während sie ihn empfing, seufzte sie tief auf und klammerte sich an ihn. «Thomas», sagte sie, «du darfst nie aufhören, mich zu lieben – ich würde sterben.»

Nachher lag sie da, den Kopf an seiner Schulter, und fuhr langsam mit der Hand über seinen Körper. So kannte er sie noch gar nicht – so verlangend, angstvoll, zärtlich.

Als die Equipage zurückkam, um sie abzuholen, hörten sie es nicht. Mrs. Deneuve mußte die Treppe hinaufrufen, und sie kleideten sich in einer eigenartig traurigen Stimmung an. «Ich hasse unsere Abschiede», sagte sie. «Ich muß dich sehen, ich brauche dich.» Sie sah ihn unvermittelt an. «Es war mir vorhin ernst, als ich sagte, was ich tun würde, wenn wir uns trennen müßten … Du würdest dich nicht umbringen?»

«Nein … ich wäre unglücklich bis zur Verzweiflung, aber ich würde mich nicht umbringen.»

«Wegen deines Kaufhauses?»

Er lächelte über ihr angstvolles Gesicht. «Wegen meines Kaufhauses», sagte er, um sie zu beruhigen. «Und du würdest dich auch nicht umbringen. Aber warum bist du so beunruhigt? Ist etwas geschehen?»

«Nein … ich weiß selbst nicht … eine Vorahnung …»

Er legte die Arme um sie, hielt sie ganz fest und küßte sie. «Mach dir keine Gedanken», sagte er sanft.

Sie sah ihn aus beklommenen Augen an. Dann lachte sie kurz auf. «Du hast recht. Ich benehme mich töricht.»

Vom Fenster aus sah er ihr nach. Nur ganz kurz blickte sie, als sie auf dem Bürgersteig stand, zu ihm hinauf, lächelte und winkte – was sie, in stillschweigendem Einverständnis, nur selten tat, wegen der Dienstboten, die eine solche Szene beobachten konnten. Dann stieg sie ein. Die Equipage fuhr an, und Thomas bemerkte, daß sie einen Bogen um die Droschke machen mußte, die zurückgekommen war und ein Stück weiter am Bürgersteig stand.

Thomas ging die Treppe hinunter und klopfte an der Tür von Mrs. Deneuves Wohnzimmer. «Hat in der letzten Zeit jemand bei Ihnen vorgesprochen?» fragte er. «Ein Besuch, der Ihnen vielleicht merkwürdig vorkam?»

Sie dachte einen Augenblick nach. «Jetzt, da Sie davon sprechen … ja, da war neulich ein Mann hier … er sagte, er kommt vom Gaswerk, um die Rohre zu überprüfen … Gas greift die Rohre an, sagte er … frißt schließlich Löcher hinein …»

«Was genau hat er gewollt?»

«Er wollte sich nur im Haus alle Rohre ansehen ...»
«Und Sie haben ihn eingelassen?»
Diese Frage überraschte Mrs. Deneuve. «Nun ... ja. Hätte ich das nicht tun sollen?»
«Hat er auch unsere Zimmer oben gesehen?»
Sie nickte. «Alle Räume im Haus. Warum – stimmt etwas nicht?»
«Ich bin mir nicht sicher, Mrs. Deneuve. Aber ich würde niemanden mehr einlassen ... vorläufig zumindest.»
«Wie Sie wünschen, Mr. Kingston», sagte sie.
Als er das Haus verließ, stand die Droschke noch immer ein Haus weiter auf der Straße. Er rief sie an, als stünde sie auf Kundschaft wartend da, aber der Kutscher schien ihn nicht zu hören. Thomas ging auf die Kutsche zu, um zu sehen, wer darin sitzen könnte, doch als er näher kam, fuhr sie davon.

Thomas beschloß, zu Fuß zum Kaufhaus zurückzugehen – er brauchte Zeit zum Nachdenken. Es stand fest, daß jemand sie beobachtete und sich sehr wahrscheinlich Zugang zu ihren beiden Zimmern mit den zahlreichen Beweisen für seine Beziehung zu Eve verschafft hatte. Aber wer steckte dahinter? War es der Earl oder gar May? Das schien ihm unmöglich, es wäre nicht Mays Art gewesen. Und der Earl hatte ihn noch vor drei Tagen am Grosvenor Square sehr herzlich empfangen.

Er mußte an Bob Ramsay denken und an seine Bemerkung über Eve, damals, als er das Büro verließ. Vermutete er nur, daß es sich um mehr als eine normale gesellschaftliche Beziehung handelte, oder besaß er Informationen? Wenn ja, von wem? Wer wußte davon? Mrs. Fellowes vielleicht, aber sie war bestenfalls auch auf Vermutungen angewiesen. Einige von Eves Dienstboten möglicherweise, aber ihre Stellung hing von ihrer Diskretion ab. Und keiner stand seines Wissens mit Bob Ramsay in Verbindung.

Aber Bob wußte von seiner Beziehung zu den Banburys, er wußte zumindest irgend etwas. Er stand dem widerlichen Turner nahe und offenbar auch Arthur Stockton. Und wie stand es mit Stockton? Er legte großen Wert auf Informationen und nutzte sie als Mittel, um ins Geschäft zu kommen. Aber was konnte Stockton wissen?

Da fiel Thomas plötzlich ein Abend im vergangenen Jahr ein. Als er das Haus in der Sidney Street verließ, war er Hudson begegnet, dem Seideneinkäufer, den er entlassen hatte, weil er sich von Stockton Bestechungsgelder zahlen ließ. Es war eines der wenigenMale gewesen, als er vor Eve gegangen war, und er hatte noch zu ihr hinauf gewinkt. «Guten Abend, Mr. Kingston», hatte Hudson zu ihm gesagt, und Thomas erinnerte sich, daß ihn diese unerwartete Anrede überrascht hatte. «Guten Abend, Hudson», hatte er erwidert und war, da er in Anbetracht der Umstände seiner Entlassung nicht weiter mit ihm zu sprechen wünschte, weitergegangen.

Thomas' besorgte Gedanken verflogen nicht gerade, als er im Kaufhaus Bob Ramsay im Vorzimmer seines Büros vorfand, der geduldig auf seine Rückkehr gewartet hatte.

Bob erhob sich, als er Thomas sah, und verzog das Gesicht zu seinem üblichen Grinsen. «Entschuldigen Sie, daß ich Sie schon wieder belästige», begann er.

Thomas war nicht in der Stimmung, mit seinem Schwager zu sprechen. «Meine Einstellung zu Turner hat sich nicht geändert», sagte er in scharfem Ton.

«Oh, das hatte ich auch nicht erwartet», erwiderte Bob, «nicht einfach so ... ohne Grund ...»

«Und welcher Grund», fragte Thomas, «könnte das sein?»

«Das wollte ich Ihnen ja gerade erklären.» Er drehte müßig den Hut zwischen den Händen.

«Ich habe heute abend keine Zeit.»

«Nun, ich könnte ja morgen wiederkommen», antwortete Bob, «aber heute wäre es vielleicht besser ... Es dauert nicht lange.»

«Ich versichere Ihnen –» plötzlich wurde Thomas zornig – «es gibt nichts, was mich umstimmen könnte.»

«Oh, ich glaube doch ...»

«Nichts», wiederholte Thomas energisch. «Gar nichts.»

«Wollen wir hier draußen weiterreden?» fragte Bob, wobei er sich nach den Angestellten umblickte, die an ihren Tischen saßen. «Oder lieber unter vier Augen?» Er warf Thomas wieder ein Lächeln zu. «Ich glaube, es wäre besser unter vier Augen.»

Thomas sah ihn mit einem kalten Blick an und ging in sein Büro. Bob folgte ihm und schloß hinter sich die Tür.

4

Es gibt Tage, an die man sich auch nach vielen Jahren noch bis in alle Einzelheiten erinnert – Tage, nach denen nichts mehr ganz so ist wie vorher. Donnerstag, der 27. Mai 1884, war ein solcher Tag für May.

Seit Thomas ihr gesagt hatte, daß Bob bei ihm im Büro gewesen war, rechnete sie natürlich damit, daß er früher oder später auch zu ihr kommen würde. Dennoch war sie nicht darauf gefaßt, als Brandon zu ihr heraufkam und sagte, unten in der Diele warte ihr Bruder. Die Nachricht fuhr ihr in den Magen. Aber warum eigentlich, fragte sie sich. Er konnte ihr doch jetzt nicht mehr schaden, jetzt, wo sie in diesem großen Haus lebten und wo Thomas ein so bedeutender Geschäftsmann war. Aber bei Bob konnte man nie sicher sein.

Als May den Salon betrat, stand Bob am Fenster. Er wandte sich um. «Schwester May!» rief er und fügte verwundert hinzu: «Nun sieh einer an, was aus meiner Schwester geworden ist! Ich will tot umfallen, wenn du nicht die eleganteste Frau von London bist!»

Er trat auf sie zu und küßte sie auf die Wange. «Du hast einen Akzent aufgeschnappt», sagte sie.

Er grinste. «Kommt von den Känguruhs. Ist ansteckend.»

Sie deutete auf einen Stuhl, und er nahm vorsichtig darauf Platz, als wollte er das Polster nicht zerknittern. Sie setzte sich, ein gutes Stück von ihm entfernt, auf die Kante eines Sofas. «Darf ich dir etwas anbieten?» fragte sie. «Vielleicht einen Kaffee ...?»

«Nein, danke. Ich habe nicht viel Zeit ... ich habe noch viel zu tun heute ... Aber ich war gerade in der Nähe, und da dachte ich, ich sag dir mal guten Tag nach so langer Zeit und erkundige mich, wie's dir geht ...»

Er sah sich kopfnickend in dem großen, herrschaftlichen Raum um. «Ich hätte nie gedacht, daß du es einmal so weit bringst. Als ich dich das letzte Mal sah, warst du noch Verkäuferin.» Er lächelte auf seine glatte Art. «Du hast es aber auch verdient. Du bist Thomas eine gute Ehefrau.»

Es trat ein Schweigen ein, das sie schließlich brach. «Thomas sagt, du hast im Großhandel angefangen.»

Bob nickte. «Hat er auch gesagt, bei welcher Firma?»

«Ja, das hat er ...»

«Nun red schon weiter, sag's ruhig. Wie kann ich für einen Mann arbeiten, der versucht hat, meine geliebte Schwester zu entehren? Was hat er denn schon getan, um Himmels willen? Er hat dich zum Essen eingeladen ...»

Sie spürte, wie sie sich instinktiv versteifte. «Du meinst, ein Abendessen allein mit einem solchen Mann sei ohne Bedeutung? Er wollte, daß *ich* mit *meiner* Person dafür zahle, daß er *dich* vor der Polizei schützt – und dann hat er mich ohne Zeugnis entlassen ...»

Er zuckte etwas gequält die Achseln. «Mir gefiel das auch nicht, May. Aber was hätte ich machen sollen ... Außerdem hast du das herausgefordert ... als du ihm den Wein ins Gesicht geschüttet hast ...»

«Er hat sich abscheulich benommen. Was hätte ich denn deiner Meinung nach tun sollen?»

Bob seufzte. «Ich weiß es nicht, May. Aber das ist doch längst vorbei. Er war von dir besessen ... Ja, das hat er mir gesagt. Ist ihm zuvor mit keiner Frau passiert, hat er gesagt ... Na ja, wenn ein Mann so von einer Frau besessen ist, dann tut er oft was, was er nicht sollte ... Ihm geht die Sache noch immer nach ... Deshalb hat er mir diese Chance geboten – und es ist eine gute Chance ... Teilhaberschaft ... da könnte ich wirklich zu was kommen ...»

«Vorausgesetzt, du setzt seine Ware bei Kingstons ab», sagte sie kalt.

«Bei Kingstons ... und anderen Kaufhäusern natürlich», gab Bob zu. «Ich hoffte, du würdest mir helfen, Thomas zu bewegen ...»

Sie zögerte einen Augenblick. «Ich mische mich nie in Thomas' geschäftliche Angelegenheiten ein. Er würde sich ärgern ... es hätte außerdem keinen Zweck ... ich würde damit eher das Gegenteil erreichen ...»

Bob seufzte schwer und erhob sich. Er ging zum Kamin und blickte eine Weile in die Flammen. «O May, ich hatte dir das alles nicht sagen wollen, aber jetzt muß ich es wohl, fürchte ich ...» Er kehrte ihr beim Sprechen den Rücken zu. «Ich bin in einer verzweifelten Lage, May, wirklich verzweifelt. Hat Thomas dir gesagt, daß ich gestern abend bei ihm war?»

«Nein», sagte sie, und ihre Unruhe wuchs.

«Ich hatte es auch nicht erwartet.» Bob drehte sich um und lehnte sich an den Kamin, die Ellbogen auf das Sims gestützt. «Du weißt von Ihrer Ladyschaft, nehme ich an ...»

«Wie bitte?» erwiderte May in scharfem Ton.

«Ehefrauen wissen so etwas gewöhnlich», sagte er. «Sie tun nur so, als wüßten sie nichts ... manchmal sogar sich selbst gegenüber ... aber sie wissen es schon ... Ich meine natürlich Lady Banbury.»

«Was ist mit Lady Banbury?» May versuchte ruhig zu sprechen, obwohl ihr Herz schneller schlug.

«Sie ist Thomas' Geliebte ... schon seit Jahren ... und erzähle mir nicht, du hättest nichts davon gewußt ...»

May blickte ihren Bruder durchdringend an. «Ich glaube, es ist das Beste, du gehst jetzt.»

«Die einzige Person, für die es eine Überraschung wäre», fuhr Bob fort, als hätte er nichts gehört, «ist der Earl. Ich weiß sogar, daß er höchst schockiert wäre ... er betet sie offenbar an ... Er würde sich natürlich von ihr scheiden lassen ...»

In ihr stieg ein Zorn auf, wie sie ihn noch nie empfunden hatte, ein wilder, eiskalter Zorn, der sich aber nicht gegen Thomas richtete, sondern gegen ihren Bruder, der ihr Heim, ihr Leben, ihre Beziehung zu ihrem Mann so brutal beschmutzte.

«Würdest du bitte sofort gehen – oder muß ich Brandon rufen?»

«Nicht, bevor wir das geregelt haben.»

«Was?»

«Das liegt doch auf der Hand, May – entweder du kriegst Thomas rum, oder ich gehe zum Earl.»

Sie sah ihren Bruder erstaunt an. «Zum Earl? Du glaubst, der Earl würde dich empfangen und sich Gerüchte über seine Frau anhören?»

«Es handelt sich nicht um Gerüchte, May ...» Er lachte kurz auf. «Es handelt sich um Beweismaterial, gewissermaßen, alles ordnungsgemäß in eidesstattlichen Erklärungen festgehalten ... mehr als genug für eine Scheidungsklage ... bis ins kleinste Detail ...»

«Welches Detail?» Später fragte sie sich, warum sie plötzlich so viel hatte erfahren wollen.

«May, erspar dir das. Was nützt es dir? Glaub mir und sieh zu, daß du Thomas rumkriegst.»

«Bis ins kleinste Detail – was hast du damit gemeint?» Sie mußte es jetzt einfach wissen. Irgend etwas in ihr verlangte sogar nach dem Schmerz, den ihr dieses Wissen bereiten würde.

«Warum willst du dir Kummer machen, May?»

«Du hast mir schon Kummer über alle Maßen gemacht. Was kannst du mir noch antun? Also rede schon.»

Er zuckte mit den Schultern. «Na schön. Sie haben zwei Zimmer in einem Haus in der Sidney Street ... gehört einer französischen Schneiderin namens Madame Deneuve. Da steht ein Bett drin, mit einer rotsamtenen Steppdecke, und an der Wand hängen Fotografien von ihnen beiden ... Kissen, bestickt mit den Buchstaben T & E. Sie hat einige Kleider im Schrank, vor allem Negligés ... auch einige mit ihren Initialen bestickt – ‹EB›. Gewöhnlich treffen sie sich am späten Nachmittag, manchmal auch abends. In einem Regal stehen Bücher. Eines trägt die Widmung *Für Thomas, der mir Leben geschenkt, in mir Gefühle geweckt hat, von deren Existenz ich nichts wußte, der mir Liebe gezeigt hat von einer Art, wie ich sie mir nie erträumt hätte.* Soll ich wirklich weitermachen?»

Sie saß steif aufgerichtet da und starrte stumm vor sich hin. Sie war nicht einmal den Tränen nahe, denn Tränen werden durch Gefühle ausgelöst, und sie hatte keine Gefühle. Sie war wie betäubt durch diese Zerstörung ihrer Privatsphäre. Es war eine Art Vergewaltigung. Nach Bobs rücksichtsloser Beschreibung hatte sie plötzlich ein deutliches Bild von Thomas vor sich gesehen, von ihrem Mann zusammen mit einer anderen Frau in einer Umgebung von rotem Samt. Es war, als ob einem ein Arm abgerissen wird – es ist ein ungeheurer Schock, aber kaum Schmerz. Der Schmerz würde später kommen. Inzwischen dachte sie nur an die Gefahr, die ihr Bruder für sie war, an den drohenden Skandal, der nicht nur Schaden bedeuten, sondern ihr Familienleben an die Öffentlichkeit zerren würde. Bob mußte mit allen Mitteln davon zurückgehalten werden.

Bob war verblüfft über die Wirkung seiner Worte. «Schwester May», sagte er, «ich wollte nicht, daß ... ich hatte gehofft, du brauchtest nichts davon zu erfahren – und das wäre auch möglich gewesen, wenn er Vernunft angenommen hätte ...»

«Thomas hat dich also abblitzen lassen ...» Ihre Stimme klang metallisch hart.

«Das war nicht klug von ihm», fuhr Bob fort. «Die Sache wird ihn vernichten. Kann er das wirklich wollen, May? Glaubst du, seine elegante Kundschaft bleibt ihm treu, wenn er in einen Scheidungsskandal verwickelt wird?» Nach einer kurzen Pause fügte er hinzu: «Glaubst du, er kann sich dann dieses Haus hier noch leisten, May – eure Dienstboten, die Kutsche ...?»

Sie sah ihn fast mitleidig an. «Und du wolltest deiner Schwester May nicht weh tun?»

«Ich habe dir doch gesagt, ich bin in einer verzweifelten Lage, ich mußte es dir sagen ... Und jetzt mußt du deinen ganzen Einfluß auf ihn ausüben, du hast keine andere Wahl ... Ich verlange ja nicht viel ... für ihn wäre es ein leichtes ...»

May stand auf und ging langsam zum Fenster. «Was genau verlangst du?» fragte sie.

«Nur zweierlei», sagte er. «Erstens die Aufhebung der Sperre für Waren von Turner and Woodward, und zweitens einen Kredit von zweitausend Pfund. Damit kaufe ich mich als Teilhaber bei Turner ein ... Kein Geschenk, nur ein Kredit ... Ich zahle ihn aus den Einkünften zurück. Zweitausend Pfund sind für Thomas doch ein Klacks. Das ist doch wirklich nicht zuviel verlangt von einem Schwager, oder?»

Sie schwieg ein paar Sekunden. «Und dafür hast du das alles getan ... nur dafür?»

«May, ich habe es zuerst ohne das bei ihm versucht, aber er wollte nicht hören ...»

«Wegen einer so geringfügigen Sache stampfst du durch unser Leben wie ein wildgewordener Elefant?»

«Es schien die einzige Lösung. Ich hatte natürlich von Ihrer Ladyschaft gehört ... Klarer Fall, hat man gesagt.»

«Wer ist ‹man›?»

«Turner und Stockton.»

«Wie haben die davon erfahren?»

«Von einem Einkäufer, den Thomas wegen Annahme von Bestechungsgeldern entlassen hat.»

«Hudson?» fragte sie.

«Ich glaube, so heißt er. Der Mann kennt sie, hat ihr früher Seidenstoffe verkauft, als er noch bei Debenhams war ... er hat sie manchmal zu Hause aufgesucht ... Er hat's natürlich auf Thomas abgesehen ... Na ja, das haben sie alle ...»

«Und du auch», sagte sie und drehte sich zu ihm um, «obwohl er dir nie etwas zuleide getan hat. Und was mich betrifft, nun, ich hätte gedacht, nach allem, was ich für dich getan habe, bist du mir etwas mehr schuldig, als ... als die Aussicht auf eine Katastrophe ...»

Bob blickte zur Seite. «May, du mußt ihn einfach dazu bringen ... Sonst ... na ja, ich bin nicht allein im Spiel ...»

«Du wirst nichts gewinnen, wenn du zum Earl gehst», sagte sie. «Auch ein Scheidungsskandal bringt dir nichts ein ... Der einzige Profit für dich liegt in der Drohung – und diesen Pfeil hast du bereits verschossen ...»

Sie sah den Zorn wieder in seinen Augen aufflammen. «Hör mir zu, May, ich meine es ernst ... Ich werde dem Earl Beweise zuschikken, Stückchen für Stückchen. Jedes einzelne Dokument genügt, um einen Ehemann argwöhnisch zu machen ... Zuerst schicke ich die harmloseren, damit Thomas Zeit hat, es sich noch zu überlegen ...»

Sie starrte ihn an und haßte ihn zum erstenmal in ihrem Leben aus ganzer Seele. «Ich warne dich», sagte sie. «Wenn du zum Earl gehst, wenn du ihm auch nur ein winziges Fetzchen Papier schickst, dann hast du in mir den schlimmsten Feind, den du je gehabt hast ... Das ist mein Ernst, Bob. Ich werde dich verfolgen bis ans Ende deines Lebens.»

Einen Augenblick sah er sie mit ausdruckslosem Gesicht an. Dann lachte er. «Drohungen, Schwester May?» spottete er und schüttelte tadelnd den Kopf. «Aber das tut man doch nicht.» Gleich darauf fuhr er in kaltem Ton fort: «Ich rechne nicht mehr mit deiner Hilfe, May. Bald wirst du es sein, die Hilfe braucht, wenn du deinen Mann nicht zur Vernunft bringst. Guten Morgen, May.»

Er machte eine höfliche kleine Verbeugung und ging.

5

Thomas inspizierte die Pelzabteilung, nickte dem Einkäufer anerkennend zu und ging weiter in die Kleiderabteilung. Er fühlte eine innere Unruhe, die ihm das Vergnügen an seinem täglichen Rundgang durch das Kaufhaus verdarb. Seit seiner Begegnung mit Mays Bruder am Abend zuvor hatte er sich ein-, zweimal gefragt, ob es wirklich klug gewesen war, jede Diskussion über das Thema Eve abzulehnen. Aber zu dem Zeitpunkt hatte ihn sein Instinkt davor gewarnt, auf einen Erpressungsversuch einzugehen.

«Hinaus!» hatte Thomas gesagt. «Verlassen Sie sofort mein Büro!» Und als Bob erwiderte: «Sie scheinen nicht zu verstehen, Mr. Kingston, Ihre gesamte Position ist ...» hatte Thomas mit der Faust auf den Tisch geschlagen und gerufen: «Hinaus, Mr. Ramsay! Hinaus! Wenn Sie noch einmal dieses Kaufhaus betreten, lasse ich Sie auf die Straße werfen!»

Es war nicht die Weigerung, Bobs Druck nachzugeben, die Thomas in Frage stellte, sondern seine Taktik, war sie richtig gewesen? Hätte er nicht vielleicht mit ihm sprechen sollen, sagen, er werde sich den Vorschlag überlegen, nur um Zeit zu gewinnen?

Was passieren konnte, darüber war sich Thomas nicht im Zweifel. Ein Scheidungsskandal würde ungeheure Auswirkungen haben. Eve, zur Zeit eine der prominentesten Damen der Londoner Gesellschaft, würde von allen besseren Kreisen geschnitten werden, und für Kingstons würden die Folgen verheerend sein.

Bis zu seinem morgendlichen Rundgang hatte sich Thomas noch nicht entschieden, was er tun wollte. Er steckte in einer jenen elementaren Krisen, in denen er oft unentschlossen reagierte und hoffte, das Schicksal werde schon eingreifen.

Er ging in das neue Restaurant hinüber und war so tief in Gedanken versunken, daß er zuerst gar nicht hörte, daß Lillian, die an einem Tisch saß, ihn ansprach. Er blieb stehen und blickte durch den Raum mit der kunstvollen Wanddekoration (fliegende goldene Engel auf rosa Untergrund) auf die vornehmen Damen, die an den Tischen saßen – seine «Gäste», wie er sie nannte. «Hast du Zeit für eine Tasse Kaffee, Thomas?» fragte sie.

«Oh – guten Morgen, Lillian. Ich hatte dich gar nicht gesehen.»

Er zog seine Taschenuhr heraus. «Ich habe fünf Minuten Zeit.» Er setzte sich, winkte einer Kellnerin und sah Lillian lächelnd an. «Wie geht es euch?»

Die Bitterkeit, die der Verrat der Rawlings beim Kampf um die Aktien verursacht hatte, war inzwischen abgeklungen. David hatte sich seitdem noch weiter aus dem Geschäft zurückgezogen und war jetzt nur noch ein-, zweimal in der Woche in seinem Büro. Er war dem Titel nach noch immer Direktor für das Rechnungswesen, doch ein als sein Assistent eingestellter junger Buchhalter machte praktisch die ganze Arbeit. David wohnte den Vorstandssitzungen bei, ergriff aber selten das Wort – offensichtlich befaßte er sich in erster Linie mit Kirchenangelegenheiten.

Lillian hatte sich, wie immer schnell reagierend, den neuen Tatsachen angepaßt und alles versucht, um ihr Verhältnis zu Thomas wieder ins Lot zu bringen. Er hatte es ihr nicht schwergemacht, hatte keine Entschuldigung verlangt – was, wie May meinte, das mindeste war, was man erwarten konnte. «Es hat doch keinen Zweck, Buße von ihnen zu verlangen», hatte er geantwortet. «David ist weiterhin ein bedeutender Aktionär. Ich verlange von ihm nicht mehr als guten Willen – und das heißt natürlich, von ihr.» Keiner von beiden machte sich etwas vor, aber der Waffenstillstand ließ sie besser miteinander auskommen.

«Ich habe gehört, deine Jungen sind Charles neulich bei einer Schlägerei beigesprungen», sagte sie. «Es hat ihm viel bedeutet.»

«Sie haben gesagt, im umgekehrten Fall hätte er das gleiche getan.»

Sie dachte einen Augenblick nach. «Wahrscheinlich ja. Es ist eigentlich ein Jammer, daß sie nicht richtige Freunde sind – wo sie doch einmal zusammenarbeiten werden ... hier im Kaufhaus, meine ich ...» Sie hielt inne, ehe sie vorsichtig fragend hinzufügte: «Das werden sie doch, nicht wahr?»

Thomas lachte, weil sie fürchtete, er könnte wegen ihrer Handlungsweise sein gegebenes Versprechen zurückziehen. «Wenn Charles will, selbstverständlich.»

«Aber deshalb wollte ich dich nicht sprechen, Thomas», sagte sie. «Ich mache mir Sorgen um David – wegen seiner neuesten Marotte ...»

«Du meinst – die Kirche?»

«Es ist nicht nur die Kirche ... Du hast von der Bewegung gegen das Laster in London gehört, gegen die Leute, die ... die diese Häuser führen?»

«Ich wußte nicht, daß David sich daran beteiligt.»

«Ja, leidenschaftlich sogar ... Er hat sich sehr eng an Bramwell Booth angeschlossen – von der Heilsarmee, weißt du. Die Booths unterhalten Heime für diese Frauen – Mädchen, eigentlich –, einige sind noch sehr jung ... Eines dieser Mädchen, das erst dreizehn Jahre alt war, hat Bramwell auf die Idee gebracht. Sie saß eines Tages vor der Tür zu seinem Büro.»

«Das ist doch ein gute Sache», meinte Thomas.

«Ja, natürlich.» Sie zögerte einen Augenblick und wirkte plötzlich sehr abgespannt. «Die Sache selbst beunruhigt mich auch nicht, aber wie David darauf reagiert ... Er hält sich stundenlang in den Heimen der Heilsarmee auf und redet mit diesen Frauen», fuhr sie fort, doch Thomas' Gesichtsausdruck machte deutlich, daß er noch immer nicht verstand, weshalb sie so besorgt war. «Begreifst du nicht, Thomas? Es geht nicht nur um gute Werke, um Wohltätigkeit. Er ist richtig besessen von der Idee. Wenn er heimkommt, spricht er stundenlang kein Wort. Seine Augen glänzen ... Ich glaube, das erregt ihn auf eine Weise, wie ...»

Sie verstummte, und Thomas sah sich einem ganz neuen Bild von seinem Partner gegenüber. «Ich weiß nicht, was ich dir da raten soll, Lillian», sagte er. «Vielleicht sprichst du einmal mit einem Arzt?»

«O nein ... Ich wüßte nicht, was ich ihm sagen wollte ... Thomas, es ist nicht nur mein Problem – es geht auch dich an.»

«Mich?» fragte Thomas erstaunt.

«Nun, Kingstons. Diese Kampagne gegen die Unzucht nimmt immer größere Formen an ... Alle möglichen Gruppen haben sich da eingeschaltet außer der Heilsarmee ... auch die Suffragetten und ...»

«Die Suffragetten?» Thomas war bestürzt, weil May mit ihnen in Verbindung stand. «Machen die da auch mit?»

«Natürlich. Es wird zu einer großen Auseinandersetzung kommen, Thomas, denn sie kämpfen gegen mächtige Interessen an. Erst vor kurzem haben sie gegen die Besitzerin eines dieser Häuser vorgehen wollen, gegen eine Mrs. Jeffries, die hochgestellte Kunden hat – Aristokraten, Richter, Staatsbeamte ... Die Sache ist niedergeschlagen worden, ich glaube, durch den Lord Chancellor ... aber so leicht geben sie sich nicht geschlagen ...»

Thomas schüttelte besorgt den Kopf, aber Lillian sah, daß er der Sache noch immer nicht die richtige Bedeutung beimaß. «Thomas, das muß zu einem Skandal führen.»

«Und du meinst, David könnte darin verwickelt werden?»

«Er steht mit in der vordersten Linie ...»

«Und da er Direktor von Kingstons ist ...?»

«Nun, die Sache kommt bestimmt an die Öffentlichkeit, aber mich beunruhigt die Form, die das annehmen könnte, Thomas. Weißt du, er ist so ... so besessen von dieser Idee ... wenn er bei diesen armen Mädchen ist, glaubt er, er treibe ihnen den Teufel aus.»

Endlich ging Thomas auf, was sie ihm zu verstehen geben wollte. Es ging nicht nur um das Aufsehen, das ein Teil seiner Kundschaft für unschicklich halten mochte: sein Kaufhaus konnte ins Lächerliche gezogen werden.

«Ich wollte nur, daß du vorbereitet bist», sagte sie. «Vielleicht wird David ja gar nicht erwähnt ... Man wird sich hauptsächlich mit den Booths und ein paar anderen beschäftigen ... aber du solltest es wenigstens wissen.»

6

May hatte Sidney Baines noch nie so verlegen gesehen. Er stand mit verschränkten Händen in ihrem Salon und spielte nervös mit den Fingern.

«Aber nun setzen Sie sich doch», sagte sie.

«Ich bleibe lieber stehen, Mrs. Kingston ... wenn Sie gestatten.»

«Dann trinken Sie wenigstens ein Glas Brandy.»

«Nein, lieber nicht ... das heißt, doch, ein kleines.»

Sie holte selbst das Glas aus dem Speisezimmer herüber, denn Brandon zu rufen hätte Zeit gekostet, und sie wollte schnell wissen, weshalb Sidney so aufgeregt war. Es mußte mit Bob zu tun haben, denn nach dem erschütternden Gespräch mit ihrem Bruder hatte sie sich an Sidney um Hilfe gewandt – ohne ihm natürlich irgendwelche Einzelheiten zu sagen. «Es ist besser, wenn niemand weiß, nicht einmal Sie, Sidney, was dieser Mann gegen meinen Gatten in der Hand hat. Schlimm genug für mich, daß er mein Bruder ist. Aber er ist eine große Gefahr für uns alle, und man muß ihm das Handwerk legen, Sidney. Ich weiß im Augenblick nicht wie, aber ich vermute, daß es bei einem solchen Schuft wie ihm Dinge geben muß, die er verbergen möchte. Auch Turner ist ein Schuft. Und Arthur Stockton könnte ebenfalls damit zu tun haben – und Sie kennen Stockton ja besser als ich ...»

Ein paar Sekunden lang war Baines ratlos gewesen – dann hatte sein Gesicht sich aufgehellt. «Sie meinen, Mrs. Kingston, wenn wir es bewerkstelligen könnten, *ihn* zu erpressen ...»

Sie hatte genickt. «Es ist ein drastisches Mittel, aber der Situation angemessen. Würden Sie den Detektiv spielen, Sidney? Schließlich ist die Firma Turner and Woodward im Geschäft. Sie kennen sicher Leute, die etwas über sie wissen, und ich bezweifle, daß der Ruf dieser Firma ganz makellos ist ...» Sie hielt inne. Sein Gesicht wurde wieder verwirrt. «Ich weiß, ich verlange viel von Ihnen, Sidney», sagte sie in freundlich bittendem Ton, «aber meine tiefste Dankbarkeit ist Ihnen gewiß.»

Plötzlich hatte er gelächelt. «Ich werde mein Bestes tun, Mrs. Kingston», sagte er, «wenn ich Ihnen auch noch nichts versprechen kann.»

Zwei Tage waren seit diesem kurzen, etwas heiklen Gespräch vergangen. Thomas war in der Zwischenzeit völlig in sich gekehrt gewesen, er hatte abends stumm und abgespannt in seinem Sessel gesessen. Nachts hatte er wenig geschlafen und hatte sich im Bett gewälzt, einmal war er sogar aufgestanden und hinuntergegangen in sein Arbeitszimmer und war dort hin und her gegangen. Sie sprachen natürlich nicht darüber. Während dieser beklemmenden Stunden verspürte sie wenig Groll auf ihn. Später hatte sie sich gefragt, wie sie wohl reagiert haben würde, wenn es keine Bedrohung gegeben hätte – wenn sie beispielsweise durch einen liegengelassenen Brief oder dergleichen auf Thomas' Untreue gestoßen wäre?

Hätte sie dann das Haus verlassen? Wäre sie in eifersüchtiger Wut auf ihn losgegangen? Hätte sie sich hysterisch benommen? Sie wußte es nicht.

Als sie nach zwei Tagen jedoch immer noch nichts von Baines gehört hatte, konnte sie ihre Ungeduld kaum mehr zügeln. Sie dachte schon daran, ins Kaufhaus zu gehen, in der Hoffnung, Sidney allein dort sprechen zu können, als Brandon hereinkam und meldete, Mr. Baines warte in der Diele.

Sie kam mit dem Glas Brandy wieder in den Salon und reichte es Baines. «Jetzt trinken Sie einen kräftigen Schluck und erzählen Sie mir, weshalb Sie so aufgeregt sind.» Sie wartete, bis er den Schluck getrunken hatte. «Nun – gibt es etwas Neues?»

Er nickte und nippte noch einmal an dem Glas. «Ja, Mrs. Kingston ...»

«Dann sagen Sie es.»

Er zögerte. «Mrs. Kingston ... ich ...»

Jetzt hielt May es nicht mehr aus. «Nun machen Sie schon, Sidney, heraus damit ... Hat es mit Diebstahl zu tun, mit Betrug ... oder mit sonst einem Vergehen?»

Er trank noch einen Schluck, diesmal einen größeren, so daß sein Gesicht noch röter wurde. «Ja, Mrs. Kingstons ... aber nicht von dieser Art ...»

«Von welcher Art dann?»

«Ich habe über so etwas noch nie mit einer Dame gesprochen, Mrs. Kingston ...»

«Haben Sie Angst, Sie könnten mich schockieren, Sidney? Seien Sie unbesorgt. Hat es etwas mit Frauen zu tun?»

«Nicht mit Frauen, Mrs. Kingston.»

«Was ist es dann? Sidney, bitte, sagen Sie mir, was Sie wissen, ehe ich wild werde.»

Er blickte in sein Glas, während er fortfuhr. «Nun, Mrs. Kingston, es gibt Männer, die sich – äh – nicht nur für das weibliche Geschlecht interessieren ...»

«Sie meinen ... Sie meinen – für Jungen?»

Er nickte. «Mehr oder weniger ... so in dieser Art ...»

«Können Sie das beweisen, Sidney?»

Er nickte abermals.

«Aber das ist genau das, was wir brauchen!» rief sie. «Das ist doch eine strafbare Handlung, nicht wahr? Erzählen Sie, was passiert ist.»

«Nun», begann er, «ich war gestern in der City, nicht weit von Whitechapel Lane ... Dort haben sie ihr Büro, Turner and Woodward. Ich hatte Erkundigungen eingezogen, und wie Sie vermutet hatten steht die Firma nicht im besten Ruf – es geht sogar das Gerücht, daß sie mit gestohlenen Waren handeln ... Ich glaube, jetzt setze ich mich doch, wenn Sie gestatten ...»

Er setzte sich auf die Kante eines Stuhls. «Es war fast sechs Uhr, und als ich näher kam, sah ich ihn aus dem Haus herauskommen ... Ihren Bruder, meine ich ... Ich hatte ihn natürlich im Kaufhaus gesehen, als er bei Mr. Kingston war ...»

Baines trank noch einen Schluck Brandy. «Er hat eine Droschke angehalten, und da habe ich mir auch eine genommen und bin ihm gefolgt. Er ist zu einem Lokal in der Nähe vom Strand gefahren. Es heißt *The Crown*, und ich habe später erfahren, daß es dafür bekannt ist – und für Künstler ... Na ja, von denen sind ja viele ‹so›, nicht wahr?»

«So?» fragte May.

«So nennen sie das ... diese Leute ... ‹So› ... Ich habe es gleich gemerkt, als ich hineinging – die Art, wie sie reden und sich benehmen – gepflegtes lockiges Haar, bunte Kleidung, manche waren sogar geschminkt ... sollte man nicht glauben, nicht?»

«Fahren Sie fort, Sidney», drängte sie ihn.

«Dann hatten wir ein bißchen Glück. Ihr Bruder hat sich dort mit einem jungen Mann getroffen, der schon auf ihn wartete. Zuerst habe ich nicht erkannt, wer es war. Er war etwas zurechtgemacht, und das lange blonde Haar hing ihm über die Schulter. Dann wußte ich es auf einmal – ich hatte bei meiner ersten Firma mit ihm zusammengearbeitet, bevor ich zu Kingstons kam. Er war schon damals ein bißchen ‹so›. Terence Blackthorn. Aber, Mrs. Kingston, das Wichtige ist: während ich die beiden aus einiger Entfernung beobachtete, hatten sie einen schrecklichen Streit. Ihr Bruder hatte offenbar mit dem ... na ja, dem Verhältnis zwischen ihnen Schluß gemacht, und Blackthorn hat sich aufgeführt wie ... ja, wie eine sitzengelassene Frau ... Tränen ... bittere Vorwürfe ... Flehen und so weiter. Da ist Ihr Bruder einfach aus dem Lokal hinausgegangen, und Blackthorn ist zusammengebrochen – na ja, nicht richtig, er hat nur wie betäubt dagesessen.»

Sidney hielt einen Augenblick inne und trank einen Schluck, wobei er ein nachdenkliches Gesicht machte.

«Sie sagten, Sie hätten Beweise», warf May ein.

«Die habe ich, Mrs. Kingston, die habe ich. Als Ihr Bruder fort war, bin ich zu Blackthorn gegangen und habe ihn an die alten Zeiten erinnert und ihm einen starken Drink spendiert, denn den hat er gebraucht. Er war natürlich ganz auf Rache aus, und da habe ich ihm die Gelegenheit dazu geboten. Er war außerdem sehr knapp bei Kasse ... auch daran war natürlich Mr. Ramsay schuld ... Na ja, ich habe ihm zehn Pfund gegeben, ich hoffe, das war recht ...»

«Natürlich», sagte May.

«Aber erst, als wir alles schriftlich niedergelegt hatten, in seinem Zimmer... Sie wissen, was ich meine ... was sie zusammen gemacht haben ... die strafbaren Handlungen ...»

«Heißt das, Sie haben eine eidestattliche Erklärung bekommen, ein gesetzliches Dokument, sozusagen?»

«Das weiß ich nicht genau, ich bin kein Anwalt, aber ich habe mir die Richtigkeit seiner Unterschrift durch seinen Hauswirt bestätigen lassen. Ich würde sagen, das dürfte der Polizei für eine Festnahme genügen. Nicht daß Sie die Erklärung zur Polizei bringen müssen ... das wird nicht nötig sein. Das habe habe ich auch Blackthorn gesagt, denn natürlich könnte er auch belangt werden, aber ich glaube kaum, daß Ihr Bruder das Risiko eingehen würde, ins Gefängnis zu kommen. Ich habe Blackthorn gesagt, er kriegt später noch einmal zehn Pfund.» Baines zog ein zusammengefaltetes Blatt Papier aus der Tasche und reichte es ihr. «Hier ist die Erklärung. Ich würde sagen, lesen Sie sie lieber nicht, Mrs. Kingston, wo Sie eine Dame sind. Ich wollte, daß es über die Tatsachen keinen Zweifel gibt, deshalb habe ich ihn alles sehr deutlich beschreiben lassen ... und es wird seinen Zweck erfüllen, denke ich.»

May war überwältigt. «Sidney, Sie sind wunderbar. Ich werde Ihnen das nie vergessen. Ich wünschte, ich könnte Mr. Kingston sagen, was Sie für ihn getan haben ... aber das kann ich natürlich nicht.»

«Ist schon gut, Mrs. Kingston. Ich verstehe. Ich freue mich, daß ich Ihnen helfen konnte – ich hoffe nur, es klappt alles. Und jetzt gehe ich lieber, sonst will Mr. Kingston wissen, wo ich war.»

7

Einige Stunden später saß May in ihrem kleinen Schreibzimmer am Sekretär. Sie betrachtete den dicken, zerknitterten Umschlag mit den eidesstattlichen Erklärungen über Thomas' Liaison, den Bob Ramsay – sie hatte ihn zu sich bestellt – gerade bei ihr zurückgelassen hatte. Zuerst hatte er geglaubt, sie habe ihn gerufen, um ihm ihre Kapitulation mitzuteilen. Als Brandon ihm die Tür öffnete, war er forsch hereingekommen, sein übliches schiefes Lächeln im Gesicht.

Sie hatte nicht viel Worte verloren. «Sind das deine eidesstattlichen Erklärungen?» hatte sie gefragt und auf das Päckchen gedeutet, das er unterm Arm trug.

«Ganz recht, Schwester May», hatte er grinsend gesagt.

«Ich zeige dir jetzt ein Dokument», hatte sie ruhig gesagt, «das ausreicht, um dich ins Gefängnis zu bringen. Ich möchte, daß du gehst und diese Erklärungen hier läßt.»

«Aber Schwester May ...»

«LIES!» Sie hatte das Wort fast hinausgeschrien und ihm Blackthorns Aussage hingehalten. Und bei der Lektüre der obszönen Beschreibung der Intimitäten mit seinem früheren Liebhaber war die Farbe aus seinem Gesicht gewichen. «Du bist ja eine ganz Raffinierte!» hatte er gesagt. «Das hätte ich nie für möglich gehalten. Wie bist du daran gekommen?» Sie sah, daß er fieberhaft nachdachte und nach einem Ausweg suchte, und dann sah sie sein Gesicht aufleuchten, als er glaubte, den rettenden Strohhalm gefunden zu haben. «Aber das belastet doch auch ihn, oder? Das würde doch auch ihn ins Gefängnis bringen.» Schon lächelte er wieder. «Daran hat er nicht gedacht, wie? War schon immer etwas schwach im Kopf, der gute Terence ... Glaubte immer ...» Er verstummte, als May die Schultern zuckte und damit andeutete, daß ihr Blackthorns Lage gleichgültig war. Er wurde wieder unsicher, denn so hatte er seine

Schwester noch nie gesehen – kalt, rücksichtslos, entschlossen. Die Schwester, die ihm bei seinen jugendlichen Eskapaden immer wieder zur Seite gestanden hatte, war jetzt ein Feind – unerbittlich und ohne Gefühl. «Du bist wie eine Tigerin, May, mit ausgestreckten Krallen ... Und du würdest zur Polizei gehen, obwohl ich dein Bruder bin, nicht wahr?»

Sie hatte ihn nur starr angeblickt. «Na schön», sagte er schließlich, «du hast gewonnen, Schwester May ... Du gewinnst ja immer.»

Noch hielt er den Umschlag mit den eidesstattlichen Erklärungen, den er mitgebracht hatte, fest umklammert, aber als sie die Hand danach ausstreckte, gab er ihn ihr widerwillig.

Als er gegangen war, blieb sie ein paar Sekunden regungslos am Sekretär sitzen, das Päckchen immer noch in den Händen. Dann legte sie es auf die Tischplatte, öffnete es und zog halb eines der Dokumente heraus, so daß sie die ersten Worte auf der obersten Seite lesen konnte: *Aussage von Lionel Edward Frewin, wohnhaft: Tottenham Road, London* ... Sie war versucht, weiterzulesen, sich mit dem Wissen zu quälen, so wie sie von Bob alles über die Sidney Street hatte wissen wollen, als wäre es ihr ein Bedürfnis, die Hand in die Flammen zu halten. Aber sie widerstand der Versuchung, weil sie wußte, daß es ihr sonst nur schwerer fallen würde, Thomas zu verzeihen – und Verzeihen war für den Fortbestand ihrer Ehe wesentlich. Sie nahm ihre ganze Willenskraft zusammen, schob Lionel Edward Frewins Aussage in den Umschlag zurück und machte den Umschlag zu.

Sie überlegte, was sie als nächstes tun mußte. Sie mußte Eve Banbury verständigen, damit sie veranlaßte, was jetzt nötig war. Eine Begegnung zwischen einer Ehefrau und der Geliebten ihres Mannes ist zwangsläufig mit Emotionen beladen, doch nun, nachdem die unmittelbare Bedrohung ihrer Sicherheit vorüber war, ging in May ein solcher Gefühlswandel vor, daß sie bestürzt war und sich gedemütigt fühlte. Die Betäubung des ersten Schocks nach den Enthüllungen ihres Bruders, die sie seitdem wie ein Kokon umgeben hatte, war plötzlich von ihr gewichen. Und an ihre Stelle war ein Groll getreten, dessen Heftigkeit sie beunruhigte. Sie hatte das fast zwanghafte Verlangen, Eve Banbury etwas anzutun, ihr die blassen glatten Wangen zu zerkratzen, die neben Thomas auf dem Kissen gelegen, den Mund zu schlagen, den seine Lippen berührt hatten.

Sie fragte sich, wie sie der Gräfin unter diesen Umständen überhaupt gegenübertreten konnte, ohne die Beherrschung zu verlieren. Aber war es eigentlich notwendig? Sie konnte ihr doch schreiben, denn was sie ihr zu sagen hatte, ließ sich in wenige Worte fassen.

Sie zog ein Blatt Papier aus dem Regal ihres Sekretärs. *«Sehr geehrte Lady Banbury»* – da hielt sie schon inne. *Sehr geehrte* Lady Banbury. Die gesellschaftliche Konvention stellte seltsame Forderungen. Aber sie konnte nicht weiterschreiben, und da wußte sie, daß sie die Qual einer persönlichen Begegnung würde erdulden müssen. Sie klingelte Brandon, sagte ihm, er solle die Kutsche vorfahren lassen und ging in ihr Schlafzimmer, um sich umzukleiden.

Sie war auf dem Weg ins Erdgeschoß, da klopfte es an der Haustür, und als sie in der Diele stand, öffnete Brandon gerade die Tür, und Philip Wainwright stand auf der Schwelle. Wie immer versetzte ihr sein Anblick einen Stoß. In den letzten Tagen war sie so völlig von der Sache mit Thomas in Anspruch genommen worden, daß sie kaum an Philip gedacht hatte. Er hatte zweimal vorgesprochen, doch da er so unklug gewesen war, allein zu kommen, hatte sie ihn beide Male nicht empfangen. Er fragte Brandon gerade, ob sie zu Hause sei, als er sie über die Schulter des Butlers hinweg sah. «Ich sehe, heute habe ich mehr Glück», sagte er zu Brandon, worauf er sich an sie wandte: «Guten Tag, Mrs. Kingston. Ich hoffe inständig, Sie haben zwei, drei Minuten für mich Zeit.»

Ihr Herz schlug schon schneller. «Ich bin leider gerade im Gehen», antwortete sie, «und ich bin für meine Verabredung schon ein wenig spät daran.»

«Dann darf ich vielleicht ein Stück mit Ihnen fahren?»

Sie schüttelte den Kopf. «Nein, Mr. Wainwright, aber wenn Sie morgen nachmittag mit Ihrer Schwester zum Tee kämen, würde ich mich freuen. Und wenn sie schon eine andere Verabredung hat, schlagen Sie, bitte, einen anderen Tag vor. Jetzt müssen Sie mich, bitte, entschuldigen.»

8

Am Abend, kurz vor sieben Uhr, stand Eve Banbury im Wohnzimmer des Hauses in der Sidney Street vor dem kleinen Sheraton-Tisch, der schon für das Abendessen gedeckt war. Sie rückte ein Messer zurecht, das nicht ganz gerade lag, wischte mit einem Tuch die Andeutung eines Fingerabdrucks an einem Weißweinglas ab. Dann trat sie zurück und musterte den Tisch, wie ein Maler von seiner Staffelei zurücktritt, um zu sehen, ob er die Komposition des Bildes noch verbessern kann.

Dieser Abend war ein besonderer Abend für sie – wahrscheinlich der wichtigste ihres Lebens. Alles mußte perfekt sein. Sie hatte auf ihr Erscheinungsbild die gleiche Sorgfalt verwendet wie auf den Tisch. Sie hatte ihr Mädchen zur Verzweiflung gebracht, als sie vor dem Frisiertisch saß, bis jede Locke, jede Haarsträhne, jede Flechte so lag, wie sie es haben wollte. Nach einer Stunde vor dem Spiegel war sie endlich zufrieden gewesen. Sie hatte sich nicht weniger als siebenmal umgezogen, ehe sie sich für das leicht dekolletierte Kleid aus königsblauem Samt entschied, das sie jetzt trug.

Wenige Stunden zuvor war innerhalb von kaum fünfzehn Minuten eine Welt für sie zersprungen wie Glas.

Als der Butler ihr Mrs. Kingstons Besuch meldete, hatte sie natürlich gewußt, daß dies etwas mit Thomas zu tun hatte – in gewissem Sinn hatte sie sogar darauf gewartet. Einen Augenblick lang war sie in Panik geraten und hatte daran gedacht, sich verleugnen zu lassen. Doch dann war ihr bewußt geworden, daß sie damit nichts gewann, und sie hatte sich nur noch gefragt, *wie* sie sie empfangen sollte. Und wo? Im Salon? Sollte sie sich umkleiden, von ihrem Mädchen frisieren lassen, Schmuck anlegen? Schließlich hatte sie nichts von alldem getan.

May Kingston war sehr bleich gewesen, aber gefaßt, als sie Eve dankte, wie es die Etikette erforderte, daß sie so freundlich war, sie zu empfangen. Sie hatte Platz genommen, es aber abgelehnt, eine Tasse Tee zu trinken. «Ich glaube, ich fasse mich um unser beider willen so kurz wie möglich», hatte sie gesagt. «Ich hatte uns diese Begegnung ersparen wollen und hatte Ihnen schreiben wollen, aber ich fand nicht die richtigen Worte ...» Sie hielt inne, und die Hände auf ihrem Schoß klammerten sich aneinander fest. «Ich weiß leider nicht, wie weit Sie über die Ereignisse der letzten Woche unterrichtet sind ...»

«Welche Ereignisse meinen Sie?» fragte Eve.

«Dann hat er Ihnen also nichts gesagt. Ja, ich dachte mir schon, daß er es Ihnen verschweigen würde – zumindest bis er einen Entschluß gefaßt hat ... Nun, ich fürchte, ich kann das nicht, denn Sie müssen die Umstände erfahren. Sie sind ebenso einfach wie schmerzlich ... für uns beide ...» Sie sprach ruhig, ohne zu stocken, als hätte sie alles vorher auswendig gelernt. «Es ist nicht leicht für mich, wie Sie gewiß verstehen werden, deshalb bitte ich Sie ... keine Erklärungen oder Entschuldigungen ... Ich meinerseits ...» Sie zögerte. «Ich werde mich bemühen, Ihnen keine Vorwürfe zu machen.»

Wieder hatte sie innegehalten, einen Augenblick den Kopf gesenkt und dann in die violettblauen Augen geblickt, die Thomas so verzaubert hatten. «Mein Mann», hatte sie gesagt, «war das Opfer einer Erpressung.»

«Erpressung!» wiederholte Eve voller Entsetzen.

«Wegen Ihres –» May suchte nach dem angemessenen Wort – «Wegen Ihrer Beziehungen ...» Dann sprach sie von der Sidney Street und von Mrs. Deneuve, und Eve hatte gemerkt, daß es nichts mehr zu leugnen gab und hatte mit abgewandten Augen zugehört, als Thomas' Frau ihr von ihrem Bruder erzählte, von seinen Enthüllungen, auf die Thomas nicht hatte eingehen wollen, und von seinem Vorhaben, dem Earl die eidesstattlichen Erklärungen zu schicken, von Sidney Baines' Entdeckung, die May die Waffe in die Hand gegeben hatte, die Gefahr abzuwenden.

Endlich war sie zum Schluß gekommen. «Die Dokumente sind in meiner Kutsche», hatte sie gesagt. «Ich habe sie nicht gelesen, und ich rate auch Ihnen davon ab, aber wenn Sie wollen ...»

Eve hatte den Kopf geschüttelt, ihre Wangen waren gerötet, sie fühlte sich gedemütigt durch May Kingstons Wissen von einem so intimen Bereich ihres Lebens. «Ich weiß nicht, wie Sie es ertragen können, mit mir in demselben Zimmer zu sitzen», hatte sie schließlich gesagt.

«Es fällt schon ein wenig schwer», hatte May ruhig erwidert.

Einen Augenblick lang hatte Eve sich gefragt, warum May überhaupt gekommen war, da es ihr offensichtlich nicht darum ging, einen Triumph auszukosten oder sie in Grund und Boden zu verdammen. Und May hatte, gleichsam ihre unausgesprochene Frage beantwortend, hinzugefügt: «Aber die Gefahr ist noch nicht ganz vorüber – nur deshalb habe ich uns beiden diese peinliche Begegnung zugemutet. Mein Bruder ist nicht der einzige, der von der Beziehung zwischen Ihnen weiß ... Ich bezweifle, daß die eidestattlichen Erklärungen in meiner Kutsche die einzigen sind, die es gibt ... ich vermute, Turner hat Kopien davon. Und Turner ist ein viel gefährlicherer Mann als mein Bruder ...»

Eve glaubte, ihr werde schlecht. Der Gedanke, daß Leute, die Thomas übelwollten, Einzelheiten ihres Verhältnisses lasen, war ihr unerträglich. «Was ist also zu tun?» fragte sie leise.

«Wir haben nur Zeit gewonnen», hatte May gesagt. «Mein Bruder wird Turner über den Ausgang der Sache berichten müssen, aber er wird natürlich den wahren Grund nicht angeben wollen – deshalb wird er sich etwas anderes einfallen lassen müssen, das akzeptabler klingt. Er wird sich damit also nicht beeilen ... Vor allem würde es ihn seine Stellung kosten ... Also wird er warten und den Zeitpunkt hinausschieben ...»

May hielt ein paar Sekunden inne, und Eve konnte trotz ihrer Verzweiflung nicht umhin, ihren praktischen Verstand und ihre Willenskraft zu bewundern. «Er wird aber kommen, nicht wahr, dieser Zeitpunkt?»

«Aber dann», hatte May langsam gesagt, «wird es nichts mehr zu enthüllen geben ... In der Sidney Street wird für einen Detektiv, der sich vielleicht Zugang zu dem Haus verschafft, nichts mehr zu entdecken sein ... nichts wird auf eine Beziehung zwischen Ihnen und meinem Mann hindeuten ...»

Eve hatte plötzlich protestierend den Kopf geschüttelt, aber May hatte weitergesprochen, als hätte sie es nicht bemerkt. «Es wird dort nichts mehr zu entdecken geben, alles wird in den ursprünglichen Zustand zurückversetzt sein. Alles andere sind dann nur Gerüchte – und wer wird schon einem Schurken wie Turner glauben, wenn die Aussage einer Frau von Ihrem Rang oder eines Mannes von der Position meines Mannes dagegen steht ... vorausgesetzt natürlich, es gibt keine Beweise mehr.»

Eve hatte May plötzlich zornig angeblickt. «Mrs. Kingston, Sie nehmen zu vieles als sicher an.»

«Sie haben keine Wahl», hatte May behutsam, sogar in mitfühlendem Ton erwidert.

«Man könnte an eine Scheidung denken», hatte Eve ruhig gesagt. «Sie würde einen Skandal bedeuten, gewiß, aber es wäre eine Möglichkeit.»

«Davon kann keine Rede sein», hatte May geantwortet. «Wo sollten Sie leben? In irgendeinem entlegenen Dorf auf dem Kontinent? Denn in London könnten Sie doch nicht bleiben, oder? Glauben Sie ernstlich, mein Mann würde an so etwas denken? Sie müssen doch inzwischen erkannt haben, daß es für ihn nichts Wichtigeres gibt als sein Kaufhaus ... das ist ihm sogar wichtiger als Sie –» sie hielt nur eine Sekunde inne – «oder ich ...»

May war aufgestanden. «Es muß schnell geschehen, Lady Banbury», hatte sie gesagt. «Und ich habe noch eine Bitte ... Vielleicht möchten Sie sie mir nicht erfüllen, aber Sie werden zugeben, daß ich nichts getan habe, was Sie verletzen könnte, und für Sie wäre es letzten Endes gleichgültig ... Es wäre mir lieb, wenn mein Mann nicht erfährt, daß ich von der ganzen unglücklichen Angelegenheit etwas weiß.»

«Dann soll ich ihn also belügen, Mrs. Kingston?» fragte Eve kühl.

May hatte genickt. «Wenn es nötig ist, ja. Ich sagte Ihnen ja, es ist nur eine Bitte. Wenn wir uns einmal wiedersehen», hatte sie hinzugefügt, «hoffe ich, es geschieht unter glücklicheren Umständen.» Und danach war sie gegangen. Eve hatte noch regungslos dagesessen, als das Rattern der abfahrenden Kutsche lange verklungen war. Alles in ihr sträubte sich gegen das, was May für unvermeidlich erklärt hatte.

Sie war in ihr Schlafzimmer gegangen, hatte sich aufs Bett geworfen und geweint. Dann hatte sie sich an den Frisiertisch gesetzt und sich im Spiegel betrachtet – die geröteten Augen, das wirre Haar, die tränenfeuchten Wangen. Schließlich hatte sie nach einem Bogen Papier gegriffen und an Thomas geschrieben: *«Liebster – ich muß Dich unbedingt heute abend sehen. Mein Mann ist im Oberhaus. Bitte, bitte, können wir in der Sidney Street zu Abend essen? Ich warte dort auf Dich, mein Schatz.»* Sie hatte ihrem Mädchen geklingelt und es angewiesen, sofort einen Diener mit der Botschaft ins Kaufhaus zu schicken.

Von der Kirche in der Sidney Street schlug es sieben, als Eve hörte, wie Mrs. Deneuve Thomas die Tür öffnete. Er kam die Stufen herauf und lächelte sie liebevoll an, als er sie auf dem Treppenabsatz warten sah. «Du siehst wunderschön aus», sagte er. «Wie eine Dresdner Porzellanfigur. Ich wage kaum dich zu berühren.»

«Ich hoffe, du gehst das Risiko ein.» Ihre Augen leuchteten. «Ich werde mich bemühen, nicht zu zerbrechen.»

Er lachte und küßte sie sanft – dann legte er den Arm um sie und ging mit ihr ins Wohnzimmer, doch sein Schritt stockte, als er die brennenden Kerzen auf dem gedeckten Tisch sah.

«Das sieht ja so feierlich aus!»

«Das sollte es auch», sagte sie, glücklich lächelnd. «Hättest du gern ein Glas Champagner, Thomas?»

«Champagner? Gibt es etwas zu feiern?»

«Haben wir nicht immer etwas zu feiern?»

Er küßte sie wieder und ging zum Weinkühler, in dem neben dem Weißwein eine Flasche Veuve Cliquot lag. «Deine Nachricht hat so dringlich geklungen», sagte er, während er den Draht vom Korken löste.

«Ich mußte dich sehen. Ich habe dich zwei Tage nicht gesehen. Bedarf es einer Erklärung? Mußtest du dafür ein großartiges Dinner absagen?»

«Kein so großartiges wie das hier», erwiderte er, als der Korken aus der Flasche flog. Er schenkte zwei Gläser ein und trug sie zu ihr hinüber. «Nein, ich hatte nichts vor. Ich wollte zu Hause essen.»

«Dann darfst du nicht zu spät kommen.»

Er sah sie erstaunt an. Es war eine seltsame Bemerkung, und sie wußte, daß ihr für einen Augenblick die Maske heruntergerutscht war. Bis jetzt war sie so stolz auf ihre Schauspielkunst gewesen. «Deshalb darf ich nicht zu spät kommen», wiederholte er in einem Ton, als weise er sie behutsam zurecht.

Sie hob ihr Glas. «Auf uns», sagte sie, «auf Thomas und Eve und alles, was wir bisher erlebt haben.»

«Und auf das, was wir noch erleben werden», setzte er hinzu.

«Natürlich.» Sie hob das Glas an die Lippen und trank es fast leer. Sie sah seinen erstaunt-besorgten Blick. «Ich wollte keine Halbheiten», erklärte sie. «Es war doch ein schöner Toast, nicht wahr? Ein höflicher Schluck hätte ihm nicht entsprochen. Es war ein Gebet, Thomas ... Betrachte ihn als das ... Sag mir, daß du mich liebst ...»

«Ich liebe dich», sagte er. «Das weißt du doch. Warum fragst du?»

«Ich weiß es nicht ... Wahrscheinlich, weil ich *dich* so sehr liebe, ich wollte es auch von dir hören ... Thomas, du mußt mich heute abend begehren ... Du mußt mich heute abend lieben ... wie nie zuvor ...»

«Du bist in einer eigenartigen Stimmung.» Er sah sie besorgt an. «Habe ich dich nicht immer gleich begehrt, wenn wir zusammen waren?»

«Das ist hübsch gesagt ... Soll ich mein Halsband abnehmen, meine Ohrringe ... Würde ich dann weniger zerbrechlich wirken?»

«Hör auf, Eve», sagte er sanft und drückte ihr einen langen, leidenschaftlichen Kuß auf die Lippen, der sie beide in solche Höhen trug, daß sie sich aus seinen Armen löste. «Wir dürfen uns nicht gehen lassen. Mrs. Deneuve serviert gleich das Essen. Ich habe es persönlich zusammengestellt. *Truite à l'amande*... das ist doch eines deiner Lieblingsgerichte, nicht? Dann *Canard aux cerises* und ein Lafite, Jahrgang 75. Man hat mir gesagt, der paßt gut zu der Ente. Stimmt das?»

«Hört sich perfekt an, aber womit habe ich ein solches Festmahl verdient?»

«Womit?» Sie war wieder sprühender Laune. «Was für eine Frage! Mit nichts. Ich wollte dich nur dringend bei mir haben. Ach, ich weiß nicht, Thomas – komme ich dir sehr töricht vor?»

Er lächelte sie an. «Du bist entzückend – und ich fühle mich zutiefst geschmeichelt.»

Einen kurzen Augenblick lang wurde sie sich ihrer wahren Situation bewußt, dann sagte sie: «Mein Glas ist leer. Wirklich, Thomas, als Butler würde ich dich nicht einstellen.»

Er stand auf, nahm die Flasche aus dem Kühler und schenkte ihr ein. «Es gibt noch etwas, worüber ich mit dir sprechen muß. Ich hatte gehofft, ich brauchte es nicht ...»

«Dann sprich auch nicht davon, bitte.»

«Es geht nicht anders», sagte er. «Du mußt es wissen.»

«Ich will es aber nicht wissen, Thomas ... nicht heute abend.»

«Es ist wichtig. Wir müssen darüber reden.»

«Mir ist es gleich, wie wichtig es ist. Ich will nichts davon hören ... keine Diskussionen heute abend, Thomas. Nur Liebe, nur Glück ...»

Da klopfte Mrs. Deneuve und fragte, ob sie das Dinner auftragen könne.

Während des Essens plauderte sie lebhaft. Ihre Sätze überstürzten sich, und sie kam immer wieder auf ein neues Thema. Zweimal versuchte Thomas von der Erpressung zu sprechen, doch sie wollte nichts davon hören und lenkte ihn immer wieder geschickt ab – heute sei ein besonderer Abend, ein Thomas-Abend, sagte sie.

Sie war Thomas noch nie so schön erschienen wie jetzt, als sie ihn im Kerzenschein ansah mit diesen merkwürdigen Augen, aus denen wachsendes Verlangen, Liebe, reine Freude sprachen.

Danach liebten sie sich, und auch jetzt offenbarte sich, wie schon mehrmals an diesem Abend, ihre Entschlossenheit, den Abend zu etwas ganz besonders Schönem zu machen, sie zeigte sich in ihrer ganzen Hingabe, in dem fast verzweifelten Wunsch, sich in ihm zu verlieren, aber auch in dem Gefühl der Unzulänglichkeit, weil sie sich nicht ganz zu verlieren, ganz aufzugeben vermochte, sich nicht so weit von der Erde lösen konnte, wie sie es sich wünschte. Sie hatte etwas Rastloses, sie klammerte sich an ihn, als fürchtete sie, ohne seine Stärke könne sie sterben, und bei ihren Höhepunkten wurde sie von einem Weinkrampf geschüttelt.

Schließlich lag sie still neben ihm auf dem Rücken und blickte zu den Schatten auf, die die Gaslampen an die Decke warfen. Sie hielt seine Hand fest und verschränkte ihre Finger mit den seinen. «Ich glaube, du solltest lieber gehen», sagte sie.

«Ich glaube, wir sollten beide lieber gehen», erwiderte er.

Sie schüttelte kaum merklich den Kopf. «Er wird heute abend sehr spät kommen. Er geht bestimmt noch zu den Whites – zum Bakkarat ... du spielst nicht, Thomas, oder?»

«Mein ganzes Leben ist ein Spiel, das weißt du doch ... als ich mich in einer sehr prekären Lage befand, warst du mein Trumpf ... mein Gewinn ... nicht viele Spieler machen einen so guten Wurf ...»

Plötzlich wollte sie, daß er ging. Sie wünschte verzweifelt, daß er blieb, aber sie wollte, daß er ging. Sie hätte ihn für immer festhalten mögen, aber sie wollte, daß er ging, sie sehnte den Augenblick herbei, vor dem sie sich den ganzen Abend gefürchtet und den sie so lange hinausgezögert hatte.

«Ich weiß, du mußt gehen», sagte sie sanft, «aber ich bleibe heute noch eine Weile hier.»

Er wunderte sich, wie er sich schon den ganzen Abend über sie gewundert hatte, denn das hatte sie noch nie getan. Wenn sie zusammen gegessen hatten, brachen sie gewöhnlich zur gleichen Zeit auf.

«Wirklich», sagte sie, «ich habe heute abend keine Eile, und mir gefällt es hier ... Du mußt dich anziehen, ich bleibe hier liegen und sehe dir zu.»

Er stützte sich auf den Ellbogen und blickte zu ihr hinunter – und küßte sie dann zärtlich, aber mit großer Leidenschaft, ohne jede Hast.

Er stand auf und begann sich anzukleiden. Auf seinem Gesicht lag ein Ausdruck von Besorgnis. Als er in Hemd und Hose war, fragte er: «Was bekümmert dich?»

«Nichts – ich bin sehr glücklich.»

Doch er wußte, daß sie es nicht war. «Ist jemand bei dir gewesen ... hat jemand über uns gesprochen?»

«Nein – warum sollte das jemand tun?»

«Darüber wollte ich ja mit dir sprechen.»

«Nicht schon wieder, Thomas!» sagte sie scharf. Und sanfter setzte sie hinzu: «Nicht heute abend ...»

Er band sich vor einem Spiegel die Krawatte und zog sich das Jackett über. Er ging auf sie zu, setzte sich auf die Bettkante. «Ich hoffe, du weißt, wieviel du mir bedeutest.»

Sie hätte weinen mögen, hielt aber die Tränen zurück. «Ich hoffe es auch von dir», antwortete sie mit einem Lächeln. Er neigte sich zu ihr hinunter und küßte sie, und sie legte die Arme um seinen Nacken und klammerte sich an ihn. Dann ließ sie ihn los, und er stand auf. «Ich besuche dich morgen», sagte er und ging.

Sie sprang aus dem Bett. «Thomas!» rief sie verzweifelt. Sie öffnete die Tür, und er blickte vom halben Treppenabsatz zu ihr hinauf und sah, wie sie nackt auf der Schwelle stand und das gelöste Haar ihr über den Rücken fiel. «Komm noch einmal zurück – nur für einen Augenblick.»

Er stieg die Stufen hinauf und nahm sie in die Arme. «Wirst du mich immer lieben?» fragte sie in drängendem Ton. Wieder fiel ihm, als er sie ansah, ihr verzweifelter Ausdruck auf. «Natürlich», sagte er und küßte sie.

Abermals war sie es, die den Kuß beendete und ihn behutsam von sich schob. «Ich dich auch», sagte sie. «Lebwohl, Thomas.»

Er ging die Treppe hinunter, lächelte vom Zwischenabsatz noch einmal zu ihr hinauf. «Lebwohl, Thomas», wiederholte sie.

«Gute Nacht, mein Engel», sagte er und schritt weiter die Treppe hinunter.

Sie eilte ans Schlafzimmerfenster und sah ihn unten auf dem Bürgersteig. Er blickte zu ihr hinauf, lächelte und ging davon.

Zum erstenmal seit sieben Uhr brauchte sie sich nicht mehr zu verstellen. Jetzt hätte sie zusammenbrechen und sich ihre schreckliche Hoffnungslosigkeit von der Seele weinen können – aber sie tat es nicht. Sie kleidete sich ruhig an und versuchte ihr Haar zu ordnen, so gut es ging. Sie legte Ohrringe und Halsband an. Obwohl sie allein war, dünkte sie ihr Aussehen wichtig, denn sie fühlte sich wie eine Priesterin, die im Begriff ist, einen Ritus zu vollziehen.

In der Mitte des Zimmers stehend, drehte sie sich langsam um und nahm jedes geliebte Einrichtungsstück in sich auf. Thomas' Geruch hing noch in der Luft, und obwohl sie als erstes das Bett hatte machen wollen, auf dem sie einander zum letztenmal besessen hatten, schien es ihr jetzt angemessener, es zu lassen, wie es war – zerknitterte Tücher, zerknüllte Kissen.

Sie ging ins Wohnzimmer hinüber. Die Teller waren abgeräumt, aber die Gläser standen noch da – und die Karaffe, noch halbvoll.

Sie hatte sich schon vorher überlegt, was sie tun mußte, wußte aber noch nicht, wie sie es in die Tat umsetzen sollte. Sie nahm auch dieses Zimmer in allen ihr so teuren Einzelheiten in sich auf, und während sie sich umsah, fiel ihr Blick auf das lange Messingschüreisen im Kamin. Sie ging darauf zu, bückte sich, ergriff es, hob es hoch. Aber es war so schwer, daß sie es mit einer Hand nur nach unten halten konnte. Sie faßte mit der anderen Hand zu und hob es hoch, wie ein Schwert.

Das Schüreisen vor sich haltend wie bei einer Zeremonie, ging sie langsam ins Schlafzimmer zurück. Einige Sekunden blieb sie vor dem Louis-XIV-Spiegel stehen, starrte sich darin an und kam sich seltsam von allem losgelöst vor. Das, dachte sie, ist die Frau, die Thomas Kingston liebte. Mit einer plötzlichen Bewegung schlug sie auf den Spiegel ein, und ihr Bild wurde zerrissen von tausend Sprüngen zersplitternden Glases. Sie schlug noch einmal zu, fester, so daß mehrere Scherben aus dem Rahmen fielen und sie sich kaum noch erkennen konnte.

Die Zeremonie war vorüber. Jetzt war ein Bedürfnis, ein Sehnen gar nach Zerstörung in ihr. Sie zerschmetterte alle Bilder an der Wand und fegte mit einem Hieb die Porzellanfiguren vom Kaminsims, so daß sie am Boden zerschellten. Sie hängte sich mit aller Kraft an die Vorhänge, bis sie aus den Schienen rissen und herunterfielen. Sie nahm einen schmuckverzierten Brieföffner, der auf einem Tischchen lag, und schlitzte die Kissen auf, in die sie mit so vieler Mühe ihrer beider Initialen gestickt hatte.

Tränen rannen ihr über die Wangen. Sie ging ins Wohnzimmer zurück, warf Gläser und Karaffe vom Tisch, schlug auf die Bilder an der Wand ein, zerschmetterte die Rahmen, so daß sie von den Haken fielen. Schließlich blieb sie schwer atmend mitten im Zimmer stehen. Sie ließ das Schüreisen fallen und griff wieder nach dem Brieföffner. Sie trat auf den Renoir zu, den sie bis jetzt von der Zerstörung ausgespart hatte, betrachtete die sanften, weiblichen Frauen, denen sie sich, wie sie Thomas erklärt hatte, so sehr verbunden fühlte. Sie setzte die Klinge ganz oben an und schlitzte dann die Leinwand mit einem Schnitt entzwei.

Schließlich trat sie an das Bücherregal und zog das Buch heraus, das sie Thomas geschenkt und mit einer so gefühlvollen Widmung versehen hatte. Sie riß die Seite heraus und warf das Buch hinter sich zu Boden. Einige Augenblicke blieb sie stehen und betrachtete die Zerstörung, die sie angerichtet hatte, die Zerstörung ihres gemeinsamen Lebens mit Thomas. Dann griff sie nach ihrem Umhang, warf ihn sich um die Schultern und ging hinaus.

Mrs. Deneuve stand auf der Treppe und blickte erschrocken zu ihr hinauf. «Ich habe den Lärm gehört, Eure Ladyschaft», sagte sie.

«Mrs. Deneuve», sagte Eve, «wir brauchen die Zimmer nicht

mehr. Bitte, vernichten Sie alles, buchstäblich alles ... Sie waren sehr freundlich zu mir, ich werde es Ihnen nie vergessen.»

«My Lady ...» begann Mrs. Deneuve.

«Bitte, sagen Sie nichts mehr. Sie wissen sicher, warum ...»

Sie ging hinunter, öffnete die Haustür und rief dem Lakai von der Schwelle ein scharfes «Smith!» zu, so daß er fast vom Bock fiel. Er sprang herunter, und die Gräfin Banbury bestieg ihre Equipage.

Am nächsten Tag um vier Uhr sprach Thomas gerade mit Sidney und Lloyd in der Lebensmittelabteilung, als man einen von Eves Dienern zu ihm führte, der angewiesen war, ihm persönlich eine Nachricht zu überbringen. Thomas entschuldigte sich, trat einen Augenblick beiseite und riß den Umschlag auf. Er vermochte kaum zu glauben, was er las:

«Mein Schatz, es muß zu Ende sein – Du weißt, warum, denn Du wolltest gestern abend mit mir darüber sprechen. Ich liebe Dich so sehr, daß ich im Augenblick nicht weiß, wie ich es ertragen soll. Ich hoffe, mit der Zeit läßt der Schmerz ein wenig nach, denn sonst wäre das Leben für mich nicht mehr lebenswert. Doch trotz aller Qual möchte ich keine Sekunde unserer gemeinsamen Zeit missen. Ich danke Dir, Thomas. Ich danke Dir, mein Geliebter – Eve.»

Thomas versuchte seine Erschütterung zu verbergen. Er faltete das Blatt zusammen und steckte es ein. «Sie müssen mich entschuldigen», sagte er, «ich habe etwas Dringendes zu erledigen.» Er verließ das Kaufhaus, rief einer vorüberfahrenden Droschke zu, und Sidney und Lloyd fragten sich, was wohl so dringend sein mochte, daß er ohne Hut und Stock auf die Straße ging.

Die Droschke hielt vor dem Palais der Banburys am Grosvenor Square. Thomas sprang die Stufen hinauf und klopfte an die hohe Eingangstür. «Ist Ihre Ladyschaft zu Hause?» fuhr er den Butler an.

«Ich fürchte nein, Sir.»

«Sie ist also fortgegangen?» fragte Thomas in scharfem Ton.

«Ich habe die Anweisung, Sir, falls Sie vorsprechen sollten, zu melden, daß sie nicht zu Hause ist. Ich bedaure sehr, Sir.»

Thomas machte kehrt, und da die Droschke noch nicht weitergefahren war – am Grosvenor Square gab es immer Kundschaft –, stieg er wieder ein. «Wohin, Sir?» fragte der Kutscher.

Ja, wohin? Was tun? Thomas hatte noch nicht darüber nachgedacht, er wußte nur, daß er sich jetzt nicht auf seine Arbeit konzentrieren konnte. «34, Cadogan Place», sagte er.

9

«Aber sehen Sie das denn nicht, Mrs. Kingston –» Philip Wainwright beugte sich vor, und seine Augen leuchteten – «die Welt macht zur Zeit einen ungeheuren Wandel durch ... Bitte, verzeihen Sie, aber ich habe manchmal den Eindruck, Sie glauben, alles werde immer so bleiben, wie es ist – die Königin auf dem Thron, die Mutter der Parlamente in Westminster, und die Mittelklasse wird immer reicher ...»

«Jetzt redest du geschwollen daher», ermahnte ihn Stella, die am Fenster stand und auf die Gärten am Cadogan Place hinausblickte. «Du wirst sicher nicht so bald wieder eingeladen werden.»

«Aber Unsinn», sagte May lachend. «Sie sind mir beide jederzeit willkommen.»

«Beide!» wiederholte er unwillig. «Kann ich nie mit Ihnen allein sprechen?»

«Müssen Sie allein sein, um über Politik zu sprechen?» fragte May. «Stella teilt doch viele Ihrer Ansichten.»

«Ich will nicht nur über Politik mit Ihnen sprechen. Zumindest ...» Er hielt inne, weil er plötzlich auf seine Schwester zornig war. «Außerdem geht es Stella nur um die Sache der Frauen und um das Stimmrecht ... Stimmrecht!» Er hob wie flehend die Hände hoch. «Wen kümmert das Stimmrecht – ob für Männer oder für Frauen? Kümmern sich Menschen, die in den Fabriken von Bradford für einen Hungerlohn arbeiten, um das Stimmrecht? Oder die Millionen, die drüben in Stepney oder Whitechapel in bitterem Elend leben?» Er deutete mit dem Finger in die Richtung der Slums im East End. «Sie hausen dort zu zehnt in einem Raum ... Ihre Kinder haben keine Schuhe ... Da gibt es offene Kloaken und eine Rattenplage ... Und Sie sind zufrieden mit den Dingen, wie sie sind, Mrs. Kingston – solange Ihnen nur Ihr Butler den Tee serviert und die britische Marine die Meere beherrscht!»

«Hör sofort damit auf!» Stella trat auf ihn zu wie eine zornige Gouvernante. «Seit Tagen redest du nur davon, wie sehr du Mrs. Kingston bewunderst, und kaum bist du in ihrem Salon, da beleidigst du sie!»

«Ich habe sie doch nicht beleidigt!» erwiderte er erregt. «Bitte, Mrs. Kingston, sagen Sie mir, daß ich Sie nicht beleidigt habe!»

«Was Sie auch getan haben, ich habe mich nicht beleidigt gefühlt», sagte May.

«Ich habe mich hinreißen lassen, ja», gab er zu. «Bitte, verzeihen Sie mir und sagen Sie, daß ich Sie auch in Zukunft besuchen darf... Sie weisen mich doch nicht aus Ihrem Haus?» fügte er ängstlich hinzu.

«Ich sagte doch gerade, Sie und Ihre Schwester sind mir jederzeit ...»

«Meine Schwester! Meine Schwester! Stellas wegen habe ich die Beherrschung verloren ... Wissen Sie, sie spielt die große Radikale, aber in Wirklichkeit ist sie so gutbürgerlich wie nur irgendeine Frau in Kensington. Man braucht nur mit dem Union Jack zu winken, und schon marschiert sie in einer Linie mit den Imperialisten ...»

«Bitte, nicht schon wieder dieses Thema!» rief Stella. «Seit neuestem ist er gegen jeden Patriotismus, wissen Sie», fügte sie, an May gewandt, hinzu.

«O Gott! Verstehen Sie jetzt, Mrs. Kingston, warum ich Sie allein sprechen will, wo ich ständig so unterbrochen werde?»

«Na schön», sagte Stella. «Ich lasse euch ein paar Minuten allein – das heißt, wenn Sie gestatten, May –, ich möchte mir Ihren neuen Stubbs ansehen ... Er ist wohl im Speisezimmer. Ich lasse beide Türen offen, für den Fall, daß er Ihnen lästig wird ...» Sie lachte spöttisch auf. «Aber Sie können unbesorgt sein. Er fängt vielleicht mit ein paar schmeichelnden Worten an, aber im Nu ist er wieder bei der Politik.»

Sie zwinkerte May zu und ging hinaus.

«So», sagte May zu ihm, als spreche sie zu einem Kind. «Jetzt haben Sie ja erreicht, was Sie wollten.»

«Und ich bin dankbar dafür», sagte er in inbrünstigem Ton. «Ich bin dankbar für jede Sekunde mit Ihnen, denn ich habe während der ganzen Zeit, die ich fort war, nie aufgehört, an Sie zu denken.»

«Sie übertreiben gewiß. Ausgerechnet in Paris, unter all den bezaubernden Französinnen. Wollen die denn auch die Welt verändern?»

«Alle aus unserem Kreis, ja.»

«Und das ist ein Kreis von ...» Sie zögerte, war sich des passenden Wortes nicht sicher. «Von Radikalen?»

«Wir sind mehr als das. Wir sind Revolutionäre, Sozialisten ...»

«Sind die Franzosen denn erfreut darüber, einen Kreis von Revolutionären in ihrer Hauptstadt zu haben?»

«Zu gegebener Zeit werden sie uns hinauswerfen ... Revolutionäre sind es gewohnt, von Stadt zu Stadt zu ziehen. Mrs. Kingston, ich wollte, ich könnte Ihnen einen Eindruck von der Erregung vermitteln, die die Sache der Freiheit auslöst. Denn sie wird kommen, die Weltrevolution. Sie ist unvermeidlich.»

«Wissen Sie», sagte sie, «ich verstehe nicht, weshalb Sie so gern mit mir sprechen wollen. Wir haben nichts gemein – jetzt noch weniger, wo die Revolution Sie so sehr beschäftigt ...»

«Das hat nichts damit zu tun, Mrs. Kingston. Ich kann nichts gegen meine Gefühle tun – genausowenig wie Sie gegen die Ihren. Gefühle sind mächtig, wie Sie wissen. Deshalb bin ich nach Paris gegangen, aus Verzweiflung, weil Sie verheiratet sind ... aber es hat nichts genützt. Wissen Sie, daß ich Sie nachts manchmal so deutlich vor meinen Augen sah, daß ich glaubte, Sie denken an mich – daß wir auf irgendeine seltsame Weise in Verbindung stehen ...»

«Sie müssen aufhören, so zu sprechen», wies May ihn zurecht. «Erzählen Sie mir vom Patriotismus», fuhr sie fort, weil ihr nichts Besseres einfiel. «Sie haben Stella Patriotismus vorgeworfen – Patriotismus ist doch ein hohes Ideal.»

«Nur dann, wenn Sie es für ein hohes Ideal halten, die Massen auszubeuten», entgegnete er. «Patriotismus ist ein Trick der Kapitalisten. Es gibt überall in der Welt Arme, Mrs. Kingston, aber sie sind getrennt durch das Konzept des Vaterlands. Nehmen Sie die Fabrikarbeiter in Bradford: mit wem haben sie wohl mehr gemein – mit den französischen Arbeitern, die in einer Fabrik in Lyon genauso ausgebeutet werden wie sie, oder mit einem britischen Lord?»

Er hielt inne und wartete auf ihre Antwort, aber jetzt, wo er wieder bei einem für sie ungefährlichen Thema war, sagte sie nichts mehr. «Warum sollten die Massen für ‹König und Vaterland› kämpfen?» fuhr er in verächtlichem Ton fort. «Glauben Sie mir, Mrs. Kingston, «der Arbeiter *hat* kein Vaterland. Das haben Marx und Engels schon vor über vierzig Jahren im *Kommunistischen Manifest* geschrieben. Haben Sie das *Kommunistische Manifest* einmal gelesen? Haben Sie schon einmal vom *Kommunistischen Manifest* gehört?»

«Das – hat – sie – nicht!» May fuhr bestürzt herum, als sie Thomas' Stimme hörte, die jedes einzelne Wort wie eine zornige Herausforderung hervorstieß. Er stand mit finsterem Gesicht auf der Türschwelle. «Zumindest gehe ich davon aus», setzte er hinzu.

Er sah zum erstenmal alt aus. Er wirkte abgespannt, und das Leid schien tiefe Falten in sein Gesicht gegraben zu haben. May hörte den Zorn in seiner Stimme, und da sie den Grund dafür kannte, wußte sie, daß jeder diesen Zorn ausgelöst haben würde, den er in seinem Salon antraf – aber natürlich hatte Philips Attacke gegen den Patriotismus, auf den Thomas wie jeder ordentliche Staatsbürger große Stücke hielt, ihn besonders heftig entfacht. Aber selbst wenn Philip ein Loblied auf Ihre Majestät die Königin gesungen hätte, wäre Thomas erstaunt gewesen, May allein mit einem Mann anzutreffen, den er nicht kannte.

Philip hatte sich errötend erhoben. May zwang sich zu einem Lächeln und sagte rasch: «O Thomas, wie schön, daß du so früh zurück bist. Darf ich dir Mr. Philip Wainwright vorstellen ...»

Thomas starrte Philip nur von der Tür her an. «Ich habe dir doch von meinen Freunden, den Wainwrights, erzählt», fuhr sie fort, um einen leichten, natürlichen Ton bemüht. «Miss Wainwright ist gerade im Speisezimmer – sie wollte sich unbedingt sofort deinen neuen Stubbs ansehen ... O Stella, ich glaube, Sie kennen meinen Mann noch gar nicht?» Stella war in die Tür getreten und hatte die peinliche Situation im Salon sogleich erfaßt.

«Guten Tag, Mr. Kingston», sagte sie herzlich. «Wie schön, Sie endlich kennenzulernen ... Ihre Gattin hat mir so viel von Ihnen erzählt ...» Sie hielt ihm selbstbewußt die Hand hin, und Thomas ergriff sie. «Ich freue mich auch, Sie kennenzulernen, Miss Wainwright», erwiderte er etwas barsch, er war noch immer etwas verwirrt durch die Ereignisse des Nachmittags.

«Ihr Bruder jedoch –» Er wandte sich zu Philip um. «Ich gebe Ihnen die Hand, da Sie Gast meines Hauses sind, Mr. Wainwright, aber solange Sie unter meinem Dach sind, muß ich Sie bitten, keinen solchen Gefühlen Ausdruck zu verleihen, wie ich sie gerade hörte, als ich hereinkam.» Er streckte ihm, noch immer grimmig blikkend, die Hand hin.

«Ich bin mir bewußt, Mr. Kingston», sagte Philip, «daß der Sozialismus als eine noch recht neue Idee etwas schwer zu akzeptieren ist ...»

«Er ist gegen die Natur», beharrte Thomas dogmatisch.

«Wenn Sie mir die Bemerkung gestatten, Sir – ich habe noch nie jemanden die Ansicht vertreten hören, der Kapitalismus entspreche der Natur.»

«Mr. Wainwright», schaltete sich May rasch ein, «ist für ein paar Wochen aus Paris zurückgekommen, wo er politische Theorie studiert.»

«Aha», brummte Thomas und stellte sich fast herausfordernd vor dem Kamin in Positur. «Ich dachte, deine Freunde, die Wainwrights, seien Wahlrechtskämpfer. Ich wußte nicht, daß sie Sozialisten sind, sonst hätte ich deinen Verkehr mit ihnen etwas anders beurteilt.»

«Oh, wir sind keine Sozialisten», warf Stella ein. «Allenfalls mein Bruder. Meine Mutter und ich treten, wie Sie ganz richtig sagten, für das Stimmrecht für Frauen ein, genauso wie Ihre Gattin. Das ist sogar der Hauptgrund, weshalb ich heute hier bin. May hat Ihnen doch gewiß von unserer Gesetzesvorlage im Unterhaus nächste Woche erzählt ...»

«Von welcher Gesetzesvorlage?» fragte Thomas.

«Ich glaube, ich habe davon gesprochen», antwortete May. «Es geht um die Ausdehnung des Wahlrechts. Mr. Woodall bringt einen Abänderungsantrag ein, der auch weiblichen Haushaltsvorständen das Stimmrecht geben soll.»

«Und wir werden auf der Zuhörergalerie zahlreich vertreten sein am Mittwochabend», sagte Stella. «Ich hoffe, Sie kommen mit, May.»

«Ja, gern», erwiderte sie. «Du hast doch nichts dagegen, Thomas? Es ist ja nur ein Abend. Ich würde mir die Debatte gern anhören.»

Thomas blickte starr vor sich. «Ich glaube, dein Verkehr mit den Frauenrechtlern ist weit genug gegangen.»

«Oh, sagen Sie das nicht, Mr. Kingston», wandte Stella lebhaft ein. «Ich bin sicher, Sie sind nicht prinzipiell gegen das Frauenstimmrecht.»

«Prinzipiell vielleicht nicht, Miss Wainwright», entgegnete Thomas steif. «Aber meine Frau ist durch ihre Verbindung mit meinem Kaufhaus in einer prekären Situation. Es wäre von großem Schaden, wenn ihr Name in Presseberichten erschiene, die sich mit Ihrer Kampagne beschäftigen.»

May hatte Thomas noch nie so reden hören – so bombastisch, so anmaßend, mit einem so strengen Gesichtsausdruck. Sie schämte sich für ihn.

«Aber Mr. Kingston», gab Stella zurück, «der größte Teil der Presse steht unserer Bewegung positiv gegenüber.»

Thomas stand unbeweglich da, die Beine leicht gespreizt, die Hände auf dem Rücken verschränkt. «Miss Wainwright», sagte er frostig, «ich habe die Frage bedacht und Ihnen meine Ansicht mitgeteilt.»

Da wurde Stella plötzlich zornig. Mit hochroten Wangen fragte sie: «Mr. Kingston, heißt das, daß Sie Ihrer Gattin verbieten, der Debatte am Mittwoch beizuwohnen?»

«Allerdings.» Er wippte auf den Füßen hin und her. «Aber wenn Sie gestatten – ich glaube, das ist eine Privatangelegenheit, die nur meine Frau und ich zu besprechen haben.»

«Zu besprechen! Für Sie gibt es ja gar nichts mehr zu besprechen, Mr. Kingston. Sie verfügen wie ein absolutistischer Herrscher!»

«Bitte, Stella», unterbrach May sie, «ich kann recht gut für mich selbst eintreten.» Sie wandte sich an Thomas. «Ich habe mich dir noch nie widersetzt, Thomas», sagte sie, «und ich weiß, es muß heute etwas sehr Unangenehmes geschehen sein und dich verstört haben, daß du um diese Zeit nach Hause kommst – sonst wärst du gewiß zugänglicher gewesen in einer Angelegenheit, die mir sehr am Herzen liegt ... aber ich muß dir sagen, daß ich mir diese Debatte anhören werde.»

«Obwohl ich es nicht wünsche?» fragte er erstaunt.

«Ich würde es lieber mit deinem Einverständnis tun – ich hatte dich darum gebeten –, aber wenn du dich weigerst, ja, dann gehe ich hin, auch wenn du es nicht wünschst.»

Entschlossen begegnete sie seinem Blick, und trotz der Erregung, die sie selbst erfaßt hatte, nahm sie den Zorn, die Verzweiflung und den Schmerz wahr, die aus seinen Augen sprachen. «Ich hoffe, du bist dir über die Auswirkungen deiner Worte im klaren», sagte er kalt, «denn sie werden sehr ernst sein ... Und jetzt gestatten deine Gäste vielleicht, daß ich mich zurückziehe, da ich noch einige Arbeiten zu erledigen habe – Miss Wainwright, Mr. Wainwright –» Er nickte ihnen beiden zu und verließ das Zimmer.

Sie saßen dicht gedrängt auf den Bänken der Zuhörergalerie, angetreten wie Truppen auf dem Schlachtfeld und sogar uniformiert in ihren Hauben und Handschuhen, die Mrs. Wainwright so geringschätzte. Unter ihnen in der Arena sahen sie die Symbole des historischen britischen Parlaments – den schweren silbernen Amtsstab, den Tisch in der Mitte, auf dem er lag, und davor, auf einem großen hölzernen Stuhl sitzend, den Speaker mit seiner Perücke, der von seinem Platz aus die Versammlung überblickte.

Die Debatte war gut besucht, wenn auch viele Abgeordnete auf beiden Seiten des Hauses einen uninteressierten Eindruck machten und recht lässig dasaßen – einer oder zwei schienen sogar zu schlafen. Mr. Gladstone – die Arme verschränkt, einen grimmigen Ausdruck im granitharten Gesicht – hörte aufmerksam zu.

Und dort zu ihren Füßen trug ihr Champion, Mr. Woodall, die Sache vor, die allen von der NGFS so heilig und teuer war. Er tat es genauso, wie er May gesagt hatte. Er nahm sich die Argumente gegen das Frauenstimmrecht vor und wies nach, wie lächerlich sie waren; aber seltsamerweise hatte er May, als er bei den Wainwrights auf dem Sofa saß, mehr beeindruckt als jetzt in diesem großartigen gotischen Saal.

May warf einen Blick zu Stella, Mrs. Wainwright und Emily, die neben ihr saßen, und sah ihren Gesichtern an, daß sie das gleiche empfanden wie sie. Auch Mr. Woodall schien zu spüren, daß er sein Auditorium nicht recht zu überzeugen vermochte, denn er setzte plötzlich zu einer rhetorischen Passage an. «Was ist mit Boadicea?» rief er. «Oder mit Jeanne d'Arc? Taten sie es nicht als Soldaten den

Männern gleich? Wie kann man den Frauen dann das Stimmrecht verweigern mit der Begründung, sie leisteten keinen Beitrag für die Armee oder für die Kriegsmarine?»

Er sprach von so hervorragenden Frauen wie Florence Nightingale und Octavia Hill, von den 20000 selbständigen Landwirtinnen in England, von denen die meisten Männer bei sich beschäftigten, und von den drei Millionen Frauen, die ihren eigenen Haushalt führten. Aber er vermochte die Versammlung nicht zu rühren, und May fragte sich, ob es klug gewesen war, der Debatte beizuwohnen – ob es die Konfrontation mit Thomas wert gewesen war in einem so schwierigen und sensiblen Augenblick ihrer Ehe.

Thomas hatte seit der Auseinandersetzung kaum ein Wort mit ihr gewechselt, er hatte sich sogar bei Tisch in nachdenkliches Schweigen zurückgezogen. Beim Frühstück am Morgen hatte sie ihn gefragt, ob er zum Abendessen heimkommen werde, und er hatte kurz erwidert: «Ich denke schon.»

«Ich richte dir ein gutes Dinner», hatte sie gesagt, und er hatte nur kühl genickt.

Mr. Gladstone erhob sich lässig und ließ den Blick über die Versammlung schweifen – ein Löwe von einem Mann mit seinem grauen Backenbart und dem entschlossenen Gesichtsausdruck. Er begann Mr. Woodalls Antrag zu zerpflücken mit denselben Worten, die die Frauenstimmrechtler schon so oft gehört hatten. Er zeigte Verständnis, erkannte die vorgebrachten Argumente durchaus an, sagte aber, das Problem des Frauenstimmrechts sei eine gesellschaftliche Frage von größter Tragweite ...

Wenn es unter den Anhängern der NGFS bisher einen Funken Hoffnung gegeben hatte, so wurde er jetzt bei der negativen Entgegnung des Premierministers zum Verlöschen gebracht. May flüsterte Stella zu: «Ich glaube, ich gehe jetzt lieber. Das mit Mr. Gladstone tut mir leid.» Stella nickte etwas wehmütig. «Es gelingt eben nicht beim ersten Anlauf.»

Philip folgte May auf den Flur hinaus. «Bemühen Sie sich nicht», sagte sie zu ihm, «ich nehme mir eine Droschke. Bleiben Sie bei Ihrer Mutter und Ihrer Schwester.»

«Das kommt nicht in Frage», sagte er. «Ihr Gatte würde es mir verübeln, wenn ich Sie allein heimfahren ließe.»

Während May im Eingang der Zuhörergalerie auf Philip wartete, der eine Droschke herbeiholen wollte, sagte sie sich traurig, daß dieser Abend wohl den Todesstoß für die Bewegung bedeutete. Und in der Tat *war* die Debatte das Ende des NGFS und der Dynamik, die hinter ihr stand – zumindest für fast zwanzig Jahre.

«Ich vermute», sagte May zu Philip, als sie in der Droschke saßen, die in Richtung St. James' Park davonfuhr, «daß Sie sich jetzt ein wenig selbstgefällig vorkommen. Unser gutes altes britisches Parlament hat genau das getan, was Sie erwartet hatten ...»

«Nicht selbstgefällig», warf er ein.

«Mir wäre es lieber gewesen, der Premierminister hätte uns angegriffen», fuhr sie fort, «aber diese gönnerhafte Art, dieses Eingeständnis, daß die Frauen in mancher Beziehung recht hätten, daß man aber die Sache nicht überstürzen dürfe ... gegen diese Einstellung ist schwer anzukommen.»

«Keineswegs», sagte Philip. «Ja – auf normale oder zivilisierte Weise, wie Sie es nennen würden, haben Sie sicher recht. Aber die Gesellschaft kann nur durch eine Revolution verändert werden.»

Er sprach aus, was sie fast den ganzen Abend hatte denken müssen, aber trotzdem glaubte sie sich ihm widersetzen zu müssen. «Sie reden wie Ihre Mutter», sagte sie.

«Und sie hat recht ...» Er hielt inne, und sie spürte seinen Blick auf sich ruhen, obwohl es so dunkel in der Droschke war, daß man nur etwas sehen konnte, wenn sie unter einer Straßenlaterne hindurchfuhren. «Das wissen Sie sehr wohl, denn Sie sind mit ihr einer Meinung. Sie möchten sich nur mit mir streiten. Es gehört zu der Scharade, die wir beide offenbar spielen müssen.»

«Es gibt keine Scharade», entgegnete sie ruhig.

«Nun, dann so tun, als ob ... Sie wählen Ihr Lieblingswort ... Seine Gefühle verleugnen ...»

«Wie können Sie sich meiner Gefühle so sicher sein?» Sie sprach noch immer ganz ruhig. «Und selbst wenn Sie recht hätten, spielt unser Wille nicht auch eine Rolle? Man kann nicht immer seinen Gefühlen nachgeben ... Das wäre barbarisch.»

Er lachte. «O May ... ich darf Sie doch May nennen ... bitte?»

«Es ist wohl gleich, wie Sie mich nennen», erwiderte sie. «Ihre Mutter und Ihre Schwester nennen mich so ... ist das wichtig?»

«Natürlich ist es wichtig ... May ...» Er setzte den Namen fast schüchtern hinzu und wiederholte ihn mit einer Art Stolz, als hätte er einen Preis gewonnen. «May ... May, vom ersten Augenblick an, als ich Sie sah, habe ich gewußt, daß Sie nicht die gesetzte, gutbürgerliche Frau sind, als die Sie dem oberflächlichen Auge erscheinen ... Ich habe immer gefühlt, daß in Ihnen ein Elan, ein Feuer brennt, das Sie ruhelos macht, daß in Ihnen eine Wildheit ist, wie sie ein Falke im Käfig empfinden muß, wenn er zum Himmel aufblickt ...»

«Das ist sehr poetisch», sagte sie, «aber vollkommener Unsinn.»

«Es gibt Tiefen in Ihnen, die Sie selbst noch nicht entdeckt haben», fuhr er fort, «Aspekte Ihrer Persönlichkeit und ganz gewiß Ihrer Gefühle, die Ihnen noch unbekannt sind. Sie sehen sich in einer bestimmten Rolle, einem bestimmten Rahmen, aber es ist die falsche Rolle, der falsche Rahmen ... Sie sind viel mehr wert. Sie werden es jetzt nicht glauben, aber ich bin sicher, mein Leben in Paris würde Ihnen gefallen.»

Ein paar Sekunden lang, während sie an einer der Gaslaternen im Park vorbeifuhren, konnte sie seine Augen sehen. Er blickte sie voll Inbrunst an, und sie spürte ein Verlangen nach ihm, das stärker war als je zuvor.

Sie schüttelte so heftig den Kopf, daß er glaubte, sie streite seine Worte ab. «Sie glauben es vielleicht nicht –» er sprach jetzt wieder im Dunkeln, denn sie hatten die Laterne hinter sich gelassen – «weil Sie eben nur die Wertvorstellungen der Welt kennen, in der Sie aufgewachsen sind. Aber in Paris, May, da würden Sie eine Freiheit kennenlernen wie nie zuvor ... Sie würden sehen, daß Sie in der Ehe eine Sklavin sind, daß die ganze Struktur des Lebens in England verfault ist – und die des Lebens in Frankreich, Deutschland und wahrscheinlich auch in Amerika ebenfalls. Die Welt, May, ist verfault und muß sich verändern. Kommen Sie mit und helfen Sie mir, sie zu verändern, May ... bitte, kommen Sie mit mir nach Paris.»

Sie konnte ihn im Dunkeln nicht sehen, aber sie nahm die Stärke seiner Empfindungen wahr, als wären es Schallwellen. «Sie verlangen doch nicht im Ernst von mir, daß ich meinen Mann verlasse?» fragte sie entgeistert.

«Genau das tue ich», sagte er. «Sie müssen Ihre Ketten brechen.» Wieder sah sie ihn für ein paar Sekunden im Schein einer Laterne, und sein Blick schien sie fast physisch zu durchdringen.

«Und mich scheiden lassen?» Die Frage klang seltsam kurzatmig.

«Wenn Sie es für nötig halten – in Paris würde es nicht darauf ankommen ... May, ich habe noch nie für eine Frau empfunden, was ich für Sie empfinde. Ich habe noch nie in solcher Qual gelebt, so lebhafte Vorstellungen von einem anderen Menschen gehabt ...»

«Bitte!» keuchte sie. Einen Augenblick lang war sie hilflos, da ihr Verlangen nach ihm in so lebhaftem Widerspruch zu der Gewißheit stand, daß sein Vorschlag unmöglich war. «Gott sei Dank, wir sind gleich da», sagte sie und sprach damit laut aus, was sie nur gedacht hatte.

«Kutscher!» befahl Philip. «Fahren Sie um den Park herum!»

«Nein!» sagte sie bestürzt. «Ich muß nach Hause! Ich muß ...» Aber er hinderte sie mit seinen Lippen am Weitersprechen, und alle angestauten Gefühle brachen in ihr auf, mit einer solchen Gewalt, daß sie glaubte, sie werde ohnmächtig. Alles drehte sich in ihr, Empfindungen und Bilder mischten sich. Doch trotz ihrer Verwirrung war sie sich des Klapperns der Pferdehufe bewußt, das wie in Wellen kam und ging, und auch der momentanen Helligkeit, wenn sie an einer Gaslaterne vorbeikamen. Dies waren dankbar begrüßte Verbindungen zur Wirklichkeit, eine Abwehr gegen das Übermaß an Gefühl, das seine Lippen auslösten, seine Hände, die verlangend über ihren Körper glitten, sie halfen ihr, ihren Willen wiederzufinden, zeigten ihr, wie unschicklich ihr Benehmen war ...

Mit großer Anstrengung schob sie ihn von sich. Zuerst konnte sie nicht sprechen, versuchte schwer atmend ihr inneres Gleichgewicht wiederzuerlangen.

«Kommen Sie mit mir, jetzt gleich», sagte er.

«Ich habe Kinder ...»

«Sie können nachkommen, wenn Sie in Paris sind.»

«Sie wissen nicht, was Sie sagen ... Ich habe einen Mann, den ich liebe ...»

«So etwas wie eben können Sie noch nie empfunden haben», sagte er, «das ist unmöglich. So etwas empfindet man nur einmal im Leben mit einem anderen Menschen. Jede Faser Ihres Körpers schreit nach dem meinen, so wie jeder Teil von mir vor Entbehrung schreit ...»

«Ich werde Sie nie wiedersehen», sagte sie ruhig.

«Das glaube ich Ihnen nicht. May, sind Sie sich bewußt, daß Gott uns füreinander geschaffen hat ... Gott hat uns als vollkommene Ergänzung ausersehen ...»

«Gott hat mich zehn Jahre älter gemacht als Sie», sagte sie mit steinernem Gesicht, «und mir einen Mann und drei Kinder gegeben, die alle meine Treue verdienen ... Philip ...» Sie sprach jetzt in sanfterem Ton. «Das ist das erste Mal, daß ich Ihren Vornamen ausspreche – und auch das letzte ... Ich gebe zu, daß ich großes Verlangen nach Ihnen habe. Ich gebe es nur zu, weil ich Sie nie mehr wiedersehen werde ... auch Ihre Schwester und Ihre Mutter nicht mehr, so sehr ich sie beide auch bewundere und mag ...»

«Sie schneiden uns alle von sich ab – wie mit einem Säbelhieb.»

«Wenn Sie so wollen.»

«Es wird Sie viel Blut kosten ...»

«Das wird meine Buße sein.»

Erleichtert stellte sie fest, daß sie auf die Cadogan Place einbogen.

«Ich glaube einfach nicht, daß Sie so stark sind, wie Sie scheinen», sagte er. «Ich werde Sie morgen aufsuchen.»

«Man wird Sie nicht vorlassen. Bitte, akzeptieren Sie das doch. Ich werde Sie nicht wiedersehen.»

Die Kutsche hielt vor dem Haus. «Leben Sie wohl», sagte sie. «Ich wünsche Ihnen alles Gute.»

Sie stieg aus, eilte über den Bürgersteig und ging die Eingangsstufen hinauf. Brandon hatte offenbar schon auf sie gewartet, denn die Tür wurde geöffnet, als sie sie erreichte, und schloß sich sofort wieder hinter ihr.

«Hat sich Mr. Kingston schon zurückgezogen?» fragte sie.

«Nein, Madam», antwortete der Butler, «er ist im Salon.»

Er öffnete ihr die Tür, und einen Augenblick blieb sie auf der Schwelle zu dem großen Zimmer stehen. Thomas saß schlaff in seinem Lehnstuhl, ein Glas Whisky in der Hand, und starrte in den Kamin – das Feuer war angelegt, aber noch nicht angezündet.

«Thomas», sagte sie von der Tür her. Er antwortete nicht, bewegte sich nicht. Sie wartete ein paar Sekunden, dann ging sie auf ihn zu und hörte in der Stille das Rascheln ihrer Röcke. «O Thomas», sagte sie ruhig. Sie setzte sich auf die Stuhllehne und legte ihm behutsam den Arm um die Schultern. Zuerst glaubte sie, er werde nicht reagieren, doch dann, fast abwesenden Sinnes und ohne die Haltung zu verändern, hob er die Hand und legte sie auf die ihre.

Achtes Kapitel

Oktober 1888

I

Thomas lehnte sich in seinem Schreibtischsessel zurück und musterte den Jungen, der vor ihm stand. Sein Anzug war neu, die Bügelfalte scharf, seine Schuhe knarrten, wenn er sich bewegte, und dem hohen, gestärkten Kragen hatten Seife und Wasser noch nicht den Glanz genommen. Er hatte blondes Haar, wie David, und er war schlank, fast schmächtig, und ziemlich klein. Er hatte fein geschnittene Gesichtszüge und die blauen Augen seiner Mutter, was Thomas bei seinem Eintreten ein wenig verwirrt hatte, weil er an die Umstände des ihr gegebenen Versprechens denken mußte.

Damals, an jenem dramatischen Abend, war Charles ein kleiner Junge von drei Jahren gewesen, jetzt, 1888, war er sechzehn, und er machte auf Thomas, der ihn einige Zeit nicht gesehen hatte, einen sehr vorteilhaften Eindruck. Er wirkte intelligent; seine Antworten waren so sicher und bestimmt wie sein Händedruck, und wenn er auch in respektvoller Haltung dastand, so sprach aus seinen Augen doch Selbstbewußtsein. Schließlich nickte Thomas ihm aufmunternd zu. «Und nun, Charles, sage ich zu dir das gleiche, was ich vor einem Jahr zu Ramsay gesagt habe, als er hier im Kaufhaus anfing: Du bist privilegiert. Weißt du, was das heißt?»

«Ich glaube schon, Sir.»

«Nun – was heißt es?»

«Wenn ich Sie richtig verstehe, Mr. Kingston, denken Sie dabei daran, daß mir als dem Sohn eines der Anteilsbesitzer besondere Möglichkeiten offenstehen ... natürlich mit der damit verbundenen besonderen Verantwortung ...»

«Gut geantwortet, Charles.» Thomas war sehr zufrieden. «Dein Vater und ich haben eine lange Lehrzeit in der Branche durchgemacht, wie du wohl weißt. Du hast, wie Ramsay, etwas mehr Schulbildung mitbekommen als wir damals, und Kingstons ist bedeutend größer, als Parsons je war ... du hast also deine Lehrzeit noch vor dir. Du wirst acht Shilling die Woche bekommen, und du fängst auf der untersten Stufe der Leiter von Kingstons an, damit du das Geschäft von Grund auf kennenlernst. Du hast dich zu jeder Zeit sauber und ordentlich zu präsentieren. Du mußt pünktlich sein und die Anweisungen deines jeweiligen Abteilungsleiters anstandslos befolgen.»

Thomas hielt ein paar Sekunden inne, weil er sich bewußt wurde, daß er zu Charles doch nicht genau das gleiche sagte wie damals zu Ramsay, als dieser – es war fast genau ein Jahr her – vor ihm stand. «Du mußt fähig sein, das Geschäft wie deinen Atem in dich aufzunehmen, Ramsay», hatte er zu seinem Sohn gesagt. «Du mußt einen Instinkt entwickeln, so wie ein Tier der freien Natur ein Gefühl für Gefahr erwirbt. Wenn etwas nicht stimmt, mußt du es wissen, ohne es wirklich gesehen zu haben. Deshalb mußt du alles tun, was irgendwer in diesem Kaufhaus tut. Wenn du Pakete gepackt, Zahlen ins Buch eingetragen, den Lagervorrat überprüft hast, wenn du bei Lieferfahrten dabei gewesen bist, Kunden bedient hast, dann wirst du alles kennen ... wirklich *kennen*, meine ich ... nicht nur den Handel, das Geschäft, so wichtig das auch ist, sondern den lebendigen, pulsierenden Organismus, den dieses Kaufhaus darstellt und der sich von dem jedes anderen Kaufhauses unterscheidet, wenn auch äußerlich gesehen Ähnlichkeiten bestehen mögen. Was ich mit Kennen meine, wirst du besonders in der Zukunft erfahren, wenn du als Einkäufer tätig bist, denn dann wirst du jene innere Stimme hören, auf die du gut achtgeben mußt, denn sie wird dir sagen, daß dieser Artikel für Kingstons richtig ist und jener nicht, obwohl du dir nicht genau erklären kannst, weshalb. Du wirst natürlich Fehler machen, nur so kannst du lernen ... du wirst einmal zu viel, einmal zu wenig einkaufen ... du wirst Waren ordern, die du nicht hättest ordern sollen – aber nur so erwirbst du den Instinkt, den du brauchst, wenn du einmal meinen Platz an der Spitze dieser Gesellschaft übernehmen und Kingstons zu dem großen, weltbekannten Haus machen willst, das es werden kann.»

«Ich verstehe, Sir», hatte Ramsay gesagt.

Thomas hatte seine Antwort ein wenig unbefriedigend gefunden, so als nehme Ramsay alles, was er gesagt hatte, für gegeben hin. «Es wird nicht leicht sein, Ramsay», hatte er hinzugefügt. «Glaube nicht, daß es leicht sein wird ...»

«Das erwarte ich auch nicht, Sir», hatte Ramsay erwidert, «aber wenn Sie glauben, daß ich die Begabung habe, diesen Instinkt zu entwickeln, von dem Sie gesprochen haben, dann werde ich mein Bestes tun, um Ihr Vertrauen zu rechtfertigen.»

Was konnte ein Vater mehr von seinem Sohn erwarten? Trotzdem hatte Thomas bei Ramsays Worten das Gefühl, als ginge er an seine Karriere im Kaufhaus, an sein Schicksal, mit zu wenig Entschiedenheit heran oder zumindest mit einer gewissen Überheblichkeit.

Dennoch konnte sich Thomas nicht über seinen Sohn beklagen. In diesem ersten Jahr hatte er sich sehr vielversprechend entwickelt. Die Leiter aller Abteilungen, in denen er gearbeitet hatte, wußten nur Gutes über ihn zu berichten und lobten seine Auffassungsgabe und seinen Überblick.

Thomas hätte eigentlich erfreut sein müssen, aber der Eindruck müheloser Leichtigkeit, den Ramsay erweckte, beunruhigte ihn. Wie sollte Ramsay bei einer solchen Einstellung mit all den Goldsmiths und Camerons fertig werden, die ihn zweifellos eines Tages herausfordern würden?

Als er jetzt Charles Rawlings ansah, in dem ebenfalls große Fähigkeiten zu schlummern schienen, fragte er sich einen Augenblick, in welchem Maße er mit Ramsay wetteifern würde – bedeutete er vielleicht gar eine Gefahr für ihn? Aber dann schob er den Gedanken beiseite: Kingstons war eine Kingston-Gesellschaft, mochte David auch eine Anteilsminorität halten. Ramsay würde ihm, Thomas, an der Spitze des Unternehmens nachfolgen, und dessen Sohn wiederum ihm. Aber auch so würde Charles die Möglichkeit haben, sich im Kaufhaus zu einer hohen Position hochzuarbeiten – wie Thomas seiner Mutter versichert hatte. Doch der Gedanke an Lillian bereitete Thomas ein kurzes Unbehagen. Er kannte ihren Ehrgeiz zur Genüge, und er hatte das Gefühl, daß dieser junge Mann, der da vor ihm stand, viel von ihrer rücksichtslosen Energie geerbt hatte.

Es klopfte an der Tür und Ramsay kam herein. «Sie haben mich rufen lassen, Sir?» sagte er.

«Ja, Ramsay. Du kennst natürlich Charles Rawlings –»

Ramsay streckte ihm die Hand hin und lächelte. «Schön, daß du zu Kingstons kommst, Charles.» Die herzliche Begrüßung bewegte Thomas auf eigenartige Weise. Ramsays Verhalten war korrekt, da er als eine Art Hausherr auftrat, als Sohn des Unternehmensleiters und Hauptanteilbesitzers, aber er entledigte sich dieser Pflicht freundlich und ohne jeden Anflug von Gönnerhaftigkeit. Mit siebzehn Jahren, kurzgeschnittenem Haar, Seitenscheitel nach der neuen Mode, hatte er sich zu einem gut aussehenden jungen Mann entwickelt, und die lässige Art, die Thomas innerhalb des Geschäfts so sehr beunruhigte, war auf gesellschaftlicher Ebene zweifellos ein Pluspunkt.

«Ich möchte, daß du Charles das Kaufhaus zeigst, bevor er mit der Arbeit anfängt», sagte Thomas. «Zeig ihm alles, damit er weiß, was hier vor sich geht und wie es abläuft. Dann soll er sich bei Mr. Patterson im Versand melden … Patterson ist schon unterrichtet. Um Verwechslungen mit seinem Vater zu vermeiden, wird er als Mr. Charles angesprochen werden. Und jetzt ab mit euch beiden.»

Thomas blieb noch ein paar Sekunden an seinem Schreibtisch sitzen. Dann stand er auf, trat ans Fenster seines Büros und sah auf den Verkehr der Sloane Street hinunter. Der Anblick der beiden Jungen – junge Männer jetzt, obwohl sie gerade eben noch kleine Kinder gewesen zu sein schienen – hatte ihn nachdenklich gemacht, hatte ihn veranlaßt, über das unerbittliche Fortschreiten der Zeit nachzusinnen. Es war eigentlich nur eine kurze Zeitspanne gewesen, aber jetzt, da er in den Vierzigern war, schien ihm die Zeit immer schneller dahinzueilen. Unten fuhr eine Equipage mit zwei rassigen Pferden vorüber, und einen Augenblick lang glaubte er, die Diener trügen die Livree der Banburys – was ihn sogleich an Eve erinnerte. Vier Jahre waren vergangen seit jenem seltsamen Abend in der Sidney Street. Er hatte sie seitdem nicht mehr gesehen, hatte nur ab und zu von ihr gehört durch Edwards, der als Treuhänder der Banbury-Anteile noch immer im Kingstons-Verwaltungsrat saß.

Jedesmal wenn er zur Jagd in Quainton war, hatte er gehofft, sie wiederzusehen. Manchmal erkundigte er sich bei seinem Bruder nach ihr, aber Edward gab nur knappe Auskünfte und mißbilligte sichtlich, daß sich Thomas für sie interessierte. Edward hatte sich seit seiner Heirat mit Agnes Cameron verändert. Er war korpulent und gebieterisch geworden und war jetzt eine Stütze der Kirche. Oft kritisierte er Thomas, dem er offen Charakterfehler vorwarf – was Thomas ein wenig heuchlerisch dünkte, wenn er die Umstände seiner Verehelichung bedachte. Denn Edward war eines schönen Tages einfach nach Marsden Hall gefahren, hatte Cameron um die Hand seiner Tochter gebeten, und als sie ihm, wie er im voraus wußte, verweigert worden war, Agnes gleich im Einspänner mitgenommen, verfolgt von den Verwünschungen eines wütenden Vaters.

Glücklicherweise hatte damals ihre Mutter noch gelebt, und auch Mary war noch da gewesen, so daß Agnes unter weiblicher Obhut auf dem Hof bleiben konnte, bis die Drei-Wochen-Frist des Aufgebots abgelaufen war.

Inzwischen hatte Agnes ihrem Vater eine Enkelin geschenkt, doch selbst dieses Ereignis – von dem sie ihm in einem versöhnlichen Brief berichtete – hatte den hartnäckigen, verbitterten Mann nicht erweichen können.

Thomas hatte damit gerechnet, daß die Heirat Cameron dazu verleiten könnte, den alten Rechtsstreit wieder aufzunehmen, aber das tat er nicht. Erst als Thomas beschloß, in Quainton ein Stück Land zu erwerben, gerieten sie in einen Wettstreit, der normalerweise nie solche Formen angenommen hätte. Das Land, das Thomas haben wollte, lag auf der dem Hof entgegengesetzten Seite des Dorfes an einem Hügelhang und grenzte an den westlichen Rand von Camerons großem Gutsbesitz. Und so trieb Cameron den Preis nicht nur aus reiner Bosheit derart in die Höhe, daß Edward Thomas drängte, sich geschlagen zu geben. Aber Thomas wollte das Stück Land um jeden Preis haben, denn auf diesem hochgelegenen Grundstück gedachte er das Herrenhaus zu bauen, das er sich an jenem kalten Märztag, der nun schon so viele Jahre zurücklag, als er zum erstenmal von den Hügeln bei Quainton auf Marsden Hall hinunterblickte, in den Kopf gesetzt hatte.

Und Thomas bekam sein Land. «Sie werden goldenes Gras anbauen müssen, um diesen Preis zu rechtfertigen, Mr. Kingston», hatte Cameron spöttisch bemerkt, als er, ehe Thomas etwas erwidern konnte, aus dem Auktionslokal stolzierte. Er hatte den Kauf nie bereut.

«Die Konfektionskleidung», erklärte Ramsay, ein paar Minuten nachdem die beiden Jungen das Direktionsbüro verlassen hatten, «ist jetzt die größte Abteilung des Hauses. Noch vor wenigen Jahren hätte keine Dame ein Kleid von der Stange gekauft. Sie hätte den Stoff gekauft und sich dann das Kleid von ihrer Näherin schneidern lassen. Jetzt steigt der Verkauf von fertigen Kleidern von Jahr zu Jahr. Was glaubst du wohl, weshalb das so ist, Charles?»

«Nun, ich nehme an, es ist einfacher ... und wahrscheinlich sind die Entwürfe besser ...»

«Nicht schlecht, Charles», entgegnete Ramsay. «Nicht schlecht ... Einfacher, weil man alles unter einem Dach kaufen kann, Charles ... Bessere Verarbeitung ... Und bessere Entwürfe, wie du sagst, Charles ... Denn bei Kingstons können wir uns die besten Kräfte leisten. Das gilt auch für alle anderen Waren. Wir stehen am Beginn eines neuen Zeitalters des Warenabsatzes, Charles. Das glaubt Vater jedenfalls. Na ja, er reitet ein bißchen zuviel darauf herum.»

Sie standen im Kleideränderungsraum und beobachteten die Mädchen, die dort in Reihen an ihren Nähmaschinen saßen. Ramsay führte Charles zwischen den Reihen hindurch zu einer Sektion, wo die Näherinnen an weißem Atlasstoff und seidenen Hochzeitskleidern arbeiteten. «Haben Sie schon ein eigenes Haar in den Saum eingenäht?» fragte Ramsay eines der Mädchen.

«Nein, Sir», antwortete sie.

«Aber Sie werden es doch tun – zeigen Sie es uns einmal.» Er wandte sich zu Charles und sagte leise: «Die jungen Damen glauben, dann kriegen auch sie einen Mann – wie die Bräute, für die sie arbeiten.»

Schüchtern griff sich das Mädchen an den Kopf und riß sich ein langes Haar aus, das sie mit nervösen Fingern in eine Nähnadel einfädelte. Als sie das Haar in den Saum des Kleides, an dem sie arbeitete, einzunähen begann, lächelte Ramsay ihr zu. «Ich hoffe, es bringt Ihnen Glück. Sie haben einen feinen Burschen verdient – ein hübsches Mädchen wie Sie.» Sie errötete und senkte den Kopf.

«Was tun Sie denn hier, wenn ich fragen darf, Mr. Ramsay?»

Er drehte sich um. «Anweisung meines Vaters, Miss Lane. Sie kennen natürlich Mr. Rawlings? Mr. Charles, wie er angeredet werden soll. Es ist sein erster Tag im Kaufhaus, und ich mache mit ihm einen Rundgang.»

«Dazu gehört aber nicht, daß Sie meine jungen Damen stören», sagte sie.

«Ich habe ihn nur in die Sitten und Bräuche des Geschäfts eingeführt», erwiderte Ramsay. «Miss Lane», fügte er, an Charles gewandt, mit einem Grinsen hinzu, «war eine der ersten Angestellten von Kingstons. Ich habe immer den Verdacht, daß sie eigentlich den ganzen Laden schmeißt – eine graue Eminenz –, sogar Vater fürchtet sich vor ihr ...»

«Reden Sie kein solches Zeug, Mr. Ramsay», fuhr sie ihn an, obwohl sie solche Worte offensichtlich gern hörte. «Sie werden sich sicher bei uns wohl fühlen», fügte sie, an Charles gewandt, hinzu.

Sie gingen weiter in den nächsten Raum: die Werkstatt für Schuhreparaturen. «Auf jeden Verkäufer», sagte Ramsay, «kommen sechs Leute, die die Kundschaft nicht sieht. Hier sind einige davon. Andere packen Pakete, sitzen in der Rechnungsabteilung, überprüfen die Lagerbestände, fahren Waren aus oder backen Kuchen ...»

Und so gingen sie weiter durch das ganze Haus – Ramsay erklärte Charles, was in jeder einzelnen Abteilung gemacht wurde, wobei er einige besonders interessante Details erwähnte und in dem leicht überlegenen Ton eines siebzehnjährigen Veteranen sprach, dem das ganze Kaufhaus schon ein vertrautes Gebiet war.

Er nahm Charles mit in die Versandabteilung, erklärte ihm, was hinter der dort herrschenden hektischen Aktivität steckte, und zeigte ihm die großen Rampen, wo die Waren der Großhändler und Fabrikanten eintrafen, ehe sie geprüft, eingetragen und mit Preisschildern versehen wurden. Dann gingen sie hinaus zu den Ställen, wo sie Harry in finsterer Laune vorfanden. Er arbeitete jetzt drei Monate im Kaufhaus, und seit einigen Wochen stand er unter der strengen Aufsicht Butlers, des Oberstallmeisters. An diesem Morgen hatte sein Vater auf seinem täglichen Rundgang an zwei Pferden etwas auszusetzen gehabt, die Harrys Obhut anvertraut waren, und als er erfuhr, daß sein Sohn für sie verantwortlich war, hatte er disziplinarische Maßnahmen angeordnet.

Infolgedessen hatte Harry kaum Zeit, Charles zu begrüßen, als Butler ihn schon anbrüllte: «Machen Sie weiter mit Ihrer Arbeit, Mr. Harry! Striegeln Sie das Pferd blitzblank sauber, sonst bekommen Sie was zu hören von mir!» Der Oberstallmeister hatte für Charles nur einen barschen Gruß, als Ramsay ihm den Neuling vorstellte. Und während sie beide weitergingen, brummte er immer noch vor sich hin.

«Ich glaube», meinte Ramsay, während sie den Stallhof verließen, «Vater hat schon nach drei Monaten eingesehen, daß Harry kein Talent zum Kaufmann hat. Deshalb war er schließlich damit einverstanden, daß er im Stall arbeitet ... Pferde sind Harrys große Leidenschaft. Na ja, es gibt wohl schlimmere Leidenschaften.»

Durch das Lager im Kellergeschoß – ein Gewirr von Räumen, alle angefüllt mit Waren in Regalen und an Stangen – gelangten sie zum Feuerbüro, wo Mr. Foster, der Brandwart, Charles zu einem Plan des Kaufhauses führte, der an der Wand hing, und ihm zeigte, wo in den einzelnen Geschossen die Hydranten waren. «Es sind ständig Schläuche daran angebracht, so daß sie sofort benutzt werden können», erklärte er. «Und sehen Sie diese rot gekennzeichneten Türen? Das sind besondere Türen ... Die meisten sind aus schwerem Eichenholz, das nur langsam brennt, aber die wichtigsten Türen sind aus Eisen. Bei einem Brand müßte ich als erstes dafür sorgen, daß sie geschlossen werden – damit es keinen Luftzug gibt, wissen Sie.»

Sie gingen weiter ins Detektivbüro, wo Charles einen Mann von kräftiger Statur mit einem großen, an beiden Enden herunterhängenden Schnurrbart kennenlernte. «Mr. Smith», sagte Ramsay, «ist der Schnüffler von Kingstons – wenn Sie mir den respektlosen Ausdruck verzeihen, Mr. Smith. Seine Aufgabe ist es, die Ladendiebe zu ertappen ... Sie sind schon ein Problem, nicht wahr, Mr. Smith?»

«Wie eine Rattenplage», bestätigte Smith in einem Ton, der andeutete, daß er den «respektlosen Ausdruck» nicht verzieh, «und dazu kommt noch Betrug ... und regelrechter Diebstahl. Kaufhäuser bieten Verbrechern vielerlei Möglichkeiten, besonders zu Komplotten ... also wenn Leute drinnen – das heißt das Personal – mit Leuten draußen Hand in Hand arbeiten. Es ist sehr schwer, sie zu ertappen, weil man sie gewöhnlich nicht durch Beobachten entdekken kann wie die Ladendiebe. Diesen anderen Dieben wird die Ware ganz offen übergeben, eingepackt, als wären sie normale Kunden ... solche Komplotte sind mein Alptraum – nicht daß wir hier schon eines gehabt hätten ... aber früher oder später werden wir bestimmt damit zu tun bekommen.»

«Mr. Smith ist nach seiner Pensionierung von Scotland Yard zu uns gekommen», sagte Ramsay zu Charles, als sie das Büro verlassen hatten. «Wir sind stolz auf ihn. Es gibt nicht viele Kaufhäuser, die ihren eigenen Detektiv haben, aber Vater glaubt, er hat uns schon Hunderte von Pfund eingespart.»

Sie gingen durch die verschiedenen Verkaufsabteilungen – Lebensmittel, Weine, Möbel, Sattelzeug, Meterware, Mode, Trauerkleidung. «Trauerfälle bedeuten ein wesentliches Geschäft», erklärte Ramsay. «Und hier –» er machte mit dem Arm eine Bewegung, die die ganze Abteilung umfaßte, in der schwarze Kleider und entsprechendes Zubehör angeboten wurde und die Verkäufer nur im Flüsterton sprachen – «muß man sich der Etikette aufs genaueste bewußt sein. Das heißt, wenn dem geliebten Verstorbenen die angemessene Achtung gezollt werden soll ... Für eine Witwe zum Beispiel gehört es sich, Volltrauer zu tragen – da erwartet man von ihr, daß sie sich auf einfachen Krepp beschränkt, in der Halbtrauer darf sie Krepp mit Biesen tragen. In der Volltrauer kann sie einen Kreppschirm tragen, aber ohne Besatz, in der Halbtrauer kann er einen Spitzenrand haben ... natürlich schwarze Spitze ...»

Charles blickte sich verwundert in der Abteilung um – da gab es Taschentücher mit schwarzem Rand, Witwenhauben, Grabsteine und Gedenkplatten, sogar einen kleinen Stand mit schwarzgerändertem Briefpapier. «Den größten Teil des Geschäfts erledigen unsere Leute natürlich bei den Kunden zu Hause», fuhr Ramsay fort. «Wir kümmern uns um alles, auch um das Begräbnis. Das fängt bei zwei Pfund zehn Shilling für ein Kind an – da ist der Krepp natürlich weiß – und geht bis zu vierzig Pfund für eine luxuriöse Bestattung mit luftdichtem Sarg und schwarzen Straußenfedern für die Pferde und den Leichenwagen.»

Er drängte Charles aus der Trauerabteilung auf den Gang hinaus. «Du siehst», fuhr er lächelnd fort, «unser Service ist allumfassend. Was unsere Kundschaft auch benötigt, im Leben wie im Tod,

Kingstons stellt es zur Verfügung ... Das ist eben das Konzept eines Großkaufhauses.»

Charles war von Ramsays Detailkenntnissen sehr beeindruckt, und er störte sich auch nicht an seinem etwas herablassenden Ton, denn er empfand den Rundgang, der ihm bei jedem Schritt neue Aspekte des Geschäfts offenbarte, als äußerst aufregend. Als Ramsay mit leicht spöttischem Unterton von der Vorstellung seines Vaters von einem Großkaufhaus gesprochen hatte, da hatte Charles plötzlich gewußt, daß dies ein Unternehmen war, in dem er vorwärtskommen konnte, in dem er Erfolg haben würde – Erfolg haben *mußte*.

Während der letzten Monate, als der Zeitpunkt näher rückte, an dem er bei Kingstons anfangen sollte, war er plötzlich etwas zögernd geworden. So lange er zurückdenken konnte, hatte seine Mutter immer gesagt: «Wenn du ins Kaufhaus eintrittst, Charles ...» und ihn ständig gedrängt, er müsse «Ramsay und Harry besser kennenlernen. Denn schließlich werdet ihr das Kaufhaus eines Tages gemeinsam leiten». Manchmal sprach sie in Gegenwart seines Vaters davon, und der, grauhaarig und die Nickelbrille auf der Nase, nickte dann und sagte zustimmend: «Ja, mein Liebes ... ja, vielleicht ... ich hoffe doch ...», worauf sie ihm wegen seiner mangelnden Anteilnahme einen wütenden Blick zuwarf.

Charles' Eltern stritten sich oft, und wenn er auch annahm, daß alle Eltern sich ab und zu stritten, so schien bei seinen Eltern das Kaufhaus der Hauptstreitpunkt zu sein – abgesehen von der Tätigkeit seines Vaters für die Kirche und von seinem besonderen Interesse für die Heilsarmee. Anfangs hatte Charles nicht begriffen, was seine Mutter gegen die Heilsarmee hatte. Erst als über die «skandalöse Kampagne», wie seine Mutter es nannte, in der *Pall Mall Gazette* geschrieben wurde und er die Zeitung las, erfuhr er von dem Programm der Heilsarmee zur Rettung gefallener Mädchen. Charles war 1885 erst dreizehn Jahre alt gewesen, als William Thomas Stead, einer der bedeutendsten Zeitungsverleger Londons, sich ganz hinter die Heilsarmee gestellt und in der *Gazette* gegen die Prostitution junger Mädchen gewettert hatte. «Einfach schockierend», hatte seine Mutter beim Frühstück gesagt, als sie den ersten von Steads Artikeln las. «Ein solches Thema ist unschicklich für eine Zeitung – besonders für eine von diesem Ruf.»

Sein Vater hatte aufgeblickt und sie mit hartem Gesichtsausdruck angesehen. «Doch wohl nicht so schockierend und unschicklich wie die Verbrechen, die da aufgedeckt werden.»

«Und was ist mit den Auswirkungen auf das Kaufhaus?» hatte sie gefragt. «Du bist einer der Direktoren des Kaufhauses, oder hast du das vergessen, wo du so besessen bist von diesen ... diesen ...» Sie hatte wegen der Anwesenheit der Kinder mitten im Satz aufgehört.

«Was hat das mit dem Kaufhaus zu tun?» hatte er verwirrt gefragt.

«Oh, du bist manchmal so töricht, daß ich mich frage, wie ich es all die Jahre mit dir ausgehalten habe! Du streitest doch wohl nicht ab, daß du Mr. Stead beim Materialsammeln für seine Artikel geholfen hast und daß du Mr. Booth und die Heilsarmee bei ihrer skandalösen Kampagne unterstützt hast ...»

«Natürlich habe ich das», hatte er erwidert. «Wir haben alle unser Bestes getan. Diesem schrecklichen Übel muß Einhalt geboten werden.»

«Und wenn dein Name nun in den Zeitungen erscheint? Als Direktor von Kingstons?»

Er hatte gezögert, und Charles hatte gemerkt, daß er, ehe er ihr antwortete, herausfordernd ein wenig den Kopf hob. «Das ist äußerst unwahrscheinlich – aber würde es so viel ausmachen?»

«Natürlich würde es das!» hatte sie ihn angefahren. «Es würde dem Kaufhaus sehr schaden!»

Charles hatte beobachtet, wie sich sein Vater beherrschte. «Ich finde, du redest etwas seltsam», sagte er. «Mr. Gladstones Interesse an diesen armen Wesen ist wohlbekannt ...»

«Du vergleichst dich mit einer Persönlichkeit wie Mr. Gladstone!» rief sie aus.

«Wenn die Öffentlichkeit dem Premierminister ein solches Interesse nachsieht», erwiderte er ruhig, «warum sollte sie es dann dem Direktor eines Kaufhauses vorwerfen? Aber wenn sie es tatsächlich tut, dann muß ich dir sagen, daß es Dinge auf dieser Welt gibt, die noch wichtiger sind als das Kaufhaus ... und dazu gehört das Leiden von Menschen ... und zum Himmel schreiende Sünde.»

Der Streit zwischen ihnen wurde noch heftiger, als ein Zeitungsartikel dem andern folgte. «O mein Gott!» hatte sie einmal ausgerufen. «Können sie denn nicht aufhören!» Denn Stead und Booth hatten, wie Charles später herausfand, tatsächlich für fünf Pfund ein dreizehnjähriges Mädchen gekauft, um zu beweisen, daß es einen Markt für jungfräuliche Mädchen gab, und es nach Frankreich gebracht, um zu zeigen, wie leicht es für weiße Sklavenhändler war, die Bordelle des Kontinents zu versorgen – wenn auch dieses eine Mädchen natürlich sicher in den Händen der Heilsarmee war.

Die Artikel hatten die Nation aufgerüttelt und tatsächlich zu einer in aller Eile durchs Parlament gebrachten Gesetzesänderung geführt: das geschlechtliche Mündigkeitsalter für Mädchen wurde von dreizehn auf sechzehn Jahre heraufgesetzt. Stead und Booth jedoch waren wegen Entführung vor Gericht gestellt worden, da die Umstände des Menschenhandels, die sich in der Zeitung so aufregend gelesen hatten, offenbar nicht ganz so einwandfrei gewesen waren, wie es zunächst schien. Stead, der bekannte Zeitungsverleger, war zu drei Monaten Haft verurteilt worden.

Charles' Vater, der eine so bescheidene Rolle gespielt hatte, war weder in der Presse erwähnt noch von der Polizei belangt worden, aber seine Mutter war außer sich gewesen, weil sie glaubte, er sei nur gerade noch davongekommen. Während dieser dramatischen Tage hatte sie noch öfter mit Charles über das Kaufhaus gesprochen und wie wichtig für ihn eine Karriere im Geschäft sei und hatte ihm gesagt, der Platz für Religion sei sonntags in der Kirche und zu Hause im Gebet.

Die Sache der jungen Prostituierten führte im Haus noch lange zu heftigen Auseinandersetzungen. Den Höhepunkt erreichte der Konflikt etwa zwei Wochen vor Charles' Eintritt ins Kaufhaus und zwar wegen eines jungen Mädchens namens Betty Smart, für dessen Schicksal sich sein Vater besonders interessierte. Charles war eines späten Nachmittags in seinem Schlafzimmer, als er seinen Vater mit ungewöhnlich lauter Stimme sagen hörte: «Frau, treib mich nicht zu weit ... Ich kenne meine Pflicht gegenüber Betty ... und gegenüber diesen anderen armen Mädchen ... und gegenüber Gott!»

«Deine Pflicht gegenüber Betty!» hatte er seine Mutter spotten hören. «Pflicht! Wenn ich das höre! Was du für dieses Flittchen empfindest ist nichts als ekelhaftes Verlangen!»

«Wie kannst du es wagen!» hatte er erwidert.

«Nicht wegen ihrer Seele gehst du jeden Abend zu ihr», hatte seine Mutter weitergehetzt, «sondern wegen ihres Körpers! Die Ekstase, die du empfindest, wenn du neben ihr kniest, bei inbrünstigen Gebeten – das ist nicht die Herrlichkeit Gottes, das ist ganz gemeine Wollust!»

«Schweig, Frau!» hatte sein Vater getobt. «Schweig oder ich schlage dich!» Und es war Schweigen eingetreten – wenige Sekunden lang. Dann hatte sein Vater, ruhiger, aber noch immer in lautem Ton, hinzugefügt: «Du hast keine Ahnung von Rechtschaffenheit und von den Fügungen Gottes!» Und dann hatte Charles eine Tür zuschlagen hören.

Wenige Augenblicke später war seine Mutter zu ihm gekommen. Er hatte sie noch nie so verstört gesehen. Sie hatte ihn fest angeblickt und die Arme um ihn geschlungen. «Du wirst es schaffen, Charles ... Ich setze großes Vertrauen in dich. Du wirst es schaffen, nicht wahr, Charles?»

«Ich werde mein Bestes tun, Mama», hatte er gesagt. Er hatte mit soviel Zuversicht gesprochen, wie er aufbringen konnte, aber seine Furcht angesichts des bevorstehenden Eintritts in das Kaufhaus war gewachsen, und seine Unsicherheit war auch zunächst auf dem Rundgang mit Ramsay nicht gewichen, der bei aller Freundlichkeit doch keinen Zweifel daran gelassen hatte, daß er als ein Kingston ein Mitglied der bestimmenden Familie war. Charles hatte sich in den Schatten gestellt gefühlt durch Ramsays offenkundige Umgänglichkeit und seine lässige Art. Erst als sie die Trauerabteilung verließen, hatte er plötzlich die Gewißheit gehabt, daß er für dieses Geschäft wie geschaffen war, und er begann sich zu entspannen.

«Jetzt zeige ich dir etwas», sagte Ramsay, als sie einen Gang entlangschritten. «Nackte Puppen, Charles.» Er öffnete eine Tür. «Das hier ist das Magazin der Dekorateure ... und das da sind unsere Hübschen.»

Der Raum war angefüllt mit allem möglichen Dekorationsmaterial, und an einer Wand standen etwa ein Dutzend Kleiderpuppen, wie Charles sie noch nie gesehen hatte. Ja, formlose Büsten – gewöhnlich nur Schultern –, die man zur Präsentation von Hüten, Schmuck oder auch Pelzen benutzte, kannte er, aber die Figuren, die Ramsay ihm jetzt voller Stolz zeigte, waren lebensgroß und ziemlich genau einem unbekleideten Frauenkörper nachgebildet. Sie standen alle züchtig mit der Vorderseite zur Wand und kehrten den Jungen den Rücken zu, und bis auf eine hatten sie alle keinen Kopf.

«Immer einen Schritt voraus, Charles», erklärte Ramsay. «Das ist Kingstons! Besonders bei der Schaufensterdekoration, denn das ist das Steckenpferd meines Vaters. Wir haben damals als erste das elektrische Licht eingeführt, und jetzt sind wir die ersten, die Kleiderpuppen haben. Sie kommen übrigens aus Frankreich. Am Montag werden diese Schönheiten die Passanten in der Sloane Street faszinieren. Gestatten Sie, Mam'selle –» Er drehte die Puppe mit dem Kopf um, deren Füße in Knopfstiefeln steckten, so daß Charles sie in ihrer ganzen Nacktheit bewundern konnte. «Wo wohl das Original ist – ich meine die Frau, nach der sie gemacht ist.» Er drehte sie halb zu sich zurück, so daß auch er sie betrachten konnte. Sie hatte ein recht grobförmiges, geschminktes Gesicht, strähniges rotes Haar und Glasaugen. «Vielleicht schlendert sie jetzt einen Boulevard entlang. Ganz gut gebaut, nicht? Nur das Gesicht ist ein wenig ... starr, findest du nicht, Charles? Nicht gerade das ausdrucksvollste Frauengesicht, das ich gesehen habe ...»

Sie gingen weiter in die Abteilung für Herrenbekleidung, in der Ramsay gerade seit ein paar Wochen arbeitete. Er stellte Charles dem Einkäufer, Mr. Brown, vor, der, wie er sagte, bei Kingstons als Botenjunge angefangen hatte, und erklärte das Lagerkontrollsystem. «Zweimal im Jahr machen wir Bestandsaufnahme», fuhr Ramsay fort. «Das heißt, wir zählen alles, was in den Regalen liegt – das dauert fast die ganze Nacht ... und dann müßte der Lagerbestand eigentlich mit den Zahlen im Hauptbuch übereinstimmen, abzüglich der Kassenzettel, die die Verkäufer bei jedem Verkauf ausgestellt haben.»

Während sie miteinander sprachen, trat ein Verkäufer auf Ramsay zu, und sagte, ein Kunde verlange nach ihm. «Entschuldige mich einen Augenblick, Charles, ja?»

Allein gelassen kam sich Charles ein wenig verloren vor, und auch etwas auffällig in seinen neuen Kleidern. Er bummelte durch die Abteilung, musterte die Waren, beobachtete die Verkäufer bei der Arbeit. Insbesondere weckte ein junger Verkäufer oder vielmehr der Kunde, den er bediente, seine Aufmerksamkeit, ein Mann Mitte Zwanzig in elegantem Anzug und modischem Seidenzylinder. Er kaufte einige Hemden, und da Charles Ramsays Schilderung des Lagerkontrollsystems noch in frischer Erinnerung hatte, beobachtete er interessiert, wie der Verkäufer die Rechnung für drei Hemden ausschrieb, die Einzelbeträge addierte und von dem Kunden einen Geldbetrag entgegennahm, den er in dem kleinen Metallbehälter an dem über Kopfhöhe verlaufenden Draht zur Kasse schickte.

Während er auf das Wechselgeld wartete, legte er einen Bogen Packpapier auf die Theke, schlug die Hemden darin ein und verschnürte das Paket mit Bindfaden. Charles hätte sich nichts weiter dabei gedacht, wenn er nicht zufällig genau die Rechnung gesehen hätte. Denn er war sicher, daß der Verkäufer sechs Hemden eingepackt hatte und nicht drei, wie es auf der Rechnung stand. Oder ging – nach dem Gespräch mit Mr. Smith über Komplotte – seine Phantasie mit ihm durch? Doch nein, das Paket, das da auf der Theke lag, war für drei Hemden viel zu groß.

Der metallene Geldbehälter kam an seinem Draht von der Kasse zurück. Der Verkäufer nahm das Wechselgeld heraus und überreichte es zusammen mit dem Paket seinem eleganten Kunden, der gemächlich auf den Ausgang der Abteilung zuschritt, als Ramsay zurückkam. Der junge Mann schien es nicht eilig zu haben, wie man hätte erwarten sollen, sondern er blieb unterwegs einen Moment stehen, um einen Blick auf eine Auslage mit Taschentüchern zu werfen. «Ich mache mich vielleicht damit lächerlich», sagte Charles zu Ramsay, «aber ich möchte schwören, der Kunde da drüben hat sechs Hemden in seinem Paket und nur für drei bezahlt.»

«Dann müssen wir ihn aufhalten», sagte Ramsay.

«Aber ich kann mich irren.»

«Das macht nichts – ich werde ganz höflich sein, keine Angst.»

Ramsay eilte zu dem Kunden hinüber und entschuldigte sich mit zuvorkommendem Lächeln für die Belästigung. Der junge Mann reagierte recht zornig. Inzwischen war Mr. Brown auf den Vorgang aufmerksam geworden und ging auf die beiden zu. Als er hörte, worum es sich handelte, bestand er darauf, daß der Mann zur Theke zurückging und das Paket aufgeschnürt wurde. Und in der Tat waren sechs Hemden darin.

«Mr. Ramsay», sagte Brown, ohne auf den Verkäufer zu achten, der behauptete, er könne sich das nicht erklären, «führen Sie diesen Kunden zu Mr. Baines ... Mr. Charles wird Sie begleiten. Sagen Sie Mr. Baines, ich komme sofort nach ... desgleichen Mr. Smith.»

Es war zweifellos Charles' großer Tag. «Na, so ein Glücksfall!» sagte Ramsay. «Du bist erst ein paar Stunden hier, und schon deckst du genau die Art von Komplott auf, von der Mr. Smith gesprochen hat.»

Mr. Baines beglückwünschte ihn; Mr. Smith rühmte seine Beobachtungsgabe, und kurz vor Ladenschluß um sieben Uhr ließ Thomas ihn zu sich kommen. «Das war ein sehr guter Anfang, Charles», sagte er. «Ich werde es deinem Vater berichten. Es geht dabei nicht nur um die drei Hemden. Was du da beobachtet hast, findet wahrscheinlich mehrmals am Tag statt. Mr. Smith glaubt sogar, du hast uns auf die Spur einer viel größeren Sache gebracht, in die auch Verkäufer in anderen Abteilungen verwickelt sind – die Spitze des Eisbergs, sozusagen ...»

Thomas hatte auch Ramsay rufen lassen, der jetzt gerade das Büro betrat. «Ich glaube, du solltest mit Charles darauf einen Schluck trinken gehen», sagte er. Dann lächelte er plötzlich, weil ihm ein Gedanke kam. «Geht doch in den *George II* – dort haben sein Vater und ich vor achtzehn Jahren unsere Partnerschaft besiegelt.» Er griff in die Tasche. «Hier sind zwei Shilling ... Gebt nicht alles für Bier aus, sonst seid ihr morgen früh nicht munter. Hebt etwas davon fürs Essen auf.»

«Natürlich sind wir in einer merkwürdigen Lage, Charlie, du und ich», bemerkte Ramsay eine Stunde später, als sie in der gut besuchten Schankstube des *George II* an einem Tisch saßen. Ramsay nannte ihn Charlie, seit sie den zweiten Schoppen Halb-und-Halb getrunken hatten, eine Mischung aus Porter und Ale. «Wir sind aneinandergebunden, Charlie ... Unsere lieben Papas hatten wenigstens noch so etwas wie eine freie Entscheidung, als sie hier saßen, damals ... ‹Werden wir Partner›, haben sie gesagt ...»

«Und das war, scheint's, das Ende ihrer Freundschaft», meinte

Charles nachdenklich. «Etwas traurig, nicht? Vorher waren sie die besten Freunde.»

«Ist anzunehmen, Charlie ... sie sind gemeinsam in die Lehre gegangen ... haben alles miteinander erlebt ... die lange Arbeitszeit, den schrecklichen Einkäufer ... Es gab vieles, was sie verbunden hat ...»

«Die gemeinsame Führung eines Geschäfts müßte doch auch verbinden, nicht?»

«Nicht bei Vater», sagte Ramsay. «Er hat da ganz bestimmte Vorstellungen – hatte er schon immer, wie Mutter sagt. Ich fürchte, dein armer alter Dad hat nicht viel Eindruck auf ihn gemacht. Wahrscheinlich hat er es aufgegeben nach einiger Zeit.»

«Dieses Problem haben wir wenigstens nicht», sagte Charles und trank einen großen Schluck aus seinem Krug.

«Welches Problem?»

Charles stellte den Krug ab. «Nun, wir waren nie richtig befreundet – eng befreundet, meine ich. Wir haben nie miteinander verkehrt, oder? Selbst mit Harry hatte ich kaum etwas zu tun, obwohl wir in einer Klasse waren.»

«Das stimmt», sagte Ramsay ein bißchen unsicher und trank von seinem Bier. «Eigentlich komisch. Vielleicht weil unsere Eltern nicht miteinander verkehren – außerhalb des Kaufhauses. Vielleicht haben wir da gedacht, wir müssen Distanz halten, so rein instinktiv.»

«Vielleicht.» Charles nickte. «Trotzdem müßte uns das jetzt nützlich sein. Jeder weiß, wo er steht, anders als unsere alten Herren ... keine Loyalitätskonflikte.»

«Wir können viel zusammen sein oder auch nicht», pflichtete ihm Ramsay bei, «wie wir wollen ... Ich bin gespannt, wie wir miteinander auskommen, Charlie ... Sagen wir mal, heute in zehn Jahren – liegen wir uns dann in den Haaren? Habe ich dann vielleicht auch so bestimmte Vorstellungen wie Vater, und du hast Mühe, dich durchzusetzen ...?»

Charles machte plötzlich ein ernstes Gesicht. «Ich werde mich durchsetzen, Ramsay», sagte er ruhig.

Ramsay sah ihn an, erstaunt über den entschiedenen Ton. «Ja, ich glaube, das wirst du, Charlie.»

«Ich bin nicht so wie mein Vater.»

«Nein ...» Ramsay blickte nachdenklich vor sich hin. «Ich glaube, ich bin auch nicht so wie mein Vater ...» Er trank einen Schluck Bier. «Was wirst du dann für ein Mensch sein, Charlie? Ich meine, wenn du dich in zehn Jahren durchsetzen willst – woran denkst du da?»

«Ich weiß es nicht genau», antwortete Charles – dann blickte er Ramsay mit fast grimmigem Ernst an. «Ich werde ein Kaufhaus leiten.»

Zuerst erwiderte Ramsay nichts, dann sagte er und sah Charles dabei neugierig an: «Das klingt komisch, Charlie ... Darum geht es doch, um die Leitung eines Kaufhauses. Ich habe dir schließlich den ganzen Tag gezeigt, was damit alles zusammenhängt. Zumindest einen Teil davon. Dazu werden wir ja ausgebildet. Was hast du genau gemeint, Charlie?»

«Was ich gesagt habe – ich werde ein Kaufhaus leiten.»

Einen Augenblick herrschte Schweigen zwischen ihnen. Dann sagte Ramsay etwas eingeschnappt: «Für einen Jungen von sechzehn Jahren, der gerade den ersten Tag im Geschäft hinter sich hat, ist das recht kühn gesprochen.» Dann lachte er plötzlich und löste damit die Spannung. «Ich hole uns noch einen Krug – und dann essen wir was.»

2

An den Oktober 1888 sollten sie sich später alle bis in die kleinste schreckliche Einzelheit erinnern. Es war ungewöhnlich kalt, und die Nachtnebel hatten schon eingesetzt. Noch um die Mittagsstunde des Tages, an dem David Rawlings' Sorge um das Schicksal gefallener Mädchen – und besonders Betty Smarts – in einer Tragödie endete, lagen Dunstschwaden in der Sloane Street.

Thomas war guter Stimmung. Seit sieben Uhr bauten Mathews, der Dekorateur, und seine Gehilfen die neuen Auslagen mit den revolutionären Kleiderpuppen auf. Gegen Mittag, als Thomas annahm, die Arbeiten seien für einen ersten kritischen Blick weit genug gediehen, ging er hinunter. Als er die neuen Schaufensterdekorationen sah, war er begeistert. Auf den Puppen kamen die Kleider erst richtig zur Geltung, die Falten und Rüschen fielen ganz so, wie die Modisten es sich gedacht hatten, wie es aber mit den früheren Methoden nicht möglich gewesen war.

Thomas beobachtete belustigt, wie plötzlich Passanten angelockt wurden von den Puppen in Menschengröße, die sie noch nie gesehen hatten – besonders von der Dame mit dem roten Haar, die jetzt in ein elegantes Kleid aus dunkelgrünem Samt gehüllt war. Aus der Ferne hörte Thomas wie Zeitungsjungen vom Sloane Square her die Schlagzeilen der ersten Ausgaben der Abendblätter hinausschrien: «Ripper schlägt wieder zu ... Doppelmord – Jack-the-Ripper findet neue Opfer ...»

Wie üblich überquerte Thomas die Straße, um von der anderen Seite aus die neuen Dekorationen der gesamten Schaufensterfront auf sich wirken zu lassen. Da sah er David auf sich zukommen. Er hatte ihn eine Woche nicht gesehen, und sein Anblick erschütterte ihn ein wenig. David war in den letzten Jahren stark gealtert. Gleich Thomas war er dreiundvierzig, aber er sah bedeutend älter aus. Haar und Bart waren jetzt völlig grau, und er war abgemagert, dünn und knochig, und sein Gesicht wirkte ausgezehrt. Er kleidete sich altmodisch – der flache Zylinder war vor zehn Jahren einmal der letzte Schrei gewesen, und einen zweireihigen Gehrock trug heute kaum noch jemand –, und das und der etwas unbeholfene, fast mühsame Gang erweckten den Eindruck eines alten Mannes.

«Morgen», sagte er knapp, ohne stehenzubleiben, und Thomas fiel sein zorniges Gesicht auf, als er die Straße überquerte. Thomas blieb noch ein paar Minuten auf der anderen Straßenseite stehen und betrachtete die neuen Schaufenster, dann ging er zurück ins Kaufhaus.

Aus einem Impuls heraus beschloß er, die Stallungen noch einmal aufzusuchen, obwohl er sie auf seinem Rundgang schon inspiziert hatte, und sich etwas ausführlicher mit Butler zu unterhalten. Harry fügte sich nicht gut in den Betrieb des Kaufhauses ein. Selbst im Stall, wo er ihn als seinen Sohn nicht ewig lassen konnte, schien Harry trotz seiner Leidenschaft für Pferde nicht zurechtzukommen.

Als Thomas den Stallhof betrat, bemühte Harry sich gerade, einen großen Grauschimmel vor einen der Lieferwagen zu spannen.

Das Pferd wollte nicht rückwärts an seinen Platz treten und brach mit der Kruppe zur Seite aus. Harry versuchte das Tier zu beruhigen. «Komm», sagte er, «ganz ruhig.» Thomas blieb im Dunkel der Torausfahrt stehen und beobachtete seinen Sohn.

Harry führte das Pferd ein Stück nach vorn, damit er mehr Platz hatte, und versuchte noch einmal, es an der Deichsel entlang zurückzudrängen. Das andere Gespannpferd, ein Fuchs, war schon angeschirrt und reagierte mit unruhigem Stampfen auf das störrische Gebaren seines Gefährten. «Zurück, Junge, zurück.» Harry hob die Peitsche, damit er dem Grauschimmel auf die Kruppe schlagen konnte, falls er noch einmal seitlich ausbrach. In diesem Augenblick bäumte sich das Pferd auf, und als Harry den drohenden Hufen auswich, machte es einen Satz nach vorn.

«Herrgott, Mr. Harry!» brüllte Butler plötzlich aus der Tür seines Büros. «Haben Sie das Pferd immer noch nicht angespannt?»

«Dieses Pferd ist nicht in Ordnung, Mr. Butler», sagte Harry. «Ich habe Ihnen ja gesagt, daß es eine wunde Stelle unterm Kummet hat.»

«Ob das Pferd in Ordnung ist oder nicht, entscheide ich, Mr. Harry», sagte Butler und kam auf ihn zu. «Sie haben zu tun, was ich Ihnen sage, und ich habe Ihnen gesagt, Sie sollen das Pferd anschirren, also schirren Sie es an!»

«Ja, Mr. Butler.» Harry versuchte es noch einmal, führte das Pferd ein Stück vor und begann es zum Wagen zurückzudrängen. Aber das Pferd widersetzte sich abermals und hob den Kopf, um Harry die Zügel aus den Händen zu reißen.

«Geben Sie mir die Peitsche!» brüllte Butler zornig. «Und gehen Sie mir aus dem Weg!» Er nahm Harry die Zügel aus der Hand und zog sie so an, daß sie straff unter der Kandare um den Unterkiefer des Tieres lagen. Dann versetzte er dem Tier einen harten Schlag ins Maul. «Geh zurück, du Bastard!» knurrte er das Pferd an, das aber wieder mit der Kruppe zur Seite wich. Butler schlug ihm die Peitsche über den Leib. «Ich werd's dir zeigen, bei Gott!» fluchte er und schwang noch einmal die Peitsche. Das Pferd wich unter dem Schmerz zu den Zugriemen zurück – aber dann bäumte es sich erneut auf.

Jetzt war es ein Machtkampf zwischen Pferd und Mensch. Butler drehte die Peitsche herum und schlug dem Tier mit dem schweren Griff hart auf den Kopf. «Ich werd's dir zeigen!» schrie er. «Bei Gott, ich werd's dir zeigen!»

Der Schlag betäubte das Pferd, und es taumelte, einen weiteren Hieb fürchtend, gegen das andere Tier. «Machen Sie den Zugriemen am Kummet fest, Junge! Los, stehen Sie nicht rum!»

Harry beeilte sich. «Mr. Butler, bitte», sagte er, als er das Pferd angeschirrt hatte. «Diese wunde Stelle tut ihm weh ... das Kummet liegt genau darauf ...»

«Vielen Dank, Mr. Harry», sagte Butler, «aber ich kenne wunde Stellen bei Pferden seit vierzig Jahren, und wenn mich Ihre Meinung interessiert, dann frage ich Sie danach ... Das Tier wird sich schon beruhigen, und damit Sie etwas dazu lernen, können Sie mitfahren ... Rogers!» befahl er dem Kutscher des Lieferwagens, der gerade aus dem Stall kam. «Sie nehmen Mr. Harry mit.»

Thomas, den niemand bemerkt hatte, wollte nicht länger warten und zusehen. Für ein Gespräch mit Butler war jetzt nicht der rechte Augenblick, wenn er sich auch nicht über die Art beklagen konnte, wie er Harry behandelte. Er hatte die Anweisung gegeben, daß Harry in keiner Weise verhätschelt werden sollte.

Er ging zurück ins Kaufhaus und näherte sich gerade der Galanteriewarenabteilung nahe dem Haupteingang, als ihm eine junge Frau auffiel, die vor der Theke stand: für eine Kundin war sie zu ärmlich gekleidet, aber sie sah auch nicht wie eine Dienstbotin aus, die für ihre Herrschaft etwas einkaufen sollte. Im Näherkommen hörte er, wie sie eine Verkäuferin fragte, wo sie Mr. Rawlings finden könne. Es kam ihm zwar ungewöhnlich vor, aber es hätte ihm, wie er sich später sagte, eigentlich mehr zu denken geben müssen. Denn was konnte eine solche Frau von David während der Arbeitszeit wollen? Irgendein Instinkt veranlaßte ihn jedoch dazu, sich zu erbieten, sie ins Direktionsbüro zu geleiten, da er selbst auch gerade auf dem Weg dorthin war.

Sie war ungefähr fünfundzwanzig Jahre alt und recht hübsch, wenn auch sehr blaß. Als sie die Treppe hinaufstiegen und von dort aus fast das ganze Erdgeschoß überblicken konnten, sah Thomas Lillian aus der Lebensmittelabteilung kommen. Auch sie sah ihn, aber ihr Lächeln schwand, als sie seine Begleiterin bemerkte. Zum erstenmal, seit er die junge Frau erblickt hatte, empfand Thomas Unbehagen. Als sie die Büros erreicht hatten, bat Thomas sie, im Vorzimmer zu warten, und ging zu David hinein. «Draußen ist eine junge Dame, die dich sprechen möchte.»

David war überrascht, ging zur Tür und öffnete sie. «Ja, Betty», rief er aus, als er die Besucherin sah, «was führt Sie denn hierher?»

«Ich hoffe, ich hab nichts Falsches gemacht, daß ich zu Ihnen gekommen bin, Mr. Rawlings», entschuldigte sie sich, «aber es ist sehr dringend.»

«Dann kommen Sie herein und erzählen Sie es mir.»

Thomas ließ sie allein und ging in sein Büro. Er hatte sich kaum gesetzt, als sein Sekretär hereinkam und sagte, Mrs. Rawlings sei draußen – ob er ein paar Minuten Zeit für sie habe? Widerwillig, denn Lillians Besuche in seinem Büro hatten immer etwas Dramatisches, sagte er, er solle sie hereinführen.

«Bist du dir im klaren, was das für eine Frau war?» fragte sie an Stelle eines Grußes, als sie eintrat. «Ist sie jetzt bei David?»

«Ja.»

Sie setzte sich, ihr Gesicht war hochrot vor Zorn. «Es ist empörend», sagte sie. «Sie ist eine von diesen Frauen ...»

Thomas sah sie an, wie sie da mit erregt wogendem Busen vor ihm saß. «Eine von welchen Frauen?» fragte er.

«Oh, sei doch nicht so schwer von Begriff, Thomas», sagte sie gereizt. «Sie ist eine Prostituierte ... Hast du das nicht gesehen? Habt ihr oft Prostituierte im Kaufhaus?»

Thomas war immer noch verwirrt. «Aber warum ...» Da dämmerte ihm der Zusammenhang. «Oh, du meinst, sie ist eine von diesen Frauen, denen er bei der Heilsarmee hilft?»

«Hilft? Er ist besessen von ihr ... Er glaubt, es ist seine göttliche Pflicht, ihre Seele zu retten.» Sie bemerkte den skeptischen Ausdruck auf Thomas' Gesicht. «Thomas, laß dich warnen – wenn nichts unternommen wird, endet das in einem Skandal.»

«Das hast du schon einmal gesagt, Lillian», entgegnete Thomas. «Kingstons werde im ganzen Land in die Schlagzeilen kommen, hast du gesagt ...» Thomas seufzte. «Ich weiß wirklich nicht, weshalb du dich so aufregst. Seine Sorge um diese Frauen scheint doch ganz harmlos zu sein.»

«Harmlos!» wiederholte sie mit weit aufgerissenen Augen. «Weißt du, wann er vorgestern nacht heimgekommen ist? Um drei Uhr morgens ... *drei Uhr.*»

«Lillian, ich bin sicher, daß David nichts Unrechtes getan hat.»

«Weißt du, was in London in dieser Nacht zwischen ein und zwei Uhr passiert ist?» fuhr sie fort. «Zwei Frauen wurden ermordet im East End, zwei Prostituierte ... Nicht weit vom Heim der Heilsarmee, wo er sich so oft aufhält ...»

Thomas war so erstaunt über den damit angedeuteten Verdacht, daß es ihm zuerst die Sprache verschlug. «Du liebe Güte», sagte er schließlich, «du kannst doch nicht ernstlich annehmen, daß David ...» Er hielt inne, denn der Gedanke, daß David ein Mörder sein sollte, war absurd genug, aber daß Lillian es für möglich hielt, er könne Jack-the-Ripper sein, der in der letzten Zeit mit einer Reihe makaberer East End-Morde Schlagzeilen gemacht hatte, ließ an ihrem gesunden Verstand zweifeln. Die einzig denkbare Begründung für ihren lächerlichen Verdacht mochte der Umstand sein, daß Jack-the-Ripper, der «Aufschlitzer» – wie er sich in herausfordernden Briefen an die Polizei selbst nannte –, sich als Opfer nur Prostituierte aussuchte. Aber schließlich gab es zahlreiche achtbare Männer – und Frauen, die sich mit dem Laster auf den Straßen Londons beschäftigten.

«Lillian ...» begann er in besänftigendem Ton.

«Weißt du, wann er am 31. August heimgekommen ist – oder am 7. September? Genauso spät. Und was glaubst du wohl, was an den Tagen um diese Zeit passiert ist?»

«Ich nehme an, da wurden diese anderen Frauen ermordet ...»

«Genau. Diese Verbrechen wurden um 1 Uhr 30 und um 1 Uhr 45 begangen ... Ist dir klar, was das bedeutet?»

«Daß er Zeit gehabt hätte, wieder zu Hause zu sein, als du ihn hast heimkommen hören. Lillian –» Er sprach wie zu einem Kind. «Das ist eine ganz lächerliche Vermutung ... du bist offensichtlich in einer gestörten Verfassung. Du solltest ein paar Tage ausspannen.»

«Ich bilde mir das nicht ein, Thomas!» Sie schlug, wütend über seinen gönnerhaften Ton, mit der Faust auf den Tisch. «Es steht nun einmal fest, daß er in diesen Nächten noch spät unterwegs war.»

Thomas stieß einen langen Seufzer aus. «Lillian, der einzige Grund, den du mir je für Davids Interesse an diesen Frauen genannt hast –»

«An dieser Frau!» unterbrach sie ihn.

«Gut, an dieser Frau – ist, daß er ihr helfen will, ihr Kraft geben will ...»

«Oh, das klingt so schön, wie du das sagst, Thomas. Und ich versichere dir, es ist sexuell ... und ... sündhaft ... Es ist eine brennende religiöse Leidenschaft, und das kann sündhaft sein.» Sie hielt plötzlich inne, weil sie die Besorgnis in seinen Augen sah. «Ich kann so nicht weiterleben, Thomas, wenn das nicht aufhört ... Ich verlange die Scheidung oder zumindest eine Trennung ...»

«Scheidung? Trennung?» Thomas' Stimme klang beunruhigt. Er zögerte einen Augenblick. «Das ist allerdings etwas anderes», sagte er schließlich.

In Davids Büro lag Betty auf den Knien und weinte hysterisch. «Ich habe Angst, Mr. Rawlings ... schreckliche Angst, Mr. Rawlings ...»

«Sie müssen auf Gott vertrauen, Betty», sagte er.

«So viel Vertrauen hab ich nicht, Mr. Rawlings ... Nicht, wenn Johnson mich ansieht und sagt: ‹Wenn du auch nur ein Wörtchen redest, dann schneide ich dir dein Gesicht in tausend kleine Stücke› ... Nicht, wenn die Polizisten zu mir sagen: ‹Rede lieber, sonst kommst du für den Rest deines Lebens ins Kittchen, und wenn du rauskommst, bist du eine ganz alte Vettel ...› O Mr. Rawlings, ich hab solche Angst ... Wenn er mich nur nicht gefunden hätte! Wenn er mich nur nicht aufgespürt hätte ... Aber er hat es, Mr. Rawlings ... er hat es ...» Sie stieß einen wimmernden Laut aus und begann erneut zu schluchzen.

«Betty, hören Sie damit auf.» David ging um seinen Schreibtisch herum und legte ihr den Arm um die Schultern. «Trocknen Sie sich die Tränen ab, und ich sage Ihnen, was ich tun werde ...»

«Was *Sie* tun werden?» Plötzlich klang Hoffnung aus ihrer Stimme.

«Was ich tun werde», wiederholte er. Sie ergriff seine ausgestreckte Hand und erhob sich. «Ich bringe Sie jetzt zurück ins Heim und schildere Mr. Booth ihre Lage. Er wird dafür sorgen, daß Sie besonderen Schutz erhalten, und die Polizei bitten, daß ein Beamter auf der Straße postiert wird, der Johnson verhaftet, wenn er wiederkommt ... Na, fühlen Sie sich jetzt sicherer?»

«Aber Sie kommen doch und besuchen mich, Mr. Rawlings?»

«Natürlich, Betty, wie bisher. Wir stehen das gemeinsam durch, Betty. Und jetzt gehen wir und besorgen uns eine Droschke.»

Zuerst war der Grauschimmel ganz ruhig gewesen, wie Mr. Butler vorausgesagt hatte. Sie hatten keine weite Tour zu fahren, sondern bedienten nur Kunden, die in der Nähe des Kaufhauses wohnten. Nach einer halben Stunde jedoch bemerkte Harry, daß das Pferd wieder zu schwitzen begann. Während der häufigen Halte bewegte es sich unablässig, und Harry spürte förmlich, wie sich eine Spannung in ihm anstaute.

«Sollten wir nicht einmal nach der wunden Stelle unter seinem Kummet sehen, Mr. Rogers?» fragte er den Kutscher. «Es reibt sich vielleicht noch weiter wund. Die Stelle ist größer, als Mr. Butler dachte ...»

«Wenn ich Sie wäre, Mr. Harry», antwortete Rogers, als er den Lieferwagen gerade vor einem Haus am Chesham Place anhielt, «würde ich mich nicht um Dinge kümmern, die mich nichts angehen. Und jetzt bringen Sie diese Pakete zu Lady Endlesham.»

Nachdem Lillian Thomas' Büro verlassen hatte, spielte sie mit dem Gedanken, die Tür von Davids Zimmer aufzureißen und die beiden in flagranti zu überraschen, doch dann fand sie, das sei ihrer unwürdig, und beschloß, weiter einzukaufen. Die Köchin hatte ihr gesagt, sie brauche noch einige Bürsten, und so machte sie sich auf den Weg zur Drechslereiabteilung.

Etwa um die gleiche Zeit war Ramsay in der Versandabteilung im Kellergeschoß und sagte zu dem Leiter, Mr. Patterson: «Mr. Baines schickt mich, ich soll Mr. Charles holen», sagte er. «Die Polizei will mit ihm sprechen ... wegen des Betrugsfalles ...»

Patterson nickte. «Hoffentlich dauert es nicht zu lange, wir haben heute viel zu tun. Mr. Charles!» rief er. «Sie werden verlangt!»

Charles zog seinen Kittel aus und streifte sein Jackett über und ging mit Ramsay nach oben. Aber statt die Personaltreppe zu benutzen, was der kürzeste Weg gewesen wäre, gingen sie über die Treppe am Südende des Gebäudes, wo die Versandabteilung lag. Deshalb mußten sie die acht Abteilungen durchqueren, die im Erdgeschoß lagen, darunter auch die Drechslereiabteilung.

David hatte beschlossen, das Kaufhaus durch einen Seitenausgang zu verlassen, damit es weniger auffiel, wenn er zusammen mit Betty wegging. Er schritt deshalb durch dieselben Abteilungen wie Ramsay und sein Sohn, nur in entgegengesetzter Richtung.

Lillian hielt gerade prüfend eine Möbelbürste in der Hand, als David und sein Schützling die Drechslereiabteilung betraten, und blickte im gleichen Moment, entweder weil sie ein Geräusch hörte oder rein instinktiv, hoch und sah die beiden. Sie war Betty einmal begegnet, als sie dem Heim der Heilsarmee, wo Betty wohnte, mit David einen Besuch abstattete. Dennoch – und obwohl ihr bewußt war, daß sie sich im Kaufhaus befand – traf sie der Anblick wie ein Schock, und eine Woge des Zorns überflutete sie.

David seinerseits war, überrascht, seine Frau hier zu sehen, stehengeblieben und hielt Betty zurück, indem er ihr die Hand auf den Arm legte. Einen Augenblick lang sagte keiner von ihnen etwas. Lillian faßte sich als erste, vielleicht weil ihr das neue schokoladenfarbene Kleid in dem zur Zeit modischen militärischen Schnitt zusätzliches Selbstvertrauen verlieh. Sie setzte das etwas spöttische, überlegene Lächeln auf, das David nur zu gut kannte, legte die Bürste behutsam in das Regal zurück und ging langsam und lässig wie bei einer Gartenparty auf sie zu.

«Nun», sagte sie affektiert langsam und musterte Betty auf eine Art, die einer Dame gegenüber beleidigend gewesen wäre, «so sieht man sich wieder ... Betty, nicht wahr? So war doch Ihr Name?»

«Ja, Ma'am», antwortete Betty ruhig.

«Na gut ... Man wird so vergeßlich dieser Tage, da freut man sich, wenn man einmal etwas richtig behalten hat. Aber was tun Sie beide hier? Das ist ungewöhnlich, findest du das nicht auch, David?»

David funkelte sie an. «Sie hatte etwas Wichtiges mit mir zu besprechen», sagte er kalt. «Jetzt entschuldige uns bitte, wir wollen gehen ...»

Lillian sah ihn gekränkt an. «Hast du es *so* eilig, daß du nicht einmal Zeit hast, die Formen der Höflichkeit zu beobachten?» Sie lächelte vornehm-süßlich. «Ich konnte ja kaum ein paar Worte mit der armen Betty wechseln ... *Du* siehst sie oft, das weiß ich, aber *ich* habe diese Gelegenheit nicht. Ich möchte mit Betty sprechen. Vielleicht solltest du sie einmal zum Tee mitbringen. Würden Sie gern einmal zum Tee kommen, meine Liebe?»

«Lillian», sagte David in scharfem Ton. Er verstand genau, was seine Frau sagen wollte, denn der Gedanke, daß eine Frau wie Betty zu ihnen zum Tee kam, war natürlich lächerlich. «Wir müssen gehen ...»

Lillian ignorierte ihn einfach. Sie stand so vor ihnen, daß sie nicht vorbei konnten, ohne sie zur Seite zu drängen. Jetzt wandte sie sich direkt an das Mädchen. «Hilft mein Mann Ihnen, Betty?» fragte sie mit ehrlichem Interesse.

«Ja, Ma'am», antwortete sie, wiederum sehr ruhig, nur daß sie diesmal die Augen niederschlug.

«Ist er Ihnen wirklich eine Hilfe?» bohrte Lillian weiter. «Haben Sie das Gefühl, Sie könnten sich loslösen von –» sie zögerte, nach einem schicklichen Ausdruck suchend – «von Ihrer früheren Tätigkeit?»

«Lillian», unterbrach sie David, der den Ton seiner Frau kannte, «du benimmst dich empörend. Laß uns bitte vorbei.»

«Empörend?» gab sie verletzt und überrascht zurück. «Wie soll ich das verstehen? Ich sorge mich um Betty. Ist es so ungewöhnlich, daß sich eine Ehefrau um die Interessen ihres Mannes kümmert?»

«Versuchen Sie, sich nicht aufzuregen», sagte er zu Betty.

«Aufzuregen?» fragte Lillian ungläubig, als könnte sie unmöglich richtig gehört haben. «Aufzuregen über deine Frau? Wie kannst du es wagen, so etwas zu sagen?»

«Ich glaube, du hast vergessen, wo du bist», wies David sie zurecht. «Du bist im Kaufhaus. Du sagst doch immer, das Kaufhaus sei dir so wichtig. Du schaffst hier eine sehr peinliche Situation. Und jetzt laß uns bitte vorbei.» Er sprach noch immer ruhig, aber man merkte ihm den Zorn an. Seine Augen hatten sich verengt, und an seinem Hals klopfte eine Ader.

«Zuerst entschuldigst du dich ...» Der Einkäufer beobachtete die Szene inzwischen mit großer Besorgnis, und zwei Verkäufer in seiner Nähe versuchten sich nicht anmerken zu lassen, wie sehr sie diese Auseinandersetzung zwischen einem Direktor und seiner Frau faszinierte. «Ich bin erstaunt, daß du so über deine Gattin reden kannst», fuhr Lillian fort, «noch dazu in Gegenwart einer Frau ... einer Frau, wie sie eine war ...» Sie machte eine abschätzige Handbewegung zu Betty hin. «Du mußt vollkommen das Gefühl für Anstand verloren haben, und ich ...» Sie hielt jäh inne, denn sie hatte gerade Charles in der Nähe stehen sehen, der sie mit entgeisterten Augen ansah. Neben ihm stand Ramsay, der sie ebenfalls verblüfft anstarrte.

«O Charles», sagte sie überrascht und ein wenig verwirrt. «Ich habe dich gar nicht gesehen, mein Junge ... und dich auch nicht, Ramsay ...» Sie wandte sich wieder an David. «Nun, willst du sie nicht vorstellen? Willst du deine Freundin nicht mit deinem Sohn bekannt machen? Man sollte doch zu einer Dame in seiner Begleitung höflich sein, auch wenn sie –»

«Schweig!» sagte David. «Ich verbiete dir, so zu sprechen.» Dann wandte er sich mit einer langsamen, galanten Bewegung an Betty, die inzwischen kaum noch die Tränen zurückhalten konnte. «Miss Smart», sagte er, «darf ich Ihnen meinen Sohn Charles vorstellen ... und Mr. Ramsay Kingston ...»

«Guten Morgen, Miss Smart.» Charles erfaßte rasch, worum es seinem Vater ging. «Ich freue mich, Sie kennenzulernen.» Er streckte ihr lächelnd die Hand hin.

«Guten Tag, Miss Smart», sagte Ramsay.

Das war zuviel für Betty. Davids ausgesuchte Höflichkeit und das freundliche Verhalten der Jungen ihr gegenüber, als wäre sie eine Dame, brachten sie endgültig aus der Fassung. Sie schluchzte plötzlich auf, schlug die Hände vors Gesicht, drängte sich an ihnen vorbei und rannte auf den Seitenausgang zu.

«Betty!» rief David ihr nach. «Bleiben Sie stehen! Bleiben Sie sofort stehen!» Und er stürzte hinter ihr her.

Als sich der Lieferwagen vom Belgrave Square her der Sloane Street näherte, schwitzte der Grauschimmel heftig und wurde bei jeder

Bewegung auf der Straße unruhig. Er warf immer wieder den Kopf hoch und zerrte an der Kandare.

Harry konnte später nie genau sagen, was das Pferd in diesem Augenblick scheu machte. Das Geräusch hatte er natürlich auch gehört, denn es war sehr laut. Es konnte die Tür eines Lieferwagens gewesen sein, die zugeknallt wurde, oder etwas, was in einem Hof umstürzte. Der Grauschimmel reagierte darauf und sprang los, als hätte Rogers ihm die Peitsche gegeben. Der Fuchs galoppierte mit. Für einige Augenblicke verlor Rogers die Gewalt über sie. «Oha! Brr!» brüllte er sie an, zog an den Zügeln und trat fest auf die Bremse. «Du lieber Gott!» rief er, als sie sich dem Kaufhaus näherten. «Gleich sind wir in der Sloane Street!»

Harry half ihm, so gut er konnte, packte die Zügel dicht vor Rogers' Händen und lehnte sich mit dem ganzen Körpergewicht dagegen, in der Hoffnung, mit gemeinsamer Anstrengung könnten sie die Pferde bändigen.

Sie wurden tatsächlich etwas langsamer, liefen aber immer noch recht schnell, als sie an der Seitenfront des Kaufhauses vorbeifuhren, wo eine junge Frau aus dem Nebenausgang kam und dicht vor ihnen über die Straße rannte und beinahe von den Pferdehufen erfaßt worden wäre.

«Du lieber Gott!» rief Rogers noch einmal. Den Mann, der ihr folgte, nahmen sie kaum wahr. Als sie die Pferde endlich zum Stehen brachten und vom Bock herunterkletterten, war er schon bewußtlos.

3

Die Trauerfeier fand eine Woche später an einem feuchtkalten Morgen statt. Wenige Minuten vor Mittag stand Thomas zusammen mit May, seinen Söhnen und Rose in der siebten Bankreihe der Kirche St. Mary und sang den 90. Psalm. Wirre Gefühle bewegten ihn. Die Kirche hatte eine bedeutende Rolle in ihrer aller Leben gespielt. Hier waren er und May, Lillian und David getraut, hier waren die Kinder beider Familien getauft worden, hier hatten sie alle die Sonntagsmorgenandacht und die Gottesdienste zu Ostern, Pfingsten, Weihnachten besucht – alles Meilensteine, wie Miss Godfrey es ausgedrückt haben würde, in der Entwicklung einer Familie. Hier hatte David einen so einzigartigen Beitrag zum religiösen Leben der Gemeinde geleistet – und hier hatte Thomas an jenem Februartag vor fast achtzehn Jahren um das Leben seines kleinen Sohnes gebetet, der jetzt als junger Mann neben ihm stand und eigentlich ein wenig zu laut sang.

«... bist Du, Gott, von Ewigkeit zu Ewigkeit, der Du die Menschen lässest sterben und sprichst: Kommt wieder, Menschenkinder ...»

Der Sarg, mit Samt und Blumen bedeckt, stand im Mittelgang, gleich vor Thomas' Bank, flankiert von vier Trägern auf jeder Seite. In ihm lag Davids Leiche, hergerichtet durch die Bestattungsleute der Trauerabteilung von Kingstons. Plötzlich erfaßte ihn eine so große Traurigkeit, daß ihm fast die Tränen kamen. Er sah David als jungen Mann von vierundzwanzig Jahren vor sich, damals 1869 nach dem Weihnachtsessen in der Copenhagen Street, als Lillian es ihm angetan hatte, und dann als den Mann, der er geworden war, hager, mit eingefallenem Gesicht. Sein Leben, sowohl im Kaufhaus wie in seiner Ehe, schien von Unzulänglichkeit geprägt gewesen zu sein, und doch, so stellte Thomas fest, war St. Mary an diesem Morgen voller Menschen – ein deutlicher Beweis dafür, daß David sich vieler Bewunderer in der Kirche und im karitativen Bereich seines Lebens erfreut und großen Einfluß besessen hatte. Kein Geringerer als Bramwell Booth hatte die Ansprache gehalten, er hatte einem vortrefflichen Christen Tribut gezollt und seinen Einsatz für eine Sache gerühmt, die Booth selbst Verfolgung eingetragen und David Rawlings, in gewissem Sinne, das Leben gekostet hatte.

«... So lehre uns bedenken, daß wir sterben müssen, auf daß wir klug werden. Herr, kehre Dich doch wieder zu uns und sei Deinen Knechten gnädig ...»

Es war ein Jammer, dachte Thomas, daß Lillians Ehrgeiz sich nur auf das Kaufhaus gerichtet hatte und sie unfähig gewesen war, Davids Erfolg auf diesem anderen Gebiet mit ihm zu teilen. Sie hatte dieses sein anderes Leben verabscheut, und nach Ramsays Schilderung der Szene mit der jungen Prostituierten in der Drechslereiabteilung hatte dieser Abscheu sogar mit dazu beigetragen, daß sie zur Witwe wurde.

«... Das sage ich euch aber, liebe Brüder», begann der Pfarrer, «daß Fleisch und Blut nicht können das Reich Gottes ererben; und auch wird das Verwesliche nicht erben das Unverwesliche ...» Wie immer spürte Thomas, daß ihm der Zugang zur Sprache der Kirche fehlte, sie rührte ihn nicht, wie sie es hätte tun sollen. «... dann wird erfüllt werden das Wort, das geschrieben steht: Der Tod ist verschlungen in den Sieg. Tod, wo ist dein Stachel? Hölle, wo ist dein Sieg ...?»

Sie folgten dem Sarg bis zum Grab, wo Lillian, den Kopf gesenkt, die Schultern leicht gebeugt, mit ihren Kindern stand. «Erde zu Erde», sagte der Pfarrer, als der Sarg langsam in die Erde hinuntergelassen wurde, «Asche zu Asche, Staub zu Staub, und die gewisse Hoffnung auf die Auferstehung zum ewigen Leben ...» Lillian beugte sich vor, nahm ein paar Krumen Erde in die schwarz behandschuhte Hand und warf sie auf den Sarg hinunter. Eleanor schob ihrer Mutter tröstend die Hand unter den Arm. Lillian hob den Kopf, und obwohl der Schleier ihr Gesicht verhüllte, wußte Thomas, daß sie ihn ansah. Er nickte ihr mitfühlend zu, und sie neigte wieder den Kopf. Sein Blick fiel auf den zwölfjährigen James, der ihn, wie ihm schien, voller Zorn anstarrte. Sie begegneten sich höchst selten, doch wenn es einmal dazu kam, stellte James stets die gleiche Feindseligkeit zur Schau, die auch er, Thomas, wider Willen empfand – was seltsam war, wenn Lillian mit ihrer Behauptung, er sei sein Vater, recht hatte. «... und die Gemeinschaft des Heiligen Geistes sei mit uns in alle Ewigkeit. Amen.»

Die Menge um das Grab herum verhielt sich ein paar Sekunden lang still. Dann drehte sich Lillian um und ging mit ihren Kindern am Gitter entlang zum Ausgang an der Pont Street. Die Kingstons folgten ihnen mit den anderen Trauergästen, und plötzlich bemerkte Thomas eine junge Frau, die etwa zwanzig Meter vom Weg entfernt auf dem Grasboden neben einem Baum stand. Sie weinte still, mit gesenktem Kopf, so daß er ihr Gesicht zuerst nicht erkennen konnte. Nach ein paar Sekunden sah er, daß es das Mädchen war, das er an jenem Tag vor einer Woche in Davids Büro geführt hatte.

Auch Lillian hatte sie gesehen. Sie blieb stehen und starrte sie an. Einen unbehaglichen Augenblick lang fürchtete Thomas, sie werde mit dem Finger auf sie deuten, vielleicht sogar zu ihr gehen und sie schlagen. Denn Lillians Rücken teilte all ihren Haß mit – starr, sogar ein wenig gekrümmt, wie bei einer Katze vor dem Sprung. Oft fragte Thomas sich später, was sie wohl getan haben würde, wenn sie nicht wie alle anderen in diesem Augenblick durch ein dramatisches Ereignis abgelenkt worden wäre.

«Hei-jahei! Hei-jahei! Hei-jahei!» Der laute Warnruf aus einem halben Dutzend Männerkehlen, der das Getrappel der galoppierenden Pferdehufe noch übertönte, war ein Geräusch, das man Tag für Tag in den Straßen Londons hören konnte. Der scharlachrote Feuerwehrwagen kam jenseits der Gitterstäbe in Sicht und raste, von zwei Grauschimmeln gezogen, die Pont Street entlang, Rauch und Dampf aus seinem Schornstein speiend. «Hei-jahei! Hei-jahei! Hei-jahei!» brüllten die Männer mit den Messinghelmen und klammerten sich an dem schwankenden Fahrzeug fest. Doch das laute Rufen verschaffte ihnen keinen freien Weg, denn die Fahrbahn war eingeengt durch die auf beiden Seiten wartenden Kutschen der Trauergemeinde, und die Mitte nahm der fließende Verkehr ein. Der Fahrer der Dampfspritze mußte scharf bremsen und bei schleifenden Rädern seinen erregten Pferden die Zügel anziehen, was den Tieren gar nicht paßte. Sie wurden auf der Feuerwache ständig angeschirrt gehalten und gut gefüttert, damit sie genug Energien bekamen, um bei einem Alarm sofort loszugaloppieren.

Sie wurden einige Sekunden lang aufgehalten, während sie ungeduldig stampften und der Kessel hinter ihnen dampfte und Stücke brennenden Holzes aus dem Feuerloch aufs Pflaster fielen und in der Ferne ein weiteres «Hei-jahei! Hei-jahei!» das Herannahen einer zweiten Spritze ankündigte. Der Aufenthalt dauerte aber immerhin so lang, daß einer der Passanten die Männer fragen konnte, wo es denn brenne, und als das Fahrzeug durch eine Verkehrslücke weiterfuhr, tönte laut die Antwort zurück: «Bei Kingstons!»

Dies war eine Beerdigung, bei der Thomas der Witwe nicht den nötigen Respekt erweisen konnte. Er war schon auf dem Bock seiner Kutsche, als die Feuerwehrpferde gerade vom Trab in den Galopp übergingen. Seinen verblüfften Kutscher grob beiseite schiebend, ergriff er die Zügel und trieb das Gespann an.

Als sie sich der Sloane Street näherten, war der Feuerwehrwagen ihnen fünfzig Meter voraus. Es ging so schnell um eine Ecke, daß die Kutsche fast umkippte, aber Thomas hielt nicht an, denn jetzt sah er das Kaufhaus, und ein Grausen erfaßte ihn. Dicker Rauch quoll aus dem Dach des Gebäudes, und aus zwei Obergeschoßfenstern schlugen helle Flammen.

Vor ihnen blockierte bereits eine große Menschenmenge die Straße, zurückgehalten von einem Polizeikordon. Aus zwei Richtungen hörte Thomas die Rufe weiterer Feuerwehrmannschaften hinter sich, von denen eine noch in weiter Ferne war.

Die Menge ließ die Spritze durch und schloß sich wieder. Als die Kutsche herankam, zog Thomas fest die Zügel an, warf sie dem verstörten Kutscher zu und sprang, noch ehe die Pferde zum Stehen gekommen waren, vom Bock. Er drängte sich durch die Menge und murmelte fast geistesabwesend: «Ich bin Kingston ... ich bin Kingston», um die Leute zu besänftigen, die er beiseite stieß, um an die Polizeiabsperrung zu gelangen.

In der Nähe war die Hitze, die von dem Gebäude ausging, unerträglich. Rauch drang aus dem Erdgeschoß und aus den Obergeschossen. Im Gebäude zuckten zwischen den wabernden schwarzen Wolken Flammen auf. Fünf zischende Feuerspritzen, deren Mannschaften ständig Kohle in die Kessel schaufelten, sorgten für den nötigen Druck in den Schläuchen, die, von Feuerwehrleuten gehalten, ihr Wasser durch die Fenster ins Erdgeschoß und von Leitern aus bis zum Dach hinaufschickten.

Es herrschte eine ständige und scheinbar wirre Geschäftigkeit – Männer kletterten Leitern hinauf und hinunter, Männer erschienen an Fenstern und riefen etwas, Männer rannten vor dem Gebäude über die Straße, so daß ihre Stiefel durch die Wasserpfützen patschten, Männer bedienten schwitzend in Hemdsärmeln Handpumpen, Männer transportierten Geräte, schleppten Rettungsleitern herbei, entrollten Schläuche, führten losgeschirrte Pferde von Karren und Wagen mit Material fort.

Während Thomas die Szene beobachtete, galoppierten zwei weitere Wehren aus einer anderen Richtung heran. Benommen richtete er den Blick auf seine Schaufenster, die alle durch die Hitze oder den Druck von innen zersprungen waren. Zerbrochenes Glas lag auf der Straße, aber die ausgestellte Ware war noch da – von Löschwasser durchnäßt, ein Teil vom Rauch beschmutzt, manches sogar angesengt. Mathews schöne Dekorationen waren ein einziges Chaos. In einem Fenster lagen Sachen, die in sorgfältigen Falten angeordnet gewesen waren, in wirren Haufen am Boden. In einem anderen hing ein Seidenband von einem einzelnen Nagel über einem Wirrwarr von Spitzen und Handschuhen und umgestürzten Gestellen herab, das war alles, was von einer Auslage der Galanteriewaren noch übrig war. Die neuen Kleiderpuppen, die ihm so sehr gefallen hatten, waren umgestürzt, gleich Opfern eines Massakers, und lagen zum Teil übereinander. Eine war gegen den Fensterrahmen zur Seite gekippt und lag, wie von der Leichenstarre erfaßt, in einem Winkel von etwa fünfundvierzig Grad da. Eine andere – das Modell mit Kopf und Gesicht – war quer über einen kleinen Dekorationstisch gefallen. Durch das Gewicht der Schultern lag sie kopfüber auf dem Boden, so daß die Füße in den Knopfstiefeln nach oben ragten und das hinaufgerutschte Kleid den Blick auf die Schenkel freigab.

Die gebückten Gestalten der Feuerwehrleute wurden plötzlich von hellen Flammen beleuchtet, aber innerhalb von Sekunden wieder von wirbelndem schwarzem Rauch verhüllt.

Im Innern des Gebäudes gab es eine Explosion wie von einem schwerkalibrigen Geschütz. «Mauer eingestürzt», sagte einer der Polizisten vor Thomas. In diesem Augenblick sah er, wie eine junge Frau, die tot oder nur bewußtlos war, aus einem Obergeschoßfenster hinausgereicht und einem auf einer Leiter stehenden Feuerwehrmann auf die Schultern gelegt wurde. Da erst kam ihm zum Bewußtsein, daß diese Frau zu seinem Personal gehören mußte. Diese Erkenntnis riß ihn jäh aus seinem Betäubungszustand heraus und führte ihm seine Verantwortung vor Augen. «Entschuldigen Sie, Constable», sagte er zu dem Polizisten. «Lassen Sie mich bitte durch ... Ich bin Mr. Kingston.»

«Oh – mein Beileid, Sir», sagte der Beamte, doch Thomas hörte ihn kaum, als er an ihm vorbeiging und durch Wasser und über Glassplitter und Schläuche auf die Leiter zustapfte, über die die Feuerwehrleute die junge Frau heruntergeholt hatten. Aber als er dort ankam, hatte man sie schon fortgeschafft. «Wer hat hier das Kommando?» fragte er einen Mann, der an ihm vorbeieilte. «Captain Shaw, Sir», rief der Mann, den Kopf herumdrehend. «Der Große da drüben.» Er deutete auf eine Gruppe von drei Männern, die von der anderen Straßenseite aus den Einsatz leiteten.

Captain Shaw war bekannt als der Mann, der aus der schlecht organisierten Feuerwehr, die bis dahin im Besitz von Versicherungsgesellschaften gewesen war, eine tüchtige, disziplinierte Truppe geschaffen hatte, die es mit den Bränden in London – jetzt fast zweitausend im Jahr – aufnehmen konnte. Er hatte ein Netz von Feuerwachen eingerichtet, die untereinander durch ein telegrafisches System verbunden und Tag und Nacht von ausgebildeten Feuerwehrleuten mit fahrbereiten Gespannen besetzt waren.

Shaw überwachte die Bekämpfung größerer Brände persönlich, und Thomas, so erschüttert und verzweifelt er war, empfand eine gewisse Beruhigung, als er dem brennenden Gebäude den Rücken kehrte und quer über die Straße auf den großen schnurrbärtigen Captain zuging.

«Captain Shaw? Mein Name ist Kingston.» Shaw, der einen Helm trug wie seine Leute, sah ihn aus ernsten Augen voller Mitgefühl an. «Ich kann mir denken, wie Ihnen jetzt zumute ist, Mr. Kingston», sagte er, dann rief er, an ihm vorbeiblickend: «Könnt ihr da nicht noch weitermachen?» Eine Gruppe von fünf Männern hatte sich durch eines der Schaufenster aus dem Gebäude zurückgezogen. Sie setzten gerade ihre Helme wieder richtig auf, die sie, um ihre rußgeschwärzten Gesichter zu schützen, mit dem längeren Nackenende nach vorn getragen hatten. «Unmöglich, Sir!» rief der Rottenführer zurück. «Das Mobiliar hat Feuer gefangen, und jeden Augenblick kann der Fußboden herunterkommen.»

«Versucht es von der Seite!» befahl Shaw, als gerade eine weitere Spritze durch die Lücke in der Menge heranraste. «Ihr könnt diese hier zur Unterstützung haben.» Und dem Fahrer rief er zu: «Da in die Seitenstraße!»

Shaw wandte sich zu Thomas um: «Wir haben jetzt einen groben Überblick ... Natürlich ist jeder Brand anders, hat seine eigenen Merkmale ... nicht daß Ihnen das ein großer Trost ist, fürchte ich ...»

«Gibt es viele Verletzte?» fragte Thomas.

«Einige, wie ich gehört habe.»

«Und Tote?»

«Fünf, glaube ich ... bis jetzt. Das ist nicht viel, wenn man die Tageszeit berücksichtigt ... die Kundschaft und das ganze Personal im Haus ... Ihren Brandwart hat's leider auch erwischt ... braver Mann, wurde von den Flammen abgeschnitten, als er die Feuertüren schloß ... Das ist das Dumme bei einem Brand dieser Art ... hat wahrscheinlich schon eine halbe Stunde im Kellergeschoß geschwelt, eh's jemand gemerkt hat ... und dann ist das Feuer gleich hochgeschossen durch das Personaltreppenhaus ... und wenn's mal soweit ist ...» Er zuckte die Achseln. «Diese Gase mit ihrer kolossalen Hitze, die setzen sofort alles in Brand, was brennbar ist ... Dann sind Ihre Gasrohre geschmolzen.»

«Geschmolzen?» fragte Thomas erstaunt.

«Mr. Kingston – Blei schmilzt bei 327 Grad. Im Zentrum eines solchen Feuers entstehen Temperaturen von an die 2000 Grad. Aber es sind nicht nur die Rohre, es ist auch das Gas. Und dann Ihre Kleiderabteilung – alle diese dünnen Stoffe, da frißt sich das Feuer wie nichts weiter ... Was macht ihr denn da?» rief er einer Gruppe von Feuerwehrleuten zu, die plötzlich ihren Schlauch hatte fallen lassen, so daß er am Boden herumzuckte und zischte, und zur Seite gerannt waren.

«Die Mauer, Sir!» rief einer von ihnen und deutete auf einen breiten senkrechten Riß, der plötzlich in der Fassadenwand des Kaufhauses aufgetreten war. «Sie stürzt ein!»

«Das tut sie nicht!» sagte Shaw zuversichtlich. «Ich sag euch schon, wenn sie einstürzt. Geht wieder an euren Schlauch! Wir tun unser Bestes, Mr. Kingston», fuhr er, an Thomas gewandt, fort, «bald werden wir zwanzig Spritzen hier haben ... das ist fast die Hälfte aller Wehren von London – und über hundert Leute ...»

Für Thomas war die nächste Stunde ein wirrer, quälender Alptraum. Er ging langsamen Schrittes um das sterbende Kaufhaus herum und beobachtete die Feuerwehrleute, die auf allen Seiten an ihren Spritzen und Rettungsleitern tätig waren und -zigtausende von Litern Wasser ins Feuer schickten, um es einzudämmen. Er erschauerte, wenn er das Prasseln wild lodernder Flammen vernahm, und zuckte zusammen, wenn es innen dumpf dröhnte, weil wieder eine Wand oder eine Decke eingestürzt war. Er sah, wie

Männer aus dem Gebäude rannten, sich das Gesicht mit Brandöl einrieben und dann mutig wieder in das lodernde Inferno hineinstürzten.

Er sah Angehörige seines Personals, die gruppenweise in der Menge beieinander standen. Wenn sie seinem Blick begegneten, wußten sie nicht, wie sie reagieren sollten. Manche lächelten ihm mitfühlend zu, andere blickten verlegen zur Seite. Er traf auf einige Einkäufer und Dienstleiter. «Tut mir leid, Mr. Kingston ... eine Tragödie, Mr. Kingston ... eine Katastrophe, Mr. Kingston ...» Er nickte jedesmal und ging weiter.

Er blieb eine Weile vor den Toten stehen, die man, das Gesicht zugedeckt, im Hof eines benachbarten Stalls auf den Boden gelegt hatte, und eine Woge hilfloser Traurigkeit überflutete ihn, die plötzlich zu einem Schuldgefühl wurde. Hatte er etwas versäumt? Gab es eine Vorsichtsmaßnahme, die er nicht getroffen hatte?

Sidney Baines meldete sich bei ihm – ohne Rock, in zerrissenem, schmutzigem Hemd. Gerötete Augen sahen Thomas aus einem geschwollenen, rußgeschwärzten Gesicht an. «Ich habe zwei Wagen fahrbereit, die Pferde schon eingespannt», sagte er voller Eifer. «Damit wir die Ware aufladen können ... sehen, was noch zu verkaufen ist ... Ich hatte schon angefangen, aber die Feuerwehr hat mich daran gehindert.»

«Ich danke Ihnen, Sidney.»

«Ich habe den Angestellten gesagt, daß wir sie in ihren Unterkünften verständigen ... was sie weiter zu tun haben, meine ich ... und ich habe alle Abteilungsleiter, die ich erwischen konnte, für fünf Uhr zur Entgegennahme weiterer Anweisungen auf den Sloane Square bestellt ...»

«Das haben Sie gut gemacht, Sidney.» Thomas war sich bewußt, daß sein Schwager angesichts der Krise die praktischen Entschlüsse gefaßt hatte, während er selbst noch die Katastrophe zu verkraften versuchte.

Thomas traf May im Eingang des Hauses, in das man die Verletzten geschafft hatte. Sie trug immer noch das schwarze Kleid von der Beerdigung, stark zerknittert jetzt, und Haarsträhnen hingen unter der Haube heraus. «Ich habe nach dir gesucht!» Sie lächelte ihm ermutigend zu und griff nach seiner Hand. «Emily liegt darin, es geht ihr gar nicht gut. Sie hat sich erst über die Leiter retten lassen, als alle Damen draußen waren. Es ist hauptsächlich der Rauch, aber sie hat auch ein paar Verbrennungen ... Alle sagen, das Schlimmste ist der Rauch ...»

Er ging in das Haus, dankte der Besitzerin für ihre große Hilfe. «Es war das mindeste, was ich tun konnte, Mr. Kingston», erwiderte sie. «Wir haben nach den Johannitern geschickt, sie werden die ernsteren Fälle ins Krankenhaus bringen.»

Einige der verletzten Angehörigen seines Personals saßen auf Stühlen in verschiedenen Zimmern, aber die meisten lagen unter Decken auf dem Boden. Er erkannte Emily kaum wieder, so geschwollen und entzündet war ihr Gesicht. «Ich habe gehört, wie tapfer Sie waren», sagte er. Sie gab sich alle Mühe, ihm zu antworten, aber er konnte nur ein paar Worte verstehen: «... Pflicht ... Glück ... noch am Leben ...»

«Ich bleibe bei ihr», sagte May, die zu ihm getreten war. «Ich helfe ihr, so gut ich kann. Du mußt dich um anderes kümmern.»

Er sprach mit den anderen Verletzten, murmelte ein paar Worte, die aufmunternd klingen sollten, und ging hinaus. Als er sich der Ecke zu der schmalen Straße näherte, die am Stallhof entlangführte, begannen plötzlich die Pferde zu schreien. Von allen Einzelheiten jener schrecklichen Stunden sollten ihm diese schrillen Schreckensschreie am lebhaftesten in Erinnerung bleiben. Er rannte um die Ecke, und als er in die Straße einbog, blieb er stehen, erstarrt von dem Anblick, der sich ihm bot. Die ihm zugekehrte Seite des Stalldachs brannte, gelbe, purpurn getönte Flammen fraßen sich durch die Ziegel, und es gab laute Explosionen wie von Gewehrschüssen. Die schmale Straße selbst war ein Durcheinander von Menschen und verstörten Pferden, die von Butlers Leuten aus dem Hof gejagt wurden. Einige Pferde trugen Scheuklappen, andere wurden von den Stallburschen mit Peitschen angetrieben, nachdem man sie offenbar gerade erst aus den Boxen geholt hatte. Pferde traten aus, bäumten sich auf, bissen, drängten, stiegen aufeinander. Männer schrien, und der lauteste war Butler selbst. «Zum Square!» brüllte er. «Bindet sie an die Gitter! Schafft sie zum Square, ihr Hornochsen!» Und alles andere übertönend die Angstschreie der Pferde, die in der schmalen Straße widerhallten.

Da fiel Butlers Blick auf Thomas. «Schrecklich, Mr. Kingston», sagte er. «Einfach schrecklich. Wir haben die meisten draußen. Die im Südblock haben wir verloren ... Bei Gott, es ging so schnell. Trockenes Stroh hat Feuer gefangen ... Funkenflug oder so was vom Hauptgebäude rüber ... Haben Sie Mr. Harry gesehen?»

«Mr. Harry?» fragte Thomas. «Ist er hier?»

«Ja, das ist er, Mr. Kingston ... und er hat gute Arbeit geleistet ... Smith!» rief er einem Stallburschen zu, der mit vier Pferden vorbeirannte. «Haben Sie Mr. Harry gesehen?»

«Der ist grad noch mal rein, Mr. Butler.»

«Was?» brüllte Butler zornig. «Ich habe gerade befohlen, keiner geht mehr rein! Mr. Kingston ... Mr. Kingston!» Thomas rannte schon auf den Hofeingang zu. «Mr. Kingston! Gehen Sie nicht rein, Sir! Das Dach kommt gleich runter!»

Thomas erreichte den großen Hof und zögerte einen Augenblick – in welchen Stallblock mochte Harry gegangen sein? Ein ganzer Flügel der Ställe brannte jetzt lichterloh, und während Thomas noch dastand, fing eine Reihe von Lieferwagen Feuer, und die Flammen fraßen sich schnell in dem dünnen Holz der Aufbauten weiter. Einen Augenblick war Thomas betäubt von der Grelle, dem Brausen und Knistern des Feuers, dem schrillen, unwirklichen Kreischen der Pferde, den wirbelnden, beißenden Rauchschwaden.

Da tauchte Harry aus dem schwarzen Rauch auf. Er führte ein graues Pferd, das sich ihm aus Todesangst widersetzte und austrat und den Kopf in die Höhe warf, obwohl Harry ihm das eigene Hemd über die Augen geschlungen hatte. Harry hatte sich, um seine Augen zu schützen, den Zylinder so fest ins Gesicht gezogen, daß der Rand gebrochen war. Die nackte Haut an Hals und Brust schirmte er mit den Jackenaufschlägen ab, die er mit der einen Hand festhielt. In dem wirren Kaleidoskop dieses qualvollen Nachmittags erschien Harry ihm ohne Hemd und mit zerbrochenem Zylinder und rußverschmiertem Gesicht wie ein Zirkusclown, als er, dem Pferd gut zuredend, ohne ihn zu sehen an ihm vorbeieilte.

Thomas rannte ihm nach und hörte, wie Butler einen Stallknecht anwies, das Tier zu übernehmen. «Das hätten Sie nicht tun sollen, Mr. Harry ...»

«Sein Fell ist an der Seite versengt», sagte Harry, als hätte er Butlers Tadel nicht gehört, «aber ich hoffe, es heilt wieder.»

«Sie müssen den Verstand verloren haben, so was zu machen – noch dazu gegen meinen Befehl ... Ist doch nur ein Pferd ... und nach allem, was es mit Mr. Rawlings gemacht hat ...»

«*Sie* sind *auch* nur Pferde, Mr. Butler», sagte Harry und deutete mit dem Kopf zu den brennenden Ställen hinüber. Da erst sah er Thomas. «O Vater ... Hast du je in deinem Leben ein so schreckliches Geräusch gehört?»

Thomas legte seinem Sohn tröstend die Hand auf die Schulter. Dann ging er weiter und kehrte zur Vorderfront des Gebäudes zurück, wo sich inzwischen noch mehr Menschen angesammelt hatten. Die Nachricht von dem Brand hatte sich mit Windeseile verbreitet, und aus ganz London waren Schaulustige in Kutschen und Droschken herbeigeeilt. Schon begann der Straßenhandel sein Geschäft zu machen: man bot Kaffee, Ingwerbier und Kastanien an.

Hinter der Menge hielten auf beiden Seiten der Sloane Street Fahrzeuge, und als Thomas an einer der Kutschen vorüberging, sah er zu seiner Überraschung Eve darin sitzen – sie betrachtete das brennende Gebäude mit einem Ausdruck starren Schmerzes. Ein Instinkt mußte ihr gesagt haben, daß er in ihrer Nähe war, denn plötzlich sah sie ihn an. Er öffnete den Schlag. «Ich wollte dich nicht sehen», sagte sie, «nur mit dir leiden.»

«Eve ...» begann er, tief bewegt, aber sie ließ ihn nicht weiterreden: «Du darfst nicht bleiben, Thomas ... Bitte, geh ... Bitte ...» Und er schloß die Tür wieder.

Er schob sich durch die Menge und sah Ramsay, der in Hemdsärmeln gerade außer Atem von einer der Handpumpen zurücktrat, an der er offenbar einen anderen abgelöst hatte. Trotz seiner Jugend sah er hager aus. Er erspähte seinen Vater sofort und ging auf ihn zu, offensichtlich aus dem Bedürfnis, ihm ein Wort des Trostes zu sagen, ihm seine Empfindungen mitzuteilen, aber er fand keine Worte. Wie zuvor bei Harry, legte Thomas auch ihm die Hand auf die Schulter. «Danke, Ramsay», sagte er, als hätte sein Sohn tatsächlich gesprochen.

Charles Rawlings gesellte sich zu ihnen, gleichfalls ohne Jackett. Thomas war überrascht, ihn zu sehen. «Deine Mutter ...»

«James und Eleanor kümmern sich um sie, Sir», antwortete Charles. «Ich hatte das Gefühl, mein Platz ist hier.»

Während sie im Feuerschein beieinander standen, ertönte ein lautes Krachen wie von einer Batterie schwerer Geschütze, und langsam – in der Bewegung zumindest kam es ihnen langsam vor – stürzte ein Teil des Dachs ein, und Funken und brennende Holzsplitter sprühten umher wie Feuerwerk. In diesem Augenblick wurde sich Thomas bewußt, daß er etwas tun, daß er zurückschlagen mußte gegen diese feindlichen Elemente, die sein Unternehmen vernichtet hatten.

«Jungens», sagte er unvermittelt, «wir haben viel zu tun. Wir müssen so bald wie möglich das Geschäft wieder eröffnen – Charles!» Es klang fast wie ein Peitschenknall, und der Junge ging sofort auf den neuen Ton ein. «Ja, Sir?»

«Wir müssen irgendwo weiterarbeiten ... wir brauchen ein Büro. Jetzt, sofort, noch heute nachmittag. Mach ein paar Zimmer ausfindig, möglichst in der Nähe, triff die nötigen Vereinbarungen und erstatte mir dann Bericht ... Ramsay!»

«Ja, Sir!» Auch sein Sohn hatte die Veränderung wahrgenommen, die in seinem Vater vorgegangen war, und seine Augen blickten erwartungsvoll.

«Wir brauchen auch provisorische Verkaufsräume ... irgendeinen Saal oder ein Lagerhaus, groß genug, um wieder mit dem Verkauf beginnen zu können ... mindestens zweitausend Quadratmeter. Zeigt, was ihr könnt.»

4

Um sieben Uhr abends saßen Thomas und seine Direktoren und Abteilungsleiter mit Ausnahme der verletzten Emily an einem langen Tisch in den Räumen, die Charles im Obergeschoß eines Gasthauses in einer Seitenstraße des Sloane Square ausfindig gemacht hatte. Unten auf der Straße warteten einige der zwölf Droschken, die Thomas für die ganze Nacht gemietet hatte, um jederzeit Mitteilungen und Anweisungen überbringen lassen zu können.

Etwa zwei Stunden zuvor hatte Ramsay Mietverhandlungen wegen eines Saals aufgenommen, der etwa eine Viertelmeile vom Kaufhaus entfernt in der King's Road lag und normalerweise für öffentliche Veranstaltungen benutzt wurde. Es war ein kahles Gebäude mit einem Sprecherpodium, aber groß genug, und mit mehreren Nebenräumen an der Rückseite.

Die Versammlung im Gasthaus *King's Arms* – «Unser Kriegsrat», wie Thomas sie ohne die leiseste Andeutung eines Lächelns nannte – setzte sich aus ungefähr fünfundzwanzig Einkäufern und leitenden Angestellten zusammen. Ramsay und Charles saßen an der Wand, um jederzeit als Boten fungieren zu können. Eine Anzahl von Kontoristen aus den Direktionsbüros bereiteten sich in den Zimmern nebenan auf die Schreibarbeit vor, die während der nächsten Stunden geleistet werden mußte. Sogar May und die fünfzehnjährige Rose waren da und sorgten zusammen mit einigen Dienstboten vom Cadogan Place für Erfrischungen, die gewiß in der langen Nacht, die sich abzeichnete, benötigt wurden.

«Nun, meine Herren –» Thomas, der am Kopfende des Tischs saß, hatte etwas auf einen Notizblock geschrieben und blickte jetzt hoch – «ich glaube, wir können anfangen ... Ich lese Ihnen zunächst die Anzeige vor, die morgen in den Tageszeitungen erscheinen soll –» Er sah vor sich auf den Block. «‹Das Kaufhaus Kingstons bedauert mitteilen zu müssen, daß infolge eines verheerenden Brandes der Verkaufsbetrieb für drei Tage eingestellt werden muß ...›»

«Drei Tage?» ließ sich ein Einkäufer erstaunt vernehmen und wurde dafür von Thomas mit einem kühlen Blick bedacht.

«‹Am Donnerstag, dem 12. Oktober›», fuhr er etwas lauter fort, «‹hoffen wir, unsere verehrte Kundschaft in zeitweiligen Räumen 37 King's Road begrüßen zu können. Die äußere Umgebung mag nicht dem Standard entsprechen, den sie von der Sloane Street her gewöhnt ist, wir werden aber unser Bestes tun, um die übliche Qualität und Dienstleistung anzubieten.

Wir bitten unsere verehrten Kunden um Nachsicht für die vorübergehenden Unbequemlichkeiten und versichern ihnen, daß der Verkauf in der Sloane Street wieder aufgenommen wird, sobald geeignete Vorkehrungen getroffen werden können.›»

Thomas blickte auf. «Jemand hat den geplanten Termin angezweifelt. Ich glaube, das waren Sie, Mr. Barratt?»

Barratt, der Einkäufer für Herrenschuhe, errötete verlegen. «Es war nur – es schien mir unmöglich, daß wir das in drei Tagen schaffen, Mr. Kingston.»

«Warum nicht?» fragte Thomas. «Barkers hat es nach seinem Brand geschafft. Desgleichen Shoolbreds. Whiteleys hat es mehr als einmal geschafft. Wenn sie es können, dann können wir es doch wohl auch?»

«Ja, Mr. Kingston», gab Barratt zu.

«Mr. Dutton!» rief Thomas, und einer der Kontoristen erschien in der Tür zum Nebenbüro. «Diese Anzeige soll morgen in allen Zeitungen erscheinen. So groß wie möglich. Fertigen Sie Kopien an – Mr. Charles bringt sie nachher mit der Droschke in die Fleet Street ..»

Er wandte sich wieder den anderen zu. «Nächster Punkt – Sloane Street ... Unter den männlichen Angehörigen des Personals sind Freiwillige zu suchen, die das Kaufhaus Tag und Nacht vor Plünderern schützen, wenn die Feuerwehr abgerückt ist. Morgen wird das Gebäude verbarrikadiert. Unter Aufsicht eines Beamten der Feuerwehr wird morgen früh die gesamte Ware in ein Lagerhaus geschafft, wo jeder Einkäufer zu entscheiden hat, was noch verkauft oder zu einem verbilligten Preis abgesetzt werden kann. Die Einkäufer stellen ausführliche Listen auf, die wir zur Vorlage bei der Versicherung brauchen ...

Nun zu den Räumen in der King's Road ... Im Laufe des Abends werden Mr. Baines und ich mit jedem einzelnen von Ihnen besprechen, wieviel Platz Sie dort zugewiesen bekommen, welche Dekorationsausstattung und welche Mittel zum Neueinkauf. Ich erwarte, daß Sie bis dahin eine provisorische Aufstellung Ihrer Anforderungen fertig haben ... Diese können noch heute nacht mit der Droschke den Großhändlern zugestellt werden, entweder in ihren Wohnungen, wenn die Adressen bekannt sind, oder in ihre Büros, so daß sie sie gleich morgen früh vorfinden.

Jetzt ... zum Personal. Wir werden uns mit den Erfordernissen der unmittelbaren Zukunft befassen, aber es besteht wohl kaum ein Zweifel, daß einige Leute entlassen werden müssen, und ...»

Und so ging der Abend weiter. Thomas und Sidney gönnten sich keinen Augenblick Ruhe. Bis in die ersten Morgenstunden gingen Anweisungen in alle Teile Londons. Die Kontoristen saßen über ihre Tische gebeugt, und ihre Kielfedern kratzten wild darauflos, während sie Bestellungen für Waren und Einrichtungsartikel ausschrieben.

Bald nach Mitternacht zeigten sich die ersten Reaktionen auf die fieberhafte Tätigkeit: Großhändler antworteten, man erfuhr, wer vom Personal sich für den Wachdienst gemeldet hatte, die Presse bestätigte den Eingang der Anzeige, die Lieferung von Ausstattungsmaterial wurde angekündigt – kurzum, es gingen Nachrichten über alle Einzelheiten ein, die mit der Einrichtung eines Geschäfts verbunden waren.

Die ganze Nacht hindurch waren Ramsay und Charles ständig unterwegs. Kaum hatten sie einen Schluck Tee oder Kaffee getrunken, befanden sie sich auch schon auf einem Botengang.

Als Thomas schließlich seinen Namenszug unter das letzte Dokument setzte, gesellte sich zum Schein der Gaslampen bereits das erste Morgenlicht. «Jetzt ist es Zeit, daß wir schlafen gehen», sagte er. «Wir treffen uns hier wieder um Mittag.» Er wußte freilich, daß er zuvor schon die Versicherungsgesellschaft aufsuchen und mit Henry Jones auf der Bank die Frage der Zwischenfinanzierung besprechen mußte.

May war immer noch da, aber Rose und die Dienstboten hatte sie längst zum Cadogan Place zurückgeschickt. Auch die beiden Jungen waren noch da – sie schliefen fest am Tisch, den Kopf vor sich auf den Armen.

Thomas weckte sie behutsam auf. «Ihr braucht jetzt ein paar Stunden Schlaf», sagte er. «Ihr habt mir sehr geholfen, und ich bin stolz auf euch … Charles, sag deiner Mutter, ich bitte sie um Entschuldigung dafür, daß ich dich so lange hier behalten habe …»

Er ging zusammen mit May und Ramsay hinunter, und sie bestiegen eine der Droschken und fuhren in Richtung Cadogan Place davon. Aber als sie in die Nähe des Kaufhauses kamen, ließ Thomas anhalten. Die Sloane Street war weiterhin von der Polizei abgesperrt, weil man mit dem Einsturz der Fassade rechnete. Einige Sterne leuchteten noch am hell werdenden Himmel, als Thomas auf das Gebäude zuschritt. Einzelne Feuerwehrleute arbeiteten immer noch im Haus, aber die Spritzen waren bis auf eine alle abgezogen.

Thomas blickte auf die schwelenden Ruinen des Unternehmens, auf das er so stolz gewesen war. Noch einmal an diesem kalten frühen Morgen empfand er das Grauen, das ihn beim Anblick des brennenden Kaufhauses überfallen hatte. Doch dann zog langsam ein Lächeln über sein Gesicht.

«Weißt du, warum dein Vater lächelt?» Erst jetzt merkte Thomas, daß May und Ramsay ihm von der Droschke her gefolgt waren.

«Ich muß gestehen, Mama», antwortete der Junge, «daß ich wenig Grund dafür sehe.»

«Ich weiß, warum er lächelt», sagte sie, «aber ich kenne ihn schließlich auch viel länger als du. Thomas, sag deinem Sohn, warum du lächelst.»

Den Blick auf die rauchenden Trümmer gerichtet, antwortete Thomas: «Ich habe mir etwas vorgestellt, Ramsay ... ich habe mir das große Kaufhaus vorgestellt, das aus dieser Asche erstehen wird, ich habe mir das großartige Bauwerk vorgestellt, das nicht nur eine Ansammlung einzelner Läden sein wird, wie es Kingstons bisher war, ich habe ein herrliches neues Gebäude vor mir gesehen, von Architekten entworfen, das prächtigste Großkaufhaus von London ...»

Sein Sohn schwieg einen Augenblick. Er starrte wie sein Vater in die traurigen Ruinen. Dann wandte er sich zu ihm um, und in seinen Augen blitzte der Schalk auf. «Das prächtigste Großkaufhaus von *London*, Vater?»

Müde, wie er war, erfaßte Thomas zunächst nicht den Unterton, der in der Frage seines Sohnes mitgeschwungen hatte. Er glaubte, Ramsay halte die Vision, die er gerade beschrieben hatte, für zu kühn. Doch dann wurde er sich bewußt, was er gemeint hatte, und da ging abermals ein Lächeln über sein Gesicht. «Nein, Ramsay», sagte er so laut, daß seine Stimme in den verlassenen Straßen widerhallte, «nicht nur von London ... von der ganzen Welt, Ramsay ... von der ganzen weiten, weiten Welt!»

Drittes Buch

Neuntes Kapitel

April 1897

I

Seit Thomas in Aylesbury den Zug bestiegen hatte, versuchte er die *Times* zu lesen, aber sein Zorn hinderte ihn daran, sich zu konzentrieren – obwohl die Nachrichten an diesem Morgen außerordentlich interessant für ihn waren, da es um die offiziellen Vorbereitungen für Queen Victorias diamantenes Regierungsjubiläum im Juni ging. Seit Monaten überwachte Thomas alle Pläne für die kunstvolle Dekoration des Kaufhauses und für die speziellen Auslagen der Gedenkartikel. Aber an diesem Morgen erschien ihm das alles weit weniger wichtig als die Tatsache, daß sein Sohn Ramsay aus Amerika zurückkam.

Um sich zu beruhigen, war er vor der Abfahrt zur Bahnstation ein paar Minuten auf den friedlichen Koppeln vor Quainton Hall zwischen den Stuten und Fohlen umhergeschlendert – aber vergebens, es kochte weiter in ihm.

Nach Ramsays letztem Brief vor zwei Monaten war es ihm gelungen, seinen Groll über das ungewöhnliche Benehmen seines Sohnes zu verdrängen – bis zum gestrigen Abend, als er sich der Tatsache gegenübersah, daß die Entscheidungen, die er bis jetzt hatte hinausschieben können, innerhalb weniger Stunden getroffen werden mußten. Denn dann würde Ramsay in London sein, mit seiner Frau – seiner amerikanischen Frau.

«Ich frage mich», hatte May gesagt, «ob du etwas gegen die Mansfields hättest, wenn sie Engländer wären.»

«Du meinst, es liegt nur daran, daß sie Yankees sind? May, er hat sich mir widersetzt. Erwartest du von mir als Vater, daß ich darüber nur die Achseln zucke?»

«Als du jung warst», fuhr sie fort, als hätte er nichts gesagt, «hast du die Amerikaner sehr bewundert – besonders A. T. Stewart. Ich höre noch, wie begeistert du von seinem Kaufhaus gesprochen hast – du wolltest ihn dir als Beispiel nehmen …»

«Ich wollte ihn übertreffen», hatte Thomas sie korrigiert. «Nun, ich gebe zu, ich hatte gehofft, Ramsay würde eine bessere Partie machen …»

May hatte gelacht. «Thomas, du redest, als wäre Amerika noch eine Kolonie und du ein Prinz von königlichem Geblüt. New York ist eine der bedeutendsten Städte der Welt und Jack Mansfield ein wohlhabender Mann …»

Thomas blickte zum Abteilfenster hinaus und dachte an den Tag vor einem Jahr, als Jack Mansfield in sein Leben gestampft war wie ein gutmütiger Elefant. Er hatte ihm vom *Brown's Hotel* aus einen Brief geschrieben und sich als Eigentümer des Kaufhauses J. L. Mansfield in der Fifth Avenue in New York vorgestellt. Er sei auf einer Einkaufsreise durch Europa ein paar Tage in London, hatte er weiter geschrieben, und Kingstons habe ihn so beeindruckt, daß er die Gelegenheit begrüßen würde, Thomas kennenzulernen.

Er erwies sich als ein Mann von gewinnendem Wesen. Er war ungeheuer groß und dick und konnte herzhaft lachen. Da er seine Söhne mitgebracht hatte, die bei ihm im Geschäft arbeiteten, hatte Thomas sogleich Ramsay und Charles rufen lassen, und auch sie hatten sich alle sehr sympathisch gefunden.

Nach diesem ersten Besuch hatten sie sich noch mehrmals getroffen. Zwar hatte Mansfields Kaufhaus einen anderen Verkaufsschwerpunkt als Kingstons, aber der hünenhafte New Yorker war ein kluger Mann mit Ideen. Ehe die drei Amerikaner nach Paris weiterreisten, hatte Thomas sie sowie Lillian und ihre beiden Söhne zum Dinner eingeladen. Und als die Damen sich nach dem Essen zurückgezogen hatten, machte Mansfield Thomas den Vorschlag, er solle doch Ramsay für ein paar Monate nach New York schicken. «Er könnte eine Zeitlang in meinem Kaufhaus arbeiten, und vielleicht hätte er Lust, auch einige andere Kaufhäuser kennenzulernen – Marshall Field in Chicago zum Beispiel oder Hudsons in Detroit. Ich würde das gern arrangieren.»

Ramsay war begeistert gewesen. Charles hatte gesagt, er wünschte, er könne ihn begleiten, aber einer müsse wohl da bleiben, um im

Kaufhaus mitzuhelfen. James hatte wie üblich nur düster vor sich hin gestarrt, als ginge ihn die Sache nichts an. Und Thomas gab nach einigem Überlegen seine Zustimmung.

An einem sonnigen Maimorgen hatten sie alle Ramsay zum Zug nach Liverpool gebracht, wo er an Bord der *Laurentian* gehen sollte. Aus den Vereinigten Staaten hatte er regelmäßig nach Hause geschrieben, und aus seinen Briefen wurde deutlich, daß ihm Amerika gefiel – vor allem die Mußestunden zusammen mit Mansfields Söhnen und insbesondere, als die Wochen vergingen, in der Gesellschaft von Mansfields einundzwanzigjähriger Tochter Dora.

Im Laufe der Monate wurde durch seine Bemerkungen über Dora, über ihre Schönheit, ihr Wesen und ihre geistreiche Art, deutlich, daß er von der jungen Dame sehr angetan war. May und Thomas hatten natürlich über die sich andeutende Möglichkeit einer Heirat gesprochen, aber er hatte angenommen, sie würden die Auserwählte persönlich kennenlernen, ehe endgültige Pläne gefaßt wurden. Im Januar jedoch hatte Ramsay geschrieben, daß er Dora einen Heiratsantrag gemacht und sie ihn angenommen habe. Da ihre Eltern in Amerika lebten, wollten sie natürlich, daß die Hochzeit in New York gefeiert werde, bevor er nach England zurückkehrte. Er bat seinen Vater um sein Einverständnis. Er sei überzeugt, hatte er geschrieben, er und auch seine Mutter würden von Dora sehr beeindruckt sein, wenn sie sie kennenlernten, und sie mit Freuden als neues Familienmitglied begrüßen.

Thomas hatte erwidert, er sei zwar sicher, daß Dora alle die Eigenschaften besitze, die Ramsay geschildert habe, aber da es sich um eine so wichtige Entscheidung handle, halte er es für angebracht, daß er nach Hause komme, um mit seinen Eltern darüber zu sprechen. Er solle die junge Dame doch bei dieser Gelegenheit mitbringen, dann könnten sie sie kennenlernen, ehe endgültige Entschlüsse gefaßt würden.

Ramsay hatte mit der für ihn typischen Diplomatie geantwortet, Dora könne leider nicht vor der Hochzeit nach London kommen, da Mr. Mansfield in seinem Geschäft unabkömmlich sei und keine geeignete Begleitperson zur Verfügung stehe. Sein Vater möge es doch über sich bringen, ihm die Entscheidung darüber zu überlassen, ob Dora die richtige Lebensgefährtin für ihn sei, schließlich sei er schon sechsundzwanzig. Wenn die Hochzeit wie geplant stattfinde, sei seine Zukunft geregelt und er könne im Frühjahr nach London zurückkehren – hoffentlich könnten sie Thomas bald einen Enkel schenken, der zu gegebener Zeit ihm, Ramsay, an der Spitze des Unternehmens nachfolgen werde.

Mays Mahnung zur Behutsamkeit ignorierend, befahl Thomas seinem Sohn in knappen Worten, sofort nach Hause zu kommen.

Ramsays Antwort fiel fast ebenso knapp aus. Es betrübe ihn sehr, daß sein Vater nicht seine Zustimmung geben wolle, denn er beabsichtige, auf jeden Fall zu heiraten. Er empfinde großen Respekt und tiefe Zuneigung für Thomas und handle nur sehr zögernd gegen seinen Willen, aber er sei überzeugt, wenn sie beide Dora erst kennenlernten, würden sie seine Gründe verstehen. Wenn Thomas jedoch, schrieb er am Schluß, das Gefühl habe, daß ein Miteinander nicht mehr möglich sei, dann werde er mit größtem Bedauern die Tatsache akzeptieren, daß er sich aus dem Kaufhaus zurückziehen müsse – ein Angebot, das Thomas in Wut brachte, weil Ramsay damit an eine wunde Stelle rührte. Denn Ramsay war jetzt der einzige Sohn, der ihm im Kaufhaus nachfolgen konnte, seit Thomas eingesehen hatte, daß Harry nicht zum Geschäftsmann taugte, und damit einverstanden gewesen war, daß er seinem Onkel Edward auf dem alten Hof der Familie half. Dort hatte er sich sehr gut angelassen, vor allem beim Zureiten von Pferden – zur Zeit arbeitete er mit einem Jagdpferd für Thomas, das einmal alle anderen Pferde des Jagdgebiets Bicester in den Schatten zu stellen versprach. Harry hatte vor kurzem ein Mädchen namens Claire geheiratet, das zwar keineswegs hübsch, aber genauso wie er an Pferden interessiert war und sich in den ländlichen Haushalt eingepaßt hatte.

Und Ramsay hatte Dora geheiratet. Mansfield hatte zweimal geschrieben und ihn gebeten, doch seine Einwilligung zu geben, die Thomas aber weiterhin verweigert hatte, und hatte ihnen beiden eine Einladung zur Hochzeit geschickt, die sie förmlich abgelehnt hatten. Seitdem hatte es keine Verbindung mehr zwischen Vater und Sohn gegeben, bis Ende der vergangenen Woche ein Brief eingetroffen war, in dem Ramsay mitteilte, er und Dora würden in den späten Nachmittagsstunden dieses Tages, an dem Thomas in so unglücklicher Verfassung in die Hauptstadt fuhr, in London ankommen.

Die Kutsche wartete schon am Bahnhof Paddington, wie immer, wenn er aus dem großen Haus, das er sich in Quainton gebaut hatte, nach London zurückkehrte. Er wies den Kutscher an, zum Kaufhaus zu fahren – dem neuen Kaufhaus, das nach dem Brand an der Stelle des alten errichtet und vor etwas über acht Jahren in Betrieb genommen worden war. Da Thomas einige angrenzende Grundstücke hatte erwerben können, übertraf es flächenmäßig sein früheres Etablissement und zählte mit seinen dreieinhalb Verkaufsgeschossen nun zu den größten Kaufhäusern Londons.

Thomas hatte bei der Bauplanung eng mit den Architekten zusammengearbeitet. Es gab jetzt achtzig Abteilungen, ein elegantes Restaurant, in dem das Kingston-Orchester zur Teestunde spielte, einen Auslieferungsdienst, der viermal täglich die Londoner City bediente und einmal täglich die Vororte, und eine Versandorganisation an den Bahnhöfen der Hauptstrecken, die dafür sorgte, daß bei Bestellungen, die mit der ersten Post um sechs Uhr morgens eingingen, die Ware, selbst wenn es sich um Lebensmittel wie Fisch handelte, bis zum Abendessen im Haus des Kunden irgendwo auf dem Land eintraf.

Elektrische Aufzüge verbanden alle Stockwerke, und eine Rolltreppe mit Geländer, Thomas' neueste Errungenschaft, transportierte stündlich bis zu viertausend Personen von der Straßenebene ins erste Geschoß.

Das neue Kaufhaus zählte über viertausend Mitarbeiter. Der Jahresumsatz erreichte fast 800000 Pfund, und Thomas' stolze Behauptung, Kingstons biete alles, von Medikamenten über Bücher, Kleider, Möbel, Lebensmittel, Haustiere, Briefpapier, Dienstbotenuniformen und Artikel für Pferd und Reiter bis hin zu Spezialausstattungen für Offiziere, die in Afrika oder Indien dienten, war zum Werbespruch des Unternehmens geworden – was einen Witzbold unter seinen Kunden veranlaßte, einen Elefanten zu bestellen, weil er ganz sicher war, daß Kingstons in diesem Falle passen müsse. Er machte aber große Augen, als das Tier um vier Uhr des darauffolgenden Nachmittags geliefert wurde, wenn Thomas ihm auch, da er einen Spaß verstand, nur die Kosten für den Rücktransport zum Zoo berechnete, wo der Elefant gekauft worden war.

Die Kutsche verließ die Bayswater Road und fuhr durch den Hyde Park, wo Thomas, immer noch verwundert, die Radfahrer betrachtete. Während der letzten zwei Jahre hatte diese neue Art der Fortbewegung, die nun bequemer geworden war durch die neuen luftgefüllten Reifen, das ganze Land erfaßt. Charles Rawlings hatte ihm im vergangenen Jahr, als das Radfahren im Hyde Park erlaubt worden war, vorgeschlagen, diesem Sport eine neue Abteilung zu widmen. Und obwohl ein Fahrrad 13 Pfund kostete, war der Erfolg phänomenal gewesen. Er hatte sogar auf andere Abteilungen übergegriffen und einen Trend zu Kniehosen angekündigt. «Knickerbockers?» hatte Thomas erstaunt gesagt, als Emily um die Erlaubnis bat, einen Vorrat einzukaufen, weil sie glaubte, eine so dramatische Abkehr von der üblichen Damenkleidung bedürfe seiner Zustimmung. «Sie meinen diese Hosenkleider? Für Damen? Bei Kingstons?»

«Miss Hanson ist überzeugt», erwiderte Emily mit einem Lächeln, «daß die jungen Damen alle diese neuen Hosen zum Radfahren tragen werden. Wenn Wind weht, sagt sie, sind sie schicklicher als Röcke, selbst wenn deren Saum mit Schrotkörnern beschwert ist.»

«Und Sie sind auch dieser Überzeugung?» fragte Thomas.

«Nicht so ganz», gab sie zu, «aber es ist heute so viel von der ‹Neuen Frau› die Rede, daß ich glaube, wir sollten es einmal probieren ...»

Und es blieb nicht bei den Knickerbockers. Die Abteilung für Damen-Reitbekleidung mußte sich ebenfalls neuen Bedürfnissen anpassen, denn fortschrittliche Frauen verwarfen den Sitz im Damensattel und wollten wie die Männer reiten. Auch die Automobile, wie man diese neuen Kutschen ohne Pferde nannte, stellten Anforderungen an die Modeabteilungen, da das Gesetz nun nicht mehr vorschrieb, daß einem solchen Fahrzeug ein Fußgänger mit einem roten Fähnchen vorauszuschreiten habe. Die Einkäufer von Kingstons sahen sich der Nachfrage nach neuer Kleidung gegenüber, die die Motoristen auch bei kaltem und windigem Wetter warm hielt.

In der Sloane Street ließ Thomas die Kutsche vor dem Textilgeschäft von E. M. Hawkins anhalten. Einige Augenblicke lang blieb er starr aufgerichtet sitzen und blickte in die Schaufenster. Das Geschäft hatte vor etwa anderthalb Jahren Edward Hawkins eröffnet, der zuvor bei Kingstons Verkäufer gewesen war. Aus bescheidenen Anfängen hatte es sich gut entwickelt und erinnerte Thomas in manchem an seine frühen Jahre. Hawkins hatte nur sechs Abteilungen, doch er bot die gleiche Ware wie Kingstons an – nur zu beträchtlich niedrigerem Preis.

Hawkins – sandfarbenes Haar, etwa siebenundzwanzig Jahre alt – hatte ihn durch die Glastür gesehen und trat jetzt mit einem fröhlichen Lächeln aus seinem Laden. «Morgen, Mr. Kingston», sagte er.

«Morgen», knurrte Thomas. «Diese Henleys da –» er deutete auf wasserdichte Damencapes im einen Schaufenster – «das ist doch ein lächerlicher Preis, Hawkins ...»

«Oh, unsere Kundinnen finden das nicht, Mr. Kingston», erwiderte der junge Mann. «Wir verkaufen sie dutzendweise.»

«Natürlich», gab Thomas barsch zurück. «Sie verschenken sie ja praktisch ... Ihre Gewinnspanne ist viel zu klein ...»

«Ich habe immer gehört, *so* hätten *Sie* es zum Erfolg gebracht, Mr. Kingston», sagte Hawkins. «Ich bemühe mich nach Kräften, Ihrem Beispiel zu folgen.»

«Ich habe immer preiswerte Ware angeboten», gab Thomas zu, «aber das heißt nicht, daß man den Verstand verlieren muß ...»

«Ich werde darüber nachdenken, Mr. Kingston.»

Thomas war sich nicht sicher, ob der junge Mann sich über ihn lustig machte, aber er wußte, daß er die Henleys nicht höher auszeichnen würde, denn sein Preis war dazu gedacht, die Capes bei Kingstons teuer erscheinen zu lassen. «Guten Tag», sagte er kühl und wies den Kutscher an, weiterzufahren.

Er war am Freitagabend nach Quainton gefahren, und obwohl ihm der Geschäftsgang am Samstag telegrafisch mitgeteilt worden war, würde er mit Baines, nachdem er einen Tag nicht im Haus gewesen war, bei der üblichen morgendlichen Zusammenkunft viel zu besprechen haben. Er fuhr mit dem Aufzug in den dritten Stock hinauf und ging in sein Büro, um dort auf den stellvertretenden Geschäftsführer zu warten, den man wie immer sogleich von seiner Ankunft verständigen würde.

Er war deshalb ein wenig überrascht, als es klopfte, aber nicht

Baines, sondern Charles hereinkam. «Guten Morgen, Mr. Kingston. Mr. Baines hat ausrichten lassen, daß er wegen einer Verabredung in der Stadt verhindert ist, und mich beauftragt, Ihnen statt seiner Bericht zu erstatten. Ich habe die Übersicht über den Verkauf am Samstag hier, und ich bin natürlich mit den Punkten vertraut, die er mit Ihnen besprechen wollte.»

«Dann nimm Platz», sagte Thomas und deutete auf einen Stuhl. «Gibt es etwas Neues von Mr. Williams?»

«Soviel ich weiß, hat sich sein Zustand kaum verändert, Mr. Kingston.» Williams war Baines' erster Assistent und jetzt schon seit über drei Monaten krank. Charles hatte vorübergehend seine Stelle eingenommen.

«Aha», brummte Thomas. «Hast du schon gehört, daß Ramsay heute zurückkommt?»

«Nein, Sir. Er hat mir das letzte Mal vor sechs Wochen geschrieben und nichts davon erwähnt, daß er so bald kommen würde ... Ich nehme an, er bringt seine Frau mit?»

Lillians ältester Sohn hatte sich als höchst begabter Kaufmann erwiesen. Wie auch Ramsay. Einer hatte die Fähigkeiten des anderen voll anerkannt, und während der neun Jahre seit Charles' Eintritt ins Kaufhaus hatten sie so ehrgeizig miteinander gewetteifert, daß Thomas sich manchmal verwundert gefragt hatte, wie sie dabei noch Freunde bleiben konnten. Sie kamen auch privat oft zusammen, und auch hier zeigte sich ihre Rivalität. Zeigte einer von ihnen Interesse für ein Mädchen, bemühte sich der andere sofort ebenfalls um ihre Gunst. Dabei gab es keine Spielregeln. Einmal, so war Thomas zu Ohren gekommen, hatte Ramsay versucht, Charles eine hübsche junge Dame dadurch abspenstig zu machen, daß er etwas von Geisteskrankheit in der Familie andeutete, und er war wütend gewesen, als er erfuhr, daß Charles ihr gesagt hatte, Ramsay sei verlobt – was natürlich zu jener Zeit noch nicht stimmte.

Solche Lügen und Tricks schienen ihrer Freundschaft jedoch keinen Abbruch zu tun. Sie waren wie zwei Boxer, die im Ring kräftig aufeinander einschlugen, nach dem Kampf aber einen fröhlichen Abend miteinander verbringen konnten.

Thomas war sich nie ganz sicher, wie weit er eingreifen sollte. Die Rivalität trieb natürlich beide dazu, ihr Bestes zu geben. Andererseits hatte das Verhältnis auch seine negativen Aspekte. Als Einkäufer und Abteilungsleiter war es ihnen natürlich um den wöchentlichen Umsatz gegangen und darum, das Ergebnis vom Vorjahr zu übertreffen – ein Wettstreit, bei dem sie von ihrem jeweiligen Personal mit dem Eifer einer Rugbymannschaft unterstützt wurden. Wie Thomas bald herausfand, ergab sich daraus gegen Ende einer Woche die Gefahr, daß Kunden zum Kauf gedrängt wurden, und er mußte sie beide mehrmals ermahnen. Als er aber einmal hörte, daß Charles mitten in einer Saison, als ihrer beider Verkaufszahlen dicht beieinander lagen, an einem Samstag die Preise herabgesetzt hatte, um als Sieger durchs Ziel zu gehen, hatte er ihn zu sich bestellt und ihm einen strengen Verweis erteilt.

Während Ramsay in Amerika war, hatte Charles innerhalb der Hierarchie des Kaufhauses beträchtliche Fortschritte gemacht. Seit Williams erkrankt war, nahm er – jetzt schon seit Monaten – dessen Stellung ein, und da er zweifellos große Begabung bewies, war er gewissermaßen zur rechten Hand des stellvertretenden Geschäftsführers geworden – in der Praxis ein recht prominentes Mitglied der Direktion, wenn dies auch noch nicht formell anerkannt worden war.

Thomas hatte stets gezögert, seinen leitenden Angestellten Titel zu verleihen. Im Grunde, trotz der Größe des Unternehmens, leitete Thomas das Ganze als einen Ein-Mann-Betrieb, mit Sidney Baines als Stellvertreter, wenn er einmal nicht da war. Unterhalb dieses Doppeldirektoriums gab es eine ganze Anzahl von Personen, die für verschiedene Bereiche des Unternehmens verantwortlich waren – für Personal, Dekoration, Einkauf, Transport, Buchhaltung und so weiter –, aber man bezeichnete sie nicht als Direktoren, was sie in Wirklichkeit waren.

Dies galt auch für die jetzt von Charles eingenommene Position von Williams, der als Baines' Assistent im Kaufhaus eine besondere Macht ausübte, vor allem im so wichtigen Bereich der Versorgung mit Waren.

«Vielen Dank, Charles», sagte Thomas, als die Besprechung zu Ende war. «Es ist jetzt Zeit für meinen Inspektionsrundgang. Du kommst am besten mit mir.» Für Charles war das eine Ehre. Für Thomas war es eine Geste, die sich gegen Ramsay richtete, ein frustrierter Schlag ins Leere, dessen er sich insgeheim ein wenig schämte, weil er natürlich wußte, daß er in diesem Konflikt keine angemessenen Waffen zur Verfügung hatte.

2

«Es enttäuscht mich sehr, daß du dich entschlossen hast, uns zu verlassen, Ramsay», sagte Thomas. Es war sechs Uhr, und Thomas hatte sich gut auf die Konfrontation mit seinem Sohn vorbereitet. Er war früher als sonst nach Hause gekommen, so daß er bereits in seinem Arbeitszimmer saß, als Ramsay mit seiner jungen Frau am Cadogan Place eintraf. May war zwar der Ansicht gewesen, er pakke die Sache ganz falsch an, aber sie hatte sich mit einem hilflosen Achselzucken bereit erklärt, Ramsay bei seiner Ankunft zu sagen, sein Vater wolle ihn sofort sprechen.

Auf Ramsays Klopfen hatte Thomas zuerst nicht geantwortet und ihn so gezwungen, noch einmal anzuklopfen. Als sein Sohn dann eingetreten war, hatte er sich weiter mit dem Brief beschäftigt, den er gerade schrieb, und Ramsay vor dem Schreibtisch stehen lassen.

Ramsay hatte geduldig gewartet, bis sein Vater den Federhalter hingelegt und aufgeblickt hatte. Ramsay hatte gelächelt, als hätte es nie einen Streit zwischen ihnen gegeben und «Guten Tag, Vater» gesagt.

«Eine gute Reise gehabt?» hatte Thomas gefragt.

«Eine sehr gute», hatte Ramsay geantwortet. «Die See war während der ganzen Überfahrt relativ ruhig. Wie sind beide nicht seekrank geworden.»

Nachdem die Höflichkeiten ausgetauscht waren, hatte Thomas die Bemerkung im Brief seines Sohnes aufgegriffen und so getan, als wäre Ramsays Austritt aus der Firma eine abgemachte Sache.

Ramsay zeigte keine Überraschung, sondern sah seinen Vater fest an. «Ich habe keinen derartigen Entschluß gefaßt, Sir», sagte er. «Eine solche Entscheidung könnten nur Sie treffen.»

«Du meintest aber doch, nachdem du gegen meinen Willen geheiratet hast, sei das die natürliche Konsequenz.»

«Ich habe alles getan, um Ihr Einverständnis zu erlangen», sagte Ramsay.

«Aber du bist nicht zurückgekommen, um die Sache mit deiner Mutter und mir zu besprechen, wie ich dich gebeten hatte.»

«Es hätte nichts daran geändert, Vater – ich war fest entschlossen, ich wußte, daß ich Dora heiraten mußte.»

«Mußte?» fragte Thomas ungläubig. «Niemand *muß* heiraten – jedenfalls nicht, ohne seinen Vater zu fragen.»

«Aber Sie *sind* doch gefragt worden.»

«Meine Ansichten wurden ignoriert ... in einer Anglegenheit, die nicht nur wichtig ist für uns als Eltern, sondern auch für das Kaufhaus und ich –»

«Vater ...» unterbrach ihn Ramsay, nicht heftig, sondern in behutsamem und liebevollem Ton. «Meinen Sie nicht nicht, wir sollten damit aufhören? Es tut mir sehr leid, daß ich Ihr Mißfallen erregt habe. Ich habe jedenfalls alles getan, um Ihren Segen zu erhalten ... Aber Tatsache ist doch, wie wir beide wissen, daß ich der einzige Sohn bin, der Ihnen im Geschäft nachfolgen kann. Ich betrachte es als eine große Ehre, als eine große Verantwortung, aber hat es denn einen Zweck, daß Sie so tun, als –»

«Da ist noch Charles!» unterbrach ihn Thomas seinerseits mitten im Satz. «Bilde dir nicht ein, du seist der einzige Kandidat. Charles hat sich hervorragend angelassen, während du in Amerika warst ... Charles könnte durchaus mein Nachfolger werden ...»

«Er ist nicht Ihr Sohn ... Er ist kein Kingston.»

Thomas' Reaktion war so heftig, als hätte Ramsay ihn geschlagen. Er sprang wütend auf. «Wie kannst du es wagen, davon auszugehen?» brüllte er. «Wie kannst du die Frechheit besitzen, anzunehmen, du erbst automatisch mein Kaufhaus, weil kein anderer da ist, dem ich es anvertrauen könnte?»

«Vater, bitte», begann Ramsay, bestürzt über Thomas' Reaktion, «ich fürchte, Sie ...»

«Seien Sie versichert, Sir», tobte Thomas weiter, «daß ich mein Kaufhaus demjenigen übergeben werde, den ich am geeignetsten dafür halte – einem, der es gut in die Zukunft führt und fördert und den jeweiligen Bedingungen anpaßt, der es durch die Gefahren einer Rezession steuert, der den Kampf mit seinen Gegnern aufnimmt, wenn es nötig ist ... Ich hatte immer gehofft, dieser Mann werde ein Kingston sein, aber rechnen Sie nicht damit, Sir ... Das Kaufhaus kommt zuerst ... noch vor meiner Familie, vor meinen persönlichen Wünschen, vor allem anderen ... Und wenn dieser Mann Charles Rawlings ist oder irgendein anderer, der es verdient ... DANN SEI ES SO!»

Er kam an diesem Abend erst um fünf Minuten vor acht herunter, kurz bevor die Familie sich zum Dinner begeben wollte. Er durchquerte schnellen Schritts die Diele und betrat schwungvoll den Salon – und blieb wie angewurzelt in der Tür stehen, als er die junge Frau erblickte, die seine Schwiegertochter war.

Sie saß auf einem Sofa neben dem Kamin, der Tür gegenüber inmitten der Familie – fast als posierten sie alle für ein Familienfoto. Ramsay und Harry, den May aus Quainton herbeizitiert hatte, standen hinter ihr, Rose und Claire, Harrys Frau, saßen zur einen Seite des Sofas, während May selbst zur anderen Seite auf einem kleinen Chippendale-Stuhl Platz genommen hatte. Ihr Gespräch verstummte, als Thomas so plötzlich eintrat, und alle sahen ihm entgegen – fast wie einem Gespenst. Dann erhob sich Dora langsam. Es war etwas Demütiges in ihrer Bewegung. Es war für sie eine Respektshandlung gegenüber ihrem Schwiegervater, dem Oberhaupt der Familie, der sie nun angehörte, ob er sie akzeptierte oder nicht. Thomas bemerkte es und nahm es angenehm berührt zur Kenntnis, aber seine Aufmerksamkeit wurde ganz und gar gefangengenommen von dem ruhigen, selbstsicheren Blick ihrer großen, leicht schräg stehenden grünen Augen.

Sie war nicht eigentlich schön, denn ihren Gesichtszügen mangelte es ein wenig an Proportion – der Mund zum Beispiel war etwas zu groß –, aber sie war zweifellos eine auffallende Erscheinung. Sie hatte vorspringende Wangenknochen, die ihr in Verbindung mit den Augen etwas Orientalisches verliehen, und sie trug das kastanienbraune Haar zu einem Lockenkranz in die Stirn gekämmt.

«Ah, Thomas», sagte May, das kurze Schweigen brechend, «wir hatten dich schon fast aufgegeben. Das ist Ramsays Dora ...»

«Guten Abend, Dora», sagte er ein wenig steif. Er tat ein paar Schritte und nahm die für ihn in kritischen Augenblicken typische

Positur vor dem Kamin ein. «Wie Ramsay mir sagte, hatten Sie eine angenehme Überfahrt.»

«O ja, das hatten wir, Mr. Kingston.» Sie hatte einen weichen Akzent, den Thomas eher mit Amerikanern aus dem Süden verband, die er kennengelernt hatte, als mit solchen aus New York. «Manchmal war der Ozean so ruhig wie ein Tisch ... Ich konnte es kaum glauben nach allem, was ich von den riesigen Atlantikwogen gehört hatte ...» Während sie sprach, ließen Thomas die ruhigen grünen Augen nicht los. Er wußte natürlich, was sie bezweckte: Sie wollte, daß er sie mochte – daß er Ramsays Wahl als eine gute Wahl anerkannte.

«Und wie geht es Ihrem Vater?»

«Er ist so gesund wie eh und je.» Sie lächelte. «Aber er war ein wenig traurig beim Abschied – was ja nicht erstaunlich ist, Mr. Kingston, nicht wahr?»

«Wieso?» fragte Thomas.

«Ich bin seine einzige Tochter, und wir haben uns immer sehr nahegestanden ... Sie wären sicher genauso traurig, wenn Rose einen meiner Landsleute heiratete und sie dann dreitausend Meilen weit weg wäre.»

Thomas nickte. «Ja, das wäre ich wohl ... allerdings ...»

«Er war auch noch aus einem anderen Grund ein wenig traurig», fuhr sie fort. «Es hat ihm leid getan, daß unsere Hochzeit ... wie hat er es nur ausgedrückt? ... o ja, daß unsere Hochzeit die Freundschaft beeinträchtigt hat, die ihm bei Ihnen hier in London zuteil wurde.»

Ihre Offenheit machte Thomas verlegen. «Es war ... eine etwas schwierige Angelegenheit», murmelte er.

«Er hat mich beauftragt, Mr. Kingston», fuhr sie fort, «Ihnen ein kleines Geschenk zu überbringen, von dem er hofft, es könnte ... ach, jetzt hab ich vergessen, was er gesagt hat. Ramsay, was hat Papa gesagt?»

«Ich glaube, Liebes», erwiderte Ramsay sehr förmlich, als wäre er schon seit Jahren verheiratet, «er hoffte, das Geschenk werde seinem großen Wunsch Ausdruck verleihen, daß unsere beiden Familien durch unsere Heirat nicht getrennt würden, sondern eher noch enger zusammenfänden.»

«Ja, genau!» rief Dora aus. «Wie schön du das gesagt hast, Ramsay … Ich bin offenbar im Augenblick nicht ganz ich selbst, was sicher nicht überraschend ist unter den Umständen … obwohl ich jetzt, da ich das Vergnügen hatte, Sie kennenzulernen, Mr. Kingston, nicht recht weiß, weshalb ich so verwirrt bin. Ramsay, wo habe ich das Geschenk für deinen Vater hingetan? Ich hatte es doch eben noch … Oh, da ist es ja.» Sie deutete auf einen Beistelltisch und drehte sich so zu Thomas herum, daß er es nicht sehen konnte. «Jetzt pack es bitte aus, Ramsay, und gib es mir … Papa», sagte sie, Thomas von der Seite anlächelnd, «kam es sehr darauf an, wie das gemacht wird. Er sagte, *wie* man etwas macht, ist manchmal wichtiger als das, *was* man macht …»

Ramsay reichte ihr das Geschenk, noch immer so, daß Thomas es nicht sah, und sie drehte sich herum, hielt es mit beiden Händen vor sich verborgen, so gut es ging, und lächelte Thomas an. «Mr. Kingston –» sie sprach ein wenig atemlos, so wie ein Schulmädchen bei einem öffentlichen Auftritt – «dies ist ein Geschenk von meinem Vater, von dem er hofft, es werde Sie von seinem innigen Wunsch nach einer Erneuerung Ihrer Freundschaft überzeugen … Er schickt es Ihnen, so wie er mich schickt, mit seinen allerherzlichsten Grüßen.»

Mit einer jähen Bewegung streckte sie die Arme vor, und auf ihren ausgebreiteten Händen erblickte Thomas das schönste silberne Abbild eines trabenden Pferdes, das er je gesehen hatte.

Einige Sekunden lang war Thomas sprachlos. Er starrte die Figur an, die offensichtlich von einem Künstler geschaffen worden war, der Pferde liebte, denn dies drückte sich in jedem Detail aus. Das Tier trug die edlen Züge eines Araberhengstes und war in seiner Bewegung mit äußerster Genauigkeit eingefangen. Die Figur war etwa zwanzig Zentimeter lang und zwölf Zentimeter hoch und stand auf einem Sockel aus schwarzem Marmor.

Während Thomas ihr das Pferd mit zitternden Händen abnahm, traten ihm Tränen in die Augen. «Also, Dora», brachte er schließlich heraus, «ich weiß kaum, was ich sagen soll … wie ich ausdrücken soll, was ich empfinde … Das ist ein perfektes Kunstwerk, und es ist so großzügig von Ihrem Vater … Ich werde ihm noch heute abend schreiben …» Er reichte die Figur seiner Frau. «May, sieh nur …»

begann er, und dann breitete er plötzlich zu ihrem Erstaunen, denn das schien gar nicht zu ihm zu passen, die Arme aus und drückte Dora an sich. Nach ein paar Sekunden ließ er sie wieder los und war sehr verlegen. «Entschuldigen Sie, Liebes, aber ich war so überwältigt ...»

«Oh, Sie brauchen sich nicht zu entschuldigen, Mr. Kingston», erwiderte sie mit strahlendem Lächeln. «Papa wird sich so sehr freuen, wenn er hört, daß es Ihnen gefällt ... Er wußte, daß Sie Pferde in Ihr Herz geschlossen haben ...»

«Zweifellos werde ich bald auch Sie ... auch dich, Dora, in mein Herz geschlossen haben, ich habe jetzt schon damit angefangen. Ramsay, du scheinst dir eine höchst bemerkenswerte junge Frau ausgesucht zu haben, die dir von großem Nutzen sein wird, wenn –» das angedeutete Lächeln, das über sein Gesicht huschte, als er das Wort wiederholte, war kaum zu erkennen – «wenn du einmal meinen Platz an der Spitze des Unternehmens einnimmst.»

Ramsay hatte es natürlich bemerkt, denn er hatte seinen Vater qualvoll genau beobachtet. Jetzt lächelte er, erleichtert darüber, daß ihm vergeben worden war und froh, daß sein Vater Dora zu mögen schien.

«Und jetzt sollten wir zum Dinner hinübergehen», meinte Thomas.

3

«Verdammt!» rief Thomas aus. «Jetzt weiß wohl jeder ...»

«Ich fürchte, ja», erwiderte Baines. «Mrs. Williams war heute im Kaufhaus. Sie wollen nach Weymouth ziehen, glaube ich ... Die Seeluft ...»

«Wahrscheinlich hat Charles bereits die Frage von Williams' Nachfolge aufgeworfen?»

«Nicht direkt. Er hat nur gesagt, er habe davon gehört, und es sei ein Jammer, wo Mr. Williams doch noch in der Blüte seiner Jahre sei, kaum vierzig ...»

Thomas stand auf und ging zum Fenster, die Hände tief in den Taschen vergraben. «Ich lasse alles genauso, wie es ist, Sidney,

Charles arbeitet vorläufig weiter für Sie. O verdammt ...» Er begann auf und ab zu schreiten. «Nur noch ein paar Wochen und die Räder wären geölt gewesen. Jetzt ist für Feinheiten keine Zeit mehr. Vielleicht ganz gut. Keine Geheimniskrämereien ...» Er seufzte. «Wenn er fragt, Sidney, sagen Sie ihm, es sei noch nichts geregelt ... Inzwischen ...» Er blieb stehen und sah Baines an. «Ich glaube, die Zeit ist gekommen, daß Ramsay sich mit einer leitenden Stellung vertraut macht ... Ich möchte, daß er unter meiner Aufsicht einen Teil des Einkaufs übernimmt, damit ich sehe, wie er damit fertig wird ... Ich dachte an sämtliche Lebensmittel, einschließlich Backwaren, Weine und Spirituosen ... Auch an die Herrenbekleidung, da er sich darin auskennt ... und möglicherweise Pferdegeschirr und so weiter, zusammen mit Futter und Wagenverleih ... Was meinen Sie, Sidney?»

Baines wußte genau, worauf Thomas hinauswollte. Den Einkauf überwachten noch immer Emily und er selbst, unterstützt von Gehilfen, unter denen Charles sich in den letzten Monaten hervorgetan hatte – er hatte Konferenzen beigewohnt und bei allen täglich aufkommenden Problemen ein Wort mitgesprochen. Thomas hatte jetzt offenbar eine Veränderung dieses Systems vor, als ersten Schritt in einem Prozeß, der Ramsay mit der Zeit die Kontrolle über den Gesamteinkauf von Kingstons übertragen sollte – den wichtigsten Teilbereich jedes Kaufhauses –, bis ihm eines Tages größere Ressorts der Geschäftsführung anvertraut wurden.

Charles, ehrgeizig, wie er war, würde sich über die Veränderung ärgern – wie Baines Thomas jetzt zu bedenken gab.

«Ja, das wird er», räumte Thomas ein, «aber ich führe mein Kaufhaus nicht Charles zuliebe, und außerdem ...» Er hielt kurz inne. «Nun, Sidney, früher oder später wird er sich mit der Situation abfinden müssen ...»

Wieder wußte Baines, was er meinte. Für eine echte Rivalität zwischen den beiden jungen Männern gab es keine Voraussetzung. Charles war zwar eine bedeutende Stellung bei Kingstons sicher, aber Ramsay war es bestimmt, das Rennen zu machen.

Williams' Kündigung machte die Schwierigkeiten, die Thomas mit seinem Sohn hatte, noch problematischer. Gewiß, er hatte Dora akzeptiert und sich durch Mansfields Geschenk zu einer Gefühlsaufwallung hinreißen lassen, aber sein Groll über die ohne sein Einverständnis geschlossene Ehe, über das fast Erpresserische daran, war noch nicht verflogen. Auch war Ramsay mit einer ganzen Anzahl von neuen Verkaufs- und Werbeideen zurückgekehrt, die er in amerikanischen Kaufhäusern in der Praxis kennengelernt hatte – vor allem bei Marshall Field in Chicago, wo er durch Vermittlung seines Schwiegervaters ein paar Wochen «hineingerochen» hatte. «Beobachte ihn wie ein Habicht das Kaninchen», hatte Mansfield beim Abschied zu ihm gesagt. «Schau ihm genau auf die Finger, du kannst was von ihm lernen ... Das ist das Kaufhaus der Zukunft, mein Junge.»

Gemeint war ein dynamischer Mann namens Gordon Selfridge, der siebzehn Jahre zuvor zu Field gestoßen war, als die Firma – obwohl sie ein renommiertes Kaufhaus besaß – hauptsächlich im Großhandel tätig gewesen war. Schon nach drei Jahren war Selfridge zum Hauptgeschäftsführer des Marshall Field-Kaufhauses ernannt worden, das er dann zu einem der bedeutendsten Einzelhandelsgeschäfte auf dem amerikanischen Kontinent entwickelte.

Ramsay erzählte seinem skeptisch zuhörenden Vater von all den Neuerungen, die Selfridge eingeführt hatte. Thomas schüttelte zweifelnd den Kopf. «Chicago ist nicht London, Ramsay ... Hier gelten andere Maßstäbe.» Da wurde er sich bewußt, daß er seinem Sohn gegenüber die gleichen abschätzigen Phrasen gebrauchte, mit denen vor vielen Jahren Goldsmith Amerika abgetan hatte. Ich werde stur, dachte er, ich bin erst zweiundfünfzig und werde stur. Deshalb war er froh, als Ramsay einen Vorschlag machte, der ihm eher durchführbar erschien.

«Und noch etwas hat er gemacht», fuhr Ramsay fort, «er hat eine besondere Kinderabteilung eingerichtet. Anstatt Mädchenkleidung und Jungenkleidung getrennt anzubieten, so wie wir das machen zusammen mit anderen Waren wie Hüten und Schuhen in den Erwachsenenabteilungen, hat er alles für Kinder in einer Abteilung zusammengefaßt, auch Spielsachen und so weiter. Und auch damit hatte er großen Erfolg.»

«Über eine solche Kinderabteilung will ich nachdenken ...»

Thomas sah seinen Sohn an, dessen Augen vor Begeisterung aufleuchteten, als er seinen Vorschlag in Betracht zog, und ihn erfüllte eine Mischung von Stolz und Traurigkeit. Er war sich klar darüber, daß sie gerade das erste behutsame Gefecht in einem unvermeidlichen Konflikt zwischen Vater und Sohn hinter sich gebracht hatten, zwischen einer neuen, auf Veränderung drängenden Generation, und der älteren, die sich gegen Neuerungen sperrte. Herrgott, wies sich Thomas zurecht, bist du noch der Mann, der es mit den Metzgern aufgenommen hat?

Trotz seiner Untertöne war das Gespräch recht freundlich verlaufen, doch Thomas wußte, daß es einen neuen Stil in ihrem Verhältnis signalisiert hatte – daß Ramsay von jetzt an ständig versuchen würde, dem Kaufhaus seinen eigenen Stempel aufzudrücken, und daß er, Thomas, lernen mußte, diesen Drang zwar nicht zu unterdrücken, aber zu zügeln, damit die Eigenart des Unternehmens gewahrt blieb, die seine persönliche Schöpfung war und die so leicht verlorengehen konnte.

Thomas war sich natürlich seit langem bewußt, daß Ramsays Aufstieg innerhalb des Geschäfts Probleme mit sich bringen würde, und er hatte ihn nicht so bald in eine höhere Position bringen wollen, aber Williams' Kündigung und Charles' Position in dem dadurch entstandenen Vakuum zwangen ihn zu Entscheidungen.

Auch seine täglichen Begegnungen mit Dora hatten ihre besondere Bedeutung. Als neues Mitglied der Familie versuchte sie sich in ihr einen Platz zu verschaffen. Ihm gegenüber fiel ihr das nicht schwer, da er ein Mann war, der sich gern in Gesellschaft von Frauen bewegte. Sie war hübsch und lebhaft und kannte sich in der Welt wie in der Kunst aus. Auch schmeichelte sie ihm, gelegentlich ganz unverschämt, und sie stellte geschickt eine gewisse Vertrautheit mit ihm her durch den Gebrauch des Wortes «Papa», das sich, wenn sie es mit ihrem gedehnten «a» aussprach, wie «Pahpah» anhörte.

Als sie das Wort zum erstenmal etwas unsicher vorbrachte, lachten alle, sogar Thomas und sie selbst. Man hatte beratschlagt, wie sie ihn nennen sollte; zwar bot sich «Vater» an, aber sie hatte gesagt, wenn er nichts dagegen habe, werde sie lieber den formloseren Ausdruck gebrauchen. Seitdem hatte sie herausgefunden, daß sie in dieses «Pahpah» alles mögliche hineinlegen konnte, von herzlicher Zuneigung über vorsichtigen Spott bis zu offenem Vorwurf, denn manchmal forderte sie ihn heraus. Wenn jemand in diesem Haushalt eine «Neue Frau» war, dann war es Dora.

Sie genoß die moralische Unterstützung von May, die auf ihre Weise ebenfalls so etwas wie eine «Neue Frau» gewesen war, und auch Rose stand ihr gewöhnlich zur Seite, wenn sie gegen geschlechtliche Ungerechtigkeit zu Felde zog. Rose war jetzt vierundzwanzig – drei Jahre älter als Dora – und besaß eine Abgeklärtheit und Ausgeglichenheit, die für eine so junge Frau bemerkenswert war. Sie und Dora hatten sich sofort gut verstanden, und Dora wirkte ihrerseits als Katalysator in Roses Leben, indem sie ihre Persönlichkeit zum Blühen brachte.

Seit Doras Ankunft in London war das Abendessen am Cadogan Place jetzt jedesmal ein anregendes Ereignis. Ramsay hatte ein kleines Haus in der Nähe am Brompton Place gekauft, aber bis es neu hergerichtet war, wohnten sie noch bei Thomas und May. Bei einem dieser Abendessen, etwa einen Monat nach ihrer Ankunft in London, forderte Dora Thomas plötzlich auf eine Weise heraus, die gar nicht zu ihren üblichen, eher freundschaftlichen Scharmützeln mit ihm paßte. Es begann ganz harmlos, als Thomas im Laufe eines Gesprächs über ein ganz anderes Thema von den gesunden Kindern sprach, die Dora gewiß gebären würde.

Dora runzelte die Stirn. «Pahpah», sagte sie, «seien Sie mir nicht bös, aber ich mag es nicht, daß Sie so von ... von meinen Produktionsmöglichkeiten sprechen.»

«Oh?» Thomas nippte an seinem Rotwein. «Wieso das?»

«Ich habe dabei ein komisches Gefühl, Pahpah. Es hört sich ein wenig nach Bauernhof an, finden Sie nicht? Als wäre ich eine von Ihren Zuchtstuten auf Quainton Hall.»

«Du liebe Güte!» Thomas lachte. «Dahin führt also dieser Rummel mit der ‹Neuen Frau›? Mutterschaft, Dora, ist die vornehmste Rolle der Frau ...»

«Aber das könnten Sie doch auch von Ihren Stuten sagen, nicht wahr, Pahpah? Sicher ist es auch vornehm, wenn sie ...»

Thomas setzte sein Glas ab, und sein Ton klang ein wenig verärgert, als er sagte: «Dora, da kann ich dir nicht folgen. Es ist etwas Schönes, wenn meine Stuten fohlen ... aber das ist doch nicht zu vergleichen mit menschlichen Müttern – ihr habt nichts gemein, außer, daß du – wie sie – Nahrung zu dir nimmst. Aber das besagt doch nicht, daß du wie eine Stute wärst ...»

Da schaltete sich plötzlich Rose ein. «Papa, ich glaube, was Dora sagen wollte, ist dies: wenn Sie so vom Kindergebären sprechen, dann hört sich das so an, als rechneten Sie damit, daß sie es tut, geradeso wie Sie es von Ihren Stuten erwarten ...»

«Das tue ich auch», erwiderte er. «Ist das etwa nicht recht? Ich hoffe, sie schenkt mir einen prächtigen Enkel ... Er wird eine große Zukunft haben. Bis dahin wird das Kaufhaus doppelt, vielleicht dreimal so groß sein wie heute.»

«Aber vielleicht mag er es nicht, Pahpah.» Dora sprach ruhig, aber mit Nachdruck und einem gewissen Unterton in ihrem «Pahpah», so daß Thomas sie scharf ansah.

«Natürlich wird er es mögen», sagte er.

«Ich weiß nicht, wie Sie da so sicher sein können.» Noch immer sprach sie in sanftem Ton.

May merkte, daß Thomas zornig zu werden begann. «Dora», sagte sie, «sollten wir nicht lieber von etwas anderem sprechen?»

«Harry hat es auch nicht gemocht, Pahpah», fuhr Dora fort und überhörte Mays Warnung.

«Nein», antwortete Thomas kühl. «Harry hat es nicht gemocht ... aber das war auch etwas anderes, denn Ramsay war ohnehin der ältere.»

«Sie meinen, wenn ich einen Sohn bekomme, Pahpah ...» Jetzt klang das «Pahpah» kalt, und May schaltete sich erneut ein: «Dora, dieses Gespräch führt zu nichts ... Ich bestehe darauf, daß wir das Thema wechseln.»

Dora gab nicht auf. «Nein – es geht mir um Grundsätzliches ... Pahpah, wenn er vom Kaufhaus nichts wissen will, wird man ihn dann – »sie hielt inne, suchte nach einem weniger gefühlsbetonten Wort, aber es fiel ihr keines ein – «wird man ihn dann *zwingen*?»

«Zwingen?» Thomas war tief beleidigt. «Zwingen, die Geschicke von Kingstons zu lenken?»

«Das hat sie nicht gemeint, Vater», sagte Ramsay. «Dora, sag Vater, daß du das nicht gemeint hast ... Natürlich wird er es übernehmen wollen ... er müßte ja verrückt sein ...»

«Aber wenn er nun tatsächlich nicht will?» Doras Wangen hatten sich gerötet, und aus ihrer Stimme klang eine gewisse Verzweiflung. «So wie Harry nicht gewollt hat?»

«Nun, in diesem unwahrscheinlichen Fall», erklärte Thomas seinen Zorn zügelnd und die Worte sehr deutlich artikulierend, «wird sich die Frage der Pflicht erheben ... Er wäre ein sehr wohlhabender Mann, hätte eine privilegierte Stellung ... Er würde ein großes Erbe antreten, das sein Großvater geschaffen und sein Vater weiter entwickelt hat ... Ja, in einer solchen Situation kommt die Pflicht mit ins Spiel – eine Pflicht, das möchte ich hinzufügen, für die die meisten jungen Männer alles geben würden ...»

Einen Augenblick lang, während Thomas seine Schwiegertochter anfunkelte und sie herausforderte, ihm zu widersprechen, herrschte lähmendes Schweigen am Tisch. Schließlich sagte Ramsay: «Ich kann Vater nur in allem zustimmen, Dora, wie dein Vater es auch tun würde ... wirklich, ich muß mich über dich wundern ...»

Sie nickte und wich seinen Augen aus. «Es tut mir leid», sagte sie, plötzlich reuevoll, mit ganz leiser Stimme. «Es tut mir leid, wenn ich Sie beleidigt habe, Pahpah.» Und diesmal war das «Pahpah» voller Zuneigung.

«Ich kann mir nicht erklären, was über dich gekommen ist, Dora», fuhr Ramsay fort, ehe Thomas etwas erwidern konnte. «Weshalb du es so auf die Spitze getrieben hast ...»

«Ich habe es wohl für wichtig gehalten», antwortete sie, den Blick starr geradeaus gerichtet. «Ich habe meine Pflicht getan, wie die Stuten ... wie es von mir erwartet wurde ... Ich bin sicher, Pahpah, er wird Ihr Kaufhaus leiten wollen ... und seine Sache gut machen.» Tränen begannen ihr die Wangen herunter zu rinnen. «Bitte, entschuldigt mich.» Sie erhob sich plötzlich.

«Du bist schwanger!» rief Ramsay aus, und seine Augen leuchteten.

«Natürlich ist sie schwanger, du Dummkopf!» sagte seine Mutter und eilte hinter ihr her, dicht gefolgt von Rose.

Mit seinem Sohn allein gelassen, schüttelte Thomas den Kopf in stummer Betrachtung des weiblichen Geschlechts, die alle Widersprüche, Schwächen, Konflikte, alle Schönheit und das Wesen dessen einschloß, was eine Frau ausmachte – und dann ging ein langsames, breites Lächeln über sein Gesicht.

4

Es war ein schönes Fest – das schönste am Cadogan Place, seit Thomas das Haus vor etwas über vierzehn Jahren gekauft hatte. Als er zusammen mit May am Eingang des selten benutzten Ballsaals im ersten Stock stand, um die Gäste zu begrüßen, spielte im Hintergrund leise das Kingston-Orchester.

Überall brannten Kerzen, obwohl das Haus mit Elektrizität versorgt war, weil May glaubte, das weiche Licht wirke warm und romantisch. Unter Brandons wachsamem Auge servierten Kellner – Leihkellner aus der Außer-Haus-Dienst-Abteilung des Kaufhauses, die auch einen großen Teil des Bestecks und Geschirrs zur Verfügung gestellt hatte – eisgekühlten Champagner. Im darunter liegenden Speiseraum war auf den weiß gedeckten Tischen im flackernden Schein fünfarmiger Leuchter ein kaltes Buffet aufgebaut: gewaltige Mengen kalten Fleisches, Brot aller möglichen Sorten, Pistazieneis und Törtchen.

Anlaß des festlichen Abends war, Dora in ihren neuen Kreis einzuführen – sie sollte die wichtigsten Leute kennenlernen, die mit dem Kaufhaus und der Branche zu tun hatten, und natürlich auch die Freunde der Familie. In gewisser Weise war es auch eine Gelegenheit für Thomas, damit nachträglich der Eheschließung, die so weit entfernt gefeiert worden war, seinen Segen zu geben.

Er hatte befürchtet, der Abend könnte für Dora angesichts ihrer Schwangerschaft zu anstrengend sein, doch sowohl May wie Dora selbst hatten ihn in dieser Hinsicht beruhigt. Als sie nun zusammen mit Ramsay neben ihren Schwiegereltern stand, wirkte sie sehr liebreizend in dem zarten Tüllkleid auf gelber Seide, das großen Eindruck auf die Gäste machte – was wiederum Ramsay und Thomas gefiel, die sie beide gleichsam als eine Trophäe betrachteten.

Lillian war natürlich da, begleitet von Charles, James und Eleanor – eine Lillian, die jetzt in den Fünfzigern war, mit grauem Haar und einer fülligeren Figur, aber einem Gesicht, das sich die zarten Züge der Jugend bewahrt hatte. Thomas hatte nie mit ihr über die Umstände von Davids Tod gesprochen, aber er wußte, sie mußte erleichtert gewesen sein, als sich herausstellte, daß ihr grotesker Verdacht, David könnte Jack-the-Ripper gewesen sein, unbegründet war: der Mörder hatte wenige Wochen, nachdem David auf dem Kirchhof von St. Mary zur letzten Ruhe gebettet worden war, erneut zugeschlagen.

«Sie ist bildschön, Thomas», stellte Lillian anerkennend fest, und zu Dora selbst sagte sie: «Sie sehen ganz reizend aus, meine Liebe.»

Charles, der sie gleich nach seiner Mutter begrüßte, sah Dora voll unverhohlener Bewunderung an. «Ich bin überwältigt Mrs. Kingston», sagte er, und so, daß Ramsay es hören mußte, fügte er hinzu: «Eigentlich hat er eine Frau von solcher Klasse und Schönheit gar nicht verdient.»

«Es kommt zwar selten vor, daß du einmal bei irgendwas recht hast, Charles», gab Ramsay mit einem Grinsen zurück, «aber ich muß zugeben, in diesem speziellen Fall hast du den Nagel auf den Kopf getroffen.»

Von den Angehörigen der Geschäftsleitung war Emily genauso stolz auf Dora wie die männlichen Mitglieder der Familie Kingston, da sie sie eingekleidet hatte. Im letzten Augenblick, aus einem Impuls heraus, hatte Thomas May gebeten, Mrs. Fellowes einzuladen, mit der es, abgesehen von zufälligen Begegnungen im Kaufhaus, seit zwei Jahrzehnten keinen Kontakt mehr gegeben hatte. Sie hatte die Einladung angenommen, kam aber ein wenig spät und rauschte die Treppe herauf wie eine Königin. Sie war jetzt um die sechzig, hatte aber noch eine gute Figur, und ihrem Gesicht sah man zumindest einige der Jahre nicht an, die seit ihren dramatischen Begegnungen mit Thomas am Eaton Square vergangen waren.

Thomas fühlte sich außerordentlich zufrieden, als er sich unter dem riesigen Kronleuchter, der von der Mitte der Decke herabhing, im Kreis seiner Gäste bewegte. Am Ende des Saals sah er May, einen Fächer in der einen Hand, ihren Pflichten als Hausherrin nachkommen, und er war stolz auf sie. Auch sie hatte jetzt graues Haar, aber ihre Taille war noch schlank, und sie bewegte sich mit einer Anmut, als glitte sie über den Fußboden.

Jones und Edwards, die beiden Veteranen im Aufsichtsrat von Kingstons, waren mit Charles und Ramsay in ein Gespräch vertieft. Thomas gesellte sich zu ihnen. «Ich habe mich gerade nach den Plänen für das Jubiläum erkundigt», sagte Jones zu ihm, «obwohl wir hier eigentlich nicht über geschäftliche Dinge reden sollten.»

«Ich war gerade im Begriff, die Schaufensterdekorationen zu beschreiben, Mr. Kingston», sagte Charles.

«Gut, aber faß dich kurz», befahl Thomas mit einem Lächeln, «du mußt dich den jungen Damen widmen.»

«Wir sind überzeugt, daß Kingstons alle anderen Kaufhäuser in London in den Schatten stellen wird, Mr. Jones», sagte Charles. «Wir säumen das ganze Gebäude ein mit Girlanden und elektrischen Lichtern, und dazu kommt eine große Krone über dem Haupteingang ... In den Schaufenstern stellen wir Waren aus, die nach Kolonien in Gruppen geordnet sind – Pelze und Leder aus Kanada, Tee und Tabak aus Indien, Seide aus dem Orient, Baumwolle aus Afrika und der Karibik ...»

«Fünf Herren stehen zusammen und reden!» unterbrach ihn May. «Du liebe Güte ... Wie kannst du so etwas zulassen, Thomas Kingston? Mr. Jones, ich habe da jemanden, der Sie unbedingt sprechen will ...»

Und sie führte den Bankier mit sich fort, während Thomas sich wieder unter seine Gäste mischte. Plötzlich fiel sein Blick auf Rose, die sich mit jemandem unterhielt, der im Moment durch eine Gruppe anderer Personen verdeckt war. Sie sah liebreizend aus in ihrem nilgrünen Kleid, das blonde Haar hinten hochgesteckt, so daß die zarte Linie ihres Nackens zur Geltung kam. Aber was Thomas auffiel war ihre ungewöhnliche Lebhaftigkeit. Ihre Augen leuchteten. Ein liebevolles väterliches Lächeln kam über seine Lippen, und er beugte sich zur Seite, um zu sehen, wer diese bei ihr so seltene Reaktion auslöste – und sein Lächeln schwand. Es waren so viele Menschen im Saal, darunter so viele akzeptable junge Männer – aber sie fand ausgerechnet James so interessant, Lillians mürrischen Sohn James, der jetzt, als er mit Rose sprach, lächelte und sie mit leuchtendem Blick ansah. Er benutzte die Hände, um etwas zu unterstreichen, gestikulierte lebhaft, und auf einmal lachte Rose ausgelassen. Und auch James begann zu lachen und wirkte plötzlich ganz anders.

«Ist das einer Ihrer Söhne, Mr. Kingston?» wurde Thomas da gefragt, und als er sich umwandte, stand Mrs. Fellowes neben ihm.

«O nein», antwortete er. «Das ist Lillian Rawlings' Junge. Aber die junge Dame ist meine Tochter ...»

«Sie ist reizend … ganz reizend … aber wissen Sie, er hat etwas, was mich an Sie erinnert, als Sie noch jung waren … vielleicht ist es die Kopfform … ach ja, das waren Zeiten, nicht wahr, als Sie noch ein junger Ladenbesitzer waren? Ich muß zugeben, mit so etwas hatte ich nicht gerechnet …» Sie deutete mit einer Geste auf die Größe des Ballsaals und der Abendgesellschaft. Dann gingen ihre Blicke wieder zu Rose und James hinüber. «Sie scheinen Gefallen aneinander zu finden … Das wäre doch eine passende Partie, nicht wahr? Eine Verbindung der beiden Familien, die die meisten Anteile am Kaufhaus besitzen?»

«Ich glaube nicht, daß es dazu kommen wird, Mrs. Fellowes», erwiderte Thomas kühl. «Sie haben nie besonderes Interesse füreinander gezeigt …»

Sie lachte abermals. «Ah, die menschlichen Leidenschaften, Mr. Kingston … Da weiß man nie, nicht wahr?» Sie zwinkerte ihm zu. «Ah, da ist ja Lillian», sagte sie. «Ich habe sie heute abend noch gar nicht gesprochen …» Und sie ging, heftig den Fächer bewegend, weiter und ließ Thomas in einer etwas verwirrten Verfassung zurück.

James hatte für Verwirrung und Beunruhigung bei Thomas gesorgt, seit er in das Kaufhaus eingetreten war. Es hatte sich bald herausgestellt, daß ihm nicht nur das Talent seines Bruders, sondern auch dessen Energie fehlte. Die Beurteilungen der Abteilungsleiter, bei denen er gearbeitet hatte, waren allesamt sehr dürftig ausgefallen.

Thomas hatte ihn in regelmäßigen Abständen zu sich kommen lassen und herauszufinden versucht, weshalb er so wenig Interesse zeigte, aber James hatte ihn nur verdrossen mit seinen dunklen Augen angesehen und jedesmal gesagt: «Ich tue mein Bestes.» Thomas hatte nicht aufgegeben, er hatte ihn in andere Abteilungen versetzt in der Hoffnung, daß irgendeine Warengattung seine Phantasie anregen werde. Er hatte es im Dienstleistungsbereich des Kaufhauses mit ihm versucht – Außer-Haus-Dienst, Lebensmittellieferung, Transport, Versand –, aber er hatte auf nichts angesprochen.

Dann hatte James eines Tages selbst um ein Gespräch mit ihm gebeten und, statt mit tonloser Stimme und leicht überlegenem Halblächeln auf Thomas' Fragen zu antworten, um seinen Rat gebeten. «Ich möchte Ihnen keine Probleme schaffen, Mr. Kingston», hatte er gesagt, «aber ich weiß nicht, was ich tun soll ...»

Thomas hatte mit einem – wie er hoffte, ermutigenden – Lächeln geantwortet: «Ja, was soll ich dir raten, James? Du mußt dich einfach anstrengen ... du mußt arbeiten.»

James hatte ihn mit beunruhigtem Gesichtsausdruck angesehen. Seine Lippen hatten ein wenig gebebt, und einen schrecklichen Augenblick lang fürchtete Thomas, er werde weinen. «Sie mögen mich nicht, Mr. Kingston, nicht wahr? Sie haben mich noch nie gemocht ...»

«Um Gottes willen, James», hatte Thomas erstaunt entgegnet. «Natürlich mag ich dich ... Ich will dir helfen, und ich habe mir große Mühe gemacht, eine passende Position für dich zu finden. Wenn es nur ein Gebiet gäbe, das dich wirklich interessiert ... aber du scheinst keine besonderen Interessen zu haben, James.»

James hatte gezögert. Dann hatte er gesagt: «O doch, die habe ich schon, Mr. Kingston ...» Er hatte ein geheimnisvolles Gesicht gemacht, als koste es ihn große Mühe, etwas sehr Wichtiges für sich zu behalten.

«Wofür interessierst du dich denn so, James?» hatte Thomas behutsam gefragt.

«Sie würden es sicher nicht billigen, Mr. Kingston ... Sie würden darüber lachen ... Entschuldigen Sie, daß ich Sie belästigt habe.» Und ehe Thomas etwas erwidern konnte, war er aufgestanden. Doch an der Tür drehte er sich plötzlich um und sagte: «Gemälde!»

«Gemälde?»

«Gemälde, Mr. Kingston ... Ich interessiere mich für Malerei ... Wir haben keine Gemäldeabteilung.»

«Nein, die haben wir allerdings nicht ...»

«Whiteleys hat eine Gemäldeabteilung ... es müßte ja keine große Abteilung sein, am Anfang ...»

Mit Verblüffung registrierte Thomas, daß er damit praktisch vorschlug, ihm eine solche Abteilung zu unterstellen, und James war seine Reaktion nicht verborgen geblieben. «Ich sagte ja schon, Sie würden nichts davon halten ...»

«Aber ich habe doch noch gar nicht darüber nachgedacht», hatte Thomas geantwortet. «Was verstehst du denn von Gemälden, James?»

«Nun, ich habe mich immer für Kunst interessiert, Mr. Kingston ... vor allem auf der Schule ...»

«Ich meine, vom Verkauf von Gemälden», hatte Thomas gesagt.

James hatte ein wenig gequält gelächelt. «Nicht viel», gestand er, um gleich voller Eifer hinzuzufügen: «Aber das könnte ich doch lernen, Mr. Kingston, nicht wahr?»

Thomas hatte ein paar Sekunden geschwiegen. «Ich werde über deine Idee von einer Gemäldeabteilung nachdenken, James. Fällt meine Entscheidung positiv aus, muß ich mich nach jemandem umsehen, der auf dem Gebiet erfahren ist, und du könntest dann sein Assistent werden ... Inzwischen versetze ich dich in die Petit-Point-Abteilung ... diese Stickereien sind das, was Gemälden bei uns derzeit am nächsten kommt ... Wir werden sehen, wie es dir dort gefällt.»

James hatte darauf ungewöhnlich dankbar reagiert und sich gerade zum zweitenmal angeschickt, das Zimmer zu verlassen, als Thomas ihn plötzlich fragte: «Wie denkst du über Auguste Renoir?»

James hatte ein verwirrtes Gesicht gemacht. «Auguste ...»

«Renoir», hatte Thomas wiederholt. «Du hast doch sicher von Renoir gehört, wenn du dich für Malerei interessierst – oder hältst du nichts von den Impressionisten?»

«Ich fürchte, ich weiß nicht, was Sie meinen, Mr. Kingston.»

«Schon gut, nicht weiter wichtig», hatte Thomas gesagt, und als James gegangen war, wußte er, daß sein Interesse an der Malerei nur oberflächlicher Natur sein konnte. Während James in den folgenden Wochen in der Abteilung für Kunststickerei arbeitete, hatte sich das übliche Bild abgezeichnet: wie die Abteilungsleiterin berichtete, waren seine Gedanken immer irgendwo anders.

Schließlich war James in der Buchhaltung hängengeblieben, wo er sich seltsamerweise ein paar bescheidene Meriten erwarb. Und dort führte er jetzt seit zwei Jahren ein ruhmloses Dasein, das Thomas immer wieder beunruhigte, wenn er daran dachte, obwohl er ihn nur gelegentlich sah, wenn er seine Mutter zu einem Abendessen oder dergleichen am Cadogan Place begleitete. Auch bei diesen

Gelegenheiten blickte James ihn stets über den Tisch hinweg mit seinem aufreizenden halben Lächeln an.

Jetzt, bei dem großen Empfang für Dora, sah sich Thomas der unangenehmen Tatsache gegenüber, daß seine schöne, sanftmütige Rose ausgerechnet an diesem so wenig bemerkenswerten, linkischen jungen Mann Gefallen fand – der möglicherweise sein Sohn war, obschon selbst Mrs. Fellowes' Bemerkung ihn nicht davon überzeugen konnte. Als er zu den beiden hinsah, schien James zu spüren, daß er beobachtet wurde, denn er blickte plötzlich zu Thomas hin und lächelte. Es war nicht das übliche flüchtige Halblächeln, es hatte vielmehr etwas Triumphierendes, fast Herausforderndes.

Thomas grüßte ihn mit einem Kopfnicken, und während er weiter zwischen seinen Gästen einherschritt, stieß er auf seine Angehörigen aus Quainton, die in einer Gruppe beieinander standen und sich unterhielten – nur Dora hatte sich zu ihnen gesellt.

«Warum mischt ihr euch nicht unter die Gesellschaft?» sagte Thomas, obwohl er wußte, daß sie sich unter so vielen Londonern nicht ganz wohl fühlten.

«Ich wollte sie gerade deswegen zurechtweisen», sagte Dora mit einem Lächeln, «aber das können Sie viel besser, Pahpah.» Sie warf ihnen noch einen strahlenden Blick zu und ging davon.

Thomas wandte sich an Agnes. «Wie geht es Ihrem Vater?»

«Er mutet sich viel zuviel zu für sein Alter», erwiderte sie. «Er hat Letty gerade ein neues Pony geschenkt, und jetzt reitet er dauernd hinter ihr her und ruft ihr Kommandos zu wie ein Rittmeister.»

«Schön, daß er solche Freude an seiner Enkelin hat», sagte Thomas und freute sich, daß es ihm gelungen war, den Streit zwischen den beiden Familien zu beenden. Er war eines Tages einfach nach Marsden Hall hinübergeritten und hatte, ohne Cameron Gelegenheit zu geben, seine übliche Feindseligkeit zur Schau zu stellen, gesagt: «Ich bin gekommen, um mit Ihnen wegen eines Landtauschs zu sprechen. Unsere Felder, die in Ihren Besitz einschneiden, gegen Ihre Wiesen, die zwischen unserem Hof und Quainton Hall liegen.»

«Kommt nicht in Frage!» hatte Cameron ganz automatisch zurückgegeben. «Mein Areal ist größer – und außerdem bestes Weideland.»

Thomas hatte nur die Achseln gezuckt. «Kleinigkeit – das ließe sich mit Geld ausgleichen ... Ich bin in Quainton Hall, falls Sie es sich anders überlegen.» Und er hatte sich umgedreht und war hinausgegangen.

Und Cameron *hatte* es sich natürlich anders überlegt. Jetzt verliefen die Zäune seines Besitzes einigermaßen gerade – und die Kingstonschen Felder erstreckten sich über die unteren Hänge der Hügel von den alten Grenzen des Hofgrundstücks im Osten des Dorfes bis zu Thomas' großem Haus im Westen.

Nach dem Abendessen wurde getanzt, und alle waren in bester Stimmung – alle bis auf Thomas, dem auffiel, daß James nicht weniger als fünf Walzer mit Rose tanzte und daß die beiden sich dabei jedesmal so tief in die Augen sahen, als wäre rings um sie her die Welt versunken.

5

Drei Tage später, am Ende einer Konferenz der Geschäftsleitung, verkündete Thomas Ramsays Ernennung zum verantwortlichen Direktor für mehrere Abteilungen. «Ich bin überzeugt, ich kann mich darauf verlassen, daß Sie alle ihn bei seiner neuen Aufgabe unterstützen werden», sagte er. Dann ging er in sein Büro und ließ Charles rufen.

Thomas wußte, daß es ein heikles Gespräch werden würde, aber mit diesem Ausgang hatte er nicht gerechnet. Charles trat ungewöhnlich zögernd ein, wie ein Tier, das Gefahr wittert. Er nahm behutsam Platz, als er dazu aufgefordert wurde.

«Ich dachte mir, wir sollten miteinander sprechen, Charles», begann Thomas, «denn nachdem Mr. Williams weggegangen ist und Ramsay jetzt diese neue Position hat, fragst du dich gewiß, wie deine Zukunft bei uns aussieht.»

«Ja, Mr. Kingston», erwiderte Charles, ein wenig gepreßt, «allerdings.»

«Nun», fuhr Thomas fort, «kurzfristig gesehen kann ich dir noch nichts Genaues sagen, da ich mir über den besten Einsatz deines Könnens in naher Zukunft noch nicht im klaren bin ... Langfristig gesehen ist die Sache einfach: du hast dich im Kaufhaus gut bewährt, du besitzt Phantasie und den richtigen Instinkt ... Eines Tages wirst du zweifellos ein maßgebliches Mitglied der Geschäftsleitung sein und Ramsay helfen, ein Unternehmen zu führen, das bedeutend größer sein wird als heute – vielleicht mit Filialen in anderen Städten, sogar anderen Ländern ...»

Er hielt inne und sah Charles an, dessen Gesicht völlig ausdruckslos war. «Ich weiß Ihr Vertrauen zu schätzen», sagte Charles kühl. «Aber wenn Sie mir die Frage gestatten: wie lange wird es dauern, bis Sie sich im klaren sind über meine ... ich glaube, Sie sagten ‹nahe Zukunft›, Sir?»

«Oh ... ein paar Wochen, denke ich ... höchstens ein, zwei Monate ...»

Charles zögerte einen Augenblick und dachte über Thomas' Antwort nach. Dann sagte er: «Mr. Kingston, seien Sie mir bitte nicht böse, aber ... ich muß mich doch fragen, wie Sie gewiß verstehen werden, warum Sie über Ramsays ‹nahe Zukunft› so rasch entscheiden konnten, während Sie bei der meinen so lange Zeit brauchen.»

Die Frage war so höflich vorgebracht, daß Thomas sie schwerlich als unverschämt abtun konnte. Er beugte sich vor, die Unterarme auf dem Schreibtisch. «Dir kommt das alles wahrscheinlich einfach vor, Charles ... aber von meinem Platz aus gesehen ist es eine sehr komplizierte Sache, das versichere ich dir ... Es spielen viele Faktoren mit hinein ... ich brauche Zeit.»

«Aha», sagte Charles. Dann blickte er Thomas fest an. «Mit Verlaub, Mr. Kingston – ich glaube, Sie sagen mir nicht die Wahrheit.»

Thomas war schockiert, daß Charles ihn gleichsam der Lüge bezichtigte. «Wie bitte?» sagte er, als habe er nicht richtig verstanden.

«Ich wollte Sie keineswegs beleidigen, Sir, und bitte, verzeihen Sie mir, wenn ich ganz offen spreche, aber es gibt Augenblicke, da muß man ganz offen sein. Ich glaube, es geht Ihnen darum, Ramsay fest in den Sattel zu heben, ehe Sie über meine Position entscheiden ...»

Thomas unterdrückte seinen Zorn. Es mußte Charles Mut gekostet haben, ihm so gegenüberzutreten, und Mut wußte er stets zu schätzen. «Charles», sagte er, «ich gestatte dir solche Wort nur wegen deiner Mutter *und* weil ich dich für sehr befähigt halte, aber treib es nicht zu weit ... Vorausgesetzt, du wirst nicht zu unverschämt, hast du bei Kingstons eine große Zukunft ...»

«Aber keine so große wie Ramsay ... Oh, ich verstehe vollkommen, Mr. Kingston ... Natürlich möchten Sie, daß Ramsay Ihnen in der Leitung des Kaufhauses nachfolgt ... Jeder Vater würde das wollen ... aber Sie werden auch verstehen, daß ich wissen muß, woran ich bin und ... nun, wenn ich feststelle, daß ich nicht weiterkommen kann, dann ist es wohl Zeit, daß ich meine Position überdenke ...» Er erhob sich. «Mr. Kingston, ich bitte Sie, meine Kündigung zur Kenntnis zu nehmen ... Mit Ihrer Erlaubnis möchte ich zum frühest möglichen Zeitpunkt ausscheiden ...»

Thomas hatte natürlich mit Lillians Besuch gerechnet, aber als sein Sekretär hereinkam und sagte, sie warte draußen, war er doch überrascht – wie hatte sie so schnell von dem Entschluß ihres Sohnes erfahren?

«Thomas», erklärte sie, während sie, den Sonnenschirm wie eine Reitpeitsche schwingend, in sein Büro rauschte, «du mußt Charles dazu bringen, daß er sich das noch einmal überlegt ...»

«Ich glaube kaum, daß das *meine* Aufgabe ist», erwiderte er, dieses Ansinnen mit einem Lächeln quittierend, «und ich rate auch *dir*, es nicht zu versuchen ...»

«Aber es ist doch das Familienunternehmen.» Sie blickte ihn plötzlich besorgt an. «Du würdest ihm doch gewiß erlauben, daß er die Kündigung zurücknimmt, ja?»

«Natürlich ... Er hat Format, und ich wünschte, er würde bei uns bleiben, aber er hat seine Gründe recht deutlich zum Ausdruck gebracht. Er will nicht die zweite Geige spielen.»

«Ach, dieser lächerliche Wettstreit mit Ramsay ...»

Thomas schüttelte den Kopf. «Er weiß, was er wert ist. Vielleicht erscheint ihm die Rolle des zweiten Mannes deshalb so wenig reizvoll, weil er seinen Vater jahrelang darin gesehen hat.»

«Aber das kannst du doch nicht vergleichen, das weißt du genau ...»

«Gut, ja ... aber der Bruch mußte früher oder später kommen. Lieber jetzt, ehe er verbittert ist ... solange wir noch Freunde sind ... Hat er denn etwas anderes in Aussicht?»

«Ach, eigentlich lächerlich», antwortete sie. «Der junge Hawkins will ihn als gleichberechtigten Partner haben.»

Thomas war überrascht. Für Hawkins war das natürlich ein Coup, und das kühne Angebot einer Partnerschaft machte deutlich, daß er sich dessen bewußt war. «Und – wird er annehmen?»

«Es scheint so.»

«Das wäre ein Fehler», sagte Thomas. «Ich würde versuchen, es ihm auszureden.»

«Er hört ja kaum noch auf mich, Thomas.» Sie seufzte und lehnte sich auf ihrem Stuhl zurück, die Hand auf dem Schirmgriff. «Ich bin nicht nur Charles' wegen zu dir gekommen, Thomas ... James ist ein viel größeres Problem.»

«Ich glaube, in der Buchhaltung ist er jetzt gut aufgehoben.»

«Ich meine James und Rose. Du hast sie doch sicherlich neulich abends beobachtet ... Inzwischen haben sie sich mehr als einmal getroffen ... Thomas, es scheint so, als ob es ernst ist zwischen ihnen – und natürlich ist das unmöglich –» sie zögerte den Bruchteil einer Sekunde – «da sie denselben Vater haben.»

Thomas sah sie scharf an. «Komm mir nicht wieder damit, Lillian ... Wie willst du das so genau wissen?»

«Weil es gar keinen Zweifel gibt ...» Sie sah seinen skeptischen Gesichtsausdruck, und da wußte sie, daß sie um eine weitere Erklärung nicht herumkam, obwohl ihr das Thema verhaßt war. «Thomas, ich muß es dir wohl sagen ... David war damals nicht ... nun, er war nicht in der Lage ... ein paar Monate lang ...»

Thomas starrte einige Sekunden in tiefer Verwirrung vor sich hin. «Dann besteht also kein Zweifel?» sagte er schließlich.

«Keiner», sagte sie in entschiedenem Ton und stand auf. «Es muß aufhören, Thomas.» Und sie ging hinaus, ehe sich Thomas noch bewußt geworden war, daß sie das Zimmer verlassen hatte.

Es regnete heftig, als Thomas das Kaufhaus verließ, aber er ging dennoch zu Fuß nach Hause. Das Wasser rann ihm vorn vom Schirm herunter, während er die Sloane Street entlangschritt und sich mit der jetzt unbestreitbaren Tatsache vertraut zu machen versuchte, daß James sein Sohn war. Das hätte seine Einstellung verändern, hätte ihn Zuneigung zu dem Jungen empfinden lassen müssen. Doch nichts hatte sich geändert. Männer sind im Grunde alle Tiere, dachte er grimmig. Was man Zivilisation nannte, war nur ein dünner Lack. Sie befriedigten nur die Bedürfnisse ihrer Leidenschaften. Genau wie die Hengste. Die Hengste erkannten ihre Söhne auch nicht. Er konnte sich noch lebhaft an die Nacht von James' Empfängnis erinnern – an die unverhüllte, verlangende Sexualität, an die jähe Begierde, die über ihn gekommen war wie ein Sturm. Die Kraft der biologischen Dynamik. Und James, der arme, schwache Junge, war das Ergebnis dieser unbefriedigenden Vereinigung gewesen.

Der Gedanke machte seinen Zorn noch größer, als er die Eingangsstufen seines Hauses hinaufstieg. Er antwortete nur knapp auf Brandons Gruß, als der Butler ihm Hut und Mantel abnahm.

«Richten Sie Miss Rose aus, daß ich sie sofort sprechen möchte», sagte er und begab sich in sein Arbeitszimmer.

Sie wußte natürlich, warum er nach ihr geschickt hatte. Als sie nach dem schüchternen Klopfen an der Tür das Zimmer betrat, glühten ihre Wangen. «Sie haben mich rufen lassen, Papa ...»

«Ja, Rose – komm herein und setz dich.»

Sie bewegte sich so vorsichtig, als ginge sie auf Zehenspitzen und setzte sich auf die Kante des Stuhls. Sie sah ihren Vater beklommen über den Schreibtisch hinweg an – sah das dichte graue Haar, den Backenbart, das von Falten durchzogene, aber immer noch schöne Gesicht, die braunen Augen, in deren Ausdruck sich jetzt viele Gefühle mischten – Schmerz, Zorn, Trauer, Zuneigung und Stolz.

«Rose», begann Thomas, «wir haben nie viel darüber gesprochen, aber du bist meine einzige Tochter, und ich hoffe, ich brauche dir nicht zu sagen, wie teuer du mir bist.»

«Natürlich, Papa.» Sie brachte die Andeutung eines Lächelns zustande. «Auch ich habe Sie sehr gern, Papa ...»

«Dann kannst du dir also denken», fuhr er fort, «daß mir nichts auf der Welt ferner liegt, als dich unglücklich zu machen ... Ich bin sehr in Sorge, denn ich habe gehört, du triffst dich mit James.»

Sie schien sich noch ein wenig gerader aufzurichten. «Es tut mir leid, wenn ich Ihnen Kummer bereitet habe, Papa.»

«Magst du ihn?»

Sie nickte. «Ich liebe ihn sehr, Papa. Er will mit Ihnen sprechen ...»

«Es tut mir leid, das zu hören, Rose.» Er sprach in liebevollem Ton, aber sein Gesicht war starr. «Denn es hätte keinen Zweck ... Ich kann meine Zustimmung nicht geben ...»

«Aber Papa!» Der Ausruf hatte etwas von dem Schrei eines Vogels. «Warum nicht?» Das kam ganz leise heraus, war fast ein Flüstern. «Sie können doch nichts gegen seine Familie haben ...»

«Rose, mein Kind ... du hast einen viel besseren Mann verdient als James Rawlings ...»

«Aber ich liebe ihn, Papa. Ich muß ihn heiraten, Papa. Bitte, verbieten Sie es nicht, ehe Sie mit ihm gesprochen haben. Er wird Sie überzeugen, Papa ... Sie kennen ihn nicht, Papa ...»

Er schüttelte traurig den Kopf. «Ich kenne James sehr gut. Glaub mir, Rose, ich würde meine Vaterpflichten nicht erfüllen, wenn ich zuließe, daß diese ... diese Beziehung weitergeht.»

«Bitte, Papa», flehte sie, jetzt mit Tränen in den Augen, «entscheiden Sie noch nicht endgültig ... Haben Sie schon mit Mama darüber gesprochen?»

«Noch nicht, aber ich bin sicher, sie denkt genauso wie ich.» Er hielt bekümmert einen Augenblick inne und fuhr dann fort: «Wenn du in London bleibst, wird das deinen Schmerz nur vergrößern – ich habe deshalb heute nachmittag deinem Onkel Edward telegrafiert und angefragt, ob du eine Zeitlang auf dem Hof bleiben kannst.»

«Nein!» rief sie. «Nein, das können Sie nicht, Papa ... Ich gehe nicht! O bitte, Papa!» Da war es um ihre Fassung geschehen und sie rannte laut schluchzend hinaus.

Später, als sie sich im Schlafzimmer zum Abendessen umkleideten, sagte May: «Bist du mit Rose nicht zu streng verfahren, Thomas?»

«Du meinst, ich hätte ihr erlauben sollen, daß sie James heiratet?» fragte er erstaunt, während er sich vor dem Spiegel die Schleife band.

«Nun, er ist schließlich kein Aussätziger. Und Geistesgestörtheit kommt in seiner Familie auch nicht vor, soviel ich weiß.»

«Er ist ein völliger Versager ... Er wird nie etwas leisten ... Er hat irgendwie einen schweren Schaden.»

«Könnte es nicht sein, daß er nur nicht für das Kaufhaus geeignet ist?» fragte sie. «So wie Harry?»

«Ich finde deine Frage merkwürdig», antwortete er. «Verlangst du von mir allen Ernstes, ich sollte ihn mir als Schwiegersohn vorstellen?»

May zögerte einen Augenblick. «Ich weiß es nicht», sagte sie, und obwohl er noch immer in den Spiegel sah und an seiner Schleife zupfte, wußte er, daß sie ihn genau beobachtete. «Sie ist vierundzwanzig – nicht mehr so jung ... Seine Familie ist gesellschaftlich angesehen ...»

«Ich habe nichts gegen seine Familie ... Bei Charles wäre das etwas ganz anderes.»

«Ich frage mich nur, ob deine Einschätzung von James eine so überstürzte Ablehnung verdient ... Ich bin ein wenig überrascht, daß du das nicht vorher mit mir besprochen hast. Dann hätte ich sie ein wenig darauf vorbereiten können. Sie ist schrecklich unglücklich ...»

«Ja, da hast du vielleicht recht.» Er beschäftigte sich länger als nötig mit seiner Schleife, weil er ihrem Blick ausweichen wollte. «Ich hätte dich zuerst mit ihr sprechen lassen sollen ... Das war ein Fehler ... Aber sie ist noch jung, und ihre Zuneigung war erst von kurzer Dauer. Ich hoffe, sie kommt bald darüber hinweg.»

«Thomas», fragte May in behutsamem Ton, «ist deine Meinung von James der einzige Grund für dein Nein? Oder ist da noch etwas?»

Mit großer Willensanstrengung wandte er sich vom Spiegel um und sah sie an. «Nein, May!» sagte er. «Da ist sonst nichts ...»

6

Überall in der Sloane Street flatterten Flaggen von Fenstern und Fahnenstangen. Die Läden waren geschmückt mit Girlanden aus rot-weiß-blauem Tuch. Königliche Insignien und Bilder der alten Königin – Lithographien, Zeichnungen und sogar Fotografien – machten einen großen Teil der Dekorationen aus. In manchen Fenstern hingen Spruchbänder mit Texten wie «Gott schütze Ihre Majestät – Sechzig ruhmreiche Jahre – 1837–1897».

Es war eine ganze Reihe von Umzügen, Platzkonzerten und Banketts vorgesehen. Am Tag des Jubiläums sollte die Königin in ihrer goldenen Kutsche durch die Stadt fahren, eskortiert von den Reitern der Garde mit ihren Federhelmen und schweren Säbeln. Und auf allen Bergen des Landes würden Freudenfeuer angezündet werden.

Thomas ging die Straße entlang und war neugierig auf den Anblick der Dekorationen, die Mathews und seine Leute über das Wochenende angebracht hatten, als er plötzlich so unvermittelt stehenblieb, daß ein hinter ihm gehender Passant fast gegen ihn gerannt wäre – denn im letzten Schaufenster von Hawkins' Geschäft hatte er eine Auslage von Seidenstoffen erblickt, die nach Gestaltung und Motto («Seide aus dem britischen Orient») mit dem Plan für eines der Schaufenster von Kingston identisch war. Sogar die Anordnung der Ware und die Farben entsprachen genau dem, was Mathews sich für das Kaufhaus vorgenommen hatte.

Thomas betrachtete das Schaufenster daneben und sah mit aufkeimendem Ärger, daß auch hier die Dekoration einer Kingstons-Auslage nachgebildet war – hier lautete das Motto «Baumwolle», die, obschon in Manchester verarbeitet, im Empire angebaut wurde.

Auch die beiden übrigen Fenster enthielten Dekorationen, wie Mathews sie für das Jubiläum geplant hatte, und zwar unter Aufsicht von Baines – und Charles, bevor dieser gekündigt hatte, um bei Hawkins als Partner einzutreten.

Thomas überquerte die Straße, um die Auslagen näher in Augenschein zu nehmen, und sah zu seinem Zorn, daß in jedem Fenster ein Plakat hing mit den frechen Worten: «Preiswertester Einkauf in der Sloane Street».

Das ging natürlich alles auf Charles zurück, denn der Hinweis besagte nichts anderes, als daß es hier die gleichen Waren gab wie im Kaufhaus – zumindest in den Sparten, über die das kleine Geschäft verfügte –, aber zu niedrigerem Preis! Je länger Thomas die Auslagen betrachtete, desto mehr war er trotz seines Zorns von der Brillanz der Idee beeindruckt. Kein anderer hätte genaue Kopien angefertigt – und gerade die Genauigkeit war es, die solche Wirkung hervorrief.

Charles hatte Thomas auf dem Bürgersteig stehen sehen und trat aus dem Laden. «Guten Morgen, Mr. Kingston», sagte er. «Ich sehe, Sie betrachten sich unsere Schaufenster ...»

«Ich bin tief beeindruckt von ihrer großen Originalität», sagte Thomas sarkastisch. «Niemand könnte dich des Ideendiebstahls anklagen, Charles, oder?»

«Das ist das Traurige an diesem Jubiläum», erwiderte Charles. «Für originelle Gedanken ist nicht viel Raum. Die Themen Empire, Patriotismus, Gott schütze die Königin und so weiter sind alle ziemlich abgenutzt.» Und er verzog das Gesicht zu einem breiten Grinsen.

«Mach dich nicht über mich lustig, Charles», warnte ihn Thomas. «Wie du gewiß weißt, wollen mehrere Abteilungsleiter, daß ich dich geschäftlich ruiniere ... und eine solche Kühnheit –» er deutete auf die Schaufenster – «könnte mich veranlassen, ihrem Drängen nachzugeben.»

Thomas war kaum im Büro, als sein Sekretär sagte, James wünsche ihn zu sprechen, und widerwillig, da James ihn schon zweimal aufgesucht hatte, nachdem Rose nach Quainton geschickt worden war, ließ er ihn hereinkommen. «Ich habe nur zwei Minuten Zeit, James», sagte Thomas, als er das Zimmer betrat, «und ich bin nicht gewillt, über Rose zu sprechen.»

«Ich *muß* aber von Rose sprechen, Sir ... Ich muß Sie bitten, Ihre Entscheidung zu überdenken.»

«James, ich habe dir doch gesagt, das Thema ist abgeschlossen ... Du wirst Rose nicht heiraten.»

James hatte in den letzten beiden Wochen abgenommen, und mit seinen bleichen Wangen und den tiefen Ringen um die Augen wirkte er hager. «Ich glaube nicht, daß ich ohne sie leben kann, Mr. Kinston», murmelte er. «Ich habe es versucht, aber ...»

«Unsinn, James!» fuhr ihn Thomas an. «So etwas habe ich noch nie gehört ... Mit der Zeit lernst du schon ein anderes Mädchen kennen ...»

«Niemals!» Es klang wie eine Deklaration, fast wie ein Schwur. «Wenn ich nur verstehen könnte, Mr. Kingston ... Mein Vater war Ihr Geschäftspartner ... Ist es nur deshalb, weil ich bei der Arbeit nicht gut bin? Wenn ich besser wäre, würde das etwas ändern?»

«Ich habe dir wiederholt gesagt», unterbrach ihn Thomas, «daß ich dich nicht als den passenden Ehemann für Rose betrachte. Das ist das Vorrecht eines Vaters, und das mußt du akzeptieren, James ... Jetzt geh, bitte.»

James blickte ihn zornig an. «Ich akzeptiere es nicht, Mr. Kingston», sagte er. «Ich werde es nie akzeptieren ...»

Seine Augen in dem hohlwangigen Gesicht wurden größer, als er ihn über den Schreibtisch hinweg anstarrte. Dann drehte er sich plötzlich um und ging hinaus.

7

Ludgershall war etwa fünf Meilen von Quainton Hall entfernt – eine gute Dreiviertelstunde zu Pferde. Auch im August schon war die Morgenluft recht frisch. Edward und die anderen waren im Dunkeln vom Hof aufgebrochen, um Thomas abzuholen, und Harry führte das neue Jagdpferd mit sich, das er für ihn zugeritten hatte. Thomas hatte schon auf sie gewartet. Er saß rasch auf und ritt mit ihnen über die Feldwege, die auf beiden Seiten von Schwarzdorn gesäumt waren.

Als es heller wurde, warf Thomas einen vorsichtigen Blick auf Rose, die auf einem kleinen Grauschimmel saß, der ihn an Dumb-Bell erinnerte, das Pony, das sie bei den fröhlichen Familienausflügen geritten hatte, in den Tagen, als Goldsmith ihm das Messer an die Kehle setzen wollte.

Seit ihrer Verbannung aus London hatte sie kaum mit ihrem Vater gesprochen, wenn sie sich begegnet waren, und keinen Versuch gemacht, ihren Groll zu verbergen. Thomas, betrübt darüber, daß er ihr Leid zufügen mußte, hatte sie in Ruhe gelassen. Auch James hatte ihn nicht mehr aufgesucht seit jener letzten unerfreulichen Begegnung in der Woche des Jubiläums, aber Thomas hatte ihn ab und zu im Kaufhaus gesehen und war sich der Feindseligkeit in den Augen des jungen Mannes nur zu bewußt gewesen.

Als sie sich dem Anger von Ludgershall näherten, ging über den bewaldeten Bergen im Osten bei dem Dorf Brill die Sonne auf. Die Hunde waren schon da. «Die Damen, Mr. Kingston», sagte der

Hundeführer zu Thomas, womit er meinte, daß er an diesem Tag mit einer Meute von Hündinnen jagte, «darunter zehn gute Jungtiere ...» Als wohlhabender Landbesitzer im Gebiet Bicester war Thomas jetzt ein angesehenes Mitglied der Jagd – zwar konnte er sich nicht mit der Aristokratie oder auch nur dem höheren Landadel messen, aber er wurde akzeptiert als wohlhabender, einflußreicher Mann.

Man hielt sich nicht lange auf dem Anger auf, sondern ritt gleich auf ein nahes Wäldchen zu. Ein junger Fuchs strich schnell davon, dicht gefolgt von den Hunden.

Der Fuchs war jung, aber schlau. Er rannte durch ein Dickicht, machte kehrt, durchquerte einen Bach, machte wieder kehrt, überquerte die Straße nach Bicester, wo er sich unter einer Hecke in einen Graben legte, während die Hunde, die seine Spur verloren hatten, vom Hundeführer zum Suchen ausgeschickt wurden. Dann rannte er wieder los, durch einen Grünkohlacker, weiter durch einen Bauernhof – er schien gelernt zu haben, daß Schweinemist eine gute Tarnung für die Fuchswitterung ist –, und hinter den Gehöften durch Weideland und über ein Bahngleis, bis er auf abgeerntete Weizenfelder geriet. Er behielt jedoch nicht die Richtung bei, sondern schlug Haken, überquerte mehrmals das Bahngleis, da er spürte, daß der hohe Damm, auf dem das Gleis lag, ihm Gelegenheit bot, seine Verfolger in die Irre zu führen. Das Gleis selbst nahm keine Witterung an. Am Fuß der hohen Böschungen zu beiden Seiten war ungepflegtes Gelände, das, als Eigentum der Eisenbahngesellschaft von den anstoßenden Feldern durch Zäune abgegrenzt, mit seinem Buschgestrüpp und dem hohen Sommergras gute Dekkung bot.

Wegen dieser Taktik des Fuchses blieben der Hundeführer und die Jagdgesellschaft oben auf dem Damm. Sie sahen ihn zweihundert Meter voraus wieder das Gleis überqueren. Die Hunde tauchten kurz nach ihm auf, verloren aber seine Witterung und wurden unsicher. Einige stürzten sich ins Gestrüpp hinunter, wo er verschwunden war, andere blieben auf dem Damm – wachsam, aber verwirrt.

Die Reiter hatten sich jetzt zu beiden Seiten des Gleises in zwei langen Reihen formiert und näherten sich im Schritt, um die Hunde nicht zu bedrängen. Vor Thomas ritten die Jagdteilnehmer vom

Kingston-Hof – Edward, Agnes, Harry, Claire und Rose. Da kam der Zug in Sicht.

Die Bahnlinie verlief an dieser Stelle in einer leichten Kurve, so daß man herannahende Züge schon aus einiger Entfernung sehen konnte. Der Anblick des Zuges war deshalb kein Grund zur Beunruhigung, wären nicht die Hunde oben auf dem Gleis gewesen, etwa in der Mitte zwischen den Reitern und dem Zug, der noch ungefähr vierhundert Meter entfernt war.

Der Hundeführer erkannte die Gefahr sofort und geloppierte, begleitet von einem Pikör, auf seine Hunde zu. Er schrie sie an und knallte laut mit der Peitsche, aber das schien die Hunde nur noch mehr zu verwirren. Sie blickten aufgeschreckt hierhin und dorthin, die Ohren aufgerichtet – und blieben, wo sie waren.

Als der Lokführer das Hindernis auf der Strecke erkannte, betätigte er die Signalpfeife, die lange Warntöne ausstieß, und begann zu bremsen, aber ein Zug, der auf freiem Gelände zwischen zwei Stationen mit einiger Geschwindigkeit fährt, braucht eine gewisse Zeit, bis sich das Tempo verlangsamt. Wieder und wieder ertönte die Signalpfeife, während sich der Abstand immer mehr verringerte zwischen der großen, fauchenden Maschine und den zwei galoppierenden Reitern in ihren hellroten Röcken – und den Hunden, die, beunruhigt durch die aufgeregten Rufe, ihren Führer gespannt anblickten, aber noch immer nicht zu wissen schienen, was er von ihnen wollte.

Das Ende war vorauszusehen. Nur Sekunden vergingen – obwohl es allen so vorkam, als spielte sich die Tragödie in Zeitlupe ab –, bis die Lokomotive mit schrillender Pfeife und quietschenden Bremsen in die Hunde hineinfuhr. Zwei wurden zur Seite geschleudert, flogen durch die Luft und blieben tot unten an der Böschung liegen. Drei andere gerieten unter die Räder. Als der Zug endlich zischend zum Stehen kam, hatte er sich zwischen die beiden Reihen von entsetzten Reitern geschoben. Der entgeisterte Lokführer sprang von seiner Maschine herunter. Der Hundeführer und der Pikör zwängten sich zwischen den anderen hindurch zu ihm vor, saßen rasch ab, und dann bückten sie sich alle drei und betrachteten das gräßliche Bild.

In diesem Augenblick ließ ein junger, forscher Fahrgast, animiert durch den Anblick der Reiter neben dem Zug auf dem Damm, doch ohne zu wissen, was sich zugetragen hatte, sein Abteilfenster herunter, schrie ein fröhliches, wenn auch etwas spöttisches «Hallo!» und schwenkte dabei seinen Hut – und dies ausgerechnet in Höhe von Rose. Der Grauschimmel scheute, bäumte sich auf und wich verstört vor der plötzlichen Bewegung zurück. Auf ebenem Gelände hätte Rose das Tier wieder in die Gewalt bekommen können, aber sie standen auf einem schmalen Damm, nur wenige Meter von der Kante entfernt. In einem Augenblick ohnmächtigen Grauens erkannte Thomas, was geschehen würde. Durch das Aufbäumen und dann den Ruck zur Seite trat der Schimmel mit den Vorderbeinen ins Leere, über die Dammkante hinaus, verlor das Gleichgewicht und stürzte kopfüber die steile Böschung hinunter.

In Sekundenschnelle war Thomas vom Pferd gesprungen und kletterte die Böschung hinunter. Als er näher kam, rappelte sich das Pferd gerade wieder auf, hielt aber ein Vorderbein in die Höhe, und Thomas sah sofort, daß es gebrochen war. Rose lag am Fuß der Böschung in einem Nesselgestrüpp – halb auf dem Rücken, verkrümmt, regungslos. Sie war beim Sturz unter das Tier geraten – fast eine halbe Tonne Pferdefleisch und Knochen hatte auf ihr gelastet. Ihr Rückgrat war gebrochen, gewiß waren die Rippen in die Lungen gedrückt worden. Thomas starrte seine einzige Tochter an, das totenbleiche Gesicht, die leblosen Augen. Der Schock übermannte ihn – und er mußte sich übergeben.

Er fühlte eine Hand auf der Schulter. «Wir kümmern uns um sie», sagte Edward leise. «Reite nach Hause zu May – Agnes wird dich begleiten.»

Irgendwie wußte May es schon, obwohl es ihr niemand gesagt hatte. Wie immer war sie sehr tapfer. Er wünschte, sie würde weinen, aber sie tat es nicht – auch nicht, als er die Arme um sie legte, um sie zu trösten. Sie vergrub nur den Kopf an seiner Schulter. Es war geteilter Schmerz.

Sie trugen Rose auf dem Kirchhof von Quainton zu Grabe, und alle nahmen an der Trauerfeier teil, denn wenn sie auch ihr ganzes Leben in London verbracht hatte, so hatten die Kingstons doch seit hundert Jahren Gemeindeland bestellt, und die Dörfler betrachteten sie als eine der ihren. Auch Cameron war da und stand mit Agnes, Edward und der jungen Letty am Grab.

Thomas und May brauchten ein paar Tage Ruhe. Er ritt viel aus auf seinem neuen Pferd, das man vom Hof in den Stall des Herrenhauses herübergebracht hatte – aber immer allein. Manchmal unternahm er lange Fußmärsche über die Höhen, die er aus seiner Kindheit so gut kannte.

Endlich fuhren sie nach London zurück, und Thomas nahm seine Pflichten als Leiter des Kaufhauses wieder auf. Er sah James erst zwei Tage nach seiner Rückkehr auf seinem morgendlichen Rundgang mit Sidney – und auch dies nur über zwei Verkaufstheken hinweg. James warf ihm den üblichen grollenden Blick zu, aber die Feindseligkeit in den dunklen Augen schien sich vertieft zu haben. Er wollte schon zu ihm gehen und ihm ein paar tröstende Worte sagen, da sie in diesem Kummer vereint waren. Aber eigenartigerweise fühlte er, daß James sich dieses seines Verlangens bewußt war – und es zurückwies, weil er ihm nicht die Erleichterung gönnte, die eine solche Gemeinsamkeit ihm geben mochte.

Am Nachmittag ließ Thomas Ramsay rufen, doch als nach dem erwarteten Klopfen die Tür aufging, sah er zu seiner Überraschung James hereinkommen. «Ihr Sekretär war gerade nicht da», erklärte James und zog einen Revolver aus der Tasche.

Thomas konnte es nicht glauben. Sein Verstand akzeptierte einfach nicht, was er da sah. Wäre ein maskierter Fremder mit gezogener Pistole hereingestürzt, wäre er sich der Gefahr sofort bewußt gewesen – aber James? Ausgerechnet James? James bedrohte ihn mit einer Waffe? Das war unmöglich.

James spürte seine Verwirrung. «Es passiert wirklich, Mr. Kingston», sagte er ruhig. «Der Revolver ist geladen ... alle sechs Kammern ... Es ist ein fünfundvierziger Colt ...»

«Du willst mich erschießen?» fragte Thomas. Er fühlte sich nicht bedroht, da James für ihn nur ein Kind mit einem Spielzeug war.

«Und dann erschieße ich mich selbst», sagte James, «weil mein Leben nicht mehr lebenswert ist ... ohne Rose ...»

Die Erwähnung von Roses Namen rührte bei Thomas an eine noch nicht verheilte Wunde. «Ich verstehe, wie dir zumute ist, James», sagte Thomas mitfühlend, «aber das da ist töricht ... Es ist, weiß Gott, das Schrecklichste, was uns allen widerfahren ist, aber so wird man nicht damit fertig ... Gib mir den Revolver und setz dich. Vielleicht hilft es dir, wenn wir darüber sprechen.»

Einen Augenblick lang war James versucht, auf den Vorschlag einzugehen, wie Thomas merkte. Dann kehrte seine Entschlossenheit zurück. «Nein, nein ... so kriegen Sie mich nicht herum ... Sie war die einzige Frau, die ich je geliebt habe ... MR. KINGSTON!» rief er plötzlich mit erhobener Stimme. «ICH HABE SIE GELIEBT!» Es war ein Aufschrei gegen die Ungerechtigkeit der Welt, der Menschen, des Himmels.

«Ich weiß», sagte Thomas, noch immer voller Mitgefühl. «Ich habe sie auch geliebt ... ihre Brüder auch und ihre Mutter. Wir alle trauern um sie.»

«Aber Sie haben sie fortgeschickt! Hätten Sie sie nicht fortgeschickt, wäre es nie passiert ...»

«Es hätte jederzeit passieren können, James ... Sie ist oft zur Jagd geritten.»

«Aber da wäre es nicht passiert», beharrte James verzweifelt.

«Da wäre es nicht passiert!» Thomas hob die Schultern, als wollte er sagen: wie können wir uns anmaßen, die Fügungen Gottes zu verstehen? «Mr. Kingston», rief James anklagend, «Sie haben Rose getötet!»

Thomas blickte ihn durchdringend an. «So etwas einem Vater zu sagen ist schrecklich ... und völlig falsch. Und jetzt hörst du auf mit diesem lächerlichen Benehmen und –»

«Lächerlich!» Schmerz und Fassungslosigkeit über die Unangemessenheit dieses Wortes schwangen in James' Stimme mit. «Sie wagen das lächerlich zu nennen, lächerlich, Mr. Kingston?»

Der Revolver bewegte sich unter seinem neuentfachten Zorn, und Thomas sah, daß seine Hand die Waffe fester umgriff.

«Mein Kummer ist so groß wie der deine, James», sagte Thomas ruhig, «sogar noch größer, denn sie war meine einzige Tochter ... Jetzt komm zur Vernunft und gib mir den Revolver.»

Thomas beobachtete ihn aufmerksam. Er wußte, daß er seinen Zorn über James' ungeheuerliche Anklage beherrschen und sich genau überlegen mußte, was er sagte und tat. Eine falsche Bewegung in diesem kritischen Moment mochte James dazu veranlassen, wider Willen abzudrücken. Auch konnte Ramsay jeden Augenblick klopfen und hereinkommen, und Thomas wußte nicht, wie James auf das Hinzutreten eines Dritten reagieren würde.

Thomas mußte ihn dazu bringen, die Waffe hinzulegen, das heißt, er mußte ihm irgendwie seine Überlegenheit zeigen. Von jeher war er für James ein Mann mit großer Macht gewesen, und er fragte sich jetzt, ob dies vielleicht seinen Verzweiflungsakt ausgelöst hatte. War es eine Huldigung an Rose, eine Geste der Kompensation dafür, daß er nichts wirklich ernsthaft unternommen hatte, um sie zu gewinnen, sie möglicherweise zu entführen? Spielte er gegenüber Goliath den David? Und hatte er den Mut dazu? Das zu wissen war lebenswichtig für Thomas, und er beschloß, die Probe aufs Exempel zu machen.

Er stand plötzlich auf. «James!» befahl er mit lauter Stimme. «Leg den Revolver auf meinen Schreibtisch!»

James trat einen Schritt zurück. «Sie glauben, ich bringe es nicht fertig, nicht wahr?» sagte er, und Thomas sah den Selbstzweifel in seinen Augen. «Ich werde es tun, Mr. Kingston ...»

«Leg den Revolver hin!» rief Thomas und schlug mit der Faust auf den Tisch.

«NEIN!» rief James zurück. «Nein», setzte er ruhiger hinzu, «ich tue, was ich mir vorgenommen habe.»

Wieder machte die Hand am Revolver eine Bewegung, aber Thomas vermutete, daß es weniger eine Vorbereitung zum Feuern war als ein Versuch, sich der Härte des Metalls zu versichern und damit Mut zu machen. James trat noch einen Schritt zurück, und Schweiß stand ihm auf der Stirn. Thomas griff zu einer anderen Taktik. Er setzte sich wieder an den Schreibtisch. «Du gestattest mir wohl, daß ich noch ein paar Worte an meine Frau schreibe, James ... ehe du die Hinrichtung ausführst?»

«Sie glauben wohl nicht, daß ich es fertigbringe, wie?»

Thomas zuckte mit den Schultern. «Wer weiß so etwas ... Weißt du es selbst, James?»

«Ja.» Sogar aus diesem einen Wort hörte man heraus, daß er um sein Selbstvertrauen rang. «Ja, ich weiß es.»

«Nun – dann kann ich den Brief also schreiben?» James wußte es nicht genau. Er fürchtete einen Trick, fürchtete sich vor der Verzögerung und der Gefahr, daß jeden Moment jemand hereinkommen könnte. «Du wirst mir doch nicht verweigern, daß ich einen letzten Gruß an meine Frau richte, James?»

Eine Pause. «Na schön», sagte James dann. «Aber nur drei, vier Zeilen.»

«Danke, James ... Das Papier ist in meiner rechten Schublade. Darf ich hineingreifen?»

«Warum nicht?» antwortete er, wenn auch etwas unsicher.

«Es könnte schließlich ein Revolver darin sein, nicht wahr, James? Es wäre doch denkbar, daß ein Mann in meiner Position einen Revolver griffbereit hat, oder?»

«Warum sagen Sie mir das?» fragte James argwöhnisch.

«Ich meinte, du solltest es wissen. Ich öffne jetzt die Schublade, James ...» Thomas beobachtete ihn genau, um zu sehen, wie er reagierte. Ein, zwei Sekunden lang schien er wie gelähmt und gab keine Antwort. «Siehst du, James ... Jetzt fasse ich nach dem Griff ...»

«Lassen Sie ihn los!» rief James plötzlich und trat noch einen Schritt zurück.

«Dann läßt du mich also nicht ein paar letzte Worte an meine Frau schreiben?»

«Nein – nicht, wenn Sie dazu die Schublade öffnen müssen ...»

«Aber du hättest doch gar nicht gewußt, daß ein Revolver in der Schublade ist, wenn ich es dir nicht gesagt hätte ...» Thomas sah die Unsicherheit in James' Augen und hielt den Zeitpunkt für gekommen, James' Coup als Bluff zu entlarven. Er lehnte sich zurück und lachte ihn an. «Ich glaube, es ist besser, du drückst jetzt ab, James ... Los, erschieß mich ... Worauf wirst zu zielen – auf das Herz oder auf den Kopf?»

Ehe James noch antworten konnte, klopfte es, und Ramsay stand in der Tür. «Du lieber Gott!» rief er.

«Komm herein, Ramsay», sagte Thomas. «James ist gerade im Begriff, mich zu erschießen ... Vielleicht sagst du meinem Sekretär Bescheid ...»

«Bleib stehen, Ramsay!» befahl James mit ruhiger Stimme. «Und schließ die Tür ... Mach schon», fügte er hinzu, als Ramsay zögerte. «Schließ die Tür, sonst erschieße ich deinen Vater sofort.»

Ramsay schloß leise die Tür. «Bist du verrückt geworden, James?»

«Ein bißchen, vielleicht.» James hielt die Waffe auf Thomas gerichtet, aber sein Blick zuckte unruhig zwischen den beiden hin und her. «Ich habe schließlich genug Grund dazu, oder?»

«Grund?» fragte Ramsay. «Du machst Vater für Roses Tod verantwortlich? Du bist ja von Sinnen ... Komm, gib mir den Revolver.» Er streckte die Hand aus und bewegte sich auf ihn zu.

«Bleib stehen!» rief James. Ramsay blieb stehen. «Keinen Schritt weiter!» warnte er.

«James erschießt zuerst mich», sagte Thomas zu Ramsay. «Und dann erschießt er *sich* ... So war es doch, James, ja?»

James starrte ihn an, und jetzt sah man seinem Gesicht deutlich die Angst an. «Nun, dann mach schon, James», sagte Thomas. «Erschieß mich oder laß es sein ...»

«Sie glauben, ich bringe es nicht fertig, was?» fragte James, und Thomas bemerkte, daß die Hand mit dem Revolver zu zittern begann. James kämpfte gegen das Zittern an, der Schweiß rann ihm jetzt vom Gesicht. «Nicht wahr?» sagte er. «Sie trauen es mir nicht zu ...»

Thomas beugte sich vor, stützte die Ellbogen auf den Schreibtisch und beobachtete ruhig Lillians Sohn – seinen Sohn. «Nein, James, ich glaube nicht, daß du den Mut dazu hast.»

«Ich habe ihn aber!» Seine Stimme klang schrill. «Verlassen Sie sich darauf ...»

«Dann tu's!» sagte Thomas. «Tu's – oder gib Ramsay den Revolver.» Er blickte James ebenso fest wie ruhig an.

«Wie können Sie meinen Mut anzweifeln?»

«Dann tu's doch.»

James' Augen weiteten sich plötzlich. Eine Sekunde lang sah er Thomas starr an. Er hob den Revolver ein wenig in die Höhe. «Du wagst es nicht, oder?» sagte Thomas. Der Revolver bewegte sich wieder ein wenig, aber er drückte nicht ab, und Thomas schätzte, daß James auf dem Höhepunkt seiner Krise war – gleich würde er zusammenbrechen.

«Gib Ramsay den Revolver», sagte Thomas in behutsamem Ton. Zwei Sekunden lang funkelte James ihn an, hielt seinem Blick stand, als hätte er nicht gehört. Dann blinzelte er. Er machte eine leichte Bewegung auf Ramsay zu, und Thomas glaubte, er wolle ihm die Waffe reichen. Aber er hatte sich getäuscht. Die Explosion, die von den Zimmerwänden widerhallte, war so laut, daß ihnen die Ohren dröhnten. Staub schwebte durch die Luft.

Thomas hatte sich instinktiv geduckt – doch das wäre zu spät gewesen, wenn die Kugel ihr Ziel nicht weit verfehlt hätte. Ramsay hatte sich im gleichen Augenblick auf James gestürzt und ihn zu Boden gerissen. Die Waffe fiel ihm aus der Hand.

«Der Revolver, Vater!» rief Ramsay. «Der Revolver!»

Thomas hob ihn auf, und Ramsay ließ James los. Die Tür wurde aufgestoßen, und der Sekretär stand auf der Schwelle. «Ist was passiert, Mr. Kingston?»

«Nein», antwortete Thomas, «danke. Überraschenderweise nicht ... Es hat nur einen kleinen Zwischenfall gegeben. Sie können wieder gehen.»

«Ich hatte doch den Mut», sagte James, als die Tür sich wieder schloß. «Sie sagten, ich hätte nicht den Mut dazu ... aber ich hab's getan, Mr. Kingston, nicht wahr? Ich hatte den Mut dazu ...»

«Du armer, dummer Junge», sagte Thomas, denn er bezweifelte es immer noch. Er vermutete, daß er absichtlich daneben geschossen hatte. «Ramsay, bring James nach Hause, erkläre alles seiner Mutter ... sag ihr, sie soll einen Arzt rufen ... Ich überlege mir inzwischen, was wir mit ihm tun ...»

Ramsay sah James an, der völlig willenlos dastand. «Komm, James», sagte er.

Als die beiden das Büro verlassen hatten, spürte Thomas plötzlich eine Reaktion – weil das Drama so eng mit Rose zusammenhing, es war fast eine Beschmutzung ihres Andenkens, und weil James sein Sohn war, und weil das Leben des Menschen manchmal so tragisch war und so voller Ironie sein konnte – wegen all dieser Dinge wurde er plötzlich übermannt von einer Woge des Gefühls.

Zum erstenmal seit seiner Kindheit brach er zusammen, er ließ den Kopf auf den Schreibtisch sinken – und weinte.

Zehntes Kapitel

September 1906

1

«Herr Vorsitzender, darf ich fragen, wann die Geschäftsführung glaubt, die derzeitige Kreditaufnahmehöhe der Gesellschaft senken zu können?

Für Thomas, der auf dem Podium hinter dem Tisch stand, an dem Ramsay, Sidney und die anderen Direktoren saßen, war diese Frage fast wie ein Schock. Es war erst die zweite Jahreshauptversammlung der Aktionäre, seit Kingstons 1904 in eine öffentliche Körperschaft umgewandelt worden war – in demselben Jahr, in dem es das Patent eines königlichen Hoflieferanten erhalten hatte –, und er hatte sich noch nicht an die jährliche qualvolle Prozedur gewöhnt, bei der er jedem Aktionär Rede und Antwort stehen mußte, dem es gefiel, ihn wegen seines Kaufhauses ins Kreuzverhör zu nehmen. Der Fragesteller war ein grauhaariger Mann in den Fünfzigern – ein Buchhalter, wie Thomas vermutete, der wahrscheinlich als Treuhänder eines Familienfonds auftrat.

«Ich muß gestehen, Sir, daß mich Ihre Frage ein wenig überrascht», erwiderte er. «Wir sind immer ein fortschrittliches Unternehmen gewesen, haben uns immer bemüht, unser Leistungsangebot zu erweitern ... Deshalb bauen wir zur Zeit ein großes neues Möbellagerhaus in Battersea; deshalb haben wir im ganzen Haus ein Rohrpostsystem für den Bargeldumlauf installiert; deshalb haben wir ein Kühllager für Pelze im Sommer und Tresore für die Wertsachen unserer Kunden mit einbruchs- und sprengsicheren Schlössern eingeführt ... Jede Neuerung kostet natürlich Geld. Doch bei einem Jahresumsatz von über zwei Millionen Pfund zur Zeit und einem Gewinn von an die hundertfünfzigtausend möchte ich unsere Kreditsituation als durchaus tragbar bezeichnen, Sir.»

Thomas' Blick fiel auf May, die zusammen mit der Familie unter dem Publikum im Saal saß. Sie zollte seiner schwungvollen Entgegnung mit einem Kopfnicken Beifall, und er wollte sich gerade wieder setzen, als sich ein anderer Fragesteller erhob. Er paßte nicht recht in den Kreis der Personen, die bisher den Jahreshauptversammlungen von Kingstons beigewohnt hatten. Er mochte fünfunddreißig Jahre alt sein, wirkte sehr gepflegt und trug einen tadellos geschnittenen Anzug. Diamanten blitzten an der Krawattennadel, an den Manschettenknöpfen und an einem Ring. «Herr Vorsitzender», begann er mit lässiger Stimme und machte, geduldig lächelnd, eine Pause, bis alle aufmerksam zuhörten, «angesichts des kritischen Tons der letzten Frage möchte ich der Geschäftsführung und insbesondere Ihnen persönlich meine Anerkennung aussprechen ... Wie viele andere Unternehmen gibt es in diesem Land, die seit 1890 Jahr für Jahr ständig ihren Gewinn haben vergrößern können – und in einem solchen Maße? Sehr wenige, vermute ich ... Ich glaube, Sir, Sie haben Hervorragendes geleistet, und wir als Ihre Mitaktionäre sollten uns glücklich schätzen, daß wir den Besitz an diesem großen Unternehmen mit Ihnen teilen ... Ich danke Ihnen.» Er setzte sich unter allgemeinem Beifall, und Thomas war so bewegt und erstaunt, daß er ein paar Sekunden lang nicht die rechten Worte des Dankes fand.

Ernest Jones, der im Verwaltungsrat den Platz seines Vaters als Finanzdirektor eingenommen hatte, stand auf und beantragte formell die Annahme des Jahresberichts. Thomas erklärte die Versammlung für beendet und ging, während sich der Saal leerte, zu May und Lillian. In diesem Augenblick kam der elegante junge Mann auf ihn zu, der als sein Fürsprecher aufgetreten war. «Mr. Kingston», sagte er – er sprach in singendem Tonfall und mit selbstbewußtem Lächeln –, «mein Name ist Maurice Etherington ... hätten Sie vielleicht zwei Minuten Zeit für mich?»

Thomas hatte Lillian und die Familie zum Lunch eingeladen, aber er war für Mr. Etheringtons Unterstützung dankbar gewesen. «Wenn es sich wirklich nur um zwei Minuten handelt – ich habe nämlich Gastgeberpflichten ...»

Thomas führte ihn in sein Büro, lud ihn ein, Platz zu nehmen, und setzte sich an seinen Schreibtisch. «Nun, Mr. Etherington ...»

Aus der Nähe konnte Thomas feststellen, welchen Wert dieser Mann auf seine äußere Erscheinung legte – wie akkurat die Diamantnadel in der Krawatte saß und die Rose im Knopfloch steckte, wie sorgfältig das wellige Haar frisiert war, so daß keine einzige Strähne sich selbständig machte.

Etherington schlug rasch das eine Bein über das andere, wobei er einen auf Hochglanz polierten Schuh unter einer modischen rehbraunen Gamasche zur Schau stellte, und warf Thomas ein beruhigendes Lächeln zu. «Als Institution ist Ihr Kaufhaus bemerkenswert, Mr. Kingston», sagte er, «aber es fehlt ihm ein Element, das sein Prestige enorm erhöhen würde …» Er zögerte. «Sein Geschäftsleiter besitzt keinen Adelstitel.»

«Keinen Adelstitel, Mr. Etherington?» erwiderte Thomas verblüfft.

«Bitte, Mr. Kingston …» Zwei manikürte Hände gingen Geduld heischend in die Höhe. «Lassen Sie mich fortfahren … Ich bin mir natürlich bewußt, daß ein Titel Ihnen persönlich nichts bedeuten würde, aber denken Sie an dieses außergewöhnliche Kaufhaus. Der Nutzen ließe sich doch nicht bezweifeln, oder? Natürlich dachte ich nicht an die Peerswürde – zumindest nicht gleich –, aber Baronet, das wäre doch recht passend, finden Sie nicht? … Sir Thomas Kingston, Baronet … Besser als der Ritterstand, da Ihr Sohn den Titel erben würde, wie wiederum *sein* Sohn … Der Titel würde mit dem des Leiters dieser großartigen Gesellschaft verschmelzen, würde eine Art Symbol werden, wäre … nun, ich möchte ihn natürlich nicht mit einer Krone vergleichen, aber er hätte zweifellos eine ähnliche Aura … *en miniature* vielleicht, in etwas gedämpfteren Farben, so wie ein Aquarell im Vergleich zu –»

«Mr. Etherington!» unterbrach ihn Thomas. «Entschuldigen Sie, bitte … das ist das ungewöhnlichste Gespräch, das ich je geführt habe … Selbst wenn wir einmal annehmen, ein Titel wäre von Nutzen, wie Sie sagen, so hat es doch keinen Zweck, darüber zu reden … So etwas ist eine Ehrung, eine Belohnung für Dienste an der Nation, die der König verleiht …»

«Ah!» Etherington lächelte vielsagend. «Sie haben recht, Mr. Kingston, völlig recht. Aber wie entscheidet das der König, und was *ist* ein Dienst an der Nation? Früher konnte man ihn durch Waffengefolgschaft beweisen oder andere Loyalitätsbekundungen, aber im 20. Jahrhundert, Mr. Kingston? Im Jahre 1906? Ich erinnere mich zum Beispiel, daß Kingstons im Kampf gegen die Buren zehn Kompanien von Londoner Freiwilligen ausgerüstet hat mit ... ich glaube, nicht weniger als zweitausend Helmen, hundert Sätteln und zwölfhundert Maultierzaumzeugen ...»

Thomas zuckte geringschätzig die Achseln. «Das war nur ein kleiner Beitrag.»

«Ein kleiner, gewiß, aber ein Zeichen von patriotischem Geist, von Pflichtgefühl.»

«Aber doch kaum ein Dienst an der Nation, Mr. Etherington ...»

Wieder lächelte Etherington geduldig. «Mr. Kingston, Sie unterschätzen Ihr Kaufhaus ... Ich behaupte, seine bloße Existenz ist schon ein Dienst an der Nation. Es sind schon Männer für viel geringere Verdienste geehrt worden – Männer», setzte er bedeutungsvoll hinzu, «die der Premierminister auf einer Auszeichnungsliste vorschlägt, welche dem König zweimal jährlich vorgelegt wird ...»

Thomas stand auf. «Nun, ich schätze natürlich Ihre freundliche Einstellung, Mr. Etherington ... aber jetzt müssen Sie mich wirklich entschuldigen ...»

Etherington erhob sich von seinem Stuhl, und alles an seinen Bewegungen war glatt und mühelos wie bei einem Tänzer. «Denken Sie darüber nach, Mr. Kingston. Ich berate Sie gern ... Ich kenne mich ein wenig aus in ...» Er hielt mit einem etwas gequälten Lächeln inne. «Das ist schwer auszudrücken – sagen wir, in der Welt der Belohnungen? Oder wie so etwas läuft? Falls Sie noch etwas ausführlicher darüber sprechen wollen, darf ich Sie dann nächsten Dienstag in den *Reform Club* bitten? Ich würde Sie gern zum Dinner einladen, wenn Sie Zeit haben.»

Die Einladung verwirrte Thomas. Er hatte das Gespräch als merkwürdig und unangenehm empfunden. Und er mißtraute Etherington, den er für einen offenkundigen Scharlatan hielt. Deshalb überraschte es ihn, daß er Mitglied einer so eminenten Vereinigung wie des *Reform Club* sein sollte, einer Bastion der Liberalen Partei. Etherington hatte sein Zögern bemerkt und macht eine lässige Handbewegung. «Sehen Sie jetzt nicht in Ihrem Terminkalender nach, ich weiß, Sie sind in Eile ... Ich erwarte Sie um halb acht.

Wenn es Ihnen nicht paßt – nicht weiter schlimm. Ich speise am mittleren Tisch ... Da findet man immer interessante Gesellschaft ...»

Er schüttelte Thomas mit einem offenen Lächeln die Hand und ging.

Dora wartete mit den anderen im Speiseraum der Direktoren auf Thomas. Sie spürte einen wachsenden Groll, wußte aber, daß sie sich beherrschen mußte, denn diese düsteren Stimmungen waren ihr inzwischen vertraut. Sie begannen immer mit einem unbestimmten Gefühl des Unbehagens und entwickelten sich schließlich zu einem lodernden Zorn, so daß sie plötzlich mit Ramsay Streit anfing oder wegen einer Lappalie die Dienstboten ausschalt.

Die Ursache kannte sie genau: Es war die überwältigende Rolle, die das Kaufhaus in ihrem Leben spielte – und in dem der ganzen Familie. Einmal, nach einem Streit, hatte sich Ramsay erstaunt über ihre Bitterkeit geäußert. Sie sei doch schließlich in einer Familie mit einem Kaufhaus aufgewachsen, meinte er, und müsse wissen, welche Anforderungen ein solches Unternehmen an einen stelle. Aber ihr Vater hatte nicht Thomas' rücksichtslose Zielstrebigkeit besessen. Er war ein ruhiger Mensch, der die Muße liebte, und sein Kaufhaus unterschied sich kaum von anderen größeren Einzelhandelsgeschäften in Amerika.

Kingstons dagegen war völlig anders und hatte in London keine wirkliche Konkurrenz mehr – kein anderes Kaufhaus konnte es an Prestige, an Service, an Qualität der Ware mit ihm aufnehmen, und es gab auch keines, dessen Kunden zu ihren Freunden mit dem gleichen Stolz zu sagen pflegten: «Das habe ich bei Kingstons gekauft.»

Aber so hoch es im Ansehen stand, einen so hohen Tribut verlangte es der Familie ab – besonders Dora und noch mehr ihrem Sohn. Robert wurde an diesem Tag sieben Jahre alt, und nach dem Mittagessen würde er an einem Geburtstagsritual teilnehmen, das die Bindung hervorheben würde, die den kleinen Jungen wie eine Nabelschnur mit dem Kaufhaus verband. Es war dies der übliche jährliche Gang durch die Spielzeugabteilung von Kingstons, auf dem Thomas das Geburtstagskind begleitete, um ihm zu helfen, sich aus dem riesigen Angebot von Spielen, Spielzeug, Soldaten und Puppen das richtige Geschenk auszusuchen.

Wie beschäftigt Thomas auch sein mochte, für diese Zeremonie nahm er sich bei allen seinen Enkelkindern an ihrem Geburtstag Zeit, aber Robert war ein besonderer Fall. Er war der einzige Sohn von Ramsay und Dora – er hatte noch drei Schwestern, von denen eine älter war als er. Auch Harry und Claire hatten zwei Jungen und drei Mädchen, aber Thomas bezweifelte ganz offensichtlich, daß der zukünftige Chef von Kingstons aus der sorglosen, von Pferden geprägten Atmosphäre des alten Hofs kommen würde. Für ihn war Robert der zukünftige Nachfolger von Ramsay, der jetzt mit fünfunddreißig Jahren Generaldirektor des Kaufhauses war.

Thomas' Einstellung zu ihrem Sohn weckte in Dora widerstreitende Gefühle. Sie war Stolz auf die Prinzenrolle, die Robert spielte, aber als Beschützerin der Persönlichkeitsrechte ihrer Kinder mißfiel ihr der Anspruch, der so unerbittlich auf seiner Zukunft lastete. «Und wenn er nun Begabung für Medizin zeigt?» hatte sie Ramsay in einer ihrer düsteren Stimmungen angeschrien. «Oder für die Jurisprudenz oder die Politik?»

«Das wird er nicht», hatte Ramsay erwidert.

«Du meinst, er darf nicht ... Es wird ihm nicht erlaubt ... Sein Leben ist vorgeplant, bis ins hohe Alter!»

Ramsay hatte sie mit dem kalten, fast unpersönlichen Blick angesehen, hinter dem sich äußerste Gereiztheit verbarg. «Das ist mein Leben auch», hatte er gesagt, «und deines ... Ist das so tragisch? Du lebst in einem großen Haus mit vielen Dienstboten, hast deine Kutsche und deine ‹zwanglosen Empfänge› und Schränke voller eleganter Kleider.»

Die Logik dieses Arguments ließ sie immer wieder klein beigeben. Die Vorteile waren zweifellos groß. Thomas war ein sehr reicher Mann – noch reicher, seit die Gesellschaft eine öffentliche Körperschaft geworden war. Die ganze Familie erfreute sich eines äußerst hohen Lebensstandards. Für alles war ein Preis zu zahlen. Was Dora betraf, verlangte dieser Preis von ihr völlige Disziplin – wohin sie ging, wie sie reiste, was sie trug, wen sie empfing. Denn sie war die Frau von Ramsay Kingston. Wenn sie durch das Kaufhaus schlenderte, verfolgten sie die Blicke des Personals – und das waren jetzt fünftausend Menschen. «Guten Morgen, Mrs. Ramsay ... Haben Sie schon die neuen Samtstoffe gesehen, Mrs. Ramsay? Kann ich Ihnen behilflich sein, Mrs. Ramsay?» Selbst wenn sie außer Haus aß oder zum Tee in ein Restaurant ging, war sie sich bewußt, daß flüchtige Bekannte sie beobachteten. «Wissen Sie, wer das ist? Das ist die junge Mrs. Kingston ... Sie wissen doch, *die* Kingstons ...»

Es war jedoch die Totalität des von ihr geforderten Tributs, gegen die sie sich so sehr aufbäumte, der Umstand, daß sie über ihr Leben so wenig selbst bestimmen konnte – weshalb sie an diesem Morgen rebelliert hatte. Und wie sie rebelliert hatte! Sie hatte das kleine Büro in Clements Inn aufgesucht, das gerade von einer neu gegründeten Organisation eröffnet worden war, die sich SPFU nannte, und ihre Dienste angeboten. Sie war von einer sehr lebhaften und sympathischen Frau Anfang der Fünfzig namens Stella Wainwright begrüßt worden. Miss Wainwright hatte gelacht, als sie ihren Namen hörte. «Da sage noch einer, die Geschichte wiederholt sich nicht. Wie geht es May Kingston?»

Aber die Geschichte wiederholte sich nur in den Zielen der SPFU – der Sozialen und Politischen Frauen-Union –, denn ihre Methoden waren anders. Die Handschuhe, über die die alte Mrs. Wainwright so oft gespottet hatte, waren endlich abgestreift worden. Zwei Jahrzehnte lang, wie 1884 von May vorausgeahnt, hatte der Bewegung für das Frauenstimmrecht jede Dynamik gefehlt. Aber im Januar dieses Jahres 1906 war die Liberale Partei mit großer Mehrheit wieder an die Macht gelangt – und hatte sofort klargemacht, daß ihr großes, soziales Reformprogramm nicht das Stimmrecht für Frauen einschloß.

Und so hatte man abermals den Krieg erklärt – einen richtigen Krieg diesmal, geleitet von der militanten SPFU. Ihre Mitglieder legten sich auf politischen Versammlungen mit Ministern an, machten von der Zuschauergalerie des Unterhauses aus Zwischenrufe, zogen in den Städten in zornig-lautstarken Gruppen durch die Straßen. Sie forderten im Hyde Park große Zuhörermengen zur Aktion auf. Sie kämpften wie Katzen mit allen Männern, die sie von ihrem Ziel abhalten wollten, ob es sich um Polizisten oder Aufseher handelte. Sie wurden festgenommen, oft mit blauen Flecken und zerrissener Kleidung, und eingesperrt. Die schweigende Unterstützung, die die alte NGFS für die Sache errungen hatte, war dahin. Die neuen Suffragetten wurden als Revolutionäre betrachtet, als geschlechtslose Zankteufel.

Als Dora sich diesen kriegerischen Frauen anschloß war das ein Akt offenen Trotzes, eine positive Tat, die sie eigentlich innerlich hätte befreien müssen. Aber sie schien das Gegenteil bewirkt zu haben, und während sie, gleich den anderen auf Thomas wartend, an einem Glas Sherry nippte, fragte sie sich nach dem Grund. Und da ging er ihr plötzlich auf. Sie war Mitglied einer militanten Organisation geworden, aber sie konnte nicht militant sein – nur ein klein wenig, wie sie Miss Wainwright erklärt hatte. Sie hatte gegen die Kontrolle rebelliert, die das Kaufhaus über ihr Leben ausübte, doch selbst sie würde ihm nicht Schaden zufügen wollen.

Sie beobachtete Ramsay, der sich sehr interessiert mit Charles unterhielt. Sie schienen ein anregendes Thema zu haben. Auf einmal lachte Charles laut auf und schüttelte den Kopf. In diesem Augenblick kam Thomas mit ungewöhnlich besorgtem Ausdruck herein, und Dora spürte, wie der Zorn in ihr hochstieg. Er war der wahre Grund ihrer Frustration.

Sie zwang sich zu einem Lächeln und ging auf ihn zu. Als sie näher kam, hörte sie, wie Ramsay sagte: «Ich habe Charles zu überreden versucht, wieder zu uns zu kommen, Vater ... Ich habe ihm gesagt, Kingstons sei seine natürliche Umgebung – so wie die Marsch für die Wildente.»

«Das ist sehr poetisch ausgedrückt», bemerkte Dora, die froh war, daß sie ihre Stimmung durch einen kleinen Scherz überdecken konnte, «aber ich weiß nicht, ob Pahpah es gern hat, wenn man sein schönes Kaufhaus mit etwas so Unschönem wie einer sumpfigen Marsch vergleicht ...»

«Man könnte es vielleicht etwas besser formulieren», sagte Thomas. «Geht dir der alte Mr. Lewis denn auf die Nerven, Charles?»

«Nun, Mr. Kingston, er ist einer aus der alten Schule – ein feiner Mann, aber so fortschrittlich wie Sie vorhin auf dem Podium könnte er kaum auftreten ... Nicht, daß ich damit etwas gegen meinen Arbeitgeber sagen möchte.»

«Oh, du bist hier unter Freunden», meinte Thomas, «und wie Ramsay schon gesagt hat, bist du bei uns willkommen, aber ich glaube, du hast damals die richtige Entscheidung getroffen ... Du hast nur das richtige Pferd noch nicht gefunden.»

Es war eine Gründerfamilien-Zusammenkunft. Thomas hatte bei Jahreshauptversammlungen gern so viel Unterstützung wie möglich, deshalb war auch Ellen anwesend, zusammen mit Sidney Baines und ihren jetzt schon erwachsenen Kindern. Harry, Claire, Agnes und Mary waren aus Quainton gekommen mit Letty, die jetzt siebzehn war. Die Rawlings eingeschlossen setzten sich nicht weniger als sechzehn Personen zu Tisch. Jetzt, wo Thomas die Versammlung hinter sich hatte, war er sehr aufgeräumt, und es herrschte fast eine Stimmung wie zu Weihnachten – zumindest bis zu dem Augenblick gegen Ende des Essens, als Dora ihre Bemerkung machte.

Sie saß zwischen Harry und Sidney an der einen Seite des Tischs, und als in der lebhaften Unterhaltung eine kurze Pause eingetreten war, sagte sie nebenbei zu May: «Ich habe heute morgen eine Miss Stella Wainwright kennengelernt, Mutter – ich soll Sie von ihr grüßen.»

Eine leichte Röte stieg in Mays Wangen, als sie fragte: «Ach ja? Wo hast du sie denn getroffen?» Als sie diese Frage stellte, die eine ganz natürliche Reaktion auf Doras Worte war, wußte May sofort, daß sie einen Fehler begangen hatte.

«Im Büro der SPFU», antwortete Dora. «Sie ist noch immer aktiv in der Bewegung tätig ...»

«Du meinst die Bewegung für das Frauenstimmrecht?» fragte Thomas.

«Ganz recht, Pahpah.» Sie sah ihn an und wandte sich dann wieder an May. «Miss Wainwright hat auch von ihrem Bruder gesprochen. Sie meinte, es würde Sie vielleicht interessieren, daß er in Rußland war ... bei der Revolution letztes Jahr ... in St. Petersburg, mit einem Mann namens Trotzki ... Sie meinte, Sie hätten vielleicht von Trotzki gehört ...»

«Und was, wenn ich fragen darf», sagte Thomas, ehe May darauf eingehen konnte, «hast du gemacht bei dieser SPU? In diesem Frauenbüro?»

«SPFU», verbesserte ihn Dora. «Ich bin beigetreten, Pahpah.»

Einige Sekunden herrschte Stille. Scheinbar unberührt trank

Thomas einen Schluck von seinem Rotwein. Dann sagte er, noch immer ruhig: «In diesem Falle, Dora, wirst du wieder austreten müssen.»

Sie zögerte. «Nein, Pahpah – tut mir leid.»

Er sah sie scharf an. «Ich kann nicht dulden, daß du Mitglied einer politischen Organisation dieser Art bist. Die alte, mit der deine Schwiegermutter kurz Bekanntschaft gemacht hat, war schlimm genug, aber diese neue da kommt nicht in Frage.»

Dora richtete sich kerzengerade auf. Sie spürte, wie ihr die Röte in die Wangen stieg. Alle blickten zu ihr. Charles blinzelte ihr mit dem einen Auge über den Tisch hinweg zu, und sie war ihm dankbar für seinen Beistand. «Es tut mir leid, Pahpah», sagte sie mit leiser, gepreßter Stimmer, «aber ich werde nicht austreten.»

Wie immer, wenn Dora seinen Vater herausforderte, was selten vorkam, war Ramsay sehr verlegen. «Ich glaube, es ist besser, Dora und ich besprechen das zu Hause unter vier Augen», sagte er. «Sie wird gewiß einsehen, daß sie austreten muß.»

«Das werde ich nicht, Ramsay.» Sie sprach in ruhigem, aber entschiedenem Ton. «Du würdest nur deine Zeit verschwenden.»

«Dora», sagte Thomas, «was wäre, wenn du festgenommen wirst ... vielleicht sogar ins Gefängnis kommst? Hast du an den Schaden gedacht, den das anrichten würde? Kannst du dir die Schlagzeilen in der *Daily Mail* vorstellen?»

Sie war froh über diese Frage. «Ich habe ihnen gleich gesagt, daß ich Verantwortungen habe – daß ich ihnen nicht so in vorderster Front dienen kann, wie ich gern möchte.»

«Die gesamte Union könnte für illegal erklärt werden», hielt Thomas ihr entgegen. «Was wäre dann?»

«Das wäre schändlich», erwiderte sie standhaft. «Wir leben in einem demokratischen Land ...»

«Die Union», sagte Ramsay, «bedient sich sehr undemokratischer Mittel.»

«Weil diese Mittel gegen die Bastion des männlichen Vorurteils versagt haben!» gab Dora zurück.

May ging der Streit nahe. Sie erinnerte sich deutlich der Erregung, die sie bei jener ersten Versammlung in der Exeter Hall gespürt hatte, und hörte noch die Stimmen der vielen Frauen, die

«Schande!» und «Pfui!» gerufen hatten. «Dora», sagte sie, «wenn jemand an diesem Tisch deine Gefühle versteht, dann bin ich es ... Ich teile deine Ideale, ich halte es für skandalös, daß man den Frauen das Stimmrecht verweigert, aber der einzige Weg, das zu erreichen, ist der Weg der Überzeugung, so beschwerlich er auch ist ... über das Parlament, so lange es auch dauern mag ... Deine Union hat in ein paar Monaten schon alle Unterstützung in der Öffentlichkeit eingebüßt, die wir einmal für die Sache errungen hatten ...»

«Mutter, das ist doch Unsinn», entgegnete Dora, «was glauben Sie denn, wo diese Tausende von Frauen herkommen, die bei den Umzügen mitmachen ... Jeden Tag treffen sackweise Briefe ein ...»

«Das sind nicht die *meisten* Frauen, Dora», beharrte May. «Es sind nicht die *meisten* gewöhnlichen ehrbaren Frauen ... Es sind nicht die *meisten* Kundinnen von Kingstons. Deshalb kannst du einfach nicht Mitglied der Union sein ... Du kannst als Ramsays Frau, als Mrs. Kingston nicht einer Organisation angehören, die von gewöhnlichen ehrbaren Frauen verurteilt wird. Das wäre von sehr großem Schaden nicht nur für dich selbst, sondern auch für Ramsay, die Familie und das –»

«Ich weiß, Mutter!» brauste Dora auf. «Für das Kaufhaus ... für das wunderbare große Kaufhaus, das über uns allen aufragt wie ein riesiger Inkatempel. Herrgott, Pahpah», rief sie, sich plötzlich an Thomas wendend, «haben denn die Anforderungen des Kaufhauses kein Ende? Habe ich Ihnen nicht Robert geschenkt? Habe ich Ihnen den kleinen Jungen nicht präsentiert wie ein Opferlamm auf dem Altar? Ist das nicht genug? Kann ich nicht mal eine eigene Meinung haben oder für eine Sache eintreten, die mir am Herzen liegt? Gibt es denn nichts, was –»

«Dora!» unterbrach Ramsay sie mitten im Satz. «Du bist offensichtlich überreizt. Sieh nur, was du Vater angetan hast!»

Aus Thomas schien plötzlich jede Spannkraft gewichen zu sein. Er saß mit hängenden Schultern am Kopfende des Tischs und starrte stumm vor sich hin. Er sah plötzlich viel älter aus als einundsechzig Jahre. Gegenüber Doras Herausforderung war er machtlos. Er konnte nichts tun, um sie zu zwingen, seinem Befehl zu gehorchen – und er war ein Mann, der immer von der Tat, vom Befehlen gelebt hatte. Dieser Macht beraubt, wirkte er jetzt ohnmächtig und ratlos, und alle zeigten sich von seinem Anblick erschüttert, auch Dora, die ihn bei allem Ärger sehr gern hatte. «Bitte, entschuldige, Pahpah ... ich hätte das eben nicht sagen sollen, und ich werde alles tun, daß ich nicht in die Schlagzeilen der *Daily Mail* komme – aber austreten kann ich nicht.»

Thomas blickte sie aus schmerzerfüllten und verständnislosen Augen an. Er wollte gerade etwas sagen, als der Oberkellner hereinkam. «Master Robert ist draußen, Mr. Kingston», sagte er. «Soll er ein paar Minuten warten ... oder soll er hereinkommen?»

Thomas zögerte einen Augenblick, dann sagte er: «Ich glaube, es ist besser, er kommt gleich herein, Harris.»

«Sehr wohl, Sir.» Harris ging zur Tür zurück und winkte. Robert kam herein, gefolgt von seiner Gouvernante. Er trug einen Matrosenanzug aus Manchesterstoff mit kurzer Hose bis gerade unters Knie und hielt eine runde Matrosenmütze in der Hand. Er sah mit seinem dunklen Haar und der breiten Stirn unverkennbar Ramsay ähnlich – aber die grünen, leicht schräg stehenden Augen hatte er von Dora. Nach ein paar Schritten blieb er stehen. Trotz der großen Gesellschaft wirkte er recht selbstbewußt. «Guten Tag, Großpapa», sagte er.

Einen Augenblick lang sah Thomas ihn freundlich an, sah er ihn so, wie Dora ihn in ihrem Wutanfall beschrieben hatte. «Ein Opferlamm, Dora?» fragte er leise. «Oder ein künftiger Mann von Macht und Geltung ... ein Mann, der seine Umgebung gestalten wird, der die Welt nur ein wenig verändert, der einmal dort sitzt, wo ich jetzt sitze, als Arbeitgeber von Tausenden von Angestellten, nur daß es dann noch viel mehr sein werden, der die ersten Haushalte von London mit Qualitätsware im Wert von über zwei Millionen Pfund pro Jahr beliefert, nur daß es dann viele Millionen sein werden ... Das ist doch so, nicht wahr, Junge?» sagte er zu Robert.

«Entschuldigen Sie, Großpapa ...» antwortete er, da er die Frage nicht verstand.

«Du wirst einmal an meinem Platz sitzen, nicht wahr ... in meinem Büro drüben am Gang? Nicht wahr?»

«Wenn Sie es sagen, Großpapa», erwiderte der kleine Junge unsicher.

Thomas lächelte plötzlich. «Aber wir vergessen unsere guten Manieren, sehe ich. Heute ist schließlich ein wichtiger Tag. Einen herzlichen Glückwunsch zu deinem Geburtstag, Robert ... Kommt, was ist mit euch? Wollt ihr dem Jungen nicht zu seinem Geburtstag gratulieren?» Ein Gemurmel von Grüßen und Wünschen ging um den Tisch herum, und May warf dem kleinen Jungen eine Kußhand zu. «So, das hört sich schon besser an», sagte Thomas. «Jetzt setz dich zu mir, Robert ... Bringen Sie dem Jungen einen Stuhl», wies er einen Kellner an. «Und jetzt sag mal, junger Mann», fuhr er fort, als Robert vorsichtig neben ihm Platz nahm, «hast du dir schon etwas ausgedacht – als Geburtstagsgeschenk? Weißt du, was du willst? Oder wartest du, bis wir in der Spielzeugabteilung sind und läßt dich von deiner Inspiration leiten?»

«Spiration, Großpapa? Was ist Spiration?»

Thomas lachte. «Eine gute Frage, Robert ... Inspiration ist etwas, das du brauchen wirst, wenn du erwachsen bist und hier bei Kingstons arbeitest ... Inspiration ist Gespür ... etwas zu wissen, ohne immer eine Erklärung dafür zu haben ... Inspiration könnte für dich heute sein, wenn du beim Rundgang durch die Spielzeugabteilung inmitten all dieser Spielsachen plötzlich genau weißt, was du willst.»

«Aber ich weiß schon, was ich will, Großpapa – ich will einen Eisenbahnzug mit einer roten Lokomotive.»

2

«Nein», sagte Thomas eine Stunde später in das Telefon auf seinem Schreibtisch, «ich werde Mr. Handfield *nicht* empfangen ... Ich habe Mr. Handfield geschrieben und ihm dies mitgeteilt ...» Er hängte den Hörer wieder an den Haken.

«Meinen Sie wirklich, das ist klug, Vater?» Ramsay war nur für einen Augenblick in Thomas' Büro gekommen und hatte eigentlich nicht die Absicht, über Handfield zu sprechen, weil Charles im Vorzimmer auf ihn wartete, aber er hielt die Einstellung seines Vaters zu den Gewerkschaften für zu unnachgiebig. Er hatte mit dem Gewerkschaftsfunktionär gelegentlich ein paar Worte gewechselt, als er im Kaufhaus an ihn herangetreten war, und er hielt ihn für einen recht vernünftigen Menschen.

«Ich will nicht, daß die Gewerkschaften ihre Nase in mein Kaufhaus stecken», beharrte Thomas. «Wir brauchen sie hier nicht ... Niemand kann sagen, ich sei kein guter Arbeitgeber ...»

«Aber was könnte ein Gespräch mit ihm schon schaden?» fragte Ramsay.

«Wenn ich erst mit ihm gesprochen habe, heißt das, wir haben Verhandlungen eröffnet. Darauf will er doch nur hinaus. Ihm geht es um die Anerkennung seiner Gewerkschaft. Wenn er die erst hat, fordert er das Recht zu Lohnverhandlungen im Namen des Personals ...»

Ramsay war der Ansicht, daß sein Vater sich da gegen eine nicht aufzuhaltende Entwicklung zu stemmen versuchte. Die Gewerkschaften gewannen von Tag zu Tag an Geltung. Sogar Handfields Organisation – die Gewerkschaft der Verkäufer im Einzelhandel – hatte schon spürbaren Einfluß, obwohl sie erst seit ein paar Jahren existierte.

«Es spricht aber doch manches für ein gutes Verhältnis zu der Gewerkschaft, Vater», sagte Ramsay vorsichtig. «Sie brauchen deshalb ja noch keinerlei Zugeständnisse zu machen. In anderen Kaufhäusern haben sie sich schon bemerkbar gemacht, sie haben zu Streiks aufgerufen ... letztes Jahr bei Edwards in Swansea, dieses Jahr bei Barratts ...»

«Da ging es um die Wohnbedingungen in geschäftseigenen Unterkünften und um zu lange Arbeitszeiten ... Beides bedurfte der Korrektur. Es gibt viele Mißstände in der Branche, Ramsay, das läßt sich nicht abstreiten, aber in dieser Beziehung kann uns keiner etwas vorwerfen – auch nicht wegen unserer Löhne. Laß dir also von Handfield nichts vormachen. Er kennt unseren guten Ruf und könnte bei uns den Hebel ansetzen, um in weitere Kaufhäuser hineinzukommen. Aber das wird ihm nicht gelingen ... Übrigens werde ich jeden entlassen, von dem ich erfahre, daß er Mitglied in seiner Gewerkschaft ist.»

«Das geht aber doch etwas zu weit, Vater ...»

«Keinesfalls, wir sind im Krieg, gewissermaßen ... eines Tages wirst du mir dankbar sein.»

Als Ramsay eine Minute später wieder bei Charles draußen im Vorzimmer war, fragte er ihn, wie er in dieser Frage dachte. «Sie werden dich nur ausnutzen», meinte Charles, «wenn du versuchst, mit ihnen zusammenzuarbeiten ... Dein Vater hat recht, es wird bestimmt eine Art Krieg geben ... Sie oder wir ... Kein Grund, nachzugeben, wenn du nicht dazu gezwungen wirst. Weißt du, es ist ein merkwürdiges Gefühl, mit dir jetzt so durchs Kaufhaus zu gehen nach all der Zeit. Es ist wie zu Hause, aber ich gehöre nicht mehr hierher ...»

«Doch», sagte Ramsay, «deshalb habe ich ja versucht, dich zur Rückkehr zu bewegen – ich brauche dich hier.»

«Du willst nur gewinnen», antwortete Charles mit einem Lächeln, «und das würdest du, wenn ich zurückkäme ... Oh, also arbeitet sie jetzt bei euch?» Sie gingen gerade auf die Kurzwarenabteilung zu, und Ramsay wußte sofort, wen Charles meinte: eine junge Frau, die gerade an der Theke bediente. Sie war klein von Gestalt und hatte dunkelbraunes Haar und ein hübsches Gesicht, das wie ein Puppengesicht gewirkt hätte, wäre es nicht so lebhaft gewesen. Aber sie hatte etwas Besonderes, wie sie sich bewegte und wie sie sprach, etwas, das sie aus der Menge der anderen Verkäuferinnen heraushob wie ein Rassepferd aus einer Herde von Maultieren.

Charles nickte ihr lächelnd zu, als sie vorübergingen. «Hübsches Persönchen, nicht?» sagte er. «Sie war bei Debenhams, ehe sie zu uns kam, aber nicht lange, glaube ich. Sie scheint nie irgendwo lange zu bleiben ... Ich glaube, sie war bei Swan & Edgar in der Lehre ... Aber sie ist eine ausgezeichnete Verkäuferin, deshalb kenne ich sie ...»

«Ja, ich habe auch gehört, daß sie eine gute Verkäuferin ist», sagte Ramsay beiläufig. Aber ihm war gar nicht beiläufig zumute. Zum erstenmal, seit er mit sechzehn Jahren in das Kaufhaus eingetreten war, hatte er gegen eine damals von seinem Vater aufgestellte Regel verstoßen: kein persönlicher Kontakt mit dem Personal. Noch am gleichen Abend, nach Geschäftsschluß, würde er die junge Dame treffen, sie, genauer gesagt, zu einer Spazierfahrt in seinem 60 PS-Mercedes-Simplex mitnehmen, auf den er so stolz war. Es gab inzwischen eine ganze Anzahl von Autobesitzern in London – aber nur wenige fuhren einen Mercedes, der auf der Autoausstellung in Nizza und beim Cordon-Bennett-Rennen von Versailles nach Lyon erste Preise errungen hatte.

Ramsay war vor ein paar Wochen bei einem Gang durch die Abteilung auf sie aufmerksam geworden. Er hatte sie beim Bedienen einer Kundin beobachtet und war beeindruckt gewesen von ihrer Art. «Sie sind neu, nicht wahr?» hatte er gesagt, und sie hatte mit verwirrendem Lächeln geantwortet: «Ja, Sir – die erste Woche.»

«Sie scheinen sich recht gut eingearbeitet zu haben.»

Danach war er immer wieder einmal stehengeblieben und hatte ein paar Worte mit ihr gewechselt, wenn er vorbeikam.

«Wie ich von Mr. Evans höre, sind Sie die beste Verkäuferin in der Abteilung», sagte Ramsay zu ihr. «Weiter so ...»

«Bei solcher Qualitätsware fällt das Verkaufen nicht schwer», antwortete sie.

Der Inhalt dieser kurzen Gespräche waren für Ramsay weniger wichtig als der Ton ihrer Stimme, der Ausdruck ihrer Augen, das Gefühl einer Kommunikation, die über die gesprochenen Worte hinausging. Sie hätte auch chinesisch sprechen können, dachte er einmal, sie würde ihn dennoch beeindruckt haben. Tatsächlich überraschte sie ihn aber auch, weil sie lebhaftes Interesse an den Problemen des Verkaufs und der Geschäftsführung zeigte. Sie wußte zum Beispiel, daß der Innenminister einen Ausschuß eingesetzt hatte, der sich unter anderem mit der Frage der Unterbringung von Personal in geschäftseigenen Wohnungen befassen sollte – eine Sache, die natürlich die Kaufhäuser insgesamt betraf.

«Wieso wissen Sie das alles?» fragte Ramsay.

«Oh, ich lese Zeitungen», antwortete sie. «Und es geht mich an ... ich wohne selbst so.»

«Das überrascht mich», sagte Ramsay. «Sie wirken so gar nicht wie ein Mädchen, das in der Firmenunterkunft wohnt ...»

«Ich bin in Brighton zu Hause ... muß schließlich irgendwo wohnen.»

«Und wie sind Sie untergebracht?»

«Es könnte anderswo nicht besser sein. Auch die Arbeitszeit ist in Ordnung – im Gegensatz zu manchen anderen Kaufhäusern. Sie haben da schon ein feines Unternehmen, Mr. Ramsay ...» Und ein Ausdruck trat in ihre Augen, der ihm durch und durch ging.

«Wir müßten einmal richtig miteinander sprechen können», sagte Ramsay. «Nicht nur ein paar Worte, so wie jetzt.»

«Das wäre nett», sagte sie mit ihrem besonderen Lächeln.

Nach diesem Wortwechsel, der von beiden Seiten aus eine klare Botschaft enthielt, trat eine subtile Veränderung in ihrem Verhältnis ein, aber sie schien es nicht eilig damit zu haben, daß es sich über das derzeitige Niveau der zufälligen Begegnungen hinaus entwikkelte. Wann immer Ramsay ihr ein Treffen außerhalb des Kaufhauses vorschlagen wollte, sprach sie geschickt von etwas anderem oder ließ durchblicken, daß sie schon verabredet sei, ehe er noch seine Einladung vorbringen konnte.

Bisweilen war sie boshaft. «Mrs. Ramsay war heute morgen hier und hat ein Stück Band gekauft», sagte sie. «Eine schöne Frau und so freundlich ... Sie sind ein glücklicher Mann, wenn ich das sagen darf ...» Und sie lachte über seine Verlegenheit.

Einmal, als er gerade mit ihr gesprochen hatte und sich von der Theke abwandte, stand plötzlich sein Vater mit zornigem Gesicht vor ihm.

«Wer ist die Verkäuferin, mit der du da gesprochen hast?» fragte er.

«Das ist Miss Redfield ... Sie ist noch neu ... war früher bei John Lewis, wie Charles sagt.»

«Du hast viel zu vertraut mit ihr ausgesehen», sagte Thomas und ging weiter.

Am Tag vor der Jahreshauptversammlung erwähnte Ramsay seinen Mercedes-Simplex. «Ich bin noch nie in einem Mercedes gefahren», sagte sie, und er rechnete schon damit, daß sie wie üblich das Thema wechselte, aber diesmal tat sie es nicht.

«Das ließe sich leicht ändern», fuhr er vorsichtig fort, noch immer befürchtend, sie werde ausweichen, und setzte hinzu: «Morgen abend, zum Beispiel ...»

Er machte sich auf eine Zurückweisung gefaßt. «Zufällig habe ich morgen abend nichts vor», sagte sie.

Er verabredete sich mit ihr nach Ladenschluß in der Hasker Street, etwa eine Viertelmeile von Kingstons entfernt. «Lieber nicht so nahe beim Kaufhaus, Sie verstehen ...»

«Ich verstehe», sagte sie mit sanftem Lächeln.

«Es ist ein gelber Wagen.»

Er fuhr mit ihr nach Hampstead , was sie ebenfalls verstand, da jemand sie im näher gelegenen Hyde Park hätte erkennen können. «Ich liebe eigentlich das Verstohlene», sagte sie. «Es macht das Ganze zu einem Abenteuer ... wie bei Sherlock Holmes ...»

Sie waren die Knightsbridge hinaufgefahren und dann in die Park Lane eingebogen. «Wie gefällt Ihnen der Wagen?» fragte er. «Er kann ziemlich schnell fahren – ich zeig's Ihnen gleich.»

Einmal, als er sie ansah, hupte laut ein Automobil, das sie überholen wollte, und er mußte scharf links heranfahren.

«Ich glaube, Sie sind nicht ganz bei der Sache», sagte sie.

«Wundert Sie das? Ich bin zum erstenmal mit Ihnen allein ... Wenn wir sonst miteinander gesprochen haben, war immer eine Theke zwischen uns ... und jetzt nur ein paar Zentimeter Luft ...» Und er hatte die Hand auf ihr Knie gelegt. Sie reagierte überhaupt nicht darauf, rückte nicht einmal ihr Bein zur Seite – sie sah nur mit ausdruckslosem Gesicht durch die Windschutzscheibe.

Erst als sie sich dem dichteren Verkehr am Marble Arch näherten, sagte sie: «Sollten Sie nicht lieber beide Hände benutzen?» Ihr Ton klang weder vorwurfsvoll noch kühl.

Als sie von der Oxford Street nach Norden abgebogen waren und kaum noch anderen Fahrzeugen begegneten, fragte er: «Hatten Sie etwas dagegen, daß ich meine Hand auf Ihr Knie gelegt habe?»

«Sie meinen – ob ich es gemocht habe?»

«Ja.»

«Ich hätte es wohl kaum zugelassen, wenn ich es nicht gemocht hätte, nicht wahr?» erwiderte sie. «Außerdem wäre ich dann überhaupt nicht allein mit Ihnen in diesem Wagen.»

«Wahrscheinlich nicht, ja», sagte er. Er sah sie an und lächelte, und sie lächelte zurück mit einem ungewöhnlich schüchternen Ausdruck. Er legte die Hand wieder auf ihr Knie, und sie hob sie behutsam, aber entschlossen hoch und legte sie wieder auf das Lenkrad.

«Ich dachte, Sie hätten es gemocht –»

«Man kann nicht immer tun, was man mag ... Man muß sich beherrschen können, sonst kommt man ins Gleiten ... Ich glaube, es ist vieles falsch an dem, was Frauen nicht nur Männern, sondern auch sich selbst über ihre Gefühle vormachen ...»

«Sie sind ein seltsames Wesen», sagte er. «Sie haben wohl alles im voraus bedacht. Bei Ihnen geschieht nichts aus Zufall ...»

Er hielt den Wagen bei einem Teich am Rande von Hampstead Heath an, ließ aber den Motor noch laufen, so daß sie einen Augenblick lang durch sein Klopfen geschüttelt wurden. Sie sträubte sich nicht, als er sie küßte, sie erwiderte seinen Kuß sogar und legte dabei die Hand um seinen Nacken, aber er war sich ihrer Selbstbeherrschung bewußt.

Als sie später zurückfuhren, sagte er: «Ich weiß kaum etwas von Ihnen ... nicht einmal Ihren Vornamen.»

«Hannah ...»

«Und warum Sie von einem Kaufhaus zum andern wechseln ...»

«Ich halte es nirgendwo lange aus.»

«Werden Sie auch bei Kingstons kündigen?»

«Wenn es soweit ist.»

«Aber warum?»

«Ich werde es Ihnen eines Tages sagen ...» Sie legte ihre Hand über die seine, die auf ihrem Knie lag.

Er erkundigte sich nach ihrer Familie, und sie sagte, ihre Eltern seien, da ihr Großvater Bankrott gemacht habe, als sie noch ein kleines Kind war, arme Leute gewesen. «Aber höchst gebildet», fügte sie hinzu. «Man kann arm und trotzdem ein Intellektueller sein.»

«Deshalb wissen Sie so viel ... deshalb lesen Sie so viel ...»

«Deshalb bin ich auch Mitglied der Labour Party.»

«Um Gottes willen!» rief er lachend, denn die Labour Party, eine kleine Partei trotz ihres überraschenden Erfolgs bei den Wahlen im Januar, hatte sich dem Sozialismus verschrieben.

«Sie müssen aufpassen ... ich werde alles von Grund auf verändern ...»

«Wahrscheinlich werden mein Vater und ich unter den ersten sein, die man zur Guillotine führt.»

«Zweifellos ... Sie sind Ausbeuter der Arbeiterschaft ... überlebte, kapitalistische Chefs ...»

«Haben Sie nicht gesagt, wir führten ein feines Unternehmen?»

«Das tun Sie auch – nach den Vorstellungen von heute, aber nicht nach denen von morgen. Ihr Vater will ja nicht einmal mit Mr. Handfield reden.»

«Sie kennen Mr. Handfield?»

«Natürlich – ich bin Mitglied seiner Gewerkschaft.»

«Das würde ich im Kaufhaus nicht laut sagen ... Vater hat gedroht, jeden zu entlassen, der der Gewerkschaft angehört.»

«Das wäre sehr unklug von ihm – und nach dem wenigen, was ich von ihm weiß, macht er mir nicht den Eindruck eines Dummkopfs.»

Ramsay schwieg eine Weile und sah vor sich auf die Straße. «Wieso sitzen Sie denn hier neben einem überlebten kapitalistischen Chef?»

«Nun, es wäre möglich, daß ich einen bestimmten Zweck verfolge ... es wäre möglich, daß ich Sie mag – vielleicht beides.»

Sie näherten sich der Gertrude Street und der Reihe von Häusern, in denen Kingstons Personalwohungen unterhielt.

«Am besten halten Sie hier an», sagte sie und fügte, ihn nachahmend, hinzu: «Sie verstehen?»

Er lachte und fuhr an den Bürgersteig heran. «Darf ich Sie nächste Woche zum Dinner einladen, Hannah?» fragte er. «Donnerstag?»

«Ist das klug von Ihnen?» sagte sie. «Ich könnte es auf Ihren Untergang abgesehen haben.»

«Das riskiere ich.»

Sie sah ihn einen Moment aus plötzlich sehr ernsten Augen an. «Gut», sagte sie und beugte sich vor und küßte ihn ganz leicht auf die Lippen. «Danke für die Ausfahrt.»

3

Etherington wartete schon im Foyer des *Reform Club* auf Thomas. Er trug einen eleganten Smoking, und in den Manschetten seines gestärkten Hemdes steckten die unvermeidlichen Diamant-Knöpfe. Er sah Thomas erfreut die Marmorstufen heraufkommen und ging ihm mit ausgestreckter Hand lächelnd entgegen. «Schön, daß Sie die Zeit erübrigen konnten, Mr. Kingston», sagte er.

Thomas genoß das Essen – die Küche des Clubs war hervorragend – und den ausgezeichneten Rotwein. Etherington erwies sich als überraschend unterhaltsamer Gastgeber, der seinen Gast oft zum Lachen brachte. Er ließ sich begeistert über das Kaufhaus aus und erkundigte sich im Zusammenhang mit der Verleihung des Hoflieferantenpatents eingehend nach Thomas' Kontaktpersonen innerhalb des königlichen Haushalts. Thomas antwortete ihm in aufgeräumtem Ton und wurde sich plötzlich bewußt, daß er viel offener über seine Beziehungen zum Königshaus sprach, als er dies hätte tun sollen.

Etherington bemerkte sein plötzliches Zögern, und sein Gesicht verzog sich, als wäre es aus Gummi, zu dem vertrauten, beruhigenden Lächeln. «Seien Sie unbesorgt, Mr. Kingston», sagte er. «Bei mir sind Ihre Geheimnisse gut aufgehoben. Das sind delikate Dinge, und ich bin an delikate Dinge gewöhnt – was mich übrigens auf die Sache zurückbringt, die wir in Ihrem Büro kurz besprochen haben ... Ich glaube, der wichtigste Punkt ist der –» er begann mit der Gabel etwas auf das Tischtuch zu zeichnen – «daß Ehrungen im allgemeinen Leuten zuteil werden, die, ganz abgesehen von dem Dienst, den sie geleistet haben mögen, als Personen erscheinen, denen eine Ehrung natürlicherweise gut ansteht ... Leuten von Format, großmütigen, gewissenhaften, philanthropisch eingestellten Leuten ... Man findet sie für gewöhnlich in öffentlichen Ausschüssen, im Vorstand von Stiftungen für Künstler, unter den Laienrichtern ... Natürlich lernen sie dabei andere mit ähnlichen Interessen kennen – Staatsmänner, höhere Staatsbedienstete, Richter, führende Persönlichkeiten der Industrie ...»

Thomas bewunderte im stillen das Geschick seines Gastgebers. Er ließ den gesellschaftlichen Aufstieg als eine vornehme Aufgabe erscheinen.

Zum erstenmal seit Beginn seines kleinen Vortrags blickte Etherington von der Tischdecke auf. «Ich vermute, Mr. Kingston, Ihnen geht es wie anderen Männern in meiner Bekanntschaft, die ihr Leben damit verbracht haben, ein größeres Unternehmen aufzubauen ... Plötzlich, wenn sie so in den Fünfzigern sind, werden sie sich bewußt, daß sie ja Direktoren haben, die das Unternehmen leiten, und sogar Söhne, die sich mit ihnen in die Leitung der Firma teilen, und daß sie eigentlich einen Teil ihrer Zeit anderen Bereichen des öffentlichen Interesses widmen könnten ... Sie betrachten es vielleicht sogar als ihre Pflicht, wissen aber nicht, wie sie vorgehen sollen. Und da kann ich bisweilen Hilfe leisten, denn ich kenne sehr viele Menschen ... Ihr Glas ist leer, Mr. Kingston ...»

Er winkte dem Weinkellner, der herbeieilte und die Gläser füllte.

«Wenn ich Sie richtig verstehe, Mr. Etherington», sagte Thomas nach einer Weile, «möchten Sie mich mit einigen von diesen Bekannten in Kontakt bringen ... und ich sollte mich mehr für die öffentlichen Angelegenheiten interessieren, für die Kunst, für die Wohltätigkeit und so weiter – *und* wahrscheinlich einen angemessenen finanziellen Beitrag dazu leisten ...»

Etherington lächelte etwas verletzt und zuckte resigniert mit den Schultern. «Nun, finanzielle Unterstützung wird tatsächlich gebraucht, das muß ich zugeben, deshalb wäre in manchen Bereichen ein gewisses Maß an Förderung ... wohl gelitten ...» Er hielt inne, während Thomas nickte. «Dann erhebt sich natürlich die Frage ... nun, ich weiß natürlich nicht, wo Sie politisch stehen, Mr. Kingston, aber ich bin überzeugt, Sie sind ein Mann dieser Zeit, ein im Grunde liberaler Mann ... Sie stehen einem sehr fortschrittlichen Unternehmen vor, wie Sie selbst neulich gesagt haben, und ich bin sicher, Sie wünschen sich keinesfalls eine statische Welt, eine absterbende Welt, eine Welt, in der keine neuen Ideen sich entwickeln und gedeihen können ...»

Wieder mußte Thomas der Gewandtheit seines Gastgebers Beifall zollen. Bei der großen Mehrheit, die die Liberalen bei den Wahlen im Januar errungen hatten, würde es für eine geraume Zeit einen liberalen Premierminister geben – und viele Titel wurden natürlich vom König auf Vorschlag des Premierministers verliehen. «Dann wollen Sie mich also jetzt für die Liberale Partei und vielleicht auch für den *Reform Club* rekrutieren», sagte Thomas mit einem Lächeln.

«Ich glaube, die Liberalen sind die Ihnen gemäße Partei. Wir haben gerade eine jener seltenen Umwälzungen erlebt, zu denen es in der Geschichte gelegentlich kommt ... Der erdrutschartige Sieg der Partei kündigt ein neues Zeitalter an, den wirklichen Beginn des 20. Jahrhunderts.»

Thomas war sich darüber klar, daß Etherington im umgekehrten Fall ein Tory gewesen wäre, aber die Vorstellung, die er gab, und seine Beweisführung, bei aller unechten Plausibilität, beeindruckten ihn. «Dann würde man also auch erwarten, daß ich die Partei unterstütze ...»

Diesmal lehnte sich Etherington zurück und lachte laut. «Sie halten nichts vom Drumherumreden, Mr. Kingston, nicht wahr? Ja, natürlich würde man eine Unterstützung von Ihnen erwarten – und keine zu bescheidene ... Politische Parteien brauchen Geld und blicken wohlgefällig auf alle, die sie nach Kräften fördern ...»

«Ich sehe schon, das wird ein teurer Abend», sagte Thomas.

«Vielleicht», erwiderte Etherington amüsiert grinsend, «aber doch auch ein lohnender, hoffe ich.»

«Und wenn ich das freundliche Angebot Ihrer guten Dienste akzeptiere?» fühlte Thomas vor.

«Was ich mir persönlich davon erwarte?» sagte Etherington. «Ich schlage vor, wir lassen das vorerst auf sich beruhen, Mr. Kingston ... Wenn Sie früher oder später feststellen, daß Ihnen mein Rat und meine Hilfe von Nutzen sind, dann können wir vielleicht über eine Gebühr reden ... Bis dahin schätze ich mich glücklich, wenn ich Ihrem großartigen Kaufhaus auf bescheidene Weise dienlich sein kann. Aber ich habe Ihnen noch einen Vorschlag zu machen, was den Rest des Abends betrifft ... Ein Freund hat mich zu einer kleinen Festivität eingeladen. Er feiert, genauer gesagt, seinen Geburtstag, und ich weiß, Sie wären herzlich willkommen, wenn Sie mich begleiten könnten ... Ich schlage das nur als kleine Abwechslung vor ... ich muß nicht hingehen, und wenn Sie lieber eine Partie Karten spielen oder das Gespräch fortsetzen möchten ...»

«Ich möchte Sie keinesfalls von Ihren Freunden fernhalten», erwiderte Thomas, «und vielleicht, wenn Sie wirklich wollen, daß ich Sie begleite ... Nun, vielleicht für ein paar Minuten ...»

«Aber ich muß Sie warnen», fuhr Etherington fort. «Mein Freund ist im Künstlermilieu zu Hause – Maler, Schriftsteller, Schauspieler – und Schauspielerinnen, natürlich ... Etwas unkonventionell, aber gewöhnlich sind ein, zwei interessante Leute da ...»

Thomas war in diesem Augenblick angetan von dem Vorschlag, obwohl er wußte, daß Etherington ihn für seine Zwecke ausnutzen würde, wenn er konnte. Er war ein Abenteurer, ein Bauernfänger, der von seinen Beziehungen lebte. Was ihn an Etherington ergötzte war gerade der Umstand, daß er *kein* ehrbarer, aufrechter Staatsbürger war – daß er einem ein X für ein U vormachen konnte, daß er anders war als die Leute, mit denen er, Thomas, tagtäglich zu tun hatte.

«Vielleicht bekommen Sie dabei ein Stück London zu sehen, wie es sich Ihnen nicht so oft darbietet», fuhr Etherington fort. «Aber, wie gesagt, wenn Sie lieber –»

«Ich freue mich, Ihren Freund kennenzulernen ... und die Maler und die Schauspieler –» Thomas lachte – «und sogar die Schauspielerinnen ...»

«Mauriice! Mauriice!» schrie sie mit nachgemachtem französischem Akzent. «Angela! Mauriice ist da!» Sogleich blickte ein anderes Mädchen auf der gegenüberliegenden Seite des von Menschen wimmelnden Zimmers zu ihnen hin und stieß einen entzückten Schrei aus. «Tatsächlich!» rief sie mit dem gleichen fremden Akzent. «Mauriice! Unser geliebter Mauriice!» Und zu Thomas' Erstaunen kämpften sich beide Mädchen durch die bunte Menge zu ihnen hindurch und kamen fast gleichzeitig bei Etherington an. Jede von ihnen ergriff einen seiner Arme, zog sich daran an ihm hoch und drückte ihm ekstatisch die Wange ans Gesicht. «Bitte – das genügt!» sagte er, obwohl er diesen Empfang offensichtlich genoß. «Ich habe sie seit ein paar Monaten nicht mehr gesehen, da ich in Amerika war», erklärte er Thomas zwischen ihren Köpfen hindurch. «So, gut jetzt!» sagte er und gab jedem der Mädchen einen leichten Kuß. «Ich habe hier jemanden mitgebracht – und er ist ein sehr bedeutender Gentleman, ihr müßt euch also von eurer besten Seite zeigen ...»

Erst in diesem Augenblick fiel Thomas auf, daß sie eineiige Zwillinge waren – beide sehr hübsch, ungefähr zwanzig Jahre alt, mit ungebärdigem pechschwarzem Haar und ausgelassen funkelnden Augen. «Mr. Kingston», sagte Etherington, «ich habe das Vergnügen, Sie mit den Misses Jenny und Angela Renner bekannt zu machen. Das einzige, woran Sie die beiden auseinanderhalten können – nicht, daß Sie das müßten –, ist das hier –» Er deutete auf ein kleines Muttermal auf der rechten Wange des einen der Mädchen, das bereitwillig den Kopf zur Seite drehte. «Das ist Jenny ... Angela hat keins ...»

«Ich bin die reine, sehen Sie», sagte Angela, «ohne jeden Makel ...»

«Nicht auf der Wange, ja», neckte Jenny sie mit einem schnellen Lächeln, «aber das gleicht sie durch ihren Charakter wieder aus.»

«Wissen Sie, Mr. Kingston», sagte Angela in gespielt bekümmertem Ton und jetzt, wie ihre Schwester, ohne französischen Akzent, «manchmal kann sie richtig brutal sein.»

«Sie müssen Nachsicht mit ihnen üben», sagte Etherington, während Jenny ihrer Zwillingsschwester eine Grimasse schnitt, «sie sind Varietétänzerinnen ... wenn sie gerade ein Engagement haben, was nicht allzu oft vorkommt.»

«Das ist nicht fair!» beschwerte sich Jenny. «Wir haben erst letzte Woche wieder gearbeitet ... Ich glaube, er ist ein Griesgram geworden, Angela, findest du nicht? Ich hab's mir anders überlegt ... ich bin gar nicht froh, daß er wieder da ist.»

«Ich auch nicht», pflichtete ihr Angela bei. «Er hat so etwas Verbittertes bekommen ...»

«Jetzt hört auf, ihr beiden», sagte Etherington und grinste Thomas hilflos an. «Mr. Kingston ist der Chef des berühmten Kaufhauses, das seinen Namen trägt. Kümmert euch jetzt um ihn und macht es ihm gemütlich.»

«Das große Haus in der Sloane Street – ist das Ihr Kaufhaus?» fragte Angela erstaunt.

«Das ist es», antwortete Thomas, der sich in diesem recht persönlichen Geschnatter etwas verlegen vorkam.

«Da war ich noch nie darin», sagte Angela.

«Dann sollten Sie uns demnächst einen Besuch abstatten», erwiderte Thomas.

Er bemerkte, daß Jenny ihn neugierig ansah. «Wissen Sie, Mr. Kingston, ich finde Sie einfach toll», sagte sie, als betrachte sie ein seltenes Kunstwerk aus Porzellan, und trat, wie der besseren Perspektive wegen, einen Schritt zurück, «findest du nicht, daß er toll ist, Angela?»

«Äußerst distinguiert», bestätigte ihre Schwester.

«Ich muß mich entschuldigen, Mr. Kingston», sagte Etherington etwas gequält, «aber ich habe Sie ja gewarnt ... Jenny, du bist sehr ungezogen.»

«Wenn ich sage, ich halte Mr. Kingston für toll, das ist doch nicht ungezogen, oder? ... Das ist doch nett ... Sie halten das doch nicht für ungezogen, Mr. Kingston, oder?»

Thomas wußte nicht genau, wofür er es hielt, denn er war noch nie Mädchen begegnet, die sich so benahmen wie diese beiden. «Oh, ich ... ich ... nun, ich ... doch, ich glaube, Sie haben recht, es ist nett ...» Und sie belohnte ihn mit einem strahlenden Lächeln.

«Da hören Sie es, Maurice», sagte sie. «Mr. Kingston findet auch nicht, daß es ungezogen ist. Ich möchte mich den ganzen Abend mit ihm unterhalten.»

«Du scheinst nicht daran gedacht zu haben, daß sich Mr. Kingston vielleicht nicht den ganzen Abend mit dir unterhalten möchte, Jenny», wies Etherington sie zurecht. «Vielleicht will er noch mit anderen Leuten sprechen, und ganz gewiß werden andere Leute mit ihm sprechen wollen – besonders, wenn sie hören, wer er ist.»

«Weil er ein sehr bedeutender Mann ist», trällerte sie. «Und ich glaube, er ist auch interessant, was noch wichtiger ist, denn bedeutende Männer sind oft sehr langweilig ... und von mir aus kann er sprechen, mit wem er will. Ich will nur bei ihm bleiben und ihm das Glas füllen wie eine Sklavin ... Was ist nur mit Maurice, Angela? Ich sage ihm, daß ich tun will, was er gesagt hat, und noch immer ist es ihm nicht recht.»

«Ich weiß nicht, Jenny», entgegnete sie, «er benimmt sich recht komisch heute abend. Ich glaube, er versucht, Mr. Kingston zu beeindrucken.»

«Angela», wies Etherington sie peinlich berührt zurecht, «rede nicht so dummes Zeug!»

«Jedenfalls bin ich sicher, daß *wir* Mr. Kingston beeindrucken», sagte Jenny. «Nicht wahr, wir beeindrucken Sie, Mr. Kingston?»

«Ich ... natürlich», erwiderte Thomas etwas unsicher.

«Da haben Sie's, Maurice – wir beeindrucken Mr. Kingston ... Ich glaube, Maurice unterschätzt uns, Angela.»

«Davon bin ich überzeugt, Jenny. Das ist das Dumme mit Maurice – er hat kein Urteilsvermögen.»

Jenny fing an zu kichern. «Also, Mr. Kingston, ich finde Sie toll. Ich meine das im Ernst. Ich finde Sie wunderbar ... Und ich kann

Sie nicht weiter Mr. Kingston nennen ... das ist zu ... zu ... Werden Sie furchtbar wütend, wenn ich Sie nach Ihrem Vornamen frage?»

«Also Jenny, das geht zu weit!» Etherington war jetzt wirklich zornig. «Es tut mir sehr leid, Mr. Kingston», entschuldigte er sich.

«Oh, schon gut», sagte Thomas mit einem verlegenen Lächeln, «Nicht weiter schlimm ... Mein Vorname ist Thomas», setzte er, an Jenny gewandt, hinzu.

Ihre Augen leuchteten auf. «Tom! Ein *perfekter* Name ... für einen perfekten Gentleman ... Tom ... Oh, mir gefällt Tom ... Gefällt dir Tom auch, Angela? Tom ist ein herrlicher Name ... Ich möchte Sie gern Tom nennen, Mr. Kingston ... Wäre es furchtbar schlimm, wenn ich Sie Tom nenne?» Sie bemerkte Etheringtons entsetztes Gesicht. «Maurice, bitte, explodieren Sie nicht, das wäre höchst unschön ... Mr. Kingston», fuhr sie fort, «ich weiß, wir kennen uns kaum eine Minute, aber ich möchte Sie so gern Tom nennen ... Bitte, Tom ...» Und sie lachte auf eine Art, die seinen anfänglichen Argwohn zerstreute, sie könnte sich über ihn lustig machen, lachte auf eine Art, die er höchst reizvoll fand, mit großen, strahlenden Augen, mit wohlgeformten Lippen, die zwei Reihen ebenmäßiger kleiner Zähne entblößten, mit weichen Grübchen in den Wangen und einer schwarzen Locke, die ihr in die Stirn gerutscht war. «Darf ich, bitte, Tom?» wiederholte sie.

Auf einmal lachte auch er. «Wenn es Ihnen Freude macht, mich Tom zu nennen – meinetwegen ...»

Die nächste Stunde in dieser Wohnung, die in der Nähe von Piccadilly lag, verlief für Thomas äußerst anregend. Er sprach mit einem Journalisten vom *Westminster Chronicle* über die Bedrohung, die vom Ausbau der deutschen Kriegsflotte ausging. Er unterhielt sich mit Mr. George Alexander, dem Theaterdirektor, über die Probleme der Inszenierung eines neuen Stückes. Er wurde mit einem jungen Künstler namens Augustus John bekannt gemacht, der gerade aus Irland zurückgekommen war, und fragte ihn nach seiner Einstellung zu Renoir, da dies der einzige Maler war, von dem er etwas wußte – wenn auch nicht viel. Er sprach mit H. G. Wells, dem Romancier, der selbst einmal eine Lehre in einem Laden absolviert hatte und der ihn mit Mechanisierungsvorschlägen für Kingstons so beeindruckte, daß er ihn für einen der nächsten Tage zum Lunch einlud. Und die ganze Zeit war Jenny an seiner Seite, sorgte dafür, daß er immer etwas zu trinken hatte, und stellte ihm unbekannte Leute vor.

Um elf Uhr herum begann sich die Gesellschaft aufzulösen, und Jenny, die kurz weggegangen war, kam zu Thomas zurück. «Maurice geht mit uns essen», sagte sie. «Sie kommen doch mit, Tom, ja? Er meint, Sie wollten vielleicht nach Hause gehen, da Sie ja nur für ein paar Minuten mitgekommen seien ... Aber Sie wollen doch nicht nach Hause gehen, Tom, oder? Ich habe ja kaum mit Ihnen sprechen können wegen all dieser anderen Leute ... Sie kommen also mit, ja?» In ihren großen braunen Augen stand die Befürchtung, er könne nein sagen.

Er lächelte. «Natürlich komme ich mit Ihnen, Jenny ... wenn Sie mich wirklich dabeihaben wollen.»

Auch Etherington zeigte sich erfreut darüber, daß er sich ihnen anschließen wollte. «Ich dachte mir, wir gehen zu *Princes*», sagte er, während die beiden Mädchen ihre Mäntel holten. «Sie sind lebhafte kleine Dinger, die zwei, nicht wahr? Solange man sich nicht an ihren übermütigen Possen stört ... Wie ein frischer Frühlingswind.»

4

Am folgenden Dienstagmorgen um halb elf Uhr wurde Ramsay verständigt, daß sein Vater ihn zu sprechen wünschte. Er legte die Warenbestandsaufstellung beiseite, die er gerade prüfte, und begab sich in Thomas' Büro, wo er zu seiner Überraschung einen Besucher antraf, der ihm kein Fremder war. «Ah, Ramsay», sagte Thomas. «Ich nehme an, du kennst Mr. Gordon Selfridge aus Chicago ...»

«Aber natürlich», sagte Ramsay erfreut und trat mit ausgestreckter Hand näher. «Wie geht es Ihnen, Mr. Selfridge?» Selfridge erhob sich, um ihn zu begrüßen. Er war ein Mann von fünfzig Jahren mit dicht an den Kopf gebürstetem grauem Haar, gepflegtem Schnurrbart und einer Nickelbrille. Er sah eher wie ein Akademiker aus – ein Anwalt, vielleicht –, und gar nicht wie ein Mann, der einen solchen Einfluß auf den amerikanischen Einzelhandel ausgeübt hatte.

«Mein Sohn war so von Marshall Field beeindruckt, als er aus den Staaten zurückkam», sagte Thomas, «daß er mir immer wieder von Ihren Methoden erzählt hat. Er wollte, daß wir einige von Ihren Ideen hier bei uns übernehmen ... Das war allerdings schon vor ein paar Jahren.»

«Und? Haben Sie einige von meinen Ideen übernommen, Mr. Kingston?» fragte Selfridge.

«Ich glaube, das haben wir schließlich doch nicht – oder, Ramsay?»

«Nein, Vater – Sie haben über die eine oder andere Neuerung nachgedacht, aber sie dann doch nicht eingeführt.»

Selfridge lachte. «Das überrascht mich nicht – aber Sie werden bald noch intensiver darüber nachdenken oder sich selbst welche einfallen lassen müssen.»

«Mr. Selfridge», erklärte Thomas an Ramsay gewandt, «plant die Eröffnung eines eigenen Kaufhauses in London, und –» er lächelte den Amerikaner liebenswürdig an – «er wird uns zweifellos einiges vormachen wollen ... Ich vermute, er hält uns für Schlafmützen.»

«Nun, eher für etwas konservativ vielleicht», meinte Selfridge. «Ich glaube, der Engländer ist von Natur aus nicht geneigt, seine Ware anzupreisen ... Ich glaube, er hält das für geschmacklos.»

«Dann können wir uns also auf hohe Reklamekosten gefaßt machen?» sagte Thomas.

«Ganz bestimmt – und auf noch mehr ... Sie glauben wahrscheinlich im Augenblick noch nicht daran, daß Sie nachziehen müssen, aber das wird nicht ausbleiben, Mr. Kingston ... Selbst Kingstons muß sich dem Vormarsch von Selfridges anpassen.»

«Vielleicht – wer weiß? Was auch geschieht, unsere guten Wünsche begleiten Sie, Mr. Selfridge.»

«Danke, Mr. Kingston», sagte Selfridge, «es ist schön, sich mit einem Gentleman messen zu können ... Da ist aber noch eine Sache, in der ich gern Ihren Rat hätte.»

«Es wird mir eine Freude sein ...»

«Vielleicht keine sehr große, wenn Sie hören, worum es sich handelt ... Wie Sie sich denken können, sehe ich mich nach Leuten um, die höhere Positionen in der Geschäftsführung einnehmen können ... Mr. Kingston junior hier steht mir ja leider nicht zur Verfügung, ich war recht beeindruckt von ihm in Chicago ... aber ich dachte an einen anderen Ihrer Schützlinge, an Charles Rawlings ... Würden Sie ihn einstellen, in meiner Lage?»

Thomas lachte. «Ramsay?»

«Unbedingt, Mr. Selfridge», antwortete Ramsay sofort und lächelte vor Freude. «Er wäre für Sie von unschätzbarem Wert.»

«Ich sollte da vielleicht erklären, Mr. Selfridge», sagte Thomas, «daß zwischen Ramsay und Charles Rawlings, obwohl sie eng befreundet sind, ein starkes Konkurrenzdenken herrscht ...»

In Selfridges Augen blitzte es auf. «Dann würden Sie also einen Wettkampf der Kaufhäuser begrüßen?» fragte er Ramsay.

«Allerdings, Mr. Selfridge – aber mein Vater kann Ihnen bestätigen, daß Charles Rawlings ein äußerst tüchtiger Mann ist.»

«Gut», sagte Selfridge, «in dem Falle sollen Sie Ihren Wettkampf haben.»

Thomas erhob sich. «Mr. Selfridge, wenn Sie gestatten, führe ich Sie jetzt durch unser Haus.»

Sie schritten durch die Abteilungen Mode, Lederwaren und Haushaltsartikel und statteten gerade den Eisenwaren einen kurzen Besuch ab, als Thomas von einem Mann angesprochen wurde, den er nicht kannte – aber Ramsay kannte ihn und sah voraus, was kommen würde.

«Mr. Kingston», sagte der Mann zu Thomas, «entschuldigen Sie, daß ich so in der Öffentlichkeit an Sie herantrete, aber Sie haben mir keine Wahl gelassen ... Mein Name ist Handfield.»

Thomas wurde rot vor Zorn. «Ich spreche nicht mit Ihnen, Mr. Handfield.»

«Mr. Kingston, es ist sehr dringend ... wenn Sie nur ein paar Minuten Zeit für mich hätten, ließe sich großer Schaden abwenden ...»

«Ich habe mit Gewerkschaften nichts zu schaffen, Mr. Handfield», erwiderte Thomas. «Und jetzt sagen Sie mir, Mr. Selfridge», sprach er weiter, als wäre der Gewerkschaftsfunktionär gar nicht mehr da, «dieser Aufbau von Kesseln – finden Sie, daß er die Ware richtig zur Geltung bringt?»

5

Das Restaurant *Lettners* mit der Wandverkleidung aus rotem Brokat und den goldgerahmten Spiegeln war ein Ort, der Eleganz mit intimer Atmosphäre verband – es war ein Etablissement, das ein Mann mit seiner Geliebten aufsuchte oder mit einer Frau, die er zu seiner Geliebten zu machen hoffte, aber nicht mit seiner Gattin.

Oben im ersten Stock gab es Chambres séparées, und Ramsay war versucht gewesen, eines reservieren zu lassen, hatte sich aber dann gesagt, daß Hannah dies vielleicht für verfrüht hielt. Dora hatte sich kaum dafür interessiert, wohin er essen ging, da an diesem Abend eine große Versammlung der SPFU war.

In dem Mercedes war es in Abendkleidung zu zugig, deshalb hatte er Hannah in einer Droschke abgeholt. Im Restaurant hatte man sie zu einem Ecktisch geleitet. Sie trug ein einfaches schwarzes Kleid, das nicht teuer war, aber von einer guten Schneiderin stammte. Sie blickte sich entzückt um, nahm alles in sich auf, die gelockerte Atmosphäre, die hübschen Frauen und die eleganten Männer in Abendkleidung, während Ramsay bestellt – Horsd'œuvres und Fasan mit Champagner, dem ein Rotwein folgen sollte.

«Haben Sie jemandem gesagt, daß wir uns treffen?» fragte er, als der Kellner gegangen war. «Ich meine, in der Gertrude Street ...»

«O nein – sie hätten mich beschimpft und für dumm gehalten.»

«Wieso dumm?»

«Sie würden sagen, sobald Sie mit mir Ihren Spaß gehabt haben –» sie gebrauchte die Redewendung in spöttischem Ton – «würden Sie mich wegwerfen wie eine ausgepreßte Zitrone ... und ich würde obendrein noch meinen Arbeitsplatz verlieren ... Sie sind der Sohn vom Chef.»

«Vom kapitalistischen Chef.»

«Vom kapitalistischen Chef.»

«So wird es nicht sein, daß wissen Sie sehr wohl», sagte Ramsay. «Und – werde ich mit Ihnen meinen Spaß haben?»

«Natürlich nicht», antwortete sie, während ihnen der Weinkellner Champagner einschenkte, «wer will schon weggeworfen werden wie eine ausgepreßte Zitrone?» Sie lächelte ihn so strahlend an, daß es ihm durch und durch ging. «Ich weiß nicht, was meine Eltern denken würden», fuhr sie fort, «wenn sie wüßten, daß ich in einem so teuren Lokal sitze und mit einem Kapitalisten Champagner trinke ... oder Mr. Handfield ...»

«Würde er Sie aus der Gewerkschaft feuern?»

«Nein ... aber er würde mir seine Mißbilligung ausdrücken ...»

«Ich hoffe, das hält Sie nicht davon ab, wieder einmal mit mir zu Abend zu essen.»

Sie hielt das Glas hoch und sah ihn durch die aufsteigenden Bläschen hindurch an. «Machen Sie kein so bekümmertes Gesicht ... Ich bin gern bei Ihnen ... Ich bin schließlich hier, oder? Genießen Sie das Jetzt, Ramsay, diesen Augenblick.»

Der Kellner begann die Hors d'œuvres zu servieren.

«Ich habe gehört, Mr. Handfield hat Ihren Vater neulich im Kaufhaus angesprochen», sagte sie.

«Es war ein unglücklicher Zeitpunkt ... Vater war wütend.»

«Schade, daß er so unzugänglich ist ... das wird alles nur noch schwerer machen.»

«Handfield geht zu überstürzt vor», sagte Ramsay. «Sie müßten ihn dazu bringen, daß er nicht so insistiert.»

«Aber das ist doch seine Pflicht – wenn die Gewerkschaftler nicht so beharrlich gewesen wären, hätten sie nicht solche Erfolge erzielt.»

Ramsay zuckte die Achseln. «Vielleicht ... aber bei einem Mann wie meinem Vater nützt das nichts ... Seit der Szene neulich mit Handfield redet er davon, daß Leute, die neu eingestellt werden, schriftlich bestätigen sollen, daß sie nicht der Gewerkschaft beitreten.»

«Bringen Sie ihn davon ab, das kann großen Ärger geben. Und ganz bestimmt gibt es Ärger, wenn er einen entläßt, weil er schon Mitglied ist ... Dann würden nur noch mehr beitreten.»

«Über Handfield läßt er nicht mit sich reden», erklärte Ramsay. «Ich hab's versucht, aber er betrachtet seine Einmischung bei Kingstons als in höchstem Maße ungerechtfertigt ... Hannah, warum reden wir von der Gewerkschaft? Zum Teufel mit der Gewerkschaft.»

«Zum Teufel mit den kapitalistischen Chefs», spottete sie. «Zum Teufel mit dem Kaufhaus – oder ist das ein Sakrileg?»

Als sie mit Essen fertig waren, sagte sie plötzlich: «Wissen Sie, was ich jetzt gern tun würde? Ich möchte mit Ihnen in eine Droschke steigen und einfach fahren und fahren und den Mond ansehen, wenn er scheint und die Sterne, wenn es nicht zu wolkig ist.»

«Dann schlummert unter dieser unerschütterlichen Gewerkschaftlerin eine Romantikerin?» fragte er, während er dem Kellner wegen der Rechnung winkte.

«Alle Gewerkschaftler sind Romantiker», antwortete sie, «besonders die Gewerkschaftlerinnen.»

Sie nahmen eine Motordroschke, da gerade eine frei war, und Ramsay war froh darüber, denn das Fahrgastabteil war größer als in einer Pferdedroschke und außerdem durch eine Glasscheibe vom Fahrer getrennt. Kaum waren sie in Richtung Hampstead davongefahren, schien Hannah wie verwandelt. Im Mercedes hatte sie zwar auch auf seine Liebkosungen reagiert, aber eher zurückhaltend. Jetzt drängte sie sich an ihn und küßte ihn voller Leidenschaft. Zu seiner Überraschung legte sie seine Hand auf ihre Brust, und einen Augenblick später zog sie ihre Röcke bis über die Knie hoch. «Ich will dich ... jetzt ... hier ...»

«Hier?» fragte er verblüfft.

«Das geht schon ... bitte, Ramsay ... Bitte, liebe mich, Ramsay ...»

«Aber im Restaurant hast du doch gesagt ...»

«Ach, eine Frau sagt vieles ... Das mußt du doch inzwischen wissen.» Da bemerkte er, daß ihre Beine oberhalb der Strümpfe nackt waren, daß keine Unterkleidung ihn daran hinderte, zu tun, was sie wollte. Er legte die Hand auf die weiche Innenseite ihres Schenkels, und als er sie vorsichtig weiter hinaufschob, spreizte sie die Beine. «Ramsay», flüsterte sie, «komm, bitte ...» Die Situation war so erstaunlich, er konnte es kaum glauben! Es mußte eine Halluzination sein! Doch das Verlangen, das ihn erfaßte, war durchaus real. Sie lehnte sich in die eine Ecke zurück, rutschte tiefer auf den Sitz und hob das eine Knie, um es ihm leichter zu machen. «Nimm mich, Ramsay ...» sagte sie. «O Gott, nimm mich ...»

Halb auf dem Boden der Droschke kniend, halb auf ihr liegend –

er konnte sich später nicht mehr genau erinnern –, nahm er sie. Und während die Droschke die Hampstead High Street hinaufratterte, gelangten sie zu einem so überwältigenden Höhepunkt, daß sie beide atemlos und benommen waren – so benommen, daß Ramsay, als der Fahrer nach dem weiteren Ziel fragte, wobei er es vermied, durch die Trennscheibe nach hinten zu sehen, zunächst keine Worte fand.

Kurz nach zwei Uhr morgens hielt die Droschke schließlich am Ende der Gertrude Street. Ramsay stieg aus und half Hannah aus dem Wagen. «Wirst du diesen Abend auch nie vergessen?» fragte sie seltsam eindringlich. «Was auch geschieht?»

«Jede kleinste Einzelheit, jede Sekunde wird mir in Erinnerung bleiben», antwortete er. «Für immer.»

Als sie ihn im Mondlicht anblickte, sah er in ihren Augen einen Moment lang Beunruhigung aufflackern. «Gute Nacht, Ramsay», sagte sie dann und ging die Straße hinunter, von ihm fort. Er sagte dem Fahrer, er solle ihn zum Montpelier Square bringen, setzte sich wieder in den Wagen, noch immer überwältigt von dem Gefühl ihrer Gegenwart, und versuchte ein wenig Ordnung in seine Gedanken und Empfindungen zu bringen.

Als die Droschke vor dem Haus hielt, sah er oben hinter den Vorhängen des Wohnzimmers noch Licht brennen – was merkwürdig war, denn Dora mußte inzwischen längst zu Bett gegangen sein. Die Haustür wurde geöffnet, noch ehe er sie erreichte. «Warum sind Sie noch auf, Jones?» fragte er den Butler. «Ich sagte Ihnen doch, Sie brauchten nicht auf mich zu warten ...»

«Ihr Vater ist oben, Sir.»

«So spät noch? Ist Mrs. Kingston bei ihm?»

«Mrs. Kingston ist noch nicht zurückgekehrt, Sir ... Ich glaube, Ihr Vater weiß etwas über die Angelegenheit.»

Ramsay rannte die Treppe zum ersten Stock hinauf. Als er das Wohnzimmer betrat, stand sein Vater mit aufgestütztem Arm am Kamin und blickte ins Feuer. «Vater», rief Ramsay, «was machen Sie hier?»

«Dann weißt du also noch nichts von Dora?» fragte Thomas und sah ihn mit mühsam beherrschtem Zorn an. «Sie ist verhaftet worden ... Sie haben Unruhe gestiftet im Vorraum des Unterhauses ... Ramsay, deine Frau sitzt in einer Zelle des Polizeireviers Cannon Row.»

«Mein Gott!» sagte Ramsay. «Ich fahre lieber gleich hin ...»

«Gerade das darfst du *nicht* tun», sagte Thomas. «Es besteht die Möglichkeit, daß wir einen Skandal vermeiden können ... Sie hat mir eine Nachricht zukommen lassen durch eine ihrer Genossinnen, die sich der Verhaftung entziehen konnte ... Sie hat einen falschen Namen angegeben – Dora Smith. Wenn sie sich für schuldig erklärt, wird sie wahrscheinlich nur zu einer Geldstrafe verurteilt und nicht zu einer Haftstrafe. Wenn sie sofort bezahlt, wird man sie entlassen, und es gibt kein Aufsehen ... Die meisten von ihnen entscheiden sich offenbar für die Haft, weil sie Märtyrer sein wollen ... Ich habe Sidney gebeten, der Gerichtsverhandlung beizuwohnen, da er nicht Kingston heißt ... Er wird die Geldstrafe natürlich bezahlen.»

Ramsay setzte sich auf die Lehne eines Sessels und ließ den Kopf sinken. «Es tut mir leid, Vater», sagte er nach einer Weile.

«Das muß aufhören, Ramsay – ich habe sie gewarnt, wir alle haben sie gewarnt ...»

6

Während Dora in den kalten frühen Morgenstunden im Kellergeschoß des Polizeireviers Cannon Row in ihrer Zelle saß, dachte sie über die Ereignisse nach, die zu ihrer Verhaftung geführt hatten. Denn sie hatte es keineswegs auf eine Festnahme abgesehen gehabt – im Gegensatz zu vielen ihrer Mitstreiterinnen, die eine Gefängnisstrafe als eine Auszeichnung betrachteten; im Gegensatz zu Emily Davison, ihrer hochgewachsenen rothaarigen Freundin, die zusammen mit ihr in dem Zug von über hundert Frauen marschiert war. «Ich sehne mich danach, für die Sache zu leiden», hatte Emily ihr anvertraut. «Ich wäre sogar glücklich, wenn ich für sie sterben könnte.»

Dora war von ihrem glühenden Eifer beeindruckt gewesen. «Neben Ihnen komme ich mir ganz nutzlos vor», hatte sie gesagt. «Ich kann nichts weiter tun als mitmarschieren oder im Büro arbeiten ... Ich darf nicht einmal eine Festnahme riskieren.»

Seltsamerweise hatte Emily sie nicht getadelt. «Man kann der Sache auf mehr als eine Weise dienen», hatte sie gesagt, als der lange Zug demonstrierender Frauen in den Parliament Square einbog.

Dora war nur mitmarschiert. Sie hatte weder eine Rede gehalten noch die Polizei provoziert. Wie also war sie in einer Zelle gelandet? Sie hatte sich, das wurde ihr jetzt klar, im kritischen Augenblick an der falschen Stelle aufgehalten, nämlich in der Nähe von Emmeline Pethwick Lawrence und Annie Kenney, die zu den Wortführerinnen der SPFU zählten.

Zweck des Aufmarschs war es gewesen, den ersten Tag der neuen Sitzungsperiode im Parlament auszunutzen, um in der großen Lobby des Unterhauses zu demonstrieren. Die Polizei hatte den Zug vor dem Parlamentsgebäude gestoppt, aber schließlich einer Gruppe von zwanzig Frauen den Zutritt gestattet – so waren Annie Kenney und die anderen hineingelangt. Dora war zusammen mit den übrigen Frauen draußen geblieben. Später hatte man ihr in allen Einzelheiten erzählt, daß die Suffragetten, eine nach der anderen, sich in der großen Vorhalle mit dem Marmorfußboden auf Stühle gestellt und das Frauenstimmrecht gefordert hätten.

Die Polizei war angewiesen worden, sie hinauszutreiben, und hatte diesen Befehl so brutal ausgeführt, daß sich draußen ein Handgemenge entwickelte und einige der Suffragetten versuchten, wieder ins Unterhaus hineinzugelangen. Annie Kenney und Emmeline Pethwick Lawrence waren im Laufe der Auseinandersetzung neben Dora zu Boden geschlagen worden – weshalb sie, Dora, plötzlich von starken männlichen Armen gepackt und hochgehoben worden war. Man trug sie strampelnd und schreiend zu einem Polizeiwagen. Emily, die in dem Durcheinander von ihr getrennt worden war, beobachtete die Szene aus einiger Entfernung mit ohnmächtigem Zorn und schrie: «Dora! Sie Glückliche! Verhaftet *mich*! Verhaftet doch *mich*, ihr Rabauken!» Aber die Polizisten schienen sie nicht zu hören, und das letzte, was Dora von ihr sah, ehe sie in die «Schwarze Maria» gestoßen wurde, war ihr bleiches, hageres Gesicht und ihr rotes Haar, das in der Menge auf und ab wippte, während sie versuchte, die Aufmerksamkeit der Gesetzeshüter auf sich zu lenken.

Um zehn Uhr morgens wurde Dora zusammen mit den anderen SPFU-Mitgliedern vor Gericht gestellt. Nach Verlesen der Anklage verurteilte der Polizeirichter sie alle zu einer Geldstrafe bei sechsmonatiger Bewährung. Die anderen verweigerten die Bewährung und erhielten Haftstrafen. Nur Dora nahm an und verließ die Anklagebank mit dem Gefühl, als habe sie nicht nur Thomas, sondern auch ihre Gefährtinnen verraten. Sidney Baines bezahlte stillschweigend bei dem Gerichtsbeamten die Geldstrafe.

Er hatte eine Droschke draußen warten lassen, damit sie, falls Zeitungsreporter da waren, unverzüglich losfahren konnten. Und er hatte gut daran getan. «Wie heißen Sie, Madam?» fragte einer von mehreren Neugierigen, die sich vor dem Eingang versammelt hatten. «Dora Smith», sagte sie und stieg in die Droschke.

Während sie durch die Straßen der City fuhren, saß Dora ein paar Minuten stumm da. Schließlich fragte sie: «Wo fahren wir hin? Zum Kaufhaus oder –»

«Zum Kaufhaus», antwortete Sidney in knappem Ton.

«Soll ich öffentlich ausgepeitscht werden?»

Sidney versuchte zu lächeln, denn er war ein umgänglicher Mensch, und sie tat ihm leid; aber er war auch ein integraler Bestandteil des Kaufhauses, und seine Gesichtsmuskeln versagten ihm den Dienst. «Wohl kaum, Dora ... aber er will Sie sprechen ... Er ist natürlich sehr erregt ...»

Sie nickte und schwieg. Dann sagte sie: «Wenn ich mich schon wie eine Verbrecherin vor ihm verantworten soll, muß ich vorher nach Hause fahren. Ich muß mich waschen und umkleiden und mir das Haar zurechtmachen lassen ...»

Als sie eine Stunde später in Thomas' Büro geführt wurde, sah sie nicht mehr wie eine Missetäterin aus, die eine Nacht in der Zelle verbracht hat. Sie trug ihren schönsten Hut, der mit Straußenfedern verziert war, und ein dunkelgrünes Kostümkleid.

Er erwartete sie in der Haltung einer Sphinx – funkelnden Blicks, steif aufgerichtet, die Arme vor sich auf dem Schreibtisch. Ramsay stand ebenfalls hinter dem Schreibtisch in starrer Haltung neben seinem Vater, mit strengem Gesichtsausdruck.

Als Dora das Zimmer betrat, blieb sie auf der Schwelle stehen, den Kopf herausfordernd hochgereckt, doch der Anblick der beiden grimmig dreinblickenden Männer war so komisch, daß sie plötzlich wider Willen laut lachen mußte.

Thomas, ohnehin wütend auf sie, geriet vollends außer sich. «Bist du verrückt geworden? Wie kannst du lachen nach dem, was du getan hast?»

«Pahpah ...» begann sie.

«Nenn mich jetzt nicht Pahpah», erwiderte er barsch. «Das ist ein Ausdruck der Zuneigung, er bedeutet Loyalität der Familie gegenüber, die du nun, weiß Gott, nicht bewiesen hast!»

Jetzt war sie es, die zornig wurde. «Pahpah», sagte sie kühl, «ich bin hierher gekommen, um mich bei Ihnen zu entschuldigen, aber wenn ich nicht schon ein engagiertes Mitglied der SPFU wäre – beim Anblick von euch beiden männlichen Racheengeln des Jüngsten Gerichts hätte ich mich sofort der Bewegung angeschlossen.»

«Dora, die Sache muß aufhören», sagte Ramsay.

«Sie hört nicht auf», entgegnete sie. «Und was die Loyalität zur Familie betrifft, Pahpah – ich bin aus Versehen verhaftet worden ... Aber auch so: wenn es nicht Ihretwegen und wegen des Kaufhauses gewesen wäre, hätte ich dem Gericht getrotzt wie die anderen und wäre ins Gefängnis gegangen für die Sache, an die ich glaube.»

Thomas blickte sie fassungslos an. Er konnte einfach nicht glauben, daß sie nach allem, was geschehen war, noch die gleiche Haltung einnahm wie beim Mittagessen am Tag der Jahreshauptversammlung. Er versuchte seinen Zorn zu unterdrücken und vernünftig mit ihr zu reden. «Aber du siehst doch jetzt gewiß ein, Dora, daß du diese SPFU aufgeben mußt ...»

«Nein, Pahpah.»

«Ich begreife nicht, wie du dich, nachdem du gerade noch einmal davongekommen bist, meinen Wünschen widersetzen kannst ... Dora, ich bestehe darauf, daß du austrittst.»

«Nein, Pahpah.»

«Dora», sagte Ramsay, «du bist dir doch sicher bewußt ...»

«Nein, Ramsay!» rief sie, lauter diesmal. «NEIN! Es sei denn, sie wollten mich nicht mehr haben.» In ruhigerem Ton fügte sie hinzu: «Aber ich werde mich in Zukunft noch mehr vorsehen ...»

Kurz vor dem Mittagessen ging Ramsay durch die Kurzwarenabteilung in der Hoffnung, Hannah zu begegnen. Er hatte das schon dreimal an diesem Morgen getan, sie aber nie an ihrem üblichen Platz hinter der Theke angetroffen. Schließlich blieb er bei Mr. Evans stehen, um ein paar Worte mit ihm zu wechseln. «Wo ist Miss Redfield?» fragte er beiläufig.

«Sie hat gekündigt», sagte Evans. «Ganz plötzlich, von einem Tag auf den anderen ... Sie hat heute morgen eine Mitteilung geschickt ... Dringende persönliche Gründe ... Unumgänglich, hat sie geschrieben ... Ich war völlig überrascht, Mr. Ramsay, das kann ich Ihnen sagen – sie war eine ausgezeichnete Verkäuferin.»

Elftes Kapitel

Februar 1907

1

«Komm!» flehte sie. «Komm, Tom ... Bitte, Tom ...»

Er spürte, wie er dem Höhepunkt entgegentrieb, und sie merkte es und reagierte noch leidenschaftlicher auf seine Bewegungen. «Ja, Tom ... O Tom ... Oh!» rief sie. Und gleich darauf lachte sie vor Freude, während er schweratmend auf ihr lag. «War das nicht herrlich?»

Er lächelte und versuchte wieder zu Atem zu kommen. «Als ich noch dreißig war, hat es nicht so lange gedauert», murmelte er nach einer Weile.

«Wer will denn, daß es schnell geht?» meinte sie leichthin. «Ich bin froh, daß ich dich nicht gekannt habe, als du dreißig warst ... Oh, bleib noch!» rief sie bekümmert, als er sich behutsam von ihr zu lösen begann.

Er legte sich auf den Rücken, und sie kuschelte sich an ihn und legte den Kopf an seine Schulter. «Es hat immer etwas Trauriges, nicht wahr?» sagte sie. «Das Sich-Trennen ... Aber es war sehr schön ... Wann ziehen wir in mein kleines Haus?»

«Morgen, wenn du willst ...»

«Tom!» rief sie entzückt. «Ich dachte, es dauert noch Wochen.»

«Vor ein paar Tagen sind die Möbel und die Teppiche gebracht worden.»

«Warum war ich nicht dabei?»

«Du wärst nur im Weg gewesen – hättest dir dieses und jenes wieder anders überlegt. Ich wollte, daß die Vorhänge angebracht sind und das Geschirr in den Schränken steht und daß ein Hausmädchen eingestellt ist und das Feuer im Kamin brennt, wenn du kommst.»

«Du bist unglaublich», sagte sie. Sie stand auf, und er sah ihr nach, als sie aus dem Zimmer ging, ihr nackter Rücken schien anmutig zu schwanken wie hohes Gras im Wind, und als sie mit einer Flasche Rotwein und zwei Gläsern zurückkam, wippten ihre Brüste leicht im Rhythmus ihrer Schritte. «Bist du sicher, daß ich so viel wert bin?» fragte sie.

«Würde ich es tun, wenn du es nicht wärst? Ich schicke dir morgen die Kutsche – paßt dir das?»

«Oh, ich denke, ich kann mich zwischen meinen vielen Verabredungen schon für ein Stündchen freimachen», sagte sie.

Monate waren vergangen, seit er sie kennengelernt hatte. Für Thomas war es eine Beziehung voller Überraschungen gewesen, die so ganz anders war als alles, was er bisher gekannt hatte – hauptsächlich natürlich wegen ihres großen Altersunterschieds. Die Leidenschaft, die er mit Eve Banbury erlebt hatte, war die eines Mannes und einer Frau gewesen, die sich in Empfindungsvermögen und Reife ungefähr glichen. Seine Gefühle für Jenny wurzelten in dem Umstand, daß sie gerade erst dem Backfischalter entwachsen war – in seiner reinen Freude an ihrer Spontaneität, ihrer Heiterkeit, ihrer noch nicht voll entwickelten Schönheit, ihrer aufblühenden Persönlichkeit, die oft, bei allem oberflächlichen Geplapper, noch so leicht verletzlich war. In ihren Liebesbeziehungen war sie großzügig, sie ging auf ihn ein, aber die Tiefen ihres Gefühls waren noch nicht ausgelotet. Seine Liebe zu ihr – und es *war* Liebe, wenn auch von einer zerbrechlichen, empfindlichen Art – war objektiv. In gewisser Weise war sie ein Spielzeug, ein Besitz. Er liebte es, sie zu beobachten, zu berühren, genoß das Unmittelbare ihrer Reaktionen, die Vielfalt des Ausdrucks, die in ihren Augen aufblitzte wie in denen eines jungen Rehs.

Sie war allmählich zu einem Teil seines Lebens geworden – ein frischer Farbtupfer. Er hatte ihr Kleider und ab und zu etwas Schmuck geschenkt. Dann, kurz nach Weihnachten, hatte er sie plötzlich gefragt: «Hättest du gern ein kleines Haus ... deine eigene Wohnung?»

«Ein Haus, Tom!» hatte sie ausgerufen, als wäre ihr der Gedanke noch nie gekommen, obwohl sie sicher schon daran gedacht hatte, denn so ungewöhnlich war ein solches Arrangement nicht. «Ist das dein Ernst, Tom?»

Und so hatte er sich um den Kauf eines kleinen Reihenhauses in Pembroke Villas in Kensington bemüht, und Wochen hindurch hatten sie darüber gesprochen, wie es eingerichtet werden sollte. «Es ist wie ein Puppenhaus, nicht wahr?» hatte sie einmal gesagt und plötzlich traurig hinzugefügt: «Und ich bin wie eine Puppe.» Aber das war nur ein kurzer Schatten gewesen, denn sie hatte gleich darauf Pläne für die Küche gemacht.

Ihre Affäre verlief natürlich nicht ganz isoliert von der Umwelt. Er wurde in das Leben hineingezogen, das sie mit Angela zusammen führte, denn er konnte sie nicht in seine Welt einführen. Er besuchte manchmal mit ihnen Parties oder ging mit ihnen ins Theater oder in Restaurants. Wenn er auch nicht gerade Champagner aus Damenschuhen trank, so war es doch ein ausgelassenes Leben.

Natürlich traf er oft mit Etherington zusammen, sowohl in Gesellschaft der Zwillinge als auch bei weiteren Diskussionen über das Problem, das sie bei jenem Abendessen ausführlich besprochen hatten. Thomas mochte immer noch nicht einsehen, daß ein Adelstitel ein erstrebenswertes Ziel sei, wenn auch nur um des Kaufhauses willen, und es fiel ihm schwer, zu glauben, daß Etherington recht hatte mit seiner Behauptung, daß außerhalb des Staatsdienstes ein Titel nur auf Grund von Protektion verliehen werde. «Ich verstehe Ihre Bedenken nicht», meinte Etherington. «Sie sollen ja nicht die Bank von England überfallen. Ich möchte, daß Sie eine positive Rolle spielen in Angelegenheiten von nationalem Interesse. Was ist dagegen einzuwenden?»

Natürlich nichts – weshalb sich Thomas, obwohl er argwöhnte, daß die Sache einen Haken hatte, schließlich mit einer Reihe von Personen bekannt machen ließ, die Etherington für einflußreich hielt. Diese Begegnungen fanden gewöhnlich bei einem Lunch oder Dinner im *Reform Club* statt, denn Thomas hatte sich bereit erklärt, sich um die Mitgliedschaft im Club zu bewerben, und Etherington meinte, es sei wichtig, sich möglichst oft dort sehen zu lassen. «In allen führenden Londoner Clubs», sagte er etwas bekümmert, «besteht noch immer ein gewisses Vorurteil gegen Geschäftsleute, obwohl ich sicher bin, daß in Ihrem Falle das Renommee von Kingstons zu Ihren Gunsten spricht... aber wir brauchen dennoch für Sie die Unterstützung möglichst vieler Mitglieder...»

So lernte Thomas einige von Etheringtons «Bekannten» kennen, er sprach ausführlich mit ihnen und kam auf diese Weise in den Vorstand mehrerer Wohltätigkeitsvereine, zweier Stiftungen für Künstler und eines Instituts für medizinische Forschungen. Wie Etherington vorausgesagt hatte, hießen seine neuen Mitstreiter, von denen einige prominente Persönlichkeiten waren oder dem Adel angehörten, ihn herzlich willkommen. Auf Grund seiner langen Erfahrung als Geschäftsmann konnte er oft nützliche Vorschläge zu Einsparungen oder besseren Einkünften machen und in einem Fall sogar einen Betrug aufdecken. Er beeindruckte seine Kollegen so sehr, daß er bald Einladungen von anderen Organisationen erhielt. Etherington war entzückt, riet Thomas aber, nur auf eine oder zwei der prestigeträchtigsten Aufforderungen einzugehen, das genüge, denn der Schneeball sei ins Rollen gekommen.

Auf Etheringtons Drängen trat Thomas den Liberalen bei und ließ der Partei eine Spende zukommen, die nach Maßgabe seines Ratgebers «substantiell» war, aber nicht «spektakulär». Das war für Thomas kein Gewissenskonflikt, da er bei der letzten Wahl für die Liberalen gestimmt hatte. Politisch gehörte er der Mitte an, und in der Vergangenheit hatte jede Partei der Mitte seine Unterstützung gehabt.

Jetzt war er öfter mit liberalen Politikern zum Lunch verabredet, einmal zählte auch ein Minister dazu. Sie und alle anderen, die er durch Etherington kennengelernt hatte, erboten sich, ihn bei der Bewerbung um die Clubmitgliedschaft zu unterstützen.

Die Wahl neuer Clubmitglieder fand jeden Donnerstag während der Sitzungsperiode des Parlaments statt. Die Abstimmung war geheim und erfolgte mittels schwarzer und weißer Kugeln – mehr als zehn Prozent schwarze Kugeln bedeuteten Ablehnung des Antrags. Als der Februar halb herum war, glaubte Etherington, Thomas habe genügend Befürworter, und wollte ihn für die Wahl am ersten Donnerstag im März vorschlagen.

An jenem späten Februarnachmittag des Jahres 1907 also, als Thomas in Jennys Bett lag und ein Glas Wein trank, schien seine Situation recht günstig zu sein: Das Kaufhaus hatte nach einem hervorragenden Weihnachtsgeschäft einen noch nie gekannten Aufschwung erlebt; er hatte eine hübsche junge Geliebte und führte ein abwechslungsreiches, anregendes Leben; er bewegte sich, zusammen mit May, in angenehmen gesellschaftlichen Kreisen, und dank Etherington schien, wie er zugeben mußte, sein Status in der Hierarchie des fashionablen London in bemerkenswertem Maße zu steigen.

Als Angela nach Hause kam, waren Jenny und er schon angekleidet. Fast gleich darauf verließen sie alle drei die Wohnung und gingen zu einer Party, wo Etherington sich zu ihnen gesellte und vorschlug, sie sollten anschließend zu *Verreys* in der Regent Street essen gehen.

Bei *Verreys* herrschte Hochbetrieb an diesem Abend, und die Zwillinge, in besonders ausgelassener Stimmung, spielten oft ihre Zwei-Personen-Nummer, bei der sie ständig die Sprache wechselten zwischen Cockney-Englisch und Französisch, Italienisch und Chinesisch, Deutsch und Russisch. Als die beiden Männer sich einmal vor Lachen schüttelten, beugte sich Jenny impulsiv vor, um auf eine Bemerkung von Angela in quengelndem Südstaatleramerikanisch zu antworten. Dabei legte sie ihre Hand absichtslos auf Thomas' Hand. Es war keine bewußte Geste der Liebkosung, obwohl sich ihre Finger ein wenig verschränkten, aber sie drückte eine gewisse Vertrautheit aus. Deshalb fühlte Thomas sich um so mehr aus seiner entspannt-fröhlichen Laune aufgescheucht, als plötzlich Ramsays Stimme an sein Ohr drang. «Guten Abend, Vater... Schön, Sie in so guter Stimmung zu sehen.»

Alle waren wie versteinert. Jenny sprach nicht einmal das angefangene Wort zu Ende. Ein paar Sekunden lang starrten Angela und Etherington Ramsay entgeistert an. Er stand neben Thomas, die eine Hand in der Hosentasche, ein breites, fast cherubinisches Lächeln auf dem Gesicht, das röter war als gewöhnlich. «Oh, habe ich Ihnen einen Schock versetzt?» sagte er – und erst jetzt bemerkte Thomas seine etwas undeutliche Aussprache.

Thomas versuchte, der Situation Herr zu werden. «O Ramsay ... das ist wirklich eine Überraschung ... Ist Dora bei dir?»

«Ich bin hier, Pahpah», sagte sie und trat hinter ihm ein Stück zur Seite, damit er sie sehen konnte.

«Ach ja», sagte er und erhob sich. «Nun ... Ramsay, du hast Mr. Etherington wahrscheinlich schon kennengelernt, nicht wahr, aber bei Dora bin ich mir nicht so sicher ...»

«Richtig kennengelernt nicht», erwiderte Ramsay. «Ich erinnere mich natürlich seiner freundlichen Worte bei der Jahreshauptversammlung ... und ich habe inzwischen viel von ihm gehört, wenn ich mir auch –» er sagte das mit einem schnellen Blick auf die Zwillinge – «des vollen Ausmaßes seiner Dienste nicht bewußt war ...» Ehe Thomas etwas entgegnen konnte, streckte Ramsay Etherington die Hand hin und sagte: «Freut mich, Sie endlich kennenzulernen, Sir ... Dora, darf ich dir Mr. Etherington vorstellen ... Er hat Vater sehr geholfen ... Und wer sind diese hübschen jungen Damen, Vater? Es scheinen Schwestern zu sein?»

Einen Augenblick war Thomas geneigt, seinen Sohn vor allen Anwesenden wegen seiner Unhöflichkeit zurechtzuweisen, aber es war nur eine versteckte Beleidigung gewesen, und so beherrschte er sich und versuchte so zu tun, als wäre die Situation nichts Außergewöhnliches. Ein wenig zögernd und noch immer unbeholfen dastehend, stellte er die Zwillinge vor – zuerst Dora und dann Ramsay, der sich verbeugte und dann langsam voll unverhohlener Bewunderung den Kopf schüttelte. «Reizend, Vater ... Umwerfend ... Ich wußte nicht, daß Sie mit so entzückenden jungen Wesen bekannt sind ... Dora, hast *du* gewußt, daß Vater ein ganz Heimlicher ist?»

Dora, durch die Bemerkungen ihres Mannes ebenso in Verlegenheit gebracht wie alle anderen, lächelte Thomas liebevoll zu. «Ramsay», sagte sie behutsam, «ich glaube, solche Worte stehen dir nicht zu ... laß uns zu unseren Freunden zurückkehren, sonst wundern sie sich, wo wir geblieben sind.»

Ramsay schien nicht hingehört zu haben. Ein wenig schwankend musterte er Thomas mit breitem Grinsen. «Ich sehe meinen Vater in einer Rolle, in der ich ihn noch gar nicht kenne», sagte er.

Jetzt war Thomas wütend. «Du hast genug geredet, Ramsay», sagte er barsch. «Geh wieder zu deiner Gesellschaft, ehe du alles noch schlimmer machst ... Guten Abend, Dora.» Und er setzte sich wieder und zog den Stuhl zornig an den Tisch heran, so daß er ihnen den Rücken kehrte. «Ist da noch Champagner in der Flasche, Etherington?» fragte er.

2

Thomas war noch zornig auf seinen Sohn, als er am nächsten Morgen um zehn Minuten nach acht in sein Büro ging, nachdem er wie üblich das Eintreffen des Personals beobachtet hatte. Er ließ ihn sofort zu sich kommen. Ramsay litt noch unter den Nachwirkungen übermäßigen Alkoholgenusses und war in ziemlich bußfertiger Stimmung. Er entschuldigte sich ohne jede Einschränkung, und erst als Thomas sich nicht besänftigen ließ und behauptete, sein Benehmen sei «absolut schändlich» gewesen, bekam er das Gefühl, daß sein Vater einen allzu kritischen Maßstab anlegte. «Ich habe mich für dich geschämt!» sagte Thomas wütend.

«Ich war auch nicht gerade stolz», gab Ramsay ruhig zurück, «meinen Vater in Gesellschaft zweier hübscher kleiner Mädchen anzutreffen, die seine Enkelinnen hätten sein können ... wahrscheinlich Schauspielerinnen ...»

Damit war Ramsay weiter gegangen, als er gewollt hatte, und er war zerknirscht. Für Thomas gab es keine Rechtfertigung für einen Sohn, der so zu seinem Vater sprach. Einige Sekunden lang blickte er auf seine Hände, die er auf den Tisch gelegt hatte – so fest verkrampft, daß die Haut am Fingeransatz weiß war. «Wie kannst du es wagen?» sagte er leise.

«Es tut mir leid, Vater», entschuldigte sich Ramsay noch einmal, um gleich darauf von einem Gefühl der Treulosigkeit gegenüber seiner Mutter befallen zu werden. «Ich war etwas besorgt», begann er, «wie Sie gewiß ... Nun, Vater, ich meine ...»

«Besorgt?» fragte Thomas und funkelte ihn zornig an. «Du meinst, weil ich zwei junge Bekannte von Mr. Etherington zum Dinner eingeladen habe?»

Ramsay starrte seinen Vater entgeistert an. «Es waren auch Ihre Bekannte, Vater.» Er war sich bei diesen Worten bewußt, daß sie fremde Gefühlsbereiche betraten. «Das eine der Mädchen hatte sogar die Hand auf der Ihren liegen ...»

«Da mußt du dich irren, Ramsay.» Thomas sah ihn an mit Augen, aus denen plötzlich keinerlei Gefühl sprach. «Du hattest natürlich zuviel getrunken.»

Thomas' Heuchelei brachte Ramsay in Rage. «Da gab es nichts

zu irren, Vater, und es geschah in der Öffentlichkeit und war für Mutter ein Affront ...»

Ramsay war sich bewußt, daß sein Verweis großspurig klang und übers Ziel hinausschoß, doch als er sah, mit welcher Empörung sein Vater das Wort «Affront» wiederholte, trieb ihn irgendein Urinstinkt dazu, ihn noch weiter anzustacheln. «Und auch für das Kaufhaus», fuhr er fort. «Es kann dem Kaufhaus nicht viel Gutes einbringen ... wenn Kunden da waren, die Sie kennen ...»

«Das Kaufhaus!» rief Thomas. Er sprang auf und schlug mit der Faust auf den Tisch. «Du willst mich lehren, was für mein Kaufhaus gut ist oder nicht?»

«Es ist auch mein Kaufhaus», gab Ramsay zurück. «Ich arbeite jetzt seit fast zwanzig Jahren hier ... Vater, es ist auch mein Kaufhaus, und ...»

Aber er sprach den Satz nicht zu Ende, denn in diesem Augenblick stürzte Sidney Baines ins Zimmer. «Entschuldigen Sie, daß ich Sie stören muß, Mr. Kingston», sagte er atemlos, «aber da ist eine äußerst dringende Angelegenheit ... In meinem Büro sind Reporter von der *Daily Mail*, vom *Daily Mirror* und von der *Westminster Gazette* ... und andere habe ich schon am Telefon gehabt ...»

«Reporter?» fragte Thomas verblüfft. «Was hat Dora denn schon wieder angestellt?»

«Es geht nicht um Dora», antwortete Sidney. «Es geht um uns ... um das Kaufhaus ... Wir werden heftig angegriffen ... In der heutigen Morgenausgabe des *Daily Chronicle* –» er hielt dabei eine Zeitung hoch – «der erste Artikel einer ganzen Serie ...»

«Ich begreife nicht ...» sagte Thomas.

«Die ganze Branche steht unter Beschuß», erklärte Baines, «aber wir gehören zu den Häusern, die namentlich genannt werden ... Außerdem ist die Zeitung über Vorhaben unterrichtet, die nur die Direktoren wissen können: über unsere Pläne, unsere Verkaufsstrategie und dergleichen. Ich fürchte, es besteht kein Zweifel, Mr. Kingston – wir hatten einen Spion bei uns.»

Da wurde Ramsay der Hintergrund klar, und ein paar Sekunden lang glaubte er, ihm werde übel. Er hörte kaum, als sein Vater sagte: «Reden Sie keinen Unsinn, Sidney, wir haben doch keinen Spion im Vorstand ... Wer hat den Artikel geschrieben?»

«Eine Frau namens Hannah Redfield.»

«Redfield? Den Namen habe ich doch schon gehört. Wissen wir etwas über sie?»

«Sie hat eine Zeitlang als Verkäuferin bei uns gearbeitet», sagte Sidney. «Und auch in anderen Kaufhäusern ... Lewis ... Debenhams ... Swan & Edgar ... Die werden auch alle erwähnt ... und andere in der Provinz und in den Vororten ... Sie hat eine größere Untersuchung durchgeführt.»

«Welche Abteilung?» fragte Thomas. Falten standen in seiner Stirn, als er überlegte, woher er den Namen kannte.

«Kurzwaren ... Ich habe schon mit Evans gesprochen. Offenbar hat sie vor drei oder vier Monaten von einem Tag auf den anderen gekündigt ...»

«Kurzwaren?» wiederholte Thomas wie im Selbstgespräch. «Redfield?» Und da sah er die Szene wieder vor sich, als er Ramsay wegen seines vertraulichen Umgangs mit der Verkäuferin zurechtgewiesen hatte. Er blickte seinen Sohn an und sah die Qual in seinen Augen, und es trat ein Schweigen ein, an das beide sich bis an ihr Lebensende erinnern sollten. Es war ein Schweigen des Schmerzes, des Mitgefühls und des Schocks und der Angst und der beiderseitigen Sorge um das Kaufhaus, ihrer beider Kaufhaus – und nichts deutete darauf hin, daß der eben noch Beklagte gegen seinen Ankläger vorgehen wollte. Und da Thomas dies nicht tat, ja nicht einmal an die Möglichkeit zu denken schien, wie ein Mensch von geringerem Format es getan hätte, wurde Ramsay von einer solchen Dankbarkeit und Liebe überwältigt, daß ihm einen Augenblick der Atem wegblieb.

«Nun», sagte Thomas schließlich, «sehen wir uns doch einmal an, was diese Miss Redfield über uns schreibt ...» Er setzte sich an den Schreibtisch, und Sidney breitete die Zeitung vor ihm aus. Thomas machte eine Handbewegung zu seinem Sohn. «Du siehst dir das am besten auch an, Ramsay.» Ramsay trat hinter den Schreibtisch, um seinem Vater über die Schulter zu sehen und das Ausmaß von Hannahs Verrat zu ermessen, an den er noch immer kaum glauben konnte.

Unter der Schlagzeile «Das schändliche Dasein in unseren Läden» wurde der Artikel eingeleitet durch eine kurze Beschreibung der Person Hannahs – wo sie in die Lehre gegangen und wie sie mit dem Womens' Industrial Council in Berührung gekommen war, einer Organisation, die sich die Verbesserung des Schicksals der Arbeiterinnen zum Ziel gesetzt und sie aufgefordert hatte, bei häufigem Arbeitsplatzwechsel in mehreren Läden und Kaufhäusern ein Forschungsprogramm durchzuführen, damit die Öffentlichkeit in einer Serie von Artikeln von den erschreckenden Tatsachen in Kenntnis gesetzt werden konnte.

In ihrem ersten Artikel griff Hannah die langen Öffnungszeiten vieler Kaufhäuser an, die niedrigen Löhne, das endlose Stehen, zu dem die Verkäufer gezwungen waren, und vor allem das Wohnsystem in geschäftseigenen Unterkünften, das bei manchen Firmen zu einer Form der Sklaverei ausartete, mit gefängnisähnlichen Hausordnungen, Beschneidung der Freizeit, minderwertigem Essen und der Drohung mit fristloser Kündigung.

Hannah führte ihre Kampagne mit guter Begründung, aber wenig Moral. Die großen Kaufhäuser der Londoner City, wie etwa Kingstons, waren nicht ihr Angriffsziel, denn sie hatten längst die in der Branche früher üblichen Mißstände abgestellt, doch um Eindruck zu erwecken, mußte sie auch die bekannten Namen beschmutzen. Sie tat es mit dem alten journalistischen Trick der Assoziation – indem sie zum Beispiel einen besonders üblen Fall von Lebensbedingungen in einer geschäftseigenen Unterkunft anführte und darauf die Mitteilung folgen ließ: «Auch Kingstons hat ein Unterkunftssystem, dem, obwohl korrekt gehandhabt, seinem Wesen nach einige der unglückseligen Merkmale einer Anstalt anhaften müssen.»

Sie kritisierte die großen Firmen wegen ihres Widerstands gegen die Gewerkschaft, der beizutreten, wie sie betonte, jeder Verkäufer von Gesetzes wegen berechtigt war. «Manche Firmen gehen in ihrer ablehnenden Haltung erstaunlich weit. Wie ich gehört habe, beabsichtigt Thomas Kingston, sich von jedem neu Eingestellten schriftlich bestätigen zu lassen, daß er nicht der Gewerkschaft beitritt, und ist bereits dazu übergegangen, alle zu entlassen, von denen er erfährt, daß sie Mitglied sind. Wie dieses große Kaufhaus, dem unser König das Hoflieferantenpatent verliehen hat, es fertigbringt, einen Mann oder eine Frau des Arbeitsplatzes zu berauben wegen einer vom Gesetz zugelassenen Handlungsweise, das bedarf der näheren Untersuchung.»

«Mein Gott!» sagte Ramsay leise, als er diese Worte las, aber es sollte noch schlimmer kommen.

Hannah zeichnete ein anschauliches Bild vom Lebensstil der Familie Kingston und erwähnte dabei alles: das Landgut in Bukkinghamshire mit den auf der Weide grasenden Jagdpferden, Thomas' großes Haus am Cadogan Place, Ramsays luxuriöse Villa am Montpelier Square, die Kutschen, die Dienstboten, die Eleganz der beiden Ehefrauen und sogar – womit sie Ramsay das Messer in einer schon zur Genüge blutenden Wunde herumdrehte – «die neueste Errungenschaft», wie sie es nannte, den Mercedes-Simplex. Dann verglich sie dies alles mit den 42 Shilling Wochenlohn, die ein Verkäufer bei Kingstons bekam. Sie unterließ es, hinzuzufügen, daß dies der höchste im ganzen Land von einem Kaufhaus gezahlte Lohn war, aber selbst wenn sie es gesagt hätte, würde es dem Thema der Artikelserie nur noch mehr Nachdruck verliehen haben.

Als Ramsay die Worte las, die Hannah geschrieben hatte, um ihn und seinen Vater zu diskreditieren, und dabei an die Umstände dachte, unter denen sie ihr Wissen erlangt hatte, glaubte er, ihm werde schlecht.

«Setz dich einen Augenblick, Ramsay», sagte sein Vater, als er seine Blässe bemerkte, «und laß uns überlegen, was zu tun ist.» Thomas lehnte sich langsam zurück. Schließlich sagte er: «Eines weiß ich: mit der Gewerkschaft will ich nichts zu tun haben. Das ist Erpressung ... Man hat mich schon einmal erpressen wollen ... Ich glaube, davon wissen Sie gar nichts, Sidney, oder?»

Sidney sah ihn an. «Nein, Mr. Kingston», log er.

«Nun, ich habe damals nicht nachgegeben, und ich gebe auch jetzt nicht nach.»

«Erklären wir das zu unserer offiziellen Stellungnahme?» fragte Sidney. «Die Reporter in meinem Büro wollen es wissen ... Es könnte Anfragen im Unterhaus geben. Von einem von der Labour Party ...»

«Verdammt nochmal, Sidney, die meisten Firmen sind gegen die Gewerkschaft ... Die Gewerkschaften kriegen ein Unternehmen nur durch Streiks zu Vereinbarungen – falls sie genug Leute dazu bringen, zu streiken, und ich glaube nicht, daß ihnen das bei Kingstons gelingen wird ... wir haben ein großartiges und hervorragend geführtes Kaufhaus, und unser Personal ist stolz darauf.»

Das Telefon auf seinem Schreibtisch klingelte, und der Sekretär teilte ihm mit, Mr. Handfield warte draußen und bitte dringend um ein Gespräch. «Ich spreche nicht mit ihm», sagte er barsch, «und wenn er der letzte Mensch in England wäre.»

Er hängte den Hörer an den Haken, und Ramsay fragte: «Sind Sie immer noch überzeugt, daß Sie richtig handeln, Vater?»

«Nach dieser Sache da?» Thomas stieß zornig seinen Finger auf die Zeitung auf dem Schreibtisch. «Der Mann ist ein Schurke ...»

«Würden Sie erlauben, daß ich mit ihm rede?»

«Das wäre genauso schlimm, als wenn ich selbst mit ihm redete.»

«Nur, wenn wir etwas davon wüßten», warf Sidney ein. «Inoffizielle Kontakte könnten nützlich sein.»

«Ich könnte sagen, Sie hätten mir verboten, mit ihm zu sprechen», sagte Ramsay, «aber ich hätte mich darüber hinweggesetzt ... Wir könnten uns in einer Kneipe treffen ...»

Thomas überlegte. «Das gefällt mir eigentlich nicht, aber nach dem da –» wieder deutete er auf die Zeitung – «sind vielleicht normale Moralvorstellungen nicht mehr angebracht ... Gut, Ramsay – aber sei vorsichtig.»

«Und die Reporter in meinem Büro?» fragte Baines.

«Ich lasse mich nicht drängen, Sidney. Ich will erst sehen, was passiert – wie die anderen Kaufhäuser reagieren, was andere Zeitungen bringen ... Sagen Sie den Reportern, die Sache müsse vom Vorstand geprüft werden.»

Als Sidney ging, blieb Ramsay zögernd stehen. Thomas lächelte. «Bring's hinter dich, Ramsay. Konzentriere dich ganz darauf, wie wir mit dem Problem fertig werden können – vielleicht läßt sich alles zu unseren Gunsten wenden. Eine solche Möglichkeit gibt es oft ... Und zumindest haben wir etwas Zeit gewonnen.»

Ramsay hatte jedoch kaum das Büro verlassen, als Thomas jäh daran erinnert wurde, daß die gewonnene Zeit kaum eine vergnügliche sein würde: sein Sekretär teilte ihm mit, Albert Brown sei draußen und bitte um eine kurze Unterredung.

Albert Brown, jetzt ein Mann von einundfünfzig Jahren, war nicht so vorangekommen, wie Thomas gehofft hatte. Er war einige Jahre Leiter der Abteilung für Herrenstrickwaren gewesen und konnte jetzt eigentlich, ohne weitere Aufstiegsmöglichkeiten, nur noch dem Ruhestand entgegensehen. Er hatte spärliches graues Haar und war etwas pedantisch, und es fiel Thomas oft schwer, ihn noch mit dem Botenjungen in Verbindung zu bringen, der 1870 den schrecklichen Streit mit David ausgelöst hatte.

«Vielen Dank, daß Sie mich empfangen, Mr. Kingston», sagte Brown ehrerbietig, als er das Büro betrat. Thomas fiel auf, daß er recht nervös war. «Ich nehme an, Sie haben den heutigen *Chronicle* gelesen, Sir.»

«Sie meinen diesen skandalösen Artikel?» fragte Thomas, auf die Zeitung auf seinem Schreibtisch deutend.

«Nun, Sir, einige glauben, er sagt, was einmal gesagt werden mußte.»

«Die Leute halten den Angriff auf uns für gerechtfertigt?» fragte Thomas. «Ich hätte gedacht, gerade Sie müßten zugeben, daß wir immer sehr rücksichtsvolle Arbeitgeber waren.»

Brown nickte und blickte vor sich zu Boden. «Sie waren einmal sehr freundlich zu mir, Mr. Kingston ... deshalb fällt mir das jetzt auch so schwer ... aber es gibt Dinge, die wichtiger sind als persönliche Gefühle.»

«Auch als Treuebindungen?» fragte Thomas.

«Größere Dinge, Mr. Kingston, die Tausende von Männern und Frauen betreffen ... Man redet im Kaufhaus heute über Ihre Einstellung zur Gewerkschaft, was ja zu erwarten war ... weshalb ich ... nun weshalb ich Sie etwas fragen möchte ...»

«Nun, dann fragen Sie schon, Albert.»

Brown gab sich einen Ruck und sah Thomas fest an. «Stimmt das, was in dem Artikel steht, Mr. Kingston? Daß Sie alle Gewerkschaftsmitglieder entlassen?»

Bisher hatte Thomas daran nur in seinen Wutanfällen über Handfields Unruhestifterei gedacht. Er hatte nicht versucht, Gewerkschaftsmitglieder unter seinem Personal ausfindig zu machen, und er hatte in zwei Fällen, in denen er zufällig davon erfuhr, nichts unternommen.

«Warum fragen Sie mich das?»

Brown richtete sich steif vor ihm auf. «Weil ich Gewerkschaftsmitglied bin.»

Thomas war klar, daß Handfield sich Brown als Testfall ausgesucht hatte, weil seine Entlassung ihm die Möglichkeit geben würde, ihn, Thomas, als üblen Ausbeuter hinzustellen. «Wollen Sie wirklich Kingstons verlassen, Albert?» fragte er freundlich.

«Mir wäre es lieber, Sie würden mich Mr. Brown nennen, Sir.»

Thomas zuckte die Achseln. «Wie Sie wollen, Mr. Brown ... Sie arbeiten jetzt hier fast so lange wie ich – wollen Sie wirklich gehen?»

Die Frage brachte Brown in Verlegenheit. «Natürlich nicht, Mr. Kingston.»

«Denn ... ich muß gerade daran denken», fuhr Thomas fort, «was für ein Pech es war, daß ich Sie heute empfangen konnte. Wenn ich beschäftigt gewesen wäre, und wenn Sie das Mr. Handfield berichten könnten, dann hätten wir doch die Möglichkeit, diese wichtige Angelegenheit mit der nötigen Sorgfalt zu bedenken ... Mr. Handfield ist natürlich auf einen Kampf aus – nicht mit einem dieser kleinen Geschäfte, die tatsächlich ihr Personal ausbeuten, sondern mit einer renommierten Firma ... und Sie sind geschickt worden, um diesen Kampf auszulösen – Sie, Mr. Brown, der Sie seit Ihrem vierzehnten Lebensjahr mit mir zusammenarbeiten ...»

Thomas hielt inne und beobachtete Browns verwirrten Gesichtsausdruck. «Nun, *ich* will den Kampf *nicht* auslösen, Mr. Brown ... Ich werde auf Ihre Frage in einigen Tagen öffentlich antworten, wenn ich im Augenblick auch noch nicht weiß, in welcher Weise ... Ich brauche diese paar Tage ... lassen Sie mir noch Zeit ... Wenn es zu einem Kampf kommen sollte, kann ich Sie immer noch entlassen ... Und angesichts des Artikels heute von Miss Redfield wäre es doch nicht überraschend, wenn ich wirklich sehr viel zu tun hätte, nicht wahr?»

Brown sah verwirrt aus und unsicher. «Nein», erwiderte er. «Ich hatte damit gerechnet, daß Sie heute morgen sehr beschäftigt sind, Mr. Kingston ... und auf ein, zwei Tage, wie Sie sagen, kommt es ja auch nicht an.»

«Es tut mir leid, daß ich keine Zeit hatte, mit Ihnen zu sprechen, Mr. Brown ...» sagte Thomas und begann, in Schriftstücken auf seinem Schreibtisch zu lesen, als wäre er allein im Zimmer. Als er eine Minute später aufblickte, war Albert gegangen.

3

Es war recht kalt in der Droschke, als May am Nachmittag des gleichen Tages kurz nach halb fünf vor dem Haus Pembroke Villas Nummer 2 wartete. Es begann schon dämmerig zu werden, und bald würde es so dunkel sein, daß sie das Haus Nummer 33, auf das es ihr ankam, nicht mehr sehen konnte. Sie zog das Fuchscape fester um die Schultern und steckte die Hände wieder in den warmen Pelzmuff.

Zum sechstenmal schon war sie jetzt in dieser kleinen Straße, seit das Haus Pembroke Villas 33 ihr Interesse erweckt hatte – da Möbel, die sie nicht bestellt hatte, auf ihrem Konto beim Kaufhaus berechnet worden waren. Auf Anfrage erfuhr sie die Lieferadresse und daß Thomas die Bestellung aufgegeben hatte. Offenbar hatte er die Sache privat erledigen wollen, und die Belastung ihres Kontos war ein Irrtum gewesen.

Seit dieser Entdeckung hatte sie beobachtet, wie das kleine Haus nach und nach eingerichtet wurde. Und als am Vortag die Vorhänge angebracht wurden und Rauch aus dem Schornstein kringelte, war ihr klar, daß der neue Besitzer bald einziehen würde.

Während sie jetzt in der feuchten Kälte dieses Winternachmittags wartete, fragte sie sich, warum sie keine Detektei mit der Beobachtung beauftragt hatte – aber sie wußte den Grund: sie wollte das Mädchen sehen, ehe ihre Anwälte an Thomas herantraten.

May hatte natürlich nicht die Absicht, sich scheiden zu lassen – sie dachte nicht einmal an eine offizielle Trennung, die leichter zu erreichen war für eine Ehefrau, da sie – im Gegensatz zu einem Ehemann – Beweise für Gewaltanwendung und Ehebruch vorlegen mußte. Sie hatte Thomas' Leben mit allen seinen Rückschlägen und Triumphen geteilt. Sie hatte ihm geholfen, das Kaufhaus zu schaffen. Sie liebte ihn von Herzen. Sie waren seit über siebenunddreißig Jahren verheiratet und waren miteinander verschmolzen, jeder war Teil eines einzigen Ganzen. Aber sie mochte nicht dulden, daß er sich eine Mätresse hielt – schon gar nicht, wenn es sich, wie sie vermutete, um eine der Zwillinge handelte, von denen sie gehört hatte, eine sehr junge Mätresse.

Sie hatte ihre Feuertaufe mit Eve Banbury erlebt, obwohl sie das, trotz allen Schmerzes, hatte verstehen können. Aber es war etwas ganz anderes, wenn sich ein Mann von über sechzig Jahren mit einer Zwanzigjährigen zum Narren machte – ja, zum Narren, wiederholte sie zornig in Gedanken, als die Kutsche, *ihre* Kutsche, in die Straße einbog. Er besaß nicht einmal soviel Anstand, eine Mietdroschke zu nehmen.

Mit kalter Wut beobachtete sie, wie der Wagen vor der Nummer 33 hielt und wie ihr Mann ausstieg und einem dunkelhaarigen Mädchen herunterhalf. Ein paar Sekunden lang blieb das Mädchen stehen und betrachtete das Haus, fast wie ein Kind, das ein neues Spielzeug bewundert. Dann machte sie einen kleinen Freudensprung und küßte Thomas impulsiv auf die Wange.

«Kutscher!» rief May. «34 Cadogan Place!» Und die Droschke rollte die Straße hinunter an der wartenden Kutsche vorbei – May saß zusammengekauert im Fond, und Tränen strömten ihr über das Gesicht, Tränen, die bei ihr so selten waren.

4

«Ich spreche es ungern aus, Mr. Kingston», sagte Handfield, als er und Ramsay sich an dem Abend im lärmenden, rauchgeschwängerten Restaurant *George II* trafen, «aber Ihr Vater ist ein sturer Mensch. Die Gewerkschaftsbewegung bekommt ständig Zulauf. Männer mit der Einstellung Ihres Vaters – und davon gibt es natürlich viele – tragen nur dazu, daß sie noch mehr wächst ...»

«Mit solchen Artikeln wie dem von Miss Redfield im *Chronicle* werden Sie bei ihm jedenfalls nichts erreichen», entgegnete Ramsay. «Sie wissen doch genausogut wie ich, daß er völlig unrichtig ist.»

«Nicht unrichtig, Mr. Kingston», sagte Handfield mit einem listigen Lächeln. «Kein Wort ist unrichtig.»

«Der Eindruck ist unrichtig – zumindest, was Kingstons betrifft ... und Debenhams und die anderen anständigen Kaufhäuser.»

Handfield seufzte. «Wir spielen keine Partie Kricket, Mr. Kingston, wir kämpfen einen verzweifelten Kampf ... und ich habe versucht, Ihren Vater zu warnen ... Manches Unschöne hätte vermieden werden können, wenn er ein bißchen vernünftiger wäre ... so wie Sie.»

«Sie meinen, wenn er auf die Erpressung eingegangen wäre?»

Handfield blickte gekränkt auf. «Nicht Erpressung, Mr. Kingston ... Verhandlungen.»

«Wie *Sie* es nennen», erwiderte Ramsay spöttisch. «Wissen Sie, Mr. Handfield, ich glaube allmählich, mein Vater hat recht, wenn er sich weigert, mit Ihnen zu sprechen.»

Handfield lachte. «Hat überhaupt jemand recht, wenn er sich weigert, mit einem anderen zu sprechen?» Er wechselte das Thema und ließ die Frage offen. «Übrigens – ich soll Ihnen einen Brief übergeben ... Sie können ihn lesen, während ich Ihnen etwas zu trinken hole ... Brandy, nicht wahr?»

Ramsay blickte bestürzt auf den blauen Umschlag, den Handfield ihm reichte. Er hatte nie ihre Handschrift gesehen, aber sie war charakteristisch – feste Abstriche und kunstvolle Schnörkel am Ende der Buchstaben. Mit zitternden Fingern riß er den Brief auf.

Lieber Ramsay, hatte sie geschrieben, *unsere Lage ist eigenartig ... Ich erwarte keine Gnade, denn wir sind Feinde, wie ich Dir mehr als einmal gesagt habe. Aber Du sollst doch wissen, daß unsere Begegnungen für mich sehr schön waren. Viele würden das, was zwischen uns war, als das Höchste bezeichnen, das eine Frau einem Mann geben kann, würden sogar sagen, es sei eine Kompensation. Ich sehe es nicht so, denn für mich war es ein überwältigendes Erlebnis. Man sagt, Frauen vergäßen später die Stärke ihrer Wonnegefühle in solchen Augenblicken, die Erinnerung nehme ab so wie die von den Schmerzen im Kindbett. Aber Ramsay, glaube mir, ich erinnere mich jeder Einzelheit, jeder Nuance, jedes Höhepunkts dieses Gefühls – und bewahre das alles in mir. Ich hoffe, daß auch Du Dich, trotz allem, daran erinnerst, wie ich Dich gebeten habe, und begreifst, daß das, was vor mir lag, eine Pflicht war in dem Sinne, wie ein Soldat weiß, daß er in Ausübung seiner Pflicht töten muß.*

Ich will Dir jedoch einen Rat geben – und Du kannst nun mich verraten, so wie ich Dich verraten habe, indem Du Mr. Handfield diesen Brief zeigst. Auf meine Artikel hin werden Kingstons und andere Kaufhäuser durch die Gewerk-

schaft und das Personal unter Druck gesetzt werden, und ich vermute, Dein Vater wird es auf einen Zusammenstoß ankommen lassen wollen. Halte ihn davon ab, Ramsay. Die Zeiten ändern sich, und auch er muß sich ändern. Er sollte den Angriff von sich ablenken. Wenn er der Gewerkschaft unbedingt trotzen will, dann soll er es tun, aber bring ihn dazu, daß er einen Personalrat bildet – ein Gremium, das nicht ein Werkzeug in den Händen der Direktoren ist, sondern ein Anwalt des Personals, das von Dir und Deinem Vater wirklich respektiert wird, auch wenn die Geschäftsleitung nicht immer seinen Wünschen entspricht.

Ich brauche Dir nicht zu schildern, welche Wirkung eine solche Maßnahme haben würde, sowohl bei Deinem Personal wie auch in der Presse, denn es wäre etwas ganz Neues. In keinem einzigen Kaufhaus in England gibt es bisher eine solche Einrichtung.

Und wenn Du Dich fragst, warum ich Dich dazu dränge, kannst Du Dir entweder sagen, daß es schlau von mir ist – was es in gewissem Sinne ist, denn früher oder später werdet Ihr die Gewerkschaft anerkennen und der Personalrat wird zu dieser Anerkennung beitragen – oder Du kannst Dir sagen, daß alle Gewerkschaftler Romantiker seien, was sie auch sind, besonders solche weiblichen Geschlechts ... Ich wünsche Dir alles Gute ... Hannah.

Als Ramsay den Brief zu Ende gelesen hatte, waren seine Gefühle in Aufruhr. Die Anspielungen auf ihren letzten gemeinsamen Abend hatten ihn tief berührt. Ihr Vorschlag mit dem Personalrat jedoch war höchst interessant. Ein Personalrat wäre, wie sie sagte, eine machtvolle Antwort auf die Forderungen der Gewerkschaft; er käme genau zur rechten Zeit und würde Kingstons als ein Unternehmen darstellen, das sich um seine Angestellten kümmerte – und das Personal würde sehr beeindruckt sein; doch der Personalrat würde keine Macht haben, nur Einfluß, und das Ausmaß dieses Einflusses würde in den Händen der Direktoren liegen.

Trotzdem war es ein revolutionäres Konzept, und Ramsay war überrascht, daß er keine Mühe hatte, seinen Vater von den Vorteilen einer solchen Einrichtung zu überzeugen. Sie aßen am Cadogan Place zu Abend – allein, denn May fühlte sich offenbar nicht wohl und hatte sich das Essen aufs Schlafzimmer bringen lassen. «Und ich weiß auch schon, wer der erste Vorsitzende unseres Personalrats sein wird», erklärte Thomas. «Albert Brown, der Mann, der am längsten bei uns beschäftigt ist.»

«Vater, das ist eine großartige Idee!» rief Ramsay begeistert. «Wie sind Sie gerade auf ihn gekommen?»

«Oh, ich weiß nicht», antwortete Thomas scheinheilig, «ab und zu habe auch ich einmal eine gute Idee.»

Er füllte gerade Ramsays Portweinglas nach, als Brandon ins Speisezimmer kam und meldete, Mr. Etherington sei im Salon und hätte Mr. Kingston gern kurz in einer dringenden Angelegenheit gesprochen.

«Sagen Sie ihm, er soll hereinkommen und ein Glas Portwein mit uns trinken.»

Aber Etherington lehnte das freundliche Angebot ab, als er das Zimmer betrat. «Vielen Dank, Mr. Kingston, aber ich habe nur einen Moment Zeit. Ich wollte Sie nur so früh wie möglich unterrichten ... Ich habe mit mehreren Clubmitgliedern gesprochen ... Dieser Artikel im *Chronicle* heute morgen hat einen ungünstigen Eindruck gemacht, und die Kommentare in der Abendpresse waren auch recht kritisch ... Der Clubsekretär hat mich wissen lassen, daß es ... nun ja, taktvoll wäre, wenn Sie sich entschließen könnten, sich am Donnerstag nicht um die Mitgliedschaft bewerben, wie wir es vorgehabt hatten.»

Thomas war überrascht und enttäuscht zugleich. «Ich soll mich nicht bewerben?» fragte er ungläubig.

«In dem Artikel im *Chronicle* steht, die Arbeitsbedingungen in den Kaufhäusern seien ... nun ... skandalös ...»

«Aber doch nicht, was uns betrifft», sagte Thomas.

«Oh, da bin ich ganz Ihrer Meinung, wie Sie wissen ... aber die stillschweigenden Folgerungen, die man daraus ziehen kann, haben einen ungünstigen Eindruck gemacht – besonders, was die geschäftseigenen Unterkünfte betrifft.»

«Aber die Wohnbedingungen in unseren Firmenunterkünften sind exemplarisch», betonte Thomas.

«Das weiß ich, Mr. Kingston, aber das wissen nicht alle im *Reform Club* ... Es wäre zweifellos besser, noch ein paar Monate zu warten ... Außerdem muß ich eine unvorhergesehene Auslandsreise antreten, und als derjenige, der Sie vorschlägt, möchte ich natürlich –»

«Sie meinen ...» unterbrach ihn Thomas zornig.

«Ich meine –» Etheringtons Stimme bekam plötzlich einen harten Klang – «daß Sie mit an Sicherheit grenzender Wahrscheinlichkeit nicht genügend Stimmen bekommen würden.»

5

«Und deshalb, meine Herren», erklärte Thomas zwei Tage später vor den Vertretern der Presse, die sich in dem Saal eingefunden hatten, in dem die Konferenzen der Abteilungsleiter und die Jahreshauptversammlungen stattfanden, «haben wir beschlossen, die Grundsätze unserer Geschäftsführung klar darzulegen. Wir glauben, daß Kingstons eines der bedeutendsten Kaufhäuser, wenn nicht das bedeutendste, der Welt ist. Unsere Einkäufer suchen auf dem ganzen Erdball nach der qualitativ besten Ware, die zu haben ist. Die Beziehungen zu unserem Personal waren und sind ausgezeichnet – und im Zusammenhang mit dieser Frage haben wir Sie heute auch hierher gebeten.»

Er machte eine Pause, griff mit den Händen nach seinen Rockaufschlägen und ließ den Blick über die Zuhörer schweifen. «Meine Herren, wir sind kürzlich in einer Zeitung in mehreren Punkten angegriffen worden. Die meisten dieser Vorwürfe waren unrichtig, aber einer ist darunter, der eine Klarstellung unserer Personalpolitik verlangt. Wir sind gegen die Gewerkschaft der Verkäufer im Einzelhandel, das ist kein Geheimnis. Wir stellen niemanden ein, von dem wir wissen, daß er Gewerkschaftsmitglied ist. Wir sind jedoch zu der Überzeugung gelangt, daß die Zeit gekommen ist für eine größere Mitsprache des Personals in gewissen Bereichen des Geschäftsbetriebs. Wir waren stets ein fortschrittliches Unternehmen, deshalb wird es Sie nicht überraschen, wenn ich Ihnen mitteile, daß wir etwas Neues vorhaben, etwas, das es noch in keinem anderen Kaufhaus gibt ... Meine Herren, es ist mir eine Freude, Ihnen die Einrichtung eines Personalrats mitteilen zu können ...»

Während er das Konzept des Personalrats als eines Gremiums umriß, das unabhängig von der Geschäftsleitung fungieren sollte, sah er, daß seine Zuhörer sich eifrig Notizen machten, und da wußte er, daß seine Ankündigung genau den erhofften Effekt erzielte.

«Der erste Vorsitzende des Personalrats ist von mir ernannt worden», fuhr Thomas fort, «denn jemand mußte die Dinge ja in Bewegung bringen. Ich glaube jedoch, die Wahl, die ich getroffen habe, wird im Kaufhaus allgemein begrüßt werden ... In Zukunft werden die Vorsitzenden natürlich von den Personalratsmitgliedern selbst gewählt werden, aber ich hoffe, zumindest für die nächsten ein, zwei Jahre werden Sie für Mr. Brown stimmen.» Thomas lächelte. «Denn die achtunddreißig Jahre, die ich Albert jetzt kenne – so nannte ich ihn damals, als er vierzehn war und eine Schürze trug –, haben mir gezeigt, was für ein vernünftiger und aufrechter Mensch er ist ...»

Es war ein großer Triumph. Als die Versammlung sich auflöste, wußte Thomas, daß die Abendpresse Bilder von Brown bringen würde. Die *Daily Mail* plante ein Exklusivinterview mit ihm für die nächste Morgenausgabe. Der *Daily Mirror* schickte einen Reporter aus, der mit seiner Frau sprechen sollte. Und die *Times*, die nicht so schnell reagierte wie die forschen neuen Blätter der volkstümlichen Presse, zog für die nächste Woche einen Artikel über die generelle Frage von Personalräten in Betracht.

Innerhalb des Kaufhauses verbreitete sich die Nachricht von der Einsetzung einer Personalvertretung wie ein Lauffeuer. Als Ramsay nach Beendigung der Pressekonferenz durch die Wäscheabteilung ging, begegnete er Handfield. Man merkte dem Gewerkschaftsführer an, wie zornig er war. «Das war schlau, Mr. Kingston, das muß ich zugeben», sagte er mit finsterem Blick. «Aber noch nicht schlau genug!»

Inzwischen sah sich Thomas ein Stockwerk höher mit einer neuen Krise konfrontiert, diesmal mit einer sehr persönlichen. Ein Besucher hatte schon im Vorzimmer auf ihn gewartet, als er nach der Konferenz in sein Büro zurückkam – ein kleiner, blasser Mann mit schmutzigem Eckenkragen, ausgebeulter Hose und Melone. Er trug einen Brief bei sich, den er Thomas persönlich zu übergeben hatte. Der Brief kam von einer Londoner Anwaltskanzlei, die ihm mitteilte, man sei von seiner Ehefrau mit der Einleitung der Scheidungsklage beauftragt worden.

«Guten Abend, Thomas», sagte May, als er am Abend das Wohnzimmer betrat, so als wüßte sie von keiner Mißstimmigkeit zwischen ihnen. Er hatte sich absichtlich nicht mit der Heimkehr beeilt, sondern bis Geschäftsschluß an seinem Schreibtisch gesessen und gearbeitet. Zum einen hatte er Zeit gebraucht, um den Schock dieser nüchternen, förmlichen Worte auf dem Anwaltsbriefbogen zu verarbeiten, zum anderen hatte sein Instinkt ihm zu einem gemessenen, kühlen Auftreten geraten.

Daß May zu den Anwälten gegangen war, paßte so gar nicht zu dem Bild, das er sich von der Frau machte, die er zu kennen glaubte. Und dadurch, daß sie sich jetzt so benahm, als wäre zwischen ihnen alles normal, hatte sie geschickt die Initiative ergriffen.

«Hattest du einen guten Tag, Thomas?» Sie blickte ein paar Sekunden lang auf eine Stickarbeit und machte noch einen letzten Stich, dann sah sie ihn wieder an. «Wie ist es mit der Pressekonferenz gegangen?»

Er starrte sie von der Tür aus an. «Ich habe den Brief von deinen Anwälten erhalten», sagte er.

«Schon? Oh, das ging aber schnell ... Für gewöhnlich sind Anwälte doch eher langsam, nicht? Es ist offenbar eine gute Kanzlei.»

Thomas ging durch das Zimmer zum Kamin, drehte sich zu ihr und starrte zornig vor sich hin. «Was treibst du für ein Spiel, May?» sagte er schließlich.

«Ich?» Sie legte die Stickarbeit aus der Hand. «Ich bin es nicht, die hier ein Spiel treibt, Thomas.»

Die so sorgsam vorbereitete Attitüde, mit der sie ihn empfangen hatte – die Unbekümmertheit, das kühle Lächeln –, war dahin. Jetzt schwankte ihre Stimme, und aus ihren Augen sprach zorniger Schmerz. «Bist du denn von Sinnen, Thomas? Hast du im Ernst angenommen, ich würde diese Situation dulden? Glaubst du, ich mache mir nichts mehr aus dir? Glaubst du, ich werde nicht von Vorstellungen geplagt, wie du bei ihr bist, wie deine Hand diese junge Haut streichelt? Glaubst du das wirklich?»

Er sah, daß sie den Tränen nahe war, was ihn bei einer anderen Frau nicht überrascht hätte, bei May aber ein seltenes Zeichen tiefen Schmerzes war. «Du machst viel zuviel daraus, May», sagte er. «Das hat gar nichts mit uns zu tun, das ist etwas –»

«Das ist etwas, das aufhören muß», sagte sie in entschiedenem Ton und stand auf, da sie sich im Sitzen in einer benachteiligten Position gefühlt hatte. «Sonst lasse ich mich von dir scheiden – oder setze eine Trennung durch ... Das kommt auf das gleiche heraus ... Die Presse wird sich im einen wie im anderen Fall dafür interessieren.»

«Die Presse?»

«So etwas läßt sich nicht verheimlichen. Und glaube ja nicht, ich mache nicht Ernst ... Deshalb bin ich sofort zu den Anwälten gegangen, ohne vorher mit dir zu sprechen – ich wollte, daß du siehst, daß ich es ernst meine.» Sie war hinter ihren Stuhl getreten und umklammerte die Rücklehne fest mit beiden Händen.

«May», sagte er in einem Ton, der fast gönnerhaft klang, «dein Leben als geschiedene Frau, als in Trennung lebende Frau ...»

«Damit würde ich mich abfinden, Thomas! Ich würde mich mit allen Konsequenzen abfinden. Ich habe dir gesagt: ich bluffe nicht. Aber ich werde mich wohl kaum damit abfinden müssen, Thomas, oder?»

«Ich gebe sie nicht auf, May», sagte Thomas ruhig. «Bitte, nimm das zur Kenntnis.»

«Doch, du *gibst* sie auf ... Weißt du, warum ich so sicher bin, daß du sie aufgibst?»

«Ich kann es mir nicht denken ...»

«Wegen deines Kaufhauses, Thomas ... Es geht nicht nur um sie oder mich – es geht um sie oder um das Kaufhaus ... Die Kundschaft von Kingstons würde eine Scheidung übel aufnehmen ... Ja, wenn es sich um ein weniger bedeutendes Unternehmen handelte, um ein ganz normales Geschäft, dann kämst du vielleicht mit einem blauen Auge davon, aber nicht bei Kingstons, und das weißt du ganz genau.»

Thomas schüttelte den Kopf. «Ich kann einfach nicht glauben, daß du dem Kaufhaus solchen Schaden zufügen würdest, May ... Du hast eine zu große Rolle bei seinem Aufbau gespielt. Außerdem wäre das auch gar nicht nötig, wenn du nur –»

«Dem Kaufhaus nicht solchen Schaden zufügen?» unterbrach ihn May. «Thomas, du bist manchmal so töricht, daß ich es kaum fasse ... Wir stehen hier und sprechen von Scheidung, von der Beendigung einer seit siebenunddreißig Jahren bestehenden Ehe, und du fragst dich, ob ich dem Kaufhaus Schaden zufügen würde ...» In ihren Augen standen plötzlich Tränen. «*Natürlich* würde ich dem Kaufhaus Schaden zufügen, du Dummkopf, du Narr ... Ein Kaufhaus ist ein Ding ... auch dein Kaufhaus ist ein Ding ... Schön, *unser* Kaufhaus, denn ich habe weiß Gott genug dafür geopfert ... Aber Menschen sind wichtiger als Dinge, und das gilt auch für Ehen ... Ich würde *ganz bestimmt* dem Kaufhaus Schaden zufügen, wenn ich es müßte, aber *du* würdest es *nicht*, Thomas, weil es für dich in deinem Leben die eine Sache ist, die dir wichtiger ist als Menschen ... *und* als unsere Ehe ... Du würdest nicht zulassen, daß ich dem Kaufhaus schade, jedenfalls nicht wegen eines so kleinen Kätzchens, auch wenn es dich mit seinen Krallen gepackt hat, wo ein Mann besonders verletzlich ist ... vor allem ein alter Mann ...»

Sie sah den Zorn in seinen Augen aufblitzen, als sie auf sein Alter anspielte, und merkte, daß sie mit dieser Stichelei an Boden verloren hatte. Denn als er ihre Not sah, war er, wie sie spürte, drauf und dran gewesen, sie in die Arme zu nehmen. Jetzt wußte sie, daß er sich bloß gefangen fühlte. Er stand ganz still da, fast starr.

«Du hast mich nicht oft weinen sehen, nicht wahr?» sagte sie und betupfte die Augen mit einem Taschentuch. «Wenn überhaupt ... aber jetzt ist es vorbei ... ich habe mich wieder in der Gewalt.»

Einen Augenblick lang schwieg er, dann sagte er in entschlossenem Ton: «Ich gebe Jenny nicht auf. Deine Anwälte können unternehmen, was sie wollen.»

«Du hast keine Wahl, Thomas.» Sie ergriff wieder die Initiative, war wieder die Frau, die ihn so ruhig begrüßt hatte, als er hereingekommen war. «Du kannst sie so großzügig abfinden, wie du willst, ich stelle da keine Bedingungen.»

«Bedingungen? Verdammt noch mal, Frau, du kannst mir doch keine Bedingungen stellen!»

«O doch, das kann ich, Thomas, und das weißt du auch ... Jetzt geh und sag ihr, daß es aus ist.»

Thomas starrte sie wütend an, nicht nur, weil er Jenny nicht verlieren wollte, sondern auch weil er Mays Diktat für erniedrigend hielt. «May», sagte er, «du kannst zum Teufel gehen!»

Er verließ das Haus, hielt die erste freie Droschke an und fuhr zur

Pembroke Villas. Jenny strahlte vor Freude, als er kam, da sie ihn nicht erwartet hatte, doch ihre Freude schwand, als sie seinen grimmigen Gesichtsausdruck sah. «Ich will dich haben, Jenny», sagte er, «jetzt sofort ...»

Sie blickte ihn einen Moment besorgt an. «Na schön, Tom», sagte sie ruhig und ging vor ihm die schmale Treppe zum Schlafzimmer hinauf.

Er liebte sie ungestüm, fast gewalttätig, doch später, als die innere Erregung von ihm wich, war er liebevoll und zärtlich. Dann schlief er ein.

Als sie kurz nach sechs Uhr am nächsten Morgen erwachte, war er schon angezogen. Er kämmte sich das Haar und rückte die Krawatte gerade, beugte sich dann über das Bett und küßte sie behutsam auf die Lippen. «Es ist vorbei, Jenny», sagte er leise. «Ich habe die halbe Nacht wach gelegen, aber die Ehe kann nicht gebrochen werden ... Ich überschreibe das Haus auf deinen Namen und zahle dir eine Rente, damit du es unterhalten kannst ... Danke für alles. Du wirst mir sehr fehlen.»

Ohne sich umzublicken ging er aus dem Schlafzimmer. Als er im morgendlichen Dunkel die kleine Straße entlangschritt, hörte er sie rufen. «Tom!» Er drehte sich unter einer Laterne um und sah sie oben im Fenster stehen, umrahmt vom Licht des Schlafzimmers. «Nicht so, Tom!» flehte sie.

«Es ist besser so, Jenny», rief er hinauf. Er winkte – und ging weiter.

Drei Stunden später, nachdem das Kaufhaus seine Tore geöffnet hatte, wurde ihm gemeldet, ein Kriminalinspektor namens Jackson wünsche ihn zu sprechen. Dankbar für jede Ablenkung von seiner unglücklichen Verfassung an diesem Morgen ließ er ihn sofort hereinkommen. Jackson, ein Mann Ende Fünfzig mit grauem Haar und buschigem Schnurrbart, wurde von einem jungen Assistenten begleitet. «Entschuldigen Sie die Störung, Mr. Kingston», sagte der Inspektor, «aber wie wir erfahren haben, kennen Sie einen gewissen Mr. Maurice Etherington.»

«Ja, ganz recht», antwortete Thomas.

«Sie kennen ihn schon lange?» Er hatte wie die Franzosen die Eigenart, Fragen als Aussagen zu formulieren.

«Seit ein paar Monaten», erwiderte Thomas. «Darf ich erfahren, aus welchen Gründen Sie mir diese Fragen stellen, Inspektor?»

«Gleich, Mr. Kingston ... Er hat Sie einmal um Geld gebeten, Sir? Um einen Kredit ... oder um Lohn für geleistete Dienste vielleicht?»

Thomas schüttelte den Kopf. «Er war mir in der Tat ständig behilflich ... Am Anfang habe ich ihm dafür ein Honorar vorgeschlagen, aber er lehnte ab, er meinte, das habe noch Zeit.»

Der Inspektor warf seinem Assistenten einen vielsagenden Blick zu. «Stil, sehen Sie, Sergeant ... Stil ... Er hat bei Ihnen den Boden vorbereitet, Sir», sagte er zu Thomas.

«Wie bitte?» fragte Thomas, ärgerlich jetzt über die dunklen Anspielungen.

«Er hat sich noch weiter in Ihr Vertrauen einschleichen wollen, Sir ... Denn wenn Sie erst Erfolge gesehen hätten, wäre das Honorar doch viel höher ausgefallen, oder?»

«Sind Sie sich bewußt, Inspektor», fragte Thomas kalt, «daß Mr. Etherington ein prominentes Mitglied des *Reform Club* ist?»

«Selbstverständlich, Sir ... wie sein Vater vor ihm ... Ein sehr ehrbarer Gentleman, Kolonialdienst ... Er hat Mr. Maurice eingeführt, als er noch sehr jung war ... natürlich ohne jede Schwierigkeit ... Der Vater war ein sehr angesehener Mann ... Natürlich hat Mr. Maurices Spielleidenschaft einiges Stirnrunzeln verursacht ... Ist nicht eigentlich ein Spielcasino, der *Reform Club* ... Nicht wie *Brooks* oder *Whites* ... Er war ein etwas flotter Bursche, aber man hat ihn toleriert ... Noch jung, schließlich ...»

«Inspektor», unterbrach ihn Thomas, «würden Sie jetzt bitte zur Sache kommen?»

«Natürlich, Sir ... Ich wollte Ihnen nur erklären, weshalb er immer Geld brauchte ... Darf ich Sie fragen, wann Sie ihn zuletzt gesehen haben, Sir?»

«Vor zwei Tagen, abends ... Er sagte, er müsse ins Ausland reisen.»

«Und er *ist* ins Ausland gereist, Sir», seufzte der Inspektor. «Sein Reiseziel hat er Ihnen wohl nicht genannt?»

«Nein.»

«Das dachte ich mir ... Calais, soviel wissen wir, aber das hilft uns nicht weiter – von dort aus steht ihm ganz Europa offen ... Sehr ärgerlich, Mr. Kingston ... Jemand muß ihn gewarnt haben, er hatte schon immer gute Verbindungen ... Sehr dumm ... so dicht waren wir ihm noch nie auf den Fersen ... wir könnten natürlich Anklage gegen ihn erheben ... genügend Beweise besitzen wir ...»

«Anklage erheben? Weswegen?» fragte Thomas.

«Betrug ... Hochstapelei ... eine ganze Reihe von Dingen. Er war ein Bauernfänger, Mr. Kingston. Seine Spezialität war das Angebot, jemandem zu einem Adelstitel zu verhelfen ... manchmal ist ihm das sogar gelungen ... Er kannte viele Leute, meistens durch seinen Vater, natürlich ... Er machte ein Geschäft daraus, Leute miteinander bekannt zu machen, eine Art Personenmakler, könnte man sagen ... Hat den Markt mit Nachschub versorgt ... Ich nehme an, er hat auch mit Ihnen über einen Adelstitel gesprochen?»

«Nun ja ...» erwiderte Thomas peinlich berührt, «das Thema kam einmal zur Sprache.»

Der Inspektor erhob sich. «Sollte er mit Ihnen noch einmal Verbindung aufnehmen, Sir, auch vom Ausland aus, würden Sie mich dann bitte benachrichtigen?» Und er legte seine Visitenkarte auf Thomas' Schreibtisch.

Zwölftes Kapitel

April 1913

1

Als der Daimler in den Hof einbog, brannte in den Ställen noch Licht, obwohl es Morgen war und ziemlich kalt. In den Boxen herrschte Betrieb – die erste Gruppe von Pferden wurde für den morgendlichen Galopp gesattelt.

Der Chauffeur öffnete die Wagentür, und Thomas schlug die Dekke zurück, unter der er und Robert auf dem Rücksitz gesessen hatten, und zog sich an dem ihm entgegengestreckten Arm schwerfällig aus dem Fahrzeug. Der Herzanfall vor zwei Jahren hatte seine Spuren hinterlassen. Er bewegte sich jetzt wie ein alter Mann und sah älter aus als achtundsechzig Jahre. Er brauchte beim Gehen einen Stock. Sein Verstand jedoch war so wach wie eh und je, und obwohl er nur noch an vier Tagen in der Woche im Kaufhaus war und sich von Freitag bis Montag in Quainton aufhielt, überwachte er per Telefon den Geschäftsgang aufs genaueste.

Harry und Robert, die auf der anderen Seite des Wagens ausgestiegen waren, gingen um den Daimler herum und traten auf Thomas zu, als sich gerade Sam Jones, der Trainer, näherte, um ihn zu begrüßen. «Guten Morgen, Mr. Kingston», sagte er. Jones, ein früherer Jockey, hatte die Statur eines Kindes und ein wettergegerbtes, stark zerfurchtes Gesicht. «Es ist mir eine Freude, Sie wieder einmal hier zu sehen.»

«Ganz meinerseits, Mr. Jones», sagte Thomas. «Ich glaube, meinen Enkel Robert kennen Sie noch nicht …»

«Guten Tag, Sir», sagte Robert und schüttelte ihm die Hand. Obwohl erst vierzehn Jahre alt, war er schon recht groß und überragte den kleinen Trainer um Kopfeslänge.

«Wie hat sich Meridian seit dem Lincoln-Rennen gemacht?» fragte Thomas. «Glauben Sie, daß er in Epsom eine Chance hat?»

«Er wird natürlich als Außenseiter laufen, aber es ist erstaunlich, was er jetzt leisten kann, wenn er will.»

Die Stallburschen begannen die Pferde herauszuführen, und als Thomas sein Pferd sah, sagte er: «Er sieht sehr gut aus, Mr. Jones – ich bin froh, daß wir ihn behalten haben.»

«Hoffentlich sagen Sie das auch noch nach dem Derby, Vater», meinte Harry, der seinerzeit geraten hatte, das junge Pferd nicht zu verkaufen, obwohl er nie richtig erklären konnte, warum. Es war ein schönes, temperamentvolles Fohlen gewesen, aber ein Rennpferd konnte man erst richtig beurteilen, wenn man es auf der Galoppbahn gesehen hatte. «Ich habe einfach das Gefühl, es ist ein außergewöhnliches Pferd», hatte er gesagt.

«Nur ein Gefühl? Keine Gründe?» hatte Thomas gefragt. «Wie er sich bewegt ... reagiert oder so?»

Harry hatte die Achseln gezuckt und gelächelt. «Nur ein Gefühl, Vater.»

«Inspiration, Großpapa», hatte Robert grinsend hinzugefügt. Er war damals erst elf gewesen und während der Ferien der Internatsschule nach Hause gekommen. Seit Thomas das Wort zum erstenmal an seinem siebten Geburtstag gebraucht hatte, war es zu einem kleinen Spielchen zwischen ihnen beiden geworden. Thomas hatte seinem Enkel verschmitzt zugelächelt. «Es gibt eine Menge Leute, Robert», sagte er, «die können dir gute Gründe nennen, weshalb ein Pferd es schaffen oder weshalb ein Artikel sich gut verkaufen lassen wird – und doch können sie sich alle täuschen ... Gefühl, Robert, Gespür ... darauf kommt es an ...» Er sah ihn an und zwinkerte mit den Augen. «Spiration ... Und dein Onkel hat eine ganz gute ‹Spiration›, was Pferde betrifft ...»

Und so hatten sie Meridian nicht verkauft und unter den Farben eines anderen Besitzers laufen lassen, wie man es normalerweise in Quainton mit Fohlen tat, seit Thomas begonnen hatte, in erstklassige Zuchtstuten zu investieren. Man hatte ihn behalten. Und Meridian hatte sich zu einem besonderen Pferd entwickelt, er war fast so etwas wie ein Haustier geworden, und Thomas beobachtete oft, wie Robert und die anderen Kinder auf der Wiese vor dem Landgut mit ihm spielten. Als er alt genug war, hatte Thomas ihn zu Sam Jones geschickt, der ihn trainieren sollte.

Als Zweijähriger hatte er wenig Form gezeigt und in einem der Rennen, bei denen er mitgelaufen war, lediglich einen dritten Platz belegt. «Er ist ein Spätentwickler», hatte Harry zuversichtlich gesagt. Dann, als Dreijähriger, hatte er sie zu Beginn der Saison von 1913 überrascht, als er bei einem Rennen über eine Meile in Kempton einem Pferd namens Berkshire Lad ein so eindrucksvolles Finish geliefert hatte, daß er über eine längere Distanz gewiß als Sieger hervorgegangen wäre. Und als die 2000 Pfund von Newmarket, einem der fünf klassischen Rennen, das ebenfalls über eine Meile ging, von einem Pferd gewonnen wurde, das seinerseits von Berkshire Lad geschlagen worden war, schien der Gedanke, Meridian für das Derby zu melden, gar nicht mehr so absurd. Denn das Derby ging über anderthalb Meilen, und alles an dem Pferd deutete jetzt darauf hin, daß es nicht nur schnell, sondern auch ausdauernd war.

Ein Bursche brachte Jones' Reittier, und der Trainer schwang sich in den Sattel. «Sie kommen mit uns hinaus, Mr. Kingston?» sagte er. Thomas nickte und beobachtete, wie die Gruppe hintereinander zum Tor hinausritt. Dann stieg er wieder in den Daimler.

Jones ließ die Pferde zu dritt laufen. Thomas stand mit Robert draußen an der Trainingsbahn und sah sie näher kommen. Er genoß den ästhetischen Reiz dieses Bildes. Plötzlich merkte er verwundert, daß Ramsay neben ihm stand, den er in London glaubte.

«Guten Morgen, Vater», sagte Ramsay. «Der Graue da läuft ja tadellos ...»

«Du liebe Güte – Ramsay», entgegnete Thomas, ohne den Blick von den Pferden zu lösen. «Was ist denn passiert?»

«Nichts Schlimmes ... Es ist nur wegen A. J. Harris, er will ganz schnell verkaufen, und ich dachte, wir sollten zugreifen, bevor andere es tun. Aber wir müßten uns heute noch entscheiden.»

«Unmöglich», sagte Thomas.

«Es ist ein feines Geschäft ... gutes Potential ... ähnlich wie unseres ...»

«Seit wann tragen wir uns mit dem Gedanken, andere Häuser zu kaufen?» fragte Thomas. Die Pferde waren jetzt nahe herangekommen, die Hufe stampften den Rasen auf.

«Wir haben doch schon davon gesprochen ... Das sei eine logische Geschäftserweiterung, sagten Sie neulich ... Und das hier wäre ein idealer Anfang.»

«Wann hast du davon erfahren?»

«Gestern abend beim Dinner ... Ich habe später mit Harris gesprochen. Sie verlangen hunderttausend Pfund. Der Gewinn liegt etwa bei zwanzig ... Sie würden uns jedem anderen vorziehen, hat er gesagt.»

Die Pferde passierten sie in leichtem Galopp, und jetzt erst wandte sich Thomas um und sah Ramsay an. «Du hast mit Charles zusammen gegessen?»

«Ja.»

«Und er hat dir gesagt, daß Selfridge ein Angebot machen will?»

«Nicht ausdrücklich – er sagte, sie seien interessiert, aber natürlich würden sie kaufen.»

«Wenn wir ihnen nicht zuvorkommen.» Thomas hielt einen Augenblick inne, die Spur eines Lächelns auf den Lippen. «Wie weit genau ist Selfridge von Harris entfernt?»

«So drei-, vierhundert Meter», antwortete Ramsay. «Ich glaube, zwischen den beiden Geschäften liegen vier Gebäude.»

«Das ist ziemlich weit, schafft organisatorische Probleme – wenn es im Gebäude nebenan wäre oder im übernächsten ...»

«Die große Entfernung würde ihnen ein etwas anders gelagertes Angebot erlauben ... Deshalb wollen sie das Geschäft ja haben, auch wenn Charles so tut, als seien sie nur mäßig daran interessiert ...»

Jones kam im leichten Galopp auf sie zu. «Sie starten jetzt, Mr. Kingston», sagte er, während er bei Thomas anhielt. «Ich habe dem Jockey gesagt, er soll ihn laufen lassen, aber nicht antreiben.» Er hob als Startzeichen den Arm.

Meridian hatte einen schlechten Start, und die beiden anderen Pferde lagen Kopf an Kopf vor ihm. Doch dann, nach ein paar Sekunden, führte er – und als sie zu ermüden begannen, ließ er sie weit hinter sich. «Mein Gott, er schwitzt nicht einmal!» rief Harry, als das Pferd an ihnen vorbeijagte und sie das Muskelspiel unter dem glatten Vollblüterfell beobachten konnten.

«Ich bin beeindruckt, Mr. Jones», sagte Thomas zu dem Trainer. «Welche Distanz war das?»

«Eine und eine viertel Meile.»

«Er war stark im Finish ... Er müßte eigentlich auch anderthalb Meilen schaffen, sogar in Epsom.»

«Das würde ich auch sagen», meinte der Trainer. «Zumal wir noch sieben Wochen Zeit haben.»

Ramsay fuhr mit im Daimler nach Quainton zurück und überließ Thomas' Chauffeur den Hispano Suiza, in dem er von London hergekommen war. Während der Fahrt ging Thomas die Bilanzaufstellungen von Harris durch, die Ramsay mitgebracht hatte.

Er konnte sich nicht recht für diese Art der Expansion begeistern. Für ihn war das eine große Kaufhaus wichtig, das er geschaffen hatte. Ramsay dagegen hielt den Kauf neuer Geschäfte oder die Eröffnung von Filialen für wesentlich, es war gewissermaßen sein persönlicher Beitrag zu dem Unternehmen, das sein Vater begründet hatte.

Thomas verstand dieses Bestreben seines Sohnes, und er war sich auch sehr wohl der Entwicklungen bewußt, die jetzt in Gang waren. Als er seinerzeit angefangen hatte, lag die Zukunft des kleinen Ladens in den Warenhäusern, jetzt bewegte sich der Handel auf große Ladenketten zu, die das ganze Land umspannten.

Die Zeiten wandelten sich, und dies in allen möglichen Bereichen. Sechs Jahre waren vergangen seit jenem niederdrückenden Morgen, als er Jenny verlassen hatte, und sich der wenig schmeichelhaften Tatsache gegenübergesehen hatte, daß sein anfänglicher Verdacht, Etherington wolle ihn nur ausnehmen, begründet gewesen war. Nicht daß er noch Groll hegte. Etherington hatte ihn vieles gelehrt, hatte ihm sozusagen eine Richtung gewiesen: Er hatte das Potential von Kingstons als eines großen und einmaligen Kaufhauses erkannt und begriffen, daß es Thomas den Zugang zu den besseren Kreisen ermöglichen würde, und er hatte ihn in diese Kreise eingeführt, obwohl er nur ein Geschäftsmann war. Und seit der überstürzten Abreise seines Ratgebers spielte Thomas sicher eine noch größere Rolle in Vorständen von wohltätigen Vereinigungen und philanthropischen Institutionen, eine Rolle, die ihn inzwischen in die Randbezirke der Politik gebracht hatte. Seine Bekanntschaft mit Männern und Frauen von Macht und Einfluß hatte sich da und dort zu einer echten Freundschaft entwickelt. Er war von der Regierung zu Rate gezogen worden, wenn es um die Beschaffung von Artikeln ging, die Kingstons in großem Umfang lieferte – wie Lebensmittel, Textilien, Möbel –, und er war hin und wieder Mitglied offizieller Ausschüsse gewesen.

Er hatte der Liberal Party weiterhin jährliche Zuwendungen gemacht und war schließlich auf Druck seiner neuen Freunde Mitglied des *Reform Club* geworden.

Diese Rolle – als sich mit nationalen Interessen befassender Mensch – war ihm nicht aufgezwungen. Er fühlte patriotisch, und die Bedrohung, die er hinter der militärischen Expansion Kaiser Wilhelms erblickte, brachte ihn dazu, sich ganz hinter das Konzept vom «Bürger-Soldaten» zu stellen und jedem Angestellten eine zusätzliche Woche Urlaub zu gewähren, der eine Übung als Reservist bei der Territorialarmee mitmachte. Außerdem hatte er in seinem Kaufhaus die Abteilung für Schußwaffen und militärische Ausrüstung erweitert.

Sie fuhren durch das Dorf und bogen in die Zufahrt ein, die zum Landgut führte, und Thomas genoß wie immer den Anblick seines großen Hauses. Lillian wohnte zur Zeit bei ihnen und erholte sich von einer schweren Lungenentzündung im vergangenen Winter. Sie war jetzt auch achtundsechzig und, wie Thomas, dem Tod sehr nahe gewesen. «So leicht treten wir nicht ab, nicht wahr?» hatte sie ihm, noch schwach nach gerade überstandener Krise, zugeflüstert. «Bei Leuten wie uns muß der Herrgott schon fest entschlossen sein.»

Der Wagen hielt, und May kam die Eingangsstufen herunter.

«Hallo, Liebes», rief Thomas. «Du hättest mitkommen sollen ... Es war eine Wonne, Meridian laufen zu sehen.»

«Ich habe eine Entscheidung getroffen, die dir hoffentlich nicht mißfällt», sagte May. «James ist hier ...»

«James?»

«James Rawlings – Lillians James.»

«Ich dachte, er ist in Amerika.»

«Er ist heimgekommen,um seine Mutter zu sehen ... Er rief vom Bahnhof Paddington an und fragte, ob er sie besuchen dürfe.»

Thomas brummte etwas und begann die Stufen hinaufzusteigen. Sechzehn Jahre war es jetzt her, seit man beschlossen hatte, James eine Passage nach Amerika zu kaufen und ihn mit 500 Pfund in der Tasche nach New York zu schicken.

Lillian hatte nur einige wenige Briefe von ihm erhalten, denen nicht viel mehr zu entnehmen war, als daß er kaum vorankam und einmal dies und einmal jenes tat. In einem Brief aus San Francisco teilte er mit, daß er sich verheiratet habe, aber die Ehe war offenbar nach wenigen Monaten wieder aufgelöst worden.

Als Thomas langsam den Salon betrat und James neben seiner im Sessel sitzenden Mutter stehen sah, Ende Dreißig jetzt, stellte er fest, daß er viel vorteilhafter aussah als früher – die Jahre der Lebenserfahrung und der Reife standen seinem Gesicht gut.

«Das ist eine Überraschung, James», sagte Thomas, «sei willkommen.» Er streckte ihm die Hand entgegen. «Ich nehme an, deine Mutter ist glücklich, dich wiederzusehen.»

«Und *du* wirst dich freuen, zu hören, daß er es drüben in Amerika geschafft hat, Thomas», sagte Lillian voller Stolz.

«Das freut mich tatsächlich.» Thomas hoffte, daß man seiner Stimme die Skepsis nicht anmerkte. «Was hast du denn gemacht, James?»

«Effektenhandel ... in Chicago ... Filiale einer New Yorker Firma ... Ich habe hauptsächlich mit Termingeschäften zu tun.»

«Und wie lange machst du das jetzt?»

«Seit drei Jahren. Ich habe eine Zeitlang gebraucht, bis ich den richtigen Platz für mich gefunden hatte. Vorher habe ich mal dies, mal das gemacht ... der amerikanische Kontinent bietet so viele Möglichkeiten. Genauer gesagt habe ich in Klondike angefangen.»

«Was? Zur Zeit des Goldrauschs?» fragte Robert plötzlich aufgeregt.

«Ach ja, James», sagte Thomas, «ich glaube, du kennst Ramsays Sohn Robert noch gar nicht.»

James lächelte. «Er war noch nicht geboren, als ich fortging ... da sieht man, wie lange das schon her ist. Ja, Robert, während des Goldrauschs, jedenfalls mehr oder weniger.» Er wandte sich wieder an Thomas. «Ich war ein Jahr lang am Yukon, und danach habe ich alles mögliche gemacht. Ich habe sogar ein paar Monate als Viehtreiber in Texas gearbeitet ... Dann bin ich in den mexikanischen Bürgerkrieg geraten, auf Manderos Seite – gegen Villa ...»

Das ist ein ganz neuer James, dachte Thomas, Amerika hat ihm gutgetan. «Wie um alles in der Welt konntest du in einen Bürgerkrieg geraten?» fragte er ungläubig.

«Ich habe damals in Mexico City gearbeitet ... Ich hatte einen Freund, der bei Mandero diente, und der meinte, ich solle auch mitmachen. Es war ein grausamer Haufen, aber schlagkräftig ... Um Munition zu sparen, haben sie bei Massenexekutionen die Gefangenen in Viererreihen aufgestellt, damit sie mit einer Kugel mehr als einen Mann erledigen konnten ...»

«Du liebe Güte», rief May, «wie gräßlich!»

«Du hast offenbar einiges erlebt», meinte Thomas.

«Klingt kolossal aufregend», sagte Robert.

«Vielleicht ...» bemerkte sein Großvater mit einer Spur Mißbilligung im Ton, was James nicht entging.

«Ich brauchte Zeit, um über einiges nachzudenken, wie Sie gewiß verstehen werden, Mr. Kingston», sagte er.

Thomas nickte. «Es freut mich, daß du eine gute Position gefunden hast, und ich hoffe, du erzählst uns noch mehr über den Effektenhandel, James, aber jetzt müssen wir nach London fahren, Ramsay und ich ... Du bist ja hier gut aufgehoben ... Ramsay, falls du vorhast, mich in diesem Hispano Suiza mitzunehmen, bestehe ich darauf, daß du nicht schneller als vierzig Meilen fährst ...»

2

Gegen Mittag fühlte Lillian sich müde und ging auf ihr Zimmer, um sich auszuruhen. Robert fragte James, ob er nicht Lust habe, sich die Pferde anzusehen. Seit seiner Ankunft wartete der Junge auf eine Gelegenheit, mit diesem fremden Mann, dem jüngeren Bruder von «Onkel» Charles, zu sprechen. Robert wußte, daß James vor Jahren ganz plötzlich nach Amerika gegangen war, unter irgendwelchen geheimnisvollen Umständen, über die niemand sprechen mochte. Und jetzt war er wieder aufgetaucht, mit einer Vergangenheit, die so aufregend war wie ein Abenteuerbuch.

Während sie die Eingangsstufen hinuntergingen, atmete James tief ein. Er genoß die frische Luft. «Der englische Frühling», sagte er. «Ich kann dir gar nicht sagen, wie ich den manchmal vermißt habe, Robert.»

«Wenn Sie ihn so vermißt haben, warum sind Sie dann nicht zurückgekommen? Und warum sind Sie überhaupt fortgegangen?»

James sah ihn einen Augenblick lang an. «Dann hat man dir nichts gesagt?»

«Was gesagt?» Sie gingen um das Haus herum zu den Ställen.

«Ich hatte einen Streit mit deinem Großvater», sagte James. «Ich dachte, man hätte vielleicht einmal davon gesprochen ... Ich habe damals im Kaufhaus gearbeitet.»

«Heißt das, Großpapa hat Sie entlassen?» fragte Robert erstaunt.

«Das ist nicht das richtige Wort – man könnte sagen, die Trennung geschah in beiderseitigem Einverständnis.» James lachte kurz auf.

Sie waren inzwischen im Stallhof angelangt, und ein Stallbursche ging mit einer Schubkarre an ihnen vorüber. «Morgen, Master Robert», grüßte der Mann.

«Morgen, Tim», grüßte Robert zurück. «Hätten Sie nicht in ein anderes Londoner Kaufhaus gehen können, Onkel James?»

«Vielleicht, ja. Aber es schien mir damals eine gute Idee zu sein. Spricht man in der Familie noch von deiner Tante Rose?»

«Gelegentlich ... Sie ist bei einer Jagd vom Pferd gestürzt, nicht wahr?»

James nickte. «Es war für alle ein großer Schock ... sie war noch so jung ... und so entzückend ...» Er schwieg einen Augenblick. Dann sagte er: «Ich möchte mir ein bißchen die Beine vertreten, Robert – auf dem Schiff habe ich keine Bewegung gehabt. Was hältst du von einem Spaziergang ins Dorf?»

«Da mache ich mit», antwortete Robert mit einem Lächeln. «Das mit Klondike muß ein richtiges Abenteuer gewesen sein. Hatten Sie das schon vor der Abreise geplant?»

«Ich hatte überhaupt keine Pläne.»

«Was – Sie sind einfach so nach Amerika gefahren? Toll ... Wir gehen quer über die Wiesen, ja?» Er öffnete das Tor einer der Koppeln vor dem Haus. «Wie sind Sie auf Klondike gekommen?»

«Aus Zufall. Ein paar Männer an Bord waren dorthin unterwegs. Ihnen fehlte ein Mann, weil einer kurz vor der Abfahrt zurückgetreten war ... Als sie hörten, daß ich keine festen Pläne hatte, haben sie mich gefragt, ob ich an seiner Stelle mitkommen wollte ... Es sei nicht einfach, haben sie gesagt, und verteufelt gefährlich, aber die Sache könnte sich lohnen ... Es war natürlich noch ganz am Anfang, das erste Gold vom Yukon war gerade erst in jenem Sommer nach Seattle gebracht worden, aber es gab eine ganze Menge davon ... Zwei Schiffe hatten tausend Tonnen an Bord gehabt – alles vom Bonanza Creek, wie sie den Fluß nannten ... und das war nur dieser eine Fluß ...»

«Wahrscheinlich hat man Sie nicht lange zu überreden brauchen, oder?» Roberts Augen leuchteten, als er über einen Stufentritt in einem der Zäune sprang.

James lachte. «In der Verfassung nicht, in der ich damals war ... Die Hauptschwierigkeit war, erst einmal hinzukommen. Dawson City liegt auf 64 Grad nördlicher Breite – nur drei Grad südlich vom Polarkreis ...»

«Auch! Das muß ja schrecklich kalt gewesen sein.»

«Im Winter war es manchmal fünfzig Grad unter Null ... Von Seattle bis Dawson haben wir fünf Monate gebraucht ...» Er beschrieb den Weg – die kurze Fahrt per Schiff nach Skagway an der Küste von Alaska entlang, den Fußmarsch nach Dyea mit den Schlitten, auf denen die Ausrüstung für jeden Mann gestapelt war, und dann den schrecklichen Anstieg zum Chilkoot-Paß, der so steil war, daß sie selbst mit Eisspornen unter den Stiefeln den Schlitten nicht ziehen konnten, sondern die Ladung in Teilen zu einem vorgeschobenen Camp tragen und immer wieder zurückgehen mußten, bis alles herangeschafft war.

Er erzählte von Dawson City, der Goldstadt am Yukon. «So etwas habe ich nirgendwo sonst gesehen», sagte er. «Jeder trug Goldbeutel bei sich, die wie Würste aussahen, manche richtig groß, in denen war Goldstaub für mehrere tausend Dollar, und manche klein, mit nur ein paar hundert Dollar Gold ... Frauen trugen sie sogar im Haar. In den Läden bezahlte man mit Goldstaub, der wurde auf der Theke abgewogen. Ich habe Spieler gesehen, die mit Einsätzen von fünfzig Dollar gespielt haben ... in jeder anderen amerikanischen Stadt hätten sie nur fünfzig Cents gesetzt ... Du mußt bedenken, das war vor fünfzehn Jahren ...»

«Und habt ihr viel Gold gefunden?» fragte Robert, als sie am Dorfrand über den letzten Stufentritt kletterten.

«Wir haben überhaupt keins gefunden – wir kamen schon zu spät. An dem Tag, als wir in Dawson eintrafen, kam eine Gruppe mit Goldstaub und Goldnuggets im Wert von einer halben Million Dollar vom Eldorado Creek zurück. Kannst du dir vorstellen, wie wir uns da gefühlt haben nach dem langen Weg? Ha, wir waren überzeugt, in ein paar Wochen sind wir alle reiche Leute ... Aber alle guten Claims waren schon in fester Hand, als wir hinkamen. Oh, wir haben natürlich auch Claims abgesteckt und gearbeitet, wie ich noch nie zuvor gearbeitet hatte, aber wir haben keine einzige Unze herausgewaschen ... Wie uns ging es Zehntausenden. Schließlich haben wir es aufgegeben, wie die meisten, und sind nach Hause gefahren ... Die anderen wenigstens.»

«Waren Sie sehr enttäuscht?»

«Natürlich, ein wenig schon, aber ich hatte ja eigentlich nur so nebenbei mitgemacht. Ich hatte nichts für meinen Lebensunterhalt auszugeben brauchen, ich hatte ein wenig die Menschen kennengelernt – besonders ihre Habgier ... Ich besaß noch die fünfhundert Pfund, die ich in die Staaten mitgenommen hatte, und ich hatte Erfahrungen gesammelt, für die viele Leute, die zu Hause an einem gesicherten Arbeitsplatz sitzen, wer weiß was gegeben hätten ...»

Sie gingen jetzt am Dorfanger entlang. «Man wird richtig neidisch, wenn man Ihnen zuhört», sagte Robert. «Sie haben so vieles gemacht, das ... ach, ich weiß nicht ... das es einfach wert ist, daß man's macht.»

James lachte. «Ich glaube kaum, daß dein Großvater vorhin derselben Ansicht war.»

«*Er* natürlich *nicht*», sagte Robert. «Er bewundert nur Leute, die ein Geschäft aufbauen, möglichst ein Kaufhaus, oder viel Geld verdienen ...»

«Da hat er nicht unrecht, er hat viel geleistet – was habe ich schon geleistet?»

«Ist Leistung so furchtbar wichtig?»

James sah den Jungen überrascht an. «Was für eine Frage! Natürlich ist sie wichtig ... Das meinst du doch bestimmt auch, oder?»

«Nun, es kommt darauf an, was man unter Leistung versteht»,

sagte Robert. «Ein Soldat zum Beispiel, oder ein Bergmann oder auch ein Verkäufer im Kaufhaus – die leisten in dem Sinn, wie Großpapa es getan hat, nicht viel, aber sie sind lebenswichtig ... Sie tragen genauso zu der Welt bei, in der sie leben, wie Sie, als Sie zum Yukon oder nach Mexiko gegangen sind oder als Viehtreiber in Texas waren ... Und es gibt noch eine andere Art von Leistung, nicht wahr? ... Die in einem Menschen selbst, meine ich. Vielleicht ist es besser, ein aufregendes, abwechslungsreiches Leben zu führen als seine Jahre in einem Büro in London zu verbringen und nur Geld zu verdienen, was doch ein ziemlich eingeschränktes Leben ist, oder was meinen Sie?»

«Eine solche Ketzerei habe ich ja noch nie gehört», sagte James mit einem Lächeln. «Klingt ja so, als ob dein Großvater eine Art Wucherer sei ... Nein, ich weiß», wehrte er ab, als Robert protestieren wollte, «so hast du das nicht gemeint ... Aber ich nehme an, genau das ist *dein* Schicksal – das Kaufhaus ... Du bist doch wohl Ramsays ältester Sohn ...»

«Sein einziger Sohn.»

«Dann wirst du mal eine Menge erben, nicht wahr – wahrscheinlich auch das Landgut hier –» er deutete mit dem Kopf nach hinten zu dem großen Haus – «und Cadogan Place ... und die Mehrheit an den Kingston-Anteilen ... Willst du denn das alles nicht haben?»

«Doch, schon, ich frage mich nur manchmal ... es fällt mir alles so in den Schoß. Vielleicht will ich es nicht so leicht haben ... Ich möchte es mit den Elementen aufnehmen – wie Sie ... oder mich mit einer Büffelherde messen oder mit einem Feind im Krieg ... Vielleicht muß ich mich erst bewähren ...»

«Du wirst dich schon bewähren», versicherte James. «Bilde dir nur nicht ein, daß die Leitung von Kingstons eine einfache Sache sei ... Je größer es wird, desto größer werden die Feinde ... Du wirst es mit Gegnern zu tun bekommen, die viel gefährlicher sind als eine Büffelherde, das kannst du mir glauben.»

Sie näherten sich der alten Kirche am anderen Ende des Dorfes, nicht aus Absicht, sondern weil sie beim Reden gar nicht auf den Weg geachtet hatten. «Was ist mit deinen Schwestern – und wo sind sie übrigens?»

«In London, bei meiner Mutter ... Ich bin nur mit Großpapa

hergekommen, um unser Pferd beim Galopptraining zu sehen, und ich habe gedacht, ich bleibe noch ein paar Tage ... Jane ist oft eine Plage, weil sie älter ist als ich und eifersüchtig, wenn immer von meiner Zukunft im Kaufhaus geredet wird ... Manchmal würde ich gern den ganzen Kram ihr überlassen ...»

«Im Ernst?»

Robert lachte auf. «Na ja, wahrscheinlich nicht ... Ich habe einfach manchmal ein bißchen Angst davor.»

«Bei dir geht alles noch etwas durcheinander, Robert, scheint mir», meinte James. «In mancher Hinsicht bist du noch sehr jung, aber dann wirkst du wieder ziemlich erwachsen ... Du denkst viel nach, wie?»

Der Junge antwortete mit einem Achselzucken, und ohne daß es einer von ihnen vorgeschlagen hätte, gingen sie langsam über den Kirchhof bis zu den Gräbern der Kingstons – es waren etwa zwanzig, die alle am einen Ende beieinander lagen. Robert blieb vor einem Grabstein stehen, der die Inschrift trug «John Henry Kingston – 1801–1858». «Das war mein Urgroßvater», sagte er. «Er starb an Schwindsucht, als Großpapa dreizehn war ... Weil so wenig Geld da war, wurde Großpapa nach London in die Lehre geschickt ...»

«Wo er dann meinen Vater kennenlernte», setzte James hinzu.

«Natürlich – ich hatte vergessen, daß sie Partner waren.»

Sie gingen weiter zum nächsten Grab, dem von Roberts Urgroßmutter und dann, zwischen ihrem Grabstein und dem von Edward, kam das Grab, vor dem James sich fürchtete. «Oh», sagte Robert, «hier liegt ...» Er hielt kurz inne, ehe er laut die Inschrift las: «In liebendem Gedenken an Rose Alexandra Kingston, 24 Jahre alt, auf tragische Weise ums Leben gekommen bei einem Jagdunfall am 25. August 1897 ...» Er drehte sich zu James um und bemerkte erst jetzt, wie bleich er geworden war. «Das war, als Sie nach Amerika gegangen sind, Onkel James, nicht wahr ... 1897?» James nickte und wandte sich ab, weil ihm Tränen in den Augen standen. «Sind Sie deshalb fortgegangen?» fragte Robert leise. «Wegen Tante Roses Tod?»

«Er hatte etwas mit meinem Entschluß zu tun.»

«Aber warum haben Sie mit Großpapa gestritten?»

«Das ist eine komplizierte Geschichte ...» James wandte sich wieder zu ihm um. «Wenn wir uns nicht beeilen, kommen wir zu spät zum Mittagessen.»

3

Thomas und Ramsay schwiegen auf der Fahrt nach London. Als sie das alte Städtchen Amersham hinter sich gelassen hatten, beschleunigte Ramsay das Tempo des Hispano Suiza. «Würdest du Harris auch kaufen, wenn Selfridge nicht daran interessiert wäre?» fragte Thomas plötzlich.

«Natürlich. Wir haben oft von Oxford Street gesprochen ... Wir könnten aus Harris etwas anderes machen, Vater ... Auf dem Sektor Mode hat es einen guten Ruf. Es ist ein kleines Haus. Wir müßten ihm Eleganz verleihen, damit es ein würdiger Juniorpartner von Kingstons ist, eine Spur teurer als Selfridge ... Soll Selfridge uns in den Preisen schlagen, bei der Qualität wird ihnen das nicht gelingen ... Harris wird ein Kaufhaus für die Elite werden.»

Thomas blickte vor sich auf die Straße und fragte sich, ob Ramsay nicht ein wenig zu schnell fuhr. «Und du wartest schon darauf, was Charles für ein Gesicht macht, wenn er erfährt, daß du ihm Harris vor der Nase weggeschnappt hast.»

«Manchmal habe ich den Eindruck», erwiderte Ramsay lächelnd, «Sie überschätzen den Wettstreit zwischen uns ... Ich würde das Geschäft auch haben wollen, wenn Charles nicht zu Selfridge gegangen wäre.»

«Und wenn es kein Selfridge gäbe?»

«Wie können Sie das fragen, Vater?» Ramsay verlangsamte die Geschwindigkeit, als sie sich Gerrard's Cross näherten. «Selfridge hat alles verändert.»

Das stimmte. Thomas hatte seinen Sohn nur zum Spaß ein wenig provozieren wollen. Kingstons lag mit Selfridge im Kampf, seit der Amerikaner im März 1909 sein riesiges Kaufhaus aus weißem Stein eröffnet und Thomas die bisher unangefochtene erste Position im britischen Einzelhandel streitig gemacht hatte. Sein Ziel war es, in der britischen Hauptstadt das beste Kaufhaus der Welt zu schaffen

– das Thomas bereits in der Sloane Street zu besitzen glaubte. Selfridges Ideen waren nicht nur grandios – «Soll das ein Kaufhaus werden oder ein griechischer Tempel?» fragte einer der Investoren, als man ihm die Planzeichnungen für das Gebäude mit seiner fast 260 Meter langen Fassade aus ionischen Säulen zeigte –, er vertrat auch die erstaunliche Ansicht, daß die Verkaufsmethoden, mit denen er in Chicago so großen Erfolg gehabt hatte, sich in der anspruchsvollen Welt von London ebenso bewähren würden.

Seine Werbekampagne, die noch vor der Geschäftseröffnung anlief, begann in einem in London noch nie gesehenen Ausmaß: mit 104 ganzseitigen Anzeigen in achtzehn Zeitungen, entworfen von bekannten Künstlern. Unter Überschriften wie «Würde im Handel» tauchten Begriffe wie «Integrität ... Ehrlichkeit ... preiswert ... reelle Bedienung» auf, war vom Dienst am Kunden, besonders an der Kundin, die Rede.

Die Eröffnungszeremonie offenbarte das ganze propagandistische Talent, das Selfridge in Chicago berühmt gemacht hatte. Von einem Sockel über dem Haupteingang hatte ein Armeetrompeter ein Fanfarensignal geblasen, und die Seidenvorhänge, die die einundzwanzig Schaufenster verhüllten, waren auseinander gegangen und hatten Modedekorationen vor einem Hintergrund aus schwarzem Tuch freigegeben, das im Stil von Künstlern wie Fragonard und Watteau bemalt war. Selfridge persönlich hatte oben auf dem Dach, wo schon die Fahnen von zwanzig Nationen flatterten, die Hausstandarte in den Farben Grün und Weiß gehißt.

Die Türen hatten sich geöffnet, und die wartende Menge war hineingeströmt in ein Interieur weichen Lichts, gedämpfter Farben und duftender Blumen, begleitet von den Musikklängen eines versteckt spielenden Streichorchesters.

Seine Verkaufsmethoden waren noch umwälzender als erwartet. Er richtete gleich am Eingang eine Kosmetiktheke ein und bot offen Rouge und Lippenstifte an, die in anderen Kaufhäusern in der Parfumabteilung nur diskret unter der Theke offeriert wurden. Er verkaufte Herrenkragen in Viertelgrößen statt, wie sonst üblich, in halben Größen, und er bestellte manche Artikel in solchen Mengen, daß er zum Beispiel Strümpfe in dreihundert verschiedenen Farbschattierungen und garantiert für jeden Fuß passend anbieten konnte. Durch geschickte Auslagen rief er eine solche Nachfrage nach Modeschmuck hervor, daß für diesen Artikel, der bisher beim echten Schmuck am Rande mitgelaufen war, bald eine eigene Abteilung erforderlich wurde.

Charles gegenüber, der seit langem bei Selfridges Stab war, äußerte Thomas sich skeptisch über die Zukunftsaussichten des neuen Mannes auf dem Markt. «Ich gebe ihm höchstens ein Jahr», prophezeite er, denn er wußte, daß Selfridge den sofortigen Erfolg brauchte, weil seine Mittel begrenzt waren. Ramsay dagegen hielt das neue Kaufhaus für einen ernsthaften Konkurrenten, der radikale Veränderungen im Geschäftsgebaren der Londoner Warenhäuser verursachen würde. Er drängte Thomas, den Werbeetat zu erhöhen, erreichte aber nur mit Mühe kleinere Zugeständnisse.

Charles' Lage war eigenartig. Er gehörte zu Selfridges Geschäftsleitung und war gleichzeitig Sohn eines bedeutenden Anteilhalters von Kingstons. Und er wußte, daß Ramsay nicht zögerte, die Informationen auszunutzen, die er bei ihren zahlreichen Begegnungen als Freund von ihm erfuhr – wie er dies in der Tat im Januar getan hatte, als er Charles beim Dinner das genaue Eröffnungsdatum von Selfridges entlockt hatte.

Am Tag darauf fragte Ramsay seinen Vater beim Lunch: «Wir haben doch das Datum für die Jubiläumsfeier von Kingstons noch nicht genau festgelegt, Vater, oder?» Es war vierzig Jahre her, seit Thomas 1869 seinen ersten Laden eröffnet hatte, und sie sprachen schon seit langem darüber, wie dieser Tag zu feiern sei.

«Das Datum ist der 16. September», antwortete Thomas.

«Ich weiß, Vater ... ich meinte das Datum, an dem unsere Festveranstaltungen beginnen. Warum sollten wir nicht schon in der letzten Märzwoche anfangen und dann das Jahr über weiterfeiern?»

«Du meinst in der Woche, in der Selfridges eröffnet?»

Ramsay nickte lächelnd. «Da könnten wir unser erstes Konzert veranstalten – eines von einer ganzen Reihe, vielleicht.»

Thomas nickte nachdenklich. «Hm – unsere Konzerte waren bisher immer recht beliebt ...»

«Ich denke nicht an Streichquartette, Vater, oder an Klaviervorträge – ich denke an ein richtiges Orchester, an das beste: an die Londoner Symphoniker.»

Thomas erschrak. «Ramsay, das würde enorm viel kosten! Die Londoner Symphoniker haben bestimmt achtzig Mitglieder!»

«Stimmt ... Und dann brauchen wir noch gute Solisten – Sänger, Pianisten, Geiger –, Namen, die das Publikum wirklich anlokken ...»

Als Charles die Ankündigungen von Kingstons las, die drei Wochen vor dem Eröffnungstag von Selfridges erschienen, lachte er nur. «Was habt ihr denn damit vor?» spottete er. «Wollt ihr euren Absatz an Violinen und Oboen anheizen? Um die Konkurrenz abzuwehren, müßt ihr euch schon mehr einfallen lassen.»

«Konkurrenz?» sagte Ramsay. «Es *gibt* keine Konkurrenz!»

Am Eröffnungstag suchte Thomas Mr. Selfridge zusammen mit Ramsay auf, um ihm alles Gute zu wünschen. «Ich bin sehr beeindruckt», sagte er, «besonders von Ihren Dekorationen» – und das war er auch.

«Aber Sie glauben nicht, daß ich es schaffe, Mr. Kingston, nicht wahr?» fragte Selfridge lächelnd.

Die Offenheit dieser Frage brachte Thomas in Verlegenheit. «Ich habe so meine Zweifel, daß Sie die Mentalität der Londoner richtig einschätzen.»

«Ich werde Ihnen beweisen, daß Sie unrecht haben, Mr. Kingston ... Innerhalb von zehn Jahren werden mein Umsatz und mein Gewinn höher sein als Ihrer.»

Thomas war überrascht. «Mr. Selfridge, ich weiß nicht, was ich dazu sagen soll. Ich nehme an, Sie haben unsere im letzten Monat veröffentlichten Bilanzzahlen gesehen ...»

«Das habe ich», sagte der Amerikaner und sah ihn aus seinen grauen Augen hinter der Nickelbrille ernst an. «Gewinn etwas über zweihunderttausend ... Umsatz drei Millionen ... Kein anderes britisches Kaufhaus liegt auch nur in Ihrer Nähe – aber ich werde es schaffen. Geben Sie mir nur zwei Jahre Zeit, bis wir etabliert sind und unsere Anfangskosten verkraftet haben. Oh, ich weiß, die geben Sie mir nicht.» Er grinste. «Aber ich schlage Ihnen eine Wette vor, Mr. Kingston ... tausend Pfund darauf, daß mein Gewinn im Jahre 1915 die Hälfte des Ihren erreicht ... und wenn ich Sie bis 1920 überholt habe, dann geben Sie mir ein Modell meines Kaufhauses in echtem Silber. Wenn nicht, bekommen Sie von mir ein silbernes Modell Ihres Kaufhauses ... Na, wie wäre das? Nehmen Sie die Wette an?»

Thomas lachte. «Sie sind schon ein außergewöhnlicher Mensch, Mr. Selfridge ... Na schön, wir nehmen an ... ich hoffe nur, daß ich dann noch am Leben bin, um das Modell in Empfang zu nehmen – und daß Ihr Kaufhaus sich die Ausgabe dann noch leisten kann.»

Monate vergingen, und Selfridges Zuversicht erschien lachhaft. Er hatte mit großem Einsatz gespielt und mußte vom Eröffnungstag an hohe Einkäufe tätigen, was bedeutete, daß er seine kostspielige Werbung beibehalten mußte. Andere Kaufhäuser reagierten mit vorsichtigen Aufstockungen ihrer Budgets. Ganz gewiß hatte Kingstons nicht unter der Konkurrenz zu leiden, und die Konzerte waren ein großer Erfolg und zogen viele Kunden an.

Bald machte sich der Raubbau an Selfridges Ressourcen bemerkbar. Er mußte auf den Londoner Aktienmarkt gehen, um neues Kapital aufzunehmen. Seine Werbeideen wurden immer raffinierter, was Thomas in der Ansicht bestätigte, daß der Absatz nicht den Erwartungen entsprach, wenn er auch zugab, daß einige seiner Einfälle nicht schlecht waren. Als Ende Juli zum Beispiel Louis Blériot als erster Mensch den Ärmelkanal überflog, überraschte Selfridge wenige Stunden später ganz London mit der Ankündigung, daß Blériots Maschine im Erdgeschoß seines Kaufhauses ausgestellt sei. Das Schauspiel zog große Menschenmassen an und fand den einhelligen Beifall der Presse, die stets eine Nase für einen Knüller hatte. «Er versucht jetzt aus Verzweiflung alles mögliche», sagte Thomas zu Ramsay. «Was um alles in der Welt hat so etwas mit dem Verkauf von Waren oder dem Aufbau eines Renommees zu tun?»

Selfridge überstand zwar das erste Jahr, entgegen Thomas' Prophezeiung, aber seine Lage war schwierig. Der Anleihenkurs des Unternehmens begann zu fallen, ein Umstand, der die Besorgnis der Investoren widerspiegelte. Ärgerlich beschuldigte Selfridge andere Kaufhausbesitzer, sie redeten den Kurs bewußt herunter, ja, verkauften sogar, um den Kurssturz zu beschleunigen – ein Vorwurf, den Charles, der sich loyal hinter seinen Chef stellte, plötzlich gegenüber Ramsay erhob, als sie alle am Cadogan Place zu Abend aßen.

Thomas war noch nie so zornig auf Charles gewesen. «Würdest

du freundlichst diese unerhörte Behauptung wiederholen, Charles?» sagte er und sah ihn aus funkelnden Augen an.

Charles wurde blaß, hielt seinem Blick aber stand. «Es ist allgemein bekannt, Mr. Kingston, daß unsere Konkurrenten an Mr. Selfridges Bankrott glauben – daß sie ihn sogar wünschen ...»

«Und du glaubst, *ich* will, daß er Bankrott macht ... oder würde mich zu solchen Aktionen hergeben? Glaubst du das, Charles, nach all den Jahren, die du mich kennst?»

«Nein, Mr. Kingston», sagte Charles, «das glaube ich nicht ...»

«Du glaubst doch auch bestimmt nicht, daß *ich* so etwas tun würde, Charlie ...?» fragte Ramsay leichthin, und in seinen Augen stand ein eigenartiges Glitzern.

Charles sah ihn an. «Ich glaube, du wärst dazu fähig, im Gegensatz zu deinem Vater, aber ich ziehe die Behauptung zurück.» Er wandte sich wieder an Thomas. «Ich bitte Sie um Entschuldigung, Mr. Kingston ...»

Irgendwie gelang es Selfridge, sich über Wasser zu halten, wenn er auch erst im Jahre 1912, in seinem dritten Geschäftsjahr, den ersten Gewinn erwirtschaftete – knapp 6000 Pfund gegenüber den 250000 von Kingstons.

Bis zu jenem Aprilmorgen des Jahres 1913 jedoch, an dem Thomas und Ramsay nach London fuhren, hatte der Amerikaner einen plötzlichen Sprung nach vorn getan und konnte auf einen Gewinn von über 104000 Pfund verweisen, so daß die Erfüllung des ersten Teils der damaligen Wette – bis 1915 die Hälfte des Gewinns von Kingstons zu erreichen – nicht mehr so utopisch schien, obwohl auch Thomas' Kaufhaus ein gutes Jahr hinter sich hatte. Und eines stand außer Frage: die Oxford Street hatte sich als Einkaufszentrum völlig verändert, seit Selfridge sein Haus eröffnet hatte. Und es boten sich dort weitere Möglichkeiten – daher auch das Interesse an dem Geschäft von Harris.

«Es wäre ein sehr kühner Schritt», sagte Thomas nachdenklich. «So etwas sollten wir nicht überstürzt beschließen – jedenfalls nicht in ein paar Stunden ... Es werden sich noch andere Gelegenheiten bieten. Die Welt wird nicht untergehen, wenn wir Harris nicht kaufen.»

«Nein», sagte Ramsay mit ärgerlichem Schulterzucken. «Aber

Selfridge wird einsteigen.» Er hielt einen Augenblick inne und fuhr dann fort: «Sie sprechen so oft davon, wie sehr es auf Gespür und Gefühl ankommt, Vater... Mein Gespür sagt mir bei Harris: zugreifen.»

«Ich wette, du weißt schon genau, was du mit dem Geschäft anfangen willst», sagte Thomas lächelnd. «Und ich nehme an, du bist dir darüber im klaren, wie wichtig die Sache ist – für *dich*, meine ich. Geht es schief, wird es Jahre dauern, bis der Verwaltungsrat noch einmal einem solchen Unternehmen zustimmt.»

«Es wird nicht schiefgehen, Vater.»

«Du hast keinerlei Zweifel...»

«Nein.»

Thomas schwieg eine Weile. «Aber hunderttausend sind zuviel», sagte er, «selbst mit dem Grundstück. Aber wenn du es für achtzig, vielleicht fünfundachtzig bekommst ... dann wüßte ich eigentlich nicht, weshalb du nicht noch heute mit Harris zu einer grundsätzlichen Vereinbarung kommen könntest...»

Ramsay war überrascht. «Dann unterstützen Sie also meinen Plan, Vater?» Er sah ihn ungläubig lächelnd an.

«He, paß auf, wo du hinfährst. Wenn wir im Krankenhaus landen, kannst du gar nichts tun. Und es wird noch viel Arbeit geben. Als erstes brauchst du natürlich die Zustimmung des Verwaltungsrats, ehe du einen Vertrag unterzeichnen kannst.»

«Ich habe Sidney bereits gebeten, für heute nachmittag eine außerordentliche Sitzung einzuberufen.»

Thomas lachte. «Du hast wirklich keine Zeit verschwendet!»

Mit Thomas' Unterstützung erlangte Ramsay auf der kurzfristig anberaumten Sitzung am frühen Nachmittag die Zustimmung des Verwaltungsrats. Um vier Uhr traf er sich schon mit Harris zum Tee. Innerhalb einer Stunde hatte Kingstons sein erstes Filialkaufhaus erworben – mitten im Territorium seines großen neuen Rivalen.

Er schüttelte Harris die Hand und verließ sein Büro. Er zog gerade die Tür hinter sich zu, als er Charles den Gang entlangkommen sah. Ein breites, zuversichtliches Grinsen ging über Ramsays Gesicht, und Spott klang in seiner Stimme mit, als er, den Kopf schüttelnd, sagte: «Du kommst zu spät, Charlie – ich habe den Laden gerade gekauft.»

«Tatsächlich?» erwiderte Charles mit einem leichten Lächeln. «Na, wunderbar ... das hatte ich gehofft.»

Ramsay war überrascht. «Wie meinst du das?»

«Nun, du weißt doch, wie sehr Mr. Selfridge Konkurrenz schätzt ... gute Konkurrenz ... Er glaubt, so etwas belebt das Geschäft. Als er hörte, daß Harris verkaufen will, sagte er zu mir, es wäre doch herrlich, wenn Kingstons da einsteigt ... und da habe ich gesagt, ich könnte das vielleicht in die Wege leiten.»

«Heißt das, Selfridge hat sich gar nicht dafür interessiert?» fragte Ramsay erregt.

«Warum sollten wir ... zu weit von uns weg ... Ramsay, alter Junge, darf ich dir gratulieren?» Er streckte ihm die Hand hin, aber Ramsay ignorierte sie. «Du gemeiner Schuft!» sagte er und ging wütend davon.

Am Ende des Ganges drehte er sich um und rief Charles, der immer noch fröhlich lächelnd dastand, zu: «Das zahle ich dir heim, Charles!»

«Aber warum?» fragte Charles unschuldig. «Willst du das Kaufhaus denn nicht haben?»

«Doch, natürlich ... Ich werde etwas ganz Tolles daraus machen – in ein paar Monaten erkennst du es nicht wieder.»

«Dann solltest du mir doch eigentlich dankbar sein, oder?»

Ramsay zögerte. Dann lächelte plötzlich auch er. «Ja, Charles ... wenn ich so darüber nachdenke, sollte ich das vielleicht.»

4

Der Sänger fiel wieder ein: *C'mon and hear! C'mon and hear! Alexander's Ragtime Band! C'mon and hear! C'mon and hear! It's the best band in the land* ... Und das Orchester schmetterte ohrenbetäubende Kakophonien, und Schlagzeuger und Schlagbaßspieler beschleunigten den Takt, und die Tänzer, ganz Ellbogen, beschleunigten ihre Bewegungen.

Es war ein großer Wohltätigkeitsball in Selfridges *Palm Court Restaurant*, mit dem ganzen Prunk, den inzwischen jeder von dem Amerikaner erwartete. Und natürlich spielte dabei auch eine Jazzband, denn das war das Neueste, und niemand konnte Gordon Selfridge vorwerfen, er sei nicht *up to date*.

Thomas und May kamen zum Tisch der Familie, als die Ragtime-Nummer gerade ihren Höhepunkt erreichte. Die Männer erhoben sich, aber ihre Begrüßungsworte gingen im Lärm unter. Plötzlich endete die Nummer, und die Jazzband räumte den Platz für ein Orchester der traditionellen Art. «Ziemlich laut, Dora, was?» sagte Thomas und setzte sich neben sie. «Schon getanzt?»

«Nein, Pahpah – bei diesem Ragtime bin ich mir nicht so ganz sicher. Aber vielleicht gewöhne ich mich noch daran.»

«Was ich bei mir bezweifeln möchte», brummte er, «aber bei meinem Alter ist das wohl nicht anders zu erwarten ... Neue Musik für eine neue Ära ... Wir leben in herausfordernden Zeiten ... Ein Streik folgt dem anderen, das Unterhaus ist seiner Macht beraubt – des größten Teils, zumindest, und ihr Suffragetten ... steckt Briefkästen in Brand und zündet Wohnhäuser an ... Du stehst wohl noch immer mit ihnen in Verbindung?»

«Ja, Pahpah», sagte sie ruhig.

«Das hat mich immer überrascht. Ich verstehe es nicht ... Wo sie sich jetzt wirklich nicht mehr zivilisiert benehmen.»

«Es ist tatsächlich jetzt schwieriger», gab sie zu.

Er blickte sie plötzlich an. «Du meinst, selbst dir wird es zuviel?»

«Mit extremen Mitteln bin ich nicht einverstanden», sagte sie.

«Du scheinst zur Ansicht deiner Schwiegermutter gelangt zu sein ... Na ja, zumindest hast du Wort gehalten: du bist nicht mehr verhaftet worden. Du liebe Güte, die spielen ja tatsächlich einen Walzer – machst du mir die Freude?»

«Natürlich, Pahpah, mit Vergnügen.»

Dora fand es eigenartig tröstlich und beruhigend, zu der Walzermusik zu tanzen, nicht nur, weil Thomas immer noch gut tanzte, sondern in erster Linie, weil es etwas Vertrautes war und weil sie gerade jetzt, angesichts der Situation in der SPFU, festen Boden unter den Füßen brauchte. Und Thomas war, trotz aller gelegentlichen kleinen Auseinandersetzungen, zweifellos fester Boden.

Im Laufe der letzten Monate war die SPFU durch einen Konflikt gespalten worden, der Dora sehr beunruhigte. Die Führerinnen waren über die Frage der Gewaltanwendung, die immer mehr zunahm, in Streit geraten, und Mrs. Pankhurst und ihre militanten Jüngerinnen hatten den Kampf gewonnen. Das bedeutete, daß es in Zukunft noch mehr Brandstiftungen, noch mehr Fälle von Zerstörungswut geben würde, und Dora beklagte das.

Sie hatte daran gedacht, auszutreten, schob die Entscheidung aber hinaus, weil ihr Glaube an die Sache selbst nicht nachgelassen hatte. Seltsamerweise war sie noch mit Emily Davison befreundet, die jetzt noch leidenschaftlicher und entsagungsvoller kämpfte als früher. Emily war inzwischen sechsmal im Gefängnis gewesen und hatte die Prozedur der Zwangsernährung zur Brechung ihres Hungerstreiks über sich ergehen lassen, aber nach der Entlassung steckte sie immer wieder Häuser und den Inhalt von Briefkästen in Brand. Sie hatte einen dramatischen Tod zu sterben versucht, als sie sich in Manchester die Treppe eines Gefängnisses hinabstürzte, aber sie hatte, wenn auch schwer verletzt, überlebt und setzte den Kampf fort – hohläugig und mit flammend rotem Haarschopf.

Die Musik ging zu Ende, und Dora kehrte mit Thomas zum Tisch zurück. «Das war sehr schön, Pahpah», sagte sie.

«Ja, das fand ich auch, obwohl du mit deinen Gedanken weit weg warst – bei deinen Suffragetten, wahrscheinlich ... aber mach dir deshalb keine zu großen Sorgen, Dora. Bald wird das alles ganz unwichtig sein, denn ich fürchte, wir bekommen Krieg.»

«Sind Sie da nicht zu pessimistisch?»

Er schüttelte den Kopf. «Ich fürchte, wir kommen nicht um einen Krieg herum, Dora. Alle Großmächte rüsten auf. Wir bauen neue Schlachtschiffe – vier dieses Jahr, nicht? Deutschland versucht uns einzuholen ... im März hat der Reichstag in Berlin die jährliche Rekrutenquote auf 340000 angehoben ... Das sind fast 25 Prozent in einem Jahr ... Es gibt Leute, die glauben, es wäre schnell vorbei, aber das kann ich mir nicht vorstellen, es haben zu viele Länder Bündnisse geschlossen ... Deutschland, Rußland, Österreich, Frankreich, wir, Italien ... und wer weiß, welche Länder noch hineingezogen werden. Die verfügbaren Mittel sind ungeheuer.»

Er zuckte resigniert mit den Schultern. Nach einer Weile sagte sie: «Gott sei Dank ist Robert noch zu jung ...»

Er nickte. «Und Ramsay zu alt. Ihn könnten wir ganz gewiß

nicht entbehren ... Es wird die größte Veränderung sein, die wir erleben ...»

«Hallo, Kingston – ich hatte nicht erwartet, Sie hier anzutreffen ... Glauben Sie, Selfridge läßt Sie lebend hier wieder heraus?» Sie wandten sich um und sahen in ein verschmitzt lächelndes Gesicht, das von einer grauen Haarmähne eingerahmt war. «Das ist ja, als begegnete man Arthur Balfour im *Reform Club*.»

«Mein lieber Chancellor», sagte Thomas herzlich und fühlte sich geschmeichelt, daß ihn ein Minister angesprochen hatte. Er erhob sich. «Was für eine angenehme Überraschung. Darf ich Sie mit meiner Schwiegertochter bekannt machen, Mrs. Kingston ... Dora, das ist Mr. Lloyd George ...»

«Es ist mir eine Freude, Sie kennenzulernen, Mrs. Kingston», sagte er mit einem warmen Lächeln. «Was ich von Ihnen gehört habe, war in keiner Weise übertrieben.» Lloyd George war bekannt für seine Wertschätzung schöner Frauen, aber Dora wußte nicht recht, was sie erwidern sollte.

Charles rettete sie aus der Verlegenheit. «Wenn Sie gestatten ...» sagte er zu den beiden Männern, «aber sie spielen gerade einen Tango, Dora.»

Lloyd George machte eine komisch-resignierte Handbewegung und sprach mit May weiter, die vom Ende des Tischs zu ihnen getreten war. Als er schließlich weiterging, sagte May: «Thomas Kingston, ich glaube, wenn der Schatzkanzler sich die Mühe macht, dich bei einem solchen Anlaß aufzusuchen, dann ... hält er dich für eine wichtige Persönlichkeit ...»

«Er ist ein feiner Kerl», entgegnete Thomas, als hätte ihn die Ehrung völlig unberührt gelassen, «und ein höchst amüsanter Gesellschafter.»

5

Als James Ende Mai nach Amerika zurückkehrte, fuhr man ihn mit dem Daimler zum Bahnhof Waterloo. Da es nach Harrow nur ein kleiner Umweg war, sagte er dem Chauffeur, er solle bei der Schule vorbeifahren, damit er sich von Robert verabschieden konnte, der während des Sommerquartals wieder in der Schule war. Sie hatten während des Aufenthalts in Quainton Gefallen aneinander gefunden, hatten oft lange Spaziergänge gemacht und Ausritte unternommen.

Robert freute sich sehr über James' Besuch. «Sie schreiben mir bestimmt, James, ja?» bat er. In gemeinsamem Einverständnis hatte er den «Onkel» fallenlassen.

«Natürlich», antwortete James, «aber es werden recht langweilige Briefe sein ... geschäftliche Angelegenheiten sind nicht so interessant wie Kriege in Mexiko oder die Goldgräberei am Yukon ...»

«Wir haben aber doch über viel mehr gesprochen», sagte Robert. «Es kommt doch nicht darauf an, was man so täglich um sich herum erlebt, nicht wahr? Ich schreibe Ihnen vielleicht auch von der Kricketausscheidung und was ich für Noten bekomme ... aber wichtig ist doch, was man denkt, was man liest, was man glaubt, nicht wahr?»

James stieg lachend wieder in den Wagen. «Ich werde versuchen, ein paar erhabene Gedanken heraufzubeschwören, wenn ich dir schreibe ... so ein bißchen Amateurphilosophie.»

Robert winkte dem Wagen nach und fragte sich, wie viele Jahre wohl vergehen würden, bis er James wiedersah.

6

Harry beobachtete durch das Fernglas, wie die Pferde am anderen Ende von Epsom Heath hinter der Startlinie durcheinanderliefen.

«Ich kann Meridian nicht sehen», sagte Ramsay, der ebenfalls ein Fernglas hatte und unter den Jockeys nach Thomas' Farben suchte – Blau und Gelb, gleich denen des Kaufhauses.

«Da ist er», sagte Harry, «an seinem Platz, Nummer sieben ... er geht ruhig mit den anderen in der Reihe nach vorn ... gleich scheint es loszugehen ... O Gott, da hat sich ein Fuchs umgedreht ... Der Starter beordert sie alle zurück zur Startlinie ...»

Die Männer, außer Harry, nahmen die Gläser von den Augen. Die Jockeys beruhigten ihre erregten Pferde, dirigierten sie zurück und führten sie langsam wieder an die Startlinie heran, bis sie, so gut es bei 33 feurigen Vollblütern möglich war, in einer Reihe standen.

Es war ein Tag, den niemand aus der Familie je vergessen sollte – das 133. Derby, das zermürbendste Flachrennen Englands, möglicherweise der ganzen Welt, an dem ein in Quainton gezüchtetes Pferd teilnahm. May konnte es noch nicht fassen. Hätte jemand ihr an dem Tag vor vierundvierzig Jahren, als sie Thomas kennenlernte, gesagt, daß er einmal ein Pferd besitzen würde, das beim Derby mitliefe, hätte sie ihn für verrückt erklärt. Doras Gedanken gingen in eine andere Richtung, als sie an ihrem Champagner nippte und zusammen mit allen Kingstons – Lillian und Charles waren ja auch fast Kingstons – von der Tribünenloge aus die riesige Menge der Zuschauer zu ihren Füßen beobachtete.

Von dieser Menge ging ein Summen aus, das von den heiseren Rufen der Buchmacher durchbrochen wurde, die noch im letzten Augenblick ihre Angebote hinausschrien. In der Nähe der Tribüne spielte eine Kapelle, deren Klänge sich mit den blechernen Tönen des weiter entfernten Karussells vermischten.

Der Tag des Derbys in England war ein einzigartiger Tag. Er erfaßte das ganze Britannien, Menschen von den obersten Sprossen der gesellschaftlichen Leiter bis zu den untersten, von den Cockneys bis hinauf zum König, der ebenfalls an diesem Nachmittag anwesend war, um sein Pferd anzufeuern. Aber natürlich standen die Menschen auf beiden Seiten der Rennstrecke dort, wo es ihrem Stand entsprach.

Während Dora in die glücklichen, erregten Gesichter blickte, fiel es ihr schwer, Thomas' düsteren Prophezeiungen vom Abend des Balls bei Selfridges Glauben zu schenken. Wo war da etwas von Revolution? Von Auflösung der gesamten Gesellschaftsstruktur? Wie sollte es zu einem Krieg kommen, der alle Großmächte Europas erfaßte?

«Sie sind jetzt fast an der Linie», berichtete Harry, der durch sein Fernglas beobachtete, wie sich die Pferde abermals dem Start näherten. «Jetzt! Sie sind auf der Bahn!»

Alle Männer in der Loge hoben die Ferngläser an die Augen. «Das ist Aboyeur, nicht wahr?» fragte Ramsay nach ein paar Sekunden. «Mr. Cunliffes Farben sind doch Weiß und Schwarz?»

«Ja, Aboyeur liegt mit an der Spitze», bestätigte Harry. «Ich sehe auch Shogun und Nimbus und Craganour und Day Comet ... Etwa acht Pferde liegen dicht beieinander in Front ... dann kommt eine Lücke ...»

«Wo ist Meridian?» fragte May aufgeregt, denn ihr Perlmuttglas war nicht so stark wie die Ferngläser der Männer.

«Er liegt nicht weit hinter der Spitze», antwortete Thomas. «Das stimmt doch, Harry, oder? Ich sehe auch von Tag zu Tag schlechter, May ...»

«Ja, Vater ... Er liegt hinter der Führungsgruppe ... er hält sich gut, aber ich hätte ihn gern etwas dichter dran ... Jetzt sind sie am Viertelmeilenpfosten vorbei ... Ich glaube, an der Spitze liegt immer noch Aboyeur ... Shogun ist dicht bei ihm ...»

«Was ist mit dem Pferd des Königs?» fragte Dora. Auf diese Entfernung war es schwierig, einen Jockey vom anderen zu unterscheiden.

«Anmer?» fragte Harry. «Der liegt weit zurück im Feld ... zu schnelles Tempo für ihn ... das liegt ihm nicht ...»

«Wo ist Meridian jetzt?» fragte May.

«Etwa vier Längen zurück ... jetzt holt er etwas auf ... wird auch Zeit ...»

«Lauf, Meridian!» rief Robert, der dieses für die Familie so wichtigen Ereignisses wegen von der Schule frei bekommen hatte.

Dora sah die Pferde jetzt deutlicher, als sie den Hang hinunter auf Tattenham Corner zuliefen. Als sie das tiefer liegende Gelände erreichten, sah man ein paar Sekunden lang nur noch die Köpfe der Jockeys, und erst als sie in die Gerade einbogen, kamen die führenden Pferde wieder in Sicht. «Ich sehe Aboyeur, Day Comet ...» sagte Harry. «Jetzt greift ein Pferd an ... Es ist Craganour ... Craganour löst sich vom Feld ...»

Ein dumpfes Brüllen stieg von der Menge auf, die zu beiden Seiten der Bahn bei Tattenham Corner stand, und es schwoll an, als die Spitzengruppe von sechs, sieben Pferden die Kurve hinter sich ließ und in die Gerade einbog. Plötzlich mischte sich ein anderer Ton in das Brüllen. Dora bemerkte ihn sofort, obwohl Harry aufgeregt weiter vom Kampf in der Spitzengruppe berichtete und May immer wieder fragte, wo Meridian liege, und Robert das Pferd mit lauten Rufen anfeuerte. «O Gott!» schrie Harry plötzlich. «Da ist jemand auf der Bahn ... Eine Frau ... Ein Pferd ist gestürzt!»

Dora wußte, wer es war – noch ehe sie Ramsay das Fernglas entriß und dabei ihren Hut zur Seite stieß, weil der kurze Riemen um seinen Hals hing, wußte sie, was für ein grauenvolles Ereignis sich dort unten zugetragen hatte. Sie sah sie alle drei auf der Bahn liegen – das Pferd auf der Seite, den Jockey, der mit einem Bein unter ihm eingeklemmt war, und die rothaarige Frau, auf dem Rücken liegend, die Knie angezogen, die Arme wie zur Kreuzigung ausgebreitet. Sie sah andere Pferde dahinter, die weiterrannten, eines, das dem Hindernis plötzlich ausweichen mußte, und dann sah sie, wie das gestürzte Pferd wieder auf die Beine kam und im leichten Galopp davonzulaufen begann, den Jockey, der noch mit einem Fuß im Steigbügel hing, hinter sich her schleifend. Seine Bluse in dem königlichen Purpur und Scharlachrot hob sich deutlich vom Grün des Rasens ab. Dann kam sein Fuß frei, und das Pferd galoppierte weiter.

Es war fast, als hätte Dora zwei Gehirne, eines, das sich ganz auf die am Boden liegende Gestalt mit den ausgebreiteten Armen konzentrierte, von der sie wußte, daß es Emily war, und eines, das alles andere registrierte, was um sie her vorging – die Schreie der Menge, die lauter wurden, als die führenden Pferde an der Tribüne vorüberjagten, das Aufblitzen von Farben, die Kommentare der verstörten Menschen in der Loge: «Es ist das Pferd des Königs ... Der Jockey muß tot sein ...» Dora beobachtete, wie die Polizei einen Kreis um Emily bildete und Leute zurückwinkte, die unter dem Geländer hindurchgeschlüpft waren, um die unglückliche Gestalt näher zu betrachten, sie sah den reiterlosen Anmer weitergaloppieren, mit flatterndem Satteltuch und fliegenden Steigbügeln ... sah den Ambulanzwagen, der die Bahn entlangfuhr ... und dann das Plakat über den Köpfen der dicht gedrängten Menge bei Tattenham Corner: «Stimmrecht für Frauen», das allen anderen in Thomas' Loge sagte, was Dora schon wußte.

Sie sah, daß May sie voller Entsetzen und Schmerz ansah. «Hört das denn nie auf, Dora?» Aus ihrer Frage klang nicht so sehr Kritik an Dora als Verzweiflung über das sinnlose menschliche Tun.

«Nein, Mutter, ich glaube nicht ...» Dann fügte sie in ruhigem Ton hinzu: «Ich kenne sie ... sie ist eine Freundin von mir ... verrückt, aber eine Freundin ...» Sie sprach von ihr, als lebte sie noch, obwohl sie das bezweifelte. May faßte nach ihrer Hand und drückte sie fest.

Als Dora sah, wie der Ambulanzwagen zurückfuhr, ging sie hinunter hinter die Tribüne, wo das Fahrzeug vorbeikommen mußte. Emily sei nicht tot, teilte ihr ein Rennplatzangestellter mit, aber ohne Bewußtsein und schwer verletzt.

Ramsay fuhr Dora sofort zum Epsom Cottage Hospital, aber man ließ sie nicht zu Emily hinein. Man bereite sich auf eine Operation vor, hieß es. Emily starb zwei Tage später, und der Trauerzug, der sich durch die dicht von schweigenden Sympathisanten gesäumten Straßen bewegte, hätte Emilys Erwartungen voll erfüllt. Eine lange Kolonne trauernder Suffragetten, alle in Weiß, zog in Viererreihen zur St. Georgskirche in der Hart Street, wo ein Gedenkgottesdienst stattfand, und dann weiter zum Bahnhof King's Cross, wo der Sarg in einen Zug verladen wurde, der Emily in ihren Heimatort Morpeth in Northumberland bringen sollte.

Für Dora war Emilys Tod ein schwerer Schock, aber er änderte nichts an ihrer Überzeugung, daß es ein sinnloser Tod war, daß er den Tag, an dem die Frauen das Stimmrecht bekamen, keineswegs schneller herbeiführen würde. Und so bestärkte der Trauerzug Dora nur in ihrem Entschluß, die SPFU zu verlassen.

Als der Sarg auf dem Bahnhof verladen worden war, verließ Dora die Trauergemeinde, winkte einer Droschke, fuhr zum Kaufhaus und ging in Thomas' Büro. «Pahpah», sagte sie, «jetzt komme ich endlich Ihrer Bitte nach … Ich trete aus der Union aus.»

Thomas erhob sich und lächelte sie liebevoll an. «Heißt das, ich habe keine Rebellin mehr zur Schwiegertochter?»

Sie nickte, ihr Gesicht war sehr ernst. «Ich glaube, so kommen wir nicht weiter. Wir müssen irgendwelche Mittel finden, um zu beweisen, daß wir das Stimmrecht haben *müssen*, daß es unerträglich ist, es uns zu verweigern … wir müssen etwas tun, müssen beweisen, daß wir fähig sind zu handeln, ich weiß nur noch nicht wie …»

«Aber ich», sagte Thomas. Er kam um den Schreibtisch herum, und da er merkte, wie nah sie den Tränen war, legte er die Arme um sie und hielt sie fest. «Wenn der Krieg ausbricht, werden viele Männer in den Kampf ziehen … Viel mehr, als die meisten Leute glauben, fürchte ich ... Dann kommt eure Zeit, dann werdet ihr Frauen ihren Platz einnehmen müssen ... Und dann werdet ihr Frauen beweisen, daß ihr dazu fähig seid ...» Er hielt sie an den Schultern und schob sie langsam auf Armeslänge von sich. «Weiß steht dir gut», sagte er sanft, «du solltest es öfter tragen.»

Eine Weile schwieg sie, dann sagte sie mit bewegter Stimme: «Wissen Sie, was ich gerade gedacht habe? Ich mußte plötzlich daran denken, welche Angst ich vor unserer ersten Begegnung hatte ... Ich hatte erwartet, einen gestrengen viktorianischen Herrn anzutreffen ...»

«Nun, du hast einen gestrengen viktorianischen Herrn angetroffen, oder?»

«Habe ich das?» Sie beugte sich vor und küßte ihn zu seiner Überraschung ganz leicht auf die Lippen. «Ich glaube nicht ...» Und sie drehte sich um und ging hinaus.

Dreizehntes Kapitel

Juni 1915

1

Wie üblich fuhr der Chauffeur im Schrittempo, als sie sich dem Kaufhaus näherten, damit Thomas die zwölf Schaufenster begutachten konnte, bevor sie vor dem Haupteingang hielten. Sie schienen ihm alle sehr gut dekoriert, was ihn gerade an diesem Tag besonders freute, da mit Besuchern aus anderen Kaufhäusern zu rechnen war.

Als vor zehn Monaten der Krieg ausgebrochen war, hatte Thomas gemeint, der Kundschaft sei am besten gedient, wenn das Geschäft so weiter geführt werde wie bisher. Besonders die Schaufensterdekorationen sollten so lebendig sein wie in Friedenszeiten – als Kontrast zu dem düsteren Hintergrund der Feindseligkeiten.

Er war einer der wenigen Menschen gewesen, die vorausgesehen hatten, daß der große Konflikt, der jetzt fast ganz Europa erfaßt hatte, unvermeidlich war, und er hatte im Gegensatz zu den meisten anderen Menschen nie geglaubt, daß der Krieg bis Weihnachten vorüber sein könnte. Doch selbst er hatte nicht mit einem solchen Ausmaß des Grauens gerechnet. Lange Listen von Gefallenen und Verwundeten erschienen tagtäglich in der *Times*, und schon nach kurzer Zeit hatten sehr viele Familien einen Sohn verloren – einen Sohn, der kaum schnell genug an die Front hatte kommen können, um für sein Land zu kämpfen. Und wenn er auch damals bei dem Ball bei Selfridge zu Dora von den ungeheuren Mitteln der kampfführenden Mächte gesprochen hatte, so hatte er doch keinen Augenblick lang ernsthaft daran gedacht, daß aus den 150000 Mann, mit denen General Sir John French 1914 so zuversichtlich über den Kanal gesetzt war, bald über eine Million Soldaten werden könnten.

Auch die Schrecken der neuen Kriegführung hatte er sich nicht vorstellen können – die Kämpfe in den Schützengräben, inmitten von

Ratten, Schlamm, unbestatteten Toten – und seit jüngster Zeit – gräßlichen gelbgrünen Wolken von Giftgas, das bei Ypern über das Niemandsland getrieben war und die Lungen auf Grund einer chemischen Reaktion mit Flüssigkeit füllte, so daß man buchstäblich innerlich ertrank.

Der Familie Kingston waren persönliche Opfer bisher erspart geblieben, da ihre männlichen Mitglieder für die Einberufung entweder zu alt oder zu jung waren – bis auf James, der aber für alle außer für Thomas und Lillian ein Rawlings war. James' Verhalten war beispielhaft gewesen. Gleich nach Ausbruch der Feindseligkeiten war er von Chicago nach England zurückgekehrt und zu den Fahnen geeilt, obwohl er bereits die Altersgrenze von achtunddreißig Jahren erreicht hatte. Wenige Monate später war sein Regiment nach Frankreich geschickt worden.

Es war jetzt Juni, und das Frühstück am Cadogan Place war an diesem Morgen etwas melancholisch gewesen, obwohl es eher Anlaß zur Freude gab, denn Thomas' Name war in der Liste der anläßlich des Geburtstags des Königs Geehrten. Die Presse hatte es an diesem Morgen veröffentlicht. Er war schon vorher davon verständigt worden und hatte deshalb ein großes Festessen am Abend im *Grand Restaurant* vorbereitet, an dem die Familie und die Freunde und alle Abteilungsleiter der zwei Kaufhäuser von Kingstons teilnehmen sollten. Endlich war er doch noch mit dem Ritterschlag belohnt worden und trug den Titel eines Baronets – das war die Krönung seines schaffensfreudigen Lebens. «Wie schön für das Kaufhaus», hatte May ihn geneckt, als sie davon erfuhr.

Robert war der erste gewesen, der Thomas seinem neuen Rang gemäß begrüßt hatte. «Guten Morgen, Sir Thomas», sagte er mit fröhlichem Grinsen, als er vom Montpelier Square herüberkam, um bei seinen Großeltern zu frühstücken.

«Guten Morgen, Robert», hatte Thomas erwidert. «Aber es sei dir gestattet, mich auch weiterhin Großpapa zu nennen ...»

Selbst der Junge, der jetzt sechzehn Jahre alt war und sehr aufgeregt, bemerkte, daß sein Großvater sich nicht in der gehobenen Stimmung befand, die er erwartet hatte. «Sie scheinen sich aber gar nicht zu freuen, Großpapa.»

«Nun, es ist nicht nur ein froher, sondern auch ein trauriger Tag für mich», sagte Thomas. Denn das Fest am Abend fand noch aus einem zweiten Anlaß statt: Thomas hatte sich entschlossen, bei dieser Gelegenheit formell als erster Geschäftsführer zugunsten Ramsays zurückzutreten. Das bedeutete, auch wenn er weiterhin Vorsitzender des Verwaltungsrats blieb, daß er die Leitung des Unternehmens aufgab, das er gegründet hatte. Er hatte monatelang über die Frage nachgedacht und einmal so, einmal so entschieden. Aber schließlich hatte er sich der unangenehmen Tatsache gestellt, daß er sich zu oft müde fühlte. Und das war das letzte, was ein Kaufhaus gebrauchen konnte.

«Ich fürchte, er wird die Arbeit vermissen», sagte May zu Robert, «aber ich nehme an, daß er deinem Vater reichlich gute Ratschläge erteilen wird ...»

«Du wirst noch nicht verstehen können, wie schwer das ist, Robert», fuhr Thomas fort. «Aber eines Tages wirst du wohl dasselbe tun müssen – das Unternehmen *deinem* Sohn übergeben ...»

Thomas sah zu, wie sein Enkel sich über seinen Teller mit Nieren, Würstchen, Speck und Eiern hermachte, und da wurde ihm wieder wohler. Robert war aus dem richtigen Schrot und Korn.

Er stand vom Tisch auf. «Nun, dann will ich mal meine Pflichten als erster Geschäftsführer am letzten Tag hinter mich bringen», sagte er. Er ging zum anderen Ende des Tischs, beugte sich zu May hinunter und gab ihr einen Kuß. Sie legte ihm liebevoll die Hand an die Wange und lächelte ihn mitfühlend an – sie wußte, daß dies kein gewöhnlicher Tag für ihn war –, und er ging mit einem angedeuteten militärischen Gruß zu seinem Enkel hin hinaus.

Wenige Minuten später hielt der Daimler vor dem Haupteingang des Kaufhauses. Eine der Pförtnerinnen öffnete ihm die Wagentür. «Guten Morgen, Sir Thomas», sagte sie mit fröhlichem Lächeln – alle Portiers von Kingstons waren jetzt Frauen, und sie sahen sehr chic aus in ihren militärisch geschnittenen Jacken, den Röcken, die bis fast zu den Knöcheln reichten, und den breitkrempigen runden Hüten. «Guten Morgen», erwiderte er, während sie ihm aus dem Wagen half, «wie ich sehe, lesen Sie Zeitung ...»

«Oh, wir haben natürlich alle davon erfahren», sagte sie. «Wir sind sehr stolz ...»

Als Thomas, auf seinen Stock gestützt, durch die Schwingtür das

Kaufhaus betrat, sah er sich einem Empfangskomitee gegenüber. Die gesamte Geschäftsleitung hatte sich aufgestellt, um ihn zu begrüßen, unter ihnen Ramsay und Sidney, der jetzt vortrat.

«Als Direktor, der Sie am längsten kennt», erklärte er, «habe ich die Ehre, Ihnen unser aller herzlichste Glückwünsche auszusprechen, Sir Thomas ... Ich möchte hinzufügen, daß wir alle das Gefühl haben – und ich weiß, daß Sie es genauso empfinden –, daß der Ihnen verliehene Titel nicht nur eine persönliche Ehrung für Sie ist, sondern eine Ehre für uns alle ...»

Thomas war so bewegt, daß er kaum ein paar Dankesworte murmeln und ihnen feierlich die Hand schütteln konnte. Dann ging er, begleitet von Ramsay und Sidney, durch die Menge der Verkäufer, die sich zu seinem Empfang versammelt hatten, und grüßte nickend hierhin und dorthin. «Wir scheinen im Augenblick nicht viel zu verkaufen», brummte er Ramsay zu, lächelte aber dabei, um zu zeigen, daß er Spaß machte.

Obwohl es noch nicht einmal zehn Uhr war, befanden sich schon viele Kunden im Kaufhaus, als Thomas seinen morgendlichen Rundgang unternahm. Bei diesem letzten Mal wollte er nicht kritisch begutachten, was er sah, sondern sich nur dem Personal zeigen, das ihn so offenkundig zu sehen und seine Glückwünsche auszusprechen wünschte.

Der Krieg hatte das Warenangebot enorm beeinflußt. Es gab jetzt eine große Abteilung für «Kriegsbedarfsartikel». In Sektionen, in denen sich in den achtziger und neunziger Jahren des vergangenen Jahrhunderts Offiziere der Kolonialtruppen mit Ausrüstung versorgt hatten, wurden jetzt Möbel für Kasernen, Zelte, Brotbeutel, Kochgeschirre, Waschschüsseln und ähnliches angeboten. Die Abteilung Handfeuerwaffen war wesentlich erweitert worden, und Schilder wiesen darauf hin, daß ein Schießstand vorhanden war, auf dem sich Kunden unter Aufsicht eines früheren Armee-Ausbilders im Schießen üben konnten.

Während der letzten Wochen hatte man ein gutes Geschäft gemacht mit «Atemgeräten für Bomben, die giftige Gase ausströmen» – einmal, weil Gas jetzt als schreckliche neue Waffe an der Front eingesetzt wurde, aber auch, weil Zeppeline begonnen hatten, die östlichen Vororte von London und einige Städte an der Küste zu bombardieren. Die Kunden kauften die Atemgeräte, um sie entweder ihren Angehörigen ins Feld zu schicken – denn man bezweifelte, ob die Armee für angemessenen Schutz sorgte –, oder zum eigenen Gebrauch. Die Zeppeline hatten zwar bisher nur Sprengbomben abgeworfen, aber man mußte auch mit Gasbomben rechnen.

Als Thomas wieder in seinem Büro war und gerade die morgendliche Post durchsah, klopfte es und die Tür ging auf. «Haben Sie Zeit, einen Gast aus Amerika zu empfangen, Vater?» fragte Ramsay. «*Und* einen Abgesandten der Opposition?»

Charles kam herein, und mit ihm Leonard Mansfield, einer von Doras Brüdern. Es war fast zwanzig Jahre her, seit er Thomas' Büro zum erstenmal, damals zusammen mit seinem Vater, betreten hatte. Er war jetzt ein großer, breitschultriger Mann Anfang Vierzig. «Ich kann Ihnen gar nicht sagen, Sir Thomas», sagte er mit dröhnender Stimme und kam mit wuchtigen Schritten auf ihn zu, die Thomas an einen Büffel erinnerten, «wie sehr es mich freut, Ihnen die Glückwünsche der ganzen Familie Mansfield überbringen zu können ...» Und er schüttelte Thomas mit knochenzerbrechender Herzlichkeit die Hand.

Es war schon seit Monaten geplant, daß Leonard nach London kam. Zuerst hatte Ramsay Charles gefragt, ob er die Leitung des Kaufhauses Harris für ihn übernehmen wollte, denn er hoffte, ein gewisses Maß an Selbständigkeit würde Charles' Widerstand überwinden, aber sein Freund hatte nur den Kopf geschüttelt. «Unter dir als Chef arbeite ich nicht, Ramsay», hatte er gesagt. «Niemals!» So hatte Ramsay einen jungen Mann engagiert, der Erfahrung in der Haute Couture mitbrachte, und der hatte seine Sache recht gut gemacht und dem neuen Haus die Atmosphäre verliehen, die Ramsay sich wünschte. Aber er war erst dreißig und meldete sich, als der Krieg ausbrach, zur Armee. Da war Ramsay der Gedanke gekommen, daß Leonard vielleicht daran interessiert sein könnte, für die Dauer des Krieges Geschäftsleiter von Harris zu werden. Und Leonard hatte die Chance sofort ergriffen.

Charles trat ebenfalls an den Schreibtisch und streckte Thomas mit etwas verlegenem Lächeln die Hand hin. «Darf ich mich mit den guten Wünschen anschließen, Sir Thomas ... Ich muß gestehen, es hört sich etwas fremd an ...»

«Das geht mir auch so, Charles», sagte Thomas lachend, «aber ich hoffe, wir werden uns alle mit der Zeit daran gewöhnen ...»

Da klingelte das Telefon, und der Anruf erstickte alle fröhliche Stimmung. Es war May – mit einer traurigen Nachricht. James sei verwundet und schon nach England transportiert worden und liege jetzt im 1. Londoner Hauptlazarett in Camberwell. Lillian sei gerade bei ihr am Cadogan Place und einem Zusammenbruch nahe.

«Schon in London?» fragte Thomas. «Hätte man sie nicht zuerst aus Frankreich davon verständigen müssen?»

«Es scheint, sie bringen sie jetzt schnell nach Hause», antwortete May. «Wenigstens diejenigen, die nicht nach ein paar Wochen wieder in die Schützengräben zurückkehren können ... Sie brauchen die Betten hinter der Front ...»

«Dann ist es also eine schwere Verwundung?»

«Das geht nicht aus dem Telegramm hervor ... Ich habe im Lazarett angerufen, konnte aber nichts Näheres erfahren. Es kam gerade ein neuer Verwundetentransport an, und da hatten sie alle Hände voll zu tun ... Ich habe versucht, Charles zu erreichen. Er sollte vielleicht hinfahren und sich nach ihm erkundigen, aber er ist nicht in seinem Büro.»

«Er ist gerade hier bei mir ... Ich werd's ihm ausrichten. Und sag Lillian, wie leid es mir tut ... Ich bin sicher, er wird wieder gesund.» Thomas legte den Hörer auf und teilte Charles das wenige mit, das er erfahren hatte. «Du gehst am besten gleich zum Cadogan Place und stehst deiner Mutter bei ... und dann solltest du so schnell wie möglich nach Camberwell fahren ...»

Charles stürzte aus Thomas' Büro, doch er sollte nicht der erste sein, der James besuchte, denn Robert war bei seiner Großmutter gewesen, als seine völlig verstörte Tante Lillian eintraf, und inzwischen schon unterwegs zum Lazarett.

2

Es war ein warmer, klarer Tag, und Robert nahm besonders deutlich wahr, wie hell der Sonnenschein sich im Fluß widerspiegelte, als die Droschke ihn über die Vauxhall Bridge nach Camberwell fuhr. Denn in James' Briefen war immer nur von Dunkelheit und Winter die Rede gewesen. Selbst in seinem letzten Brief, Anfang Mai, herrschte bei ihnen noch eine düstere, öde Kälte. Gewiß, er hatte auch von der Sonne geschrieben, vor allem von den Sonnenuntergängen, die, wie er sagte, in Flandern sehr malerisch waren, oft von einem dunklen Rot, ehe sie verblaßten und in Nacht verschwanden – aber er hatte es als Kontrast gemeint, als Kontrast zu einer Situation, der etwas Starres, Kaltes innewohnte. Die Schönheit, hatte er geschrieben, mache alles nur noch schlimmer. Die Vögel sängen weiter, so, wie die Sonne weiter schiene über dem kahlen Ödland des Todes und der Verstümmelung mit dem ständigen Geschützfeuer, wo man schnell lernte, daß man keine Bewegung machen durfte, wenn eine Leuchtkugel hochging, weil jede Bewegung einen den Scharfschützen verriet, wo die Gefühle so abstumpften, daß James einmal erlebt hatte, wie Männer darüber scherzten, als sie an einem toten Kameraden vorüberkamen, der im Graben lag und den einen Arm ausstreckte. «Na, wie geht's?» hatte einer gewitzelt und dem Toten die Hand gedrückt. Andere hatten gegrinst und das makabere Spiel noch weitergetrieben: «Sehr erfreut, Sie kennenzulernen ... Dr. Livingstone, nehme ich an? ... Sind wir uns nicht schon mal begegnet?»

Seit James' Rückreise nach Chicago damals hatte er viele Briefe mit Robert gewechselt. Er hatte von Büchern geschrieben, die er las, von seinen Kollegen und von den Leuten, die mit ihm im selben Haus wohnten. Er hatte ihm geschildert, was er fühlte und dachte und hatte sogar versucht, ein bißchen zu «philosophieren», als «Amateur», wie er damals spaßhaft gesagt hatte. Er hatte im Rückblick seine kurzlebige Ehe analysiert, seine Beziehungen zu seinen Eltern, über die Rolle gesprochen, die das Kaufhaus in seiner Kindheit gespielt hatte – und besonders über die von Charles, seinem klugen älteren Bruder.

Robert hatte ihm von seinen eigenen Gedanken und Vorstellungen berichtet, so gut er dies bei seinem Mangel an Lebenserfahrung konnte. James hatte ihm manchmal widersprochen, aber nie in bevormundendem Ton, er hatte ihm oft Ratschläge gegeben, ihn ermutigt. Seltsamerweise hatten ihre brieflichen Diskussionen sehr persönliche Bereiche berührt, über die sie vorher nie gesprochen hatten.

Als James nach Europa zurückgekehrt war, hatten sie sich oft gesehen und lange Gespräche geführt, wie damals in Quainton, als sie sich kennengelernt hatten. James hatte sich auf der Fahrt über den Atlantik in eine junge Kanadierin namens Hazel verliebt. Sie gefiel Robert und nahm manchmal an ihren Diskussionen teil. James hatte gesagt, sie würden wahrscheinlich heiraten nach dem Krieg – «wenn ich ihn überlebe», hatte er hinzugefügt.

Schon aus seinen ersten Briefen aus Frankreich sprach das Entsetzen. Das Dasein in den Schützengräben, schrieb er, sei so außerhalb aller menschlichen Erfahrung, daß man es sich nach bloßer Beschreibung nicht vorstellen könne. Gegen Ende des Winters klang aus seinen Zeilen stille Verzweiflung. Er schrieb oft vom Anblick der Verwundeten und der verstümmelten Toten, von Fröschen und Mäusen, auf die man zwangsläufig immer wieder trat, weil sie in den Gräben wie in einer Falle saßen, von der ständigen Gegenwart der Ratten, die beweglicher waren, und von einem eigenartigen Gefühl der Abgeschiedenheit, fast so, als besäße die Welt außerhalb des Kampfgeschehens keine Realität. Im Frühling, schrieb er, würden die Fronten wieder in Bewegung geraten, würden Vorstöße gemacht, Schlachten geschlagen ... Es könnte natürlich jederzeit passieren, es passierte ja oft genug, auch wenn alles ruhig war – «es» bedeutete Tod oder Verwundung.

Jetzt also dachte Robert, als die Droschke über die Schienen der Straßenbahn nach Peckham ratterte, war «es» James passiert. Erst als sie in die Camberwell High Street einbogen, begann Robert darüber nachzudenken, wie schwer James' Verwundung vielleicht sein mochte und wie erschütternd die Begegnung, die vor ihm lag.

Die Droschke hielt, und Robert zahlte und stieg aus. Er stand auf einem Vorhof, auf dem geschäftiges Treiben herrschte. Droschken und Ambulanzwagen trafen ein und fuhren ab, bandagierte Verwundete wurden auf Bahren ins Hauptgebäude hineingetragen.

Das 1. Londoner Hauptlazarett war in Friedenszeiten ein College gewesen, und da es an Platz für Betten fehlte, hatte man auf den anstoßenden Sportplätzen Baracken errichtet. Zu einer dieser Baracken wurde Robert schließlich geschickt, nachdem er lange herumgefragt hatte.

Der Schock war schlimmer, als er ihn sich vorgestellt hatte. Die Baracke selbst war ein nach Desinfektionsmitteln riechendes Tollhaus: Überall krächzten Grammophone, und jedes spielte eine andere Melodie, Männer stöhnten vor Schmerzen oder schrien in ihren Alpträumen im Schlaf auf, einige riefen nach Schwestern: «Er übergibt sich schon wieder, Schwester» oder: «Sehen Sie lieber mal nach dem da, Schwester ...» In einer Ecke wurde plötzlich gelacht, was Robert ganz unwirklich erschien in dieser Umgebung und etwas Irres hatte.

Er ging an den Betten entlang, vorbei an Männern mit Verbänden, die oft rote Flecke hatten und manchmal grünlich-gelbe, an Männern, deren Beine an einer Art Flaschenzug hingen, an Männern, die ganz still dalagen, die Augen geschlossen, schwer atmend. Er wurde ständig angestoßen von vorbeieilenden Schwestern und einmal von Bahrenträgern, die einen bewußtlosen Verwundeten auf ein noch freies Bett legten.

Hätte James nicht die Hand gehoben, als er vorüberkam, wäre Robert nicht stehengeblieben. Sein Kopf und das halbe Gesicht, auch das Auge, waren bandagiert, ebenso der eine Arm, der angewinkelt auf seiner Brust lag. Eine Wölbung der Bettdecke über seinen Beinen ließ darauf schließen, daß er mindestens an einem Bein verwundet war.

«Robert ...» Es war nur ein Flüstern. Er deutete mit dem gesunden Arm auf einen Stuhl zwischen seinem Bett und dem des Nachbarn.

«James!» rief Robert. Er war erschrocken über den Anblick, aber auch erleichtert, daß er ihn gefunden hatte. Er setzte sich. James bewegte die Finger. «Sprechen ... fällt mir schwer ...» flüsterte er.

Als Robert den Stuhl näher heranzog, bekam James plötzlich einen Hustenanfall, der seinen ganzen Körper schüttelte. Er versuchte sich aufzusetzen, um den Anfall leichter zu überstehen, und Robert legte ihm die Arme um die Schulter, um ihn zu stützen. «Danke ...», sagte er, abermals im Flüsterton, als er wieder ein paar Worte sprechen konnte. «Lunge ... eine Lunge zum Glück in Ordnung ... daß man noch lebt ... viele Tote gegeben bei dem Gas ... Straße nach Menin ... ist zu lange gewesen ... Gasmasken taugen nichts, wenn's zu lange dauert ... Watte trocknet ein ...»

Er atmete mühsam und verstummte und lächelte nur – wenigstens nahm Robert an, daß er lächelte, denn seine Lippen bewegten sich, und das eine Auge leuchtete auf. «Ihr Auge ...» begann Robert.

James wußte, er meinte das bandagierte Auge. «In Ordnung, glaub ich ... Gesicht bißchen verletzt ... Verbrennung ... weiter nichts ... Arm auch ... in Ordnung ... Ärger mit dem Bein ...»

«Mit dem Bein?» Robert versuchte sich innerlich zu wappnen.

«Das eine ist ab ... das andere ist in Ordnung, glaub ich ... kann's nicht sagen ... es fühlt sich so an ... Manche sagen, das hört nie auf ... man hat immer das Gefühl, als wär's da ...» Wieder bekam er einen Hustenanfall, der ihm offenbar große Schmerzen verursachte, denn eine Zeitlang schloß sich das eine Auge, und das Gesicht war verzerrt.

Als der Anfall vorüber war, sprach James nicht weiter, er nickte Robert nur dankbar zu. Eine Schwester blieb stehen. «Hoffentlich bringen Sie ihn nicht zum Sprechen ... Er darf nicht sprechen ...» Sie eilte weiter.

«Ich werde ihnen zu Hause alles erzählen», sagte Robert. «Daß es Ihnen gutgeht ... Ihre Mutter wird sich freuen, und Hazel ... Charles kommt bestimmt auch noch ... Ich komme morgen wieder.»

James schüttelte den Kopf. «Paar Tage ...» flüsterte er und deutete auf seinen Hals, dann machte er mit der Hand die Bewegung des Schreibens. «Briefe ...» Robert griff nach seiner Hand und preßte sie fest. Er wollte damit Trost und Zuversicht ausdrücken. James nickte. Er versuchte zu lächeln. Robert winkte und stolperte an der Reihe der Betten entlang aus der Baracke.

An der anderen Seite des Hofs sah er Charles aus einer Droschke steigen. Er wußte, er hätte ihm sagen sollen, wo James lag, um ihm das lange Nachfragen zu ersparen, aber er fühlte sich im Augenblick nicht in der Lage, mit ihm zu sprechen. Er wandte sich ab, in der Hoffnung, Charles werde ihn nicht sehen, und ging taumelnd auf die Straße hinaus.

Robert schlug den Weg zum Fluß ein und versuchte sich zu sammeln. Nach einer Weile mußte er weinen und begann zu laufen, damit niemand es bemerkte. Schließlich sprang er auf eine vorüberfahrende Straßenbahn. Als sie bei Vauxhall den Fluß überquerte, schien die Sonne noch immer. Sie hatte die ganze Zeit geschienen, aber es war die Brücke über das Wasser, die ihn wieder daran erinnerte. Wie würde James' weiteres Leben jetzt aussehen? Welche Zukunft gab es für all die Männer in all den Baracken und in all den anderen Lazaretten? Und für alle die, die bald in solchen Baracken liegen würden ... die jetzt noch gesunde Glieder besaßen und noch in der grau-kalten Angst lebten, von der James in seinen Briefen gesprochen hatte, jener Angst, die einen Schatten, ein Frösteln über Briefe warf, auch wenn die Sonne schien oder in aller Pracht unterging?

Die Straßenbahn hielt an der Victoria Station, und Robert ging das letzte Stück zum Kaufhaus zu Fuß. Aber er betrat es nicht sofort, wie er vorgehabt hatte, sondern blieb auf der anderen Straßenseite stehen und blickte hinüber, wie er dies bei seinem Großvater und auch bei seinem Vater so oft beobachtet hatte. Ihre Aufmerksamkeit galt stets den Dekorationen, dem verkaufsfördernden Effekt der Auslagen – Robert ging es um etwas anderes: er wollte sich nur vergewissern, ob das alles wirklich wichtig war. Seltsamerweise erinnerte er sich plötzlich seines ersten Gesprächs mit James in Quainton: er, Robert, hatte die Wichtigkeit des Kaufhauses angezweifelt, und James hatte gesagt, es sei wichtig. Aber würde es wirklich etwas ausmachen, wenn dieses große Terrakottagebäude nicht da wäre – und wenn ja: wem würde es etwas ausmachen? Der Familie? Den Kunden? James, der eine Lunge und ein Bein verloren und Verbrennungen im Gesicht und an einem Arm erlitten hatte?

Robert versuchte zunächst mit seinem Vater zu sprechen, aber der erste Geschäftsführer – und das war er ja praktisch schon – hatte zu tun. Robert sagte zu der Sekretärin, es sei wichtig und werde nur eine Minute dauern, doch als sie zurückkam, sagte sie, es gehe wirklich nicht, aber sein Vater werde Robert und seine Mutter beim Lunch treffen. Mehrere der Bürokräfte waren jetzt Frauen, an den Schreibtischen in den Büros waren nur noch die älteren Männer übriggeblieben. «Es ist schon Viertel nach zwölf», sagte sie, als sie das verzweifelte Gesicht des Jungen sah. «Es hat doch sicher noch eine halbe Stunde Zeit.»

Er ging zum Büro seines Großvaters, dessen Sekretärin zufällig nicht da war. Er klopfte an die Tür, die halb offen stand, und spähte um die Kante herum. Thomas sprach gerade mit zwei Einkäufern, aber als er Robert sah, sagte er sofort: «Hallo, Robert, komm herein ...»

«Sind Sie sehr beschäftigt, Großpapa?»

«Nicht zu sehr – für dich habe ich jedenfalls Zeit, diese beiden Herren sind ohnehin schon im Gehen.»

Das herzliche Lächeln schwand ein wenig aus Thomas' Gesicht, als sich die Tür hinter den beiden schloß. «Deine Großmutter hat mich gerade angerufen ... Sie wußte nicht, wo du bist. Du hättest wenigstens einem der Dienstboten Bescheid sagen sollen. Ich nehme an, du warst irgendwo im Kaufhaus?»

«Nein, Großpapa – ich war bei James ...»

«Bei James?» wiederholte Thomas und war sich sofort des Schocks bewußt, den dieser Besuch bei einem sechzehn Jahre alten und so behütet aufgewachsenen Jungen wie Robert ausgelöst haben mußte. «Und – wie geht es ihm?» fragte er in vorsichtigem Ton.

«Es war fürchterlich, Großpapa ...» Robert schilderte in knappen Worten seinen Besuch bei James und sprach von seinen Verwundungen.

Thomas schüttelte traurig den Kopf. «Dieser schreckliche Krieg ... Es tut mir so leid ... Es muß ein furchtbares Erlebnis für dich gewesen sein.» Und als Robert mit dem Kopf nickte, fügte er hinzu: «Wir müssen ihm alle helfen, sich neu zurechtzufinden ...»

«Wie Sie das schon einmal getan haben?» fragte Robert, plötzlich zornig. «Sie haben ihn doch damals entlassen, oder?»

Die Vehemenz dieses Ausbruchs überraschte Thomas, und er zögerte einen Moment mit der Antwort. «Nicht eigentlich», erwiderte er schließlich. «Hat *er* gesagt, er sei entlassen worden?»

«Nicht eigentlich», sagte Robert ein wenig mürrisch und gebrauchte absichtlich die gleichen Worte.

«Wir glaubten alle, es wäre das Beste für ihn, wenn er fortginge ...»

«Alle, Großpapa?»

Wieder zögerte Thomas einen Augenblick. «Normalerweise würde ich dir nicht erlauben, mich in einem solchen Ton ins Verhör zu nehmen, Robert, aber heute, wo du so traurig bist über James ... da ist das wohl etwas anderes, nicht wahr? Als ich sagte ‹alle›, meinte ich unsere beiden Familien ...» Er sprach in ruhigem, abwägendem

Ton. «Aber wenn ich die Entscheidung allein hätte treffen müssen, wäre sie auch nicht anders ausgefallen ... Wenn du einmal auf meinem Platz sitzt, wirst du feststellen, daß du manchmal Entscheidungen treffen mußt, die schwer sind und über die du selbst oft unglücklich bist.»

«Deshalb bin ich zu Ihnen gekommen, Großpapa.» Robert sprach so leise, daß es fast ein Flüstern war. «Ich werde nicht auf diesem Platz sitzen.»

Thomas reagierte nicht so heftig, wie Robert erwartet hatte. Er hatte die Hände vor sich auf dem Tisch verschränkt, und der Junge sah, wie der Griff der Finger fester wurde. Er nahm das Aufblitzen verletzten Stolzes in den Augen seines Großvaters wahr, bis er sich wieder in der Gewalt hatte.

«Ich kann nicht glauben, daß du das ernst meinst, Robert», sagte er, «du hast heute einen schweren Schock erlebt im Lazarett und ...»

«Das ist es nicht, Großpapa ... Das hat es nur ausgelöst. Ich denke schon seit langem darüber nach ...» Er zögerte. «Ich wußte, daß es Sie kränken würde, deshalb fällt es mir auch so schwer, es auszusprechen ... Ich weiß, welchen Wert Sie darauf legen, daß ich meinem Vater nachfolge ...»

«Du hast dir einen feinen Tag dafür ausgesucht.»

«Auch das tut mir leid, Großpapa ... Ich wollte eigentlich erst morgen davon sprechen ... Glauben Sie mir, ich möchte Ihnen auf keinen Fall weh tun, aber wenn ich heute abend bei der großen Gesellschaft dabei säße und wüßte, daß Sie noch in der Zukunft mit mir rechnen, vielleicht sogar davon sprechen ... würde ich mir wie ein Betrüger vorkommen. Großpapa – ich glaube nicht, daß ich für den Handel geschaffen bin.»

«Für den Handel?» Thomas wiederholte das Wort, als wäre es für sein Kaufhaus völlig unangemessen. Er erhob sich schwerfällig und trat ans Fenster wie so oft in einer Krisensituation und blickte hinunter auf das Treiben auf der Sloane Street. «Wenn du nicht für den Handel geschaffen bist, Robert», fragte er, wobei er ihm den Rücken zukehrte, «wenn du nicht für das Abenteuer an der Spitze eines der größten Kaufhäuser der Welt geschaffen bist, wozu *bist* du dann geschaffen?»

«Ich bin mir noch nicht ganz sicher, Großpapa, aber ich glaube ... ich glaube, ich möchte etwas tun ... oder es wenigstens versuchen ... um die Welt besser zu machen.»

Thomas wandte sich um und lehnte sich an den Fensterrahmen. «Seltsam, Robert», sagte er kühl, «ich hatte geglaubt, das tue ich seit sechsundvierzig Jahren ...»

«Nicht so, Großpapa.» Robert stand etwas verlegen da und wußte nicht, was er mit seinen Händen machen sollte. Jetzt steckte er sie in die Jackentaschen. «Nicht nur an der Oberfläche, meine ich ... nicht nur mit Damenkleidern und Teeservicen und Perserteppichen ...»

«Ist das kein Dienst an der Öffentlichkeit?» Die Frage kam in scharfem Ton heraus. «Die Menschen mit Perserteppichen und Porzellan zu versorgen? Und wir versorgen sie auch mit lebenswichtigen Dingen – mit Arzneimitteln und landwirtschaftlichem Gerät, mit Schulkleidung und Lebensmitteln und ... ach, du weißt genauso gut wie ich, was alles dazugehört.»

«Ja, Großpapa, aber sehen Sie das nicht? Das ist doch im Vergleich trivial ...»

«Trivial!» Thomas stieß das Wort, im Gegensatz zu seiner bisher beherrschten Redeweise, so zornig hervor, daß Robert einen Schritt zurücktrat.

«Nur im Vergleich, Großpapa», versuchte er zu erklären. «Ich will mithelfen, daß diese schrecklichen Kriege aufhören ... Ich will versuchen, die Ereignisse zu beeinflussen ... das Weltgeschehen ...»

«So», brummte Thomas, noch keineswegs besänftigt, «das hört sich nach diplomatischem Korps an ... oder nach Politik ...»

«So etwas in der Art», erwiderte Robert.

«Ich sehe nicht, daß diese Leute viel Erfolg gehabt hätten bei der Verhinderung *dieses* Krieges, der dir so zusetzt – und kein Wunder, er ist für uns alle entsetzlich ...»

«Ich bin sicher, sie haben es versucht, Großpapa.»

Thomas nickte düster. «Politik kann ein schäbiges Geschäft sein, Robert ... Auch die Diplomatie ... nichts als Kompromisse zwischen verschiedenen Interessen ... ein Handel ... genau wie bei Kaufleuten, eigentlich ...»

«Ich glaube nicht, daß es ganz das gleiche ist», sagte der Junge.

Er hatte jetzt wieder Mut gefaßt nach dem plötzlichen Wutausbruch seines Großvaters.

Thomas trat vom Fenster zurück und begann auf und ab zu gehen. «Weißt du, Robert», sagte er, «deine Mutter und ich hatten einmal einen Streit wegen eben dieser Situation jetzt ... Sie funkelte mich zornig mit ihren grünen Augen an und fragte, was geschehen würde, wenn du nicht den dir vom Schicksal vorbestimmten Platz in dem Familienunternehmen einnehmen wolltest. Und ich habe damals geantwortet, es wäre deine Pflicht ...» Er schwieg eine Zeitlang und ging weiter auf und ab. «Heute bin ich mir nicht mehr so sicher, ob mein Argument damals stichhaltig war ... Ich bin mir nicht mehr sicher, ob irgend jemand das Recht hat, einem Menschen vorzuschreiben, was er mit seinem Leben anzufangen hat ... Du mußt nur aus dem deinen das Beste machen, was du kannst, ohne Rücksicht auf dein Erbe, so schmerzlich es für mich auch ist, daß du nicht das weiterführen willst, was ich begonnen habe ...»

Er seufzte und sah auf seine Uhr, dann legte er Robert den Arm um die Schultern. «Jetzt geh lieber – du triffst dich doch sicher mit deinen Eltern zum Lunch, ja?»

Als Robert gegangen war, setzte sich Thomas wieder an seinen Schreibtisch und lehnte sich erschöpft im Stuhl zurück. Eine große Einsamkeit erfaßte ihn wie eine schwarze Wolke. Er fragte sich, ob er den Jungen nicht hart genug angefaßt hatte, ob er zu nachgiebig gewesen war? Er hatte ihn behandelt wie ein Pferd, das durch etwas sehr verstört worden war. Und James' Anblick mußte ihn, weiß Gott, verstört haben ... Armer James, armer, gebrochener James ... was für eine grausame Ironie, wenn James, die Frucht jener einen Nacht mit Davids Frau, wirklich der Grund dafür sein sollte, daß Robert auf seinen vorbestimmten Platz verzichtete ... Das wäre tatsächlich das Werk jener boshaften, grinsenden Schicksalsgötter, an die er glaubte ... Aber Robert würde seine Meinung ändern, mußte sie ändern ... Kingstons ohne einen Kingston? Er seufzte und schüttelte den Kopf. Plötzlich überkam ihn eine große Schwäche. Er griff nach dem Telefon und sprach mit May. «Ich fühle mich ziemlich müde, Liebes ... Ich glaube, ich komme zum Lunch nach Hause.»

3

Die großen Kandelaber, die im *Grand Restaurant* von der Decke hingen, funkelten im Licht. Die Tische, in der Form eines E aufgestellt, waren reich geschmückt mit Blumen und Silberzeug, und die Gläser und Bestecke schimmerten hell. Auf einem Podium spielte leise das Kingstons-Orchester.

Als Thomas nach der Szene mit Robert zum Lunch heimgekommen war, hatte er so abgespannt ausgesehen, daß May befürchtete, der bevorstehende Abend könne zu anstrengend für ihn werden. Aber er hatte den ganzen Nachmittag geschlafen, und als er aufwachte, war er wieder erholt. May fand, Thomas habe sich Robert gegenüber genau richtig verhalten, denn der Anblick von James sei für einen noch so jungen Menschen sicher ein sehr großer Schock gewesen. Selbst Charles war nach seinem Besuch in Camberwell so erschüttert gewesen, daß er an diesem Tag nicht mehr an seinen Arbeitsplatz zurückkehren konnte. Für Lillian kam ein Besuch im Lazarett natürlich vorerst gar nicht in Frage, und alle hatten angenommen, sie werde auch an dem abendlichen Empfang nicht teilnehmen. Aber wenn James auch schwer verletzt war, er war am Leben und es lag kein Trauerfall vor. Zur Teestunde teilte Lillian, die damit wieder einmal bewies, wie schnell sie sich fassen konnte, der erstaunten Familie mit, sie gedenke an der Feier zu Ehren von Thomas teilzunehmen – das sei gewiß auch in James' Sinn.

Robert war fast den ganzen Nachmittag durch den Hyde Park gestreift. Er war in einem Zustand großer Verwirrung, und sein Entschluß begann zu wanken. Es wäre ihm lieber gewesen, wenn sein Großvater geschimpft, wenn er ihn kategorisch an seine Pflicht erinnert, des Zimmers verwiesen oder wenigstens mit Enterbung gedroht hätte ... Andererseits erschienen ihm die Gründe für seinen Entschluß, nicht in das Kaufhaus einzutreten, noch genauso gültig wie vorher.

Als er, immer noch innerlich aufgewühlt, nach Hause kam, fand er seine Mutter beim Tee in ihrem Salon vor. Sie war verständnisvoll gewesen, aber auch entschieden. Er wisse nicht genau, hatte er gesagt, ob er an der Feier am Abend teilnehmen werde. «Du vielleicht nicht, aber ich», hatte sie erklärt. «Es ist eine unglückliche

Sache, aber du mußt dich ihr stellen ... Dieser Abend ist ein äußerst wichtiges Ereignis im Leben sowohl deines Vaters wie deines Großvaters. Also wirst du dabei sein und ein Gesicht machen, als wärst du stolz, dabei zu sein, wozu du auch Grund hast ... So, jetzt würde ich an deiner Stelle eine Tasse Tee trinken ...»

Die ganze Familie und auch die Rawlings warteten schon im *Grand Restaurant*, als Thomas und May eintrafen. Es war verabredet worden, daß sie alle schon eine halbe Stunde vor Beginn der eigentlichen Festlichkeiten kommen wollten, damit man im privaten Kreis auf Thomas' Ernennung einen Toast ausbringen konnte, ehe sich die Abteilungsleiter und Direktoren zu ihnen gesellten. Als Thomas und May hereinkamen, begann Ramsay instinktiv zu klatschen, und alle anderen taten es ihm nach.

«Danke, danke», sagte Thomas strahlend. «Wie viele wir doch sind, nicht wahr?»

Tatsächlich waren sie fünfundzwanzig Personen, einschließlich der drei Rawlings. Zehn kamen aus Quainton – Agnes und Letty lebten natürlich noch bei Harry und Claire und ihren fünf Kindern auf dem alten Hof –, sechs vom Montpelier Square, Sidney Baines' Familie war nur mit vier Personen vertreten, da Ellens Enkel noch zu klein waren. Kate, Ramsays jüngste Tochter, war erst vierzehn, und auch zwei von Harrys Kindern waren etwa in ihrem Alter.

Thomas ging auf Lillian zu und gab ihr einen Kuß. «Danke, daß du gekommen bist», sagte er, und dann begrüßten ihn nacheinander alle übrigen. Die Champagnerkorken flogen, man brachte den Toast aus, und er sah sie alle der Reihe nach an – Dora, jetzt fast vierzig, in einem schulterfreien Kleid aus dem unvermeidlichen dunkelgrünen Samt mit tiefem Dekolleté, Claire, die außer im Sattel nie besonders attraktiv wirkte, seine Schwester Mary und Lillian in einfachem Schwarz, seine Söhne und Enkel und Charles, der fast wie ein Sohn war, in ihren Fräcken und weißen Fliegen, seine Enkelinnen, die vom Montpelier Square, Doras Kinder natürlich nach der letzten Mode gekleidet, die aus Quainton, die aussahen, als hätte ihre Mutter ihnen die Kleider selbst genäht, was sicher auch stimmte, und schließlich May, die ein schönes Kleid aus dunkelbrauner Seide trug, ausgeschnitten wie das Doras, aber die Spitzen am Dekolleté liefen in kurzen Ärmeln aus, die flauschig-dünn die Oberarme bedeckten, auf die ältere Frauen so sehr achteten. An diesem Abend sah sie wundervoll aus, und er war sehr stolz.

Dann kamen die anderen, und Thomas und May stellten sich am Eingang auf, um ihre Gäste zu begrüßen. Auch einige inzwischen ausgeschiedene Mitarbeiter kamen – unter ihnen der alte Albert Brown, der zwar jünger war als Thomas, aber durch seine schlechte Gesundheit gezwungen gewesen war, in den Ruhestand zu gehen. Und auch Emily war da, zwar gebrechlich jetzt mit fünfundachtzig, aber noch sehr lebhaft.

Während sich der Raum füllte und die Kellnerinnen mit Champagner durch das Gedränge huschten, trat Charles auf Ramsay zu. «Erinnerst du dich noch an die Wette deines Vaters mit Mr. Selfridge – daß wir bis 1915 die Hälfte eures Gewinns übertroffen hätten?»

«Ich habe mich schon gefragt, wann er sich meldet», sagte Ramsay. «Ihr seid spät dran dieses Jahr.»

«Personalmangel bei den Buchprüfern ... Aber ich kenne die Zahlen jetzt. Sie werden morgen offiziell bekanntgegeben. Mr. Selfridge hat mir erlaubt, deinen Vater schon heute abend davon zu unterrichten. Ich dachte, ich tue das öffentlich, in einem passenden Augenblick ...»

«Wer hat gewonnen?» fragte Ramsay. Er vermutete, daß es knapp ausgehen würde, denn Selfridge hatte im letzten Jahr 131 000 Pfund Gewinn gemacht gegenüber 280 000 Pfund von Kingstons. Dieses Jahr hatte Kingstons über 300 000 Pfund erreicht, was bedeutete, daß Selfridges die 150 000-Pfund-Marke überschreiten mußte. «Haben wir unsere Position gehalten?»

Charles grinste. «Warte ab, bis es die anderen auch erfahren.»

«Wir müssen gewonnen haben. Du würdest heute abend kaum etwas öffentlich mitteilen, das ihm mißfallen würde ... Wie dicht seid ihr heran ... zehn ... zwanzig?»

«Ganz warm», sagte Charles. «Merkwürdigerweise freue ich mich darüber. Nicht sehr loyal Mr. Selfridge gegenüber, wie?»

«Die meisten von uns kommen einmal mit ihren Loyalitäten in Konflikt. Das ist nun mal *dein* Konflikt – den hättest du dir ersparen können, wenn du nicht so stur wärst.»

«Vergiß nicht, die Wette ist noch nicht zu Ende», erwiderte Charles. «Das wichtige Datum ist 1920, da geht es um das silberne Modell ... Das heißt, wir haben noch fünf volle Jahre Zeit ...»

Der Geschäftsführer des Restaurants klopfte mit einem silbernen Hämmerchen auf einen Tisch, bat um Ruhe und sagte, das Essen sei aufgetragen.

Die hundertachtzig Personen suchten ihre Plätze – Thomas saß zwischen May zur Rechten und Dora zur Linken. Nach dem Essen erhob sich Sidney und gratulierte Thomas, zum zweitenmal an diesem Tag, im Namen der Anwesenden und sprach Ramsay die besten Wünsche zu seiner Ernennung zum ersten Geschäftsführer aus. Dann kam er zu dem Geschenk, das die Abteilungsleiter und Direktoren für Thomas parat hielten: eine Bronzebüste von ihm – was für Thomas natürlich keine Überraschung war, da er im Atelier des Bildhauers dafür Modell gesessen hatte. Aber es war ein bewegender Augenblick, als die kleinen Vorhänge, die das Werk bis dahin an der Mitte der hinteren Wand verborgen hatten, zurückgezogen wurden und seinen Kopf und seine Schultern freigaben, für die Nachwelt in Bronze gegossen.

«Es bleibt mir nur noch übrig», fuhr Sidney fort, «Sie alle zu bitten, sich zu erheben und mit mir auf das Wohl unseres Vorsitzenden zu trinken, unseres Gründers, der so lange unser erster Geschäftsführer war ... Meine Damen und Herren – auf Sir Thomas Kingston, Baronet!»

Thomas blieb natürlich sitzen, als alle anderen scharrend ihre Stühle zurückschoben und aufstanden und den Toast ausbrachten. Als sie sich wieder gesetzt hatten, erhob er sich, sehr langsam.

«Meine Damen und Herren», sagte er, «ich danke Ihnen für Ihre guten Wünsche und für Ihr Geschenk, das mich natürlich sehr stolz macht ... Es ist lange her, fast fünfzig Jahre, seit ich zum erstenmal den Laden betrat, aus dem dieses Kaufhaus geworden ist – und sich kurz darauf, wie Sie sicher wissen, die junge Dame zu mir gesellte, die seitdem meine treue Gefährtin und Kampfgenossin ist ...» Er hielt inne, um zu warten, bis der Applaus endete, und lächelte May zu. «Seitdem», fuhr er fort, «haben wir viele Veränderungen in der Welt erlebt, Veränderungen, die die Entstehung großer Kaufhäuser wie des unseren, mit sich gebracht haben, aber keine dieser Veränderungen kommt der gleich, die wir zur Zeit erleben – dem schrecklichsten Krieg der Geschichte, einem Krieg, der zweifellos von den meisten Ihrer Familien Opfer gefordert hat, auch, wie ich heute erfuhr, von der meinen – zumindest von einer Familie, die ich als die meine betrachte ...

Wenn die Feuersbrunst, die die Welt ergriffen hat, einmal erloschen ist, wird die Welt nicht mehr die Welt sein, die wir gekannt haben, nicht mehr die vergangene Welt, in der ich die Aufgabe und die Freude hatte, unser Unternehmen zu leiten ... Die Zukunft wird anders sein, muß anders sein ... und ich möchte meinem Sohn sagen – und auch seinem Sohn, falls er sich entschließt und sich fähig erweisen sollte, seine Nachfolge anzutreten: natürlich muß sich Kingstons den neuen Verhältnissen anpassen, wie es dies stets getan hat, aber es ist kein Zufall, daß es einen so unangefochtenen Ruf errungen hat. Das – davon bin ich überzeugt – ist das Ergebnis einer fest umrissenen Politik, von festen Grundsätzen und von etwas, das ich nur eine gewisse chemische Mischung nennen kann – eine Mischung, die selbst ich, obwohl ich die ersten Ingredienzien gemischt habe, nicht ganz begreife. Wenn du sie veränderst, möchte ich meinem Sohn sagen – nicht, daß er dies je vorgeschlagen hätte, wie ich hinzufügen möchte –, dann tust du es zu deinem Schaden oder zumindest zum Schaden unseres Kaufhauses ...»

Thomas hielt inne und war sich der großen Stille in dem dicht besetzten Raum bewußt. «Kingstons», fuhr er fort, «hat bereits eine sehr wichtige Rolle in der Welt gespielt. Unsere Einkünfte sind höher als die mehrerer unserer Kolonien und sogar mancher kleiner souveräner Staaten. Ich wähle deshalb meine nächsten Worte mit Bedacht, meine Damen und Herren ...» Er sah Robert an, der den Blick starr auf seinen Teller gerichtet hielt, weil er wußte, daß sein Großvater ihn direkt ansprach.

«... Was ich sagen will, ist dies: wenn das Unternehmen sich im derzeitigen Maß weiterentwickelt, wird es sehr groß werden ... und infolgedessen werden die Macht des Mannes, der an der Spitze dieses Unternehmens steht, und die sich aus dieser Macht ergebenden Pflichten sehr groß sein ... Deshalb sollten mein Sohn und besonders mein Enkel – denn wenn die Last auf seine Schultern fällt, wird sie sehr schwer sein – diese Tatsache wohl bedenken und ihre Auswirkungen und Verpflichtungen ermessen ...»

Als Thomas innehielt, nahm Robert allen Mut zusammen und sah hoch. Zu seiner Überraschung lag im Gesichtsausdruck seines Großvaters weder Herausforderung noch Anklage. Er lächelte sogar fast, als er Roberts Reaktion wahrnahm. Dann wandte er sich wieder an die ganze Festgesellschaft. «Auf jeden Fall wird diese Macht natürlich von dem Erfolg von Kingstons abhängen ... und dieser Erfolg wird von Ihnen abhängen, von Ihnen allen, die Sie hier versammelt sind ... Ich bitte Sie daher herzlich, meinem Sohn und wiederum seinem Sohn die Unterstützung zu geben, die Sie mir gegeben haben.»

Ein wehmütiges Lächeln überzog sein Gesicht. «Der Abend ist noch jung», sagte er, «und das Orchester wird für Sie zum Tanz aufspielen. Was mich betrifft, nun, ich glaube, es ist Zeit, daß ich meinen Platz als erster Geschäftsführer dieses Unternehmens aufgebe und mich auf eine ruhige Weide zurückziehe, wie ein Pferd, das einige große Rennen gewonnen hat, aber nicht mehr so schnell ist wie früher ... Meine Damen und Herren, ich danke Ihnen allen.»

Als man zu klatschen begann, erhob sich auch May. Der Beifall schwoll an, jetzt mit Hochrufen vermischt. Sie verbeugten sich dankend, dann wandten sie sich um und gingen langsam auf den Ausgang zu. Der Geschäftsführer des Restaurants hielt ihnen die eine der Doppeltüren auf, als sie näher kamen, und Thomas nickte ihm grüßend zu. Als die Tür sich hinter ihnen geschlossen hatte, hörten sie, wie man drinnen, hundertachtzig Stimmen im Chor, zu singen begann: *«For he is a jolly good fellow ...»* Dann trug der Aufzug sie zum Erdgeschoß hinunter.

Sie gingen durch das jetzt nur spärlich beleuchtete Kaufhaus, vorbei an den Verkaufstischen, über die Schutztücher gebreitet waren, auf den Haupteingang zu und traten auf die Straße, wo der Daimler auf sie wartete. Es war dunkel draußen, zum Teil, weil es nebelig war, hauptsächlich aber, weil wegen der Zeppeline in den Schaufenstern und in den Straßen kein Licht brannte.

Während sie im Aufzug hinunterfuhren, hatte keiner von ihnen gesprochen. Sie wußten auch so, was der andere dachte. Als sie auf dem Rücksitz saßen, griff Thomas nach Mays Hand.

Der Wagen ließ die verschwommenen Umrisse des Kaufhauses hinter sich und fuhr die stille, verdunkelte Sloane Street entlang.

«Weißt du, was ich gerade gedacht habe, May?» sagte er schließlich. «Vor all diesen Jahren ... wenn ich dich damals nicht eingestellt hätte ... wie es dann wohl heute abend gewesen wäre?»

Sie antwortete nicht sogleich. «Nicht viel anders», sagte sie nach einer Weile. «Ein anderer Sohn, wahrscheinlich – und Enkel ...»

«Du meinst, du hättest keinen Einfluß auf den Verlauf meines Lebens gehabt?»

«Ich habe dir manchmal Trost gespendet, hoffe ich, und vielleicht ein wenig Halt gegeben, wenn du in einem Entschluß schwankend warst ... Aber dein Kaufhaus hättest du auf jeden Fall gebaut.»

Wieder trat ein kurzes Schweigen ein. «Nun, ich weiß nicht ...» sagte er.

rororo

GEORGETTE HEYER

Die bezaubernde Arabella [357]
Die Vernunftehe [477]
Die drei Ehen der Grand Sophy [531]
Geliebte Hasardeurin [569]
Der Page und die Herzogin [643]
Die spanische Braut [698]
Venetia und der Wüstling [728]
Penelope und der Dandy [736]
Die widerspenstige Witwe [757]
Frühlingsluft [790]
April Lady [854]
Falsches Spiel [881]
Serena und das Ungeheuer [892]
Lord «Sherry» [910]
Ehevertrag [949]
Liebe unverzollt [979]
Barbara und die Schlacht von Waterloo [1003]
Der schweigsame Gentleman [1053]
Heiratsmarkt [1104]
Die galante Entführung [1170]
Verführung zur Ehe [1212]
Die Jungfernfalle [1289]
Brautjagd [1370]
Verlobung zu dritt [1416]
Damenwahl [1480]
Die Liebesschule [1515]
Skandal im Ballsaal [1618]
Mord mit stumpfer Waffe [1627]
Der schwarze Falter [1689]
Ein Mädchen ohne Mitgift [1727]
Der Mörder von nebenan [1752]
Eskapaden [1800]
Findelkind [1837]
Mord ohne Mörder [1859]
Lord Ajax [1900]
Der Tip des Toten [1919]
Herzdame [1954]
Junggesellentage [4009]
Der Trumpf des Toten [4069]
Zärtliches Duell [4125]
. . . und sie fanden einen Toten [4162]
Warum den Butler erschießen? Detektivroman [4217]
Mord beim Bridge Detektivroman [4325]
Lord John [4560]
Königliche Abenteuer [4785]
Der tolle Nick [5067[